Ouvrage réalisé sous la directi

Laurence Hansen-Løve et Florence
professeurs agrégés de philosophie

PHILOSOPHIE
TERMINALE S

Élisabeth Clément, professeur agrégé de philosophie
Chantal Demonque, professeur certifié de philosophie

Avec la collaboration de :

M.-N. Échelard, O. Hansen-Løve et A. Lagarde
professeurs agrégés de philosophie

HATIER

Couverture : Raphaël, *L'École d'Athènes,* 1508, fresque, Musée du Vatican, Rome.
Photo © Erich Lessing/Magnum.

L'École d'Athènes, dont nous voyons ici un large détail, est une des fresques murales peintes par **Raphaël** (1483-1520) dans le cabinet de travail du pape Jules II, au Vatican, à Rome. Le « scénario » de l'ensemble de ces peintures, dû à un lettré humaniste de la cour tout imprégné de philosophie néo-classique, illustre le « Vrai, le Bien, le Beau ».

Dans *l'École d'Athènes* proprement dite, Raphaël met en scène les grands philosophes de l'Antiquité classique : il les déguise parfois sous les traits d'éminents artistes de la Renaissance italienne. La scène se déroule dans un édifice dessiné par le grand architecte et peintre de l'époque de Jules II : **Bramante** (1444-1514).

Page 1 de couverture : Au centre, **1 et 2 :** Platon, représentant « l'idéalisme », montre le ciel. Il est figuré sous les traits de Léonard de Vinci **(1)**. Près de lui, illustrant le courant du Naturalisme », Aristote montre la terre **(2)**. **3.** Diogène le Cynique. **4.** Michel-Ange. **5.** Socrate conversant avec son disciple, le général Alcibiade **(6)**.

D'après Rome, *Guide de tourisme*, Éd. Michelin.

TABLE DES ILLUSTRATIONS

Iconographie : Hatier Illustration.

© Hatier-Paris mars 1995 - ISBN 2-218-**06819**-2

AVANT-PROPOS

Une formule équilibrée

En matière d'ouvrages scolaires, les exigences très précises des professeurs de philosophie et la demande des élèves sont souvent contradictoires. Ce nouveau manuel de philosophie destiné aux classes de « Terminales » (section S) se propose de répondre à cette double attente. Contrairement à la plupart des manuels traditionnels, il ne comporte pas un cours systématique dont la vocation inavouée serait de se substituer à la parole du maître. Il n'est pas non plus un simple recueil de textes choisis, une anthologie — puisqu'il comporte, pour chaque notion du programme, une approche globale : présentation des problèmes propres à cette notion, sous la forme d'une introduction générale aux textes et, en fin de chapitre, des documents soigneusement conçus en fonction des besoins des élèves.

Un instrument de réflexion simple et fonctionnel

Chaque chapitre, dont le noyau est constitué par des extraits de textes, s'articule selon un plan simple :

— Une **introduction**, renvoyant aux textes et destinée à aider le lecteur à s'orienter dans la suite du chapitre.
La question du **vocabulaire philosophique** restant un point d'achoppement pour de nombreux élèves, nous avons pris le parti d'accompagner systématiquement, dès leur première apparition, les termes « techniques » de définitions simples. Nous n'avons pas voulu en effet bannir ces termes, car une pensée rigoureuse, qu'elle soit ou non scientifique, a besoin d'un vocabulaire spécifique : vouloir la philosophie sans termes qui s'écartent du langage courant reviendrait à vouloir les mathématiques sans formules. Les « termes clés » de la notion étudiée sont en gras.

— Une **sélection de textes**, choisis pour leur valeur didactique, c'est-à-dire pour la place qu'ils peuvent prendre dans la découverte progressive d'une problématique. Nous fiant à notre expérience d'enseignants, nous avons écarté les textes trop subtils ou trop brillants. On s'étonnera peut-être de ce que certains philosophes contemporains — et non des moindres — soient peu cités ou même absents de nos anthologies : c'est que leur pensée ou leur style nous ont paru difficilement accessibles pour des élèves de terminale. En outre, comment déterminer, dans une œuvre en cours d'élaboration, les moments les plus significatifs, les idées les plus fécondes ? Nous avons préféré renvoyer à la lecture de ces auteurs et de leurs œuvres les plus notoires.

— Un ou plusieurs **documents** variés (philosophiques, littéraires, poétiques, juridiques...) choisis de manière à fournir matière à philosopher sans être à proprement parler des textes philosophiques « élaborés ».

— Des **index** des notions et des auteurs étudiés en fin de volume.

— Un **répertoire** rassemblant les **biographies des 34 auteurs** au programme.

— Un **tableau synoptique**, à la fin de l'ouvrage.

Ce manuel ne saurait en aucun cas, bien entendu, se substituer au cours du professeur, pas plus qu'il ne peut dispenser de l'étude des œuvres intégrales auxquelles nous souhaitons au contraire convier et conduire nos lecteurs.

L.H.-L. et F.K.

AVERTISSEMENT

Cet ouvrage présente quelques innovations par rapport à l'édition précédente. Allégé, il a aussi été complété par un certain nombre de textes classiques et de documents originaux. Pour certains de ces éléments, nous avons suivi les suggestions critiques de nos lecteurs. D'autres répondent à un souci d'actualisation : nous leur avons donné le statut de « document » afin de les distinguer du corpus de textes classiques. Nous remercions nos lecteurs et nous leur saurons gré de bien vouloir continuer à nous communiquer leurs diverses observations.

N.B. Nous avons été malheureusement contraints de retirer les textes de Heidegger présents dans la première édition. En effet, les héritiers n'accordent plus aux éditeurs le droit de les publier.

PROGRAMME - SÉRIE S

L'HOMME ET LE MONDE

La conscience.
L'inconscient.
Les passions.

Autrui.
Le temps.
L'Histoire.

LA CONNAISSANCE ET LA RAISON

Le langage.
Théorie et expérience.
Logique et mathématique.
La connaissance du vivant.

Constitution d'une science de l'homme (un exemple) : la sociologie.
La vérité.
L'imagination.

LA PRATIQUE ET LES FINS

Le travail.
La technique.
L'art.
La religion.
L'État.

La justice.
La liberté.
Le devoir.
Le bonheur.

ANTHROPOLOGIE. MÉTAPHYSIQUE. PHILOSOPHIE

S O M M A I R E

1.

LA CONSCIENCE
ET L'INCONSCIENT

Invisibles forces, Diana Blok, Marlo Broekmans, 1979.

INTRODUCTION

La conscience

La conscience : une distance de l'homme au monde...

Le mot « conscience » vient du latin *cum scientia* qui signifie « accompagné de savoir ». Être conscient, c'est en effet agir, sentir ou penser et savoir qu'on agit, qu'on sent et qu'on pense. Le fait d'être conscient constitue donc pour l'homme un événement décisif qui l'installe au monde et lui commande d'y prendre position. Car l'homme, dans la mesure où il est conscient, n'est plus simplement dans le monde, chose parmi les choses, vivant parmi les vivants. Il est au contraire devant le monde et, dans ce vis-à-vis, le monde se constitue pour lui comme monde à connaître, à comprendre, à juger ou à transformer (**Texte 1**). Le monde est ainsi mis à distance et tout l'effort de penser ou d'agir naît de cette expérience originelle de la séparation de l'homme et du monde, instaurée par la conscience.

... et à lui-même

Mais ce n'est pas seulement du monde que l'homme se trouve ainsi exilé. La proximité de l'homme à lui-même est tout aussi problématique. Car, d'une part, la conscience qu'il a de lui-même à travers ses actes, sentiments ou pensées, ne lui en livre pas pour autant nécessairement l'intelligibilité. D'autre part, l'expérience du remords, du regret ou de la souffrance en général met à jour les contradictions qui l'habitent, dont la moindre n'est pas d'avoir à admettre comme siens des actes, sentiments, ou pensées sans pourtant s'y reconnaître. Être soi, si cette expression peut avoir un sens, apparaît alors davantage comme une tâche à effectuer indéfiniment que comme la possession rassurante d'une identité.

Être concient : grandeur ou misère de l'homme ?

Aussi la conscience est-elle marquée d'emblée par l'ambivalence. Parce qu'elle permet à l'homme de répondre de soi, elle l'« élève infiniment au-dessus de tous les autres êtres vivants sur la terre » (**Texte 2**). Être conscient est en effet le propre de l'homme et constitue sa grandeur et sa dignité. Mais parce que la conscience l'arrache à l'innocence du monde naturel, l'homme connaît par elle sa misère (**Texte 3**). C'est sans doute pourquoi d'ailleurs l'homme oscille souvent entre deux attitudes. Tantôt, il a tendance à prêter à tout être une conscience semblable à la sienne, restaurant ainsi magiquement familiarité et intimité avec le monde. Tantôt, il s'émerveille d'être le seul témoin de ce monde et considère que l'univers converge vers lui ou même n'existe que pour lui. Pour naïves qu'elles soient, ces deux attitudes signalent néanmoins quelque chose d'essentiel : la conscience n'est pas simplement une qualité parmi d'autres qui pourrait servir à définir l'humain. Plus fondamentalement, elle est ce par quoi l'homme est tenu à l'obligation de se penser et de s'interroger, de penser le monde et de l'interroger. En effet, dans la distance que la conscience instaure entre soi et le monde ou entre soi et soi, un espace s'ouvre qui est celui de l'examen, du questionnement, du doute. En un sens, on peut donc dire que la conscience, avant d'être une question pour la philosophie, est la condition qui rend possible l'exercice philosophique de la pensée elle-même. L'attitude de Socrate est, à cet égard, exemplaire. Attentif à l'injonction de l'oracle de Delphes « Connais-toi toi-même ! », il inaugure la mise à l'épreuve des savoirs et des certitudes. Et si, au terme de l'enquête, il ne sait qu'une chose, c'est qu'« il ne sait rien », du moins ce non-savoir est-il conscient et, à ce titre, déjà une forme de sagesse (Textes 4 et 5).

« Je pense donc je suis » : la première certitude

Toutefois, si la pensée peut ainsi, par un retour critique sur les certitudes qu'elle croyait posséder, préparer l'accès à un savoir véritable, elle n'est ici que la condition négative du savoir, non le savoir lui-même. C'est seulement avec Descartes que la conscience acquiert un véritable droit de cité philosophique et une signification positive, à la fois comme fondement et comme modèle de toute vérité. Le *Discours de la Méthode* et les *Méditations* contiennent le récit d'une entreprise radicale qui consiste « une fois dans sa vie » à se défaire de toutes les idées et de toutes les croyances reçues, y compris les plus assurées, pour les soumettre à l'épreuve du doute. Celui-ci n'est pas ici le simple effet du scepticisme ordinaire par lequel on croit pouvoir s'acquitter de l'obligation de réserve à l'égard de son jugement ou du témoignage de ses sens. Il est le résultat d'une décision, l'instrument qui doit permettre d'atteindre une vérité qui puisse servir de fondement ferme et inébranlable à toute autre. Or, l'unique certitude qui résiste au doute est celle que livre l'énoncé : *Cogito, ergo sum*, « Je pense, donc je suis » (Texte 6).

Ainsi, dès que je pense et au moment où je pense, j'ai en même temps et nécessairement conscience d'exister. Toute pensée est par conséquent *cum scientia*, parce qu'elle s'accompagne toujours du savoir de celui qui pense, autrement dit de la certitude, pour le sujet, d'exister. Pensée et être, sujet et objet sont ici confondus et la formulation du **cogito** constitue, en un sens, le modèle de toute vérité. Quel qu'en soit le contenu et aussi loin de moi qu'elle semble me porter, toute pensée est toujours et en même temps pensée d'elle-même.

Mais cette présence à soi que figure le *cogito* ne doit pas pour autant être confondue avec une pure transparence à soi. Et si la certitude qui s'en dégage est la plus assurée, elle est aussi la plus pauvre. D'une part, bien que la conscience que j'ai d'exister soit nécessaire — je ne peux pas penser sans penser en même temps que je suis — mon existence elle-même n'est nullement nécessaire. Que je n'existe pas n'implique aucune contradiction. Par conséquent, que j'existe, c'est là un simple fait qui, en lui-même, est tout à fait contingent : j'aurais pu ne pas être et je sais aussi que je ne serai pas toujours, même si la pensée « Je ne suis pas » est, à proprement parler, impensable (Texte 7). D'autre part, que j'existe ne dit pas encore qui je suis. Ou encore, par le *cogito*, je sais que je suis mais pas encore ce que je suis. La certitude porte donc sur l'existence mais non pas sur l'essence du sujet pensant.

L'âme et le corps

La question reste par conséquent entière de savoir quelle est la nature de ce « Je » qui pense ou encore de connaître, comme l'écrit Descartes, « ce que je suis, moi qui suis certain que je suis ». Passer du « Je » au « Moi », c'est faire du sujet une **substance**, c'est en tout cas engager implicitement l'hypothèse de l'identité et de la permanence du sujet pensant à travers la diversité de ses représentations. Aussi variées que soient mes pensées, « il est de soi si évident que c'est moi qui doute, qui entends et qui désire, qu'il n'est pas ici

besoin de rien ajouter pour l'expliquer ». Que cette évidence puisse avoir lieu avant d'avoir atteint une certitude concernant les corps et le monde extérieur en général, dont l'existence reste une question toujours en suspens, conduit Descartes à faire du sujet une substance pensante séparée du corps. C'est, du même coup, introduire un dualisme entre l'âme et le corps et, avec lui, la redoutable question de leur union (Textes 8 et 9).

Le sujet et l'objet À l'encontre de Descartes qui pose l'identité du moi comme réelle et fait de la conscience une chose, Kant montrera que cette identité n'est elle-même que le résultat d'une activité, autrement dit que le « Je » est une fonction nécessaire de la pensée mais ne me livre pas pour autant la connaissance de moi-même comme substance. L'identité du moi suppose en effet un pouvoir préalable d'identification. Identifier, c'est établir une relation entre des objets saisis en des temps ou lieux différents et les poser néanmoins comme identiques, parce qu'ils sont saisis ensemble dans une conscience. Qu'il s'agisse de l'unité des représentations du monde extérieur ou de l'unité de mes représentations à l'intérieur d'une conscience, dans les deux cas il faut supposer l'unité plus originaire d'une conscience de soi, d'un « Je » qui accompagne toutes mes représentations et leur confère une unité. Sans cette unité originaire de la conscience de soi qui procure aux représentations leur cohérence, non seulement le monde serait pur chaos, mais au lieu d'une conscience une et identique, « j'aurais un moi aussi divers et d'autant de couleurs qu'il y a de représentations dont j'ai conscience » (Texte 10 A). Le monde ou le « moi » ne sont par conséquent des objets de connaissance possible que sous la condition préalable du pouvoir de synthèse d'un sujet. Réciproquement d'ailleurs, si le sujet est un pur pouvoir de synthèse, il ne peut prendre conscience de lui-même qu'à travers son activité. La **conscience de soi** n'est pas et ne peut pas être connaissance de soi (Texte 10 B).

Conscience directe et conscience réfléchie L'impossibilité pour le sujet d'atteindre une connaissance de soi peut sembler paradoxale. Être conscient implique en effet la possibilité, pour le sujet, de prendre ses états de conscience comme objets de conscience, autrement dit de faire retour sur lui-même. Cette capacité d'un retournement de la conscience sur elle-même caractérise d'ailleurs la réflexion, et on est de ce fait amené à distinguer la **conscience immédiate** ou directe de la **conscience réfléchie**. La première forme de conscience est celle qui accompagne les actes du sujet. La seconde est celle dans laquelle le sujet se ressaisit lui-même comme conscience. Avoir conscience et être conscient d'avoir conscience sont par conséquent deux moments qu'il est possible de distinguer. C'est ce qu'indique l'expression « prendre conscience ».

Quoique distincts, ces deux moments sont cependant corrélatifs. Toute conscience est nécessairement conscience de quelque chose : ce n'est que dans le miroir de ses actes que le moi peut se ressaisir et, au sens propre, être « réfléchi ». D'un autre côté, toute conscience de quelque chose est aussi en même temps conscience de soi. Car le sujet ne pourrait pas se reconnaître au travers de ses actes si, d'une certaine façon, il ne s'y savait pas déjà présent. La conscience de soi réfléchie suppose donc d'abord une conscience de soi non réfléchie. Et c'est parce qu'elle se précède en quelque sorte toujours elle-même que la conscience est impuissante à se ressaisir totalement dans une pure coïncidence avec soi (Texte 11).

Toute conscience est relation à autre chose qu'elle-même

C'est cette nécessité pour la conscience d'exister comme conscience d'autre chose qu'elle-même qui donne tout son sens à la formule de Husserl : « Toute conscience est concience de quelque chose. » Même si, à l'instar de Descartes, je suspends le jugement naturel par lequel j'accorde spontanément l'existence au monde en dehors de moi, même en pratiquant une mise entre parenthèses du monde ou **épokhé**[1], la conscience ne peut être saisie ni comme « chose » ni comme intériorité. Tout *cogito* porte en lui son *cogitatum*[2] auquel il se rapporte et dont il se distingue **(Texte 12)**. Autrement dit toute conscience est relation à autre chose qu'elle-même. Se rapporter à quelque chose suppose donc une distance irréductible du sujet à l'objet qu'il vise (que cet objet soit le monde ou lui-même). Extérieure à elle-même, la conscience vise toujours autre chose qu'elle-même avec quoi elle ne peut par conséquent jamais se confondre quand bien même il s'agirait de ce que je crois posséder en propre. Mon passé, par exemple, auquel je me rapporte, est bien mon passé : il n'est pourtant pas moi, qui, au présent, m'y rapporte. Ce que je projette d'être est bien mon attente : ce n'est pourtant pas moi, encore.

Ceci n'implique nullement pour autant que le sujet soit mis en réserve ou à l'écart, absent en quelque sorte de ses souvenirs ou de ses projets. Il est au contraire tout entier orienté vers eux et par eux. Aussi la conscience est-elle d'abord projet, visée du monde, « **intentionnalité** ». Avant toute réflexion ou tout retour sur soi, être conscient, c'est être présent au monde, désirant, œuvrant et s'anticipant ainsi soi-même. C'est cette anticipation par laquelle la conscience — toujours au-delà d'elle-même — se transporte vers un ailleurs ou un avenir qu'elle vise, qui donne au monde un sens et y introduit une orientation. C'est pourquoi, avant qu'il soit pour moi un objet à connaître ou un spectacle à contempler, le monde est d'abord et avant tout un sens à effectuer ou à réaliser **(Texte 13)**.

La conscience en question

Si la conscience est d'abord et avant tout donatrice de sens, elle ne peut plus être pensée simplement comme le modèle de toute vérité en quoi se trouverait réalisée l'adéquation du sujet à l'objet dans une pure transparence à soi. Parce qu'il est par essence anticipation, le désir dans son trajet dessine un parcours dont le sens m'échappe en partie et que la conscience échoue à ressaisir totalement. L'homme pour une part reste obscur à lui-même. C'est pourquoi, de Descartes à la philosophie contemporaine, le procès de la conscience n'a cessé de s'instruire. Retournant contre elle l'arme par laquelle la conscience croyait du moins pouvoir s'assurer d'elle-même, des penseurs modernes comme Marx, Nietzsche ou Freud ont porté le doute à l'intérieur de la conscience elle-même. Loin d'être l'instance de vérité par excellence, ils voient en elle la source d'illusions, dont la plus tenace est sans aucun doute celle d'une liberté ou d'une autonomie du sujet dont la conscience prétend justement témoigner. Malgré les apparences, la conscience ne détient pas sur elle-même la vérité du sens de ses pensées ou de ses actes. C'est ailleurs qu'il faut alors aller la chercher : dans le corps — comme Spinoza l'affirmait déjà —, dans les structures sociales, pour Marx, dans nos instincts les plus reculés, selon Nietzsche **(Textes 14, 15, 16)**.

1. Mot grec qui signifie « suspension du jugement ».
2. Chose, ou objet, qui est pensé.

L'inconscient

La dépossession de soi

Avec la découverte de l'inconscient, affirmée par Freud, s'accomplit de façon encore plus décisive et radicale la dépossession du sujet, à travers la mise en question de sa souveraineté **(Texte 1)**. La conscience de ses actes, de ses désirs, est en effet la condition requise d'un éventuel contrôle sur eux et c'est la conscience encore qui peut donner un sens à l'idée de responsabilité. Être responsable, c'est en effet pouvoir répondre de soi, et c'est de ce pouvoir que la conscience morale témoigne lorsqu'elle juge ou condamne, affirmant ainsi la possibilité d'une maîtrise de soi sur soi. Or, avec Freud, la psychanalyse pose, au contraire, qu'une majeure partie non seulement de nos actes, mais encore de nos pensées et de nos désirs, échappe à toute conscience effective et est, par conséquent, inconsciente. C'est du coup devoir renoncer à l'idée de la toute-puissance du sujet. C'est même en un certain sens, comme on a pu le faire remarquer, autoriser le triomphe du point de vue de l'autre — souvent plus clairvoyant — sur soi **(Texte 2)**.

Inconscient, préconscient, conscient

Que le psychisme ne soit pas toujours ni tout entier conscient, la philosophie classique en avait déjà émis l'hypothèse. Leibniz, par exemple, affirme qu'il existe des « **petites perceptions** » inconscientes, c'est-à-dire trop faibles pour être aperçues **(Texte 3)**. D'autre part, Bergson, analysant les mécanismes de la mémoire, montre comment l'oubli peut et même doit chasser de la conscience des événements qui y étaient auparavant présents, parce que leur souvenir n'est pas immédiatement utile à l'action **(Texte 4)**. Tout ne peut être toujours et continûment conscient. On peut alors définir l'inconscient comme ce qui n'est pas ou n'est plus conscient. Mais une telle définition est, selon Freud, insuffisante. L'inconscient, au sens freudien, n'est pas purement et simplement le non-conscient, le « négatif » en quelque sorte de la conscience. Il est, au contraire, une force psychique active, dont le fonctionnement obéit à des règles spécifiques, distinctes de celles auxquelles est soumise la pensée consciente **(Texte 5)**. C'est pourquoi Freud propose de comprendre le psychisme comme la coexistence de deux modes de fonctionnement, dont chacun forme un système indépendant : le système « inconscient » d'une part, et le système « préconscient-conscient » de l'autre.

Toute production psychique a un sens

Cette nouvelle configuration — ou **topique** (du grec *topos*, « lieu ») — du psychisme permet ainsi de souligner la spécificité d'un inconscient qui, selon Freud, désigne une réalité positive et dynamique. C'est d'ailleurs parce que l'inconscient produit des effets et se manifeste par des symptômes que Freud a été conduit à en construire l'hypothèse. Sans elle, « les données de la conscience sont extrêmement lacunaires » et demeureraient incompréhensibles **(Texte 6)**. Partant du postulat que tout acte psychique est d'abord **sens** en acte, Freud traite toute production du sujet — rêves, actes manqués, etc. — comme des effets de sens. À travers eux une signification se manifeste qui est pourtant recouverte ou cachée pour le sujet lui-même. Le contenu manifeste d'un **rêve**, par exemple, renvoie à un contenu latent ou caché que seul le travail d'interprétation peut mettre à jour. Se montrer et se cacher en même temps, tel est par conséquent le mode contradictoire d'existence de l'inconscient.

Le Ça, le Moi et le Sur-Moi

Si l'inconscient se manifeste tout en se voilant, c'est qu'il est de nature conflictuelle et que le psychisme est un jeu de forces opposées. Le symptôme doit alors être compris comme un compromis entre tendances contradictoires. À travers sa pratique thérapeutique, Freud s'est en effet aperçu que les malades opposent une résistance à la compréhension de leur état. Il élabore alors une seconde topique, c'est-à-dire une nouvelle configuration des fonctions psychiques ayant chacune leur système propre. Tout en maintenant la première différenciation du psychisme en conscient, préconscient, inconscient, il propose de comprendre l'unité du sujet comme l'unité — d'ailleurs problématique — de trois termes : le Ça, le Moi et le Sur-Moi. Le Ça, inconscient, renvoie aux désirs inconscients et aux pulsions sexuelles et d'auto-conservation, ou pulsions du moi, dont les exigences peuvent d'ailleurs être opposées. Le Sur-Moi, inconscient lui aussi, se constitue par l'intériorisation des interdits sociaux et parentaux. Il est l'instance de la censure, du **refoulement**[1] des représentations inconscientes attachées aux pulsions, lorsqu'elles menacent la construction du sujet. Le Moi, enfin, appartient pour une part seulement au système préconscient-conscient et pour une autre au système inconscient, dans la mesure où il est le résultat d'une suite d'identifications inconscientes, en premier lieu à la Mère, puis au Père, enfin à l'Autre d'une façon plus générale. Le **Moi** est aussi le médiateur des intérêts conflictuels du Ça et du Sur-Moi. Son autonomie est par conséquent toute relative. Il met en jeu une série de mécanismes de défense inconscients, par lesquels il résiste à la levée du refoulement (**Texte 7**).

L'inconscient est tout autant le propre de l'homme que la conscience

On le voit, Freud, dans sa seconde topique, déplace la frontière qui sépare la conscience de l'inconscient : le Moi lui-même est en majeure partie inconscient. Dès lors, il n'est guère possible de penser l'opposition conscience-inconscient comme recouvrant celle, plus traditionnelle, de l'âme et du corps (**Texte 8**). Dire, avec Alain, que l'« inconscient est un animal redoutable », c'est tenter de maintenir un dualisme entre ce qui attache l'homme à son humanité et ce qui le lie à l'animalité (**Texte 9**). Mais si l'inconscient est bien un **autre Moi**, ou si, pour reprendre la formule énigmatique de Rimbaud, « Je est un autre » (lettre dite du voyant, 15 mai 1871), une telle mise à distance de l'inconscient n'est pas possible. Faut-il renoncer alors à penser la conscience comme ce qui fonde en l'homme son humanité ? Ce serait oublier que c'est dans et par le langage — faculté humaine par excellence — que se constituent le **sens** et l'inconscient. On peut dire, dès lors, que l'inconscient est tout autant le propre de l'homme que la conscience. Si les pensées inconscientes ont un sens, elles réclament — pour venir à jour — un sujet qui les profère dans la parole et les dise dans la dimension humaine de ses souffrances, mais aussi de ses œuvres et de ses projets.

---

1. Processus par lequel une idée ou une tendance pénible ou dangereuse se trouve rejetée et maintenue dans l'inconscient.

TEXTES

1. La conscience

I. LA SPÉCIFICITÉ HUMAINE DE LA CONSCIENCE

Texte 1

« Parce qu'il est esprit, l'homme a une double existence »

HEGEL

Les choses de la nature n'existent qu'*immédiatement* et d'*une seule façon*, tandis que l'homme, parce qu'il est esprit, a une *double* existence ; il existe d'une part au même titre que les choses de la nature, mais d'autre part il existe aussi pour soi, il se contemple, se représente à lui-même, se pense et n'est esprit que
5 par cette activité qui constitue un être pour soi. Cette conscience de soi, l'homme l'acquiert de deux manières : Primo, *théoriquement*, parce qu'il doit se pencher sur lui-même pour prendre conscience de tous les mouvements, replis et penchants du cœur humain et d'une façon générale se contempler, se représenter ce que la pensée peut lui assigner comme essence, enfin se recon-
10 naître exclusivement aussi bien dans ce qu'il tire de son propre fond que dans les données qu'il reçoit de l'extérieur. Deuxièmement, l'homme se constitue pour soi par son activité *pratique*, parce qu'il est poussé à se trouver lui-même, à se reconnaître lui-même dans ce qui lui est donné immédiatement, dans ce qui s'offre à lui extérieurement. Il y parvient en changeant les choses exté-
15 rieures, qu'il marque du sceau de son intériorité et dans lesquelles il ne retrouve que ses propres déterminations. L'homme agit ainsi, de par sa liberté de sujet, pour ôter au monde extérieur son caractère farouchement étranger et pour ne jouir des choses que parce qu'il y retrouve une forme extérieure de sa propre réalité. Ce besoin de modifier les choses extérieures est déjà inscrit dans les
20 premiers penchants de l'enfant ; le petit garçon qui jette des pierres dans le torrent et admire les ronds qui se forment dans l'eau, admire en fait une œuvre où il bénéficie du spectacle de sa propre activité.

Hegel, *Esthétique* (1835), *Textes choisis*, traduction de S. Jankélévitch,
Éd. P.U.F., 1953, pp. 21-22.

Texte 2

Le pouvoir
de dire « je »

KANT

Posséder le Je dans sa représentation : ce pouvoir élève l'homme infiniment au-dessus de tous les autres êtres vivants sur la terre. Par là, il est une personne ; et grâce à l'unité de la conscience dans tous les changements qui peuvent lui survenir, il est une seule et même personne, c'est-à-dire un être entièrement différent, par le rang et la dignité, de *choses* comme le sont les animaux sans raison, dont on peut disposer à sa guise ; et ceci, même lorsqu'il ne peut pas encore dire le Je, car il l'a cependant dans sa pensée ; ainsi toutes les langues, lorsqu'elles parlent à la première personne, doivent penser ce Je, même si elles ne l'expriment pas par un mot particulier. Car cette faculté (de penser) est l'entendement.

Il faut remarquer que l'enfant, qui sait déjà parler assez correctement, ne commence qu'assez tard (peut-être un an après) à dire *Je* ; avant, il parle de soi à la troisième personne (Charles veut manger, marcher, etc.) ; et il semble que pour lui une lumière vienne de se lever quand il commence à dire *Je* ; à partir de ce jour, il ne revient jamais à l'autre manière de parler. Auparavant il ne faisait que se sentir ; maintenant il se pense.

Kant, *Anthropologie du point de vue pragmatique* (1798),
traduction de M. Foucault, Éd. Vrin, 1984, p. 17.

Texte 3

Un roseau pensant

PASCAL

La grandeur de l'homme est grande en ce qu'il se connaît misérable. Un arbre ne se connaît pas misérable. C'est donc être misérable que de se connaître misérable ; mais c'est être grand que de connaître qu'on est misérable.

Pensée fait la grandeur de l'homme.

Je puis bien concevoir un homme sans mains, pieds, tête (car ce n'est que l'expérience qui nous apprend que la tête est plus nécessaire que les pieds). Mais je ne puis concevoir l'homme sans pensée : ce serait une pierre ou une brute. [...]

L'homme n'est qu'un roseau, le plus faible de la nature ; mais c'est un roseau pensant. Il ne faut pas que l'univers entier s'arme pour l'écraser : une vapeur, une goutte d'eau, suffit pour le tuer. Mais, quand l'univers l'écraserait, l'homme serait encore plus noble que ce qui le tue, parce qu'il sait qu'il meurt, et l'avantage que l'univers a sur lui, l'univers n'en sait rien.

Toute notre dignité consiste donc en la pensée. C'est de là qu'il nous faut relever et non de l'espace et de la durée, que nous ne saurions remplir. Travaillons donc à bien penser : voilà le principe de la morale.

Pascal, *Pensées* (1660), 347-348 (Éd. Brunschvicg) ou Bibliothèque de la Pléiade,
Éd. Gallimard, 1954, pp. 1156-1157.

II. CONSCIENCE ET PENSÉE

Texte 4

Être sage : savoir qu'on ne sait pas

PLATON

Or, un jour qu'il[1] était allé à Delphes, il osa poser à l'oracle la question que voici — je vous en prie encore une fois, juges, n'allez pas vous récrier —, il demanda, dis-je, s'il y avait au monde un homme plus sage que moi. Or la pythie lui répondit qu'il n'y en avait aucun. Et cette réponse, son frère, qui est
5 ici, l'attestera devant vous, puisque Khairéphon est mort. Considérez maintenant pourquoi je vous en parle. C'est que j'ai à vous expliquer l'origine de la calomnie dont je suis victime. Lorsque j'eus appris cette réponse de l'oracle, je me mis à réfléchir en moi-même : « Que veut dire le dieu et quel sens recèlent ses paroles ? Car moi, j'ai conscience de n'être sage ni peu ni prou. Que veut-il
10 donc dire, quand il affirme que je suis le plus sage ? car il ne ment certainement pas ; cela ne lui est pas permis. » Pendant longtemps je me demandai quelle était son idée ; enfin je me décidai, quoique à grand-peine, à m'en éclaircir de la façon suivante : je me rendis chez un de ceux qui passent pour être des sages, pensant que je ne pouvais, mieux que là, contrôler l'oracle et lui
15 déclarer : « Cet homme-ci est plus sage que moi, et toi, tu m'as proclamé le plus sage. » J'examinai donc cet homme à fond ; je n'ai pas besoin de dire son nom, mais c'était un de nos hommes d'État, qui, à l'épreuve, me fit l'impression dont je vais vous parler. Il me parut en effet, en causant avec lui, que cet homme semblait sage à beaucoup d'autres et surtout à lui-même, mais qu'il ne
20 l'était point. J'essayai alors de lui montrer qu'il n'avait pas la sagesse qu'il croyait avoir. Par là, je me fis des ennemis de lui et de plusieurs des assistants. Tout en m'en allant, je me disais en moi-même : « Je suis plus sage que cet homme-là. Il se peut qu'aucun de nous deux ne sache rien de beau ni de bon ; mais lui croit savoir quelque chose, alors qu'il ne sait rien, tandis que moi, si je
25 ne sais pas, je ne crois pas non plus savoir. Il me semble donc que je suis un peu plus sage que lui par le fait même que ce que je ne sais pas, je ne pense pas non plus le savoir ».

Platon (vers 420-340 av. J.-C.), *Apologie de Socrate*, 20 d-22 b, traduction de E. Chambry, Éd. Garnier-Flammarion, 1965, pp. 31-32.

Texte 5

« Connais-toi toi-même »

PLATON

CRITIAS. J'aurais même presque envie de dire que se connaître soi-même, c'est cela la sagesse, et je suis d'accord avec l'auteur de l'inscription de Delphes [...] Voilà en quels termes, différents de ceux des hommes, le dieu s'adresse à ceux qui entrent dans son temple, si je comprends bien l'intention de l'auteur de

---

1. Il s'agit de Khairéphon dont Socrate rapporte ici les propos.

18

l'inscription. À chaque visiteur, il ne dit rien d'autre, en vérité, que : « Sois
sage ! » Certes, il s'exprime en termes un peu énigmatiques, en sa qualité de
devin. Donc, selon l'inscription et selon moi, « connais-toi toi-même » et « sois
sage », c'est la même chose ! [...]

SOCRATE. Dis-moi donc ce que tu penses de la sagesse.

CRITIAS. Je pense que, seule entre toutes les sciences, la sagesse est la science
d'elle-même et des autres sciences.

SOCRATE. Donc elle serait aussi la science de l'ignorance, si elle l'est de la
science ?

CRITIAS. Assurément.

SOCRATE. En ce cas, le sage seul se connaîtra lui-même et sera capable de
discerner ce qu'il sait et ce qu'il ne sait pas ; et de même pour les autres, il aura
le pouvoir d'examiner ce que chacun sait et a conscience à juste titre de savoir,
mais aussi ce qu'il croit à tort savoir. De cela, aucun autre homme n'est
capable. Finalement, l'attitude (*sôphronein* = être sage) et la vertu (*sôphrosunè*)
de sagesse, de même que la connaissance de soi-même consistent à savoir ce
qu'on sait et ce qu'on ne sait pas. Est-ce bien là ta pensée ?

Platon (vers 420-340 av. J.-C.), *Charmide*, 164 d-167 a,
traduction de C. Chrétien, Éd. Hatier, 1987, pp. 59-63.

Texte 6

« Je pense,
donc je suis »

DESCARTES

Je ne sais si je dois vous entretenir des premières méditations que j'y ai faites
car elles sont si métaphysiques et si peu communes qu'elles ne seront peut-être
pas au goût de tout le monde. Et toutefois, afin qu'on puisse juger si les fondements que j'ai pris sont assez fermes, je me trouve en quelque façon contraint
d'en parler. J'avais dès longtemps remarqué que, pour les mœurs, il est besoin
quelquefois de suivre des opinions qu'on sait être fort incertaines, tout de
même que si elles étaient indubitables, ainsi qu'il a été dit ci-dessus ; mais,
parce qu'alors je désirais vaquer seulement à la recherche de la vérité, je pensai
qu'il fallait que je fisse tout le contraire, et que je rejetasse, comme absolument
faux tout ce en quoi je pourrais imaginer le moindre doute, afin de voir s'il ne
resterait point, après cela, quelque chose en ma créance, qui fût entièrement
indubitable. Ainsi, à cause que nos sens nous trompent quelquefois, je voulus
supposer qu'il n'y avait aucune chose qui fût telle qu'ils nous la font imaginer.
Et pource qu'il y a des hommes qui se méprennent en raisonnant, même touchant les plus simples matières de géométrie, et y font des paralogismes,
jugeant que j'étais sujet à faillir, autant qu'aucun autre, je rejetai comme
fausses toutes les raisons que j'avais prises auparavant pour démonstrations. Et
enfin, considérant que toutes les mêmes pensées, que nous avons étant
éveillés, nous peuvent aussi venir quand nous dormons, sans qu'il y en ait
aucune, pour lors, qui soit vraie, je me résolus de feindre que toutes les choses
qui m'étaient jamais entrées en l'esprit, n'étaient non plus vraies que les illusions de mes songes. Mais, aussitôt après, je pris garde que, pendant que je

voulais ainsi penser que tout était faux, il fallait nécessairement que moi, qui le pensais, fusse quelque chose. Et remarquant que cette vérité : *je pense, donc je*
25 *suis* était si ferme et si assurée que toutes les plus extravagantes suppositions des sceptiques n'étaient pas capables de l'ébranler, je jugeai que je pouvais la recevoir, sans scrupule, pour le premier principe de la philosophie que je cherchais.

> Descartes, *Discours de la Méthode* (1637), IVe partie,
> Bibliothèque de la Pléiade, Éd. Gallimard, 1966, pp. 147-148.

Texte 7

« Je ne suis pas » : une pensée impensable

KANT

La peur de la mort qui est naturelle à tous les hommes, même aux plus malheureux, et fût-ce au plus sage, n'est pas un frémissement d'horreur devant le fait de périr, mais comme le dit justement Montaigne, devant la pensée d'*avoir péri* (d'être mort) ; cette pensée, le candidat au suicide s'imagine l'avoir encore
5 après la mort, puisque le cadavre qui n'est plus lui, il le pense comme soi-même plongé dans l'obscurité de la tombe ou n'importe où ailleurs. L'illusion ici n'est pas à supprimer ; car elle réside dans la nature de la pensée, en tant que parole qu'on adresse à soi-même et sur soi-même.

La pensée que « je ne suis pas » ne peut absolument pas exister ; car si je ne
10 suis pas, je ne peux pas non plus être conscient que je ne suis pas. Je peux bien dire : je ne suis pas en bonne santé, etc., en pensant des prédicats de moi-même qui ont valeur négative (comme cela arrive pour tous les *verba*[1]) mais, parlant à la première personne, nier le sujet lui-même (celui-ci en quelque sorte s'anéantit) est une contradiction.

> Kant, *Anthropologie du point de vue pragmatique* (1798),
> traduction de M. Foucault, Éd. Vrin, 1984, pp. 46-47.

III. L'ÂME ET LE CORPS

Texte 8

L'union de l'âme et du corps

DESCARTES

Et premièrement, il n'y a point de doute que tout ce que la nature m'enseigne contient quelque vérité. Car par la nature, considérée en général, je n'entends maintenant autre chose que Dieu même, ou bien l'ordre et la disposition que Dieu a établie dans les choses créées. Et par ma nature en particulier, je
5 n'entends autre chose que la complexion ou l'assemblage de toutes les choses que Dieu m'a données.

---

1. Attributs.

Or il n'y a rien que cette nature m'enseigne plus expressément, ni plus sensiblement, sinon que j'ai un corps, qui est mal disposé quand je sens de la douleur, qui a besoin de manger ou de boire quand j'ai les sentiments de la faim ou de la soif, etc. Et partant, je ne dois aucunement douter qu'il n'y ait en cela quelque vérité.

La nature m'enseigne aussi, par ces sentiments de douleur, de faim, de soif, etc., que je ne suis pas seulement logé dans mon corps, ainsi qu'un pilote en son navire, mais, outre cela, que je lui suis conjoint très étroitement, et tellement confondu et mêlé que je compose comme un seul tout avec lui. Car, si cela n'était, lorsque mon corps est blessé, je ne sentirais pas pour cela de la douleur, moi qui ne suis qu'une chose qui pense, mais j'apercevrais cette blessure par le seul entendement, comme un pilote aperçoit par la vue si quelque chose se rompt dans son vaisseau ; et lorsque mon corps a besoin de boire ou de manger, je connaîtrais simplement cela même, sans en être averti par des sentiments confus de faim et de soif. Car en effet tous ces sentiments de faim, de soif, de douleur, etc., ne sont autre chose que de certaines façons confuses de penser, qui proviennent et dépendent de l'union et comme du mélange de l'esprit avec le corps.

Descartes, *Méditations métaphysiques* (1641), 6ᵉ Méditation,
Bibliothèque de la Pléiade, Éd. Gallimard, 1953, p. 326.

Texte 9	**S P I N O Z A**
Ce que peut le corps	

Personne, en effet, n'a jusqu'ici déterminé ce que peut le corps, c'est-à-dire que l'expérience n'a jusqu'ici enseigné à personne ce que, grâce aux seules lois de la Nature, — en tant qu'elle est uniquement considérée comme corporelle, — le corps peut ou ne peut pas faire, à moins d'être déterminé par l'esprit. Car personne jusqu'ici n'a connu la structure du corps assez exactement pour en expliquer toutes les fonctions, et je ne veux rien dire ici de ce que l'on observe chez les bêtes et qui dépasse de loin la sagacité humaine, ni des nombreux actes que les somnambules accomplissent durant le sommeil et qu'ils n'oseraient pas faire éveillés ; ce qui prouve assez que le corps, par les seules lois de sa nature, peut beaucoup de choses dont son esprit reste étonné. En outre, personne ne sait de quelle manière ou par quels moyens l'esprit met le corps en mouvement, ni combien de degrés de mouvement il peut lui imprimer, et avec quelle vitesse il peut le mouvoir. D'où suit que les hommes, quand ils disent que telle ou telle action du corps a son origine dans l'esprit qui a de l'empire sur le corps, ne savent ce qu'ils disent et ne font qu'avouer ainsi en termes spécieux qu'ils ignorent la vraie cause de cette action et ne s'en étonnent pas.

Mais, dira-t-on, que l'on sache ou non par quels moyens l'esprit meut le corps, on sait cependant par expérience que, si l'esprit humain n'était pas capable de penser, le corps serait inerte. On sait aussi par expérience qu'il dépend du seul pouvoir de l'esprit de parler comme de se taire, et beaucoup d'autres choses que l'on croit donc dépendre du degré de l'esprit. [...]

Je demande si l'expérience ne nous enseigne pas également que, si à l'inverse le corps est inerte, l'esprit est en même temps incapable de penser ? Car lorsque le corps est au repos pendant le sommeil, l'esprit est endormi en même temps que lui et n'a pas le pouvoir de penser de l'état de veille. Ensuite je crois que tous nous avons fait l'expérience que l'esprit n'est pas toujours également apte à penser au même objet, mais que plus le corps est apte à éveiller en lui l'image de tel ou tel objet, plus l'esprit est apte à considérer ces objets. [...]

Tout cela, je crois, montre clairement que le décret de l'esprit, aussi bien que l'appétit et la détermination du corps, vont ensemble par nature, ou plu-tôt sont une seule et même chose que nous appelons Décret quand elle est considérée sous l'attribut de la Pensée et s'explique par lui, et que nous nom-mons Détermination quand elle est considérée sous l'attribut de l'Étendue et se déduit des lois du mouvement et du repos ; ce qui deviendra encore plus évident par la suite.

Spinoza, Éthique (1675), Livre III, scolie de la proposition II,
traduction de R. Caillois, M. Francès et R. Misrahi, Bibliothèque de la Pléiade,
Éd. Gallimard, 1954, pp. 416-418.

IV. CONSCIENCE ET CONNAISSANCE, LE SUJET ET L'OBJET

Texte 10 A

L'unité de la conscience de soi

KANT

Le *je pense* doit *pouvoir* accompagner toutes mes représentations ; car autre-ment serait représenté en moi quelque chose qui ne pourrait pas du tout être pensé, ce qui revient à dire ou que la représentation serait impossible, ou que, du moins, elle ne serait rien pour moi. La représentation qui peut être donnée avant toute pensée s'appelle *intuition.* Par conséquent, tout le divers de l'intui-tion a un rapport nécessaire au *je pense* dans le même sujet où se rencontre ce divers. Mais cette représentation est un acte de la *spontanéité*, c'est-à-dire qu'on ne saurait la considérer comme appartenant à la sensibilité. Je la nomme *aperception pure* pour la distinguer de l'aperception *empirique*, ou encore *aperception originaire* parce qu'elle est cette conscience de soi qui, en produi-sant la représentation *je pense*, doit *pouvoir* accompagner toutes les autres, et qui est une et identique en toute conscience. [...]

Car la conscience empirique, qui accompagne différentes représentations est, en soi, dispersée et sans relation avec l'identité du sujet. Cette relation ne s'opère donc pas encore par le fait que j'accompagne de conscience toute représentation, mais par le fait que *j'ajoute* une représentation à une autre et que j'ai conscience de leur synthèse. Ce n'est donc qu'à la condition de pou-

voir lier *dans une conscience* un divers de représentations données qu'il m'est possible de me représenter *l'identité de la conscience dans ces représentations*
20 *mêmes.*[...] Autrement dit, ce n'est que parce que je puis saisir en une seule conscience le divers de ces représentations que je les nomme, toutes, *mes représentations*; car, sans cela, j'aurais un moi aussi divers et d'autant de couleurs qu'il y a de représentations dont j'ai conscience.

Kant, *Critique de la raison pure* (1781), I, 1ʳᵉ division, II, 1ʳᵉ section, § 16, traduction de A. Tremesaygues et B. Pacaud, Éd. P.U.F., 1944, pp. 110-111-112.

Texte 10 B

Conscience de soi et connaissance de soi

KANT

J'ai conscience de moi-même, — dans la synthèse transcendantale du divers des représentations en général, par conséquent dans l'unité synthétique originaire de l'aperception, — non pas tel que je m'apparais, ni tel que je suis en moi-même, mais seulement conscience que je suis[1]. Cette *représentation* est
5 une *pensée*, et non une *intuition*. [...] Je n'ai donc aucune *connaissance* de moi *tel que je suis*, mais je me connais seulement tel que je *m'apparais* à moi-même. La conscience de soi-même n'est donc pas encore, il s'en faut, une connaissance de soi-même.

Kant, *Ibid.*, § 25, pp. 135-136.

Texte 11

La conscience altère son objet

SARTRE

L'être de la conscience ne coïncide pas avec lui-même dans une adéquation plénière. Cette adéquation, qui est celle de l'en-soi, s'exprime par cette simple formule : l'être est ce qu'il est. Il n'est pas, dans l'en-soi, une parcelle d'être qui ne soit à elle-même sans distance. Il n'y a pas dans l'être ainsi conçu la plus
5 petite ébauche de dualité. [...]

La caractéristique de la conscience, au contraire, c'est qu'elle est une décompression d'être. Il est impossible en effet de la définir comme coïncidence avec soi. De cette table, je puis dire qu'elle est purement et simplement *cette* table. Mais de ma croyance je ne puis me borner à dire qu'elle est croyance :
10 ma croyance est conscience (de) croyance. On a souvent dit que le regard réflexif altère le fait de conscience sur lequel il se dirige. [...] Ainsi, du seul fait que ma croyance est saisie comme croyance, elle *n'est plus que croyance*, c'est-à-dire qu'elle n'est déjà plus croyance, elle est croyance troublée. Ainsi le jugement ontologique « la croyance est conscience (de) croyance » ne saurait en
15 aucun cas être pris pour un jugement d'identité : le sujet et l'attribut sont radicalement différents et ceci, pourtant, dans l'unité indissoluble d'un même être.

J.-P. Sartre, *l'Être et le Néant*, Éd. Gallimard, 1943, pp. 112-113.

1. J'ai conscience *que* je suis et non pas de *ce que* je suis ; cette conscience n'est pas une connaissance.

V. CONSCIENCE ET SENS

Texte 12

Toute conscience
est conscience
de quelque chose

HUSSERL

La perception de cette table est, avant comme après, perception *de* cette table. Ainsi, tout état de conscience en général est, en lui-même, conscience *de* quelque chose, quoi qu'il en soit de l'existence réelle de cet objet et quelque abstention que je fasse, dans l'attitude transcendantale qui est mienne, de la
5 position de cette existence et de tous les actes de l'attitude naturelle. Par conséquent, il faudra élargir le contenu de l'*ego cogito*[1] transcendantal, lui ajouter un élément nouveau et dire que tout *cogito* ou encore tout état de conscience « vise » quelque chose, et qu'il porte en lui-même, en tant que « visé » (en tant qu'objet d'une intention), son *cogitatum*[2] respectif.
10 Chaque *cogito*, du reste, le fait à sa manière. La perception de la « maison » « vise » (se rapporte à) une maison — ou, plus exactement, telle maison individuelle — de la manière perceptive ; le souvenir de la maison « vise » la maison comme souvenir ; l'imagination, comme image ; un jugement prédicatif ayant pour objet la maison « placée là devant moi » la vise de la façon propre au
15 jugement prédicatif ; un jugement de valeur surajouté la viserait encore à sa manière, et ainsi de suite.
Ces états de conscience sont aussi appelés états *intentionnels*. Le mot *intentionnalité* ne signifie rien d'autre que cette particularité foncière et générale qu'a la conscience d'être conscience *de* quelque chose, de porter, en sa qualité
20 de *cogito*, son *cogitatum* en elle-même.

E. Husserl, *Méditations cartésiennes*,
Introduction à la phénoménologie (1929),
traduction de G. Peiffer et E. Lévinas,
Éd. Vrin, 1947, p. 28.

Texte 13

Sens et conscience

MERLEAU-PONTY

Le sens d'un cours d'eau, ce mot ne veut rien dire si je ne suppose pas un sujet qui regarde d'un certain lieu vers un autre. Dans le monde en soi, toutes les directions comme tous les mouvements sont relatifs, ce qui revient à dire qu'il n'y en a pas. Il n'y aurait pas de mouvement effectif et je n'aurais pas la notion
5 de mouvement si, dans la perception, je ne laissais la terre, comme « sol » de tous les repos et de tous les mouvements en deçà du mouvement et du repos, parce que je l'*habite*, et de même il n'y aurait pas de direction sans un être qui habite le monde et qui, par son regard, y trace la première direction-repère. Pareillement le sens d'une étoffe ne s'entend que pour un sujet qui peut abor-

---

1. Littéralement : « moi je pense ».
2. « La chose pensée ».

10 der l'objet d'un côté ou de l'autre, et c'est par mon surgissement dans le monde que l'étoffe a un sens. De même encore, le sens d'une phrase, c'est son propos ou son intention, ce qui suppose encore un point de vue. De même, enfin, le sens de la vue, c'est une certaine préparation à la logique et au monde des couleurs. Sous toutes les acceptions du mot sens, nous retrouvons la même

15 notion fondamentale d'un être orienté ou polarisé vers ce qu'il n'est pas, et nous sommes ainsi toujours amenés à une conception du sujet comme ek-stasen[1] et à un rapport de transcendance active entre le sujet et le monde. Le monde est inséparable du sujet, mais d'un sujet qui n'est rien que projet du monde, et le sujet est inséparable du monde, mais d'un monde qu'il projette

20 lui-même.

M. Merleau-Ponty, *Phénoménologie de la perception*,
Éd. Gallimard, 1945, 3e partie, p. 491.

VI. LES ILLUSIONS DE LA CONSCIENCE

Texte 14

Les hommes
se croient libres

SPINOZA

J'en conviens, les affaires humaines iraient beaucoup mieux s'il était également au pouvoir de l'homme de se taire ou de parler. Mais l'expérience montre assez — et au-delà — que les hommes n'ont rien moins en leur pouvoir que leur langue, et qu'ils ne peuvent rien moins que de régler leurs désirs ;

5 d'où vient que la plupart croient que nous n'agissons librement qu'à l'égard des choses que nous désirons modérément, parce que le désir de ces choses peut être facilement contrarié par le souvenir d'une autre chose dont nous nous souvenons souvent ; mais que nous ne sommes pas du tout libres à l'égard des choses que nous désirons vivement et qui ne peut être apaisé par le

10 souvenir d'une autre chose. Mais, en vérité, s'ils ne savaient par expérience que nous accomplissons plus d'un acte dont nous nous repentons ensuite, et que souvent — par exemple quand nous sommes partagés entre des sentiments contraires — nous voyons le meilleur et suivons le pire, rien ne les empêcherait de croire que nous agissons toujours librement. C'est ainsi qu'un petit

15 enfant croit désirer librement le lait, un jeune garçon en colère vouloir se venger, et un peureux s'enfuir. Un homme ivre aussi croit dire d'après un libre décret de l'esprit ce que, revenu à son état normal, il voudrait avoir tu ; de

---

1. De *extasis*, action d'être hors de soi.

même le délirant, la bavarde, l'enfant et beaucoup de gens de même farine croient parler selon un libre décret de l'esprit, alors que pourtant ils ne peuvent contenir leur envie de parler.

L'expérience elle-même n'enseigne donc pas moins clairement que la Raison que les hommes se croient libres pour la seule raison qu'ils sont conscients de leurs actions et ignorants des causes par lesquelles ils sont déterminés ; elle montre en outre que les décrets de l'esprit ne sont rien en dehors des appétits mêmes, et sont par conséquent variables selon l'état variable du corps.

Spinoza, *Éthique* (1675), Livre III, scolie de la proposition II,
traduction de R. Caillois, M. Francès et R. Misrahi,
Bibliothèque de la Pléiade, Éd. Gallimard, 1954, pp. 417-418.

Texte 15

La conscience
des hommes
est déterminée
par leur être social

MARX

Dans la production sociale de leur existence, les hommes nouent des rapports déterminés, nécessaires, indépendants de leur volonté ; ces rapports de production correspondent à un degré donné du développement de leurs forces productives matérielles. L'ensemble de ces rapports forme la structure économique de la société, la fondation réelle sur laquelle s'élève un édifice juridique et politique, et à quoi répondent des formes déterminées de la conscience sociale. Le mode de production de la vie matérielle domine en général le développement de la vie sociale, politique et intellectuelle. Ce n'est pas la conscience des hommes qui détermine leur existence, c'est au contraire leur existence sociale qui détermine leur conscience. À un certain degré de leur développement, les forces productives matérielles de la société entrent en collision avec les rapports de production existants, ou avec les rapports de propriété au sein desquels elles s'étaient mues jusqu'alors, et qui n'en sont que l'expression juridique. Hier encore formes de développement des forces productives, ces conditions se changent en de lourdes entraves. Alors commence une ère de révolution sociale. Le changement dans les fondations économiques s'accompagne d'un bouleversement plus ou moins rapide dans tout cet énorme édifice. Quand on considère ces bouleversements, il faut toujours distinguer deux ordres de choses. Il y a le bouleversement matériel des conditions de production économique. On doit le constater dans l'esprit de rigueur des sciences naturelles. Mais il y a aussi les formes juridiques, politiques, religieuses, artistiques, philosophiques, bref les formes idéologiques, dans lesquelles les hommes prennent conscience de ce conflit et le poussent jusqu'au bout. On ne juge pas une époque de révolution d'après la conscience qu'elle a d'elle-même.

Marx, *Avant-propos à la Critique de l'Économie politique* (1859),
traduction de M. Rubel et L. Évrard in *Œuvres*, Bibliothèque de la Pléiade,
tome I, Éd. Gallimard, 1965, pp. 272-273.

Texte 16

La « voix de la
conscience »

NIETZSCHE

Combien de gens savent-ils observer ? Et, dans le petit nombre qui savent, combien s'observent-ils eux-mêmes ? « Nul n'est plus que soi-même étranger à soi-même »,... c'est ce que n'ignore, à son grand déplaisir, aucun sondeur de l'âme humaine ; la maxime « connais-toi toi-même » prend dans la bouche
5 d'un dieu, et adressée aux hommes, l'accent d'une féroce plaisanterie. Rien ne prouve mieux la situation désespérée où se trouve l'introspection que la façon dont *tout le monde, ou presque,* parle de l'essence de l'action morale. Quelle promptitude chez ces gens ! Quel empressement, quelle conviction, quelle loquacité ! Et ce regard, ce sourire, ce zèle, cette complaisance ! Ils ont l'air de
10 vous dire : « Mais, mon cher, c'est précisément *mon* affaire ! Tu tombes précisément sur celui qui peut te répondre : c'est la question que, par hasard, je connais le mieux. Voici donc : quand un homme décide « *ceci est bien* », quand il conclut : c'est « *pour cela qu'il faut que ce soit* », et qu'il *fait* ce qu'il a ainsi reconnu bien et désigné comme nécessaire, l'essence de son acte est *morale*.
15 « Mais, cher ami, vous parlez là de trois actions et non d'une seule : votre jugement, — « ceci est bien », par exemple, — votre jugement est un acte aussi ! Et ce jugement ne pourrait-il, déjà, être ou moral ou immoral ? Pourquoi tenez-vous « ceci » pour bien plutôt qu'autre chose ? « Parce que ma conscience me le dit ; et la conscience ne dit jamais rien d'immoral, puisque c'est elle qui
20 détermine ce qui est moral !» Mais pourquoi écoutez-vous la voix de votre conscience ? Qu'est-ce qui vous donne le droit de croire que son jugement est infaillible ? Cette *croyance*, n'y a-t-il plus de conscience qui l'examine ? N'avez-vous jamais entendu parler d'une conscience intellectuelle ? D'une conscience qui se tienne derrière votre « conscience » ? Votre jugement « ceci est bien » a
25 une genèse dans vos instincts, vos penchants et vos répugnances, vos expériences et vos inexpériences ; « comment ce jugement est-il né ? » c'est une question que vous devez vous poser, et, aussitôt après, celle-ci : « qu'est-ce exactement qui me pousse à obéir à ce jugement ? » Car vous pouvez suivre son ordre comme un brave soldat qui entend la voix de son chef. Ou comme une
30 femme qui aime celui qui commande. Ou encore comme un flatteur, un lâche qui a peur de son maître. Ou comme un imbécile qui écoute parce qu'il n'a rien à objecter. En un mot vous pouvez écouter votre conscience de mille façons différentes.

Nietzsche, *le Gai Savoir* (1882), § 335, traduction d'A. Vialatte, collection Idées, Éd. Gallimard, 1950, pp. 270-271.

2. L'inconscient

I. LA DÉPOSSESSION DE SOI

Texte 1

Le moi n'est pas
maître dans sa
propre maison

FREUD

« Tu crois savoir tout ce qui se passe dans ton âme, dès que c'est suffisamment important, parce que ta conscience te l'apprendrait alors. Et quand tu restes sans nouvelles d'une chose qui est dans ton âme, tu admets, avec une parfaite assurance, que cela ne s'y trouve pas. Tu vas même jusqu'à tenir « psychique » pour identique à « conscient », c'est-à-dire connu de toi, et cela malgré les preuves les plus évidentes qu'il doit sans cesse se passer dans ta vie psychique bien plus de choses qu'il ne peut s'en révéler à ta conscience. Tu te comportes comme un monarque absolu qui se contente des informations que lui donnent les hauts dignitaires de la cour et qui ne descend pas vers le peuple pour entendre sa voix. Rentre en toi-même profondément et apprends d'abord à te connaître, alors tu comprendras pourquoi tu vas tomber malade, et peut-être éviteras-tu de le devenir. »

C'est de cette manière que la psychanalyse voudrait instruire le *moi*. Mais les deux clartés qu'elle nous apporte : savoir, que la vie instinctive de la sexualité ne saurait être complètement domptée en nous et que les processus psychiques sont en eux-mêmes inconscients, et ne deviennent accessibles et subordonnés au *moi* que par une perception incomplète et incertaine, équivalent à affirmer que *le moi n'est pas maître dans sa propre maison.*

S. Freud, *Essais de psychanalyse appliquée*,
«Une difficulté de la psychanalyse» (1917), traduction de M. Bonaparte et E. Marty,
collection Idées, Éd. Gallimard, 1933, pp. 144-146.

Texte 2

L'inconscient :
comique et tragique

KAUFMANN

Avant de se prêter à une représentation théorique, l'opposition de la conscience et de l'inconscient s'inscrit dans la spontanéité de ces situations interpersonnelles dont le développement donne matière à la mise en scène comique ou tragique. Nous rions d'un mot qui « échappe » à autrui ou d'un comportement qui le « trahit » dans la mesure même où il nous apparaît comme « inconscient » de ses propres motifs. Cet « inconscient » ne désigne pas un principe d'interprétation ; il se donne comme l'objet propre de notre sentiment spontané du comique. N'avons-nous pas, de même, une expérience directe du tragique ? Et

cette expérience n'est-elle pas immédiatement référée à « l'inconscient »
10   d'autrui ? Tragique nous apparaît la condition du héros précipité dans une faute
inexpiable par une initiative dont il a méconnu le sens. Si une telle situation,
cependant, a pu être portée sur scène, c'est qu'elle y figure une visée déjà présente
à notre expérience, celle de l'aveuglement de notre prochain qu'entraîne à sa perte
le mouvement irréversible de sa propre existence. Qu'il en soit « inconscient »,
15   c'est là précisément ce qui nous représente sa condition comme déjà « tragique ».

P. Kaufmann, « Conscience et Inconscient », *in Philosopher*,
Éd. Fayard, 1980, p. 143.

II. DÉFINITIONS DE L'INCONSCIENT

Texte 3

Les petites
perceptions

LEIBNIZ

Nous avons toujours des objets qui frappent nos yeux ou nos oreilles, et par
conséquent l'âme en est touchée aussi sans que nous y prenions garde : parce
que notre attention est bandée à d'autres objets, jusqu'à ce que l'objet devienne assez fort pour l'attirer à soi en redoublant son action ou par quelque
5   autre raison ; c'était comme un sommeil particulier à l'égard de cet objet-là, et
ce sommeil devient général lorsque notre attention cesse à l'égard de tous les
objets ensemble. [...] Toutes les impressions ont leur effet, mais tous les effets
ne sont pas toujours notables ; quand je me tourne d'un côté plutôt que d'un
autre, c'est bien souvent par un enchaînement de petites impressions dont je
10   ne m'aperçois pas, et qui rendent un mouvement un peu plus malaisé que
l'autre. Toutes nos actions délibérées sont des résultats d'un concours de
petites perceptions, et même nos coutumes et passions, qui ont tant d'influence
dans nos délibérations, en viennent ; car ces habitudes naissent peu à peu, et
par conséquent, sans les petites perceptions, on ne viendrait pas à ces disposi-
15   tions notables. [...] En un mot, c'est une grande source d'erreurs de croire qu'il
n'y a aucune perception dans l'âme que celles dont on s'aperçoit.

Leibniz, *Nouveaux Essais sur l'entendement humain*, II, ch. 1 (1703),
Éd. Garnier, 1966, pp. 96-97.

Texte 4

La nuit
de l'inconscient

BERGSON

Derrière les souvenirs qui viennent se poser ainsi sur notre occupation présente et se révéler au moyen d'elle, il y en a d'autres, des milliers et des milliers
d'autres, en bas, au-dessous de la scène illuminée par la conscience. Oui, je
crois que notre vie passée est là, conservée jusque dans ses moindres détails, et

5   que nous n'oublions rien, et que tout ce que nous avons perçu, pensé, voulu
depuis le premier éveil de notre conscience, persiste indéfiniment. Mais les
souvenirs que ma mémoire conserve ainsi dans ses plus obscures profondeurs y
sont à l'état de fantômes invisibles. Ils aspirent peut-être à la lumière : ils
n'essaient pourtant pas d'y remonter ; ils savent que c'est impossible, et que
10 moi, être vivant et agissant, j'ai autre chose à faire que de m'occuper d'eux.
Mais supposez qu'à un moment donné *je me désintéresse* de la situation présente, de l'action pressante. Supposez, en d'autres termes, que je m'endorme.
Alors ces souvenirs immobiles, sentant que je viens d'écarter l'obstacle, de soulever la trappe qui les maintenait dans le sous-sol de la conscience, se mettent
15 en mouvement. Ils se lèvent, ils s'agitent, ils exécutent, dans la nuit de
l'inconscient, une immense danse macabre. Et, tous ensemble, ils courent à la
porte qui vient de s'entrouvrir.

H. Bergson, *l'Énergie spirituelle*, « Essais et Conférences »,
Éd. Alcan, 1919, pp. 95-96.

III. CARACTÉRISTIQUES DE L'INCONSCIENT

Texte 5

Les mécanismes
de la pensée
inconsciente

FREUD

Il n'y a dans ce système ni négation, ni doute, ni degré dans la certitude. Tout
cela n'est introduit que par le travail de la censure entre *Ics*[1] et *Pcs*[1]. La négation est un substitut de refoulement d'un niveau supérieur. Dans l'*Ics*, il n'y a
que des contenus plus ou moins fortement investis.

5   Il y règne une plus grande mobilité des intensités d'investissement. Par le
processus de *déplacement* une représentation peut transmettre tout son quan-
tum d'investissement à une autre, par celui de la *condensation*, s'approprier
tout l'investissement de plusieurs autres. J'ai proposé de considérer ces deux
processus comme signes caractéristiques de ce que nous appelons le *processus*
10 psychique *primaire*. Dans le système *Pcs* règne le *processus secondaire* ; dans le
cas où un tel processus primaire peut se dérouler sur des éléments du système
Pcs, il apparaît « comique » et provoque le rire.

Les processus du système *Ics* sont *intemporels*, c'est-à-dire qu'ils ne sont pas
ordonnés dans le temps, ne sont pas modifiés par l'écoulement du temps,
15 n'ont absolument aucune relation avec le temps. La relation au temps elle
aussi est liée au travail du système *Cs*[2].

1. *Ics* : inconscient — *Pcs* : préconscient.
2. *Cs* : conscient.

Pas davantage les processus *Ics* n'ont égard à la *réalité*. Ils sont soumis au principe de plaisir ; leur destin ne dépend que de leur force et de leur conformité ou non-conformité aux exigences de la régulation plaisir-déplaisir.

20 Résumons-nous : *absence de contradiction, processus primaire* (mobilité des investissements), *intemporalité* et *substitution* à la *réalité extérieure de la réalité psychique,* tels sont les caractères que nous devons nous attendre à trouver aux processus appartenant au système *Ics.*

S. Freud, *Métapsychologie*, « l'Inconscient » (1915), traduction de J. Laplanche et J.-B. Pontalis, Éd. Gallimard, 1968, pp. 96-98.

Texte 6

L'hypothèse
de l'inconscient :
un gain de sens

F R E U D

On nous conteste de tous côtés le droit d'admettre un psychisme inconscient et de travailler scientifiquement avec cette hypothèse. Nous pouvons répondre à cela que l'hypothèse de l'inconscient est *nécessaire* et *légitime*, et que nous possédons de multiples *preuves* de l'existence de l'inconscient. Elle est néces-
5 saire parce que les données de la conscience sont extrêmement lacunaires ; aussi bien chez l'homme sain que chez le malade, il se produit fréquemment des actes psychiques qui, pour être expliqués, présupposent d'autres actes qui, eux, ne bénéficient pas du témoignage de la conscience. Ces actes ne sont pas seulement les actes manqués et les rêves, chez l'homme sain, et tout ce qu'on
10 appelle symptômes psychiques et phénomènes compulsionnels chez le malade ; notre expérience quotidienne la plus personnelle nous met en présence d'idées qui nous viennent sans que nous en connaissions l'origine, et de résultats de pensée dont l'élaboration nous est demeurée cachée. Tous ces actes conscients demeurent incohérents et incompréhensibles si nous nous obsti-
15 nons à prétendre qu'il faut bien percevoir par la conscience tout ce qui se passe en nous en fait d'actes psychiques ; mais ils s'ordonnent dans un ensemble dont on peut montrer la cohérence, si nous interpolons les actes inconscients inférés. Or, nous trouvons dans ce gain de sens et de cohérence une raison, pleinement justifiée, d'aller au-delà de l'expérience immédiate. Et s'il s'avère
20 de plus que nous pouvons fonder sur l'hypothèse de l'inconscient une pratique couronnée de succès, par laquelle nous influençons, conformément à un but donné, le cours des processus conscients, nous aurons acquis, avec ce succès, une preuve incontestable de l'existence de ce dont nous avons fait l'hypothèse.

Ibid., pp. 66-67.

Texte 7

Le ça, le moi
et le surmoi

F R E U D

Un adage nous déconseille de servir deux maîtres à la fois. Pour le pauvre moi la chose est bien pire, il a à servir trois maîtres sévères et s'efforce de mettre de l'harmonie dans leurs exigences. Celles-ci sont toujours contradictoires et il paraît souvent impossible de les concilier ; rien d'étonnant dès lors à ce que

souvent le moi échoue dans sa mission. Les trois despotes sont le monde extérieur, le surmoi et le ça. Quand on observe les efforts que tente le moi pour se
montrer équitable envers les trois à la fois, ou plutôt pour leur obéir, on ne
regrette plus d'avoir personnifié le moi, de lui avoir donné une existence
propre. Il se sent comprimé de trois côtés, menacé de trois périls différents
auxquels il réagit, en cas de détresse, par la production d'angoisse. Tirant son
origine des expériences de la perception, il est destiné à représenter les exigences du monde extérieur, mais il tient cependant à rester le fidèle serviteur
du ça, à demeurer avec lui sur le pied d'une bonne entente, à être considéré par
lui comme un objet et à s'attirer sa libido. En assurant le contact entre le ça et
la réalité, il se voit souvent contraint de revêtir de rationalisations précons-
cientes les ordres inconscients donnés par le ça, d'apaiser les conflits du ça avec
la réalité et, faisant preuve de fausseté diplomatique, de paraître tenir compte
de la réalité, même quand le ça demeure inflexible et intraitable. D'autre part,
le surmoi sévère ne le perd pas de vue et, indifférent aux difficultés opposées
par le ça et le monde extérieur, lui impose les règles déterminées de son comportement. S'il vient à désobéir au surmoi, il en est puni par de pénibles sentiments d'infériorité et de culpabilité. Le moi ainsi pressé par le ça, opprimé par
le surmoi, repoussé par la réalité, lutte pour accomplir sa tâche économique,
rétablir l'harmonie entre les diverses forces et influences qui agissent en et sur
lui : nous comprenons ainsi pourquoi nous sommes souvent forcés de nous
écrier : « Ah, la vie n'est pas facile ! »

S. Freud, *Nouvelles Conférences de psychanalyse* (1932),
traduction de A. Berman, 1936, Éd. Gallimard, pp. 104-105.

IV. L'INCONSCIENT : ANIMALITÉ OU HUMANITÉ ?

Texte 8

L'esprit et le corps

MERLEAU-PONTY

« Les faits psychiques ont un sens » écrivait Freud dans un de ses plus anciens
ouvrages. Cela voulait dire qu'aucune conduite n'est, dans l'homme, le simple
résultat de quelque mécanisme corporel, qu'il n'y a pas, dans le comportement, un centre spirituel et une périphérie d'automatisme, et que tous nos
gestes participent à leur manière à cette unique activité d'explicitation et de
signification qui est nous-mêmes. Au moins autant qu'à réduire les super-
structures à des infrastructures instinctives, Freud s'efforce à montrer qu'il n'y
a pas d'« inférieur » ni de « bas » dans la vie humaine. On ne saurait donc être
plus loin d'une explication « par le bas ». Au moins autant qu'il explique la
conduite par une fatalité héritée de l'enfance, Freud montre dans l'enfance une

vie adulte *prématurée*, et par exemple dans les conduites sphinctériennes de l'enfant un premier choix de ses rapports de générosité ou d'avarice avec autrui. Au moins autant qu'il explique le psychologique par le corps, il montre la signification psychologique du corps, sa logique secrète ou latente. [...] Avec la psychanalyse, l'esprit passe dans le corps comme inversement le corps passe dans l'esprit.

M. Merleau-Ponty, Signes, Éd. Gallimard, 1960, p. 290.

Texte 9

Un animal redoutable

ALAIN

Il y a de la difficulté sur le terme d'inconscient. Le principal est de comprendre comment la psychologie a imaginé ce personnage mythologique. Il est clair que le mécanisme échappe à la conscience, et lui fournit des résultats (par exemple, j'ai peur) sans aucune notion des causes. En ce sens la nature humaine est inconsciente autant que l'instinct animal et par les mêmes causes. On ne dit point que l'instinct est inconscient. Pourquoi ? Parce qu'il n'y a point de conscience animale devant laquelle l'instinct produise ses effets. L'inconscient est un effet de contraste dans la conscience. On dit à un anxieux : « Vous avez peur », ce dont il n'a même pas l'idée ; il sent alors en lui un autre être qui est bien lui et qu'il trouve tout fait. Un caractère, en ce sens, est inconscient. Un homme regarde s'il tremble afin de savoir s'il a peur. Ajax, dans l'*Iliade*, se dit : « Voilà mes jambes qui me poussent ! Sûrement un dieu me conduit ! » Si je ne crois pas à un tel dieu, il faut alors que je croie à un monstre caché en moi. En fait l'homme s'habitue à avoir un corps et des instincts. Le psychiatre contrarie cette heureuse disposition ; il invente le monstre ; il le révèle à celui qui en est habité. Le *freudisme*, si fameux, est un art d'inventer en chaque homme un animal redoutable, d'après des signes tout à fait ordinaires ; les rêves sont de tels signes : les hommes ont toujours interprété leurs rêves, d'où un symbolisme facile. Freud se plaisait à montrer que ce symbolisme facile nous trompe et que nos symboles sont tout ce qu'il y a d'indirect. Les choses du sexe échappent évidemment à la volonté et à la prévision ; ce sont des crimes de soi, auxquels on assiste. On devine par là que ce genre d'instinct offrait une riche interprétation. L'homme est obscur à lui-même ; cela est à savoir. Seulement il faut éviter ici plusieurs erreurs que fonde le terme d'*inconscient*. La plus grave de ces erreurs est de croire que l'inconscient est un autre Moi ; un Moi qui a ses préjugés, ses passions et ses ruses ; une sorte de mauvais ange, diabolique conseiller. Contre quoi il faut comprendre qu'il n'y a point de pensées en nous sinon par l'unique sujet, Je ; cette remarque est d'ordre moral.

Alain, Éléments de philosophie, Livre II, ch. XVI, note 146,
Éd. Gallimard, 1941, p. 155.

DOCUMENT

Le complexe d'Œdipe

VOUS êtes sans doute impatients d'apprendre en quoi consiste ce terrible complexe d'Œdipe. Son nom seul vous permet déjà de le deviner. Vous connaissez tous la légende grecque du roi Œdipe qui a été voué par le destin à tuer son père et à épouser sa mère, qui fait tout ce qu'il peut pour échapper à la prédiction de l'oracle et qui, n'y ayant pas réussi, se punit en se crevant les yeux, dès qu'il a appris
5 *qu'il a, sans le savoir, commis les deux crimes qui lui ont été prédits. Je suppose que beaucoup d'entre vous ont été secoués par une violente émotion à la lecture de la tragédie dans laquelle Sophocle a traité ce sujet. [...] L'ouvrage du poète attique nous expose comment le crime commis par Œdipe a été peu à peu dévoilé, à la suite d'une enquête artificiellement retardée et sans cesse ranimée à la faveur de nouveaux indices. Sous ce rapport, son exposé présente une certaine ressemblance avec les démarches d'une*
10 *psychanalyse. Il arrive au cours du dialogue que Jocaste, la mère-épouse aveuglée par l'amour, s'oppose à la poursuite de l'enquête.*

Cette tragédie est au fond une pièce immorale, parce qu'elle supprime la responsabilité de l'homme, attribue aux puissances divines l'initiative du crime et révèle l'impuissance des tendances morales de l'homme à résister aux penchants criminels. Entre les mains d'un poète comme Euripide, qui était
15 *brouillé avec les dieux, la tragédie d'Œdipe serait devenue facilement un prétexte à récriminations contre les dieux et contre le destin. Mais, chez le croyant Sophocle, il ne pouvait être question de récriminations ; il se tire de la difficulté par une pieuse subtilité, en proclamant que la suprême moralité exige l'obéissance à la volonté des dieux, alors même qu'ils ordonnent le crime. Je ne trouve pas que cette morale constitue une des forces de la tragédie, mais elle n'influe en rien sur l'effet de celle-ci. Ce*
20 *n'est pas à cette morale que l'auditeur réagit, mais au sens et au contenu mystérieux de la légende. Il réagit comme s'il retrouvait en lui-même, par l'auto-analyse, le complexe d'Œdipe ; comme s'il apercevait, dans la volonté des dieux et dans l'oracle, des travestissements idéalisés de son propre inconscient ; comme s'il se souvenait avec horreur d'avoir éprouvé lui-même le désir d'écarter son père et d'épouser sa mère. La voix du poète semble lui dire : « Tu te raidis en vain contre ta responsabilité, et c'est en vain*
25 *que tu invoques tout ce que tu as fait pour réprimer ces intentions criminelles. Ta faute n'en persiste pas moins puisque, ces intentions, tu n'as pas su les supprimer : elles restent intactes dans ton inconscient. » Et il y a là une vérité psychologique. Alors même qu'ayant refoulé ses mauvaises tendances dans l'inconscient, l'homme croit pouvoir dire qu'il n'en est pas responsable, il n'en éprouve pas moins cette responsabilité comme un sentiment de péché dont il ignore les motifs.*

S. Freud, *Introduction à la psychanalyse* (1915), traduction S. Jankélévitch, Éd. Petite Bibliothèque Payot, 1974, pp. 310-311.

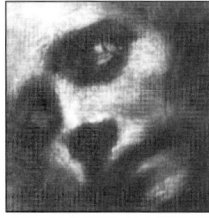

2.

LES PASSIONS

La douleur, l'appassionata, Lévy-Dhurmer, vers 1906. Musée du Petit Palais, Paris.

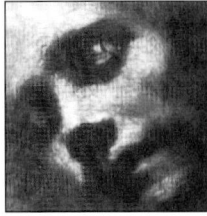

INTRODUCTION

Passion et action   L'état de passion apparaît d'emblée comme équivoque : le mot « passion » en effet (du latin *patior, pati :* supporter, souffrir) désigne en premier lieu tous les phénomènes passifs de l'âme. Les cartésiens nommaient « passions » tous les états affectifs (plaisirs, douleurs, émotions), pensant qu'ils étaient subis par l'âme du fait de son union avec le corps. D'un autre côté, la passion est une inclination si ardente qu'elle envahit l'individualité tout entière, balayant tout sur son chemin : en ce sens la passion est de l'ordre de l'activité, elle constitue une des forces vives du comportement humain. Cette ambiguïté fondamentale du concept de passion s'explique par les péripéties de son histoire. Dans son sens ancien, la passion est l'accident consistant à subir une action ; chez les stoïciens notamment, elle est une déformation accidentelle, une exagération de la tendance fondamentale qui veut que chaque être veille à se conserver. Les passions, on le sait, sont donc nocives à leurs yeux et le sage doit s'en garder s'il veut atteindre la sereine impassibilité qui constitue le bonheur.

La réhabilitation des passions commence avec Descartes pour qui « elles sont toujours bonnes de leur nature », étant donné qu'elles ont une fonction naturelle qui est de « disposer l'âme à vouloir les choses que la nature nous dicte utiles et à persister en cette volonté » [1]. Un véritable renversement n'intervient qu'avec les romantiques qui exaltent les passions, parce qu'elles élèvent et affermissent l'âme du vrai « sage », lequel, pas plus qu'un autre, n'est à l'abri de leur influence : « Il n'y a que des âmes de feu qui sachent combattre et vaincre, écrit Rousseau ; tous les grands efforts, toutes les actions sublimes sont leur ouvrage [2]. »

Les passions   Le concept moderne de « passion » reste ambigu, et l'unité des passions pro-
ou la passion ?   blématique. Sans doute parlerait-on plus volontiers aujourd'hui de la passion que des passions : aussi longtemps que les passions étaient des phénomènes passifs liés aux vicissitudes de notre existence corporelle, elles étaient multiples et s'opposaient, en tant que telles, à la raison qui est unique et seule apte à les gouverner [3]. Par définition, aujourd'hui, seule **une** passion peut dominer la vie de l'esprit.

Il faut toutefois insister sur le caractère hétéroclite du tableau des affections humaines. De la cupidité de l'avare à l'égarement du joueur, des transports de l'amoureux à la détermination implacable du méchant, de la rage meurtrière du fanatique à l'amour sublime d'une mère pour son fils, peut-on considérer qu'une même passion est à l'œuvre ? Une unique dénomination est-elle ici bien justifiée ? Elle peut l'être, d'après Hegel, à condition toutefois de préciser que la passion ne peut se définir par un contenu, puisque précisé-

---

1. *Traité des passions*, Article 52.
2. *La Nouvelle Héloïse*, p. 493 (texte 7).
3. Platon, *Phèdre*, 246 b.

36

ment un tel contenu particulier est « tellement un avec la volonté de l'homme qu'il en constitue toute la détermination et en est inséparable[1] ».

Passion et volonté

La passion est donc une **forme** : « Cette forme exprime seulement ceci qu'un sujet a placé tout l'intérêt vivant de son esprit, de son talent, de son caractère, de sa jouissance dans un seul contenu[2] ». Cependant, vidée ainsi de toute détermination particulière, la passion hégelienne, conçue comme tension spirituelle d'une conscience tout entière absorbée par sa fin, s'apparente de plus en plus à la « force d'âme ». N'y a-t-il pas, dès lors, un risque de confusion entre la passion et la vertu ? Volonté et passion impliquent l'une et l'autre une constance dans les desseins, une polarisation de la conscience sur un objet qui a été posé et valorisé librement (l'amour du savant pour la vérité, celui de l'homme d'action pour la liberté ne sont-ils pas des passions actives, volontaires ?). Cependant, tandis que le choix volontaire suppose un équilibre relatif de nos tendances, le choix passionnel traduit une rupture de cet équilibre. Même entretenue et favorisée comme un enfant chéri, la passion reste le signe de notre dépendance : quels que puissent être sa vigueur et ses effets, elle est toujours ignorance de soi-même, de son objet, de ses véritables fins. En d'autres termes, la passion, qui est une spécification du désir, se distingue de celui-ci tant par sa constance (le désir peut être intermittent) que par son ardeur (certains désirs sont tempérés). Aussi la passion se traduit-elle toujours par une sorte de délire, ou encore d'ensorcellement, dont saint Augustin nous fournit le plus vibrant des témoignages (**Texte 1**).

Telle la colère ou la peur, la passion n'est-elle donc qu'une sorte d'exaltation ou d'émotion délibérément entretenue et prolongée ? Il semble pourtant qu'il y ait une différence fondamentale entre l'émotion et la passion. L'émotion est impétueuse mais passagère et capricieuse. La passion, au contraire, prend du temps pour s'enraciner ; de plus, elle réfléchit pour atteindre son but. C'est pourquoi les animaux en sont exempts (**Texte 2**).

Une liberté illusoire

A mesure qu'une passion grandit, l'imagination y prend plus de place. Le sujet associe à la possession de l'objet, plus ou moins transfiguré par le fameux processus de la « cristallisation[3] », des satisfactions infinies, créant ainsi une finalité illusoire : le joueur, par exemple, cherche-t-il l'argent, le plaisir ? « J'avais risqué ma vie et j'avais gagné. De nouveau j'étais un homme », s'écrie le héros de Dostoïevski dans son délire[4]. Tout comme l'ivrogne ou l'amoureux, le joueur recherche éperdument l'exaltation, l'égarement propres à son état. Ce qui n'empêche pas le passionné de se croire libre dans la mesure où il poursuit de toutes ses forces et de toute son âme un objectif que nul ne lui a imposé, et qu'il conçoit confusément (**Textes 3 et 4**). Mais cet objectif que le passionné poursuit avec tant d'ardeur, ne serait-ce pas finalement l'illusion en tant qu'elle constitue l'étoffe même de sa passion ?

---

1. Hegel, la Raison dans l'histoire, Éd. U.G.E., p. 108.
2. Hegel, *Précis de l'Encyclopédie des Sciences humaines*, 3e partie, 1re section, Éd. Vrin, p. 263.
3. Ce terme désigne, par analogie avec la formation de cristaux plongés dans une mine de sel, le fait que l'imagination substitue à un objet réel un objet idéalisé (Stendhal, *De l'amour*, Document).
4. *Le Joueur*, traduction J.-M. Lassienko, chapitre XVII.

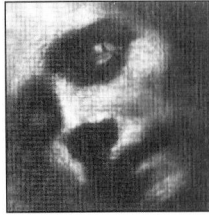

Il peut y avoir néanmoins une vérité de la passion, une signification dont Schopenhauer propose une interprétation originale. Dans la **passion amoureuse**, l'élection de tel ou tel individu est, d'après lui, loin d'être accessoire. L'objet est aimé avant même d'être connu, ou encore connu avant d'être aimé : tel est le paradoxe du coup de foudre. Pour comprendre un choix apparemment si obscur, il suffit de le rapporter à son but véritable, l'être à procréer, en qui « le type de l'espèce doit se perpétuer, aussi pur et authentique que possible ». La vérité prend ici la forme de l'illusion (**Texte 5**) et curieusement celui qu'entraîne cette illusion a souvent horreur du but qui seul le mène (la procréation) et voudrait même faire obstacle à sa réalisation. La vérité de la passion, c'est donc la transcendance de sa fin : une fin inconnue et infinie. Ainsi pourraient s'expliquer aussi bien l'innocence que la grandeur tragique de ceux qu'elle anime.

Les passions sont-elles toujours mauvaises ?

Bien que sensiblement différent, le point de vue du moraliste sur les passions est également résolument critique. Sans doute faut-il admettre en premier lieu, en accord avec le sens commun, que certaines passions sont plutôt bonnes, tandis que d'autres (l'avarice, l'ivrognerie) sont plutôt mauvaises. Ou encore que certaines sont tantôt bonnes, tantôt mauvaises ; ainsi la haine est-elle pire, à certains égards, que l'amour (elle est toujours accompagnée de tristesse et de chagrin), tandis que l'amour est pire à d'autres égards. Descartes note, à juste titre, que l'amour d'un objet qui en est indigne peut être plus néfaste que la haine d'une personne aimable[1]. Autant dire que la passion n'est pas mauvaise en soi, et que les jugements de valeur trop tranchés sont ici mal venus. Sans doute les fautes et les crimes commis en son nom sont-ils présents à tous les esprits. Cependant, certaines mœurs, et l'imagination, ne sont-elles pas les vraies causes de tant de ravages attribués aux passions ? L'amour sous la forme culturelle, observe Rousseau, n'est qu'un sentiment artificiel : il serait plus juste d'imputer les crimes passionnels et la débauche aux règles trop répressives du mariage, ou de l'honneur, qu'à l'ardeur de nos passions spontanées[2]. Celles-ci, dans le meilleur des cas, peuvent être soit canalisées, soit tempérées par les passions altruistes, comme la générosité ou même la vertu (**Textes 6 et 7**).

La sublimation

Grâce à la **sublimation**[3] notamment, l'énergie vitale peut être détournée vers des buts idéaux, notamment esthétiques ou mystiques, car certaines pulsions ou sentiments « inférieurs » ont la capacité de changer de but sans perdre de leur intensité. La passion amoureuse peut ainsi s'émanciper complètement de sa source charnelle et se transformer en sentiment. Pour le croyant, la seule « passion » qui n'est pas mauvaise est l'amour d'une réalité parfaite et infinie, car l'amour qui a pour objet Dieu est un amour qui n'a plus rien d'accidentel. Mais un tel amour, purement spirituel, libre et généreux,

1. *Lettre à Chanut*, 1er février 1647.
2. *Discours sur l'origine de l'inégalité*, première partie, Éd. Garnier-Flammarion, p. 201.
3. Processus postulé par Freud pour rendre compte d'activités humaines apparemment sans rapport avec la sexualité, mais qui trouveraient leur ressort dans la force de la pulsion sexuelle. Freud a décrit comme activités de sublimation principalement l'activité artistique et l'investigation intellectuelle. La pulsion est dite sublimée dans la mesure où elle est dérivée vers un nouveau but non sexuel et où elle vise des objets socialement valorisés. (Laplanche et Pontalis, *Vocabulaire de Psychanalyse*).

n'est-il pas une passion sans passion ? De fait, la « spiritualisation » de la passion ne serait, selon Nietzsche, qu'une forme subtile de castration (**Texte 8**).

Le fanatisme

Si dans la sublimation le vital peut s'élever jusqu'à la spiritualité, dans le **fanatisme**, inversement, le spirituel peut s'aveugler dans le vital. « Fanatique » s'est dit primitivement des prêtres de certaines divinités « qui entraient dans une sorte de délire sacré, pendant lequel ils se blessaient et faisaient couler leur sang [1] ». Le fanatique se plaît à haïr et à craindre et ses souffrances — car la haine et la crainte sont violentes mais tristes — alimentent son délire. Il aime aussi, passionnément, le bien, la justice, la pureté, ou même la volonté de Dieu, mais son amour est inquisiteur et ténébreux : « Ceux qui marchent dans l'obscurité, se réjouissent à la vue de la lumière ; celui-ci ne peut la souffrir. Elle le blesse car elle résiste à sa passion [2]. » Dans sa passion, le fanatique s'abîme donc avec volupté. Les discours pondérés, les vœux pieux de la raison peuvent-ils lui être encore de quelque secours ?

Traditionnellement, la raison est supposée devoir réprimer ou régler la passion. Tant comme faculté de connaissance pure et désintéressée que comme pouvoir de poser des valeurs en toute sérénité, la **raison** s'oppose en effet, par nature, aux passions. Refrénant les unes, maintenant les autres en équilibre, elle doit pouvoir prévenir, chez les « esprits forts », tout débordement affectif.

Toutefois, cette opposition classique entre la raison et la passion, reprise et soulignée par Pascal, est récusée catégoriquement par Hume (**Textes 9 et 10**). La raison, précisément parce qu'elle est une faculté de connaissance, n'est pas susceptible de fonder des jugements de valeur. Ceux-ci relèvent d'un ordre et d'une échelle normative qui leur est propre ; entre les passions et la raison, la guerre ne saurait donc avoir lieu.

La passion dans l'histoire

Nous savions déjà que la passion pouvait « se conjuguer avec la réflexion la plus calme [3] » ; ou encore, en d'autres termes, que la raison pouvait servir la passion. Mais la réciproque est également vraie : la raison se nourrit des passions. En poursuivant leurs passions et leurs intérêts, les hommes, d'après Hegel, font leur histoire ; car ils sont, inconsciemment, les outils de quelque chose de plus grand, et qui les dépasse. Les passions produisent un ordre qui se retourne contre elles : de même que « l'on construit de hautes murailles » avec des pierres et des poutres que leur poids entraîne vers le bas, de même les passions sont utilisées à bon escient par l'Esprit universel qui gouverne le monde (**Texte 11**). Passions et raison sont le fil et la trame de l'**histoire**. Une histoire dont l'homme passionné, toutefois, ne connaît pas le fin mot.

Étant fini, l'homme ne peut échapper à toute passion. Mais l'espoir de connaître, ou même d'embrasser une fin infinie n'est-il pas l'illusion par excellence ? Et le désir d'éternité, qui peut expliquer l'illusion de la passion, n'explique-t-il pas, de façon tout aussi probante, l'aspiration à la béatitude ?

---

1. Lalande, *Vocabulaire philosophique*, article « Fanatisme ».
2. Malebranche, *la Recherche de la Vérité*, L. V, chapitre 12, p. 154.
3. Kant, *Anthropologie du point de vue pragmatique*, p. 119.

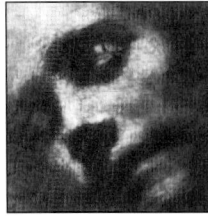

TEXTES

I. LA PASSION ET SES OBJETS

Texte 1

« Je cherchais un
objet à mon amour »

SAINT AUGUSTIN

Je vins à Carthage et de tous côtés j'entendais bouillonner la chaudière des amours infâmes. Je n'aimais pas encore mais j'aimais l'amour et par une indigence secrète je m'en voulais de n'être pas assez indigent. Aimant l'amour, je cherchais un objet à mon amour ; je haïssais la sécurité, la voie sans pièges, parce qu'au fond de moi j'avais faim : je manquais de la nourriture intérieure, de toi-même, mon Dieu, mais ce n'est pas de cette faim-là que je me sentais affamé ; je n'avais pas d'appétit pour les aliments incorruptibles, non que j'en fusse rassasié : plus j'en manquais, plus j'en étais dégoûté. Et mon âme était malade ; rongée d'ulcères, elle se jetait hors d'elle-même, misérablement avide de se gratter contre le sensible. Mais le sensible, certes, on ne l'aimerait pas s'il était inanimé.

Aimer et être aimé m'était encore plus doux si je pouvais en outre jouir du corps de l'être aimé. Je souillais donc la source de l'amitié des ordures de la concupiscence et je voilais sa blancheur du nuage infernal de la convoitise. Et pourtant, dans l'excès de ma vanité, tout hideux et infâme que j'étais, je me piquais d'urbanité distinguée. Je me jetai ainsi dans l'amour où je désirais être pris. Mon Dieu, ô ma miséricorde, de quel fiel ta bonté a-t-elle assaisonné ce miel ! Je fus aimé. Je parvins en secret aux liens de la jouissance, je m'emmêlais avec joie dans un réseau d'angoisses pour être bientôt fouetté des verges brûlantes de la jalousie, des soupçons, des craintes, des colères et des querelles.

Saint Augustin, *les Confessions*, L. III, chap. 1, traduction de F. Khodoss.

Texte 2

Il n'y a pas
de passion
sans conscience

KANT

Les passions ne sont toujours que des désirs d'hommes à hommes et non pas d'hommes à choses : pour un champ fertile, pour une vache prolifique, on peut avoir une inclination, qui, à vrai dire, est recherche du profit : mais on ne peut avoir pour eux d'affection (celle-ci consiste en une tendance à former communauté avec d'autres), encore moins de passion. [...]

Chez les simples animaux, la tendance la plus violente (par exemple la tendance sexuelle) ne prend pas le nom de passion : c'est qu'ils ne possèdent pas la raison qui seule fonde le concept de liberté et qui s'oppose à ma passion : c'est donc chez l'homme seul qu'elle surgit. Il est vrai qu'on dit des hommes qu'ils aiment certaines choses *passionnément* (la boisson, le jeu, la chasse) ou qu'ils haïssent *passionnément* (le musc ou l'alcool de vin). Mais ces différentes répulsions, on ne les appelle pas pour autant passions — car ce ne sont qu'autant d'instincts différents.

Kant, *Anthropologie du point de vue pragmatique* (1797), traduction de M. Foucault, Éd. Vrin, 1979, pp. 121-122.

II. PASSION ET ILLUSION

Texte 3

Une fille un peu « louche »

DESCARTES

Lorsque j'étais enfant, j'aimais une fille de mon âge, qui était un peu louche[1] ; au moyen de quoi, l'impression qui se faisait par la vue en mon cerveau, quand je regardais ses yeux égarés, se joignait tellement à celle qui s'y faisait aussi pour émouvoir la passion de l'amour, que longtemps après, en voyant des personnes louches, je me sentais plus enclin à les aimer qu'à en aimer d'autres, pour cela seul qu'elles avaient ce défaut ; et je ne savais pas néanmoins que ce fût pour cela. Au contraire, depuis que j'y ai fait réflexion, et que j'ai reconnu que c'était un défaut, je n'en ai plus été ému. Ainsi, lorsque nous sommes portés à aimer quelqu'un, sans que nous en sachions la cause, nous pouvons croire que cela vient de ce qu'il y a quelque chose en lui de semblable à ce qui a été dans un autre objet que nous avons aimé auparavant, encore que nous ne sachions pas ce que c'est. Et bien que ce soit plus ordinairement une perfection qu'un défaut, qui nous attire ainsi à l'amour, toutefois, à cause que ce peut être quelquefois un défaut, comme en l'exemple que j'en ai apporté, un homme sage ne se doit pas laisser entièrement aller à cette passion, avant que d'avoir considéré le mérite de la personne pour laquelle nous nous sentons émus.

Descartes, *Lettre à Chanut* (6 juin 1647), Bibliothèque de la Pléiade, Éd. Gallimard, 1953, p. 1277.

Texte 4

L'âme pâtit en tant qu'elle a des idées inadéquates

SPINOZA

Définitions

I. J'appelle cause adéquate celle dont on peut percevoir l'effet clairement et distinctement par elle-même ; j'appelle cause inadéquate ou partielle celle dont on ne peut connaître l'effet par elle seule.

---

1. C'est-à-dire qui louchait un peu.

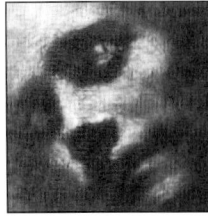

II. Je dis que nous sommes actifs, quand, en nous ou hors de nous, quelque
chose se fait dont nous sommes la cause adéquate, c'est-à-dire *(Déf. préc.)*
quand, en nous ou hors de nous, il suit de notre nature quelque chose qui
se peut par elle seule connaître clairement et distinctement. Au contraire,
je dis que nous sommes passifs quand il se fait en nous quelque chose ou
qu'il suit de notre nature quelque chose, dont nous ne sommes la cause que
partiellement.

III. J'entends par Affections les affections du Corps par lesquelles la puissance d'agir de ce Corps est accrue ou diminuée, secondée ou réduite, et en
même temps les idées de ces affections.

*Quand nous pouvons être la cause adéquate de quelqu'une de ces affections,
j'entends donc par affection une action ; dans les autres cas, une passion.*

Spinoza, Éthique, III (1677), traduction de C. Appuhn,
collection Classiques, Éd. Garnier, 1953, pp. 244-245.

Texte 5

Un mirage voluptueux

SCHOPENHAUER

Manifestement le soin avec lequel un insecte recherche telle fleur, ou tel fruit,
ou tel fumier, ou telle viande, ou, comme l'ichneumon, une larve étrangère
pour y déposer ses œufs, et à cet effet ne redoute ni peine ni danger, est très
analogue à celui avec lequel l'homme choisit pour la satisfaction de l'instinct
sexuel une femme d'une nature déterminée, adaptée à la sienne, et qu'il
recherche si ardemment que souvent pour atteindre son but, et au mépris de
tout bon sens, il sacrifie le bonheur de sa vie par un mariage insensé, par des
intrigues qui lui coûtent fortune, honneur et vie, même par des crimes comme
l'adultère et le viol, — tout cela uniquement pour servir l'espèce de la manière
la plus appropriée et conformément à la volonté partout souveraine de la
nature, même si c'est au détriment de l'individu. Partout en effet l'instinct agit
comme d'après le concept d'une fin, alors que ce concept n'est pas du tout
donné. La nature l'implante là où l'individu qui agit serait incapable de comprendre son but ou répugnerait à le poursuivre ; aussi n'est-il, en règle générale, attribué qu'aux animaux, et cela surtout aux espèces inférieures, qui ont
le moins de raison ; mais il n'est guère donné à l'homme que dans le cas exami-
né ici, car l'homme pourrait sans doute comprendre le but, mais ne le poursui-
vrait pas avec toute l'ardeur indispensable, c'est-à-dire même aux dépens de
son bonheur personnel. Aussi, comme pour tout instinct, la vérité prend ici la
forme de l'illusion, afin d'agir sur la volonté. C'est un mirage voluptueux qui
leurre l'homme, en lui faisant croire qu'il trouvera dans les bras d'une femme
dont la beauté lui agrée, une jouissance plus grande que dans ceux d'une
autre ; ou le convainc fermement que la possession d'un individu unique,
auquel il aspire exclusivement, lui apportera le bonheur suprême. Il s'imagine
alors qu'il consacre tous ses efforts et tous ses sacrifices à son plaisir personnel,
alors que tout cela n'a lieu que pour conserver le type normal de l'espèce, ou

même pour amener à l'existence une individualité tout à fait déterminée, qui ne peut naître que de ces parents-là.

Schopenhauer, Métaphysique de l'Amour (1818), traduction de M. Simon,
collection 10-18, Éd. U.G.E., 1964, pp. 52-53.

III. PASSION, MORALITÉ ET HISTOIRE

Texte 6

Du bon usage des passions

DESCARTES

ART. 161. Comment la générosité peut être acquise.

Et il faut remarquer que ce qu'on nomme communément des vertus sont des habitudes en l'âme qui la disposent à certaines pensées, en sorte qu'elles sont différentes de ces pensées, mais qu'elles les peuvent produire, et réciproquement être produites par elles. Il faut remarquer aussi que ces pensées peuvent

5 être produites par l'âme seule, mais qu'il arrive souvent que quelques mouvements des esprits[1] les fortifient, et que pour lors elles sont des actions de vertu et ensemble des passions de l'âme : ainsi, encore qu'il n'y ait point de vertu à laquelle il semble que la bonne naissance contribue tant qu'à celle qui fait qu'on ne s'estime que selon sa juste valeur, et qu'il soit aisé à croire que toutes

10 les âmes que Dieu met en nos corps ne sont pas également nobles et fortes (ce qui est cause que j'ai nommé cette vertu générosité, suivant l'usage de notre langue, plutôt que magnanimité, suivant l'usage de l'École[2] où elle n'est pas fort connue) ; il est certain néanmoins que la bonne institution sert beaucoup pour corriger les défauts de la naissance, et que si on s'occupe souvent à consi-

15 dérer ce que c'est que le libre arbitre, et combien sont grands les avantages qui viennent de ce qu'on a une ferme résolution d'en bien user, comme aussi, d'autre côté, combien sont vains et inutiles tous les soins qui travaillent les ambitieux, on peut exciter en soi la passion et ensuite acquérir la vertu de générosité, laquelle étant comme la clef de toutes les autres vertus et un

20 remède général contre tous les dérèglements des passions, il me semble que cette considération mérite bien d'être remarquée.

Descartes, Traité des passions (1649),
Bibliothèque de la Pléiade, Éd. Gallimard, 1953, pp. 773 et 795.

---

1. Il s'agit des « esprits animaux », particules très subtiles qui circulent dans nos nerfs.
2. L'École, c'est-à-dire l'enseignement de la philosophie scolastique, étudiée au Moyen Age à l'université.

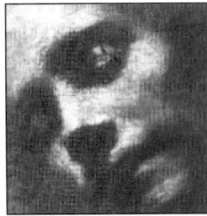

Texte 7

Le sage sait vaincre
les passions
par elles-mêmes

ROUSSEAU

Comment réprimer la passion même la plus faible, quand elle est sans contre-poids ? Voilà l'inconvénient des caractères froids et tranquilles : tout va bien tant que leur froideur les garantit des tentations : mais s'il en survient une qui les atteigne, ils sont aussitôt vaincus qu'attaqués ; et la raison, qui gouverne tandis qu'elle est seule, n'a jamais de force pour résister au moindre effort. Je[1] n'ai été tenté qu'une fois, et j'ai succombé. Si l'ivresse de quelque autre passion m'eût fait vaciller encore, j'aurais fait autant de chutes que de faux pas.

Il n'y a que des âmes de feu qui sachent combattre et vaincre ; tous les grands efforts, toutes les actions sublimes sont leur ouvrage : la froide raison n'a jamais rien fait d'illustre, et l'on ne triomphe des passions qu'en les opposant l'une à l'autre. Quand celle de la vertu vient à s'élever, elle domine seule et tient tout en équilibre. Voilà comment se forme le vrai sage, qui n'est pas plus qu'un autre à l'abri des passions, mais qui seul sait les vaincre par elles-mêmes, comme un pilote fait route par les mauvais vents.

Rousseau, *la Nouvelle Héloïse* (1761),
Bibliothèque de la Pléiade, Éd. Gallimard, 1964, p. 493.

Texte 8

NIETZSCHE

Toutes les passions ont une période où elles sont seulement néfastes, où elles rabaissent leur victime de tout le poids de la bêtise, — et plus tard, une autre, beaucoup plus tardive, où elles se marient à l'esprit, se « spiritualisent ». Autre-fois, à cause de la bêtise de la passion, on faisait la guerre à la passion elle-même : on jurait sa perte, — tous les monstres moraux anciens sont là-dessus d'accord : « *il faut tuer les passions* ». La plus fameuse maxime de ce genre se trouve dans le Nouveau Testament, dans ce Sermon sur la montagne où, soit dit entre parenthèses, l'*élévation* de la vue fait totalement défaut. C'est là qu'il est dit par exemple, avec application à la sexualité : « si ton œil entraîne ta chute, arrache-le[2] » ; par bonheur aucun chrétien ne suit ce précepte. *Anéantir* les passions et les désirs à seule fin de prévenir leur bêtise et les conséquences désagréables de leur bêtise, voilà qui ne nous paraît aujourd'hui qu'une forme aiguë de bêtise. Nous n'admirons plus les dentistes qui *arrachent* les dents pour qu'elles cessent de faire mal... Reconnaissons d'ailleurs en toute justice que l'idée de « *spiritualisation* de la passion » ne pouvait absolument pas être conçue sur le terrain qui a donné naissance au christianisme. Car l'Église primitive luttait, on le sait, *contre* les « intelligents » au bénéfice des « pauvres en esprit » : comment attendre d'elle une guerre intelligente contre la passion ?

---

1. Le narrateur est Mr de Wolmar, mari de Julie dans le roman.
2. *Évangile* de Marc, 9 : 47. Littéralement : « est pour toi un obstacle qui te fait tomber ». Nietzsche cite la traduction de Luther, qui transpose : « si ton œil te cause de la gêne ». Il est erroné de traduire : « si ton œil te fait fauter ». [Note du traducteur.]

20 — L'Église combat la passion par l'excision : sa pratique, son « traitement », c'est le *castratisme*. Jamais elle ne demande : « comment spiritualiser, embellir, diviniser, un désir ? » — de tout temps elle a insisté, dans sa discipline, sur l'extirpation (de la sensualité, de l'orgueil, de la passion de dominer, de posséder et de se venger). Or attaquer les passions à la racine, c'est attaquer la vie à la racine : la pratique de l'Église est *hostile à la vie*...

Nietzsche, *Crépuscule des Idoles* (1888),
traduction de É. Blondel, Éd. Hatier, 1983, p. 71.

Texte 9

Raison et passion

PASCAL

Guerre intestine de l'homme entre la raison et les passions. S'il n'avait que la raison sans passions... S'il n'avait que les passions sans raison... Mais ayant l'un et l'autre, il ne peut être sans guerre, ne pouvant avoir la paix avec l'un qu'ayant guerre avec l'autre : ainsi il est toujours divisé, et contraire à lui-
5 même.

— Cette guerre intérieure de la raison contre les passions a fait que ceux qui ont voulu la paix se sont partagés en deux sectes. Les uns ont voulu renoncer aux passions, et devenir dieux ; les autres ont voulu renoncer à la raison, et devenir bêtes brutes (Des Barreaux[1]). Mais ils ne l'ont pu, ni les uns ni les
10 autres ; et la raison demeure toujours, qui accuse la bassesse et l'injustice des passions, et qui trouble le repos de ceux qui s'y abandonnent ; et les passions sont toujours vivantes dans ceux qui y veulent renoncer.

Pascal, *Pensées* (1670), 412-413 (Éd. Brunschvicg), Bibliothèque de la Pléiade,
Éd. Gallimard, 1954, p. 1168.

Texte 10

La passion n'est pas
déraisonnable en soi

HUME

Si une passion ne se fonde pas sur une fausse supposition et si elle ne choisit pas des moyens impropres à atteindre la fin, l'entendement ne peut ni la justifier ni la condamner. Il n'est pas contraire à la raison de préférer la destruction du monde entier à une égratignure de mon doigt. Il n'est pas contraire à la rai-
5 son que je choisisse de me ruiner complètement pour prévenir le moindre malaise d'un Indien ou d'une personne complètement inconnue de moi. Il est aussi peu contraire à la raison de préférer à mon plus grand bien propre un bien reconnu moindre. Un bien banal peut, en raison de certaines circonstances, produire un désir supérieur à celui qui naît du plaisir le plus grand et le
10 plus estimable ; et il n'y a là rien de plus extraordinaire que de voir, en mécanique, un poids d'une livre en soulever un autre de cent livres grâce à l'avan-

---

1. Épicurien du XVIIᵉ siècle. On raconte qu'à la fois débauché et athée, il revenait à la foi quand il se sentait malade.

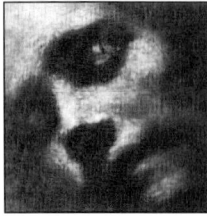

tage de sa situation. Bref, une passion doit s'accompagner de quelque faux jugement pour être déraisonnable; même alors ce n'est pas la passion qui est déraisonnable, c'est le jugement.

Hume, *Traité de la Nature humaine* (1737),
traduction de A. Leroy, Éd. Garnier, 1963, tome II, pp. 525-526.

Texte 11

Rien de grand
ne s'est accompli
dans le monde
sans passion

H E G E L

Dans l'histoire universelle nous avons affaire à l'Idée telle qu'elle se manifeste dans l'élément de la volonté et de la liberté humaines. Ici la volonté est la base abstraite de la liberté, mais le produit qui en résulte forme l'existence éthique du peuple. Le premier principe de l'Idée est l'Idée elle-même, dans son abs-
5 traction; l'autre principe est constitué par les passions humaines. Les deux ensemble forment la trame et le fil de l'histoire universelle. L'Idée en tant que telle est la réalité; les passions sont le bras avec lequel elle gouverne. [...]

Ici ou là, les hommes défendent leurs buts particuliers contre le droit général; ils agissent librement. Mais ce qui constitue le fondement général,
10 l'élément substantiel, le droit n'en est pas troublé. Il en va de même pour l'ordre du monde. Ses éléments sont d'une part les passions, de l'autre la Raison. Les passions constituent l'élément actif. Elles ne sont pas toujours opposées à l'ordre éthique; bien au contraire, elles réalisent l'Universel. En ce qui concerne la morale des passions, il est évident qu'elles n'aspirent qu'à leur
15 propre intérêt. De ce côté-ci, elles apparaissent comme égoïstes et mauvaises. Or ce qui est actif est toujours individuel : dans l'action je suis moi-même, c'est mon propre but que je cherche à accomplir. Mais ce but peut être bon, et même universel. L'intérêt peut être tout à fait particulier mais il ne s'ensuit pas qu'il soit opposé à l'Universel. L'Universel doit se réaliser par le parti-
20 culier. [...]

Nous disons donc que rien ne s'est fait sans être soutenu par l'intérêt de ceux qui y ont collaboré. Cet intérêt, nous l'appelons passion lorsque, refoulant tous les autres intérêts ou buts, l'individualité tout entière se projette sur un objectif avec toutes les fibres intérieures de son vouloir et concentre dans ce
25 but ses forces et tous ses besoins. En ce sens, nous devons dire que *rien de grand ne s'est accompli dans le monde sans passion.*

Hegel, *la Raison dans l'histoire* (1830), traduction de K. Papaioannou,
collection 10-18, Éd. U.G.E., 1965, pp. 105-109.

DOCUMENT

La cristallisation

Ce que Stendhal appelle la cristallisation, c'est-à-dire l'opération par laquelle la passion reconstruit et magnifie son objet, comporte deux moments distincts.

La première cristallisation commence.

On se plaît à orner de mille perfections une femme de l'amour de laquelle on est sûr, on se détaille tout son bonheur avec une complaisance infinie... Laissez travailler la tête d'un amant pendant vingt quatre heures, et voici ce que vous y trouverez :

5 *Aux mines de sel de Salzbourg, on jette dans les profondeurs abandonnées de la mine un rameau d'arbre effeuillé par l'hiver ; deux ou trois mois après on le retire couvert de cristallisations brillantes : les plus petites branches, celles qui ne sont pas plus grosses que la patte d'une mésange, sont garnies d'une infinité de diamants mobiles et éblouissants ; on ne peut plus reconnaître le rameau primitif.*

Ce que j'appelle cristallisation, c'est l'opération de l'esprit, qui tire de tout ce qui se présente la décou-
10 *verte que l'objet aimé a de nouvelles perfections.*

Un voyageur parle de la fraîcheur des bois d'orangers à Gênes, sur le bord de la mer, durant les jours brûlants de l'été : quel plaisir de goûter cette fraîcheur avec elle !

Un de vos amis se casse le bras à la chasse ; quelle douceur de recevoir les soins d'une femme qu'on aime ! Être toujours avec elle et la voir sans cesse vous aimant ferait presque bénir la douleur ; et vous
15 *partez du bras cassé de votre ami, pour ne plus douter de l'angélique bonté de votre maîtresse. En un mot, il suffit de penser à une perfection pour la voir dans ce qu'on aime...*

Le doute naît.

L'amant arrive à douter du bonheur qu'il se promettait ; il devient sévère sur les raisons d'espérer qu'il a cru voir...

20 *Alors commence* **la seconde cristallisation** *produisant pour diamants des confirmations à cette idée :*

Elle m'aime.

A chaque quart d'heure de la nuit qui suit la naissance des doutes, après un moment de malheur affreux, l'amant se dit : Oui, elle m'aime : et la cristallisation se tourne à découvrir de nouveaux
25 *charmes ; puis le doute à l'œil hagard s'empare de lui, et l'arrête en sursaut. La poitrine oublie de respirer ; il se dit : Mais est-ce qu'elle m'aime ? Au milieu de ces alternatives déchirantes et délicieuses, le pauvre amant sent vivement : Elle me donnerait des plaisirs qu'elle seule au monde peut me donner.*

C'est l'évidence de cette vérité, qui donne tant de supériorité à la seconde cristallisation sur la première.

Stendhal, *De l'amour* (1822), Éd. Garnier Frères, 1959, Livre I, chapitre II, p. 8.

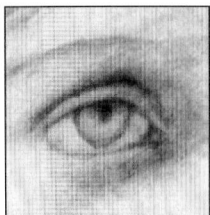

3.

AUTRUI

Deux têtes, crayon 1874, B. Jones, Hamburger Kunsthalle Museum.

INTRODUCTION

Autrui est à la fois le même et l'autre

L'homme n'est pas fait pour vivre seul. Il a besoin des autres, non seulement dans l'entraide et la coopération, mais au moins aussi sûrement pour partager le sentiment d'exister. Son jugement, ses découvertes, ses émotions n'ont de signification et de valeur que si d'autres peuvent aussi les éprouver ou les confirmer, si d'autres peuvent en être les témoins ou les garants. Aussi la communication avec autrui apparaît-elle comme le premier besoin et sans doute le plus impérieux de tous. Qu'elle soit possible suppose qu'il existe entre les hommes quelque communauté et qu'autrui ait été reconnu comme mon semblable. Pourtant les situations ne manquent pas dans lesquelles c'est l'étrangeté de son comportement qui s'impose d'abord, dans lesquelles dominent l'hostilité et la violence. Car si autrui est toujours en quelque façon mon semblable, il est aussi différent.

Autrui est en effet le même et l'autre ; et c'est cette double structure qui le caractérise. Il y a par conséquent deux façons de méconnaître autrui : on peut nier qu'il soit différent, ou nier qu'il soit semblable, ce qui, au fond, revient au même. Mais autrui n'est ni autre que moi, ni identique à moi. Il est *alter ego*, c'est-à-dire à la fois un autre moi et autre que moi. Proximité et distance, familiarité et étrangeté qualifient mon rapport à l'autre. Autrui apparaît comme une figure contradictoire et énigmatique, qui fascine autant qu'elle inquiète.

La connaissance d'autrui

Il est du coup tout naturel de penser que notre premier devoir envers autrui est de s'efforcer de le connaître : les malentendus et les conflits qui surgissent entre les hommes ne résulteraient que de l'ignorance mutuelle de ce qui les rassemble et les unit **(Texte 1)**. Mais la connaissance d'autrui est problématique. Est-elle même possible? Comment puis-je accéder à l'intériorité d'une conscience qui occupe sur elle-même et sur le monde un point de vue unique à partir duquel se déploient des significations qui lui sont propres ? Tout au plus peut-on tenter de connaître autrui sur le mode indirect de l'analogie. Puisque tel comportement a pour moi tel sens, ou puisque telle cause a pour moi tel effet, je suppose que le même comportement ou la même cause a même sens ou produit même effet. Mais c'est là simple supposition et la connaissance d'autrui est forcément incertaine. On pourrait objecter à une conception si pessimiste que la similitude d'autrui n'est pas pure hypothèse et qu'elle s'éprouve immédiatement, qu'il est possible de sentir directement ce que sent autrui. C'est ce dont témoigneraient la **sympathie**, la pitié ou la compassion. Mais, si elle est véritable, la sympathie peut tout au plus me permettre de sentir avec autrui, non de sentir comme lui, sauf à nier sa différence, c'est-à-dire son **altérité**, précisément **(Texte 2)**. Enfin, si autrui se dérobe au savoir que je crois posséder sur lui, ce n'est pas seulement parce qu'il diffère de moi, mais aussi et plus essentiellement encore parce qu'il diffère de lui-même. Il est, par suite, imprévisible aux autres et à lui-même. Connaître, c'est pourtant prévoir. Si autrui surprend et change, c'est qu'il n'est pas un objet — inscrit dans un réseau de régularités repérables —,

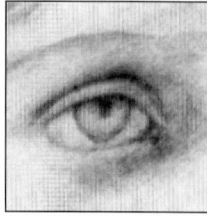

mais un sujet, dont l'identité n'est pas donnée une fois pour toutes, mais au contraire sans cesse construite et assumée librement.

La reconnaissance d'autrui

La connaissance d'autrui rencontre par conséquent non seulement une limite de fait — autrui vit dans un monde différent du mien, je ne connais pas son histoire, il peut me mentir, etc. — mais encore une limite de droit. Car prétendre connaître autrui, c'est ou bien nier qu'il soit différent de moi, ou bien nier qu'il me soit semblable, c'est-à-dire qu'il soit, comme moi, un sujet libre des projets qu'il forme et du sens qu'il donne à ses actes. Autrement dit, poser le problème de la relation à autrui en terme de connaissance, c'est s'enfermer dans une alternative qui condamne à ne jamais atteindre l'autre dans sa spécificité. Bien plus, une telle prétention est toujours en quelque façon suspecte. Elle se fonde bien souvent sur le refus d'admettre ce qui, dans mon rapport à l'autre, constitue véritablement un problème. Car c'est finalement moins en ce qu'il diffère qu'en ce qu'il me ressemble qu'autrui fait figure de menace ou de limite à ma propre liberté. Autrement dit, le problème de ma relation à autrui se pose moins en terme de connaissance que de **reconnaissance**. Reconnaître autrui, c'est admettre que je ne suis pas le seul sujet et qu'il existe une pluralité de consciences.

Maître ou Serviteur...

Certes, nous savons bien que les autres existent et le **solipsisme** est une position philosophique intenable[1]. Mais s'en tenir à cette évidence interdit de comprendre pourquoi la reconnaissance de soi par l'autre et de l'autre par soi est à la fois nécessaire et conflictuelle. Hegel présente le premier moment de cette reconnaissance comme celui de la lutte rivale de deux consciences qui s'affirment d'abord dans leur négation réciproque. Chacune en effet veut être reconnue par l'autre, parce qu'enfermée dans la simple certitude subjective d'elle-même, elle est encore privée de vérité objective. La vérité implique en effet une relation à un objet et la conscience ne peut être objet que pour un sujet, c'est-à-dire pour une autre conscience. Autrement dit, seule la reconnaissance de son existence comme conscience de soi par une autre conscience de soi peut transformer la certitude subjective en vérité (**Texte 3**). Mais aucune des deux consciences ne peut atteindre l'autre dans son essence. L'autre, en effet, ne peut que m'apparaître, c'est-à-dire se présenter à moi comme objet, dans l'extériorité de son existence concrète et sensible. Inversement, j'apparais à l'autre comme objet, non comme sujet. C'est pourquoi chacune des deux consciences cherche à se faire reconnaître indépendamment de son apparence et ne pourra le faire qu'en s'en montrant indépendante, dans le risque de sa propre vie. La liberté ou la mort, telle est l'alternative qu'impose la nécessité d'une reconnaissance. A l'issue de ce duel, l'une — parce qu'elle a tenu jusqu'au bout le risque de la mort — prend la figure du Maître, tandis que l'autre — qui a préféré la vie — est la figure du Serviteur.

---

1. Le solipsisme, du latin *solus* et *ipse*, serait la doctrine selon laquelle le sujet est seul au monde. Selon les adversaires de Descartes, ce serait la conséquence de sa philosophie. En faisant du *cogito* — « Je pense, donc je suis » — la seule certitude qui résiste au doute, Descartes semble en effet enfermer le sujet dans une solitude radicale. Mais c'est oublier le caractère à la fois méthodique et provisoire du doute. Pour Descartes, Dieu qui garantit la véracité de mes représentations, garantit en même temps l'existence extérieure des objets qui leur correspondent. L'existence d'autrui est donc indubitable et ce dès la *Troisième Méditation*. Voir aussi le texte 5.

**L'épreuve
du regard**

Pour Hegel, le conflit est un moment, qui, comme tel, est appelé à être dépassé. Sartre y verra au contraire le fondement constitutif de toute relation à autrui. « L'enfer, c'est les autres », conclut-il dans *Huis clos*. Par le regard qu'autrui pose sur moi, je suis destitué de ma liberté originelle et transformé en objet (**Texte 4**). C'est pourquoi affronter le regard de l'autre est toujours angoissant. Mais si autrui est en quelque façon une menace, il est aussi l'intermédiaire indispensable par lequel j'existe sur le mode objectif et me connais. C'est à travers autrui que je peux atteindre un savoir sur moi-même. La formule de Sartre : « Autrui est le médiateur indispensable entre moi et moi-même » indique suffisamment qu'autrui n'est pas seulement celui qui me fige et m'aliène, mais aussi celui qui me libère en m'arrachant au repli frileux où croit pouvoir trouver refuge la conscience solitaire. Le retrait ou le refus de communiquer sont d'ailleurs illusoires. Même absent, autrui habite ma solitude, parce qu'il est ce par quoi se constitue indéfiniment mon rapport à moi-même et au monde (**Texte 5 et Document**).

**La notion
d'intersubjectivité**

C'est pourquoi la philosophie contemporaine — avec des penseurs comme Husserl, Sartre ou Merleau-Ponty — place autrui au centre de sa réflexion. Elle rompt ainsi avec la tradition inaugurée par Descartes qui faisait du seul sujet — à travers le *cogito* — le fondement originel de la vérité. Car, en premier lieu, l'idée même d'une vérité ou d'une objectivité suppose le rapport à autrui, ne serait-ce qu'à titre d'exigence idéale. C'est l'accord possible ou exigé sur un monde commun — ou encore l'« **intersubjectivité** » — qui garantit la possibilité d'une vérité qui dépasse la sphère privée de ma croyance. Sans autrui, le monde serait réduit au point de vue que j'en ai : il serait simple représentation. La présence d'autrui, comme extériorité radicale, est aussi le signe de l'extériorité du monde et de sa présence. En second lieu, c'est l'existence d'autrui qui donne au monde épaisseur et relief. Elle l'enrichit d'autres points de vue possibles, de perspectives différentes, dans l'espace et dans le temps (**Texte 6**). Enfin, à travers le langage et la communication, non seulement j'accède à un autre univers de sens, mais encore c'est mon propre univers qui se transforme et se modifie.

Le respect

Mais autrui n'est pas seulement celui qui donne sens et richesse au monde. Il est aussi celui qui m'oblige au respect. Au-delà de la sympathie et du partage, comme au-delà de toute lutte pour la reconnaissance, il est à distance, parce qu'autre que moi. Respecter autrui, c'est alors le poser comme limite à mon droit naturel d'user de toutes choses et des autres à mon profit. Autrui me destitue de mon amour-propre et de l'égocentrisme inhérent à la conquête de soi. Mais la limite qu'il impose n'est pas une limite négative et simplement subie, comme pourrait le laisser entendre la formule : « Ma liberté s'arrête où commence celle des autres. » Marque du respect, elle ne vaut et n'a de sens que comme limite de droit, librement consentie (**Texte 7**). Dans la mesure où le respect que je dois à autrui pose la limite qui m'en sépare, il transcende aussi bien l'amour, comme désir de fusion, caractéristique du « Nous », que l'indifférence, comme mise à distance des autres, caractéristique du « On », où se dissout toute différence, dans une équivalence abstraite. L'autre, pour moi, ce n'est pas « les autres », mais cet être unique, en face de moi. C'est le « Tu » qui me requiert et exige que je lui réponde et dont, par conséquent, la responsabilité m'incombe, ou encore qui m'oblige (**Textes 8 et 9**).

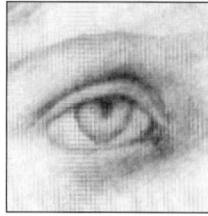

**Une même
humanité,
des cultures
différentes**

Cette subordination de l'amour de soi au respect d'autrui ne signifie pas pour autant un effacement de soi, dans un **altruisme** mal fondé. Au contraire, respecter autrui, c'est respecter l'autre en moi-même, c'est-à-dire l'humanité en ma personne. C'est pourquoi le précepte chrétien : « Tu aimeras ton prochain comme toi-même » doit être entendu comme essentiellement réversible. En donnant à la loi morale sa formulation : « Agis de telle sorte que la maxime de ta volonté puisse toujours valoir en même temps comme principe d'une législation universelle », Kant fait passer le devoir envers autrui du domaine du sentiment ou de la foi à celui de la morale qui m'enjoint au double respect de soi et des autres. Mais le respect de l'humanité, s'il constitue un devoir et doit guider toute relation aux autres, est une tâche difficile. D'autant plus sans doute que l'humanité trouve son expression dans des cultures différentes, parfois même hétérogènes. Autrui prend alors une signification nouvelle. Il n'est pas seulement le prochain, issu d'un même peuple et partageant les mêmes valeurs, mais aussi l'étranger ou le lointain, celui qui vit dans un autre univers de sens, celui-là même qui ne croit pas à l'idée d'une humanité universelle **(Texte 10)**. Il n'y a pourtant pas d'autre devoir ni d'autre voie que de respecter le semblable et le dissemblable. Trop proche ou trop lointain, autrui est celui qui me commande le respect de la distance et de la proximité. Et si, dans cette tâche, le respect de l'humanité doit servir de fil conducteur, il ne saurait suffire. Il y faut encore davantage, sans doute: un amour difficile.

Dessin de Sempé, 1988.

TEXTES

I. LA CONNAISSANCE D'AUTRUI

Texte 1

Seul au milieu
du genre humain

ROUSSEAU

Comment souffrirais-je en voyant souffrir un autre si je ne sais pas même qu'il souffre, si j'ignore ce qu'il y a de commun entre lui et moi ? Celui qui n'a jamais réfléchi ne peut être ni clément ni juste ni pitoyable : il ne peut pas non plus être méchant et vindicatif. Celui qui n'imagine rien ne sent que lui-
5 même ; il est seul au milieu du genre humain.

La réflexion naît des idées comparées, et c'est la pluralité des idées qui porte à les comparer. Celui qui ne voit qu'un seul objet n'a point de comparaison à faire. Celui qui n'en voit qu'un petit nombre et toujours les mêmes depuis son enfance ne les compare point encore, parce que l'habitude de les voir lui ôte
10 l'attention nécessaire pour les examiner. Mais à mesure qu'un objet nouveau nous frappe, nous voulons le connaître ; dans ceux qui nous sont connus, nous lui cherchons des rapports. C'est ainsi que nous apprenons à considérer ce qui est sous nos yeux, et que ce qui nous est étranger nous porte à l'examen de ce qui nous touche.

15 Appliquez ces idées aux premiers hommes, vous verrez la raison de leur bar-barie. N'ayant jamais rien vu que ce qui était autour d'eux, cela même ils ne le connaissaient pas ; ils ne se connaissaient pas eux-mêmes. Ils avaient l'idée d'un père, d'un fils, d'un frère, et non pas d'un homme. Leur cabane contenait tous leurs semblables. Un étranger, une bête, un monstre étaient pour eux la
20 même chose : hors eux et leur famille, l'univers entier ne leur était rien.

De là les contradictions apparentes qu'on voit entre les pères des nations : tant de naturel et tant d'inhumanité, des mœurs si féroces et des cœurs si tendres, tant d'amour pour leur famille et d'aversion pour leur espèce. Tous leurs sentiments concentrés entre leurs proches en avaient plus d'énergie. Tout
25 ce qu'ils connaissaient leur était cher. Ennemis du reste du monde, qu'ils ne voyaient point et qu'ils ignoraient, ils ne haïssaient que ce qu'ils ne pouvaient connaître.

J.-J. Rousseau, *Essai sur l'origine des langues* (1781), Éd. Hatier, 1983, pp. 64-65.

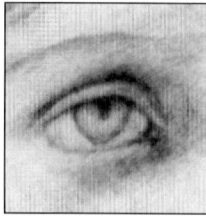

MERLEAU-PONTY

Le comportement
d'autrui n'est pas
autrui

Je perçois autrui comme comportement ; par exemple je perçois le deuil ou la colère d'autrui dans sa conduite, sur son visage et sur ses mains, sans aucun emprunt à une expérience « interne » de la souffrance ou de la colère et parce que deuil et colère sont des variations de l'être au monde, indivises entre le corps et la conscience, et qui se posent aussi bien sur la conduite d'autrui, visible dans son corps phénoménal, que sur ma propre conduite telle qu'elle s'offre à moi. Mais enfin le comportement d'autrui et même les paroles d'autrui ne sont pas autrui. Le deuil d'autrui et sa colère n'ont jamais exactement le même sens pour lui et pour moi. Pour lui, ce sont des situations vécues, pour moi ce sont des situations apprésentées. Ou si je peux, par un mouvement d'amitié, participer à ce deuil et à cette colère, ils restent le deuil et la colère de mon ami Paul : Paul souffre parce qu'il a perdu sa femme ou il est en colère parce qu'on lui a volé sa montre, je souffre parce que Paul a de la peine, je suis en colère parce qu'il est en colère, les situations ne sont pas superposables. Et si enfin nous faisons quelque projet en commun, ce projet commun n'est pas un seul projet, et il ne s'offre pas sous les mêmes aspects pour moi et pour Paul, nous n'y tenons pas autant l'un que l'autre, ni en tout cas de la même façon, du seul fait que Paul est Paul et que je suis moi. Nos consciences ont beau, à travers nos situations propres, construire une situation commune dans laquelle elles communiquent, c'est du fond de sa subjectivité que chacun projette ce monde « unique ».

M. Merleau-Ponty, *la Phénoménologie de la perception* (1945),
Éd. Gallimard, p. 409.

II. LA RECONNAISSANCE OU LE CONFLIT

HEGEL

Maître et Serviteur

Pour se faire valoir et être reconnue comme *libre*, il faut que la conscience de soi *se représente* pour une autre comme *libérée de la réalité naturelle présente*. Ce moment n'est pas moins nécessaire que celui qui correspond à la liberté de la conscience de soi en elle-même. L'égalité absolue du Je par rapport à lui-même n'est pas une égalité essentiellement immédiate, mais une égalité qui se constitue en supprimant l'immédiateté sensible et qui, de la sorte, s'impose aussi à un autre Je comme libre et indépendante du sensible. Ainsi la conscience de soi se révèle conforme à son concept et, puisqu'elle donne réalité au Je, il est impossible qu'elle ne soit pas reconnue.

10 Mais l'*autonomie* est moins la liberté qui *sort* de la présence sensible immédiate et qui *se détache* d'elle que, bien plutôt, la liberté au sein de cette présence.
Ce moment est aussi nécessaire que l'autre, mais ils ne sont pas d'égale valeur.
Par suite de l'*inégalité* qui tient à ce que, pour l'une des deux consciences de
soi, la liberté a plus de valeur que la réalité sensible présente, tandis que, pour
15 l'autre, cette présence assume, au regard de la liberté, valeur de réalité essentielle, c'est alors que s'établit entre elles, avec l'obligation réciproque d'être
reconnues dans la réalité effective et déterminée, la relation maîtrise-servitude,
ou, absolument parlant, *servitude-obéissance* dans la mesure où cette différence
d'autonomie est donnée par le rapport naturel immédiat.

20 Puisqu'il est nécessaire que chacune des deux consciences de soi, qui s'opposent l'une à l'autre, s'efforce de se manifester et de s'affirmer, devant l'autre et
pour l'autre, comme un être-pour-soi absolu, par là même celle qui a *préféré la
vie à la liberté*, et qui se révèle impuissante à faire, par elle-même et pour assurer son indépendance, abstraction de sa réalité sensible présente, entre ainsi
25 dans le rapport de *servitude*.

Hegel, *Propédeutique philosophique* (1808), traduction de M. de Gandillac,
Deuxième cours : « Phénoménologie de l'Esprit », I, 2ᵉ degré B, § 31 à 34,
Éd. Denoël-Gonthier, 1963, pp. 79-80.

Texte 4

L'épreuve du regard

SARTRE

Autrui, en figeant mes possibilités, me révèle l'impossibilité où je suis d'être
objet, sinon pour une autre liberté. Je ne puis être objet pour moi-même car je
suis ce que je suis ; livré à ses seules ressources, l'effort réflexif vers le dédoublement aboutit à l'échec, je suis toujours ressaisi par moi. Et lorsque je pose
5 naïvement qu'il est possible que je sois, sans m'en rendre compte, un être
objectif, je suppose implicitement par là même l'existence d'autrui, car
comment serais-je objet si ce n'est pour un sujet ? Ainsi autrui est d'abord pour
moi l'être pour qui je suis objet, c'est-à-dire l'être par *qui* je gagne mon
objectité[1]. Si je dois seulement pouvoir concevoir une de mes propriétés sur le
10 mode objectif, autrui est déjà donné. Et il est donné non comme être de mon
univers, mais comme sujet pur. Ainsi ce sujet pur que je ne puis, par définition, *connaître*, c'est-à-dire poser comme objet, il est toujours *là*, hors de
portée et sans distance lorsque j'essaie de me saisir comme objet. Et dans
l'épreuve du regard, en m'éprouvant comme objectité non révélée, j'éprouve
15 directement et avec mon être l'insaisissable subjectivité d'autrui.

Du même coup, j'éprouve son infinie liberté. Car c'est pour et par une
liberté et seulement pour et par elle que mes possibles peuvent être limités et
figés. Un obstacle matériel ne saurait figer mes possibilités, il est seulement
l'occasion pour moi de me projeter vers d'autres possibles, il ne saurait leur

---

1. C'est-à-dire le statut d'objet, par opposition à celui de sujet.

55

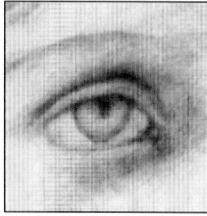

20 conférer un *dehors*. Ce n'est pas la même chose de rester chez soi parce qu'il
pleut ou parce qu'on vous a défendu de sortir. Dans le premier cas, je me
détermine moi-même à demeurer, par la considération des conséquences de
mes actes ; je dépasse l'obstacle « pluie » vers moi-même et j'en fais un instrument. Dans le second cas, ce sont mes possibilités mêmes de sortir ou de
25 demeurer qui me sont présentées comme dépassées et figées, et qu'une liberté
prévoit et prévient à la fois. Ce n'est pas caprice si, souvent, nous faisons tout
naturellement et sans mécontentement ce qui nous irriterait si un autre nous
le commandait. C'est que l'ordre et la défense exigent que nous fassions
l'épreuve de la liberté d'autrui à travers notre propre esclavage. Ainsi, dans le
30 regard, la mort de mes possibilités me fait éprouver la liberté d'autrui ; elle ne
se réalise qu'au sein de cette liberté et je suis moi, pour moi-même inaccessible
et pourtant moi-même, jeté, délaissé au sein de la liberté d'autrui...

J.-P. Sartre, *l'Être et le Néant*,
collection Tel, Éd. Gallimard, 1943, pp. 316-317.

III. L'INTERSUBJECTIVITÉ OU LE PARTAGE

Texte 5

Autrui n'est jamais
absent

MERLEAU-PONTY

...L'objectivation de chacun par le regard de l'autre n'est ressenti comme
pénible que parce qu'elle prend la place d'une communication possible. Le
regard d'un chien sur moi ne me gêne guère. Le refus de communiquer est
encore un mode de communication. La liberté protéiforme, la nature pen-
5 sante, le fond inaliénable, l'existence non qualifiée, qui en moi et en autrui
marque les limites de toute sympathie, suspend bien la communication, mais
ne l'anéantit pas. Si j'ai affaire à un inconnu qui n'a pas encore dit un seul
mot, je peux croire qu'il vit dans un autre monde où mes actions et mes
pensées ne sont pas dignes de figurer. Mais qu'il dise un mot, ou seulement
10 qu'il ait un geste d'impatience, et déjà il cesse de me transcender : c'est donc là
sa voix, ce sont là ses pensées, voilà donc le domaine que je croyais inaccessible. Chaque existence ne transcende définitivement les autres que quand elle
reste oisive et assise sur sa différence naturelle. Même la méditation universelle
qui retranche le philosophe de sa nation, de ses amitiés, de ses partis pris, de
15 son être empirique, en un mot du monde, et qui semble le laisser absolument
seul, est en réalité acte, parole, et par conséquent dialogue. Le solipsisme ne
serait rigoureusement vrai que de quelqu'un qui réussirait à constater tacitement son existence sans être rien et sans rien faire, ce qui est bien impossible,
puisque exister c'est être au monde. Dans sa retraite réflexive, le philosophe ne

20 peut manquer d'entraîner les autres, parce que, dans l'obscurité du monde, il a appris pour toujours à les traiter comme *consortes*[1] et que toute sa science est bâtie sur cette donnée de l'opinion. La subjectivité transcendantale est une subjectivité révélée, savoir à elle-même et à autrui, et à ce titre elle est une intersubjectivité.

M. Merleau-Ponty, *la Phénoménologie de la perception* (1945),
Éd. Gallimard, pp. 414-415.

Texte 6

Autrui
comme structure
du champ perceptif

DELEUZE

En comparant les premiers effets de sa présence et ceux de son absence, nous pouvons dire ce qu'est autrui. Le tort des théories philosophiques, c'est de le réduire tantôt à un objet particulier, tantôt à un autre sujet (et même une conception comme celle de Sartre se contentait, dans *l'Être et le Néant*, de
5 réunir les deux déterminations, faisant d'autrui un objet sous mon regard, quitte à ce qu'il me regarde à son tour et me transforme en objet). Mais autrui n'est ni un objet dans le champ de ma perception, ni un sujet qui me perçoit : c'est d'abord une structure du champ perceptif, sans laquelle ce champ dans son ensemble ne fonctionnerait pas comme il le fait. Que cette structure soit
10 effectuée par des personnages réels, par des sujets variables, moi pour vous, et vous pour moi, n'empêche pas qu'elle préexiste, comme condition d'organisation en général, aux termes qui l'actualisent dans chaque champ perceptif organisé — le vôtre, le mien.

Ainsi *Autrui-a-priori* comme structure absolue fonde la relativité des
15 autruis comme termes effectuant la structure dans chaque champ. Mais quelle est cette structure ? C'est celle du possible. Un visage effrayé, c'est l'expression d'un monde possible effrayant, ou de quelque chose d'effrayant dans le monde, que je ne vois pas encore. Comprenons que le possible n'est pas ici une catégorie abstraite désignant quelque chose qui n'existe pas : le monde possible
20 exprimé existe parfaitement, mais il n'existe pas (actuellement) hors de ce qui l'exprime. Le visage terrifié ne ressemble pas à la chose terrifiante, il l'implique, il l'enveloppe comme quelque chose d'autre, dans une sorte de torsion qui met l'exprimé dans l'exprimant. Quand je saisis à mon tour et pour mon compte la réalité de ce qu'autrui exprimait, je ne fais rien qu'expli-
25 quer autrui, développer et réaliser le monde possible correspondant.

G. Deleuze, *la Logique de Sens*, « Michel Tournier et le monde sans autrui[2] », 8,
Éd. de Minuit, 1969, pp. 354-355.

---

1. Qui partagent le même sort.
2. Allusion au roman de M. Tournier, *Vendredi ou les limbes du Pacifique.* Voir p. 62.

IV. LE RESPECT OU LA DISTANCE

KANT

L'amitié (considérée dans sa perfection) est l'union de deux personnes liées par un amour et un respect égaux et réciproques. — On voit facilement qu'elle est l'Idéal de la sympathie et de la communication en ce qui concerne le bien de chacun de ceux qui sont unis par une volonté moralement bonne, et que si elle ne produit pas tout le bonheur de la vie, l'acceptation de cet Idéal et des deux sentiments qui le composent enveloppe la dignité d'être heureux, de telle sorte que rechercher l'amitié entre les hommes est un devoir. — Mais il est facile de voir que bien que tendre vers l'amitié comme vers un maximum de bonnes intentions des hommes les uns à l'égard des autres soit un devoir, sinon commun, du moins méritoire, une amitié parfaite est une simple Idée, quoique pratiquement nécessaire[1], qu'il est impossible de réaliser en quelque pratique que ce soit. En effet, comment est-il possible pour l'homme dans le rapport avec son prochain de s'assurer de l'*égalité* de chacun des deux éléments d'un même devoir (par exemple de l'élément constitué par la bienveillance réciproque) en l'un comme en l'autre, ou, ce qui est encore plus important, comment est-il possible de découvrir quel est dans la même personne le rapport d'un sentiment constitutif du devoir à l'autre (par exemple le rapport du sentiment procédant de la bienveillance à celui provenant du respect) et si, lorsqu'une personne témoigne trop d'ardeur dans l'*amour*, elle ne perd pas, ce faisant, quelque chose du *respect* de l'autre ? Comment s'attendre donc à ce que des deux côtés l'amour et le respect s'équilibrent exactement, ce qui est toutefois nécessaire à l'amitié ? — On peut, en effet, regarder l'amour comme la force d'attraction, et le respect comme celle de répulsion, de telle sorte que le principe du premier sentiment commande que l'on se rapproche, tandis que le second exige qu'on se maintienne l'un à l'égard de l'autre à une distance convenable.

Kant, *Métaphysique des Mœurs* (1797), « la Doctrine de la Vertu »,
traduction de A. Philonenko, Éd. Vrin, 1985, pp. 147-149.

KIERKEGAARD

La foule, non celle-ci ou celle-là, actuelle ou de jadis, composée d'humbles ou de grands, de riches ou de pauvres, etc., mais la foule envisagée dans le concept, la foule, c'est le mensonge ; ou bien elle donne une totale absence de repentir et de responsabilité de chacun. Aucun simple soldat n'osa porter la main sur Caius Marius[2] ; cette conduite fut la vérité. Mais que trois ou quatre

---

1. « Pratiquement nécessaire », c'est-à-dire « moralement obligatoire » et non pas « nécessaire du point de vue de la réussite d'une action ».
2. Tribun populaire romain du IIe siècle av. J.-C., tombé en disgrâce à la fin de sa vie.

femmes eussent eu conscience d'être la foule ou se fussent imaginé l'être, tout
en nourrissant l'espoir de l'impossibilité pour personne de dire qui a commencé : elles en auraient alors eu le courage, et quel mensonge, quelle
fausseté ! Le mensonge, c'est d'abord que « la foule » ferait, soit ce que fait seul
l'Individu au sein de la foule, soit en tout cas ce que fait *chacun pris isolément*.
Car la foule est une abstraction et n'a pas de mains ; par contre, tout homme
en a ordinairement deux, et quand isolément, il les porte sur Caius Marius, ce
sont bien les siennes et non celles du voisin et encore moins celles de la foule
qui n'en a pas. Le mensonge, c'est ensuite de prétendre que la foule aurait « le
courage » de le faire, puisque jamais même le plus lâche de tous les lâches pris
individuellement ne l'est comme l'est toujours la foule. [...]

La foule, c'est le mensonge. C'est pourquoi, au fond, nul ne méprise plus la
condition de l'homme que ceux qui font profession d'être à la tête de la foule.
Que l'un de ces meneurs voie un homme venir le trouver : certes, il ne s'en
soucie pas ; c'est beaucoup trop peu ; il le renvoie orgueilleusement, il ne reçoit
pas à moins de centaines. Et s'il y en a mille, il s'incline alors devant la foule et
distribue force courbettes ; quel mensonge ! Non, quand il s'agit d'un homme
isolé, on doit exprimer la vérité en respectant la condition humaine ; et si peut-
être, suivant le langage cruel, il s'agit d'un pauvre diable d'homme, on a le
devoir de l'inviter chez soi dans la meilleure pièce et, si l'on a plusieurs voix, de
prendre la plus charitable et la plus amicale : cette conduite est la vérité.

S. Kierkegaard, *Point de vue explicatif de mon œuvre*,
Éd. Perrin, 1963, traduction P.H. Timeau, p. 87.

Texte 9

La relation à autrui
est asymétrique

LÉVINAS

La relation sociale n'est pas initialement une relation avec ce qui dépasse
l'individu, avec quelque chose de plus que la somme des individus et supérieure à l'individu, au sens durkheimien[1]. La catégorie de la quantité, ni même
celle de la qualité ne décrit pas l'altérité de l'autre qui n'est pas simplement
d'une autre qualité que moi, mais qui porte, si l'on peut dire, l'altérité comme
qualité. Encore moins le social consiste-t-il dans l'imitation du semblable.
Dans ces deux conceptions la sociabilité est cherchée comme un idéal de
fusion. On pense que ma relation avec l'autre tend à m'identifier à lui en
m'abîmant dans la représentation collective, dans un idéal commun ou dans
un geste commun. C'est la collectivité qui dit « nous », qui sent l'autre à côté
de soi et non pas en face de soi. C'est aussi la collectivité qui s'établit nécessairement autour d'un troisième terme qui sert d'intermédiaire, qui fournit le
commun de la communion. [...]

1. Allusion à Durkheim (1858-1917), sociologue français. Selon lui, les faits sociaux sont irréduc-
tibles à la somme des volontés individuelles. Ils forment une réalité qui dépasse les individus et
s'impose à eux.

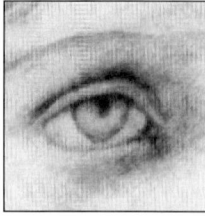

A cette collectivité de camarades, nous opposons la collectivité du moi-toi
qui la précède. Elle n'est pas une participation à un troisième terme — personne intermédiaire, vérité, dogme, œuvre, profession, intérêt, habitation,
repas — c'est-à-dire elle n'est pas une communion. Elle est le face à face redoutable d'une relation sans intermédiaire, sans médiation. Dès lors l'interper-
sonnel n'est pas la relation en soi indifférente et réciproque de deux termes
interchangeables. Autrui, en tant qu'autrui, n'est pas seulement un alter ego. Il
est ce que moi je ne suis pas : il est le faible alors que moi je suis le fort ; il est le
pauvre, il est « la veuve et l'orphelin ». Il n'y a pas de plus grande hypocrisie
que celle qui a inventé la charité bien ordonnée. Ou bien il est l'étranger,
l'ennemi, le puissant. L'essentiel, c'est qu'il a ces qualités de par son altérité
même. L'espace intersubjectif est initialement asymétrique. L'extériorité
d'autrui n'est pas simplement l'effet de l'espace qui maintient séparé ce qui,
par le concept, est identique, ni une différence quelconque selon le concept
qui se manifesterait par une extériorité spatiale. C'est précisément en tant
qu'irréductible à ces deux notions d'extériorité que l'extériorité sociale est originale et nous fait sortir des catégories d'unité et de multiplicité qui valent
pour les choses, c'est-à-dire valent dans le monde d'un sujet isolé, d'un esprit
seul. L'intersubjectivité n'est pas simplement l'application de la catégorie de la
multiplicité au domaine de l'esprit. Elle nous est fournie par l'Éros, où, dans la
proximité d'autrui, est intégralement maintenue la distance dont le pathétique
est fait, à la fois, de cette proximité et de cette dualité des êtres. Ce qu'on
présente comme l'échec de la communication dans l'amour, constitue précisément la positivité de la relation : cette absence de l'autre est précisément sa
présence comme autre. L'autre, c'est le prochain — mais la proximité n'est pas
une dégradation ou une étape de la fusion.

E. Lévinas, *De l'existence à l'existant* (1947),
Éd. Vrin, 1986, pp. 161-163.

Texte 10

Humanité et barbarie

LÉVI-STRAUSS

L'attitude la plus ancienne, et qui repose sans doute sur des fondements psychologiques solides puisqu'elle tend à réapparaître chez chacun de nous quand
nous sommes placés dans une situation inattendue, consiste à répudier purement et simplement les formes culturelles : morales, religieuses, sociales, esthétiques, qui sont les plus éloignées de celles auxquelles nous nous identifions.
« Habitudes de sauvages », « cela n'est pas de chez nous », « on ne devrait pas
permettre cela », etc., autant de réactions grossières qui traduisent ce même
frisson, cette même répulsion en présence de manières de vivre, de croire ou de
penser qui nous sont étrangères. Ainsi l'Antiquité confondait-elle tout ce qui
ne participait pas de la culture grecque (puis gréco-romaine) sous le même
nom de barbare ; la civilisation occidentale a ensuite utilisé le terme de sauvage
dans le même sens. Or, derrière ces épithètes se dissimule un même jugement :

il est probable que le mot barbare se réfère étymologiquement à la confusion et à l'inarticulation du chant des oiseaux, opposées à la valeur signifiante du langage humain ; et sauvage, qui veut dire « de la forêt », évoque aussi un genre de vie animal par opposition à la culture humaine. [...]

Cette attitude de pensée, au nom de laquelle on rejette les « sauvages » (ou tous ceux qu'on choisit de considérer comme tels) hors de l'humanité, est justement l'attitude la plus marquante et la plus instinctive de ces sauvages mêmes. [...]

L'humanité cesse aux frontières de la tribu, du groupe linguistique, parfois même du village ; à tel point qu'un grand nombre de populations dites primitives se désignent elles-mêmes d'un nom qui signifie les « hommes » (ou parfois — dirons-nous avec plus de discrétion ? — les « bons », les « excellents », les « complets »), impliquant ainsi que les autres tribus, groupes ou villages ne participent pas des vertus ou même de la nature humaine, mais qu'ils sont tout au plus composés de « mauvais », de « méchants », de « singes de terre » ou « d'œufs de pou ». On va souvent jusqu'à priver l'étranger de ce dernier degré de réalité en en faisant un « fantôme » ou une « apparition ». Ainsi se réalisent de curieuses situations où deux interlocuteurs se donnent cruellement la réplique. Dans les grandes Antilles, quelques années après la découverte de l'Amérique, pendant que les Espagnols envoyaient des commissions d'enquête pour rechercher si les indigènes avaient ou non une âme, ces derniers s'employaient à immerger des blancs prisonniers, afin de vérifier, par une surveillance prolongée, si leur cadavre était ou non sujet à la putréfaction. [...]

En refusant l'humanité à ceux qui apparaissent comme les plus « sauvages » ou « barbares » de ses représentants, on ne fait que leur emprunter une de leurs attitudes typiques. Le barbare, c'est d'abord l'homme qui croit à la barbarie.

C. Lévi-Strauss, *Race et Histoire*,
collection Médiations, Éd. Denoël-Gonthier, 1968, pp. 19-22.

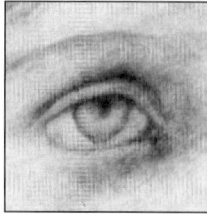

DOCUMENT

La solitude : une nuit insondable

*AUTRUI, pièce maîtresse de mon univers... Je mesure chaque jour ce que je lui devais en enregis-
trant de nouvelles fissures dans mon édifice personnel. Je sais ce que je risquerais en perdant
l'usage de la parole, et je combats de toute l'ardeur de mon angoisse cette suprême déchéance. Mais mes
relations avec les choses se trouvent elles-mêmes dénaturées par ma solitude. Lorsqu'un peintre ou un*
5 *graveur introduit des personnages dans un paysage ou à proximité d'un monument, ce n'est pas par
goût de l'accessoire. Les personnages donnent l'échelle et, ce qui importe davantage encore, ils constituent des points de vue possibles, qui ajoutent au point de vue réel de l'observateur d'indispensables
virtualités.*

A Speranza, il n'y a qu'un point de vue, le mien, dépouillé de toute virtualité. Et ce dépouillement
10 *ne s'est pas fait en un jour. Au début, par un automatisme inconscient, je projetais des observateurs
possibles — des paramètres — au sommet des collines, derrière tel rocher ou dans les branches de tel
arbre. L'île se trouvait ainsi quadrillée par un réseau d'interpolations et d'extrapolations qui la diffé-
renciait et la douait d'intelligibilité. Ainsi fait tout homme normal dans une situation normale. Je
n'ai pris conscience de cette fonction — comme de bien d'autres — qu'à mesure qu'elle se dégradait en*
15 *moi. Aujourd'hui, c'est chose faite. Ma vision de l'île est réduite à elle-même. Ce que je n'en vois pas est
un inconnu absolu... Partout où je ne suis pas actuellement règne une nuit insondable. Je constate
d'ailleurs en écrivant ces lignes que l'expérience qu'elles tentent de restituer non seulement est sans précédent, mais contrarie dans leur essence même les mots que j'emploie. Le langage relève en effet d'une
façon fondamentale de cet univers peuplé où les autres sont comme autant de phares créant autour*
20 *d'eux un îlot lumineux à l'intérieur duquel tout est — sinon connu — du moins connaissable.
Les phares ont disparu de mon champ. Nourrie par ma fantaisie, leur lumière est encore longtemps
parvenue jusqu'à moi. Maintenant, c'en est fait, les ténèbres m'environnent.*

*Et ma solitude n'attaque pas que l'intelligibilité des choses. Elle mine jusqu'au fondement même de
leur existence. De plus en plus, je suis assailli de doutes sur la véracité du témoignage de mes sens. Je sais*
25 *maintenant que la terre sur laquelle mes deux pieds appuient aurait besoin pour ne pas vaciller que
d'autres que moi la foulent. Contre l'illusion d'optique, le mirage, l'hallucination, le rêve éveillé, le
fantasme, le délire, le trouble de l'audition... le rempart le plus sûr, c'est notre frère, notre voisin, notre
ami ou notre ennemi, mais quelqu'un, grands dieux, quelqu'un !*

Tournier, *Vendredi ou les limbes du Pacifique* (1969),
collection Folio, Éd. Gallimard, 1972, pp. 53-55.

4.

LE TEMPS

Back to the future, S. Spielberg, 1985 (Christopher Lloyd).

INTRODUCTION

Une intuition première

Le temps, intimement lié au sentiment de notre existence, échappe presque à la définition. Pascal le prend comme exemple de ces termes premiers « qu'il est impossible et inutile de définir. [...] Et pourquoi l'entreprendre puisque tous les hommes conçoivent ce qu'on veut dire en parlant de temps, sans qu'on le désigne davantage ? [...] en sorte qu'à cette expression, *temps*, tous portent la pensée vers le même objet[1] ». L'on vérifiera facilement que toutes les tentatives de définition comportent un terme qui signifie le temps lui-même : « ordre des successifs », « ordre du devenir selon l'avant et l'après », « durée marquée par la succession des événements », etc. Mais, au même endroit, Pascal ajoute : « Cependant il y a bien différentes opinions touchant l'existence du temps. » Intuition immédiate et continue, mais qu'il est difficile de penser, tel est le temps.

Un ordre irréversible

Si l'on cherche non plus à définir le temps mais à énoncer son principal caractère, c'est son ordre qui s'impose à l'attention, et plus précisément, l'**irréversibilité**[2] de cet ordre (**Textes 1 et 2**). Quand le temps n'est pas en jeu, tout ce qui a un sens peut être renversé. Mettre les choses « la tête en bas », mettre « la charrue avant les bœufs », ce peut être difficile, dangereux ou scandaleux ; ce n'est pas impossible. Mais on aura beau rebrousser chemin, rien ne défera l'aller, fut-il suivi de retour (**Texte 2**). Dans l'irrévocable, le revenir n'est pas un sens interdit, mais un non-sens. Cette irréversibilité importe au plus haut point à la vie morale. Tournée vers cette « bordure du présent[3] » qu'est le proche avenir, la volonté est ressentie comme libre. Mais aussitôt après, elle ne peut plus ne pas avoir voulu. L'acte, tombé dans le passé, est impossible à corriger. Dans le remords nous combattons une ombre, un insaisissable néant.

Le **passé**, de façon paradoxale, est définitivement tout ce qu'il a été, justement parce qu'il a perdu toute existence et n'est plus que par l'ombre vaine du souvenir. Par le premier trait il est irrévocable, objet d'une éthique du remords, par le second il est irréversible, thème d'une poésie du regret. Certes, si nous ne pouvons pas effacer l'acte passé, nous pouvons faire autre chose, et cet « autre chose » se combinera avec l'acte passé de façon à composer une histoire dont le sens global reste à achever. Ainsi la tradition des moralistes et des confesseurs tente de convertir le remords en repentir, entendant par là un retour vers un avenir à bien employer.

L'exploration imaginaire

Des mythes et des fictions ont tenté de jouer avec le temps et de déjouer sa nécessité. Mythes de résurrection, de réincarnation, de renouveau total, d'éternel retour, de vie dans un tout autre monde. Fictions, à vêtement plus

---

1. *De l'Esprit géométrique* (cet opuscule est parfois intitulé *l'Esprit de la géométrie*, 1657), *Œuvres complètes*, Éd. du Seuil, p. 360.
2. Ici, et dans la suite, nous empruntons beaucoup à Vladimir Jankélévitch, *l'Irréversible et la Nostalgie* (1974), collection Champs, Éd. Flammarion, 1983.
3. Alain, *Propos*, Éd. Gallimard, p. 529.

ou moins scientifique, de voyage dans le temps (Document), de devenir arrêté, accéléré ou renversé. A la limite, imaginons que le temps s'arrête... Pendant combien de temps s'est-il arrêté ? De telles fictions nous permettent de distinguer le difficile, l'impossible et le non-sens, de saisir la différence entre ce qui nous est impossible par manque de force et ce qui est impossible en vertu d'une structure fondamentale de toute expérience. Ces mises à l'épreuve du possible par l'imaginaire constituent les thèmes les plus riches de la littérature de fiction.

L'ordre irréversible du temps est ressenti selon les trois modalités[1] du passé, du présent, de l'avenir. Mais c'est au sein du **présent** que se dessinent sans cesse ces trois mouvements de conscience : l'attention à l'existence actuelle, le retour en pensée vers ce qui fut et n'est plus, la projection vers ce qui va se produire. Ce qui amène saint Augustin à définir le temps (ou plutôt à le décrire) comme une tension de l'esprit d'attente en souvenir (**Texte 3**).

Penser le temps à partir du présent

Mais le présent lui-même peut être vécu et interprété de plusieurs façons. Toute fraction de devenir que l'on considère, comporte un commencement qui est déjà passé et un aboutissement qui n'est pas encore advenu. Quant au présent, il est le passage même du « n'être pas encore » au « n'être déjà plus ». Le présent que nous disions seul réel, serait donc le passage évanescent d'un non-être à l'autre. Tel est le résultat inévitable de l'analyse, ce à quoi aboutit tout effort pour penser le temps (**Texte 4**). Il est non moins clair qu'une conscience qui adhérerait strictement au présent ainsi conçu s'évanouirait avec lui et que la conscience de la durée transcende **l'instant**.

Le moment présent

En effet, si nous tentons de décrire le présent vécu, nous trouvons un tout autre résultat. Pensons aux actes familiers de la vie quotidienne (fermer une porte, allumer une lampe) ou bien à l'acte d'énoncer ou de comprendre une parole, d'écouter une phrase musicale, de renvoyer une balle dans un jeu... Dans tous les cas de ce genre, le « maintenant » est un fragment de durée rassemblé en un seul acte d'attention (**Texte 5**). Ainsi le **moment** présent, à la différence de l'instant, comporte une rétention du passé immédiat, tout à fait différente du souvenir et une anticipation du futur immédiat, qui n'est pas une prévision. Sans cette continuité, le présent ne serait que rupture perpétuelle. Cela est vrai tout autant de l'action que de la rêverie.

Temps et durée

Ainsi, le temps est à la fois continu et hétérogène. Bergson a insisté sur la continuité, évidente « quand notre moi se laisse vivre ». Il réserve le nom de **durée** à cette continuité hétérogène et considère que le temps, tel qu'il est conçu d'ordinaire, est une représentation symbolique tirée de l'étendue (**Texte 5**). C'est cette représentation symbolique — et non pas la durée vécue — qui peut être traitée comme une « quatrième dimension » de l'ensemble espace-temps. Cette transposition est utile et même nécessaire pour la représentation mathématique des phénomènes physiques. Mais elle s'écarte des intuitions immédiates de la conscience. Cet écart s'accroît à mesure que

---

1. En dépit d'un usage assez fréquent (chez Sartre notamment), il nous paraît peu souhaitable de les appeler « trois dimensions du temps ». Car ce sont les trois ensembles qui constituent une unique dimension lors de la symbolisation mathématique du temps.

se développent les théories mathématiques susceptibles de rendre compte des résultats de la physique moderne. Ce temps mathématisé est seul, à proprement parler, mesurable. Or la théorie de la relativité conduit à admettre que ce temps mesurable varie avec les mouvements de chaque système. On ne peut donc donner de traduction en termes scientifiques au sentiment, inhérent à la conscience intime, que l'instant présent est le présent simultané de l'univers entier.

Une forme
a priori
de la sensibilité

Mais on peut aussi interpréter le temps, ainsi que l'a fait Kant, comme une forme **a priori** de la sensibilité. Ce sera une autre manière de dire que le temps n'est pas une substance, une chose, mais un ordre, un système de relations, ce qu'on exprime par le mot **forme**. Cet ordre s'impose à toute expérience, quel que soit son contenu : deux événements distincts sont successifs ou simultanés, et s'ils sont successifs, leur ordre ne peut être changé. Cette nécessité est la marque de l'**a priori**. Le temps ainsi pensé est forme de toute expérience, même intérieure, même imaginaire, car il est forme de notre vie intime, c'est-à-dire de l'intuition que nous avons de notre propre existence. Dans cette vue, le temps est aussi forme des phénomènes extérieurs en tant qu'ils doivent prendre place dans notre expérience. Un tel ordre ne se réduit pas à des rapports conceptuels, il est connu par intuition immédiate : c'est ce que signifie le mot **sensibilité**. Pour qu'un objet, quel qu'il soit, puisse être donné, il faut qu'il se produise en un instant déterminé du temps, avant, pendant, après de tels autres **(Texte 6)**. Mais tout cela ne concerne que notre expérience, les phénomènes, non les choses en elles-mêmes. Il ne faut pas conclure que le temps est illusoire, ou qu'il pourrait être maîtrisé par la technique ou par la magie. Car le monde des phénomènes est bien réel et notre vie intime elle-même ne prend consistance qu'en s'insérant dans le monde. Cependant, bien des philosophes ont essayé de penser l'existence en dépassant la durée finie de la vie humaine : « Si les roses qui ne durent qu'un jour faisaient des histoires [...] elles diraient : « Nous avons toujours vu le même jardinier ; de mémoire de rose on n'a vu que lui [...] assurément il ne meurt point comme nous. [...] Serait-ce à dire que ce qui aurait duré cent mille fois plus que nous dût toujours durer ? On n'est pas si aisément éternel[1] ». Mais durer toujours, est-ce être éternel ?

L'éternel ?

Par la durée, toute présence dans le monde se manifeste comme un mixte d'être et de néant : ni le passé ni l'avenir ne sont, les choses présentes passent[2]. L'on se demandera dès lors si l'être dans sa plénitude ne se situe pas hors du temps. Ce serait l'éternité, « la profonde Éternité[3] ». Mais ces termes mêmes d'**éternel** et **éternité** ont été pris en plusieurs sens par les philosophes. Le point commun en est le refus de l'irréversible — irrémédiable, le refus de la mort. Mais l'immortalité a été recherchée soit dans ce qui dure toujours, soit dans ce qui ne dure pas. Comment cela se fait-il ?

1. Fontenelle, *Entretiens sur la pluralité des Mondes* (1686), Éd. J. Viateley, 1970, p. 108.
2. Voir aussi J.-P. Sartre, *l'Être et le Néant*, Éd. Aubier-Montaigne, 1969, pp. 160-196.
3. Nietzsche, *Ainsi parlait Zarathoustra*, Éd. Gallimard, 1947.

Une durée indéfiniment prolongée

Notre pensée du temps ne peut concevoir de limite sans demander ce qu'il y a de l'autre côté — et ce ne peut être que temporel, c'est-à-dire déterminé selon l'avant et l'après. Les anciens (notamment les stoïciens) concevaient bien une fin du monde, mais ensuite ? ensuite tout devait recommencer (palingénésie). La même exigence porte sur notre vie subjective — que nous imaginons se continuer après la mort sous une autre forme. L'éternité prise en ce sens peut être appelée **perpétuité** — ou **pérennité**. Les textes religieux indiquent clairement cette équivalence : « *Requiem aeternam donna eis Domine et lux perpetua luceat eis*[1]. »

Une telle durée indéfiniment continuée peut être conçue comme encore peuplée d'événements qui surgissent et disparaissent. L'on s'éloigne un peu plus de la temporalité en concevant des êtres immuables qui durent sans changer, c'est-à-dire sans qu'aucun événement ne se produise en eux. La pensée moderne a renoncé à en chercher des exemples dans la nature. Le plus dur rocher finit par s'effondrer — mais si l'on cherche l'éternel dans un autre ordre, l'on se trouve renvoyé à ce qui n'a aucun rapport avec la durée. En effet, c'est en toute rigueur la seule façon d'échapper à la constante destruction inhérente au fait de durer. Mais que peut être une réalité « qui ne s'explique pas par la durée » ?

L'intemporalité

La vérité en est l'exemple : qu'une vérité soit découverte par des démarches qui prennent du temps, n'empêche pas qu'elle est découverte comme ayant été vraie auparavant. Quand nous disons : Ceci fut vrai en un temps mais ne l'est plus aujourd'hui, nous entendons que l'objet a changé, non que le vrai, en tant que tel, puisse devenir faux. « Le vrai est, d'une chose particulière, à tel moment, l'universel de nul moment[2]. » La garantie de l'éternité, c'est la nécessité. Mais les seuls exemples clairs que l'on puisse donner de cette intemporalité portent sur des vérités abstraites, sur des essences, non sur des existences. Spinoza a conçu l'existence fondamentale, celle de Dieu mais aussi celle de notre âme, comme ayant cette indépendance à l'égard de la durée, que nous reconnaissons moins difficilement aux vérités. Une pensée qui se produit dans la durée ne peut se situer hors de la durée que par l'intermédiaire de mythes ou de symboles. Spinoza, refusant ces figurations mythiques, conçoit qu'une part de notre âme, celle qui connaît les choses dans la nécessité de leur essence, possède elle aussi **cette intemporalité du vrai**[3].

Cette éternité n'est pas située après la vie (ni avant) puisque, ne s'expliquant pas par la durée, elle ne comporte aucun rapport à l'avant et à l'après. A qui dirait que nous n'avons aucune connaissance d'une telle manière d'être, l'on peut répondre en suivant Spinoza que nous l'éprouvons toutes les fois que nous pensons selon le nécessaire et l'universel[4]. Mais l'extrême difficulté de cette pensée nous autorise peut-être à recourir aux expressions mythiques

---

1. « Seigneur, donne-leur le repos éternel et que la lumière perpétuelle luise pour eux. » Texte latin de la messe des morts ou messe de *Requiem*. Ce texte a été souvent mis en musique.
2. Alain, *Vigiles de l'esprit*, « les Marchands de sommeil » (1904), Éd. Gallimard, 1942.
3. *Éthique*, Livre V, à partir de la proposition 21.
4. *Éthique*, Livre V, Scolie de la proposition 23.

pour chercher dans la durée « l'image mobile » de notre exigence d'éternité. Car ce qui en nous refuse la mort, ce n'est pas seulement l'instinct de survie. C'est aussi l'attachement à des valeurs qui nous dépassent : art, culture, connaissance, amour. Ces valeurs ne peuvent s'accomplir et se manifester qu'en des objets qui durent, et parfois vivent, dans le temps. Ils vivent et périssent, mais les causes qui leur ôtent l'existence sont tout à fait étrangères à ce qui fait leur valeur. Les œuvres d'art, les énoncés des vérités, les actions généreuses, nous semblent donner à l'humanité une sorte de droit qui transcende la fragilité du corps vivant. Mais rien dans la vie temporelle ne vient conforter cette aspiration qui reste vague tant qu'elle ne se traduit pas en images mythiques[1].

---

1. Voir le chapitre « le Fait religieux ».

TEXTES

Texte 1

L'irréversible

LAVELLE

L'irréversibilité constitue pourtant le caractère le plus essentiel du temps, le plus émouvant, et celui qui donne à notre vie tant de gravité et ce fond tragique dont la découverte fait naître en nous une angoisse que l'on considère comme révélatrice de l'existence elle-même, dès que le temps lui-même est élevé jusqu'à l'absolu. Car le propre du temps, c'est de nous devenir sensible moins par le don nouveau que chaque instant nous apporte que par la privation de ce que nous pensions posséder et que chaque instant nous retire : l'avenir lui-même est un indéterminé dont la seule pensée, même quand elle éveille notre espérance, trouble notre sécurité. Nous confondons volontiers l'existence avec ses modes et, quand ce sont ces modes qui changent, il nous semble que l'existence elle-même s'anéantit.

Le terme seul d'irréversibilité montre assez clairement, par son *caractère négatif*, que le temps nous découvre une impossibilité et contredit un désir qui est au fond de nous-même : car ce qui s'est confondu un moment avec notre existence n'est plus rien, et pourtant nous ne pouvons faire qu'il n'ait point été : de toute manière il échappe à nos prises. [...] Or c'est justement cette substitution incessante à un objet qui pouvait être perçu d'un objet qui ne peut plus être que remémoré qui constitue pour nous l'irréversibilité du temps. C'est elle qui *provoque la plainte de tous les poètes*, qui fait retentir l'accent funèbre du « Jamais plus », et qui donne aux choses qu'on ne verra jamais deux fois cette extrême acuité de volupté et de douleur, où l'absolu de l'être et l'absolu du néant semblent se rapprocher jusqu'à se confondre. *L'irréversibilité témoigne donc d'une vie qui vaut une fois pour toutes*, qui ne peut jamais être recommencée et qui est telle qu'en avançant toujours, elle rejette sans cesse hors de nous-même, dans une zone désormais inaccessible, cela même qui n'a fait que passer et à quoi nous pensions être attaché pour toujours.

L. Lavelle, *Du Temps et de l'éternité* (1945),
Éd. Aubier-Montaigne, p. 126.

JANKÉLÉVITCH

Le voyageur revient à son point de départ, mais il a vieilli entre-temps ! [...]
S'il était agi d'un simple voyage dans l'espace, Ulysse[1] n'aurait pas été déçu ;
l'irrémédiable, ce n'est pas que l'exilé ait quitté la terre natale : l'irrémédiable,
c'est que l'exilé ait quitté cette terre natale il y a vingt ans. L'exilé voudrait
5 retrouver non seulement le lieu natal, mais le jeune homme qu'il était lui-
même autrefois quand il l'habitait. [...] Ulysse est maintenant un autre Ulysse,
qui retrouve une autre Pénélope... Et Ithaque aussi est une autre île, à la même
place, mais non pas à la même date ; c'est une patrie d'un autre temps. L'exilé
courait à la recherche de lui-même, à la poursuite de sa propre image et de sa
10 propre jeunesse, et il ne se retrouve pas. Et l'exilé courait aussi à la recherche
de sa patrie, et maintenant qu'elle est retrouvée il ne la reconnaît plus. Ulysse,
Pénélope, Ithaque : chaque être, à chaque instant, devient par altération un
autre que lui-même, et un autre que cet autre. Infinie est l'altérité de tout être,
universel le flux insaisissable de la temporalité. C'est cette ouverture tempo-
15 relle dans la clôture spatiale qui passionne et pathétise l'inquiétude nostal-
gique. Car le retour, de par sa durée même, a toujours quelque chose d'inachevé : si le Revenir renverse l'aller, le « dédevenir », lui, est une manière de
devenir ; ou mieux : le retour neutralise l'aller dans l'espace, et le prolonge
dans le temps ; et quant au circuit fermé, il prend rang à la suite des expé-
20 riences antérieures dans une futurition[2] ouverte qui jamais ne s'interrompt :
Ulysse, comme le Fils prodigue[3], revient à la maison transformé par les aventures, mûri par les épreuves et enrichi par l'expérience d'un long voyage. [...]
Mais à un autre point de vue le voyageur revient appauvri, ayant laissé sur son
chemin ce que nulle force au monde ne peut lui rendre : la jeunesse, les années
25 perdues, les printemps perdus, les rencontres sans lendemain et toutes les
premières-dernières fois perdues dont notre route est semée.

V. Jankélévitch, *l'Irréversible et la Nostalgie*,
Éd. Flammarion, 1983, p. 300.

---

1. L'auteur suppose qu'Ulysse, de retour à Ithaque, sa patrie, est déçu, car il ne retrouve pas l'Ithaque de sa jeunesse.
2. Qualité d'une chose en tant que future.
3. Le fils prodigue, dans l'Évangile (Marc, 15, 11), après avoir couru les aventures, revient chez son père.

Texte 3

Le présent seul
existe, mais sous
trois formes

SAINT AUGUSTIN

Qu'est-ce donc que le temps ? Si personne ne me le demande, je le sais ; mais que je veuille l'expliquer à la demande, je ne le sais pas ! Et pourtant — je le dis en toute confiance — je sais que si rien ne se passait, il n'y aurait pas de temps passé, et si rien n'advenait, il n'y aurait pas d'avenir, et si rien n'existait, il n'y aurait pas de temps présent.

Mais ces deux temps, passé et avenir, quel est leur mode d'être alors que le passé n'est plus et que l'avenir n'est pas encore ? Quant au présent, s'il était toujours présent sans passer au passé, il ne serait plus le temps mais l'éternité. Si donc le présent, pour être du temps, ne devient tel qu'en passant au passé, quel mode d'être lui reconnaître, puisque sa raison d'être est de cesser d'être, si bien que nous pouvons dire que le temps a l'être seulement parce qu'il tend au néant. [...] Enfin, si l'avenir et le passé sont, je veux savoir où ils sont. Si je ne le puis, je sais du moins que, où qu'ils soient, ils n'y sont pas en tant que choses futures ou passées, mais sont choses présentes. Car s'ils y sont, futur il n'y est pas encore, passé il n'y est plus. Où donc qu'ils soient, quels qu'ils soient, ils n'y sont que présents. Quand nous racontons véridiquement le passé, ce qui sort de la mémoire, ce n'est pas la réalité même, la réalité passée, mais des mots, conçus d'après ces images qu'elle a fixées comme des traces dans notre esprit en passant par les sens. Mon enfance par exemple, qui n'est plus, est dans un passé qui n'est plus, mais quand je me la rappelle et la raconte, c'est son image que je vois dans le présent, image présente en ma mémoire.

En va-t-il de même quand on prédit l'avenir ? Les choses qui ne sont pas encore sont-elles pressenties grâce à des images présentes ? Je confesse, mon Dieu, que je ne le sais pas. Mais je sais bien en tout cas que d'ordinaire nous préméditons nos actions futures et que cette préméditation est présente, alors que l'action préméditée n'est pas encore puisqu'elle est à venir. Quand nous l'aurons entreprise, quand nous commencerons d'exécuter notre projet, alors l'action existera mais ne sera plus à venir, mais présente. [...]

Il est dès lors évident et clair que ni l'avenir ni le passé ne sont et qu'il est impropre de dire : il y a trois temps, le passé, le présent, l'avenir, mais qu'il serait exact de dire : il y a trois temps, un présent au sujet du passé, un présent au sujet du présent, un présent au sujet de l'avenir. Il y a en effet dans l'âme ces trois instances, et je ne les vois pas ailleurs : un présent relatif au passé, la mémoire, un présent relatif au présent, la perception, un présent relatif à l'avenir, l'attente. Si l'on me permet ces expressions, ce sont bien trois temps que je vois et je conviens qu'il y en a trois.

Saint Augustin, *Confessions* (vers 400),
traduction de F. Khodoss, Livre XI, § XIV, XVIII et XX.

BERGSON

Présent conçu
et présent vécu

On chercherait vainement, en effet, à caractériser le souvenir d'un état passé si l'on ne commençait par définir la marque concrète, acceptée par la conscience, de la réalité présente. Qu'est-ce, pour moi, que le moment présent ? Le propre du temps est de s'écouler ; le temps déjà écoulé est le passé, et nous appelons présent l'instant où il s'écoule. Mais il ne peut être question ici d'un instant mathématique. Sans doute il y a un présent idéal, purement conçu, limite indivisible qui séparerait le passé de l'avenir. Mais le présent réel, concret, vécu, celui dont je parle quand je parle de ma perception présente, celui-là occupe nécessairement une durée. Où est donc située cette durée ? Est-ce en deçà, est-ce au-delà du point mathématique que je détermine idéalement quand je pense à l'instant présent ? Il est trop évident qu'elle est en deçà et au-delà tout à la fois, et que ce que j'appelle « mon présent » empiète tout à la fois sur mon passé et sur mon avenir. Sur mon passé d'abord, car « le moment où je parle est déjà loin de moi » ; sur mon avenir ensuite, car c'est sur l'avenir que ce moment est penché, c'est à l'avenir que je tends, et si je pouvais fixer cet indivisible présent, cet élément infinitésimal de la courbe du temps, c'est la direction de l'avenir qu'il montrerait. Il faut donc que l'état psychologique que j'appelle « mon présent » soit tout à la fois une perception du passé immédiat et une détermination de l'avenir immédiat. Or le passé immédiat, en tant que perçu, est, comme nous verrons, sensation, puisque toute sensation traduit une très longue succession d'ébranlements élémentaires ; et l'avenir immédiat, en tant que se déterminant, est action ou mouvement. Mon présent est donc à la fois sensation et mouvement ; et puisque mon présent forme un tout indivisé, ce mouvement doit tenir à cette sensation, la prolonger en action. D'où je conclus que mon présent consiste dans un système combiné de sensations et de mouvements. Mon présent est, par essence, sensori-moteur.

H. Bergson, *Matière et mémoire* (1896), Éd. du Centenaire,
Éd. P.U.F., 1959, p. 280.

BERGSON

Temps et durée

C'est justement cette continuité indivisible de changement qui constitue la durée vraie. Je ne puis entrer ici dans l'examen approfondi d'une question que j'ai traitée ailleurs[1]. Je me bornerai donc à dire, pour répondre à ceux qui voient dans cette durée « réelle » je ne sais quoi d'ineffable et de mystérieux, qu'elle est la chose la plus claire du monde : la *durée* réelle est ce que l'on a toujours appelé le *temps*, mais le temps perçu comme indivisible. Que le temps implique la succession, je n'en disconviens pas. Mais que la succession se présente d'abord à notre conscience comme la distinction d'un « avant » et d'un

1. Dans *Matière et Mémoire* ; voir ci-dessus le texte 4.

« après » juxtaposés, c'est ce que je ne saurais accorder. Quand nous écoutons
une mélodie, nous avons la plus pure impression de succession que nous puissions avoir — une impression aussi éloignée que possible de celle de la simultanéité — et pourtant c'est la continuité même de la mélodie et l'impossibilité
de la décomposer qui font sur nous cette impression. Si nous la découpons en
notes distinctes, en autant d'« avant », et d'« après » qu'il nous plaît, c'est que
nous y mêlons des images spatiales et que nous imprégnons la succession de
simultanéité : dans l'espace, et dans l'espace seulement, il y a distinction nette
de parties extérieures les unes aux autres. Je reconnais d'ailleurs que c'est dans
le temps spatialisé que nous nous plaçons d'ordinaire. Nous n'avons aucun
intérêt à écouter le bourdonnement ininterrompu de la vie profonde. Et pourtant la durée réelle est là. C'est grâce à elle que prennent place dans un seul et
même temps les changements plus ou moins longs auxquels nous assistons en
nous et dans le monde extérieur.

H. Bergson, *la Perception du changement* (1911),
repris dans *la Pensée et le Mouvant* (1934), Éd. P.U.F., 1959, p. 166.

Texte 6

Le temps,
forme *a priori*
de la sensibilité

KANT

a) Le temps n'est pas quelque chose qui existe en soi, ou qui soit inhérent aux
choses comme une détermination objective, et qui, par conséquent, subsiste, si
l'on fait abstraction de toutes les conditions subjectives de leur intuition ; dans
le premier cas, en effet, il faudrait qu'il fût quelque chose qui existât réellement sans objet réel. Mais dans le second cas, en qualité de détermination ou
d'ordre inhérent aux choses elles-mêmes, il ne pourrait être donné avant les
objets comme leur condition, ni être connu et intuitionné *a priori* par des propositions synthétiques ; ce qui devient facile, au contraire, si le temps n'est que
la condition subjective sous laquelle peuvent trouver place en nous toutes les
intuitions. Alors, en effet, cette forme de l'intuition intérieure peut être représentée avant les objets et, par suite, *a priori.*

b) Le temps n'est autre chose que la forme du sens interne, c'est-à-dire de
l'intuition de nous-mêmes et de notre état intérieur. En effet, le temps ne peut
pas être une détermination des phénomènes extérieurs, il n'appartient ni à une
figure, ni à une position, etc. ; au contraire, il détermine le rapport des représentations dans notre état interne. Et, précisément parce que cette intuition
intérieure ne fournit aucune figure, nous cherchons à suppléer à ce défaut par
des analogies et nous représentons la suite du temps par une ligne qui se prolonge à l'infini et dont les diverses parties constituent une série qui n'a qu'une
dimension, et nous concluons des propriétés de cette ligne à toutes les propriétés du temps, avec cette seule exception que les parties de la première sont
simultanées, tandis que celles du second sont toujours successives. Il ressort
clairement de là que la représentation du temps lui-même est une intuition,
puisque tous ses rapports peuvent être exprimés par une intuition extérieure.

c) Le temps est la condition formelle *a priori* de tous les phénomènes en général. L'espace, en tant que forme pure de l'intuition extérieure, est limité, comme condition *a priori*, simplement aux phénomènes externes. Au contraire, comme toutes les représentations, qu'elles puissent avoir ou non pour objets des choses extérieures, appartiennent, pourtant, en elles-mêmes, en qualité de déterminations de l'esprit, à l'état interne, et, comme cet état interne est toujours soumis à la condition formelle de l'intuition intérieure et que, par suite, il appartient au temps, le temps est une condition *a priori* de tous les phénomènes intérieurs (de notre âme), et, par là même, la condition médiate des phénomènes extérieurs.

Kant, *Critique de la Raison pure* (1781),
traduction de A. Tremesaygues et B. Pacaud, Éd. P.U.F., 1971, p. 63.

Texte 7

L'éternel retour

NIETZSCHE

Le poids le plus lourd. — Et si, un jour ou une nuit, un démon venait se glisser dans ta suprême solitude et te disait : « Cette existence, telle que tu la mènes, et l'as menée jusqu'ici, il te faudra la recommencer et la recommencer sans cesse ; sans rien de nouveau ; tout au contraire ! La moindre douleur, le moindre plaisir, la moindre pensée, le moindre soupir, tout de ta vie reviendra encore, tout ce qu'il y a en elle d'indiciblement grand et d'indiciblement petit, tout reviendra, et reviendra dans le même ordre, suivant la même impitoyable succession,... cette araignée reviendra aussi, ce clair de lune entre les arbres, et cet instant, et moi aussi ! L'éternel sablier de la vie sera retourné sans répit, et toi avec, poussière infime des poussières ! »... Ne te jetterais-tu pas à terre, grinçant des dents et maudissant ce démon ? A moins que tu n'aies déjà vécu un instant prodigieux où tu lui répondrais : « Tu es un dieu ; je n'ai jamais ouï nulle parole aussi divine ! »

Si cette pensée prenait barre sur toi, elle te transformerait peut-être, et peut-être t'anéantirait ; tu te demanderais à propos de tout : « Veux-tu cela ? le reveux-tu ? une fois ? toujours ? à l'infini ? » et cette question pèserait sur toi d'un poids décisif et terrible ! Ou alors, ah ! comme il faudrait que tu t'aimes toi-même et que tu aimes la vie pour ne *plus désirer autre chose* que cette suprême et éternelle confirmation !

Nietzsche, *le Gai Savoir* (1881-1887),
traduction d'A. Vialatte, collection Idées, Éd. Gallimard, 1968,
§ 341, pp. 281-282.

DOCUMENT

La machine à explorer le temps

Dans *la Machine à explorer le temps*, Wells imagine un inventeur qui va explorer une civilisation future.

CETTE *fiction part d'une idée d'algèbre pure, d'après laquelle le temps est une autre dimension, de même genre que la longueur, la largeur et la profondeur. Une telle idée ne peut être jugée que si on l'applique aux perceptions et c'est ce que Wells a voulu faire. Premièrement nous ne percevons pas le temps comme dimension, mais seulement parce que nous ne savons pas le parcourir ; nous sommes à*
5 *l'égard du temps comme sont les poissons à l'égard de l'étendue aérienne. Il faudrait aux poissons une machine pour s'élever au-dessus de l'eau. Eh bien, dit l'inventeur, j'ai fabriqué une machine qui est capable de bondir dans le temps, et d'y emporter son homme. Ici tout reste mystérieux ; mais voici sur ce meuble un modèle réduit de la machine ; l'inventeur la fait partir pour les temps futurs, en appuyant sur un levier. Elle part. Entendez bien qu'elle ne change pas de place, car cette machine ne*
10 *roule sur aucune des dimensions usuelles ; mais elle voyage dans le temps ; elle quitte ce maintenant où nous restons ; elle entre dans l'ordre des choses qui ne sont pas encore, et qui seront ; c'est-à-dire qu'elle s'évanouit sur place. Remarquez cette espèce de logique, qui porte l'attention justement où il faut [...].*

La machine, [...] doit passer au temps futur tout entière et sans changement, et l'observateur qui la suit, de même ; ils ne doivent vieillir ni l'un ni l'autre. Cette machine est donc isolante, par rapport au
15 *changement universel. Bref elle passe d'un temps à l'autre sans changer du tout. Étant entière dans le temps qui suit, elle ne doit rien laisser d'elle dans le temps précédent ; c'est pourquoi elle s'évanouit sans laisser de traces. Quant à l'observateur, Wells n'en parle point ; mais il est clair, par la suite du récit, qu'il reste soumis à la loi du temps commun, tandis qu'il est soustrait à la loi de ce temps qu'il parcourt à grande vitesse. Ainsi il s'en va jusqu'à des milliers d'années en avant ; il revient de ce voyage une heure*
20 *après ; il a vieilli d'une heure comme les camarades. S'il avait vieilli seulement de mille ans, qu'aurait-il vu ?*

Il y a donc deux fictions en une. La première est celle de la Belle au bois dormant. Je reste cent ans ou mille ans sans vieillir ; alors, me réveillant, je vois l'avenir. Mais je ne puis revenir pour le raconter à ceux d'il y a mille ans qui sont restés sous la loi commune. La seconde fiction est que l'observateur qui
25 *a conduit la machine revient au temps d'où il est parti, retrouve ses amis, et retrouve l'univers comme l'univers était au départ. Toutefois, comme il a vu, dans l'intervalle, le monde plus vieux de mille ans, de dix mille ans, de trente mille ans, il faut donc qu'il existe en même temps des états de l'univers en des temps différents, ce qui ne va plus du tout. Je ne réfute pas ce roman, qui est beau, mais je tire un peu au clair, il me semble, cette condition du temps, qui est que toutes les choses le parcourent ensemble et*
30 *du même pas.*

Alain, *Propos* (1923), repris dans *Vigiles de l'esprit*, Éd. Gallimard, 1947, pp. 245-246.

5.

L'HISTOIRE

Si Versailles m'était conté, Sacha Guitry, 1954.

INTRODUCTION

**Récit
et événements**

Le terme « d'histoire » comporte en français deux significations distinctes : il désigne d'une part le récit des événements passés (« histoire » du Moyen Âge, de la Renaissance) et d'autre part l'ensemble de ces événements eux-mêmes (on parle facilement du « cours » de l'histoire ou de son « accélération »). Dès lors deux problèmes à première vue fort différents se posent. Comment, tout d'abord, faut-il écrire l'histoire, à quelles conditions celle-ci peut-elle être une science du passé ? Il s'agit d'un problème épistémologique[1]. Mais ce « cours » de l'histoire, quel est-il, l'histoire de l'humanité a-t-elle un ordre, une orientation ? Il s'agit cette fois d'un problème philosophique car il concerne le statut même du passé, et il engage la destination de l'humanité. Ces deux problèmes sont en réalité étroitement liés, car le passé humain n'a d'« existence », de « réalité », que dans et par l'histoire des historiens.

**Hérodote
et Thucydide**

Celle-ci comporte, à son tour, une histoire, c'est-à-dire une origine précise et des auteurs incontestés, contrairement aux mythes et légendes qui sont des discours sans auteurs, et sans dimension critique. Chez l'historien grec **Hérodote** (vers 485-420 av. J.-C.), le mot « histoire » est encore synonyme d'information, d'enquête. Surnommé le « père de l'histoire », ce conteur de grand talent a laissé une œuvre considérable qui a pour sujet principal les guerres Médiques et qui comporte une masse d'informations très précieuses sur les mœurs, la vie quotidienne, les institutions mais aussi les légendes de cette époque[2]. Mais c'est **Thucydide** (470-401 av. J.-C.) qui réalise, quelques années plus tard, avec l'*Histoire de la guerre du Péloponnèse*, un véritable modèle du genre : par son effort pour dégager un principe d'intelligibilité, ainsi que par son souci d'exactitude et de documentation approfondie, il dépasse Hérodote et introduit cette approche critique sans laquelle une histoire authentique — c'est-à-dire comportant le souci de l'objectivité — ne pouvait commencer.

**L'objectivité
en question**

La question centrale pour l'historien réfléchissant sur son activité et faisant œuvre ainsi d'épistémologue est en effet celle de l'objectivité de la connaissance qu'il donne du passé : il faut entendre par là non seulement l'impartialité du récit historique, mais sa conformité aux événements eux-mêmes. Mais l'histoire a affaire à des hommes et donc à des comportements porteurs de sens, d'intentions souvent obscures et cachées qu'il convient de déchiffrer. Aussi son objectivité ne doit-elle pas, contrairement à ce que l'on pensait au XIXe siècle, avoir pour modèle celle des sciences physiques, mais elle inclut au contraire aujourd'hui la **subjectivité**[3] de l'historien comme méthode

---

1. Étude critique d'une science dans ses méthodes, ses fondements et ses résultats.
2. Ce sont les *Histoires* d'Hérodote.
3. Par « subjectivité », il faut entendre tout ce qui est intérieur, individuel, propre à un « sujet » déterminé.

d'approche de son objet. Il ne s'agit pas de n'importe quelle subjectivité, mais de celle qui est oubli volontaire de soi et ouverture à l'autre: la **sympathie**, cette « affinité prévenante pour l'autre », selon la définition de Max Scheler[1]. L'histoire apparaît alors comme dialogue du présent et du passé **(Textes 1, 2, 3)**.

Mais ce passé, quel est-il ? Quel est l'objet propre de l'histoire ? « Celui d'une réalité qui a cessé d'être » (R. Aron). Cette réalité a de multiples visages ; loin de collectionner avidement des « faits », l'historien les sélectionne et édifie de grandes « séries » (économiques, politiques, religieuses, par exemple). Le **fait historique** est donc — comme tout fait scientifique — élaboré par l'historien, et ne doit pas être assimilé à l'événement. Celui-ci n'est sans doute, pour reprendre l'expression de G. Duby[2], que « l'écume de l'histoire » ; il est soutenu par des rapports lents et profonds sur lesquels à son tour il retentit, et qui lui donnent un « sens ».

Causes et raisons

Ainsi se trouve posé le problème de la causalité en histoire, c'est-à-dire de la légitimité et de la valeur contraignante de cet ordre instauré par l'historien. Tout d'abord, au sein d'un ensemble historique, il apparaît délicat de distinguer les différentes causes d'un « événement » et leur importance respective : faut-il accorder la priorité aux événements apparemment fortuits (un rhume de cerveau du chef de l'État) qui sont l'antécédent immédiat d'une suite d'événements importante, ou aux « raisons[3] » profondes qui l'ont déterminée ? En second lieu, on peut se demander si les « séries » ne sont pas arbitrairement « isolées », et si leur détermination n'est pas réciproque. Enfin, plus radicalement, l'introduction même de la causalité dans la sphère de l'humain peut apparaître choquante : admettre la force déterminante des grands ensembles historiques régis par des lois aussi rigoureuses que celles de la nature, c'est d'une certaine façon exclure l'invention et la liberté des individus et des peuples, les concevoir comme illusoires **(Texte 4)**.

Ainsi la réflexion épistémologique s'ouvre-t-elle à la philosophie de l'histoire : « qui » fait l'histoire, et celle-ci a-t-elle une orientation, une signification, bref un **sens** ? La philosophie de l'histoire serait donc une « reprise » de l'histoire des historiens, une prise de conscience de leur tentative d'élaborer le devenir de l'humanité et l'indication d'un « fil conducteur » pour l'histoire qu'ils écriront : comment expliquer en effet le désordre apparent des événements répondant à une multiplicité d'intentions individuelles et l'ordre qui semble se dégager pourtant de l'ensemble ?

Destin et Providence

Il est rare que les individus et même les peuples se sentent les « auteurs » de leur histoire ; ils s'en perçoivent davantage comme les « acteurs » (instruments ou victimes). C'est peut-être une des sources de la croyance en un Destin ou une Providence divine. Le **destin** serait une force impersonnelle ayant déterminé à l'avance le cours général des événements et contre laquelle toute intervention humaine reste impuissante. Ainsi, dans la Grèce

---

1. Max Scheler, *Nature et Formes de la sympathie*, 1913.
2. G. Duby, né en 1919, historien du Moyen Age notamment.
3. A. Cournot distinguait les *causes* d'un événement — antécédents immédiats, chronologiques — de ses *raisons* — origines profondes (*Traité de l'Enchaînement des Idées fondamentales*). Le texte 4 de Tocqueville, p. 85, le rejoint.

antique, l'histoire est-elle un grand théâtre où les hommes, comme de simples pantins, se livrent indéfiniment (idée d'un « éternel retour » de l'histoire) des combats dont la signification leur échappe. La **Providence divine**[1] dans la tradition judéo-chrétienne est, à l'inverse, une puissance personnelle et bienveillante qui oriente l'histoire humaine de façon ascendante (idée de progrès) et lui donne une signification réconfortante, celle du salut.

Néanmoins le progrès si cher au siècle des Lumières reste sans aucun doute lent et pénible, et cette haute idée de la Providence grandit démesurément l'homme et aplatit les obstacles[2]. Le spectacle de l'histoire superficielle est désolant : c'est celui de la folie des hommes poursuivant leur intérêt propre (ou leurs passions) et grande pourrait être la tentation devant tant de vanité aveugle et meurtrière de désespérer de l'humanité.

La raison à l'œuvre dans l'histoire

C'est pourtant parce qu'ils portaient — précisément — un jugement désenchanté sur la nature des hommes que des philosophes tels que Kant, puis, dans une tout autre perspective, Hegel, ont cherché à comprendre le sens d'une histoire dont l'absurdité saute aux yeux : mais contrairement à Kant, Hegel ne juge pas l'histoire d'un point de vue moral, et c'est parce qu'il réussit à écarter toute appréciation subjective ou éthique qu'il peut affirmer que tant de sacrifices, tant de déchirements sanglants ne sont pas vains, qu'ils concourent au progrès de la Raison. Les peuples sont les instruments inconscients de l'**Esprit du monde**, et il en est de même des grands hommes qui ont su concrétiser, représenter, l'esprit d'un peuple, les aspirations des individus. La Raison à l'œuvre dans l'histoire se sert des passions individuelles pour triompher, et en cela elle est bien « rusée » (**Textes 5 et 6**).

Le marxisme et l'histoire

Mais qu'est-ce que cette idée de la Raison en marche dans l'histoire ? Ne dépossède-t-elle pas, comme le reprocheront Marx et Engels à Hegel, les hommes de leur liberté (**Texte 7 A**) ? « L'Histoire ne se sert pas de l'homme comme d'un moyen pour réaliser (comme si elle était un personnage particulier) ses propres buts, elle n'est que l'activité de l'homme qui poursuit ses objectifs[3] ». En d'autres termes, les hommes font leur histoire sur la base de **conditions économiques**, ou encore « matérielles » déterminées, c'est-à-dire qu'ils n'ont pas choisies, et dont ils ne peuvent en aucun cas faire abstraction ; cependant cette histoire, nullement fatale, est incontestablement leur œuvre (**Textes 7**).

La « Nouvelle Histoire »

Dans les années 30, en France, apparaissait un courant d'historiens qui tendaient à négliger l'**événement** — c'est-à-dire le fait, en tant qu'il présente un certain relief — et qui mettaient l'accent sur les activités économiques, l'organisation sociale et les mentalités plutôt que sur la vie politique. La Nouvelle Histoire — une histoire « poussée en profondeur » — s'impose après la Seconde Guerre mondiale en s'appuyant sur une revue :

1. Leibniz définissait la Providence divine comme la faculté que Dieu a de *prévoir* le cours des choses, et de *pourvoir* les hommes des moyens nécessaires à la réalisation de son dessein.
2. C'est le sens de la critique que Kant fit en 1785 des *Idées sur la Philosophie de l'Histoire et de l'Humanité* de Herder (in *la Philosophie de l'Histoire*, Éd. Aubier, pp. 95-126).
3. *la Sainte famille*, Éd. Sociales, p. 116.

Les Annales E.S.C.[1]. Tandis que L. Febvre, le premier, instruit le procès de l'« histoire historisante » c'est-à-dire axée exclusivement sur l'« événementiel » et les activités politiques, Marc Bloch s'oriente tout d'abord vers l'analyse de la réalité économique, puis s'intéresse aux autres dimensions cachées de l'histoire. Son manuscrit *Apologie pour l'histoire ou Métier d'historien* fait aujourd'hui figure de manifeste de l'« École des Annales ». Il s'ouvre sur la question d'un enfant : « Explique-moi à quoi sert l'histoire ? » à laquelle M. Bloch répond en ces termes : « Un mot, pour tout dire, domine et illumine nos études : comprendre » **(Texte 2 A)**.

Histoire et temporalité

Comprendre, mais en un sens inédit, qui exclut tout finalisme, et qui amène les historiens à reconsidérer la question de la causalité et de la temporalité historique. Dans une analyse devenue célèbre, F. Braudel s'attache à décomposer l'histoire en plans étagés **(Texte 9)**, en se fondant sur une étude des différents types de **rythmes historiques** : il conviendra d'opposer au temps « géographique » un temps « social » et un temps « individuel ». On s'orientera, dès lors, vers « une histoire de longue durée » par opposition à l'histoire traditionnelle qui nous avait habitués à son « récit précipité, dramatique » mais de « souffle court[2] ». Tournant lui aussi le dos à « l'histoire historisante », F. Braudel se rattache donc à la nouvelle école. Toutefois, cette « histoire totale », qu'il contribue à bâtir, et qu'il appelle de ses vœux, reste encore à faire, d'autant que nous assistons aujourd'hui à un regain inattendu d'intérêt en faveur de l'événement.

Le présent : une histoire sans historien ?

« C'est aux mass media que commençait à revenir le monopole de l'histoire, il lui appartient désormais[3] » : du fait de l'extension, de la « mondialisation » et de l'impact des nouveaux moyens d'information directe, l'histoire contemporaine se vit de plus en plus au présent. Mais l'avènement rapide de cette actualité historique débouche sur une « inflation événementielle » qui ne laisse que peu de place à la réflexion. Et l'on peut se demander si ces images fragmentées de l'histoire contemporaine ne conduisent pas inévitablement à l'émiettement d'un présent dépourvu de tout épaisseur **(Texte 10)**.

Faut-il pour autant — abandonnant l'histoire contemporaine aux journalistes — renoncer à chercher la trame secrète du tissu événementiel ? Les théories totalisantes et finalistes de l'histoire, contestées par les historiens, mises à mal par les faits, sont-elles décidément caduques ? Ne serait-il pas plus juste de reconnaître — comme R. Aron, par exemple — que les idées de Hegel ou de Kant fournissent des principes d'intelligibilité qui ne sont pas périmés ? Et que ces tentatives de rationalisation historique méritent encore toute notre attention, même si la plus grande réserve est aujourd'hui de rigueur à l'égard de tous ceux qui prétendent détenir par avance le sens ultime du devenir et, par là même, les « voies du salut » **(Textes 8)** ?

---

1. Economies, Sociétés, Civilisations. D'où le nom d'« Ecole des Annales » qui regroupe les historiens de ce courant.
2. F. Braudel, *Écrits sur l'histoire*, p. 44.
3. P. Nora, *Faire de l'histoire*, « Le retour de l'événement », tome 1, p. 287.

L'histoire justifie ce que l'on veut

Au rationalisme triomphant de Hegel, on ne manquera pas d'opposer le jugement démystificateur de Valéry : une histoire qui peut « justifier tout ce que l'on veut » ne justifie rien du tout **(Textes 11 et 12)**. L'homme qui cherche à tout prix des enseignements dans le passé risque fort de se tromper, et la lecture d'un livre d'histoire, comme celle d'un document, peut donner lieu à des interprétations également édifiantes mais nullement concordantes. Chacun cherche en effet naturellement à infléchir l'histoire — à la lire comme à l'élaborer — dans un sens qui soit conforme à ses aspirations. Observons à cet égard que les philosophes qui pensent que l'histoire a un sens paraissent généralement disposés à agir dans ce sens, tandis que ceux qui admettent qu'elle n'en a aucun, craignent sans doute qu'elle n'en ait un qui leur déplaise... Quoi qu'il en soit, tous s'accorderaient sans doute pour penser que la connaissance du passé doit être utile à la vie, à l'action présente, et ne pas être une fuite maladive du présent dans l'activité maniaque du collectionneur d'anecdotes. De ce point de vue, un « excès d'histoire » est envisageable, ce que Nietzsche appelle l'**historisme** auquel il convient, selon lui, d'opposer de vigoureux contre-poisons **(Texte 13)**.

« Faire de l'histoire »

Écrire l'histoire, c'est assurément concourir à l'histoire présente ; dans le croisement instable du passé et du présent, l'historien s'emploie à déceler les choix fondamentaux, les orientations et les valeurs de son présent ; il s'agit proprement pour lui de « faire de l'histoire[1] ». Plus qu'une interrogation angoissée sur le temps qui passe et la multiplication des tragédies, l'histoire constitue donc « une riposte à notre décourageante historicité[2] » ; elle est, comme le suggérait le terme grec d'*historia* (« recherche »), recherche d'authenticité et de vérité ; elle est le mouvement par lequel l'homme prend conscience de lui-même **(Texte 14)**.

---

1. *Faire de l'Histoire*, ouvrage publié sous la direction de J. Le Goff et P. Nora, Éd. Gallimard, 3 tomes.
2. P. Ricœur, *Histoire et Vérité*, coll. Esprit, Éd. du Seuil, 1955, p. 31.

TEXTES

I. SUBJECTIVITÉ ET OBJECTIVITÉ

Texte 1

Une certaine qualité
de subjectivité

RICŒUR

Nous attendons de l'histoire une certaine objectivité, l'objectivité qui lui convient : c'est de là que nous devons partir et non de l'autre terme. Or qu'attendons-nous sous ce titre ? L'objectivité ici doit être prise en son sens épistémologique strict : est objectif ce que la pensée méthodique a élaboré, mis en ordre, compris et ce qu'elle peut ainsi faire comprendre. Cela est vrai des sciences physiques, des sciences biologiques ; cela est vrai aussi de l'histoire. Nous attendons par conséquent de l'histoire qu'elle fasse accéder le passé des sociétés humaines à cette dignité de l'objectivité. Cela ne veut pas dire que cette objectivité soit celle de la physique ou de la biologie : il y a autant de niveaux d'objectivité qu'il y a de comportements méthodiques. Nous attendons donc que l'histoire ajoute une nouvelle province à l'empire varié de l'objectivité.

Cette attente en implique une autre : nous attendons de *l'historien* une certaine qualité de *subjectivité*, non pas une subjectivité quelconque, mais une subjectivité qui soit précisément appropriée à l'objectivité qui convient à l'histoire. Il s'agit donc d'une subjectivité *impliquée*, impliquée par l'objectivité attendue. Nous pressentons par conséquent qu'il y a une bonne et une mauvaise subjectivité, et nous attendons un départage de la bonne et de la mauvaise subjectivité, par l'exercice même du métier d'historien.

Ce n'est pas tout : sous le titre de subjectivité nous attendons quelque chose de plus grave que la bonne subjectivité de l'historien ; nous attendons que l'histoire soit une histoire des hommes et que cette histoire des hommes aide le lecteur, instruit par l'histoire des historiens, à édifier une subjectivité de haut rang, la subjectivité non seulement de moi-même, mais de l'homme. Mais cet intérêt, cette attente d'un passage — par l'histoire — de moi à l'homme, n'est plus exactement épistémologique, mais proprement philosophique : car c'est bien une *subjectivité de réflexion* que nous attendons de la lecture et de la méditation des œuvres d'historien ; cet intérêt ne concerne déjà plus l'historien qui écrit l'histoire, mais le lecteur — singulièrement le lecteur philosophique —, le lecteur en qui s'achève tout livre, toute œuvre, à ses risques et périls.

Tel sera notre parcours : de l'objectivité de l'histoire à la subjectivité de l'historien ; de l'une et de l'autre à la subjectivité philosophique (pour employer un terme neutre qui ne préjuge pas de l'analyse ultérieure).

P. Ricœur, *Histoire et Vérité*, Coll. Esprit, Éd. du Seuil, 1955, pp. 23-24.

Texte 2 A

Comprendre

BLOCH

Un mot, pour tout dire, domine et illumine nos études : « comprendre ». Ne disons pas que le bon historien est étranger aux passions ; il a du moins celle-là. Mot, ne nous le dissimulons pas, lourd de difficultés ; mais aussi d'espoirs. Mot surtout chargé d'amitié. Jusque dans l'action, nous jugeons beaucoup
5   trop. Il est si commode de crier « au poteau » ! Nous ne comprenons jamais assez. Qui diffère de nous — étranger, adversaire politique — passe, presque nécessairement, pour un méchant. Même pour conduire les inévitables luttes, un peu plus d'intelligence des âmes serait nécessaire ; à plus forte raison pour les éviter, quand il en est temps encore. L'histoire, à condition de renoncer
10 elle-même à ses faux airs d'archange, doit nous aider à guérir ce travers. Elle est une vaste expérience des variétés humaines, une longue rencontre des hommes. La vie, comme la science, a tout à gagner à ce que cette rencontre soit fraternelle. [...]

Comprendre, cependant n'a rien d'une attitude de passivité. Pour faire une
15 science, il faudra toujours deux choses : une matière, mais aussi un homme. La réalité humaine, comme celles du monde physique, est énorme et bigarrée. Une simple photographie, à supposer même que l'idée de cette reproduction mécaniquement intégrale eût un sens, serait illisible. Dira-t-on qu'entre le passé et nous les documents interposent déjà un premier filtre ? Sans doute, ils
20 éliminent souvent à tort et à travers. Presque jamais, par contre, ils n'organisent conformément aux besoins d'un entendement qui veut connaître. Comme tout savant, comme tout cerveau qui simplement perçoit, l'historien choisit et trie. En un mot, il analyse. Et d'abord, il découvre, pour les rapprocher, les semblables.

M. Bloch[1], *Apologie pour l'histoire ou Métier d'historien*,
Éd. A. Colin, 1967, p. 72.

Texte 2 B

La sympathie,
source et condition
de la compréhension

MARROU

Parvenus en ce point, il nous faut réfléchir sur les conditions subjectives qui rendent possible — et limitent — cette compréhension. L'historien nous est apparu comme l'homme qui par l'*epokhè*[2] sait sortir de soi pour s'avancer à la rencontre d'autrui. On peut donner un nom à cette vertu : elle s'appelle
5   la sympathie. [...] Le terme de sympathie est même insuffisant ici : entre l'historien et son objet, c'est une amitié qui doit se nouer, si l'historien veut

---

1. Historien français (1886-1944). Résistant, il fut fusillé par les Allemands en juin 1944.
2. En grec, « suspension du jugement, doute ». Il s'agit dans la phénoménologie de Husserl de « la mise entre parenthèses » du monde et de la science, qui permet au sujet méditant de se saisir comme « moi pur », sujet connaissant (et non individualité psychologique, avec des sentiments, des passions...).

comprendre, car, selon la belle formule de saint Augustin, « on ne peut connaître personne sinon par l'amitié ». [...]

Non certes qu'une telle conception élimine l'esprit critique : cette tendance
10 à la sympathie qui s'actualise en amitié se développe à l'intérieur de la catégorie fondamentale qui nous a fait définir l'histoire comme connaissance, comme conquête de la connaissance authentique, de la vérité sur le passé. Je veux connaître, je veux comprendre le passé, et d'abord ses documents, dans leur être réel : je veux aimer cet ami qui est un Autre existant, et non pas, sous
15 son nom, un être de raison, un fantôme complaisamment nourri par mon imagination. [...]

Si l'esprit critique et la sympathie ne sont pas, de soi, contradictoires, il s'en faut que ces deux vertus soient toujours faciles à concilier, qu'elles soient également représentées dans l'esprit de chaque savant. Mais l'élaboration de
20 l'histoire est le fruit d'un effort collectif et les excès des uns viennent corriger les déficiences des autres. Il est utile au progrès de notre science qu'une critique exigeante, voire injuste, vienne réveiller une sympathie somnolente, en train de glisser à la complaisance et à la facilité.

Mais lorsqu'on examine de près l'apport réel de ces diverses phases de la
25 recherche, il semble bien que ce soit toujours la sympathie, source et condition de la compréhension, qui représente la phase constructive : la critique démolit l'édifice provisoire d'une connaissance imparfaite, pose des exigences utiles à la reconstruction ultérieure, mais, par elle-même, apporte peu.

H.-I. Marrou[1], *De la connaissance historique* (1954),
collection Points Histoire, Éd. du Seuil, 1975, pp. 92-94.

Texte 3 — A R O N

L'histoire n'est pas
une collection
de faits

Ce que l'on veut connaître n'est plus. Notre curiosité vise ce qui a été en tant qu'il n'est plus. L'objet de l'histoire est une réalité qui a cessé d'être.

Cette réalité est humaine. Les gestes des combattants étaient significatifs et la bataille n'est pas un fait matériel, elle est un ensemble non entièrement
5 incohérent, composé par les conduites des acteurs, conduites suffisamment coordonnées par la discipline des armées et les intentions des chefs pour que leur unité soit intelligible. La bataille est-elle réelle en tant qu'unité ? La réalité appartient-elle exclusivement aux éléments ou les ensembles sont-ils également réels ?

10 Qu'il nous suffise de quelques remarques, volontairement simples et incontestables, sur ce thème métaphysiquement équivoque. Dès lors qu'il s'agit d'une réalité humaine, il n'est pas plus aisé de saisir l'atome que le tout. Si seul l'atome est réel, quel est le geste, l'acte, l'événement qui passera pour le plus petit fragment de réalité historique ? Dira-t-on que la connaissance historique

---

1. Historien et philosophe français (1904-1977), spécialiste de l'histoire des religions.

15 porte sur le devenir des sociétés, que les sociétés sont composées d'individus et
qu'enfin, seuls ces derniers sont réels ? Effectivement la conscience est le privilège des individus et les collectivités ne sont ni des êtres vivants ni des êtres
pensants. Mais les individus, en tant qu'êtres humains et sociaux, sont ce qu'ils
sont parce qu'ils ont été formés dans un groupe, qu'ils y ont puisé l'acquis
20 technique et culturel transmis par les siècles. Aucune conscience, en tant
qu'humaine, n'est close sur elle-même. Seules les consciences pensent, mais
aucune conscience ne pense seule, enfermée dans la solitude. Les batailles ne
sont pas réelles au même sens et selon la même modalité que les individus
physiques. Les cultures ne sont pas réelles au même sens que les consciences
25 individuelles, mais les conduites des individus ne sont pas intelligibles isolément, pas plus que les consciences séparées du milieu historico-social. La
connaissance historique n'a pas pour objet une collection, arbitrairement
composée, des faits seuls réels, mais des ensembles articulés, intelligibles.

R. Aron[1], *Dimensions de la Conscience historique*, Éd. Plon, 1964, pp. 100-101.

Texte 4

Des causes
générales fécondées
par des accidents

TOCQUEVILLE

J'ai vécu avec des gens de lettres, qui ont écrit l'histoire sans se mêler aux
affaires, et avec des hommes politiques, qui ne se sont jamais occupés qu'à
produire les événements sans songer à les décrire. J'ai toujours remarqué que
les premiers voyaient partout des causes générales, tandis que les autres, vivant
5 au milieu du décousu des faits journaliers, se figuraient volontiers que tout
devait être attribué à des incidents particuliers, et que les petits ressorts qu'ils
faisaient sans cesse jouer dans leurs mains étaient les mêmes que ceux qui font
remuer le monde. Il est à croire que les uns et les autres se trompent.

Je hais, pour ma part, ces systèmes absolus, qui font dépendre tous les événe-
10 ments de l'histoire de grandes causes premières se liant les unes aux autres par
une chaîne fatale, et qui suppriment, pour ainsi dire, les hommes de l'histoire
du genre humain. Je les trouve étroits dans leur prétendue grandeur, et faux
sous leur air de vérité mathématique. Je crois, n'en déplaise aux écrivains qui
ont inventé ces sublimes théories pour nourrir leur vanité et faciliter leur
15 travail, que beaucoup de faits historiques importants ne sauraient être expliqués
que par des circonstances accidentelles et que beaucoup d'autres restent inexpli-
cables ; qu'enfin le hasard ou plutôt cet enchevêtrement de causes secondes, que
nous appelons ainsi faute de savoir les démêler, entre pour beaucoup dans tout
ce que nous voyons sur le théâtre du monde ; mais je crois fermement que le
20 hasard n'y fait rien, qui ne soit préparé à l'avance. Les faits antérieurs, la nature
des institutions, le tour des esprits, l'état des mœurs, sont les matériaux avec
lesquels il compose ces impromptus qui nous étonnent et nous effraient.

---

1. Philosophe et sociologue français (1905-1983), l'un des principaux critiques du marxisme par
ses analyses économiques, sociales et politiques.

La révolution de Février[1], comme tous les autres grands événements de ce genre, naquit de causes générales fécondées, si l'on peut ainsi parler, par des accidents ; et il serait aussi superficiel de les faire découler nécessairement des premières, que de l'attribuer uniquement aux seconds.

A. de Tocqueville, *Souvenirs* (1893),
Éd. Gallimard, 1942, pp. 71-73.

II. L'HISTOIRE A-T-ELLE UN SENS ?

Texte 5

La Raison à l'œuvre
dans l'histoire[2]

HEGEL

Le côté négatif de ce spectacle[3] du changement provoque notre tristesse. Il est déprimant de savoir que tant de splendeur, tant de belle vitalité a dû périr et que nous marchons au milieu des ruines. Le plus noble et le plus beau nous fut arraché par l'histoire : les passions humaines l'ont ruiné. Tout semble voué à la disparition, rien ne demeure. [...]

Après ces troublantes considérations, on se demande quelle est la fin de toutes ces réalités individuelles. Elles ne s'épuisent pas dans leurs buts particuliers. Tout doit contribuer à *une* œuvre. A la base de cet immense sacrifice de l'Esprit doit se trouver une fin ultime. La question est de savoir si, sous le tumulte qui règne à la surface, ne s'accomplit pas une œuvre silencieuse et secrète dans laquelle sera conservée toute la force des phénomènes. Ce qui nous gêne, c'est la grande variété, le contraste de ce contenu. Nous voyons des choses opposées être vénérées comme sacrées et prétendre représenter l'intérêt de l'époque et des peuples. Ainsi naît le besoin de trouver dans l'Idée la justification d'un tel déclin. Cette considération nous conduit à la troisième catégorie, à la recherche d'une fin en soi et pour soi ultime. C'est la catégorie de la *Raison* elle-même, elle existe dans la conscience comme foi en la toute-puissance de la Raison sur le monde. La preuve sera fournie par l'étude de l'histoire elle-même. Car celle-ci n'est que l'image et l'acte de la Raison.

Hegel, *la Raison dans l'histoire* (1830), « L'histoire philosophique »,
traduction de K. Papaioannou, collection 10-18, Éd. Plon, 1965, pp. 54-56.

---

1. Février 1848.
2. Voir également chapitre « les Passions », p. 46.
3. Il s'agit du spectacle de la décadence des civilisations.

TEXTE 6

Qu'est-ce qu'un
« grand homme » ?

HEGEL

Les individus historiques sont ceux qui ont dit les premiers ce que les hommes veulent. Il est difficile de savoir ce qu'on veut. On peut certes vouloir ceci ou cela, mais on reste dans le négatif et le mécontentement : la conscience de l'affirmatif peut fort bien faire défaut. Mais les grands hommes savent aussi que ce qu'ils veulent est l'affirmatif. C'est leur propre satisfaction qu'ils cherchent : ils n'agissent pas pour satisfaire les autres. [...] Car l'œuvre du grand homme exerce en eux et sur eux un pouvoir auquel ils ne peuvent pas résister, même s'ils le considèrent comme un pouvoir extérieur et étranger, même s'il va à l'encontre de ce qu'ils croient être leur volonté. Car l'Esprit en marche vers une nouvelle forme est l'âme interne de tous les individus ; il est leur intériorité inconsciente, que les grands hommes porteront à la conscience. Leur œuvre est donc ce que visait la véritable volonté des autres ; c'est pourquoi elle exerce sur eux un pouvoir qu'ils acceptent malgré les réticences de leur volonté consciente : s'ils suivent ces conducteurs d'âmes, c'est parce qu'ils y sentent la puissance irrésistible de leur propre esprit intérieur venant à leur rencontre.

Si, allant plus loin, nous jetons un regard sur la destinée de ces individus historiques, nous voyons qu'ils ont eu le bonheur d'être les agents d'un but qui constitue une étape dans la marche progressive de l'Esprit universel. Mais en tant que sujets distincts de leur substance, ils n'ont pas été ce qu'on appelle communément heureux. Ils n'ont pas voulu trouver le bonheur, mais atteindre leur but, et ce but, ils l'ont atteint par un labeur pénible. Ils ont su trouver la satisfaction, réaliser leur but, le but universel. Placés devant un but aussi grand, ils se sont audacieusement proposé de le servir contre toute l'opinion des hommes. Ce n'est pas le bonheur qu'ils ont choisi, mais la peine, le combat et le travail pour leur but. Leur but une fois atteint, ils n'en sont pas venus à une paisible jouissance, ils n'ont pas été heureux. Leur être a été leur action, leur passion a déterminé toute leur nature, tout leur caractère. Leur but atteint, ils sont tombés comme des douilles vides. Ils ont eu peut-être du mal à aller jusqu'au bout de leur chemin ; et à l'instant où ils y sont arrivés, ils sont morts — jeunes comme Alexandre, assassinés comme César, déportés comme Napoléon. Qu'ont-ils gagné ? peut-on se demander. Ce qu'ils ont gagné, c'est leur concept, leur but, ce qu'ils ont accompli. Ils n'ont rien gagné d'autre ; ils n'ont pas connu la jouissance paisible.

Ibid., pp. 123-124.

Texte 7 A

Le matérialisme
historique

MARX-ENGELS

Cette conception de l'histoire a donc pour base le développement du procès réel de la production, et cela en partant de la production matérielle de la vie immédiate ; elle conçoit la forme des relations humaines liée à ce mode de

production et engendrée par elle, je veux dire la société civile[1] à ses différents stades, comme étant le fondement de toute l'histoire, ce qui consiste à la représenter dans son action en tant qu'État aussi bien qu'à expliquer par elle l'ensemble des diverses productions théoriques et des formes de la conscience, religion, philosophie, morale, etc., et à suivre sa genèse à partir de ces productions, ce qui permet alors naturellement de représenter la chose dans sa totalité (et d'examiner aussi l'action réciproque de ses différents aspects). Elle n'est pas obligée, comme la conception idéaliste de l'histoire, de chercher une catégorie dans chaque période, mais elle demeure constamment sur le sol réel de l'histoire ; elle n'explique pas la pratique d'après l'idée, elle explique la formation des idées d'après la pratique matérielle. [...]

Ce sont également ces conditions de vie, que trouvent prêtes les diverses générations, qui déterminent si la secousse révolutionnaire, qui se reproduit périodiquement dans l'histoire, sera assez forte pour renverser les bases de tout ce qui existe ; les éléments matériels d'un bouleversement total sont, d'une part, les forces productives existantes et, d'autre part, la formation d'une masse révolutionnaire qui fasse la révolution, non seulement contre des conditions particulières de la société passée, mais contre la « production de la vie » antérieure elle-même, contre l'« ensemble de l'activité » qui en est le fondement ; si ces conditions n'existent pas, il est tout à fait indifférent, pour le développement pratique, que l'*Idée* de ce bouleversement ait déjà été exprimée mille fois... comme le prouve l'histoire du communisme.

Jusqu'ici, toute conception historique a, ou bien laissé complètement de côté cette base réelle de l'histoire, ou l'a considérée comme une chose accessoire, n'ayant aucun lien avec la marche de l'histoire. De ce fait, l'histoire doit toujours être écrite d'après une norme située en dehors d'elle. La production réelle de la vie apparaît à l'origine de l'histoire, tandis que ce qui est proprement historique apparaît comme séparé de la vie ordinaire, comme extra et supra-terrestre. Les rapports entre les hommes et la nature sont de ce fait exclus de l'histoire, ce qui engendre l'opposition entre la nature et l'histoire. Par conséquent, cette conception n'a pu voir dans l'histoire que les grands événements historiques et politiques, des luttes religieuses et somme toute théoriques, et elle a dû, en particulier, *partager* pour chaque époque historique, l'*illusion de cette époque*. Mettons qu'une époque s'imagine être déterminée par des motifs purement « politiques » ou « religieux », bien que « politique » et « religion » ne soient que des formes de ses moteurs réels : son historien accepte alors cette opinion. L'« imagination », la « représentation » que ces hommes déterminés se font de leur pratique réelle, se transforme en la seule puissance déterminante et active qui domine et détermine la pratique de ces hommes.

Marx-Engels, l'Idéologie allemande (1846), traduction de J. Badia.
Éd. Sociales, 1975, pp. 69-71.

---

1. Marx entend par là — en se recommandant de Hegel — l'ensemble des « conditions d'existence matérielles » d'un peuple, « l'anatomie » de la société civile devant être cherchée dans l'économie politique *(Ibid.,* préface, p. 4).

Texte 7 B

C'est l'homme
qui fait l'histoire

S A R T R E

Si l'on veut donner toute sa complexité à la pensée marxiste, il faudrait dire que l'homme, en période d'exploitation, est *à la fois* le produit de son propre produit et un agent historique qui ne peut en aucun cas passer pour un produit. Cette contradiction n'est pas figée, il faut la saisir dans le mouvement
5 même de la *praxis*[1] ; alors, elle éclairera la phrase d'Engels : les hommes font leur histoire sur la base de conditions réelles antérieures (au nombre desquelles il faut compter les caractères acquis, les déformations imposées par le mode de travail et de vie, l'aliénation, etc.) mais ce sont *eux* qui la font et non les conditions antérieures : autrement ils seraient les simples véhicules de forces inhu-
10 maines qui régiraient à travers eux le monde social. Certes, ces conditions existent et ce sont elles, elles seules, qui peuvent fournir une direction et une réalité matérielle aux changements qui se préparent ; mais le mouvement de la *praxis* humaine les dépasse en les conservant.

Et certainement les hommes ne mesurent pas la portée réelle de ce qu'ils
15 font — ou du moins cette portée doit leur échapper tant que le prolétariat, sujet de l'Histoire, n'aura pas dans un même mouvement réalisé son unité et pris conscience de son rôle historique. Mais si l'Histoire m'échappe, cela ne vient pas de ce que je ne la fais pas : cela vient de ce que l'autre la fait aussi. [...] Ainsi l'homme fait l'Histoire ; cela veut dire qu'il s'y objective et s'y aliène ; en
20 ce sens l'Histoire, qui est l'œuvre propre de *toute* l'activité de *tous* les hommes, leur apparaît comme une force étrangère dans la mesure exacte où ils ne reconnaissent pas le sens de leur entreprise (même localement réussie) dans le résultat total et objectif [...]. Le marxisme, au XIXᵉ siècle, est une tentative gigantesque non seulement pour faire l'Histoire mais pour s'emparer d'elle,
25 pratiquement et théoriquement, en unifiant le mouvement ouvrier et en éclairant l'action du prolétariat par la connaissance du processus capitaliste et de la réalité objective des travailleurs. Au terme de cet effort, par l'unification des exploités et par la réduction progressive du nombre des classes en lutte, l'Histoire doit avoir enfin un sens pour l'homme. En prenant conscience de
30 lui-même, le prolétariat devient sujet de l'Histoire, c'est-à-dire qu'il doit se reconnaître en elle. Même dans le combat quotidien, la classe ouvrière doit obtenir des résultats conformes à l'objectif visé ou dont les conséquences, au moins, ne se retourneront pas contre elle.

J.-P. Sartre, *Critique de la raison dialectique*,
Éd. Gallimard, 1960, tome I, pp. 61-63.

---

1. Mot grec qui siginfie *l'action*. Relation dialectique entre l'homme et la nature, par laquelle l'homme, en transformant la nature par son travail, se transforme lui-même.

Texte 8 A

Le progrès :
un dessein
d'ordre moral

KANT

Cette espérance en des temps meilleurs, sans laquelle un désir sérieux de faire quelque chose d'utile au bien général n'aurait jamais échauffé le cœur humain, a même eu de tout temps une influence sur l'activité des esprits droits et l'excellent Mendelssohn[1] lui-même a bien dû compter là-dessus quand il a
5   déployé tant de zèle en faveur du progrès des lumières et la prospérité de la nation à laquelle il appartient. Car y travailler pour sa part et pour son seul compte, sans que d'autres après lui continuent à s'engager plus avant dans la même voie, il ne pouvait raisonnablement l'espérer. Au triste spectacle, non pas tant du mal que les causes naturelles infligent au genre humain, que de
10   celui plutôt que les hommes se font eux-mêmes mutuellement, l'esprit se trouve pourtant rasséréné par la perspective d'un avenir qui pourrait être meilleur, et à vrai dire avec une bienveillance désintéressée, puisqu'il y a beau temps que nous serons au tombeau, et que nous ne récolterons pas les fruits que pour une part nous aurons nous-mêmes semés. Les raisons empiriques invoquées à
15   l'encontre du succès de ces résolutions inspirées par l'espoir sont ici inopérantes. Car prétendre que ce qui n'a pas encore réussi jusqu'à présent ne réussira jamais, voilà qui n'autorise même pas à renoncer à un dessein d'ordre pragmatique[2] ou technique (par exemple le voyage aérien en aérostats), encore bien moins à un dessein d'ordre moral, qui devient un devoir dès lors que l'impos-
20   sibilité de sa réalisation n'est pas démonstrativement établie. Au surplus il ne manque pas de preuves du fait que le genre humain dans son ensemble a, de notre temps par comparaison à celui qui précède, effectivement progressé de façon notable au point de vue moral (de brèves interruptions ne peuvent rien prouver là-contre), et que le bruit qu'on fait à propos de l'irrésistible abâtardis-
25   sement croissant de notre temps provient précisément de ce que, monté à un degré plus élevé de moralité, il a devant lui un horizon plus étendu et que son jugement sur ce qu'on est, en comparaison de ce qu'on devrait être, partant, le blâme que nous nous adressons à nous-mêmes, ne cessent de devenir plus sévères, à mesure que nous avons déjà gravi davantage de degrés de la moralité
30   dans l'ensemble du cours du monde venu à notre connaissance.

Kant, *Sur l'expression courante : il se peut que ce soit juste en théorie,*
mais en pratique cela ne vaut rien (1793),
traduction de L. Guillermit, Éd. Vrin, 1980, pp. 54-55.

---

1. Philosophe allemand (1729-1786), auteur de *Jérusalem* ou *Du pouvoir religieux et du judaïsme* (1783), ouvrage dans lequel il défend la liberté de conscience et la religion.
2. Relatif à l'utilité.

Texte 8 B

La fin de l'histoire,
une idée de la raison

A R O N

Pour employer un langage kantien, il est un usage régulatif des idées de la
raison. Qu'il s'agisse du déterminisme ou de la fin de l'histoire, ces deux
notions ne sont pas, en tant que telles, condamnées par la critique de la raison
historique. Il est, effectivement, à chaque époque, des forces auxquelles il faut
5 s'adapter parce qu'on ne peut les vaincre, il est des mouvements qu'il faut cana-
liser et orienter parce qu'on tenterait vainement de les arrêter. Certes, ces sortes
de raisonnements sont dangereux, parce qu'ils servent souvent d'alibi à la lâcheté
ou de justification à l'acceptation de la défaite. Ce n'est pas au philosophe mais
à l'historien de dire quand l'argument est bien fondé. Le philosophe peut et
10 doit marquer l'erreur de principe commise quand on applique l'argument à
l'histoire totale, alors qu'il est tout au plus acceptable en des domaines limités.

De même, autant il est erroné de se donner par la pensée un état social où
toutes les aspirations seraient simultanément comblées, autant il est légitime
de construire une idée de la raison, la représentation d'une collectivité ordon-
15 née et équitable, qui semblerait rétrospectivement la raison d'être du long
chemin, douloureux et sanglant, de l'humanité.

Cette société, où le sage serait satisfait, où les hommes vivraient selon la
raison, on n'en peut abandonner l'espérance, puisque l'homme, l'homme
d'Occident en tout cas, est celui qui n'a jamais consenti à consacrer l'injustice
20 en la mettant au compte de Dieu ou du cosmos. Mais confondre cette idée de
la Raison avec l'action d'un parti, avec un statut de propriété, une technique
d'organisation économique, c'est se livrer aux délires du fanatisme. Vouloir
que l'Histoire ait un sens, c'est inviter l'homme à maîtriser sa nature et à
rendre conforme à la raison l'ordre de la vie en commun. Prétendre connaître à
25 l'avance le sens ultime et les voies du salut, c'est substituer des mythologies
historiques au progrès ingrat du savoir et de l'action.

L'homme aliène son humanité et s'il renonce à chercher et s'il s'imagine
avoir dit le dernier mot.

R. Aron, *Dimensions de la conscience historique*,
Éd. Plon, 1964, pp. 44-45.

III. NOUVELLES APPROCHES

L'histoire
décomposée
en plans étagés

BRAUDEL

Ce livre se divise en trois parties, chacune étant en soi un essai d'explication d'ensemble.

La première met en cause une histoire quasi immobile, celle de l'homme dans ses rapports avec le milieu qui l'entoure ; une histoire lente à couler, à se
5   transformer, faite souvent de retours insistants, de cycles sans cesse recommencés. Je n'ai pas voulu négliger cette histoire-là, presque hors du temps, au contact des choses inanimées, ni me contenter, à son sujet, de ces traditionnelles introductions géographiques à l'histoire, inutilement placées au seuil de tant de livres, avec leurs paysages minéraux, leurs labours et leurs fleurs qu'on
10 montre rapidement et dont ensuite il n'est plus jamais question, comme si les fleurs ne revenaient pas avec chaque printemps, comme si les troupeaux s'arrêtaient dans leurs déplacements, comme si les navires n'avaient pas à voguer sur une mer réelle, qui change avec les saisons.

Au-dessus de cette histoire immobile se distingue une histoire lentement
15 rythmée : on dirait volontiers, si l'expression n'avait été détournée de son sens plein, une histoire *sociale*, celle des groupes et des groupements. Comment ces vagues de fond soulèvent-elles l'ensemble de la vie méditerranéenne, voilà ce que je me suis demandé dans la seconde partie de mon livre, en étudiant successivement les économies, les États, les sociétés, les civilisations, en essayant
20 enfin, pour mieux éclairer ma conception de l'histoire, de montrer comment toutes ces forces de profondeur sont à l'œuvre dans le domaine complexe de la guerre. Car la guerre, nous le savons, n'est pas un pur domaine de responsabilités individuelles.

Troisième partie enfin, celle de l'histoire traditionnelle, si l'on veut de
25 l'histoire à la dimension non de l'homme, mais de l'individu, l'histoire événementielle de Paul Lacombe et de François Simiand[1] : une agitation de surface, les vagues que les marées soulèvent sur leur puissant mouvement. Une histoire à oscillations brèves, rapides, nerveuses. Ultra-sensible par définition, le moindre pas met en alerte tous ses instruments de mesure. Mais telle quelle,
30 de toutes c'est la plus passionnante, la plus riche en humanité, la plus dangereuse aussi. Méfions-nous de cette histoire brûlante encore, telle que les contemporains l'ont sentie, décrite, vécue, au rythme de leur vie, brève comme la nôtre. Elle a la dimension de leurs colères, de leurs rêves et de leurs illusions. Au XVIᵉ siècle, après la vraie Renaissance, viendra la Renaissance des pauvres,
35 des humbles, acharnés à écrire, à se raconter, à parler des autres. [...]

---

1. Historiens français contemporains qui furent les premiers à employer l'expression « histoire événementielle ».

Ainsi sommes-nous arrivés à une décomposition de l'histoire en plans étagés. Ou, si l'on veut, à la distinction, dans le temps de l'histoire, d'un temps géographique, d'un temps social, d'un temps individuel. Ou si l'on préfère encore, à la décomposition de l'homme en un cortège de personnages.

F. Braudel[1], *la Méditerranée et le Monde méditerranéen à l'époque de Philippe II*, préface de la 1re édition (mai 1946), Éd. A. Colin, 1979, pp. 16-17.

Texte 10

L'histoire vécue
au présent

NORA

L'histoire contemporaine pourrait symboliquement débuter avec le mot de Goethe à Valmy[2] : « Et vous pourrez dire : J'y étais ! »… Le propre de l'événement moderne est de se dérouler sur une scène immédiatement publique, de n'être jamais sans reporter-spectateur ni spectateur-reporter, d'être vu se
5 faisant et ce « voyeurisme » donne à l'actualité à la fois sa spécificité par rapport à l'histoire et son parfum déjà historique. D'où cette impression de jeu plus vrai que la réalité, de divertissement dramatique, de fête que la société se donne à elle-même à travers le grand événement. Tout le monde y a part et personne, car tous font la masse à laquelle nul n'appartient. Cet événement
10 sans historien est fait de la participation affective des masses, le seul et unique moyen qu'elles ont de participer à la vie publique : participation exigeante et aliénée, vorace et frustrée, multiple et distante, impuissante et pourtant souveraine, autonome et téléguidée comme cette impalpable réalité de la vie contemporaine qu'on appelle l'opinion. [...]
15 Il n'y a pas d'événements heureux, ce sont toujours des catastrophes. Mais pour exorciser le nouveau, il y a deux moyens : soit le conjurer par un système d'information sans informations, soit l'intégrer au système de l'information. Des pans entiers de l'univers vivent ainsi à l'Est sous le régime de la nouvelle sans nouveauté. Lisez la presse, rien d'imprévisible : vie interne du parti, anni-
20 versaires et commémorations attendus, performances de production, nouvelles de l'Occident récupérées par la déformation initiale qui les frappe de vanité, ronronnement de la propagande, tout est fait pour vider l'information de ce qui risquerait de mettre en cause l'institution qui l'émet. Les hagiographes du Moyen Age ne donnaient ainsi que le jour ou le mois de l'événement de la vie
25 d'un saint, jamais l'année, pour inscrire cet événement dans une éternité sans mémoire et donc sans efficacité temporelle. Le second moyen de conjurer le nouveau consiste à en faire, jusqu'aux limites de la redondance, l'essentiel du message narratif, au risque de donner au système d'information la vocation de se détruire lui-même : c'est le nôtre.

---

1. Historien français (1902-1987) qui a enrichi l'histoire par des contacts avec les sciences voisines et s'est dressé notamment contre l'histoire événementielle.
2. Bataille remportée par l'armée française sur l'armée prussienne en septembre 1792.

30   Cet état de sur-information perpétuelle et de sous-information chronique caractérise nos sociétés contemporaines. L'événement exhibé ne permet plus de faire la part de l'exhibitionnisme événementiel. Confusion inévitable, mais favorable à toutes les incertitudes, aux angoisses et aux paniques sociales.

P. Nora[1], « Le retour de l'événement », in *Faire de l'histoire*,
ouvrage publié sous la direction de J. Le Goff et P. Nora,
Éd. Gallimard, 1974, tome I *Nouveaux problèmes*, pp. 295-300.

IV. POURQUOI ÉCRIRE L'HISTOIRE ?

Texte 11

« L'histoire du monde
est le tribunal
du monde »

HEGEL

Dans leurs relations entre eux, les États se comportent en tant que particuliers. Par suite, c'est le jeu le plus mobile de la particularité intérieure, des passions, des intérêts, des buts, des talents, des vertus, de la violence, de l'injustice et du vice, de la contingence extérieure à la plus haute puissance que puisse prendre
5   ce phénomène. C'est un jeu où l'organisme moral lui-même, l'indépendance de l'État, est exposée au hasard. Les principes de l'esprit de chaque peuple sont essentiellement limités à cause de la particularité dans laquelle ils ont leur réalité objective et leur conscience de soi en tant qu'individus existants. Aussi leurs destinées, leurs actions dans leurs relations réciproques sont la manifes-
10   tation phénoménale de la dialectique de ces esprits en tant que finis[2], dans cette dialectique se produit l'esprit universel, l'esprit du monde, en tant qu'illimité, et en même temps c'est lui qui exerce sur eux son droit (et c'est le droit suprême), dans l'histoire du monde comme tribunal du monde.

Hegel, *Principes de la Philosophie du Droit* (1821),
traduction de A. Kaan, collection Idées,
Éd. Gallimard, 1972, § 340, p. 364.

---

1. Historien français contemporain.
2. « La dialectique de la finitude » est le conflit insoluble des intérêts menacés ou violés, et les contradictions fatales qui en résultent. Le véritable vainqueur de ces conflits et de ces guerres ne peut être que le principe universel de la liberté qui est le but absolu et final de l'histoire mondiale.

Texte 12

L'histoire justifie
ce que l'on veut

VALÉRY

L'Histoire est le produit le plus dangereux que la chimie de l'intellect ait élaboré. Ses propriétés sont bien connues. Il fait rêver, il enivre les peuples, leur engendre de faux souvenirs, exagère leurs réflexes, entretient leurs vieilles plaies, les tourmente dans leur repos, les conduit au délire des grandeurs ou à celui de la persécution, et rend les nations amères, superbes, insupportables et vaines.

L'Histoire justifie ce que l'on veut. Elle n'enseigne rigoureusement rien, car elle contient tout et donne des exemples de tout.

Que de livres furent écrits qui se nommaient : « La Leçon de ceci, les Enseignements de cela !... » Rien de plus ridicule à lire après les événements qui ont suivi les événements que ces livres interprétaient dans le sens de l'avenir.

Dans l'état actuel du monde, le danger de se laisser séduire à l'Histoire est plus grand que jamais il ne fut.

Les phénomènes politiques de notre époque s'accompagnent et se compliquent d'un *changement d'échelle* sans exemple, ou plutôt d'un *changement* d'ordre des choses. Le monde auquel nous commençons d'appartenir, hommes et nations, n'est qu'une *figure semblable* du monde qui nous était familier. Le système des causes qui commande le sort de chacun de nous, s'étendant désormais à la totalité du globe, le fait résonner tout entier à chaque ébranlement ; il n'y a plus de questions finies pour être finies sur un point.

P. Valéry, *Regards sur le monde actuel* (1931),
Bibliothèque de la Pléiade, Éd. Gallimard, 1960, tome II, p. 935.

Texte 13

Misère
de l'historisme

NIETZSCHE

Que la vie ait besoin d'être servie par l'histoire, c'est un fait dont il faut prendre conscience, tout autant que du principe que nous aurons à défendre plus tard, à savoir qu'un excès d'histoire nuit au vivant. L'histoire appartient au vivant pour trois raisons : parce qu'il est actif et ambitieux — parce qu'il a le goût de conserver et de vénérer — parce qu'il souffre et a besoin de délivrance. A cette triple relation correspond la triple forme de l'histoire, dans la mesure où il est permis de les distinguer : histoire *monumentale*, histoire *traditionaliste*, histoire *critique*. [...]

Mais elle est malade, cette vie déchaînée, et il faut la guérir. Elle souffre de maux nombreux et pas uniquement du souvenir de ses chaînes, elle souffre, et ceci nous concerne au premier chef, de la *maladie historique*. L'excès d'histoire a attaqué la faculté plastique de la vie, elle ne sait plus tirer du passé sa forte nourriture. Le mal est effroyable, et malgré tout, si la jeunesse n'avait pas la clairvoyance innée à la nature, personne ne saurait que c'est un mal et qu'un paradis de santé a été perdu. Mais avec l'instinct salutaire de cette même nature, la jeunesse devine comment elle pourra regagner ce paradis, elle

connaît les sucs magiques et les baumes qui remédieront à la maladie historique, à l'abus de l'histoire. Quels en sont les noms ? Qu'on ne s'étonne pas si
ce sont des noms de poisons. Les contre-poisons de l'historisme sont le *non-*
20 *historisme* et le *super-historisme*. Ces noms nous ramènent au début de nos
réflexions et à leur atmosphère de sérénité.

Je désigne du nom de non-historisme l'art et le pouvoir d'*oublier* et de
s'enfermer dans un *horizon* limité. J'appelle superhistoriques les forces qui
détournent le regard du devenir vers ce qui donne au devenir un caractère
25 d'éternité et de même signification que l'*art* et la *religion*. La *science* — car
c'est elle qui parlerait de poisons — voit dans ces forces, dans ces puissances,
des forces et des puissances hostiles, car elle ne tient pour vrai et juste que
l'étude du réel, c'est-à-dire l'étude scientifique qui voit partout un devenir, un
état historique, et nulle par un *étant*, un éternel ; elle vit dans un état d'hosti-
30 lité secrète contre les puissances immortalisantes de l'art et de la religion, de
même qu'elle hait l'oubli, la mort du savoir, et qu'elle tente d'effacer les limites
de l'horizon et de précipiter l'homme dans une mer infinie et illimitée d'ondes
lumineuses, la mer du devenir tel qu'elle croit le connaître.

Nietzsche, *Considérations inactuelles*, (1873),
traduction de G. Bianquis,
Éd. Aubier-Montaigne, 1964, II, § 2, p. 223 et § 10, pp. 379-381.

Texte 14

BLOCH

« Explique-moi donc
à quoi sert l'histoire »

« Papa, explique-moi donc à quoi sert l'histoire. » Ainsi un jeune garçon qui
me touche de près interrogeait, il y a peu d'années, un père historien. Du livre
qu'on va lire, j'aimerais pouvoir dire qu'il est ma réponse. Car je n'imagine
pas, pour un écrivain, de plus belle louange que de savoir parler, du même ton,
5 aux doctes et aux écoliers. Mais une simplicité si haute est le privilège de
quelques rares élus. Du moins cette question d'un enfant — dont, sur le
moment, je n'ai peut-être pas trop bien réussi à satisfaire la soif de savoir —
volontiers je la retiendrai ici comme épigraphe. D'aucuns en jugeront, sans
doute, la formule naïve. Elle me semble au contraire parfaitement pertinente.
10 Le problème qu'elle pose, avec l'embarrassante droiture de cet âge implacable,
n'est rien de moins que celui de la légitimité de l'histoire.

M. Bloch, *Apologie pour l'histoire ou Métier d'historien* (1949),
Éd. A. Colin, 1967, p. IX.

DOCUMENT

Nier l'histoire n'est pas la réviser

L'ÉCRITURE n'est pas le seul mode de l'histoire. Pourquoi Shoah[1] *est-il une grande œuvre d'histoire, et non, par exemple, un recueil de contes ? Il ne s'agit ni d'une reconstitution romanesque comme* Holocauste[2], *ni d'un film documentaire — un seul document de l'époque y est lu, concernant les camions de Chelmno[3] —, mais d'un film où des hommes d'aujourd'hui parlent de ce*
5 *qui fut hier.*

Dans ce champ éclaté du discours historique, comment se situe l'entreprise « révisionniste » ? Sa perfidie est précisément d'apparaître pour ce qu'elle n'est pas, un effort pour écrire et penser l'histoire. Il ne s'agit pas de construire *un récit vrai. Il ne s'agit pas non plus de réviser les acquis prétendus de la science historique. Rien de plus naturel que la « révision » de l'histoire, rien de plus banal. Le temps*
10 *lui-même modifie le regard non seulement de l'historien mais du simple laïc.* La Bataille du rail *est un film qui se présentait en 1946 comme un discours vrai sur la résistance des cheminots. Qui la revoit en 1987 y voit la description d'un monde idéal où tous, de l'ingénieur au lampiste, sont unis pour duper l'ennemi. L'histoire de la déportation a comporté elle aussi ses scories. La mythomanie a joué son rôle ainsi que la propagande, parfois aussi une certaine concurrence entre non-Juifs et Juifs, jadis analysée*
15 *par O. Wormser-Migot, les premiers revendiquant l'égalité dans la souffrance avec les seconds.*

Mais nier l'histoire n'est pas la réviser. [...]

La méthode des « révisionnistes » contemporains, des négateurs[4], a été souvent analysée. Comme l'écrivent Nadine Fresco et Jacques Baynac : « Curieux historiens en vérité que ces gens qui au lieu de s'attacher à "connaître le déroulement exact des événements" s'intitulent juges des "pièces à conviction"
20 *d'un procès qui n'a lieu que parce qu'ils nient l'existence de l'objet du litige, et qui, à l'heure du verdict, seront donc nécessairement amenés à déclarer fausses toutes les preuves contraires à l'a priori dont ils ne démordent pas. »*

Il n'est peut-être pas inutile de revenir sur ces méthodes et de montrer comment Faurisson[5], *cet expert en littérature, travaille à déréaliser le discours. [...] Les cosmologies se préoccupaient jadis de « sauver les*
25 *phénomènes », de rendre compte, par exemple, du mouvement apparent du soleil. Les « révisionnistes » eux, si volontiers « matérialistes », des matérialistes à sabots, s'occupent de sauver les non-phénomènes. N'importe quelle interprétation est bonne pourvu qu'elle nie. Ils sont dans le royaume du discours vide.*

P. Vidal-Naquet, *Les assassins de la mémoire*, Éd. La Découverte, 1987, pp. 149-153.

1. Film-document de Cl. Lanzmann, 1988.
2. Série télévisée sur le même sujet.
3. Village polonais où eurent lieu les premiers gazages des Juifs.
4. Qu'on désigne aujourd'hui comme des « négationnistes » précisément = parce que nier l'histoire n'est pas la réviser.
5. Chef de file des « négationnistes ».

6.

LE LANGAGE

L'art de la conversation, Magritte, vers 1950. Collection privée, Bruxelles.

INTRODUCTION

« L'invention de l'art de communiquer nos idées dépend moins des organes qui nous servent à cette communication que d'une faculté propre à l'homme, qui lui fait employer ses organes à cet usage » : comme Rousseau l'expose clairement au début de son *Essai sur l'origine des langues*, le langage articulé est une fonction d'expression et de communication liée à la pensée, spécifiquement humaine. La possibilité de parler ne se réduit pas aux dispositifs neurobiologique et organique, qui en sont certes une condition ; elle manifeste en outre des aptitudes à tirer parti de ces dispositifs, qui sont justement ce qui fait du langage l'objet de multiples interrogations.

La pensée précède-t-elle le langage ?

Aussi anciennes que la philosophie elle-même, ces interrogations se sont d'abord et pour longtemps ancrées dans la certitude que le langage était essentiellement un véhicule de la pensée : ce qu'il y avait à comprendre, c'était donc pourquoi la pensée a besoin d'un tel intermédiaire, quels liens unissent ces deux pôles de l'intelligence humaine — dont l'un est perçu comme manifestement subordonné à l'autre —, quels sont, enfin, les divers usages du langage. Certains cherchaient en outre à comprendre comment avaient bien pu naître les toutes premières langues : faux problème sans doute, puisqu'il est vain d'espérer retrouver des traces de ces premières langues (à plus forte raison la trace des conditions de leur apparition) ; la question a au moins le mérite d'obliger à une réflexion sur la fonction du langage. Se demander, par exemple, quel type de besoins ont permis de satisfaire les premières manifestations du langage articulé, c'est en tout cas postuler que parler est pour l'homme, et dès l'origine, une nécessité. Or des travaux récents d'anthropologues et de biologistes (Leroi-Gourhan et Monod par exemple) ne viennent pas démentir, sur ce point au moins, les spéculations de Rousseau par exemple (**Textes 1 et 2**). Le langage a bien pour fonction primordiale de rendre possible une forme de communication indispensable à la survie.

La réflexion sur le langage commence donc par porter surtout sur ce moyen très particulier dont les hommes disposent pour manifester leur pensée et communiquer entre eux. Les analyses philosophiques et logiques développées jusqu'au XVIIIᵉ siècle n'en font presque jamais un objet d'étude autonome ; c'est en s'efforçant de comprendre pourquoi et comment s'exerce la raison qu'elles rencontrent le langage : il est bien un moyen, au service d'une faculté autre et sans doute supérieure. Et si l'on sait, bien sûr, qu'il existe une multiplicité de langues différentes, ce n'est pas tant cette diversité qui importe, que l'universalité de la faculté qui la sous-tend. Cette diversité est même plutôt considérée comme gênante : si la raison humaine est universelle, comment expliquer cette multiplicité de ses manifestations ? Le seul fait dont l'universalité est évidente, c'est qu'on parle : mais qu'on parle des langues différentes est un accident de l'histoire et de la géographie, pas un fait majeur pour la philosophie. Et de façon très significative, lorsque les philosophes s'intéressent aux langues et plus seulement au langage, c'est soit, comme on l'a signalé, pour en chercher une origine, soit — Leibniz en

est l'exemple le plus célèbre — pour tenter de penser une langue universelle, parfaite dans la mesure où elle serait à la fois totalement artificielle et naturellement commune à tous les hommes, puisque langage de la raison.

Une langue est un système de signes

Mais au début du XIX⁰ siècle, à l'occasion en particulier de la découverte du sanskrit (et avec l'intérêt grandissant porté à l'histoire), on en vient à réfléchir sur l'histoire des langues et sur le fait que des langues très différentes ont des liens de parenté entre elles (par exemple, nos langues européennes et le sanskrit, ensemble des langues dites indo-européennes). D'où la deuxième grande source de problèmes soulevés par le langage : en quoi consistent et comment fonctionnent ces produits particuliers de la faculté du langage que sont les langues ? A ces questions, c'est une science particulière, la linguistique, qui répond : mais il est bien évident que les analyses développées pour répondre à ces questions rencontrent souvent celles des philosophes. Quand on étudie ce qu'un signe linguistique a de spécifique, et qu'on met en évidence les liens qui unissent le son et le sens, on n'est pas très loin du problème des relations entre langage et pensée. Cela dit, ce qui caractérise le point de vue des linguistes, c'est de faire de la nature propre des signes du langage l'objet même de leurs études. On verra donc, à la lecture de quelques textes des linguistes Saussure et Benvéniste (**Textes 3 et 4**), dans quelle mesure ces signes sont arbitraires et conventionnels, comment ils permettent l'organisation d'un langage articulé, pourquoi l'union entre sons et sens est une condition de possibilité de la communication linguistique.

Langue et langage

Tout signe est un moyen actuellement perceptible de faire connaître ce qu'il représente, ce dont il prend la place ; un « **signe linguistique** » unit des sons et du sens, et il suffit d'articuler chacune des « combinaisons » possibles d'une langue donnée pour évoquer la part de réalité dont elle tient lieu. Les linguistes ne sont certes pas les seuls à penser comme des signes les éléments de la langue : déjà les discussions du *Cratyle* de Platon portent sur la question de savoir si les noms des choses sont inscrits dans leur nature (à la façon des onomatopées, dans lesquelles les sons évoquent immédiatement le sens) ou s'ils n'en sont que des signes conventionnels, institués pour rendre possible la communication. Mais quand Platon, Descartes ou Rousseau (**Textes 5 et 6**) décrivent les mots comme des signes des choses ou des idées, ils n'attachent d'importance que secondairement, ou pas du tout, aux règles de fonctionnement de ces signes et à leur organisation systématique en langues. Pour les linguistes, en revanche, il est clair, d'emblée, que **la langue** « ne se confond pas avec le langage », comme l'écrit Saussure, qui la définit comme un « produit social de la faculté du langage et un ensemble de conventions nécessaires, adoptées par le corps social pour permettre l'exercice de cette faculté chez les individus[1] ». C'est donc à la structure des langues, et à la nature propre des signes linguistiques qu'il faut s'attacher, et ce changement de perspective contribue à modifier, dans le courant du XIX⁰ siècle, la façon dont les philosophes eux-mêmes s'interrogent sur le langage. Dès l'instant où ce sont les signes qui importent, et plus seulement le langage comme fonction dérivée de la faculté de penser, il

---

1. F. de Saussure, *Cours de linguistique générale*, Éd. Payot, 1969, p. 25.

devient moins évident que celle-ci précède complètement celui-là, et cette question des rapports entre langage et pensée, entre autres, prend des sens nouveaux.

La véritable question est donc plutôt celle de savoir comment et pourquoi langage et pensée sont subordonnés l'un à l'autre. En termes d'organisation neurobiologique, le problème ne semble pas définitivement résolu, et sa complexité va bien au-delà des limites de notre réflexion. Sa formulation philosophique, en revanche, est de notre ressort : peut-on affirmer, et pourquoi, qu'une pensée structurée suppose la maîtrise d'une langue ?

Langage et pensée, parole et écriture

Pour les uns, la nécessité de s'extérioriser par les voies du langage constitue pour la pensée une sorte de handicap ; en d'autres termes, les mots sont certes inévitables, mais ils figent abusivement les idées, ils déforment ou affaiblissent le sens propre et premier de la pensée. Pour d'autres, au contraire, il semble évident, non seulement que la pensée ne peut pas se passer du langage, que sans lui elle n'aurait aucun mode d'existence structurée, mais même que l'organisation des mots et celle des idées sont intimement et positivement liées, bref que l'ineffable n'est peut-être rien d'autre que du non-pensable, tout simplement (**Texte 7**). C'est un peu dans les mêmes termes qu'on formule parfois la question des rapports entre langage et écriture : **l'écriture** apparaît tantôt comme une fixation trop rigide du langage oral, dont il faut se méfier si l'on veut conserver au langage sa fluidité et son pouvoir indéfiniment créateur (la même phrase redite des milliers de fois n'est pas « récitée par cœur » mais chaque fois « réinventée » par celui qui l'énonce et « réinterprétée » par celui qui l'entend) ; tantôt comme un moyen précieux de donner au langage une stabilité qu'il ne possède pas naturellement, d'en étendre la portée dans l'espace, d'en fixer dans le temps la durée.

Mais le savoir contemporain d'une façon générale se caractérise par sa très grande diversification et sa très grande spécialisation : le savoir sur le langage en particulier n'échappe pas à la règle. Ainsi, par exemple, l'idée que les mots ont par eux-mêmes un pouvoir spécifique, parfois considérable — idée déjà présente chez Platon lorsqu'il analyse notamment les mécanismes du pouvoir des rhéteurs et des sophistes (**Texte 10**) — se trouve amplement exploitée dans des domaines aussi variés que la réflexion sur la culture, la sociologie ou les philosophies du langage anglo-saxonnes ; bref, dans beaucoup des domaines où les interrogations philosophiques rencontrent aujourd'hui celles des sciences dites humaines.

Maîtrise des mots, maîtrise des choses

Dans la *Traversée du miroir*, L. Carroll rapportait un dialogue entre Alice et un moustique, dans lequel le moustique faisait remarquer à Alice qu'il était inutile pour les insectes d'avoir des noms, puisqu'ils étaient incapables d'y répondre. A quoi Alice répondait : « A eux, ça ne sert à rien, mais j'imagine que cela a une utilité pour les gens qui les nomment. Autrement pourquoi les choses auraient-elles des noms ? » Si ce n'était pas justement à un insecte qu'elle avait affaire, Alice aurait sans doute pu expliquer à son interlocuteur que parler est le moyen premier et essentiel dont les hommes disposent pour maîtriser le monde : nommer les choses et les idées, c'est la première condition de possibilité du savoir, donc de la classification et de l'utilisation des connaissances à travers lesquelles on s'approprie symboliquement le monde.

Mais on peut aller plus loin : la maîtrise du monde, c'est en d'autres termes **la culture** (entendue dans son sens le plus large, comme l'ensemble des moyens dont les hommes disposent pour modifier la nature à leur avantage). Or des analyses nombreuses et convergentes tendent à prouver que cette partie de la culture qu'est la langue occupe, au sein de l'ensemble, un statut tout à fait privilégié, puisque la façon dont une langue est organisée « coïncide » en quelque sorte avec l'organisation de l'ensemble de la culture correspondante. Les textes proposés à ce sujet montrent comment catégories de pensée et catégories linguistiques semblent interdépendantes **(Textes 8 et 9)**, comment, d'une façon plus générale, les multiples éléments constitutifs d'une culture semblent correspondre à la façon de nommer les choses dans le groupe porteur de cette culture. (Par exemple, les « découpages » de la suite des couleurs induisent des significations et des nombres variables de noms de couleurs.) Si la variété des langues ne reflétait que la diversité des « étiquettes » servant à désigner par ailleurs à peu près les mêmes choses, les traductions dites « mot à mot » seraient parfaitement claires — et l'on sait à quel point elles ne le sont pas, même entre langues parlées par des populations culturellement proches.

Les pouvoirs du langage

En ce sens, on peut donc affirmer que les mots ont un très grand pouvoir, puisque c'est à travers eux que se structure la perception de l'univers dans lequel nous vivons. Et ce pouvoir en induit bien d'autres : celui de manifester malgré soi des pensées ou des désirs pourtant inconscients, si l'on en croit la psychanalyse[1] ; celui de dominer politiquement ou socialement **(Texte 10)**. Ce pouvoir est particulièrement manifeste si l'on considère la forme écrite du langage : selon Lévi-Strauss, il conviendrait même d'associer l'apparition de l'écriture dans la préhistoire et les premières formes systématiques d'exploitation de l'homme[2]. Le pouvoir du langage se traduit enfin quotidiennement par les écarts qu'il creuse entre les individus comme entre les catégories sociales. De fait, au sein même de chaque société, tous ne maîtrisent pas le même « niveau » de langue et l'on sait bien que toutes les façons de s'exprimer ne se valent pas, au sens où les unes favorisent bien plus que d'autres l'accès à des positions et à des savoirs privilégiés[3].

Rappelons pour conclure les voies particulièrement significatives ouvertes par la philosophie analytique anglaise : lorsque J.-L. Austin[4] qualifie de « performatifs » (du verbe anglais *to perform*, accomplir) les énoncés du type « je baptise ce bateau le *Queen Elizabeth* » ou « je lègue ma montre à mon frère », il démontre bien qu'il est des cas où parler ce n'est pas seulement décrire ce que l'on est en train de faire, ou affirmer qu'on le fait — c'est le faire. Le langage n'est pas cela aussi, il est surtout cela : l'art d'agir sur les autres et sur le monde.

---

1. Voir aussi le chapitre « la Conscience et l'Inconscient », pp. 10 et 14.
2. Apparue entre le Ve et le IVe millénaire avant notre ère, l'écriture accompagnerait fidèlement la formation des cités et des empires et la hiérarchisation de la société en classes et en castes (cf. Lévi-Strauss, *Tristes Tropiques*, Éd. Plon, 1955, p. 343).
3. Voir, par exemple, B. Bernstein, *Langage et classes sociales*, Éditions de Minuit.
4. J.-L. Austin, *Quand dire, c'est faire*, Éd. du Seuil. Voir aussi J.-R. Searle, *les Actes de langage*, Éd. Hermann.

TEXTES

I. POURQUOI ET COMMENT PARLONS-NOUS?

Texte 1

Les premières
langues sont nées
des passions

ROUSSEAU

On ne commença pas par raisonner, mais par sentir. On prétend que les
hommes inventèrent la parole pour exprimer leurs besoins; cette opinion me
paraît insoutenable. L'effet naturel des premiers besoins fut d'écarter les
hommes et non de les rapprocher. Il le fallait ainsi pour que l'espèce vînt à
5 s'étendre, et que la terre se peuplât promptement; sans quoi le genre humain
se fût entassé dans un coin du monde, et tout le reste fût demeuré désert.

De cela seul il suit que l'origine des langues n'est point due aux premiers
besoins des hommes; il serait absurde que de la cause qui les écarte vînt le
moyen qui les unit. D'où peut donc venir cette origine? Des besoins moraux,
10 des passions. Toutes les passions rapprochent les hommes que la nécessité de
chercher à vivre force à se fuir. Ce n'est ni la faim, ni la soif, mais l'amour, la
haine, la pitié, la colère, qui leur ont arraché les premières voix. Les fruits ne se
dérobent point à nos mains; on peut s'en nourrir sans parler; on poursuit en
silence la proie dont on veut se repaître: mais pour émouvoir un jeune cœur,
15 pour repousser un agresseur injuste, la nature dicte des accents, des cris, des
plaintes. Voilà les plus anciens mots inventés, et voilà pourquoi les premières
langues furent chantantes et passionnées avant d'être simples et méthodiques.

Rousseau, *Essai sur l'origine des langues* (1781), chapitre II
collection Profil Philosophie, Éd. Hatier, 1987, p. 51.

Texte 2 A

Le « premier homme »
savait parler

LEROI-GOURHAN

Station debout, face courte, main libre pendant la locomotion et possession
d'outils amovibles sont vraiment les critères fondamentaux de l'humanité.

Le développement cérébral est en quelque sorte un critère secondaire. Il joue,
lorsque l'humanité est acquise, un rôle décisif dans le développement des socié-
5 tés, mais il est certainement, sur le plan de l'évolution stricte, corrélatif de la station verticale et non pas, comme on l'a cru pendant longtemps, primordial. [...]
Les conditions humaines de station verticale débouchent sur des conséquences de
développement neuro-psychique qui font du développement du cerveau humain
autre chose qu'une augmentation de volume. La relation de la face et de la main
10 reste aussi étroite dans le développement cérébral qu'antérieurement: outil pour
la main et langage pour la face sont deux pôles d'un même dispositif. [...]

103

Le langage du Néanderthalien[1] ne devait pas différer beaucoup du langage tel qu'il est connu chez les hommes actuels. Essentiellement lié à l'expression du concret, il devait assurer la communication au cours des actes, fonction
15   primordiale où le langage est étroitement lié au comportement technique ; il devait aussi assurer la transmission différée des symboles de l'action, sous forme de récits. Cette seconde fonction a dû émerger progressivement chez les Archanthropiens[1] mais il est difficile d'en faire la démonstration. Enfin, au cours du développement des Paléanthropiens[1], apparaît une troisième fonc-
20   tion, celle dans laquelle le langage dépasse le concret et le reflet du concret pour exprimer des sentiments imprécis dont on sait à coup sûr qu'ils entrent pour une part dans la religiosité.

A. Leroi-Gourhan[2], *le Geste et la Parole*,
Éd. Albin Michel, 1964, tome I, pp. 33-34 et 165.

Texte 2 B   MONOD

Nécessité du langage

Le fait que, dans l'évolution de certains groupes, on observe une tendance générale, soutenue pendant des millions d'années, au développement apparemment orienté de certains organes, témoigne de ce que le choix initial d'un certain type de comportement (devant l'agression d'un prédateur par exemple)
5   engage l'espèce dans la voie d'un perfectionnement continu des structures et performances qui sont le support de ce comportement. [...]

C'est dans ces termes qu'il faut envisager le problème des pressions de sélection qui ont orienté l'évolution de l'homme. [...]

On peut affirmer aujourd'hui que l'évolution de l'Homme, depuis ses plus
10   lointains ancêtres connus, a porté avant tout sur le développement progressif de la boîte crânienne, donc du cerveau. Il a fallu à cela une pression de sélection orientée, continue, et soutenue depuis plus de deux millions d'années. Pression de sélection considérable, car cette durée est relativement courte, et *spécifique* car on n'observe rien de semblable dans aucune autre lignée : la
15   capacité crânienne des singes anthropoïdes modernes n'est guère plus grande que celle de leurs ancêtres d'il y a quelques millions d'années.

Il est impossible de ne pas supposer qu'entre l'évolution privilégiée du système nerveux central de l'Homme et celle de la performance unique qui le caractérise, il n'y ait pas eu un couplage très étroit, qui aurait fait du langage
20   non seulement le produit, mais l'une des conditions initiales de cette évolution.

L'hypothèse qui me paraît la plus vraisemblable est que, apparue très tôt dans notre lignée, la communication symbolique la plus rudimentaire, par les possibilités radicalement neuves qu'elle offrait, a constitué l'un de ces « choix »

---

1. Néanderthalien, Archanthropien et Paléanthropien correspondent à trois stades d'évolution de l'*Homo Sapiens*, au Paléolithique moyen, entre 100 000 et 30 000 ans av. J.-C.
2. Ethnologue et préhistorien français contemporain (1911-1986).

25 initiaux qui engagent l'avenir de l'espèce en créant une pression de sélection
nouvelle ; cette sélection devait favoriser le développement de la performance
linguistique elle-même et par conséquent celle de l'organe qui la sert, le cerveau.

J. Monod[1], *le Hasard et la Nécessité*. Essai sur la philosophie naturelle
de la biologie moderne. Éd. du Seuil, 1970, pp. 142-151.

Texte 3 A

Le signe linguistique
est arbitraire

SAUSSURE

L'idée de « sœur » n'est liée par aucun rapport intérieur avec la suite de sons
s—ö—r qui lui sert de signifiant ; il pourrait être aussi bien représenté par
n'importe quelle autre : à preuve les différences entre les langues et l'existence
même de langues différentes : le signifié « bœuf » a pour signifiant b—ö—f
5 d'un côté de la frontière, et o—k—s *(Ochs)* de l'autre. [...]

Le mot *arbitraire* appelle aussi une remarque. Il ne doit pas donner l'idée
que le signifiant[2] dépend du libre choix du sujet parlant (on verra plus bas
qu'il n'est pas au pouvoir de l'individu de rien changer à un signe une fois
établi dans un groupe linguistique) ; nous voulons dire qu'il est *immotivé*,
10 c'est-à-dire arbitraire par rapport au signifié[2], avec lequel il n'a aucune attache
naturelle dans la réalité.

F. de Saussure[3], *Cours de linguistique générale* (1906-1911),
Éd. Payot, 1969, pp. 100-101.

Texte 3 B

Ce sont les liens
entre mots et choses
qui sont arbitraires

BENVÉNISTE

Ce qui est arbitraire, c'est que tel signe, et non tel autre, soit appliqué à tel élément de la réalité, et non à tel autre. En ce sens, et en ce sens seulement, il est
permis de parler de contingence, et encore sera-ce moins pour donner au problème une solution que pour le signaler et en prendre provisoirement congé.
5 Car ce problème n'est autre que le fameux *phusei* ou *thesei*[4] et ne peut être
tranché que par décret. C'est en effet, transposé en termes linguistiques, le
problème métaphysique de l'accord entre l'esprit et le monde, problème que le
linguiste sera peut-être un jour en mesure d'aborder avec fruit, mais qu'il fera
mieux pour l'instant de délaisser. Poser la relation comme arbitraire est pour le
10 linguiste une manière de se défendre contre cette question et aussi contre la
solution que le sujet parlant y apporte instinctivement. Pour le sujet parlant, il
y a entre la langue et la réalité adéquation complète : le signe recouvre et com-

---

1. Biologiste français (1910-1976). Prix Nobel 1965.
2. Sur le sens de ces termes, voir texte 4.
3. Linguiste suisse (1857-1913).
4. En grec : « fait de nature ou institution ». Le problème est effectivement aussi ancien que
« fameux » : c'est déjà celui que pose Platon dans le *Cratyle*, dialogue qui oppose Socrate et
Hermogène sur la question de savoir si les noms des choses représentent leurs essences, ou si
les liens entre mots et choses sont pour la plupart de pure convention.

mande la réalité ; mieux, il *est* cette réalité [...]. A vrai dire le point de vue du sujet et celui du linguiste sont si différents à cet égard que l'affirmation du linguiste quant à l'arbitraire des désignations ne réfute pas le sentiment contraire du sujet parlant. Mais, quoi qu'il en soit, la nature du signe linguistique n'y est en rien intéressée, si on le définit comme Saussure l'a fait, puisque le propre de cette définition est précisément de n'envisager que la relation du signifiant[1] au signifié[1]. Le domaine de l'arbitraire est ainsi relégué hors de la compréhension du signe linguistique.

É. Benvéniste[2], *Problèmes de linguistique générale,*
Éd. Gallimard, 1966, I, pp. 52-53.

Texte 4

La langue n'est pas une « copie » de la réalité

SAUSSURE

Pour certaines personnes la langue, ramenée à son principe essentiel, est une nomenclature, c'est-à-dire une liste de termes correspondant à autant de choses. Par exemple :

ARBOR

EQUOS

Cette conception est critiquable à bien des égards. Elle suppose des idées toutes faites préexistant aux mots [...] ; elle ne nous dit pas si le nom est de nature vocale ou psychique, car *arbor* peut être considéré sous l'un ou l'autre aspect ; enfin elle laisse supposer que le lien qui unit un nom à une chose est une opération toute simple, ce qui est bien loin d'être vrai. Cependant cette vue simpliste peut nous rapprocher de la vérité, en nous montrant que l'unité linguistique est une chose double, faite du rapprochement de deux termes. [...]

Le signe linguistique unit non une chose et un nom, mais un concept et une image acoustique. Cette dernière n'est pas le son matériel, chose purement physique, mais l'empreinte psychique de ce son, la représentation que nous en donne le témoignage de nos sens ; elle est sensorielle, et s'il nous arrive de l'appeler « matérielle », c'est seulement dans ce sens et par opposition à l'autre terme de l'association, le concept, généralement plus abstrait.

Le caractère psychique de nos images acoustiques apparaît bien quand nous observons notre propre langage. Sans remuer les lèvres ni la langue, nous pouvons nous parler à nous-mêmes ou nous réciter mentalement une pièce de vers. C'est parce que les mots de la langue sont pour nous des images acoustiques qu'il faut éviter de parler des « phonèmes[3] » dont ils sont compo-

---

1. Sur le sens de ces termes, voir texte 4.
2. Linguiste français (1902-1976).
3. Terme utilisé en linguistique pour désigner un élément phonique minimal (par exemple : eau-ô ; ait-è).

sés. Ce terme, impliquant une idée d'action vocale, ne peut convenir qu'au mot parlé, à la réalisation de l'image intérieure dans le discours. En parlant des *sons* et des *syllabes* d'un mot, on évite ce malentendu, pourvu qu'on se souvienne qu'il s'agit de l'image acoustique. [...]

Nous appelons *signe* la combinaison du concept et de l'image acoustique : mais dans l'usage courant ce terme désigne généralement l'image acoustique seule, par exemple un mot (*arbor*, etc.). On oublie que si *arbor* est appelé signe, ce n'est qu'en tant qu'il porte le concept « arbre », de telle sorte que l'idée de la partie sensorielle implique celle du total.

L'ambiguïté disparaîtrait si l'on désignait les trois notions ici en présence par des noms qui s'appellent les uns les autres tout en s'opposant. Nous proposons de conserver le mot *signe* pour désigner le total, et de remplacer *concept* et *image acoustique* respectivement par *signifié* et *signifiant*; ces derniers termes ont l'avantage de marquer l'opposition qui les sépare soit entre eux, soit du total dont ils font partie.

F. de Saussure, *Cours de linguistique générale* (1906-1911),
Éd. Payot, 1969, pp. 97-99.

II. LANGAGE ET PENSÉE

Texte 5

Le langage est le propre de l'homme

DESCARTES

Enfin il n'y a aucune de nos actions extérieures, qui ne puisse assurer ceux qui les examinent, que notre corps n'est pas seulement une machine qui se remue de soi-même, mais qu'il y a aussi en lui une âme qui a des pensées, excepté les paroles, ou autres signes faits à propos des sujets qui se présentent, sans se rapporter à aucune passion. Je dis les paroles ou autres signes, parce que les muets se servent de signes en même façon que nous de la voix ; et que ces signes soient à propos, pour exclure le parler des perroquets, sans exclure celui des fous, qui ne laisse pas d'être à propos des sujets qui se présentent, bien qu'il ne suive pas la raison ; et j'ajoute que ces paroles ou signes ne se doivent rapporter à aucune passion, pour exclure non seulement les cris de joie ou de tristesse, et semblables, mais aussi tout ce qui peut être enseigné par artifice aux animaux ; car si on apprend à une pie à dire bonjour à sa maîtresse, lorsqu'elle la voit arriver, ce ne peut être qu'en faisant que la prolation[1] de cette parole devienne le mouvement de quelqu'une de ses passions ; à savoir, ce sera un mouvement de l'espérance qu'elle a de manger, si l'on a toujours accoutumé de lui donner

1. Du verbe « proférer ». Synonyme d'« énonciation ».

quelque friandise, lorsqu'elle l'a dit ; et ainsi toutes les choses qu'on fait faire aux chiens, aux chevaux et aux singes, ne sont que des mouvements de leur crainte, de leur espérance, ou de leur joie, en sorte qu'ils les peuvent faire sans aucune pensée. Or, il est, ce me semble, fort remarquable que la parole, étant
20 ainsi définie, ne convient qu'à l'homme seul. Car, bien que Montaigne et Charon[1] aient dit qu'il y a plus de différence d'homme à homme, que d'homme à bête, il ne s'est toutefois jamais trouvé aucune bête si parfaite, qu'elle ait usé de quelque signe, pour faire entendre à d'autres animaux quelque chose qui n'eût point de rapport à ses passions ; et il n'y a point
25 d'homme si imparfait, qu'il n'en use ; en sorte que ceux qui sont sourds et muets, inventent des signes particuliers, par lesquels ils expriment leurs pensées. Ce qui me semble un très fort argument pour prouver que ce qui fait que les bêtes ne parlent point comme nous, est qu'elles n'ont aucune pensée, et non point que les organes leur manquent. Et on ne peut dire qu'elles parlent
30 entre elles ; mais que nous ne les entendons pas ; car, comme les chiens et quelques autres animaux nous expriment leurs passions, ils nous exprimeraient aussi bien leurs pensées, s'ils en avaient.

Descartes, « Lettre du 23 novembre 1646 au Marquis de Newcastle »,
in *Œuvres et Lettres*, Bibliothèque de la Pléiade, Éd. Gallimard, 1953, pp. 1255-1256.

Texte 6

Il faut parler
pour avoir des idées
générales

ROUSSEAU

Chaque objet reçut d'abord un nom particulier, sans égard aux genres, et aux espèces, que ces premiers instituteurs n'étaient pas en état de distinguer ; et tous les individus se présentèrent isolés à leur esprit, comme ils le sont dans le tableau de la nature. Si un chêne s'appelait A, un autre chêne s'appelait B : de
5 sorte que plus les connaissances étaient bornées, et plus le dictionnaire devint étendu. L'embarras de toute cette nomenclature ne put être levé facilement : car pour ranger les êtres sous des dénominations communes, et génériques, il en fallait connaître les propriétés et les différences ; il fallait des observations, et des définitions, c'est-à-dire, de l'histoire naturelle et de la métaphysique,
10 beaucoup plus que les hommes de ce temps-là n'en pouvaient avoir.

D'ailleurs, les idées générales ne peuvent s'introduire dans l'esprit qu'à l'aide des mots, et l'entendement ne les saisit que par des propositions. C'est une des raisons pour quoi les animaux ne sauraient se former de telles idées, ni jamais acquérir la perfectibilité qui en dépend. Quand un singe va sans hésiter
15 d'une noix à l'autre, pense-t-on qu'il ait l'idée générale de cette sorte de fruit, et qu'il compare son archétype à ces deux individus ? Non sans doute ; mais la vue de l'une de ces noix rappelle à sa mémoire les sensations qu'il a reçues de l'autre, et ses yeux, modifiés d'une certaine manière, annoncent à son goût la modification qu'il va recevoir. Toute idée générale est purement intellectuelle ;

---

1. Théologien et philosophe français, ami de Montaigne (1541-1603).

20 pour peu que l'imagination s'en mêle, l'idée devient aussitôt particulière. Essayez de vous tracer l'image d'un arbre en général, jamais vous n'en viendrez à bout, malgré vous il faudra le voir petit ou grand, rare ou touffu, clair ou foncé, et s'il dépendait de vous de n'y voir que ce qui se trouve en tout arbre, cette image ne ressemblerait plus à un arbre. Les êtres purement abstraits se
25 voient de même, ou ne se conçoivent que par le discours. La définition seule du triangle vous en donne la véritable idée : sitôt que vous en figurez un dans votre esprit, c'est un tel triangle et non pas un autre, et vous ne pouvez éviter d'en rendre les lignes sensibles ou le plan coloré. Il faut donc énoncer des propositions, il faut donc parler pour avoir des idées générales ; car sitôt que
30 l'imagination s'arrête, l'esprit ne marche plus qu'à l'aide du discours. Si donc les premiers inventeurs n'ont pu donner des noms qu'aux idées qu'ils avaient déjà, il s'ensuit que les premiers substantifs n'ont pu jamais être que des noms propres.

Rousseau, *Discours sur l'Origine et les Fondements de l'inégalité parmi les hommes* (1755), Éd Garnier-Flammarion, 1971, pp. 191-192.

Texte 7

Pas de pensée
sans langage

H E G E L

Nous n'avons conscience de nos pensées, nous n'avons des pensées déterminées et réelles que lorsque nous leur donnons la forme objective, que nous les différencions de notre intériorité, et que par suite nous les marquons de la forme externe, mais d'une forme qui contient aussi le caractère de l'activité
5 interne la plus haute. C'est le son articulé, le mot, qui seul nous offre une existence où l'externe et l'interne sont si intimement unis. Par conséquent, vouloir penser sans les mots, c'est une tentative insensée. Mesmer[1] en fit l'essai, et, de son propre aveu, il en faillit perdre la raison. Et il est également absurde de considérer comme un désavantage et comme un défaut de la pensée cette
10 nécessité qui lie celle-ci au mot. On croit ordinairement, il est vrai, que ce qu'il y a de plus haut c'est l'ineffable... Mais c'est là une opinion superficielle et sans fondement ; car en réalité l'ineffable c'est la pensée obscure, la pensée à l'état de fermentation, et qui ne devient claire que lorsqu'elle trouve le mot. Ainsi, le mot donne à la pensée son existence la plus haute et la plus vraie.
15 Sans doute on peut se perdre dans un flux de mots sans saisir la chose. Mais la faute en est à la pensée imparfaite, indéterminée et vide, elle n'en est pas au mot. Si la vraie pensée est la chose même, le mot l'est aussi lorsqu'il est employé par la vraie pensée. Par conséquent, l'intelligence, en se remplissant de mots, se remplit aussi de la nature des choses.

Hegel, *Philosophie de l'esprit*[2], traduction de A. Vera,
Éd. Germer Baillère, 1897, § 463, Remarque, p. 914.

---

1. Mesmer (1734-1815) fut un médecin et un magnétiseur célèbre.
2. Publication posthume (1895) de cours professés de 1817 à 1836.

III. LA LANGUE ET SES POUVOIRS

Texte 8

Nommer,
c'est classer

BERGSON

Les concepts sont inclus dans les mots. Ils ont, le plus souvent, été élaborés par l'organisme social en vue d'un objet qui n'a rien de métaphysique. Pour les former, la société a découpé le réel selon ses besoins. Pourquoi la philosophie accepterait-elle une division qui a toutes chances de ne pas correspondre aux articulations du réel ? Elle l'accepte pourtant d'ordinaire. Elle subit le problème tel qu'il est posé par le langage.

J'ouvre un traité élémentaire de philosophie. Un des premiers chapitres traite du plaisir et de la douleur. On y pose à l'élève une question telle que celle-ci : « Le plaisir est-il ou n'est-il pas le bonheur ? » Mais il faudrait d'abord savoir si plaisir et bonheur sont des genres correspondant à un sectionnement naturel des choses. A la rigueur, la phrase pourrait signifier simplement : « Vu le sens habituel des termes *plaisir et bonheur*, doit-on dire que le bonheur soit une suite de plaisirs ? » Alors, c'est une question de lexique qui se pose ; on ne la résoudra qu'en cherchant comment les mots « plaisir » et « bonheur » ont été employés par les écrivains qui ont le mieux manié la langue. On aura d'ailleurs travaillé utilement ; on aura mieux défini deux termes usuels, c'est-à-dire deux habitudes sociales. Mais si l'on prétend faire davantage, saisir des réalités et non pas mettre au point des conventions, pourquoi veut-on que des termes peut-être artificiels (on ne sait s'ils le sont ou s'ils ne le sont pas, puisqu'on n'a pas encore étudié l'objet) posent un problème qui concerne la nature même des choses ? Supposez qu'en examinant les états groupés sous le nom de plaisir on ne leur découvre rien de commun, sinon d'être des états que l'homme recherche : l'humanité aura classé ces choses très différentes dans un même genre, parce qu'elle leur trouvait à tous le même intérêt pratique et réagissait à tous de la même manière.

H. Bergson, *la Pensée et le Mouvant* (1939),
Éd. du Centenaire, Éd. P.U.F. 1963, pp. 1292-1293.

Texte 9 A

Coïncidences entre
langue et culture

BENVÉNISTE

En posant l'homme dans sa relation avec la nature ou dans sa relation avec l'homme, par le truchement du langage, nous posons la société. Cela n'est pas coïncidence historique mais enchaînement nécessaire. Car le langage se réalise toujours dans une langue, dans une structure linguistique définie et particulière, inséparable d'une société définie et particulière. Langue et société ne se conçoivent pas l'une sans l'autre. L'une et l'autre sont données. Mais aussi l'une et l'autre sont apprises par l'être humain, qui n'en possède pas la connaissance innée. L'enfant naît et se développe dans la société des hommes. Ce sont des humains adultes, ses parents, qui lui inculquent l'usage de la

110

10 parole. L'acquisition du langage est une expérience qui va de pair chez l'enfant avec la formation du symbole et la construction de l'objet. Il apprend les choses par leur nom ; il découvre que tout a un nom et que d'apprendre les noms lui donne la disposition des choses. Mais il découvre aussi qu'il a lui-même un nom et que par là il communique avec son entourage. Ainsi s'éveille

15 en lui la conscience du milieu social où il baigne et qui façonnera peu à peu son esprit par l'intermédiaire du langage.

A mesure qu'il devient capable d'opérations intellectuelles plus complexes, il est intégré à la culture qui l'environne. J'appelle culture le milieu humain, tout ce qui, par-delà l'accomplissement des fonctions biologiques, donne à la

20 vie et à l'activité humaine forme, sens et contenu. La culture est inhérente à la société des hommes, quel que soit le niveau de civilisation. Elle consiste en une foule de notions et de prescriptions, aussi en des interdits spécifiques ; ce qu'une culture interdit la caractérise au moins autant que ce qu'elle prescrit. Le monde animal ne connaît pas de prohibition. Or, ce phénomène humain, la

25 culture, est un phénomène entièrement symbolique. La culture se définit comme un ensemble très complexe de représentations, organisées par un code de relations et de valeurs : traditions, religion, lois, politique, éthique, arts, tout cela dont l'homme, où qu'il naisse, sera imprégné dans sa conscience la plus profonde et qui dirigera son comportement dans toutes les formes de son

30 activité, qu'est-ce donc sinon un univers de symboles intégrés en une structure spécifique et que le langage manifeste et transmet ? Par la langue, l'homme assimile la culture, la perpétue ou la transforme. Or comme chaque langue, chaque culture met en œuvre un appareil spécifique de symboles en lequel s'identifie chaque société. La diversité des langues, la diversité des cultures,

35 leurs changements, font apparaître la nature conventionnelle du symbolisme qui les articule. C'est en définitive le symbole qui noue ce lien vivant entre l'homme, la langue et la culture.

É. Benvéniste, *Problèmes de linguistique générale*,
Éd. Gallimard, 1966, tome I, pp. 29-30.

Texte 9 B

Variétés de neige
et catégories
de chameaux

KLINEBERG

Il est vraisemblable que l'intérêt porté à certaines questions ou à certains objets engendre un vocabulaire permettant de traiter de ces questions ou objets de façon adéquate ; mais il est également vraisemblable qu'un individu né dans un milieu d'une culture spécifique pensera dans des termes en usage dans sa

5 société, et que, par conséquent, la nature de sa pensée en sera affectée. [...]

On dit que la langue arabe contient environ six mille mots se reportant plus ou moins directement au chameau, y compris les mots dérivés de chameau et les attributs qui lui sont associés — catégories de chameaux selon leurs fonctions, les noms de différentes races, états de grossesse, etc. Il est à

10 peine nécessaire de rappeler que ceci reflète l'importance exceptionnelle du

chameau dans la civilisation arabe. De même [...] il y a une grande variété de mots utilisés par les Esquimaux pour établir une différenciation entre les aspects multiples de la neige, ce qui pour nous constitue un phénomène unique. Exemple analogue, les Tchouktchees de la Sibérie du Nord-Est ont un

15 grand choix de mots pour désigner le renne.

Cela veut-il dire que nous voyons le monde (dans ce cas les chameaux ou la neige) autrement que ceux qui parlent arabe ou esquimau ? Il faut répondre négativement à cette question, si nous la comprenons comme se rapportant à la capacité de voir. Nous, qui parlons toujours français ou anglais, pouvons

20 apprendre à distinguer des variétés de neige ou des catégories de chameaux, si nous savons ce qu'il faut chercher comme critères de différenciation. Il paraît très probable, cependant, que nous pourrons plus facilement faire de telles distinctions si notre vocabulaire contient des termes spécifiques pour les nommer.

O. Klineberg[1], *Langage, pensée, culture*,
in *Bulletin de Psychologie*, janvier 1966, pp. 656-657.

Texte 10

Parole et domination

PLATON

SOCRATE. Eh bien, maintenant, Gorgias[2], à ton tour. La rhétorique est justement un des arts qui accomplissent et achèvent leur tâche uniquement au moyen de discours, n'est-il pas vrai ?

GORGIAS. C'est vrai.

5 SOCRATE. Dis-moi donc à présent sur quoi portent ces discours. Quelle est, entre toutes les choses de ce monde, celle dont traitent ces discours propres à la rhétorique ?

GORGIAS. Ce sont les plus grandes de toutes les affaires humaines, Socrate, et les meilleures.

10 SOCRATE. Mais, Gorgias, ce que tu dis là est sujet à discussion et n'offre encore aucune précision. Tu as sans doute entendu chanter dans les banquets cette chanson qui, dans l'énumération des biens, dit que le meilleur est la santé, que le second est la beauté et que le troisième est, selon l'expression de l'auteur de la chanson, la richesse acquise sans fraude.

15 GORGIAS. Je l'ai entendue en effet, mais où veux-tu en venir ?

SOCRATE. C'est que tu pourrais bien être assailli tout de suite par les artisans de ces biens vantés par l'auteur de la chanson, le médecin, le pédotribe[3] et le financier, et que le médecin le premier pourrait me dire : « Socrate, Gorgias te trompe. Ce n'est pas son art qui a pour objet le plus grand bien de l'humanité,

---

1. Psychologue américain contemporain.
2. Sophiste grec de grande notoriété ; auteur du traité *Du non-être ou de la nature*. Il est le premier interlocuteur de Socrate dans le dialogue du même nom.
3. Maître de gymnastique, il était aussi compétent sur l'hygiène du corps.

20 c'est le mien. » Et si je lui demandais : « Qui es-tu, toi, pour parler de la sorte ? » il me répondrait sans doute qu'il est médecin. — « Que prétends-tu donc ? Que le produit de ton art est le plus grand des biens ? » il me répondrait sans doute : « Comment le contester, Socrate, puisque c'est la santé ? Y a-t-il pour les hommes un bien plus grand que la santé ? »

25 Et si, après le médecin, le pédotribe à son tour me disait : « Je serais, ma foi, bien surpris, moi aussi, Socrate, que Gorgias pût te montrer de son art un bien plus grand que moi du mien », je lui répondrais à lui aussi : « Qui es-tu aussi, l'ami, et quel est ton ouvrage ? — Je suis pédotribe, dirait-il, et mon ouvrage, c'est de rendre les hommes beaux et robustes de corps. »

30 Après le pédotribe, ce serait, je pense, le financier qui me dirait, avec un souverain mépris pour tous les autres : « Vois donc, Socrate, si tu peux découvrir un bien plus grand que la richesse, soit chez Gorgias, soit chez tout autre. — Quoi donc ! lui dirions-nous. Es-tu, toi, fabricant de richesse ? — Oui. — En quelle qualité ? — En qualité de financier. — Et alors, dirions-nous, tu

35 juges, toi, que la richesse est pour les hommes le plus grand des biens ? — Sans contredit, dirait-il. — Voici pourtant Gorgias, répondrions-nous, qui proteste que son art produit un plus grand bien que le tien. » Il est clair qu'après cela il demanderait : « Et quel est ce bien ? Que Gorgias s'explique. » Allons, Gorgias, figure-toi qu'eux et moi, nous te posons cette question. Dis-nous quelle est

40 cette chose que tu prétends être pour les hommes le plus grand des biens et que tu te vantes de produire.

GORGIAS. C'est celle qui est réellement le bien suprême, Socrate, qui fait que les hommes sont libres eux-mêmes et en même temps qu'ils commandent aux autres dans leurs cités respectives.

45 SOCRATE. Que veux-tu donc dire par là ?

GORGIAS. Je veux dire le pouvoir de persuader par ses discours les juges au tribunal, les sénateurs dans le Conseil, les citoyens dans l'assemblée du peuple et dans toute autre réunion qui soit une réunion de citoyens. Avec ce pouvoir, tu feras ton esclave du médecin, ton esclave du pédotribe et, quant au fameux

50 financier, on reconnaîtra que ce n'est pas pour lui qu'il amasse de l'argent, mais pour autrui, pour toi qui sais parler et persuader les foules.

Platon, (Vers 420-340 av. J.-C.), *Gorgias*, Traduction d'É. Chambry, Éd. Garnier - Flammarion, 451d-452, 1967.

DOCUMENT

L'écriture au secours de l'audiovisuel

CE qui sépare encore le monde de la recherche de celui des médias est un écart de vingt ans durant lesquels les opinions se forment et se développent. Un des exemples typiques de ce retard entre la nouvelle et l'opinion est le suivant : jamais comme durant ces dernières années, les journaux, la presse et les intellectuels (qui ne se meuvent qu'à ce niveau) n'ont répété que nous sommes entrés désormais dans
5 *la civilisation de l'image, vers le déclin de l'écriture. Cette dernière est une idée que la mass médiologie académique a mise au jour il y a une trentaine d'années mais qui n'est devenue populaire que maintenant qu'elle n'est plus vraie. Nous ne vivons plus à l'époque de l'image : nous sommes revenus à l'époque de l'écriture, l'époque de l'ordinateur, du Videotel, de la conférence télévisée, dans laquelle les informations seront transmises par l'intermédiaire de l'écran : une époque de nouvelle alphabétisation accélérée.*
10 *Ce n'est pas tout : la plus grande part de ce que nous seront amenés toujours davantage à voir sur l'écran dans les années à venir sera parole écrite plutôt qu'image ; une parole qu'il nous faudra lire à une vitesse considérable. Ces écoles qui existaient aux États-Unis pour le quick reading (lecture oblique) ne sont plus nécessaires puisque tout enfant est capable de lire un texte en video plus rapidement qu'un professeur d'université autour de la soixantaine et peut-être même de la quarantaine. Par conséquent nous*
15 *sommes en train de revenir à une époque d'alphabétisation totale et de lecture rapide.*

Que se passe-t-il en ce moment ? Pour apprendre à réaliser un programme sur un ordinateur, de manière à lire ensuite à une vitesse accélérée tout ce que l'ordinateur nous dira, il faut lire des livres (...). On ne peut se passer de lire des livres pour apprendre à utiliser l'ordinateur. Pas nécessairement des livres imprimés et reliés. Par exemple, quand j'utilise un nouveau programme, il y a le fameux « help » qui
20 *explique le programme (vous ne resterez jamais à le lire sur l'écran, vous l'imprimez à part, puis vous vous installez dans votre fauteuil avec une cigarette et pendant trois jours vous le lisez, enfin vous retournez à votre écran et vous faites des erreurs). Cependant, s'il n'y a pas une production de grammaire sous forme de livre, on ne parvient pas à interagir avec la machine. [...] Apparaissent de nouvelles formes d'informations qui peuvent dépasser et rendre en grande partie obsolète le livre. La manière de*
25 *les intégrer passe cependant toujours par une culture du livre. A y bien réfléchir — par un procédé mystérieux et pas aussi direct qu'avec l'ordinateur — vous ne pouvez apprendre à utiliser un ordinateur que si vous savez utiliser un livre. Il en a été précisément de même avec la civilisation de la vision. Au moment où a commencé dans le monde (...) la civilisation de la vision (ou de la télévision) le nombre des livres, des quotidiens, le nombre des lecteurs de quotidiens et le nombre des lecteurs de livres a augmenté. C'est*
30 *pourquoi toutes les forces centrifuges à l'égard du livre sont, en fin de compte, des forces centripètes et produisent un besoin de nouveaux imprimés (...).*

Umberto Eco, *Réflexions sur l'imprimé*, Ve Séminaire de perfectionnement des libraires,
Fondation Giorgi Cini, Venise 24-29 janvier 1988.

7.

THÉORIE ET EXPÉRIENCE

Photo : Erich Lessing.

INTRODUCTION

Un usage approximatif mais très courant des termes confond volontiers la *théorie* et tout ce qui est *abstrait* d'un côté, et du côté opposé l'*expérience* et le *concret*. C'est souvent avec mépris qu'on qualifie de « théoriques » des propos ou des idées que l'on juge trop éloignés des faits, alors qu'on vantera la « solidité » de propos ou d'idées apparemment fondés sur l'« expérience » de leur auteur, ou sur des données « concrètes ». Bref, l'expérience serait, comme le concret, le signe du sérieux et du contrôlable ; la théorie, au contraire, comme l'abstrait, céderait aux tentations du vague et de l'invérifiable.

Sensibilité et entendement

S'interrogeant sur l'origine et sur les conditions de possibilité de la connaissance humaine, les philosophes ont traditionnellement opposé la **sensibilité** (faculté d'obtenir des sens des impressions sur ce qui existe en dehors de nous) et l'**entendement** (faculté de penser les objets de la connaissance, c'est-à-dire d'ordonner les données de l'expérience grâce aux concepts ou « catégories »). La théorie serait donc du côté de l'entendement : un ensemble de représentations et d'explications abstraites d'un domaine de la réalité ; l'**expérience**[1], au contraire, comme la sensibilité, renverrait à l'idée de « contact direct » avec les choses. A première vue pleine de bon sens, « évidente » pour ainsi dire, cette dissociation ne résiste pourtant pas à l'examen. Il suffit même, pour en venir à bout, d'analyser une expérience tout à fait ordinaire.

Descartes (**Texte 1**), dans une analyse fameuse, montre comment la même cire, d'abord morceau d'une certaine forme (dure, froide, etc.), n'a plus, une fois fondue, toutes les qualités que l'évidence sensible lui faisait attribuer au départ. Autrement dit, pour savoir ce qu'est la cire, il ne suffit pas de la voir (de la toucher...), il faut la « concevoir ». Car ce que les choses donnent à voir (à toucher, à sentir, etc.) d'elles-mêmes, n'est bien souvent qu'apparence, qualité sensible mais non propriété constitutive de l'objet.

Nos certitudes proviennent-elles exclusivement de l'expérience ?

Dans la querelle traditionnelle entre les **empiristes** et les **rationalistes**, Descartes se situerait donc du côté des seconds, pour lesquels tout ou partie de la connaissance procède de la raison, tandis que les empiristes tiennent la sensibilité et l'expérience pour les seules sources possibles de connaissance. Parmi ceux-ci, Hume, au XVIIIe siècle, pose l'une des questions clés de la philosophie de la connaissance : d'où vient la certitude que ce que nous apprenons de l'expérience correspond bien à la façon dont les choses se passent dans la réalité ? En d'autres termes : une telle certitude est-elle vraiment fondée ?

Sans doute la répétition des expériences tend-elle à nous faire croire qu'il y a, entre les faits, les événements, les phénomènes, des relations de cause à

---

1. Tel est le sens premier du mot « expérience » : contact immédiat entre l'intuition sensible et le réel. Le terme sera défini un peu plus loin dans son sens scientifique.

effet (Texte 2). Cependant cette répétition constatée ne suffit pas à établir de façon indiscutable l'existence de lois causales dans la nature. Si nombreuses que soient les expériences concordantes, nous ne serons jamais assurés d'avoir étudié la totalité du champ des phénomènes concernés ; l'universalité et la nécessité des lois causales resteront donc problématiques. La connaissance scientifique tout entière ne reposerait-elle, en dernière instance, que sur une croyance ?

Cette hypothèque très lourde que Hume fait peser sur notre savoir, Kant croit pouvoir la lever. Le **concept de cause** doit, selon lui, comprendre en lui-même l'idée de liaison nécessaire entre cause et effet : la théorie empiriste ne satisfait pas cette exigence. Une telle connaissance de l'idée de cause (Texte 3) ne saurait être, on l'aura compris, tirée de l'expérience. Il faut donc affirmer qu'il existe des **connaissances « a priori »**, c'est-à-dire entièrement et uniquement produites par la raison. Kant admet que ces connaissances sont les conditions de possibilité de toute expérience. Nous ne pourrions en effet rien appréhender de façon sensée si les données « brutes » n'étaient pas immédiatement reliées à des catégories mentales aptes à les structurer. Par exemple, c'est parce que nous avons « a priori » l'idée de causalité que la succession des nuages et de la pluie a, pour nous, un sens autre que celui, précisément, d'une simple succession.

Kant reconnaît donc à ces catégories mentales, qui existeraient a priori dans l'esprit humain, le pouvoir d'organiser nos représentations de la réalité. Il semble plus probable, aujourd'hui, que ces catégories sont culturelles et non innées[1], acquises au contact de façons de penser et de parler propres à la société dans laquelle on vit ; il n'en reste pas moins vrai que le contact direct, « sensible » avec la nature, est la condition nécessaire, mais non suffisante, de sa connaissance.

La nature est muette : il faut la forcer au dialogue

Réduite à elle-même, la nature est, en quelque sorte, muette : seule une curiosité humaine « bavarde » à son endroit peut la faire parler. Le vrai problème est donc de lui poser les bonnes questions : s'étonner devant les enseignements imprévus de telle ou telle observation, raisonner avant d'expérimenter, formuler des hypothèses pour pouvoir les vérifier. Le hasard, en matière d'explication scientifique, fait rarement seul les choses !

Un exemple : en 1643, un maître fontainier de Florence s'étonne de voir l'eau de ses fontaines « refuser » de s'élever dans une pompe aspirante à plus de 10,33 mètres au-dessus de la surface découverte du bassin. Le phénomène serait resté longtemps inexpliqué, si le physicien italien Torricelli n'avait pas eu la curiosité, pour en trouver la cause, de vérifier les hypothèses de Galilée concernant la possibilité du vide et l'existence de la pression atmosphérique. Dans une page célèbre de la *Critique de la raison pure*, Kant rend hommage à ces « inventeurs » de la physique moderne, qui ont compris « que la raison ne voit que ce qu'elle produit elle-même », et qu'il faut « forcer » la nature à répondre aux questions qu'on lui pose (Texte 4). C'est parce qu'ils ont vu la

---

1. Voir l'introduction du chapitre « le Langage », où la question des rapports entre pensée, langue et culture est traitée dans ce sens.

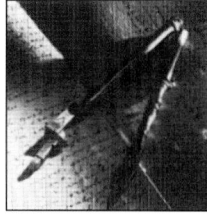

nécessité de nouveaux rapports entre la raison, la théorie et l'expérience, que Bacon, Galilée, Torricelli et Stahl font, pour Kant, figure de précurseurs.

Existe-t-il vraiment des « faits bruts » ?

Mais il faut aller plus loin : forcer la nature à répondre aux questions qu'on lui pose n'a d'intérêt que si l'on peut « préjuger », au moins en partie, de ses réponses. Autrement dit, un fait reste éternellement « brut » si l'on s'en tient à la simple constatation « objective ». Ce qu'il observe ne devient un fait scientifiquement intéressant pour le physicien que dans la mesure où ce qu'il sait déjà lui permet au moins de supposer qu'il y a bien quelque chose à comprendre. La terre tournait autour du soleil bien avant que Copernic ne l'affirme : ce ne sont pas les faits qui ont changé au XVIe siècle, ce sont les **concepts scientifiques** en voie d'élaboration pour rendre compte des mouvements respectifs des planètes et du soleil, qui ont alors permis de donner un sens nouveau aux phénomènes observés. Pour que la rotation de la terre devienne vraiment un fait, il lui avait d'abord fallu être une idée. « Une marche vers l'objet n'est pas initialement objective », comme l'écrit Bachelard dans la *Formation de l'esprit scientifique* : en matière de connaissance scientifique, l'objectif n'est pas ce qui est donné, mais ce que l'on doit construire (en raisonnant, en calculant, en élaborant des concepts, en utilisant des instruments, en procédant à des vérifications expérimentales). L'« objet » scientifique est ce dont on se rapproche par élimination progressive, non pas du sujet (dont l'activité est nécessaire à cette construction), mais de la subjectivité — opinions, idées toutes faites sur la nature des choses, que Bachelard nomme « **obstacles épistémologiques** » parce qu'elles entravent, en son sein même, le progrès de la connaissance (**Texte 5**).

Qu'est-ce qu'une « méthode expérimentale ? »

« Galilée... nous a appris qu'il ne faut pas toujours se fier aux conclusions intuitives basées sur l'observation immédiate, car elles conduisent parfois à des fils conducteurs trompeurs » : pour Einstein [1] cette « découverte » marque « le début réel de la physique ». Ce n'est pas par hasard que le même siècle voit à la fois triompher le rationalisme de Descartes (**Texte 1**) et naître, avec Descartes et Galilée, la mécanique classique (la **Mécanique** est la partie de la physique qui traite des lois du mouvement). La réflexion sur les conditions de possibilité de la connaissance conduit à affirmer le pouvoir et la relative autonomie de la raison ; il devient par ailleurs manifeste que la nature, quant à elle, obéit à des lois (ce point est développé un peu plus loin). Les hommes cessent donc de se percevoir comme des parties complètement intégrantes de la nature, totalement dominés par elle.

La nature est pensée comme autre : on peut alors définir les bases d'un dialogue constructif avec elle. Or, l'expression « **méthode expérimentale** » désigne précisément la marche à suivre pour rendre ce dialogue efficace.

Claude Bernard écrira au XIXe siècle que cette méthode repose sur un « trépied » : le « sentiment » (qu'il y a quelque chose à comprendre dans un phénomène observé mais encore inexpliqué) ; « la raison » (qui permet d'inventer des hypothèses explicatives) ; « l'expérience [2] » enfin, dispositif

---

1. A. Einstein, *l'Évolution des idées en physique*, collection Champs, Éd. Flammarion.
2. La définition qui suit est donc celle du deuxième sens du mot « expérience ».

élaboré en vue d'infirmer ou de vérifier les hypothèses. Comme l'écrit le mathématicien René Thom, commentant le texte de Claude Bernard, *« l'expérimentation... ne dispense pas de penser »* (**Texte 6**).

Pour éclairer l'importance de ce passage à l'idée d'une nature entièrement déterminée par des lois qui en règlent toutes les manifestations, des précisions s'imposent. Au XVIIe siècle, le concept même de loi commence à changer de contenu : à **l'idée de loi** impénétrable conçue à l'image des commandements divins, se substitue, progressivement, l'idée d'une règle constante exprimant les rapports entre des êtres ou des phénomènes.

Mécanisme et déterminisme ; lois et causes

Les conditions de possibilité d'une investigation rationnelle de l'univers sont alors données : la nature apparaît comme une grande machine dont le fonctionnement dépend exclusivement de la façon dont les différentes parties ont été assemblées lors de sa construction, et qui est entièrement déterminée par les lois gouvernant toutes ses manifestations et en garantissant la régularité. Nous venons de définir le **mécanisme** et le **déterminisme**[1] ; il faudra attendre le XXe siècle pour que ces représentations mécaniste et déterministe de la réalité soient en partie remises en cause, en particulier par les découvertes relatives à la façon dont sont réglés les rapports entre les atomes.

Paradoxalement, ces représentations avaient été, jusque-là, les conditions sans lesquelles la physique n'aurait pas progressé. Dès lors, les **causes** changent elles aussi de statut. Ce n'est plus dans une quelconque « nature cachée » des choses qu'il faut chercher les explications des phénomènes : ce sont les liens unissant entre eux ces phénomènes qui régissent « les circonstances de leur production » (A. Comte). Par exemple, la cause du mouvement des corps à la surface de la terre ne se trouve pas dans la nature même de ces corps, mais dans l'attraction exercée sur eux par la terre. En fait, la cause se confond avec la loi. Au XIXe siècle, Auguste Comte va jusqu'à considérer tous les phénomènes (y compris, par exemple, les faits sociaux[2]) comme « assujettis à des lois » (**Texte 8**)[3].

Théories physiques, mathématiques et connaissance de la réalité

Telles sont donc les bases sur lesquelles s'est progressivement mise en place l'investigation à la fois expérimentale et rationnelle de la réalité. A chacune de ses étapes importantes, cette investigation se concrétise par l'élaboration de nouveaux concepts et de nouvelles théories : demandons-nous, pour terminer, ce que sont ces théories, à quelles exigences elles doivent se soumettre, et quels problèmes soulève la satisfaction de ces exigences. Une

---

1. « Les événements actuels ont avec les précédents une liaison fondée sur le principe évident qu'une chose ne peut pas commencer d'être sans une cause qui la produise. [...] Nous devons donc envisager l'état présent de l'univers comme l'effet de son état antérieur et comme la cause de celui qui va suivre. Une intelligence qui, pour un instant donné, connaîtrait toutes les forces dont la nature est animée et la situation respective des êtres qui la composent, si d'ailleurs elle était assez vaste pour soumettre ces données à l'analyse, embrasserait dans la même formule les mouvements des plus grands corps de l'univers et ceux du plus léger atome ; rien ne serait incertain pour elle, et l'avenir, comme le passé, serait présent à ses yeux. »
P. Laplace, *Œuvres* (1814), Éd. Gauthier-Villars, vol. 7, I, pp. VI-VII.
2. Voir chapitre « la Sociologie ».
3. On appelle « positivisme » la théorie d'Auguste Comte d'après laquelle connaître ne signifie pas établir les causes premières ou finales des choses, mais seulement étudier les relations invariables qui constituent les lois effectives de tous les éléments observables.

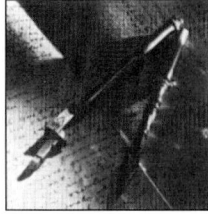

constante, d'abord : les **concepts** et les **théories physiques** sont des créations de l'esprit humain, non de simples « copies » de la réalité **(Texte 7)**. Le physicien se trouve, face au monde, dans la position de l'homme « qui essaie de comprendre le mécanisme d'une montre fermée » ; grâce à ses hypothèses, ses calculs, au recours à des instruments de plus en plus perfectionnés, aux vérifications expérimentales, etc., il peut proposer, pour représenter l'intérieur de cette grande horloge à laquelle la réalité peut être comparée, un système d'explications de plus en plus satisfaisantes — il ne rendra pour autant jamais visible l'intérieur même de l'horloge. Une théorie n'est donc pas directement descriptive ou explicative : elle constitue plutôt un modèle abstrait dont on déduira des descriptions ou des explications correctes de la réalité **(Texte 9)**. Par exemple, si les théories de Newton ont longtemps été jugées satisfaisantes, c'est qu'à partir d'un petit nombre de principes (concernant l'attraction terrestre, la gravitation et l'inertie), elles permettaient de calculer les mouvements des corps terrestres et célestes de notre univers, en partant de la connaissance de leur état de mouvement à un moment donné.

La supériorité des théories de la relativité d'Einstein vient non de ce qu'elles seraient « vraies », et rendraient complètement « faux » les principes newtoniens, mais de ce qu'on peut en déduire un plus grand nombre d'explications cohérentes d'un plus grand nombre de phénomènes. Pour mesurer le degré de pertinence des théories physiques, il faut donc ajouter au critère de la confirmation expérimentale (qui reste toujours, bien sûr, l'objectif à atteindre) des critères de rigueur et de cohérence interne. Et ce d'autant plus que les recherches contemporaines sur les structures les plus complexes de la matière ou de l'univers portent la physique à un niveau d'abstraction très élevé : l'élaboration mathématique des concepts et des théories précède de plus en plus souvent la certitude expérimentale. La construction mathématique est souvent même une condition nécessaire de la découverte : au siècle dernier déjà, l'astronome Le Verrier en donnait un exemple, en établissant l'existence de la planète Neptune par le calcul, bien avant que les observations de ses successeurs ne viennent lui donner raison.

Même les sciences expérimentales ont une histoire

Faut-il en conclure que le débat entre empiristes et rationalistes n'a plus aujourd'hui aucune raison d'être ? Oui, dans la mesure où depuis plus d'un siècle maintenant, la physique ne progresse qu'au prix d'une activité de plus en plus élaborée de la raison des physiciens, et d'emprunts de plus en plus nombreux aux mathématiques. Mais cela veut-il dire que la théorie peut désormais se passer complètement de l'expérience ? Non, et si c'était le cas, le rapport de la physique à la réalité, déjà très distendu par la complexité et l'abstraction croissantes des théories contemporaines, serait bientôt perdu. Toutefois, les positivistes eux-mêmes accordent un nouveau statut aux exigences de la vérification expérimentale : pour Karl Popper, vérifier une théorie, c'est tester sa résistance aux contrôles « négatifs » — à ceux dont le succès aboutirait à sa falsification **(Texte 10)**.

Même expérimentalement établie, *la vérité scientifique n'est jamais définitive : les théories ont une histoire*, comme le langage dans lequel elles parlent de la nature. Si l'on peut supposer que l'ordre de l'univers change peu, sa connaissance, en revanche, n'est qu'une succession d'erreurs corrigées et de vérités provisoires.

TEXTES

I. UNE RELATION COMPLEXE ENTRE DES SUJETS ET DES OBJETS

Texte 1

Le morceau de cire

DESCARTES

Commençons par la considération des choses les plus communes, et que nous croyons comprendre le plus distinctement, à savoir les corps que nous touchons et que nous voyons. Je n'entends pas parler des corps en général, car ces notions générales sont d'ordinaire plus confuses, mais de quelqu'un en particulier. Prenons pour exemple ce morceau de cire qui vient d'être tiré de la ruche : il n'a pas encore perdu la douceur du miel qu'il contenait, il retient encore quelque chose de l'odeur des fleurs dont il a été recueilli ; sa couleur, sa figure, sa grandeur, sont apparentes ; il est dur, il est froid, on le touche, et si vous le frappez, il rendra quelque son. Enfin, toutes les choses qui peuvent distinctement faire connaître un corps se rencontrent en celui-ci.

Mais voici que, cependant que je parle, on l'approche du feu : ce qui y restait de sa saveur s'exhale, l'odeur s'évanouit, sa couleur se change, sa figure se perd, sa grandeur augmente, il devient liquide, il s'échauffe, à peine le peut-on toucher, et quoiqu'on le frappe, il ne rendra plus aucun son. La même cire demeure-t-elle après ce changement ? Il faut avouer qu'elle demeure et personne ne le peut nier. Qu'est-ce donc que l'on connaissait en ce morceau de cire avec tant de distinction ? Certes ce ne peut être rien de tout ce que j'y ai remarqué par l'entremise des sens, puisque toutes les choses qui tombaient sous le goût, ou l'odorat, ou la vue, ou l'attouchement ou l'ouïe, se trouvent changées, et cependant la même cire demeure. Peut-être était-ce ce que je pense maintenant, à savoir que la cire n'était pas ni cette douceur de miel, ni cette agréable odeur de fleurs, ni cette blancheur, ni cette figure, ni ce son, mais seulement un corps qui un peu auparavant me paraissait sous ces formes, et qui maintenant se fait remarquer sous d'autres. Mais qu'est-ce, précisément parlant, que j'imagine, lorsque je la conçois en cette sorte ? Considérons-la attentivement, et éloignant toutes les choses qui n'appartiennent point à la cire, voyons ce qui reste. Certes il ne demeure rien que quelque chose d'étendu, de flexible et de muable. Or, qu'est-ce que cela : flexible et muable ? N'est-ce pas que j'imagine que cette cire, étant ronde, est capable de devenir carrée, et de passer du carré en une figure triangulaire ? Non certes, ce n'est pas cela, puisque je la conçois capable de recevoir une infinité de semblables changements et je ne saurais néanmoins parcourir cette infinité par mon imagination, et par conséquent cette conception que j'ai de la cire ne s'accomplit pas par la faculté d'imaginer.

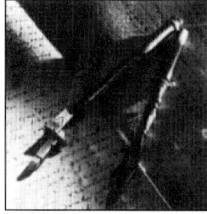

35　　Qu'est-ce maintenant que cette extension ? N'est-elle pas aussi inconnue, puisque dans la cire qui se fond elle augmente, et se trouve encore plus grande quand elle est entièrement fondue, et beaucoup plus encore quand la chaleur augmente davantage ? Et je ne concevrais pas clairement et selon la vérité ce que c'est que la cire, si je ne pensais qu'elle est capable de recevoir plus de
40　　variétés selon l'extension, que je n'en ai jamais imaginé. Il faut donc que je tombe d'accord, que je ne saurais pas même concevoir par l'imagination ce que c'est que cette cire, et qu'il n'y a que mon entendement seul qui le conçoive ; je dis ce morceau de cire en particulier, car pour la cire en général, il est encore plus évident. Or quelle est cette cire qui ne peut être conçue que par l'enten-
45　　dement ou l'esprit ? Certes c'est la même que je vois, que je touche, que j'imagine, et la même que je connaissais dès le commencement. Mais ce qui est à remarquer, sa perception, ou bien l'action par laquelle on l'aperçoit n'est point une vision, ni un attouchement, ni une imagination, et ne l'a jamais été, quoiqu'il semblât ainsi auparavant, mais seulement une inspection de l'esprit,
50　　laquelle peut être imparfaite et confuse, comme elle était auparavant, ou bien claire et distincte, comme elle est à présent, selon que mon attention se porte plus ou moins aux choses qui sont en elle et dont elle est composée.

Descartes, *Méditations*, II (1641), Bibliothèque de la Pléiade,
Éd. Gallimard, 1953, pp. 279-281.

Texte 2　　　　　H U M E

Le soleil se lèvera-t-il demain ?

Le soleil ne se lèvera pas demain, cette proposition n'est pas moins intelligible et elle n'implique pas plus contradiction que l'affirmation : *il se lèvera*. Nous tenterions donc en vain d'en démontrer la fausseté. Si elle était démonstrativement fausse, elle impliquerait contradiction et l'esprit ne pourrait jamais la
5　　concevoir distinctement.

　　C'est donc peut-être un sujet digne d'éveiller la curiosité que de rechercher quelle est la nature de cette évidence qui nous assure de la réalité d'une existence et d'un fait au-delà du témoignage actuel des sens ou des rapports de notre mémoire. [...]
10　　Tous les raisonnements sur les faits paraissent se fonder sur la relation de *la cause à l'effet*. C'est au moyen de cette seule relation que nous dépassons l'évidence de notre mémoire et de nos sens. Si vous demandiez à quelqu'un pourquoi il croit à la réalité d'un fait qu'il ne constate pas effectivement, par exemple que son ami est à la campagne ou en France, il vous donnerait une
15　　raison ; cette raison serait un autre fait : une lettre qu'il a reçue ou la connaissance de ses résolutions antérieures et de ses promesses. Un homme qui trouverait une montre ou une autre machine dans une île déserte conclurait qu'il y a eu précédemment des hommes sur cette île. Tous nos raisonnements sur les faits sont de même nature. On y suppose constamment qu'il y a une
20　　connexion entre le fait présent et ce qu'on en infère. [...]

Si donc nous désirons nous satisfaire au sujet de la nature de l'évidence qui nous donne la certitude des faits, il faut que nous recherchions comment nous arrivons à la connaissance de la cause et de l'effet.

J'oserai affirmer, comme une proposition générale qui n'admet pas d'exception, que la connaissance de cette relation ne s'obtient, en aucun cas, par des raisonnements *a priori*; mais qu'elle naît entièrement de l'expérience quand nous trouvons que des objets particuliers sont en conjonction constante l'un avec l'autre. Qu'on présente un objet à un homme dont la raison et les aptitudes soient, par nature, aussi fortes que possible; si cet objet lui est entièrement nouveau, il sera incapable, à examiner avec la plus grande précision ses qualités sensibles, de découvrir l'une de ses causes ou l'un de ses effets.

D. Hume, *Enquête sur l'entendement humain*, Section IV (1748), traduction de A. Leroy, Éd. Aubier-Montaigne, 1969, pp. 70-72.

Texte 3

Expérience et raison

KANT

Que toute notre connaissance commence avec l'expérience, cela ne soulève aucun doute. En effet, par quoi notre pouvoir de connaître pourrait-il être éveillé et mis en action, si ce n'est par des objets qui frappent nos sens et qui, d'une part, produisent par eux-mêmes des représentations et d'autre part, mettent en mouvement notre faculté intellectuelle, afin qu'elle compare, lie ou sépare ces représentations, et travaille ainsi la matière brute des impressions sensibles pour en tirer une connaissance des objets, celle qu'on nomme l'expérience? Ainsi, *chronologiquement*, aucune connaissance ne précède en nous l'expérience et c'est avec elle que toutes commencent.

Mais si toute notre connaissance débute avec l'expérience, cela ne prouve pas qu'elle dérive toute de l'expérience, car il se pourrait bien que même notre connaissance par expérience fût un composé de ce que nous recevons des impressions sensibles et de ce que notre propre pouvoir de connaître (simplement excité par des impressions sensibles) produit de lui-même : addition que nous ne distinguons pas de la matière première jusqu'à ce que notre attention y ait été portée par un long exercice qui nous ait appris à l'en séparer.

C'est donc au moins une question qui exige encore un examen plus approfondi et que l'on ne saurait résoudre du premier coup d'œil, que celle de savoir s'il y a une connaissance de ce genre, indépendante de l'expérience et même de toutes les impressions des sens. De telles *connaissances* sont appelées *a priori* et on les distingue des *empiriques* qui ont leur source *a posteriori*, à savoir dans l'expérience. [...]

Si l'on veut un exemple pris dans les sciences, on n'a qu'à parcourir des yeux toutes les propositions de la mathématique; et si on en veut un tiré de l'usage plus ordinaire de l'entendement, on peut prendre la proposition : tout changement doit avoir une cause. Qui plus est, dans cette dernière, le concept même d'une cause renferme manifestement le concept d'une liaison nécessaire avec

un effet et celui de la stricte universalité de la règle, si bien que ce concept de cause serait entièrement perdu, si on devait le dériver, comme le fait Hume, d'une association fréquente de ce qui arrive avec ce qui précède et d'une habitude qui en résulte (d'une nécessité, par conséquent, simplement subjective) de lier des représentations. On pourrait aussi, sans qu'il fût besoin de pareils exemples pour prouver la réalité des principes purs *a priori* dans notre connaissance, montrer que ces principes sont indispensables pour que l'expérience même soit possible, et en exposer, par suite, la nécessité *a priori*. D'où l'expérience, en effet, pourrait-elle tirer sa certitude, si toutes les règles, suivant lesquelles elle procède, n'étaient jamais qu'empiriques, et par là même contingentes ?

Kant, *Critique de la raison pure*, Introduction, Seconde Édition (1787), traduction de A. Tremesaygues et B. Pacaud, Éd. P.U.F., 1968, pp. 31-33.

Texte 4

Poser les bonnes questions à la nature

KANT

Le premier qui démontra le triangle isocèle (qu'il s'appelât Thalès[1] ou comme l'on voudra) eut une révélation ; car il trouva qu'il ne devait pas suivre pas à pas ce qu'il voyait dans la figure, ni s'attacher au simple concept de cette figure comme si cela devait lui en apprendre les propriétés, mais qu'il lui fallait réaliser (ou construire) cette figure, au moyen de ce qu'il y pensait et s'y représentait lui-même *a priori* par concepts (c'est-à-dire par construction), et que, pour savoir sûrement quoi que ce soit *a priori*, il ne devait attribuer aux choses que ce qui résulterait nécessairement de ce que lui-même y avait mis, conformément à son concept.

La Physique arriva bien plus lentement à trouver la grande voie de la science ; il n'y a guère plus d'un siècle et demi en effet que l'essai magistral de l'ingénieux Bacon de Verulam[2] en partie provoqua et en partie, car on était déjà sur sa trace, ne fit que stimuler cette découverte qui, tout comme la précédente, ne peut s'expliquer que par une révolution subite dans la manière de penser. Je ne veux considérer ici la Physique qu'en tant qu'elle est fondée sur des principes empiriques.

Quand Galilée fit rouler ses sphères sur un plan incliné avec un degré d'accélération dû à la pesanteur déterminé selon sa volonté, quand Torricelli fit supporter à l'air un poids qu'il savait lui-même d'avance être égal à celui d'une colonne d'eau à lui connue, ou quand, plus tard, Stahl[3] transforma les métaux en chaux et la chaux en métal, en leur ôtant ou en lui restituant quelque chose, ce fut une révélation lumineuse pour tous les physiciens. Ils comprirent que la raison ne voit que ce qu'elle produit elle-même d'après ses

1. Mathématicien grec (VIIe -VIe siècles av. J.-C.).
2. Philosophe anglais (1561-1626).
3. Chimiste allemand (1660-1734), qui expliqua le phénomène de la combustion par l'« évaporation » d'une sorte de fluide, alors nommé « phlogistique ».

25 propres plans et qu'elle doit prendre les devants avec les principes qui déterminent ses jugements, suivant des lois immuables, qu'elle doit obliger la nature à répondre à ses questions et ne pas se laisser conduire pour ainsi dire en laisse par elle ; car autrement, faites au hasard et sans aucun plan tracé d'avance, nos observations ne se rattacheraient point à une loi nécessaire, chose que la raison demande et dont elle a besoin. Il faut donc que la raison se
30 présente à la nature tenant, d'une main, ses principes qui seuls peuvent donner aux phénomènes concordant entre eux l'autorité de lois, et de l'autre, l'expérimentation qu'elle a imaginée d'après ces principes, pour être instruite par elle, il est vrai, mais non pas comme un écolier qui se laisse dire tout ce qu'il plaît au maître, mais, au contraire, comme un juge en fonctions qui force
35 les témoins à répondre aux questions qu'il leur pose.

Kant, *Critique de la raison pure* (1787), Préface,
traduction A. Tremesaygues et B. Pacaud, Éd. P.U.F., 1968, p. 17.

II. LA MÉTHODE EXPÉRIMENTALE, LES FAITS ET LES CONCEPTS

Texte 5

La notion d'obstacle
épistémologique

BACHELARD

Quand on cherche les conditions psychologiques des progrès de la science, on arrive bientôt à cette conviction que *c'est en termes d'obstacles qu'il faut poser le problème de la connaissance scientifique*. Et il ne s'agit pas de considérer des obstacles externes, comme la complexité et la fugacité des phénomènes, ni
5 d'incriminer la faiblesse des sens et de l'esprit humain : c'est dans l'acte même de connaître, intimement, qu'apparaissent, par une sorte de nécessité fonctionnelle, des lenteurs et des troubles. C'est là que nous montrerons des causes de stagnation et même de régression, c'est là que nous décèlerons des causes d'inertie que nous appellerons des obstacles épistémologiques. La connais-
10 sance du réel est une lumière qui projette toujours quelque part des ombres. Elle n'est jamais immédiate et pleine. Les révélations du réel sont toujours récurrentes. Le réel n'est jamais « ce qu'on pourrait croire » mais il est toujours ce qu'on aurait dû penser. La pensée empirique est claire, *après coup*, quand l'appareil des raisons a été mis au point. En revenant sur un passé d'erreurs, on
15 trouve la vérité en un véritable repentir intellectuel. En fait, on connaît *contre* une connaissance antérieure, en détruisant des connaissances mal faites[1], en surmontant ce qui, dans l'esprit même, fait obstacle à la spiritualisation.

1. Voir aussi le chapitre « La Vérité », texte 7.

L'idée de partir de zéro pour fonder et accroître son bien ne peut venir que dans des cultures de simple juxtaposition où un fait connu est immédiatement une richesse. Mais devant le mystère du réel, l'âme ne peut se faire, par décret, ingénue. Il est alors impossible de faire d'un seul coup table rase des connaissances usuelles. Face au réel, ce qu'on croit savoir clairement offusque ce qu'on devrait savoir. Quand il se présente à la culture scientifique, l'esprit n'est jamais jeune. Il est même très vieux, car il a l'âge de ses préjugés. Accéder à la science, c'est, spirituellement rajeunir, c'est accepter une mutation brusque qui doit contredire un passé.

G. Bachelard, *La formation de l'esprit scientifique*, (1938)
Éd. Vrin, 1970, pp. 13-14.

Texte 6

L'expérience scientifique est d'abord mentale

THOM

L'expérimentation à elle seule est incapable de découvrir la (ou les) causes d'un phénomène. Dans tous les cas, il faut prolonger le réel par l'imaginaire, et éprouver ensuite ce halo d'imaginaire qui complète le réel. Ce saut dans l'imaginaire est fondamentalement une opération «mentale», un *Gedankenexperiment*[1], et aucun appareil ne peut y suppléer. Claude Bernard[1], fort lucidement, avait bien vu cet aspect, et dans son schéma : Observation-Idée-Expérimentation, le processus psychologique créant l'idée est laissé dans une totale obscurité, mais il insiste sur sa nécessité (contre Bacon qui prétendait que l'expérience répétée pouvait fournir — par induction — l'idée de la loi). Autrement dit, l'expérimentation, pour être scientifiquement significative, ne dispense pas de penser. [...]

Il est sans doute exact que certains des plus brillants résultats expérimentaux de notre siècle ont été l'effet d'erreurs, d'actes manqués, voire de simples hasards, comme la contamination accidentelle de colonies bactériennes par le *Penicillium notatum*. Mais on serait bien en peine de justifier socialement le maintien du formidable appareil expérimental qui caractérise notre époque par le bricolage ou l'erreur féconde, et en tout cas ces arguments seraient difficilement compatibles avec l'expression «méthode expérimentale». [...]

Concluons : l'expérience est guidée soit par un besoin technologique immédiat (par exemple : tester les propriétés de tel ou tel matériau sous telle ou telle

1. « L'expérience, c'est-à-dire l'étude des phénomènes naturels, apprit à l'homme que les vérités du monde extérieur ne se trouvent formulées de prime abord ni dans le sentiment ni dans la raison. Ce sont seulement nos guides indispensables ; mais, pour obtenir ces vérités, il faut nécessairement descendre dans la réalité objective des choses où elles se trouvent cachées avec leur forme phénoménale. C'est ainsi qu'apparut, par le progrès naturel des choses, la méthode expérimentale qui résume tout et qui, comme nous le verrons bientôt, s'appuie successivement sur les trois branches de ce trépied immuable : le *sentiment*, la *raison* et l'*expérience*. Dans la recherche de la vérité, au moyen de cette méthode, le sentiment a toujours l'initiative, il engendre l'idée *a priori* ou l'intuition ; la raison ou le raisonnement développe ensuite l'idée et déduit ses conséquences logiques. Mais si le sentiment doit être éclairé par les lumières de la raison, la raison à son tour doit être guidée par l'expérience. » C. Bernard, *Introduction à l'étude de la médecine expérimentale*, II, I, II, 1865. Physiologiste français (1813-1878).

condition) ou par une hypothèse, fruit d'une expérience mentale *(Gedanken-experiment)* qui la précède et dont on veut éprouver l'adéquation au réel. C'est dire que toute expérience est réponse à une question, et si la question est stupide, il y a peu de chances que la réponse le soit moins.

R. Thom[1], *la Philosophie des sciences aujourd'hui*,
de l'académie des Sciences, sous la direction de J. Humburger,
Éd. Bordas-Gauthier-Villars, 1986, pp. 12-17.

Texte 7

Un mécanisme
qu'il faut imaginer

EINSTEIN ET INFELD

Les concepts physiques sont des créations libres de l'esprit humain et ne sont pas, comme on pourrait le croire, uniquement déterminés par le monde extérieur. Dans l'effort que nous faisons pour comprendre le monde, nous ressemblons quelque peu à l'homme qui essaie de comprendre le mécanisme d'une
5 montre fermée. Il voit le cadran et les aiguilles en mouvement, il entend le tic-tac, mais il n'a aucun moyen d'ouvrir le boîtier. S'il est ingénieux, il pourra se former quelque image du mécanisme, qu'il rendra responsable de tout ce qu'il observe, mais il ne sera jamais sûr que son image soit la seule capable d'expliquer ses observations. Il ne sera jamais en état de comparer son image
10 avec le mécanisme réel, et il ne peut même pas se représenter la possibilité ou la signification d'une telle comparaison. Mais le chercheur croit certainement qu'à mesure que ses connaissances s'accroîtront, son image de la réalité deviendra de plus en plus simple et expliquera des domaines de plus en plus étendus de ses impressions sensibles. Il pourra aussi croire à l'existence d'une limite
15 idéale de la connaissance que l'esprit humain peut atteindre. Il pourra appeler cette limite idéale la vérité objective.

A. Einstein et L. Infeld, *l'Évolution des idées en physique*,
collection Champs, Éd. Flammarion, 1982, pp. 34-35.

Texte 8

Définition
de la « philosophie
positive »

COMTE

Le caractère fondamental de la philosophie positive est de regarder tous les phénomènes comme assujettis à des *lois* naturelles variables, dont la découverte précise et la réduction au moindre nombre possible sont le but de tous nos efforts, en considérant comme absolument inaccessible et vide de sens
5 pour nous la recherche de ce qu'on appelle les *causes*, soit premières, soit finales. Il est inutile d'insister beaucoup sur un principe devenu maintenant aussi familier à tous ceux qui ont fait une étude un peu approfondie des sciences d'observation. Chacun sait, en effet, que, dans nos explications positives, même les plus parfaites, nous n'avons nullement la prétention d'exposer

---

1. Mathématicien français contemporain, inventeur de la célèbre « théorie des catastrophes ».

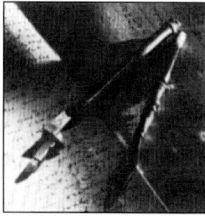

les *causes* génératrices des phénomènes, puisque nous ne ferions jamais alors
que reculer la difficulté, mais seulement d'analyser avec exactitude les circonstances de leur production, et de les rattacher les unes aux autres par des relations normales de succession et de similitude.

A. Comte, *Cours de philosophie positive, Première leçon* (1830-1842),
collection Profil Formation, Éd. Hatier, 1982, p. 70.

III. QU'EST-CE QU'UNE THÉORIE PHYSIQUE ?

Texte 9

Relier les principes
aux lois
expérimentales

DUHEM

*Une théorie physique n'est pas une explication. C'est un système de propositions
mathématiques, déduites d'un petit nombre de principes, qui ont pour but de
représenter aussi simplement, aussi complètement et aussi exactement que
possible, un ensemble de lois expérimentales.* [...]

Ainsi, une théorie vraie, ce n'est pas une théorie qui donne, des apparences
physiques, une explication conforme à la réalité ; c'est une théorie qui représente d'une manière satisfaisante un ensemble de lois expérimentales ; une
théorie *fausse*, ce n'est pas une tentative d'explication fondée sur des suppositions contraires à la réalité ; c'est un ensemble de propositions qui ne concordent pas avec les lois expérimentales. *L'accord avec l'expérience est, pour une
théorie physique, l'unique criterium de vérité.* [...]..

La physique expérimentale nous fournit les lois toutes ensemble et, pour
ainsi dire, sur un même plan, sans les répartir en groupes de lois qu'unisse
entre elles une sorte de parenté. Bien souvent, ce sont des causes tout accidentelles, des analogies toutes superficielles, qui ont conduit les observateurs à
rapprocher, dans leurs recherches, une loi d'une autre loi. [...]

La théorie au contraire, en développant les ramifications nombreuses du
raisonnement déductif qui relie les principes aux lois expérimentales, établit,
parmi celles-ci, un ordre et une classification. [...]

Ces connaissances classées sont des connaissances d'un emploi commode et
d'un usage sûr. Dans ces cases méthodiques où gisent, côte à côte, les outils
qui ont un même objet, dont les cloisons séparent rigoureusement les instruments qui ne s'accommodent pas à la même besogne, la main de l'ouvrier
saisit rapidement, sans tâtonnements, sans méprise, l'outil qu'il faut. Grâce
à la théorie, le physicien trouve avec certitude, sans rien omettre d'utile,
sans rien employer de superflu, les lois qui lui peuvent servir à résoudre un
problème donné.

R. Duhem, *la Théorie physique, son objet et sa structure* (1906),
Éd. M. Rivière, 1914, I, ch. I, § 1-3, pp. 23-31.

Texte 10

« Falsifier »
pour confirmer

POPPER

Nous pouvons si nous le voulons distinguer quatre étapes différentes au cours desquelles pourrait être réalisée la mise à l'épreuve d'une théorie. Il y a, tout d'abord, la comparaison logique des conclusions entre elles par laquelle on éprouve la *cohérence interne* du système. En deuxième lieu s'effectue la
5 recherche de la *forme logique* de la théorie, qui a pour objet de déterminer si elle constituerait un *progrès* scientifique au cas où elle survivrait à nos divers tests. Enfin, la théorie est mise à l'épreuve en procédant à des *applications empiriques* des conclusions qui peuvent en être tirées.

Le but de cette dernière espèce de test est de découvrir jusqu'à quel point les
10 conséquences nouvelles de la théorie — quelle que puisse être la nouveauté de ses assertions — font face aux exigences de la pratique, surgies d'expérimentations purement scientifiques ou d'applications techniques concrètes. Ici encore, la procédure consistant à mettre à l'épreuve est déductive. A l'aide d'autres énoncés préalablement acceptés, l'on déduit de la théorie certains
15 énoncés singuliers que nous pouvons appeler « prédictions » et en particulier des prévisions que nous pouvons facilement contrôler ou réaliser. Parmi ces énoncés l'on choisit ceux qui sont en contradiction avec elle. Nous essayons ensuite de prendre une décision en faveur (ou à l'encontre) de ces énoncés déduits en les comparant aux résultats des applications pratiques et des expéri
20 mentations. Si cette décision est positive, c'est-à-dire si les conclusions singulières se révèlent acceptables, ou *vérifiées*, la théorie a provisoirement réussi son test : nous n'avons pas trouvé de raisons de l'écarter. Mais si la décision est négative ou, en d'autres termes, si les conclusions ont été *falsifiées*, cette falsification falsifie également la théorie dont elle était logiquement déduite.
25 Il faudrait noter ici qu'une décision ne peut soutenir la théorie que pour un temps car des décisions négatives peuvent toujours l'éliminer ultérieurement. Tant qu'une théorie résiste à des tests systématiques et rigoureux et qu'une autre ne la remplace pas avantageusement dans le cours de la progression scientifique, nous pouvons dire que cette théorie a « fait ses preuves » ou
30 qu'elle est « corroborée ».

K. Popper, *la Logique de la découverte scientifique* (1934),
traduction de N. Thyssen-Rutten et P. Devaux, Éd. Payot, 1973, pp. 29-30.

DOCUMENT

Où il est prouvé que le sang « tourne en rond »

Le médecin anglais Harvey (1578-1657) expose le raisonnement qui l'a conduit à supposer puis à vérifier comment le sang circule dans les différentes parties du corps.

POUR n'être pas accusé de verbalisme et de forger des assertions spécieuses, et d'innover sans fonde-ment, j'avance trois hypothèses dont la confirmation éventuelle fera conclure nécessairement à la vérité et rendra manifeste la chose même.

Premièrement, le sang arrive sous l'impulsion du cœur, en telle abondance, d'une manière si
5 *continue et sans solution de continuité de la veine cave dans les artères, qu'il ne peut être fourni par les aliments ingérés, et de telle sorte qu'il passerait tout entier dans un temps très bref.*

Deuxièmement, le sang continuellement et uniformément poussé par les artères dans les membres et les parties du corps, y pénètre en quantité beaucoup plus grande qu'il n'est requis pour leur nutrition ou que la masse entière ne la pourrait fournir.
10 *Enfin et semblablement, le sang est continuellement ramené par les veines de chaque membre vers le cœur.*

Cela établi, il sera manifeste, je pense, que le sang tourne en rond, fait une révolution, est chassé et coule du cœur vers les extrémités, et de là, à nouveau, vers le cœur, et qu'ainsi il accomplit un mouve-ment de nature circulaire.
15 *Posons, soit par raisonnement, soit d'après l'expérience, la quantité de sang que contient le ventricule gauche dilaté, quand il est plein : ou deux, ou trois ou quatre onces de sang. Pour ma part, sur le cadavre, j'ai trouvé un peu plus de deux onces.*

Posons, semblablement, de combien cette quantité se trouve diminuée dans la contraction, c'est-à-dire en quelle proportion se contracte le cœur et de combien est réduite la capacité du ventricule dans la
20 *contraction même, et donc quelle est la quantité de sang qui, du fait des contractions, est projetée dans la grande artère (l'aorte). [...] Ainsi, chez l'homme, nous pouvons admettre que le cœur projette, à chaque pulsation, une demi-once de sang, ou trois drachmes, ou une drachme, qui ne peut pas refluer dans le cœur en raison du barrage des valvules.*

Or le cœur bat plus de mille fois en une demi-heure, et dans certains cas davantage, deux, trois ou
25 *quatre mille. [...]*

Mais si l'on se donne non seulement une demi-heure, mais une heure, ou bien un jour entier, alors il devient encore plus éclatant que le cœur, par ses pulsations, transmet continuellement une quantité de sang plus grande que n'en pourraient fournir les aliments, ou que les veines n'en pourraient contenir.

Harvey, Considérations anatomiques sur le mouvement du cœur et du sang
chez les animaux (1628), traduction de G. Canguilhem,
in *Introduction à l'histoire des sciences*, tome 1, Éd. Hachette, 1970, pp. 149-151.

8.

LOGIQUE ET MATHÉMATIQUES

L'architecte, Rohner, Paris.

INTRODUCTION

Lorsqu'ils se livrent à une réflexion historique et critique sur leurs disciplines respectives, le mathématicien et le logicien occupent une position différente de celle des autres chercheurs scientifiques. Les questions que le physicien ou le biologiste, par exemple, peuvent se poser sur leurs sciences, relèvent de l'histoire des sciences ou de l'épistémologie ; ce ne sont pas, à proprement parler, des problèmes internes à la physique ou à la biologie. Au contraire, les mathématiciens et les logiciens, depuis un siècle en tout cas, lorsqu'ils cherchent à préciser la nature et les fondements de leurs sciences, rencontrent de véritables problèmes de mathématiques ou de logique. Pour être plus précis : la question du fondement des mathématiques est devenue non seulement une question interne à la recherche mathématique elle-même, mais aussi le lieu privilégié d'une interrogation commune à la logique et aux mathématiques, au point qu'il faut pour ainsi dire, aujourd'hui, considérer la logique comme une partie des mathématiques.

Logique, mathématiques et philosophie

Notre logique et nos mathématiques ont connu un développement décisif au même moment que la philosophie, en Grèce, à partir du VIe siècle avant Jésus-Christ. Coïncidence dans le temps, mais aussi concordance des raisons : l'effort d'explication rationnelle du monde triomphe ; philosophie, logique et mathématiques sont ses trois manifestations majeures. Le terme grec *logos* désigne en effet à la fois la raison, le discours, et le calcul ; il est par ailleurs facile de reconnaître dans le mot « logique » son dérivé le plus direct. D'autre part, notre tradition scolaire a longtemps classé sous la rubrique « logique » tout ce qui concerne la réflexion sur la connaissance ; notons enfin qu'en français, l'usage rend souvent synonymes les adjectifs « logique » et « rationnel ». Mais c'est très tôt une science à part entière qui, sous le nom de « logique », prend son essor en Grèce. Prolongeant les recherches de ses prédécesseurs sur la pratique de la discussion publique (sur les meilleures façons d'argumenter devant les tribunaux ou les assemblées de citoyens), Aristote pose les premiers principes d'une véritable science des **formes du raisonnement**. La « forme » d'une opération de l'entendement, c'est la nature du rapport qui relie entre eux les termes auxquels cette opération s'applique, abstraction faite de ce que sont ces termes en eux-mêmes, comme de ce à quoi ils renvoient dans la réalité. Aristote s'attache donc en priorité à la première forme de raisonnement « productif » du point de vue de la connaissance : le **syllogisme**, enchaînement de trois propositions qui permet, grâce à un « moyen terme », de tirer une conclusion de deux propositions « prémisses » **(Texte 1)**. Très vite, Aristote admet que la logique, pour remplir pleinement sa fonction normative, c'est-à-dire pour fournir des critères de validité du raisonnement, doit être formelle : aux propositions « concrètes », il substitue des schémas formels, où des lettres à valeur purement symbolique remplacent les termes pourvus d'une signification dans la langue ordinaire (« l'homme est mortel » devient « B appartient à A »).

L'objet de la logique n'est donc pas la vérité « matérielle » des propositions qui composent les raisonnements étudiés : elle établit les conditions de la validité des enchaînements de propositions (**Texte 2**). Son propos, par exemple, n'est pas de savoir s'il est ou non vrai que « tout homme est mortel », mais d'établir à quelles conditions une conclusion vraie pourrait être déduite de toute proposition de cette forme.

De la formalisation au formalisme

Aristote et ses successeurs n'aperçurent pas d'emblée, semble-t-il, l'extra-ordinaire portée de cette entreprise de formalisation. Au XVIIe siècle, certains philosophes vont jusqu'à juger dangereuse l'idée même qu'une science prétende imposer ses normes à l'art de penser : Locke, par exemple, souligne le risque de privilégier « l'art de disputer », au détriment de la saine recherche de la vérité elle-même. Seul Leibniz anticipe alors sur les progrès ultérieurs de la logique formelle puis mathématique, en défendant le principe d'une véritable théorie « infaillible » de la démonstration (**Texte 3**). L'idée de réduire le raisonnement à un calcul, qui domine les recherches logiques de Leibniz, inaugure l'évolution vers ce qu'on appellera le **formalisme**. Formaliser complètement la logique, tel sera l'objectif poursuivi par un certain nombre de chercheurs du XIXe siècle et du début du XXe, Frege et Russell en particulier.

Pour devenir un outil parfaitement rigoureux et puissant, la logique devait devenir un système de signes absolument univoques donc distincts de ceux des langues naturelles : les opérations de la logique moderne sont ainsi ramenées à des enchaînements de calculs dépouillés de tout appel à l'intuition. « Une bonne notation possède une subtilité et un pouvoir de suggestion qui, parfois, la fait ressembler à un maître vivant…, une notation parfaite serait un substitut de la pensée », écrit Russell.

A la même époque, les mathématiques traversent une crise due, précisément, aux limites de leur formalisation. Seul un langage complètement artificiel, parfaitement contrôlable, permet de fonder rigoureusement la validité de toutes les opérations effectuées à partir des signes qui le constituent. Or, le langage mathématique, au XIXe siècle, ne remplit pas complètement ces conditions : l'intuition peut jouer un rôle dans la définition des « objets » mathématiques, certains énoncés sont absolument nécessaires mais indémontrables, un certain nombre de termes ou d'opérations ne peuvent être définis que les uns par rapport aux autres, etc. L'idée s'impose alors que la solution au problème du fondement des mathématiques pourrait venir de la logique : les mathématiciens ne devraient-ils pas emprunter à celle-ci ses procédures parfaitement codifiées ?

Les objets mathématiques existent-ils ?

Parmi les nombreuses difficultés auxquelles se sont régulièrement heurtés les mathématiciens soucieux d'asseoir leur discipline sur des fondements rigoureux, la principale a longtemps été celle de la nature même des « objets » mathématiques. Elle peut néanmoins être résumée assez simplement. La question est en effet de savoir si les mathématiques ont un enracinement décisif dans le réel, ou si leurs constructions sont au contraire complètement abstraites. Comme le fait remarquer le mathématicien contemporain Dieudonné, il est évident que compter, mesurer, etc., sont des opérations qui permettent de résoudre « des problèmes d'ordre pratique ».

Cependant, les « êtres » mathématiques — les nombres, les figures géométriques... — n'existent pas à proprement parler dans la réalité. Compter trois arbres, traverser un lac de forme ronde, etc., ce n'est pas « rencontrer » le chiffre 3 ou un cercle. Les figures géométriques « en soi » sont les modèles abstraits de celles que l'on dessine, celles-ci ne faisant que leur « ressembler », pour reprendre les termes de Platon **(Texte 4)** ; ou, comme l'écrira Husserl, « le géomètre explore... des possibilités idéales[1] ».

Les objets mathématiques ne sont cependant pas situés dans un « ciel » surplombant le monde sensible ; bien au contraire, ces structures « idéales » sont lisibles dans le monde même qu'elles gouvernent **(Texte 5)**. L'interrogation sur la nature des objets mathématiques renvoie à une interrogation plus fondamentale : celle de leur construction. En d'autres termes : d'où viennent ces « outils », à la fois complètement abstraits, et étonnamment utiles dans la réalité ?

Un savoir hypothético-déductif

Ce ne sont donc pas tant les objets mathématiques eux-mêmes qui constituent un problème, que la nature des opérations qui les produisent, ou que l'on effectue avec eux. Rappelons d'abord que les mathématiques sont ce qu'on appelle une **science hypothético-déductive**, c'est-à-dire un domaine du savoir dans lequel tout ce qui est établi procède d'enchaînements déductifs. « Ces longues chaînes de raisons » (Descartes) ont pour caractéristique à la fois de s'enraciner dans des vérités posées par hypothèse[2], et de constituer, dans la plupart des cas, la vérification de ces hypothèses. D'où leur appellation de « sciences exactes » : dès l'instant où toutes les bases, comme toutes les règles utiles à une démonstration, sont définies *a priori*, elles le sont en stricte adéquation avec les exigences de celle-ci. Les conditions de possibilités d'un raisonnement parfaitement rigoureux sont ainsi acquises d'avance, et, avec elles, l'assurance de trouver au moins « quelques raisons certaines et évidentes ». Descartes fondait cette évidence sur l'idée qu'un certain nombre de vérités mathématiques sont tellement « simples » que nul ne peut se tromper à leur sujet : leur connaissance relève de l'intuition immédiate, et beaucoup de déductions sont elles-mêmes intuitives, l'explicitation des « anneaux intermédiaires » n'étant requise que dans les cas les plus complexes. Si la méthode des mathématiques, pour Descartes, peut et doit servir de modèle à la recherche de la vérité en général, c'est précisément parce qu'elle offre les garanties de sûreté et de rigueur décrites plus haut comme caractéristiques de la logique **(Texte 6)**.

---

1. Husserl, *Idées directrices pour une phénoménologie*, Gallimard, pp. 31-33.
2. Ces vérités « hypothétiques » sont les **postulats** et les **axiomes** dont il est question dans la suite. A la base de tout édifice mathématique, il y a par ailleurs des **définitions**.
Rappelons par ailleurs qu'un **théorème** est une proposition dont la démonstration est possible par déductions successives, en se fondant sur les axiomes ou sur d'autres théorèmes, déjà démontrés.
Une **démonstration** mathématique consiste donc à réduire progressivement le non encore connu à du déjà connu, c'est-à-dire, en partant des définitions, des postulats, des axiomes, des théorèmes déjà démontrés, à vérifier ou à produire de nouveaux théorèmes.

Les mathématiques progressent-elles ?

Le recours à « l'évidence » ou à « l'intuition » laisse cependant irrésolus deux problèmes essentiels et liés : celui du fondement des mathématiques, et celui de la nature de leur progrès. Si le constant enrichissement des sciences expérimentales s'explique facilement, à la fois par la nécessité et par la possibilité de comprendre toujours mieux le réel, la raison et le moteur de l'évolution de sciences « abstraites », comme la logique et les mathématiques, sont forcément d'un autre ordre : il faut donc comprendre comment elles peuvent progresser pour ainsi dire « de l'intérieur », et au prix de quelles transformations. L'explication est relativement simple pour toutes les « découvertes » qui précèdent la grande crise du XIXᵉ siècle : les mathématiciens se donnent (« inventent ») de nouveaux objets chaque fois que l'état de leurs recherches les confronte à des problèmes insolubles à l'aide des seuls outils existant au moment où ces problèmes apparaissent. Un seul exemple : dès l'Antiquité, alors que les seuls nombres connus étaient les entiers, pairs ou impairs, et les fractions (quotients d'entiers naturels : 1/3, 2/3, 13/8...), les mathématiciens se heurtent à l'impossibilité de mesurer par un entier ou une fraction la diagonale de carrés dont le côté est pourtant, lui, mesurable par un entier. La crise se résoudra avec la découverte qu'un nombre peut n'être ni entier ni fractionnaire, mais « irrationnel[1] ».

Tout au long de leur histoire, les mathématiques, en quelque sorte, « s'auto-produisent », l'invention de nouveaux enchaînements démonstratifs entraînant régulièrement la construction de nouveaux objets, l'effectuation de nouvelles opérations. C'est pourquoi la forme que prend au XIXᵉ siècle la question des fondements est décisive : il apparaît alors que ce qu'il faut garantir, c'est la validité même des enchaînements démonstratifs dont découlent les mathématiques effectivement produites. De cette exigence va naître ce qu'on appelle l'**axiomatisation** des principales branches des mathématiques, entreprise dans laquelle la logique joue un rôle essentiel.

Les géométries non euclidiennes

Un problème se pose alors dans le domaine de la géométrie, dont la solution va se révéler décisive. Dès le IIIᵉ siècle avant Jésus-Christ, le mathématicien grec Euclide a donné à la géométrie la forme d'une théorie déductive fondée sur des « principes premiers » explicitement formulés : définitions, « notions communes » ou **axiomes**, postulats ou « demandes ». Ces postulats sont des propositions évidentes, servent de points de départ aux démonstrations des théorèmes, mais sont eux-mêmes indémontrables. Mais ne pourrait-on pas, pour assurer plus de rigueur aux bases de l'édifice, se passer de certains de ces postulats, ou plutôt les déduire des autres ? L'idée des successeurs d'Euclide est donc qu'un postulat peut n'être qu'une conjecture qu'on ne sait pas encore démontrer. Pourtant toutes les tentatives de preuve du fameux postulat[2] des parallèles restent vouées à l'échec, au moins jusqu'au XVIIᵉ siècle. Certains essaient alors de le démontrer par l'absurde, c'est-à-dire de montrer qu'en remplaçant ce postulat par une affirmation qui le contredit, on aboutirait à des absurdités. Au XIXᵉ s., Lobatchevski, puis Riemann

---

1. Aux sens à la fois d'« incalculable » et d'« impensable ».
2. Voir texte 7, note 2.

constatent alors qu'il est possible, en partant de ces postulats « contradictoires », d'élaborer de nouveaux systèmes de géométrie parfaitement cohérents. Certes, à la différence de celui d'Euclide, ces systèmes ne semblent pas correspondre à « notre » réalité : il faut pourtant savoir qu'Einstein n'a pu construire sa théorie de la relativité générale que dans le cadre d'une géométrie qui généralise celle de Riemann. Si la géométrie d'Euclide n'est pas « fausse » puisqu'elle reste valide pour l'espace immédiatement accessible à la perception ordinaire, elle ne peut plus être tenue pour un modèle unique de représentation de la réalité. D'une façon générale, un énoncé mathématique ne peut plus être fondé « en soi » : il ne peut être fondé que dans le cadre du système d'axiomes[1] que le mathématicien s'est fixé, et ce n'est que dans ce cadre qu'il acquiert sens et fonction opératoire.

Une parfaite cohérence interne

Pas plus que d'autres, la vérité mathématique ne peut prétendre à l'universalité : il faut lui substituer, à l'intérieur de chaque système, l'exigence d'une parfaite cohérence interne (**Texte 7**). Par exemple, l'affirmation selon laquelle « le tout est plus grand que la partie » est un axiome, mais ne peut certainement pas figurer à la base de n'importe quel système mathématique : l'ensemble des entiers naturels (N) peut *a priori* sembler « deux fois plus grand » que l'ensemble des entiers pairs (P), alors qu'ils ont en un certain sens autant d'éléments l'un que l'autre, puisque la suite des nombres entiers est infinie, et qu'à chaque élément de N, on pourra donc toujours faire correspondre un élément de P. Pas plus qu'en logique, le critère de la vérité ne peut être l'adéquation à un quelconque contenu de réalité : « La mathématique apparaît en somme comme un réservoir de formes abstraites » (Bourbaki, **Texte 8**), c'est-à-dire un domaine du savoir entièrement construit conformément aux normes de la logique.

Des mathématiques à la réalité

Resterait à expliquer par quelle sorte de « miracle » ces mathématiques complètement abstraites permettent malgré tout de rendre compte de certains aspects de la réalité expérimentale. Il y a à cela deux raisons au moins. La première est que l'intuition guide indéniablement une partie au moins des recherches (**Textes 5 et 8**) : les progrès de notre connaissance du réel dépendent de plus en plus de notre aptitude à subordonner observation et expérimentation à l'anticipation par le calcul[2]. Pour atteindre l'infiniment grand et l'infiniment petit, il faut les « mathématiser ». Or cette mathématisation du réel — c'est la deuxième raison — est paradoxalement d'autant plus féconde que les structures mathématiques sont vidées de tout contenu intuitif. Produit de la rencontre entre la logique et les mathématiques, ces outils complètement formels semblent désormais indispensables à l'organisation la plus fine de notre savoir sur le réel.

---

1. Le terme « postulat » n'est plus employé. On nomme aujourd'hui « axiomes » tous les énoncés de ce type : « évidents » (pour le mathématicien en tout cas !), nécessaires aux démonstrations, mais eux-mêmes indémontrables.
2. Voir le chapitre « Théorie et expérience », p. 120.

TEXTES

I. QU'EST-CE QUE LA LOGIQUE ?

Texte 1

De la vérité
matérielle
à la validité formelle

BLANCHÉ

Considérons le syllogisme[1] traditionnel :

Tout homme est mortel
Socrate est homme　　　(1)
Donc Socrate est mortel

5　　Il est clair d'abord que la validité d'un tel raisonnement n'est nullement liée au personnage sur qui il porte : si ce raisonnement est valable pour Socrate, il le serait aussi bien pour Platon, pour Alcibiade, ou pour n'importe qui. Nous pouvons donc y remplacer le nom de Socrate par une lettre x jouant le rôle d'une variable indéterminée, et marquant seulement la place pour le nom d'un
10　homme quelconque. Et même, il n'est pas nécessaire que ce soit un nom d'homme : car si j'écris « Bucéphale » ou « l'Himalaya », ma mineure assurément sera une proposition fausse et ma conclusion risquera donc de le devenir aussi, mais mon raisonnement n'en demeurera pas moins valable, en ce sens que *si* les deux prémisses étaient vraies, *nécessairement* la conclusion le serait
15　aussi. Cette variable x, qui représente un individu quelconque, nous l'appellerons une *variable individuelle*. Nous pouvons donc écrire notre raisonnement sous cette forme plus schématique :

Tout homme est mortel
x est homme　　　(2)
20　Donc x est mortel

Faisons un second pas. La validité de ce raisonnement ne dépend pas non plus des concepts qui y figurent : homme, mortel. Il est donc permis de les remplacer par d'autres sans faire perdre de sa force au raisonnement. Pour marquer cette possibilité, je substituerai, là aussi, aux mots qui les désignent,
25　des lettres symboliques, f, g, aptes à représenter des concepts quelconques : ce sont des *variables conceptuelles*. D'où cette nouvelle présentation :

Tout f est g
x est f　　　　(3)
Donc x est g

30　[...] Nous n'avons plus affaire qu'à un schéma de raisonnement ou, si l'on veut, à un moule à raisonnements, qui donnera un raisonnement lorsqu'on y coulera une matière. Seulement, quelle que soit cette matière, le raisonnement

---

1. « Le syllogisme est un discours dans lequel certaines choses étant posées, quelque chose d'autre que ces données en résulte nécessairement du seul fait de ces données. » Aristote, *Organon*, L. III. « Les premiers analytiques », traduction J. Tricot, Éd. Vrin.

sera bon, parce que sa validité ne dépend que de la forme du moule, qui demeure invariante.

35 On voit en quel sens on peut parler de la forme d'un raisonnement. Mais on voit aussi qu'avec cette forme, la notion de vérité semble avoir disparu. D'une part, notre schéma de raisonnement n'est pas plus susceptible de vérité que ne l'était le raisonnement initial, il est seulement, comme lui, susceptible de validité : la vérité et la fausseté ne peuvent convenir qu'aux propositions 40 elles-mêmes, non à la manière de les organiser. [...]

Pour retrouver la notion de vérité, il faut passer de la forme *inférentielle* du raisonnement à l'*implication* qui lui correspond [...] :

Si tout *f* est *g* et si *x* est *f,* alors *x* est *g*

Cette formule peut-elle être encore qualifiée de vraie ? [...]

45 Oui [...] en ce sens que, contrairement aux trois schémas propositionnels précédents, celui-ci donnera une proposition vraie *quelles que soient les valeurs qu'on assigne à ses variables.* Cela ne fait qu'exprimer, en langage d'implication, ce que nous exprimions tantôt en langage d'inférence quand nous disions que la validité d'une inférence est indépendante de son contenu. On 50 dira, par abréviation, qu'une telle formule est *toujours vraie.* C'est ce genre de vérité, qu'on appelle *tautologique,* qui constitue la vérité formelle ou, comme on peut aussi la qualifier, la vérité logique.

R. Blanché, *Introduction à la logique contemporaine,*
Éd. A. Colin, 1968, pp. 10-13.

Texte 2

Distinguer la forme
du contenu
de la connaissance

KANT

Un critère universel de la vérité serait celui qu'on pourrait appliquer à toutes les connaissances sans distinction de leurs objets. Mais il est clair — puisqu'on fait abstraction en lui de tout le contenu de la connaissance (du rapport à son objet) et que la vérité vise précisément ce contenu — qu'il est tout à fait 5 impossible et absurde de demander un caractère de la vérité de ce contenu des connaissances, et que, par conséquent, une marque suffisante et en même temps universelle de la vérité ne peut être donnée. Comme nous avons appelé le contenu d'une connaissance sa matière, on devra dire qu'on ne peut désirer aucun critère universel de la vérité de la connaissance quant à sa matière, parce 10 que c'est contradictoire en soi.

Mais pour ce qui regarde la connaissance, quant à sa forme simplement (abstraction faite de tout contenu), il est également clair qu'une logique, en tant qu'elle traite des règles générales et nécessaires de l'entendement, doit exposer, dans ces règles mêmes, les critères de la vérité. Car ce qui les 15 contredit est faux, puisque l'entendement s'y met en contradiction avec les règles générales de sa pensée et, par suite, avec lui-même. Mais ces critères ne concernent que la forme de la vérité, c'est-à-dire de la pensée en général et, s'ils sont, à ce titre, très justes, ils sont pourtant insuffisants. Car une connaissance peut fort bien être complètement conforme à la forme logique, c'est-à-dire ne

20 pas se contredire elle-même, et cependant être en contradiction avec l'objet. Donc le critère simplement logique de la vérité, c'est-à-dire l'accord d'une connaissance avec les lois générales et formelles de l'entendement et de la raison, est, il est vrai, la *condition sine qua non* et, par suite, la condition néga- tive de toute vérité ; mais la logique ne peut pas aller plus loin ; aucune pierre

25 de touche ne lui permet de découvrir l'erreur qui atteint non la forme, mais le contenu.

Kant, *Critique de la raison pure* (1781), traduction de A. Tremesaygues et B. Pacaud, Éd. P.U.F., 1968, p. 81.

Texte 3

La logique comme « art d'infaillibilité »

LEIBNIZ

PHILALÈTHE. Il est vrai que les syllogismes peuvent servir à découvrir une faus- seté cachée sous l'éclat brillant d'un ornement emprunté de la rhétorique[1], et j'avais cru autrefois que le syllogisme[2] était nécessaire, au moins pour se gar- der des sophismes[3] déguisés sous des discours fleuris ; mais après un plus sévère

5 examen, j'ai trouvé qu'on n'a qu'à démêler les idées dont dépend la conséquence de celles qui sont superflues, et les ranger dans un ordre naturel pour en montrer l'incohérence. J'ai connu un homme, à qui les règles du syllogisme étaient entièrement inconnues, qui apercevait d'abord la faiblesse et les faux raisonnements d'un long discours artificieux et plausible, auquel d'autres gens

10 exercés à toute la finesse de la logique se sont laissés attraper. [...]

THÉOPHILE. Votre raisonnement sur le peu d'usage des syllogismes est plein de quantité de remarques solides et belles. [...] Et cependant, le croiriez-vous ? je tiens que l'invention de la forme des syllogismes est une des plus belles de l'esprit humain, et même des plus considérables. C'est une espèce de *mathé-*

15 *matique universelle* dont l'importance n'est pas assez connue ; et l'on peut dire qu'un *art d'infaillibilité* y est contenu, pourvu qu'on sache et qu'on puisse s'en servir, ce qui n'est pas toujours permis. Or il faut savoir que par les *arguments en forme*, je n'entends pas seulement cette manière scolastique d'argumenter dont on se sert dans les collèges, mais tout raisonnement qui conclut par la

20 force de la forme, et où l'on n'a pas besoin de suppléer aucun article, de sorte qu'un *sorite*[4], un autre tissu de syllogisme qui évite la répétition, même un compte bien dressé, un calcul d'algèbre, une analyse des infinitésimales me seront à peu près des arguments en forme, parce que leur forme de raisonner a été prédémontrée, en sorte qu'on est sûr de ne s'y point tromper.

Leibniz, *Nouveaux essais sur l'entendement humain*, édition posthume, 1765. Éd. Garnier-Flammarion, 1966, IV, XVII, pp. 424-425.

---

1. Art du discours vraisemblable et efficace.
2. Voir note p. 137.
3. Raisonnement faux malgré une apparence de rigueur et de vérité.
4. Suite de propositions telles que l'attribut de chacune devient le sujet de la suivante.

II. LES «ÊTRES» MATHÉMATIQUES EXISTENT-ILS?

PLATON

Tu n'ignores pas, je pense, que ceux qui s'occupent de géométrie, d'arithmétique et autres sciences du même genre, supposent le pair et l'impair, les figures, trois espèces d'angles et d'autres choses analogues suivant l'objet de leur recherche : qu'ils les traitent comme choses connues, et que, quand ils en ont fait des hypo-
5 thèses, ils estiment qu'ils n'ont plus à en rendre aucun compte ni à eux-mêmes ni aux autres, attendu qu'elles sont évidentes à tous les esprits ; qu'enfin, partant de ces hypothèses et passant par tous les échelons, ils aboutissent par voie de conséquences à la démonstration qu'ils s'étaient mis en tête de chercher.

– Oui, dit-il, cela, je le sais.

10 – Par conséquent, tu sais aussi qu'ils se servent de figures visibles et qu'ils raisonnent sur ces figures, quoique ce ne soit point à elles qu'ils pensent, mais à d'autres auxquelles celles-ci ressemblent. Par exemple, c'est du carré en soi, de la diagonale en soi qu'ils raisonnent, et non de la diagonale telle qu'ils la tracent, et il faut en dire autant de toutes les autres figures. Toutes ces figures
15 qu'ils modèlent ou dessinent, qui portent des ombres et produisent des images dans l'eau, ils les emploient comme si c'était aussi des images, pour arriver à voir ces objets supérieurs qu'on n'aperçoit que par la pensée.

Platon, (vers 420-340 av. J.-C.), *la République*, traduction de É. Chambry, collection Budé, Éd. les Belles Lettres, 1932, L. VI, 510 b-e.

DESANTI

« Les mathématiques ne sont pas du Ciel. » Cela veut dire qu'il n'existe nulle part un univers d'êtres mathématiques, un en-soi mathématique auquel les mathématiques pratiquées par les hommes donneraient accès. — Le réalisme des structures me paraît absurde — et, en dernier ressort, ne pouvoir se sou-
5 tenir que d'une théologie.

« Les mathématiques ne sont pas de la Terre. » Cela veut dire que les opéra-tions mathématiques introduisent une rupture par rapport aux formes d'orga-nisation offertes dans le champ de perception, et par rapport aux espèces d'activité (si tant est qu'il en existe) qui se régleraient selon les seules exigences
10 de ce champ. Ce qui me conduit à écarter d'emblée deux formes (pourtant tra-ditionnelles) de «philosophie des mathématiques» : l'une qui consiste à prendre les choses «par le haut» et à déterminer les structures idéales et éternelles dont les «mathématiques historiques» seraient la manifestation incarnée ; l'autre qui se résigne à les prendre «par le bas» et à chercher dans le
15 vécu d'un paysage primordial la racine de «ce dont il est effectivement question» dans les énoncés de la mathématique élaborée.

En énonçant que les mathématiques « ne sont pas de la Terre », je n'ai jamais voulu dire que les structures qu'on y définit ne sont qu'un échafaudage artificiel sans rapport avec la nature des choses. J'ai voulu dire (ce qui me
20 paraît compatible avec le peu que je sais de l'histoire des sciences) que si l'on veut définir les « bonnes structures », celles qui rendent compte de la « nature des choses », il importe de briser avec la première apparence dans laquelle ces choses se font connaître, et que j'ai appelée métaphoriquement « la Terre ».

Je ne dirai donc pas de Margot qu'elle a « *rencontré trois* capitaines ». Non !
25 elle a rencontré *des* capitaines. Elle les a comptés. Ils étaient *trois*. Il n'y a pas plus de raison de *rencontrer trois* capitaines que de rencontrer un anneau de Boole[1].

La seule différence est que nous savons compter depuis très longtemps et que, pour ce qui est des petits nombres entiers, nous nous imaginons les voir dans les objets qu'ils dénombrent. Et pour peu que le langage s'en mêle, nous
30 voici en pleine confusion.

Quant à la question de savoir quel est ce lieu « entre Ciel et Terre » et comment le désigner, elle n'a pas plus d'intérêt que celle qui consisterait à se demander « où diable est passée la grammaire du français quand je parle anglais ? ». Vous pouvez la situer où vous voulez : dans les livres, sur le bout de
35 la langue, dans le gosier, ou dans les doigts. Vous pouvez même inventer un « inconscient » *ad hoc*[2] si ça vous chante. [...]

Tout ceci pour dire qu'il importe d'apprendre à penser comme *réels*, bien qu'ils ne le soient pas à la manière des clous ou des hiboux, ces sortes d'objets qui n'ont de statut que relationnel et ne sont *accessibles* que dans le système
40 des possibilités réglées ouvertes par les relations qui les définissent.

J.-T. Desanti, *la Philosophie silencieuse*,
coll. L'Ordre philosophique, Éd. du Seuil, 1975, pp. 225-226.

III. LE PROBLÈME DU FONDEMENT LOGIQUE, DES MATHÉMATIQUES ET L'AXIOMATISATION

Texte 6

Ordre et rigueur
exemplaires
des mathématiques

DESCARTES

Ces longues chaînes de raisons, toutes simples et faciles, dont les géomètres ont coutume de se servir pour parvenir à leurs plus difficiles démonstrations, m'avaient donné occasion de m'imaginer que toutes les choses, qui peuvent

---

1. Structure mathématique qui a conservé le nom de son inventeur, le mathématicien britannique Boole (1815-1864).
2. Pour la circonstance, approprié.

tomber sous la connaissance des hommes, s'entresuivent en même façon, et
que, pourvu seulement qu'on s'abstienne d'en recevoir aucune pour vraie qui
ne le soit, et qu'on garde toujours l'ordre qu'il faut pour les déduire les unes
des autres, il n'y en peut avoir de si éloignées auxquelles enfin on ne parvienne,
ni de si cachées qu'on ne découvre. Et je ne fus pas beaucoup en peine de chercher par lesquelles il était besoin de commencer : car je savais déjà que c'était
par les plus simples et les plus aisées à connaître ; et considérant qu'entre tous
ceux qui ont ci-devant recherché la vérité dans les sciences, il n'y a eu que les
seuls mathématiciens qui ont pu trouver quelques démonstrations, c'est-à-dire
quelques raisons certaines et évidentes, je ne doutais point que ce ne fût par les
mêmes qu'ils ont examinées ; bien que je n'en espérasse aucune autre utilité,
sinon qu'elles accoutumeraient mon esprit à se repaître de vérités et ne se
contenter point de fausses raisons. [...]

Chaque vérité que je trouvais étant une règle qui me servait après à en trouver d'autres, non seulement je vins à bout de plusieurs que j'avais jugées
autrefois très difficiles, mais il me sembla aussi, vers la fin, que je pouvais
déterminer, en celles même que j'ignorais, par quels moyens et jusques où, il
était possible de les résoudre. En quoi je ne vous paraîtrai peut-être pas être
fort vain, si vous considérez que, n'y ayant qu'une vérité de chaque chose,
quiconque la trouve en sait autant qu'on en peut savoir ; et que, par exemple,
un enfant instruit en l'arithmétique, ayant fait une addition suivant ses règles,
se peut assurer d'avoir trouvé, touchant la somme qu'il examinait, tout ce
que l'esprit humain saurait trouver. Car enfin la méthode qui enseigne à
suivre le vrai ordre, et à dénombrer exactement toutes les circonstances
de ce qu'on cherche, contient tout ce qui donne de la certitude aux règles
d'arithmétique.

Mais ce qui me contentait le plus de cette méthode, était que, par elle,
j'étais assuré d'user en tout de ma raison, sinon parfaitement, au moins le
mieux qui fût en mon pouvoir : outre que je sentais, en la pratiquant, que mon
esprit s'accoutumait peu à peu à concevoir plus nettement et plus distinctement ses objets, et que, ne l'ayant point assujettie à aucune matière particulière, je me promettais de l'appliquer aussi utilement aux difficultés des autres
sciences que j'avais fait à celles de l'algèbre.

Descartes, *Discours de la méthode* (1637), Deuxième partie,
Bibliothèque de la Pléiade, Éd. Gallimard, 1953, pp. 138-140.

Texte 7

L'axiomatisation
des mathématiques

BLANCHÉ

La première chose qui ait tourmenté les lecteurs d'Euclide amis de la rigueur, c'est l'intervention des postulats[1]. Ce qui a d'abord gêné, ce n'étaient pas proprement les trois postulats qui figurent en tête des *Éléments*, à côté des définitions et des axiomes, et qui ont un caractère opératoire très général, visant seulement à annoncer qu'on se permettra des constructions avec la règle et le compas. Mais, après avoir commencé la chaîne de ses déductions, il arrive à deux reprises à Euclide d'invoquer, dans le cours même d'une démonstration et pour les besoins de celle-ci, une proposition très particulière qu'il demande qu'on lui accorde, sans pouvoir la justifier autrement que par une sorte d'appel à l'évidence intuitive. C'est ainsi que, pour démontrer sa 29e proposition, il lui faut admettre que, par un point hors d'une droite, ne passe qu'une seule parallèle à cette droite[2]. La symétrie apparente entre la proposition énonçant que par un point passe au moins une parallèle, proposition qui est établie par une démonstration (théorème d'existence), et celle qui énonce qu'il en passe une au plus (postulat d'unicité), rendait plus scandaleuse encore la dissymétrie des justifications. Le postulat des parallèles survenait ainsi comme un maillon étranger au système, comme un expédient destiné à combler une lacune dans l'enchaînement logique. Aux yeux des géomètres, il faisait figure de théorème empirique, dont la vérité n'était pas mise en question, mais dont la démonstration restait à découvrir. Les savants alexandrins, arabes et modernes s'y employèrent successivement, mais il se révélait toujours à l'analyse que les prétendues démonstrations se fondaient sur quelque autre supposition, demeurée le plus souvent implicite : on n'avait fait que changer de postulat. On sait comment l'échec des démonstrations directes suggéra l'idée d'une démonstration par l'absurde, et comment à son tour l'échec des démonstrations par l'absurde aboutit bientôt, par un renversement du point de vue, à la constitution des premières géométries dites non euclidiennes. [...]

L'idée ainsi apparue à l'occasion de la théorie des parallèles doit naturellement s'étendre à l'ensemble des postulats. On voit alors se dissocier les deux aspects de la vérité géométrique, jusque-là intimement mêlés dans une union étonnante. Un théorème de géométrie était à la fois un renseignement sur les choses et une construction de l'esprit, une loi de physique et une pièce d'un système logique, une vérité de fait et une vérité de raison. De ces couples paradoxaux, la géométrie théorique laisse maintenant décidément tomber le

---

1. « *Demandes* : 1. Conduire une droite d'un point quelconque à une point quelconque. 2. Prolonger indéfiniment, selon sa direction, une droite finie. 3. D'un point quelconque et avec un intervalle quelconque, décrire une circonférence de cercle. » Euclide, *Éléments* (IIIe s. av. J.-C.), traduction de Pérard (1809), Éd. Blanchard, 1966.
2. « *Demande 5* : Si une droite, tombant sur deux droites, fait les angles intérieurs du même côté plus petits que deux droits, ces droites prolongées à l'infini se rencontrent du côté où les angles sont plus petits que deux droits. » Cette cinquième *demande* est le célèbre «postulat des parallèles ». J. Playfair a en effet montré, dès le XVIIIe siècle, qu'elle équivaut à celle que nous connaissons : «Par un point donné, on ne peut mener qu'une seule parallèle à une droite donnée. »

35 premier élément, qu'elle renvoie à la géométrie appliquée. Il n'y a plus, pour
les théorèmes, de vérité séparée et pour ainsi dire atomique : leur vérité, c'est
seulement leur intégration au système, et c'est pourquoi des théorèmes incompatibles entre eux peuvent également être vrais, pourvu qu'on les rapporte à
des systèmes différents. Quant aux systèmes eux-mêmes, il n'est plus question
40 pour eux de vérité ou de fausseté, sinon au sens logique de la cohérence ou de
la contradiction interne. Les principes qui les commandent sont de simples
hypothèses, dans l'acception mathématique de ce terme : ils sont seulement
posés, et non affirmés ; non pas douteux, comme les conjectures du physicien,
mais situés par-delà le vrai et le faux, comme une décision ou une convention.
45 La vérité mathématique prend ainsi un caractère global : c'est celle d'une vaste
implication, où la conjonction de tous les principes constitue l'antécédent, et
celle de tous les théorèmes le conséquent.

R. Blanché, *l'Axiomatique*[1], Éd. P.U.F., 1967, pp. 4-6.

Texte 8

De l'abstraction
mathématique
à l'interprétation
de la réalité

BOURBAKI

De même que la méthode expérimentale part de la croyance *a priori* en la
permanence des lois naturelles, la méthode axiomatique trouve son point
d'appui dans la conviction que, si les mathématiques ne sont pas un enchaînement de syllogismes se déroulant au hasard, elles ne sont pas davantage une
5 collection d'artifices plus ou moins « astucieux », faits de rapprochements
fortuits où triomphe la pure habileté technique. Là où l'observateur superficiel
ne voit que deux ou plusieurs théories en apparence très distinctes, se prêtant,
par l'entremise d'un mathématicien de génie, un « secours inattendu », la
méthode axiomatique enseigne à rechercher les raisons profondes de cette
10 découverte, à trouver les idées communes enfouies sous l'appareil extérieur des
détails propres à chacune des théories considérées, à dégager ces idées et à les
mettre en lumière. [...]

On peut maintenant faire comprendre ce qu'il faut entendre, d'une façon
générale, par une *structure mathématique*. Le trait commun des diverses
15 notions désignées sous ce nom générique, est qu'elles s'appliquent à des
ensembles d'éléments dont la nature *n'est pas spécifiée* ; pour définir une structure, on se donne une ou plusieurs relations, où interviennent ces éléments ;
on postule ensuite que la ou les relations données satisfont à certaines condi-

---

1. Dans un *système axiomatique*, tous les termes dont on a besoin sont explicités, et les propositions non démontrées sont posées comme de simples hypothèses (les axiomes, précisément), à partir desquelles toutes les propositions du système peuvent se construire selon des règles parfaitement fixées. Le système d'axiomes sur lequel repose une théorie mathématique doit être *complet* (nécessaire et suffisant), et *consistant* (cohérent ou non contradictoire). Par ailleurs, pour qu'une axiomatique soit *formelle*, il faut qu'une « langue » rigoureusement définie fixe les règles de construction de ses énoncés, ainsi que les règles de déduction qui régissent les procédures démonstratives internes au système considéré.

tions (qu'on énumère) et qui sont les *axiomes* de la structure envisagée. Faire la
théorie axiomatique d'une structure donnée, c'est déduire les conséquences
logiques des axiomes de la structure, *en s'interdisant toute autre hypothèse* sur
les éléments considérés (en particulier, toute hypothèse sur leur « nature »
propre). [...]

Les structures ne sont immuables ni dans leur nombre ni dans leur essence ;
il est très possible que le développement ultérieur des mathématiques augmente
le nombre des structures fondamentales, en révélant la fécondité de nouveaux
axiomes, ou de nouvelles combinaisons d'axiomes, et on peut d'avance
escompter des progrès décisifs de ces *inventions* de structures, si l'on en juge
d'après ceux qu'ont apportés les structures actuellement connues ; d'autre
part, ces dernières ne sont en aucune manière des édifices achevés, et il serait
très surprenant que tout le suc de leurs principes fût d'ores et déjà épuisé.

Ainsi, avec ces indispensables correctifs, peut-on mieux prendre conscience
de la vie interne de la mathématique, de ce qui fait à la fois son unité et sa
diversité ; telle une grande cité, dont les faubourgs ne cessent de progresser, de
façon quelque peu chaotique, sur le terrain environnant, tandis que le centre
se reconstruit périodiquement, chaque fois suivant un plan plus clair et une
ordonnance plus majestueuse ; jetant à bas les vieux quartiers et leurs dédales
de ruelles, pour lancer vers la périphérie des avenues toujours plus directes,
plus larges et plus commodes. [...]

Dans la conception axiomatique, la mathématique apparaît en somme
comme un réservoir de *formes* abstraites — les structures mathématiques ; et il
se trouve — sans qu'on sache bien pourquoi — que certains aspects de la
réalité expérimentale viennent se mouler en certaines de ces formes, comme
par une sorte de préadaptation. Il n'est pas niable, bien entendu, que la
plupart de ces formes avaient à l'origine un contenu intuitif bien déterminé ;
mais c'est précisément en les vidant volontairement de ce contenu qu'on a su
leur donner toute l'efficacité qu'elles portaient en puissance, et qu'on les a
rendues susceptibles de recevoir des interprétations nouvelles, et de remplir
pleinement leur rôle élaborateur.

N. Bourbaki[1], *l'Architecture des mathématiques*,
in *les Grands Courants de la pensée mathématique*,
Éd. Cahiers du Sud, Paris, 1948, pp. 37-47.

---

1. Nicolas Bourbaki, pseudonyme collectif désignant un groupe de mathématiciens contemporains.

DOCUMENT

Les arbres qu'il faut compter ne sont pas ceux qu'on voit...

— Je vais te lire l'énoncé, proposa Delphine. « Les bois de la commune ont une étendue de seize hectares. Sachant qu'un are est planté de trois chênes, de deux hêtres et d'un bouleau, combien les bois de la commune contiennent-ils d'arbres de chaque espèce ? »

— Je suis de votre avis, dit le chien, ce n'est pas un problème facile. [...]

5 *— C'est très simple, répondit la petite poule blanche, et je m'étonne que personne n'y ait pensé. Les bois de la commune sont tout près d'ici. Le seul moyen de savoir combien il y a de chênes, de hêtres et de bouleaux, c'est d'aller les compter. A nous tous, je suis sûre qu'il ne nous faudra pas plus d'une heure pour en venir à bout. [...]*

[La maîtresse :] Nous allons voir comment vous vous êtes tirées du problème des bois de la commune.

10 *Quelles sont celles d'entre vous qui l'ont fait ?*

Delphine et Marinette furent seules à lever la main. Ayant jeté un coup d'œil sur leurs cahiers, la maîtresse eut une moue qui les inquiéta un peu. Elle paraissait douter que leur solution fût exacte.

— Voyons, dit-elle en passant au tableau, reprenons l'énoncé. Les bois de la commune ont une étendue de seize hectares...

15 *Ayant expliqué aux élèves comment il fallait raisonner, elle fit les opérations au tableau et déclara :*

— Les bois de la commune contiennent donc quatre mille huit cents chênes, trois mille deux cents hêtres et seize cents bouleaux. Par conséquent, Delphine et Marinette se sont trompées. Elles auront une mauvaise note.

— Permettez, dit la petite poule blanche. J'en suis fâchée pour vous, mais c'est vous qui vous êtes

20 *trompée. Les bois de la commune contiennent trois mille neuf cent dix-huit chênes, douze cent quatorze hêtres et treize cent deux bouleaux. C'est ce que trouvent les petites.*

— C'est absurde, protesta la maîtresse. Il ne peut y avoir plus de bouleaux que de hêtres. Reprenons le raisonnement...

— Il n'y a pas de raisonnement qui tienne. Les bois de la commune contiennent bien treize cent

25 *deux bouleaux. Nous avons passé l'après-midi d'hier à les compter. Est-ce vrai, vous autres ?*

— C'est vrai, affirmèrent le chien, le cheval et le cochon.

— J'étais là, dit le sanglier. Les arbres ont été comptés deux fois.

La maîtresse essaya de faire comprendre aux bêtes que les bois de la commune, dont il était question dans l'énoncé, ne correspondaient à rien de réel, mais la petite poule blanche se fâcha et ses compagnons

30 *commençaient à être de mauvaise humeur. « Si l'on ne pouvait se fier à l'énoncé, disaient-ils, le problème lui-même n'avait plus aucun sens. » La maîtresse leur déclara qu'ils étaient stupides.*

M. Aymé, « Le problème » in *les Contes rouges du chat perché*, coll. Folio junior, Éd. Gallimard, 1979.

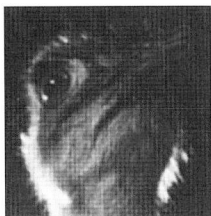

9.

LA CONNAISSANCE DU VIVANT

Photo : Ève Arnold.

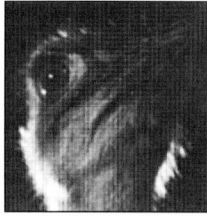

INTRODUCTION

Pourquoi parler de « connaissance du vivant », plutôt que de « connaissance de la vie », ou, plus simplement encore, de biologie ? Loin d'être mineure, la question du titre de ce chapitre résume à elle seule une part importante des problèmes dont l'analyse s'impose. A la différence des mots « physique » ou « mathématique », très tôt employés pour désigner des secteurs clairement délimités de la connaissance scientifique, le terme « biologie » n'est créé, et utilisé pour la première fois, qu'au début du XIXᵉ siècle, par Lamarck en France, et Treviranus en Allemagne. « L'unique et vaste objet de la biologie, écrit Lamarck, c'est tout ce qui est généralement commun aux végétaux et aux animaux, comme toutes les facultés qui sont propres à chacun de ces êtres sans exception » ; or ce qu'ont en commun ces « deux sortes d'êtres », c'est d'être « tous essentiellement des corps vivants ».

De la connaissance du vivant à la biologie

Reformulons alors la question : pourquoi a-t-il fallu attendre le siècle dernier pour que l'étude des êtres vivants — dont l'Antiquité déjà offre des exemples — reçoive enfin un nom ? Ou encore, pourquoi la biologie a-t-elle mis plus de vingt siècles à se constituer comme science ? Un domaine du savoir ne devient une science à part entière qu'à deux conditions au moins : son objet doit être clairement cerné et défini ; il faut disposer de méthodes rigoureusement adaptées à l'investigation de cet objet. Telles sont, précisément, les deux exigences auxquelles la connaissance du vivant s'est si longtemps trouvée dans l'impossibilité de satisfaire. Mettre en évidence les raisons de cette longue impossibilité, c'est sans doute le meilleur moyen de comprendre la complexe spécificité du phénomène de la vie et de son étude.

Le « mystère » de la vie n'est, aujourd'hui encore, pas totalement élucidé. A plus forte raison dans les siècles passés, la description souvent plus poétique que scientifique des manifestations de la vie prend facilement le pas sur l'analyse objective. Diderot en donne un bel exemple, dans un texte où la rêverie sert de guide au récit des transformations successives de l'œuf en être vivant[1]. Michel Foucault estime que « jusqu'à la fin du XVIIIᵉ siècle... la vie n'existe pas... mais seulement les êtres vivants », que l'on sait observer, décrire, classer, mais dont la spécificité interne échappe encore aux savants (**Texte 1**). De fait, « la vie n'existe pas », comme objet d'une investigation complètement scientifique, tant qu'elle n'est qu'un mot pour désigner la différence entre l'inerte et l'animé : parler de la vie en biologiste, c'est rendre compte des phénomènes dont la *conjonction* produit cette différence.

Reproduction et échanges avec le milieu

Tous les **êtres vivants** ont en commun — et sont seuls à posséder — deux aptitudes essentielles : ils sont en relation constante avec un *milieu extérieur* grâce auquel ils se nourrissent et se développent ; ils sont capables de *se reproduire* entre eux (selon des mécanismes propres à chaque espèce). Ces deux caractères sont, d'autre part, les conditions absolument nécessaires, non seulement de l'existence, mais aussi de la permanence de la vie.

---

1. *Entretien entre d'Alembert et Diderot* (1769), Éd. Garnier-Flammarion, 1965, pp. 51-53.

Pour être plus précis : les êtres vivants sont des **organismes**[1] aptes à l'auto-construction, l'auto-conservation, l'auto-régulation et (en partie au moins) l'auto-réparation (**Texte 2**). Telles sont les principales fonctions qui, lorsqu'elles sont remplies, font qu'un être est vivant ; d'où la célèbre formule de Bichat[2], qui, en 1800, définissait la **vie** comme « l'ensemble des fonctions qui résistent à la mort ». Et tout le problème est là : comment étudier un phénomène par nature inséparable des fonctions à travers lesquelles il se manifeste ? un phénomène que l'observation ne peut jamais isoler complètement ? Et que vaut, dans ce cas, la méthode expérimentale, puisque, très vite, elle se heurte au risque de faire disparaître l'objet même de l'expérimentation — d'aboutir à la mort et non pas à la vie ? Explicitement formulés par quelques-uns, rencontrés par tous, ce sont ces problèmes qui ont longtemps entravé le progrès de la connaissance du vivant. Et si l'expérimentation fait malgré tout, et très utilement, avancer la biologie, c'est au triple prix d'un paradoxe, d'un renoncement, et de l'affrontement à des problèmes éthiques de plus en plus complexes. Paradoxe du « vivant séparé de la vie par la science et s'essayant à rejoindre la vie à travers la science » (Canguilhem) ; renoncement à expliquer « la vie » elle-même, sous peine d'en perdre les caractères propres (**Texte 3**) ; problèmes éthiques liés non seulement aux conditions de l'étude (on n'a pas le droit de faire subir n'importe quel traitement à un être vivant), mais aussi aux conclusions non scientifiques qu'il est toujours possible d'en tirer (nous reviendrons sur ce point en conclusion).

Comme en prélude à cette formulation contemporaine des enjeux et des limites de la biologie, les efforts pour connaître et comprendre le phénomène de la vie ont alterné, dès l'origine, avec les interprétations métaphysiques ou religieuses, chaque fois que la démarche scientifique était jugée impuissante à résoudre seule les problèmes rencontrés. L'histoire de la connaissance du vivant ne se résume donc pas à la succession des « grandes découvertes » qui en ont jalonné le progrès : l'oscillation des attitudes philosophiques face aux phénomènes observés (ou supposés) constitue elle aussi cette histoire, et ce d'autant plus que les mêmes acteurs, le plus souvent, sont partie prenante dans les deux processus. Il ne suffirait donc pas de connaître ces attitudes, il faut aussi comprendre dans quelle mesure elles ont, selon les cas, favorisé ou entravé la connaissance scientifique elle-même.

Le finalisme

Premier chronologiquement (**Textes 4**), le **finalisme**, aujourd'hui encore, est un problème central pour la biologie. Proposer, comme Aristote, une interprétation finaliste des manifestations de la vie, c'est considérer qu'aucune d'entre elles n'est due au hasard, mais existe et se poursuit conformément au but qui lui a été d'avance fixé. La Nature dans son ensemble obéirait à un plan qui expliquerait, entre autres, sa structure hiérarchique : de la pierre à l'homme, on peut classer tous les êtres selon le degré de complexité de leur organisation, celui-ci étant mesuré à sa plus ou moins grande proximité avec l'organisme le plus proche de la perfection — l'homme « fin » de la nature. Chaque organisme peut, à son tour, être décrit de façon finaliste : l'harmonie

---

1. Un organisme est un système existant par soi, dont tous les éléments ou organes sont inter-dépendants.
2. Médecin anatomiste et physiologiste français (1771-1802).

est telle, par exemple, entre les différentes parties d'un être vivant et ses besoins vitaux, qu'il est tentant de justifier l'existence des organes par la nécessité des **fonctions** à remplir, et non l'inverse.

Considérer les manifestations de la vie comme des effets dont il faut chercher et comprendre les causes, c'est, incontestablement, s'engager dans une démarche scientifique (on l'a vu à propos de la physique, la croyance au déterminisme [1] est comme une condition de possibilité du désir d'expliquer les phénomènes naturels) ; être finaliste, c'est ajouter à cette attitude une dimension non scientifique, en postulant que la nécessité des effets permet de rendre compte des causes.

Le mécanisme

Le choix philosophique apparemment inverse est celui du **mécanisme**, qui consiste à se représenter la nature comme une grande machine, dont le fonctionnement découle strictement de l'agencement des différentes parties. Le triomphe de cette attitude est lié à la naissance de la mécanique classique [1] (Descartes, **Texte 5 A**, en est le plus éminent représentant) : dans la *Logique du vivant*, le biologiste François Jacob attribue cette convergence au fait que « l'univers devient soumis à une certaine régularité, à certaines lois ou groupes de lois que nul, même Dieu, ne peut changer et dont la logique s'articule en un ordre de la nature ». C'est par exemple à cette époque que le biologiste anglais Harvey, inspiré par le modèle mécanique du fonctionnement des pompes, met en évidence le rôle exact du cœur dans la circulation sanguine (**Document chap. 7**) ; ce n'est pas un hasard non plus si Descartes consacre à cette découverte un très long passage de son *Discours de la méthode*. Partiellement fructueux, le mécanisme constitue pourtant une sorte **d'obstacle épistémologique** à la connaissance de la vie : se représenter la nature dans son ensemble, comme chacune de ses parties, sur le modèle de la machine, c'est faire bien peu de cas de ce qu'un organisme vivant a de spécifique, d'irréductible aux caractères de la matière inerte. D'autre part, le mécanisme laisse sans réponses deux questions d'importance : qui a construit la machine ? comment son « moteur » a-t-il été mis en marche ? Descartes répond que c'est Dieu qui a voulu, construit et mis en marche la machine : ce faisant, il réintroduit à la fois l'irrationnel au cœur même du rationalisme triomphant, et la finalité au sein du mécanisme, « parce qu'il la rassemble tout entière au point de départ », selon la formule de Georges Canguilhem. Mécanisme et finalisme ne sont donc contradictoires qu'en apparence ; ils ne le sont pas pour Kant (**Texte 5 B**), qui reprend le modèle cartésien de la montre, mais rappelle que, pas plus que les montres ne peuvent se reproduire entre elles, une explication strictement mécaniste ne peut suffire à rendre compte de l'existence des êtres organisés complexes. Ceux-ci témoignent, selon lui, de la « réalité objective » des fins de la nature.

Le vitalisme

L'autre solution apportée par le XVIIIe siècle aux insuffisances du mécanisme est le retour au **vitalisme**, hérité des médecins hippocratiques [2] de l'Antiquité. Pour les médecins de l'École de Montpellier, c'est l'action en son sein

---

1. Voir le chapitre « Théorie et expérience », p. 119.
2. *Hippocratique*, de Hippocrate, médecin grec (460-377 av. J.-C.), auteur de nombreux traités et du serment du même nom.

d'une espèce de « force vitale » (de nature mystérieuse, ils l'avouent eux-mêmes) qui explique l'irréductible spécificité de tout être vivant. Les effets du vitalisme sur la constitution d'une biologie scientifique sont paradoxaux. L'intérêt porté à ce qui caractérise en propre le phénomène de la vie stimule incontestablement la recherche : c'est l'époque des premières grandes découvertes sur le fonctionnement et le rôle du cerveau, d'observations importantes sur la reproduction dans le monde animal, etc. Mais l'interprétation des résultats est souvent plus métaphysique que scientifique : et surtout, à force de ne s'attacher qu'à ce que le vivant a de plus spécifique, on finit par en faire un être complètement à part, étranger au milieu dans lequel il vit. Là est la limite du vitalisme : s'il y a bien, dans la vie, quelque chose de rebelle à sa mécanisation, l'attribution de ce « quelque chose » à l'action d'une force mystérieuse ne constitue pas, pour autant, la solution du problème de la vie.

Trois découvertes décisives

C'est donc au XIXᵉ siècle seulement que la biologie devient une science à part entière. Quel que soit encore le poids des interprétations philosophiques, l'avancement de la recherche, le perfectionnement des moyens d'observation et d'expérimentation, etc., conduisent malgré tout aux trois découvertes les plus décisives. L'élaboration par étapes de la **Théorie cellulaire (Document)** consacre l'existence d'un constituant ultime commun à tous les êtres vivants, et améliore la connaissance des relations d'échange qui unissent tout vivant à son milieu. La mise en évidence des lois de la **Génétique** permet de comprendre les mécanismes de la transmission héréditaire, et contribue à la maîtrise du phénomène de la reproduction. Les premières **théories de l'Évolution**, enfin, éclairent le devenir des différentes espèces vivantes, et augmentent notre connaissance de l'« histoire » des relations entre les différentes parties de la nature.

En affirmant que les espèces vivantes ont une « histoire », Lamarck, puis surtout Darwin (**Texte 6**) imposent à la connaissance du vivant un tournant qui, aujourd'hui encore, influe sur l'activité des biologistes. Ils commencent par ruiner les thèses selon lesquelles Dieu aurait tout créé une fois pour toutes, sous des formes fixes dès l'origine (croyances au **créationnisme** et au **fixisme**). Bien plus, si incomplète et parfois fausse soit-elle, la théorie darwinienne de l'évolution rend possible l'unification de savoirs jusque-là hétérogènes. Après Darwin, les lois de l'hérédité (seuls les caractères inscrits dans le code génétique d'un individu sont transmissibles à ses descendants) seront reliées à une meilleure connaissance des mécanismes et conditions de la reproduction, comme de la nature et de l'importance des échanges entre le vivant et son milieu, etc. : or c'est précisément de la réunion de ces caractéristiques que le phénomène de la vie tire sa spécificité. C'est aussi cela qu'il fallait comprendre pour que la biologie, enfin dotée d'un objet propre, puisse se constituer comme science.

Hasard et nécessité

Toutefois, si nul ne conteste plus la réalité de l'évolution des espèces vivantes, deux problèmes au moins, aujourd'hui encore, sont sujets à controverses : quel est le moteur essentiel de cette évolution et a-t-elle ou non un sens ? Sur le premier point, la question est de savoir si les mutations génétiques brusques suffisent à expliquer les changements irréversibles ; beaucoup de biologistes admettent la thèse contenue dans le titre même du livre le plus célèbre de Jacques Monod, *le Hasard et la Nécessité*. Dès l'instant où

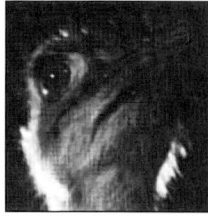

une modification génétique aurait fini par entraîner des changements décisifs dans la totalité d'une espèce, celle-ci serait soumise à une « pression de sélection[1] » qui subordonnerait sa survie à la poursuite de son évolution. Mais certains apports de la paléontologie[2], en particulier, conduisent d'autres biologistes à juger cette explication insuffisante.

L'autre problème revient, au fond, à un aveu d'impuissance : la vieille question du finalisme n'est toujours pas tranchée. Elle ne l'est pas pour les philosophes : pour Bergson, par exemple, l'émergence du vivant à partir de la matière brute est la marque d'une sorte d'« élan » créateur libre au sein de la nature. Mais surtout, elle ne l'est pas non plus pour les biologistes eux-mêmes : des spécialistes aussi peu contestés que François Jacob et Pierre-Paul Grassé divergent encore sur la question de savoir si l'évolution poursuit ou non un projet **(Textes 7)**.

Biologie et éthique

Difficile, pour conclure, d'évoquer la totalité des problèmes dont la solution relève de choix autant philosophiques que scientifiques. Des progrès de la recherche en biologie, il est en effet impossible de savoir aujourd'hui s'ils conduiront plus tard au meilleur ou au pire. C'est de la vie qu'il est question : les enjeux sont au moins aussi graves que lorsque les physiciens poursuivent leurs recherches sur la matière. Limitons-nous à deux exemples. Les généticiens pourraient être bientôt capables de modifier le patrimoine génétique d'un individu, au point de donner à l'humanité la maîtrise de certains choix décisifs : toute la question est de savoir qui aurait alors le pouvoir de choisir — qui, par exemple, devrait assumer la responsabilité de favoriser la naissance de tel type d'enfants, d'éviter le développement de telle catégorie d'individus. Un autre débat contemporain nous semble refléter la dimension profondément éthique des choix majeurs qui peuvent s'imposer aux biologistes : c'est celui qui est né du désir de savoir quelles sont les parts respectives, chez un être humain, de l'inné et de l'acquis[3] **(Texte 8)**. Dans l'impossibilité d'isoler tous les effets du déterminisme génétique (puisque tous les hommes sont, dès le départ et par nécessité vitale, pris dans un processus éducatif), la biologie ne peut prétendre en mesurer précisément l'impact. Il se trouve pourtant des savants pour nier cette impossibilité, affirmer la toute-puissance du déterminisme génétique, et fournir une caution « scientifique » à ceux qui auraient les moyens de mettre en place une organisation sociale calquée sur une soi-disant inégalité biologique des individus.

Le plus grand pouvoir des biologistes est sans doute celui qu'ils sont seuls à détenir : celui de poursuivre ou non certaines de leurs recherches, celui de fournir ou non à d'autres les moyens de leur action, les fondements de leur politique[4].

---

1. Voir aussi le chapitre « le Langage », texte de J. Monod, p. 104.
2. La paléontologie étudie les fossiles découverts dans les couches géologiques, c'est-à-dire les restes d'espèces biologiques disparues, ou de formes anciennes d'espèces vivantes. Elle permet de reconstituer des filiations qui confirment l'hypothèse de l'évolution des espèces. Mais le caractère lacunaire des découvertes, la discontinuité de certaines formes retrouvées, etc., montrent que le processus selon lequel l'évolution s'est opérée, est loin d'être éclairci. Voir aussi texte 7 A, p. 158.
3. Voir par exemple A. Jacquard, *Au péril de la Science ?*, Éd. du Seuil et *Éloge de la différence*, Éd. du Seuil. Et également F. Jacob, *le Jeu des possibles*, Librairie Arthème Fayard, 1981.
4. On peut lire à ce sujet, entre autres, de P. Thuillier, *les Biologistes vont-ils prendre le pouvoir ?* Éd. Complexe, et de J. Testart, *l'Œuf transparent*, collection Champs, Éd. Flammarion. Voir également le texte de A. Fagot-Largeault, p. 350.

TEXTES

I. OBJET ET MÉTHODE DE LA CONNAISSANCE DU VIVANT

Texte 1

Quand la vie
n'existait pas...

FOUCAULT

L'histoire naturelle, à l'époque classique, ne peut pas se constituer comme biologie. Jusqu'à la fin du XVIIIᵉ siècle, en effet, la vie n'existe pas. Mais seulement
des êtres vivants. Ceux-ci forment une, ou plutôt plusieurs classes dans la série
de toutes les choses du monde : et si on peut parler de la vie, c'est seulement
comme d'un caractère — au sens taxinomique[1] du mot — dans l'universelle
distribution des êtres. On a l'habitude de répartir les choses de la nature en
trois classes : les minéraux, auxquels on reconnaît la croissance, mais sans
mouvement ni sensibilité ; les végétaux qui peuvent croître et qui sont susceptibles de sensation ; les animaux qui se déplacent spontanément. Quant à la vie
et au seuil qu'elle instaure, on peut, selon les critères qu'on adopte, les faire
glisser tout au long de cette échelle. Si, avec Maupertuis[2], on la définit par la
mobilité et les relations d'affinités qui attirent les éléments les uns vers les
autres et les maintiennent attachés, il faut loger la vie dans les particules les
plus simples de la matière. On est obligé de la situer beaucoup plus haut dans
la série si on la définit par un caractère chargé et complexe, comme le faisait
Linné[3] quand il lui fixait comme critères la naissance (par semence ou bourgeon), la nutrition (par intussusception[4]), le vieillissement, le mouvement
extérieur, la propulsion interne des liqueurs, les maladies, la mort, la présence
de vaisseaux, de glandes, d'épidermes et d'utricules[5]. La vie ne constitue pas
un seuil manifeste à partir duquel des formes entièrement nouvelles du savoir
sont requises. Elle est une catégorie de classement, relative comme toutes les
autres aux critères qu'on se fixe. Et comme toutes les autres, soumise à
certaines imprécisions dès qu'il s'agit d'en fixer les frontières.

M. Foucault, *les Mots et les Choses*,
Éd. Gallimard, 1972, pp. 173-174.

---

1. Une taxinomie est un système de classification.
2. Mathématicien français (1698-1759), qui s'est aussi intéressé à l'étude des êtres vivants.
3. Naturaliste suédois (1707-1778), auteur d'une classification des plantes, et de nombreuses descriptions d'espèces végétales et animales.
4. Synonyme d'« absorption ».
5. Petites cavités dans un organisme.

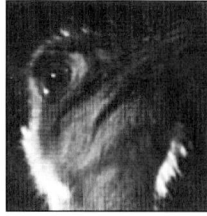

Texte 2

Un être vivant
est un organisme

COMTE

L'idée de vie suppose constamment la corrélation nécessaire de deux éléments
indispensables, un organisme approprié et un milieu convenable. C'est de
l'action réciproque de ces deux éléments que résultent inévitablement tous les
divers phénomènes vitaux, non seulement animaux, comme on le pense
5 d'ordinaire, mais aussi organiques. Il s'ensuit aussitôt que le grand problème
permanent de la biologie positive doit consister à établir, pour tous les cas,
d'après le moindre nombre possible de lois invariables, une exacte harmonie
scientifique entre ces deux inséparables puissances du conflit vital et l'acte
même qui le constitue, préalablement analysé ; en un mot, à lier constam-
10 ment, d'une manière non seulement générale, mais aussi spéciale, la double
idée d'*organe* et de *milieu* avec l'idée de *fonction*. Au fond, cette seconde idée
n'est pas moins double que la première ; car, d'après la loi universelle de l'équivalence nécessaire entre la réaction et l'action, le système ambiant ne saurait
modifier l'organisme sans que celui-ci n'exerce à son tour sur lui une influence
15 correspondante. La notion de *fonction* ou d'*acte* doit comprendre, en réalité,
les deux résultats du conflit, mais avec cette distinction essentielle que, la
modification organique étant, par sa nature, la seule vraiment importante en
biologie, on néglige le plus souvent la réaction sur le milieu, d'où est résultée
habituellement l'acception moins étendue du mot *fonction*, affecté seulement
20 aux actes organiques, indépendamment de leurs conséquences externes.

A. Comte, *Cours de philosophie positive* (1830-1842),
« Quarantième leçon », Éd. Schleicher frères, 1907, p. 158.

Texte 3

Le savant « trace
des routes » dans le
monde du vivant

CANGUILHEM

Dans l'*Électre*, de Jean Giraudoux, le mendiant, l'homme du trimard qui heurte
du pied sur la route les hérissons écrasés, médite sur cette faute originelle du
hérisson qui le pousse à la traversée des routes. Si cette question a un sens philosophique, car elle pose le problème du destin et de la mort, elle a en
5 revanche beaucoup moins de sens biologique. Une route c'est un produit de la
technique humaine, un des éléments du milieu humain, mais cela n'a aucune
valeur biologique pour un hérisson. Les hérissons, en tant que tels, ne traversent pas les routes. Ils explorent à leur façon de hérisson leur milieu de hérisson, en fonction de leurs impulsions alimentaires et sexuelles. En revanche, ce
10 sont les routes de l'homme qui traversent le milieu du hérisson, son terrain de
chasse et le théâtre de ses amours, comme elles traversent le milieu du lapin,
du lion ou de la libellule. Or, la méthode expérimentale — comme l'indique
l'étymologie du mot méthode — c'est aussi une sorte de route que l'homme
biologiste trace dans le monde du hérisson, de la grenouille, de la drosophile,
15 de la paramécie et du streptocoque. Il est donc à la fois inévitable et artificiel
d'utiliser pour l'intelligence de l'expérience qu'est pour l'organisme sa vie
propre des concepts, des outils intellectuels, forgés par ce vivant savant qu'est

le biologiste. On n'en conclura pas que l'expérimentation en biologie est inutile ou impossible, mais, retenant la formule de Claude Bernard : la vie c'est la
20 création, on dira que la connaissance de la vie doit s'accomplir par conversions imprévisibles, s'efforçant de saisir un devenir dont le sens ne se révèle jamais si nettement à notre entendement que lorsqu'il le déconcerte.

G. Canguilhem, *la Connaissance de la vie*,
Éd. Vrin, 1965, pp. 12-13, 39.

II. THÉORIES PHILOSOPHIQUES DE LA VIE

Texte 4 A

Les êtres vivants obéissent à des fins

ARISTOTE

En toutes les parties de la Nature il y a des merveilles ; on dit qu'Héraclite[1], à des visiteurs étrangers qui, l'ayant trouvé se chauffant au feu de sa cuisine, hésitaient à entrer, fit cette remarque : « Entrez, il y a des dieux aussi dans la cuisine. » Eh bien, de même, entrons sans dégoût dans l'étude de chaque espèce
5 animale : en chacune, il y a de la nature et de la beauté. Ce n'est pas le hasard, mais la finalité qui règne dans les œuvres de la nature, et à un haut degré ; or, la finalité qui régit la constitution ou la production d'un être est précisément ce qui donne lieu à la beauté.

Et si quelqu'un trouvait méprisable l'étude des autres animaux, il lui
10 faudrait aussi se mépriser lui-même, car ce n'est pas sans avoir à vaincre une grande répugnance qu'on peut saisir de quoi se compose le genre Homme, sang, chair, os, veines, et autres parties comme celles-là.

De même, quand on traite d'une partie ou d'un organe quelconques, il faut garder dans l'esprit qu'on ne doit pas seulement faire mention de la matière et
15 voir là le but de la recherche, mais qu'on doit s'attacher à la forme totale ; ainsi considère-t-on une maison tout entière et non pas seulement les briques, le mortier, les bois. Pareillement, dans l'étude de la Nature, c'est la synthèse, la substance intégrale qui importent, et non des éléments qui ne se rencontrent pas séparés de ce qui fait leur substance.

Aristote, *Traité sur les parties des animaux*,
traduction de J.-M. Le Blond, Éd. Aubier - Montaigne, 1945,
livre I, 645 a, pp. 119-121.

---

1. Philosophe grec présocratique (VIe siècle av. J.-C.).

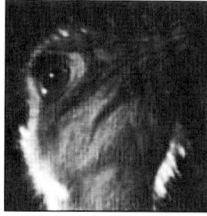

Texte 4 B

BERNARD

5

10

Quand nous voyons, dans les phénomènes naturels, l'enchaînement qui existe de telle façon que les choses semblent faites dans des buts de prévision, comme l'œil, l'estomac, etc., qui se forment en vue d'aliments, de lumières futurs, etc., nous ne pouvons nous empêcher de supposer que ces choses sont faites intentionnellement, dans un but déterminé. Parce qu'en effet, quand nous faisons nous-mêmes les choses de cette manière, nous disons que nous les faisons avec intention et nous ne pourrions admettre que c'est le hasard qui a tout fait. Eh bien ! il paraîtrait que si, quand nous faisons les choses de manière à ce qu'elles concordent pour un but déterminé, nous disons qu'il y a une intelligence intentionnelle de notre part ; nous devons reconnaître dans l'ensemble des phénomènes naturels et leurs rapports déterminés pour des buts déterminés une grande intelligence intentionnelle.

C. Bernard, *Cahiers de notes*, « le Cahier rouge » (1850-1860), Éd. Gallimard, 1965, pp. 58-59.

Texte 5 A

Un vivant est comme une machine

DESCARTES

Nous devons croire que toute la chaleur et tous les mouvements qui sont en nous, en tant qu'ils ne déclenchent point de la pensée, n'appartiennent qu'au corps.

5

10

15

20

Au moyen de quoi nous éviterons une erreur très considérable en laquelle plusieurs sont tombés, en sorte que j'estime qu'elle est la première cause qui a empêché qu'on n'ait pu bien expliquer jusques ici les passions et les autres choses qui appartiennent à l'âme. Elle consiste en ce que, voyant que tous les corps morts sont privés de chaleur et ensuite de mouvement, on s'est imaginé que c'était l'absence de l'âme qui faisait cesser ces mouvements et cette chaleur. Et ainsi on a cru sans raison que notre chaleur naturelle et tous les mouvements de nos corps dépendent de l'âme, au lieu qu'on devait penser au contraire que l'âme ne s'absente, lorsqu'on meurt, qu'à cause que cette chaleur cesse, et que les organes qui servent à mouvoir le corps se corrompent.

Afin donc que nous évitions cette erreur, considérons que la mort n'arrive jamais par la faute de l'âme, mais seulement parce que quelqu'une des principales parties du corps se corrompt ; et jugeons que le corps d'un homme vivant diffère autant de celui d'un homme mort que fait une montre, ou autre automate (c'est-à-dire autre machine qui se meut de soi-même), lorsqu'elle est montée et qu'elle a en soi le principe corporel des mouvements pour lesquels elle est instituée, avec tout ce qui est requis pour son action, et la même montre, ou autre machine, lorsqu'elle est rompue et que le principe de son mouvement cesse d'agir.

Descartes, *les Passions de l'âme* (1649), Articles 4 à 6, Bibliothèque de la Pléiade, Éd. Gallimard, 1953, pp. 696-697.

Texte 5 B

Des machines pas
comme les autres

KANT

Dans une montre une partie est l'instrument du mouvement des autres, mais un rouage n'est pas la cause efficiente de la production d'un autre rouage ; certes une partie existe pour une autre, mais ce n'est pas par cette autre partie qu'elle existe. C'est pourquoi la cause productrice de celles-ci et de leur forme n'est pas contenue dans la nature (de cette matière), mais en dehors d'elle dans un être, qui d'après des Idées peut réaliser un tout possible par sa causalité. C'est pourquoi aussi dans une montre un rouage ne peut en produire un autre et encore moins une montre d'autres montres, en sorte qu'à cet effet elle utiliserait (elle organiserait) d'autres matières ; c'est pourquoi elle ne remplace pas d'elle-même les parties, qui lui ont été ôtées, ni ne corrige leurs défauts dans la première formation par l'intervention des autres parties, ou se répare elle-même, lorsqu'elle est déréglée : or tout cela nous pouvons en revanche l'attendre de la nature organisée. — Ainsi un être organisé n'est pas simplement machine, car la machine possède uniquement une *force motrice* ; mais l'être organisé possède en soi une *force formatrice* qu'il communique aux matériaux, qui ne la possèdent pas (il les organise) : il s'agit ainsi d'une force formatrice qui se propage et qui ne peut pas être expliquée par la seule faculté de mouvoir (le mécanisme). [...]

Dans la nature les êtres organisés sont ainsi les seuls, qui, lorsqu'on les considère en eux-mêmes et sans rapport à d'autres choses, doivent être pensés comme possibles seulement en tant que fins de la nature et ce sont ces êtres qui procurent tout d'abord une réalité objective au concept d'une *fin*, qui n'est pas une fin pratique, mais une fin de la *nature*, et qui, ce faisant, donnent à la science de la nature le fondement d'une téléologie[1], c'est-à-dire une manière de juger ses objets d'après un principe particulier, que l'on ne serait autrement pas du tout autorisé à introduire dans cette science (parce que l'on ne peut nullement apercevoir *a priori* la possibilité d'une telle forme de causalité).

Kant, *Critique de la faculté de juger* (1790),
traduction de A. Philonenko, Éd. Vrin, 1960, pp. 193-194.

---

1. Une explication téléologique (de *télos* « la fin, le but » et *logos* « le savoir ») est une explication qui suppose la finalité. Chez Kant, la téléologie est une méthode de recherche, en particulier en ce qui concerne les êtres vivants.

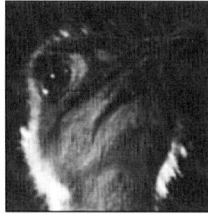

III. BIOLOGIE, MÉTAPHYSIQUE ET ÉTHIQUE

Texte 6

Évolution et sélection des plus aptes[1]

DARWIN

Comment, demandera-t-on encore, les variétés ou espèces naissantes, comme je les appelle, finissent-elles par se convertir en espèces distinctes qui, dans la plupart des cas, diffèrent évidemment plus entre elles que ne le font les variétés d'une même espèce ? Comment surgissent ces groupes d'espèces qui constituent ce que nous nommons des genres distincts, et qui diffèrent entre eux plus que ne le font les espèces du même genre ? Tous ces résultats, comme nous le verrons plus amplement dans le prochain chapitre, sont la conséquence de la lutte pour l'existence. C'est grâce à cette lutte que les variations, si minimes qu'elles soient d'ailleurs, et quelle qu'en soit la cause déterminante, tendent à assurer la conservation des individus qui les présentent, et les transmettent à leurs descendants, pour peu qu'elles soient à quelque degré utiles et avantageuses à ces membres de l'espèce, dans leurs rapports si complexes avec les autres êtres organisés, et les conditions physiques dans lesquelles ils se trouvent. Leur descendance aura ainsi plus de chances de réussite ; car, sur la quantité d'individus d'une espèce quelconque qui naissent périodiquement, il n'en est qu'un petit nombre qui puissent survivre.

J'ai donné à ce principe, en vertu duquel toute variation avantageuse tend à être conservée, le nom de *sélection naturelle*, pour indiquer ses rapports avec la sélection appliquée par l'homme.

Darwin, *l'Origine des espèces* (1859), traduction de J.-J. Moulinié,
Éd. Marabout - Université, 1973, pp. 73-74.

Texte 7 A

L'évolution obéit-elle à un projet ?

GRASSÉ

Si les orientations n'existaient pas, si l'évolution n'était qu'un chaos de formes, la paléontologie ne serait pas une science, mais l'art de classer les fossiles, à la façon du philatéliste procédant au rangement thématique de ses timbres-poste. Si les lignées n'étaient pas orientées, les paléontologistes n'auraient pas la possibilité de dire qu'un descendant manque dans la génération de tel ou tel animal. Et découvrant un squelette, ils ne pourraient lui assigner la place qui lui revient dans la systématique et dans l'arbre généalogique du groupe auquel on l'attribue. La thèse de l'évolution chaotique verse dans l'absurde. [...]

---

1. Pour Lamarck, l'influence du milieu et la nécessité de s'y adapter sont les principaux moteurs de l'évolution des espèces ; pour Darwin, c'est la lutte pour la survie qui explique l'évolution et la sélection naturelle des plus aptes. Tous deux ignoraient les lois de la **Génétique**.

En fait, d'où vient la vie? Selon nous, d'une mise en ordre de structures qui
10 isolées ou laissées dans le chaos ne seraient rien. Il ne saurait y avoir une trace
d'anarchie dans les phénomènes vitaux, puisque lorsqu'un déséquilibre, même
de faible amplitude, se produit, la mort survient.

P.-P. Grassé, in *le Darwinisme aujourd'hui*,
ouvrage sous la direction d'Émile Noël, coll. Points Sciences,
Éd. du Seuil, 1979, pp. 138-141.

Texte 7 B

Évolution, hasard
et nécessité

J A C O B

Le monde de l'évolution que nous connaissons, le monde vivant que nous
voyons autour de nous, est tout sauf le seul monde possible. L'évolution est
une nécessité dans la mesure où les organismes vivent, interagissent avec le
milieu, se reproduisent, entrent en compétition les uns avec les autres, donc
5 changent. En revanche, ce qui n'est pas une nécessité, c'est la direction que se
trouve prendre le changement, les voies où s'engage l'évolution. Les modifications ne peuvent survenir pour former des organismes nouveaux qu'en
fonction de la structure génétique qu'avaient les organismes existant à ce
moment-là. Autrement dit, l'évolution résulte d'une interaction entre une série
10 de conjonctures disons physiques, écologiques, climatiques, ce qu'on pourrait
appeler une grande conjoncture historique, avec l'autre série que forment les
conjonctures génétiques des organismes. C'est l'interaction de ces deux types
de conjonctures qui a donné aux êtres vivants la direction qu'elle a aujourd'hui.
Mais il est vraisemblable que nous aurions pu ressembler à quelque chose de
15 complètement différent, et que nous aurions pu ne pas ressembler du tout à ce
que nous sommes et surtout que nous pourrions ne pas être là, que le monde
vivant pourrait être complètement différent de ce qu'il est. [...] Nous pourrions
parfaitement ressembler à quelque chose d'autre qui défie totalement notre
imagination. C'est évidemment très difficile de réaliser que le monde vivant tel
20 qu'il existe pourrait être complètement différent, pourrait même ne pas exister
du tout. C'est pourtant ce qu'il faut bien admettre.

F. Jacob, *Le jeu des possibles*, Librairie Arthème Fayard, 1981.

Texte 8

Des prédictions qui
ne sont génétiques
qu'en apparence

J A C Q U A R D

Pour mettre mieux en évidence la difficulté de l'interprétation des études
généalogiques, imaginons un Martien, très au courant des diverses techniques
de la génétique des populations, mais incapable de distinguer une peau noire
d'une peau blanche. Débarquant en Afrique du Sud, il décide d'étudier un
5 caractère qui lui paraît très important pour le sort des individus, le fait d'être
chômeur. Une première observation lui montre une très nette liaison entre les
générations successives d'une même famille: dans certaines généalogies, les

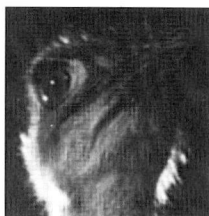

individus sont tous indemnes, dans d'autres ils sont presque systématiquement touchés par le chômage ; il en conclut que, très probablement, ce trait est
gouverné par le patrimoine génétique. Il étend et précise ses observations,
imagine des modèles génétiques et s'efforce de dégager le « meilleur » modèle
grâce, par exemple, aux techniques de maximisation de la vraisemblance. Il y a
gros à parier qu'il en conclura que le caractère « chômeur » est facilement expli-
cable par la présence en trois ou en quatre locus d'un certain gène c. Le
chômage serait-il un caractère « génétique » dans l'espèce humaine ?

En fait, ses recherches lui auront fait découvrir les gènes c qui donnent aux
individus une peau plus ou moins foncée, selon leur nombre dans la dotation
génétique (on sait que les individus dépourvus du gène c sont blancs et que la
couleur noire est d'autant plus marquée que ces gènes sont plus nombreux).
Or, la couleur, dans la société étudiée, est fortement corrélée avec le risque de
chômage ; les conclusions de notre Martien sont donc parfaitement exactes ;
elles permettent une prédiction correcte, elles sont efficaces. Mais elles ne
donnent aucune indication sur le mécanisme en œuvre. Il suffit de changer les
règles sociales pour que le lien observé disparaisse totalement.

L'erreur logique consiste ici, une fois de plus, à étudier un phénomène qui
résulte d'interactions complexes, en isolant artificiellement et arbitrairement
un des facteurs. Notre esprit est mal entraîné à penser en termes d'interactions
et s'efforce de remplacer la réalité par des modèles où les diverses causes
agissent indépendamment. Toutes les questions concernant l'« inné et
l'acquis » sont typiques de cette démarche ; elles ne méritent aucune réponse,
puisqu'elles nient la réalité qu'elles prétendent étudier.

A. Jacquard, *Au péril de la science ? Interrogations d'un généticien*,
coll. Points Sciences, Éd. du Seuil, 1984.

DOCUMENT

Découverte de la théorie cellulaire

Médecin et naturaliste allemand, Théodore Schwann (1810-1882) est à l'origine de la théorie cellulaire qui établit que c'est dans la cellule que réside l'élément constitutif primordial de tous les organismes vivants.

UN jour que je dînais avec M. Schleiden[1], cet illustre botaniste me signala le rôle important que le noyau joue dans le développement des cellules végétales. Je me rappelai tout de suite avoir vu un organe pareil dans les cellules de la corde dorsale[2] et je saisis à l'instant même l'extrême importance qu'aurait une découverte si je parvenais à montrer que, dans les cellules de la corde dorsale, ce noyau
5 *joue le même rôle que le noyau des plantes dans le développement des cellules végétales. Il s'en suivrait en effet, à cause de l'identité de phénomènes si caractéristiques, que la cause qui produit les cellules de la corde dorsale ne peut pas être différente de celle qui donne naissance aux cellules végétales. Il y aurait dès lors dans un animal un organe, la corde dorsale, composée de parties élémentaires qui ont leur vie propre, qui ne dépendent pas d'une force commune de l'organisme [...].*
10 *Ce fait, s'il était solidement établi par l'observation, impliquerait la négation d'une force vitale commune à l'animal et devrait nécessairement faire admettre aussi la vie individuelle des parties élémentaires des autres tissus et le même mode de formation au moyen de cellules. C'est cette reconnaissance du principe, vérifié ensuite par l'observation, qui constitue la découverte que j'ai eue le bonheur de faire ; ce n'est point là une simple généralisation de phénomènes partiellement connus et dont on tire*
15 *ultérieurement une conclusion, mais la reconnaissance d'un principe d'où je concluais d'avance à l'existence générale du phénomène.*
Ces idées se présentant à mon esprit, j'invitai M. Schleiden à m'accompagner à l'amphithéâtre d'anatomie où je lui montrai les noyaux des cellules de la corde dorsale. Il leur reconnut une ressemblance parfaite avec les noyaux des plantes. Dès ce moment, tous les efforts tendirent à trouver la preuve
20 *de la préexistence du noyau à la cellule. Une fois arrivé, sous ce rapport, pour la corde dorsale et pour les cartilages, à un résultat satisfaisant, l'origine de toutes les parties élémentaires des autres tissus par le même mode de développement, c'est-à-dire au moyen de cellules, n'était plus douteuse pour moi, à cause du principe que je venais d'établir, et l'observation a entièrement confirmé ma manière de voir. J'ai trouvé, à l'aide du microscope, que ces formes si variées des parties élémentaires des tissus de l'ani-*
25 *mal ne sont que des cellules transformées, que l'uniformité de la texture se retrouve donc aussi dans le règne animal, que par conséquent, l'origine cellulaire est commune à tout ce qui vit. Tout m'autorisait dès lors à faire également à l'animal l'application de l'idée de l'individualité des cellules.*

Th. Schwann, Liber memorialis, *Dusseldorf, 1879*
Cité *in* E. Callot, *Les étapes de la Biologie*, p. 296-297, Champion-Slatkine, Paris-Genève, 1986.

1. M. J. Schleiden (1804-1881), botaniste allemand.
2. Se disait de la corde dorsale des têtards de batraciens.

10.

LA SOCIOLOGIE

Photo : Jean-Louis Beaudequin.

INTRODUCTION

L'homme peut-il être à la fois objet et sujet ?

Sujet de la science, l'homme peut-il également se prendre pour objet de science ? La question est ancienne, et toujours en débat : sa difficulté n'a cependant pas empêché, à partir du XIXᵉ siècle, la constitution effective d'un certain nombre de « **sciences de l'homme**[1] » qui représentent même aujourd'hui une part importante de notre production intellectuelle. Mieux vaut donc, plutôt que les ignorer sous prétexte que ce ne sont peut-être pas vraiment des sciences, ou qu'elles s'approprieraient abusivement un champ de réflexion auparavant réservé à la seule philosophie, se donner les moyens de comprendre, éventuellement ceux de juger : quelle forme de savoir visent les sciences de l'homme ? Quels problèmes soulèvent leur constitution, leur développement, leurs applications ? L'exemple de la sociologie servira de fondement et d'illustration à nos analyses.

Définition de l'objet de la sociologie

Visant la compréhension des phénomènes sociaux, la sociologie est bien une « science de l'homme » : ce qu'il faut découvrir et expliquer, ce sont les mécanismes et déterminations multiples qui gouvernent les comportements des hommes vivant en société. Un groupe humain n'est manifestement pas réductible à une somme d'individus juxtaposés ; son existence et sa persistance sont plutôt le produit d'interactions complexes, dont la mise en évidence constitue l'un des objets majeurs de la sociologie. S'interroger sur la nature et les conditions de la vie sociale des hommes n'est toutefois pas le privilège des seuls sociologues : ce fut même très tôt, et fort longtemps, l'un des thèmes essentiels de la réflexion philosophique. Et il nous faudra y revenir, étant donné la complexité des liens entre la philosophie et les sciences de l'homme : pour que la confrontation entre ces deux approches de la condition humaine soit aussi pertinente que possible — et puisque l'approche philosophique est traitée ailleurs — il nous faut surtout tenter de mettre en évidence la spécificité des sciences de l'homme, à travers l'analyse de celle qui nous sert d'exemple, la sociologie.

En 1885, Émile Durkheim publie les *Règles de la méthode sociologique*. S'il n'est pas le premier à employer le terme « sociologie », ni même à faire œuvre de sociologue[2], son rôle de « père fondateur » est décisif, en revanche, pour la définition de l'objet, des principes, des méthodes, etc., propres à cette discipline (**Texte 1**). L'analyse sociologique porte sur des « objets » auxquels d'autres s'intéressent également : aussi faut-il se demander ce qui permet de la différencier précisément de l'histoire et de la psychologie en particulier. Les travaux des historiens fournissent aux sociologues une

---

1. On classe généralement sous cette « rubrique » : la psychologie, la sociologie, l'anthropologie, l'ethnologie, souvent l'histoire, l'économie, etc.
2. La suite du texte nous fournira l'occasion de quelques remarques au moins sur le cas d'Auguste Comte et sur celui de Karl Marx.

partie de leurs documents, facilitant ainsi les possibilités du recours à l'analyse comparative. Mais s'il est certain que la connaissance de l'histoire contribue à la compréhension du présent, l'objet spécifique de l'histoire est le passé ; en revanche, s'il est tout aussi certain que le sociologue ne peut ignorer totalement le passé, c'est d'abord et avant tout sur l'état présent d'une société que portent ses investigations. Il lui faut « déterminer la nature et le mode de composition » des « forces » dont la combinaison produit cet état (Durkheim).

La spécificité de la réalité sociale

Quant au partage des tâches entre le sociologue et le psychologue, Durkheim nous semble en fixer clairement la condition, lorsqu'il demande de « considérer les phénomènes sociaux en eux-mêmes, détachés des sujets conscients qui se les représentent » (Texte 1). Certes, comme le psychologue, le sociologue vise, entre autres, l'explication des conduites individuelles : mais les mécanismes qu'il lui faut en priorité reconstituer ne sont précisément pas le seul fait des consciences individuelles ; l'ordre social est constitué par un ensemble de règles, d'institutions, de comportements individuels et collectifs, sous-tendus par une multitude de représentations (idées, valeurs morales, croyances, etc.), individuelles au sens où elles font partie de la mentalité de chaque individu, mais surtout collectives parce que produits du groupe social lui-même. L'organisation d'une société ne résulte pas — ne peut pas résulter — d'une simple addition ou juxtaposition d'idées et de conduites particulières : le fait même de vivre en société donne naissance à des idées et à des conduites « collectives », et les impose aux individus.

Telle est la spécificité de l'analyse sociologique : sans nier l'influence des facteurs psychologiques et historiques sur la vie des hommes en société, elle vise plutôt à mettre en évidence la nature propre des interactions complexes d'où résultent les faits sociaux. Pour illustrer le type d'explication causale auquel on peut ainsi aboutir, nous proposons un extrait de la célèbre étude publiée en 1920 par le sociologue allemand Max Weber, sur les liens qui semblent unir, dans les sociétés occidentales, la prédominance du protestantisme au développement du capitalisme moderne (Texte 2).

Il ne s'agit que d'un exemple : d'autres, très différents, auraient sans doute aussi bien fait l'affaire. Mais comme l'écrit le sociologue contemporain Raymond Boudon, « un accord fondamental » semble possible « sur la nature et les principes de la sociologie » dans son ensemble : quels qu'ils soient, les phénomènes intéressant le sociologue doivent être expliqués par la structure complexe du système social dans lequel ils sont pris ; il faut comprendre dans quelle mesure et de quelle façon les propriétés de ce système déterminent les actions des individus qui en font partie, sans tenter de réduire ni la complexité du système lui-même, ni celle des motivations individuelles (Texte 3).

Peut-on véritablement parler de « sciences » de l'homme ?

Le problème est de savoir à quelle forme et à quel **degré de scientificité** peuvent prétendre les moyens dont le sociologue dispose pour tenter cette compréhension. Si ce qui précède permet de tenir pour à peu près acquise la spécificité de l'objet de la recherche, il nous reste en revanche à établir dans quelle mesure les méthodes et les résultats de la sociologie relèvent de l'activité scientifique. Le recours aux enquêtes, aux documents écrits de diverse nature, voire même à certaines « expériences[1] », offre assez facilement les garanties de rigueur et de fiabilité requises — ce n'est pas en tout cas, nous semble-t-il, un problème, ici, à approfondir. Beaucoup plus décisive, pour nous, est la question de savoir si l'investigation sociologique — comme celle de n'importe quelle autre science dite « de l'homme » — ne se heurte pas « naturellement » à des obstacles très particuliers, qui en hypothèqueraient d'avance et nécessairement le caractère scientifique. Apparemment tranchée par les professions de foi résolument positivistes d'Auguste Comte au siècle dernier, la question n'en mérite pas moins d'être examinée de près : avant le terme « sociologie », Comte emploie l'expression « **physique sociale** » (**Texte 4**), référée à son étymologie (du grec *phusis*, « la nature »). Autrement dit, il y a pour lui continuité entre la nature, au sens banal du terme, et la société : les deux se prêteraient à des investigations scientifiques parfaitement comparables. L'analogie peut être présupposée : elle résiste mal à une analyse plus approfondie. Non seulement, comme les développements qui précèdent ont tenté de le montrer, la réalité sociale présente des caractères tout à fait spécifiques, qui en font un système de relations beaucoup moins rigoureusement réglé que la nature ; mais il est clair aujourd'hui que même dans les sciences les plus « exactes », la forme d'**objectivité** revendiquée par le positivisme est davantage un mythe qu'un idéal à atteindre.

La sociologie « construit » les faits qu'elle étudie

Le sociologue contemporain Mendras met précisément l'accent sur des problèmes épistémologiques très proches de ceux rencontrés au cours des chapitres sur la connaissance scientifique. Sur quatre points au moins, la comparaison s'impose. D'abord, pas plus que les autres, les sciences « de l'homme » n'ont pour objet une réalité entièrement « donnée » : un « **fait social** », par exemple, ne devient tel qu'à partir du moment où un corps d'hypothèses et de théories déjà constituées permet de l'identifier, de l'isoler, pour les besoins de l'analyse, au sein du système de relations dont dépend son existence réelle. Le fait social n'est pas donné, mais « construit » : les relations au sein d'une entreprise, étudiées par la sociologie du travail, ne sont ni plus ni moins une réalité « objective » que la chute des corps étudiée en physique. D'où la deuxième « vérité », énoncée dans le **Texte 5** : le progrès des sciences de l'homme dépend lui aussi de la constance et de la rigueur du dialogue entre les hypothèses, les théories, et les « faits ».

La réalité sociale obéit-elle à des lois ?

Faut-il en déduire que le débat sur le degré de scientificité des disciplines comme la sociologie est vain, sa mesure se heurtant aux mêmes difficultés que pour les autres sciences ? Ce serait faire trop peu de cas des deux derniers problèmes. L'un concerne les résultats. Même si l'on ne néglige aucune des précautions à prendre avant de l'utiliser, l'expression « lois de la nature » permet de cerner assez explicitement la légitimité des ambitions de la physique par exemple : la régularité des phénomènes naturels reflète bien la constance de lois dont la mise en évidence constitue un objectif majeur des sciences expérimentales. La sociologie peut-elle, de la même façon, accorder le statut de lois aux relations de causalité qui semblent se répéter au sein de la réalité sociale ? Il semble que non.

---

1. On peut, par exemple, « créer » en partie artificiellement une situation susceptible de vérifier ou d'infirmer une hypothèse.

Dernier problème enfin : dans toute science de l'homme, la communauté de nature entre l'observateur et l'observé, bien loin de la réduire, accroît la part de l'interprétation « subjective ». Non contradictoire avec le respect des exigences communes aux autres sciences — raisonnement rigoureux, démonstration, etc. **(Texte 5)** —, la reconnaissance de cette **dimension interprétative** n'en constitue pas moins une spécificité majeure des sciences de l'homme, et une limite à leur prétention au statut de sciences à part entière : c'est aussi — paradoxalement, on va le voir pour conclure — le lieu le plus conflictuel de leur relation à la philosophie.

Philosophie et sciences de l'homme : une « guerre froide » ?

A la fin du XIXᵉ siècle, les sciences de l'homme prennent naissance à la fois *de* la philosophie, et *contre* elle. S'il ne peut être question de refuser aux êtres humains la qualité de sujet qui les caractérise essentiellement, l'idée est tout de même que l'approche philosophique de la condition humaine sous toutes ses formes empêche l'analyse véritablement objective de ce qui, de l'homme, peut être « objectivé » — ses productions, les effets de ses conduites, les institutions sociales, etc. La raison en est qu'au-delà de la description et de l'analyse des faits, la philosophie semble toujours poursuivre au moins deux objectifs : l'interprétation donc le jugement de valeur, et la définition normative de ce que pourrait ou devrait être la condition humaine. Or telles sont précisément les ambitions que les sociologues, par exemple, au nom de la scientificité de leur discipline, prétendent généralement s'interdire[1]. D'où les relations souvent tendues entre les tenants de la philosophie et ceux des sciences de l'homme. Les sociologues reprochent couramment aux philosophes leurs ambitions « totalitaires ». Merleau-Ponty **(Texte 6)** répond que la philosophie a mieux à faire que clore définitivement le champ du savoir sur l'homme, en prétendant apporter des solutions sans appel aux problèmes qu'elle soulève : mieux à faire — certainement pas renoncer à la façon dont elle pose ces problèmes[2]. Les idées et les faits ne s'opposent pas, bien au contraire : seul le va-et-vient des uns aux autres donne à ceux-ci un sens, à celles-là, une raison d'être. Même lorsqu'elle ne se veut plus systématique, la philosophie peut se prétendre recherche de la vérité : elle peut même « produire » des vérités ; cette idée, philosophique, que la pensée et le réel ne sont pas séparables, en est une. Notons aussi que lorsque Bourdieu **(Texte 7)** décrit l'effet potentiellement libérateur de la connaissance sociologique, son texte en évoque bien d'autres, philosophiques ceux-là, de Spinoza par exemple, écrits plus de trois siècles plus tôt.

Quant aux ambitions totalitaires, il n'est jamais vain d'en rappeler les risques[3] ; ils conduisent à la perte du sens critique et de la conscience historique **(Texte 6)** — mais de tels risques ne menacent-ils pas également le philosophe et le sociologue ?

---

1. C'est précisément parce qu'il ne se les est pas interdites qu'un penseur comme Marx, malgré la précision et la pertinence de beaucoup de ses analyses économiques et sociologiques, ne peut être tenu pour un sociologue à part entière.
2. Voir le chapitre « la Philosophie ».
3. Voir aussi sur ce point le chapitre « la Vérité », p. 176.

TEXTES

I. NATURE ET OBJET DE LA SOCIOLOGIE

Texte 1

Les faits sociaux sont « comme des choses »

DURKHEIM

La première règle et la plus fondamentale est de *considérer les faits sociaux comme des choses.* [...]

Il est possible que la vie ne soit que le développement de certaines notions ; mais, à supposer que cela soit, ces notions ne sont pas données immédiate-
5 ment. On ne peut donc les atteindre directement, mais seulement à travers la réalité phénoménale qui les exprime. Nous ne savons pas *a priori* quelles idées sont à l'origine des divers courants entre lesquels se partage la vie sociale ni s'il y en a ; c'est seulement après les avoir remontés jusqu'à leurs sources que nous saurons d'où ils proviennent.

10 Il nous faut donc considérer les phénomènes sociaux en eux-mêmes, déta-
chés des sujets conscients qui se les représentent ; il faut les étudier du dehors comme des choses extérieures ; car c'est en cette qualité qu'ils se présentent à nous. Si cette extériorité n'est qu'apparente, l'illusion se dissipera à mesure que la science avancera et l'on verra, pour ainsi dire, le dehors rentrer dans le
15 dedans. Mais la solution ne peut être préjugée et, alors même que, finalement, ils n'auraient pas tous les caractères intrinsèques de la chose, on doit d'abord les traiter comme s'ils les avaient. Cette règle s'applique donc à la réalité sociale tout entière, sans qu'il y ait lieu de faire aucune exception. Même les phénomènes qui paraissent le plus consister en arrangements artificiels
20 doivent être considérés de ce point de vue. *Le caractère conventionnel d'une pratique ou d'une institution ne doit jamais être présumé.* Si, d'ailleurs, il nous est permis d'invoquer notre expérience personnelle, nous croyons pouvoir assurer que, en procédant de cette manière, on aura souvent la satisfaction de voir les faits en apparence les plus arbitraires présenter ensuite à une observa-
25 tion plus attentive des caractères de constance et de régularité, symptômes de leur objectivité.

É. Durkheim, *les Règles de la méthode sociologique* (1895),
chapitre II, Éd. P.U.F., 1963, pp. 15 et 28.

Texte 2

Un exemple
d'explication
sociologique

WEBER

Sur le terrain de la production des biens privés, l'ascétisme[1] combattait à la fois la malhonnêteté et l'avidité purement instinctive. Il condamnait [...] la poursuite de la richesse pour elle-même. Car, en elle-même, la richesse est tentation. Mais ici l'ascétisme était la force qui « toujours veut le bien et toujours crée le mal » (Goethe, *Faust*), ce mal qui, pour lui, était représenté par la richesse et ses tentations. En effet, en accord avec l'Ancien Testament et par analogie avec l'évaluation éthique des bonnes œuvres, l'ascétisme voyait le *summum* du répréhensible dans la poursuite de la richesse en tant que *fin* en elle-même, et en même temps il tenait pour un signe de la bénédiction divine la richesse comme *fruit* du travail professionnel. Plus important encore, l'évaluation religieuse du travail sans relâche, continu, systématique, dans une profession séculière, comme moyen ascétique le plus élevé et à la fois preuve la plus sûre, la plus évidente de régénération et de foi authentique, a pu constituer le plus puissant levier qui se puisse imaginer de l'expansion de cette conception de la vie que nous avons appelée, ici, l'esprit du capitalisme. [...]

L'un des éléments fondamentaux de l'esprit du capitalisme moderne, et non seulement de celui-ci, mais de la civilisation moderne elle-même, à savoir : la conduite rationnelle fondée sur l'idée de *Beruf*[2], est né de l'esprit de l'ascétisme chrétien. [...]

Le puritain *voulait* être un homme besogneux — et nous sommes *forcés* de l'être. Car lorsque l'ascétisme se trouva transféré de la cellule des moines dans la vie professionnelle et qu'il commença à dominer la moralité séculière, ce fut pour participer à l'édification du cosmos prodigieux, de l'ordre économique moderne. Ordre lié aux conditions techniques et économiques de la production mécanique et machiniste qui détermine, avec une force irrésistible, le style de vie de l'ensemble des individus nés dans ce mécanisme — et pas seulement de ceux que concerne directement l'acquisition économique. Peut-être le déterminera-t-il jusqu'à ce que la dernière tonne de carburant fossile ait achevé de se consumer. [...]

En même temps que l'ascétisme entreprenait de transformer le monde et d'y déployer toute son influence, les biens de ce monde acquéraient sur les hommes une puissance croissante et inéluctable, puissance telle qu'on n'en avait jamais connue auparavant. [...]

Le capitalisme vainqueur n'a plus besoin de ce soutien depuis qu'il repose sur une base mécanique. Il n'est pas jusqu'à l'humeur de la philosophie des Lumières, la riante héritière de cet esprit, qui ne semble définitivement s'altérer ; et l'idée d'accomplir son « devoir » à travers une besogne[2] hante désormais notre vie, tel le spectre de croyances religieuses disparues. Lorsque

---

1. Max Weber évoque ici plus particulièrement l'idéal ascétique calviniste.
2. Le terme allemand *Beruf* signifie à la fois « devoir » et « profession » ; l'idée principale est en fait celle de « mission à accomplir ».

40 l'«accomplissement» [du devoir] professionnel ne peut être directement ratta-
ché aux valeurs spirituelles et culturelles les plus élevées — ou bien, inversement, lorsqu'il ne peut plus être ressenti comme une simple contrainte économique — l'individu renonce, en général, à le justifier. [...]

Nous nous sommes bornés à tenter, sur un point essentiel certes, de ramener à leurs causes le fait lui-même et les modalités de son influence. Resterait à
45 élucider la façon dont l'ascétisme protestant a été à son tour influencé, dans
son caractère et son devenir, par l'ensemble des conditions sociales, en particulier par les conditions *économiques*. Fût-il pétri de bonne volonté, l'homme
moderne est incapable d'accorder aux idées religieuses l'importance qu'elles
méritent pour les conduites, la culture et le caractère national. Est-il nécessaire
50 de protester que notre dessein n'est nullement de substituer à une interprétation causale exclusivement «matérialiste», une interprétation spiritualiste de
la civilisation et de l'histoire qui ne serait pas moins unilatérale? *Toutes deux*
appartiennent au domaine du *possible*; il n'en demeure pas moins que, dans
la mesure où elles ne se bornent pas au rôle de travail préparatoire, mais
55 prétendent apporter des conclusions, l'une et l'autre servent aussi mal à la
vérité historique.

M. Weber[1], *l'Éthique protestante et l'Esprit du capitalisme* (1920),
traduction J. Chavy, Éd. Plon, 1985, pp. 210-211, 222-227.

Texte 3

Unité de la sociologie

BOUDON

Proposition 1. Malgré la diversité de ses thèmes, la sociologie ne couvre pas
pour autant des activités d'une irrémédiable hétérogénéité. Que le sociologue
étudie des faits singuliers, des régularités statistiques ou qu'il cherche à mettre
en évidence des relations générales, son analyse tend très généralement à
5 mettre en évidence les propriétés du système d'interaction responsable des
faits singuliers, régularités ou relations observées. En d'autres termes, les
phénomènes auxquels le sociologue s'intéresse sont conçus comme explicables
par la *structure du système d'interaction* à l'intérieur duquel ces phénomènes
émergent.

10 *Proposition 2.* L'atome logique de l'analyse sociologique est donc l'acteur
individuel[2]. Bien entendu, cet acteur n'agit pas dans un vide institutionnel et
social. Mais le fait que son action se déroule dans un contexte de *contraintes*,
c'est-à-dire d'éléments qu'il doit accepter comme des *données* qui s'imposent à
lui, ne signifie pas qu'on puisse faire de son comportement la conséquence
15 exclusive de ces contraintes. Les contraintes ne sont qu'un élément permettant

---

1. Économiste et sociologue allemand (1864-1920).
2. Les acteurs individuels peuvent être non seulement des personnes mais toute unité collective
pour autant qu'elle se trouve munie d'un pouvoir d'action collective (firme, nation). (Note de
l'auteur.)

de comprendre l'action individuelle. Plusieurs des analyses précédentes suggèrent que la compréhension des relations de causalité que le sociologue décèle entre les propriétés des systèmes d'interaction et le comportement des individus n'est généralement possible que si ces comportements sont conçus comme des *actions* dotées de finalité.

Proposition 3. Comme le suggère la distinction parétienne[1] entre actions logiques et actions non logiques, la sociologie doit, dans de nombreux cas, utiliser les schémas d'analyse de l'action individuelle plus complexes que ceux qu'utilisent par exemple les économistes. Pour l'économiste classique, l'âne de Buridan[2] était condamné à mourir de faim. Pour l'économiste moderne, la maximisation de sa satisfaction inclut la minimisation de ses coûts de décision : il se jettera donc, au hasard, sur un des deux sacs. Pour le sociologue, il cherchera peut-être à distinguer entre les deux sacs en s'appuyant sur des *shadow-motivations*[3] (prééminence de la main droite par exemple) à moins qu'il ne s'en remette à l'autorité du paysan qui a suspendu les deux sacs.

R. Boudon[4], *la Logique du social*, Éd. Hachette, 1979, pp. 51-52.

II. LA SOCIOLOGIE EST-ELLE UNE SCIENCE ?

Texte 4

Le projet positiviste de « physique sociale »

COMTE

Voilà donc la grande, mais évidemment la seule lacune qu'il s'agit de combler pour achever de constituer la philosophie positive. Maintenant que l'esprit humain a fondé la physique céleste, la physique terrestre, soit mécanique, soit chimique, la physique organique, soit végétale, soit animale, il lui reste à terminer le système des sciences d'observation en fondant la *physique sociale*. Tel est aujourd'hui, sous plusieurs rapports capitaux, le plus grand et le plus pressant besoin de notre intelligence : tel est, j'ose le dire, le premier but de ce cours, son but spécial.

Les conceptions que je tenterai de présenter relativement à l'étude des phénomènes sociaux, et dont j'espère que ce discours laisse déjà entrevoir le germe, ne sauraient avoir pour objet de donner immédiatement à la physique

1. De Pareto, sociologue et économiste italien (1848-1923).
2. Jean Buridan, philosophe scolastique français du xive siècle. On lui attribue l'histoire de l'âne (« de Buridan ») qui, également assoiffé et affamé, peut mourir de son incapacité à choisir entre une botte de foin et un seau d'eau.
3. Motivations obscures, sans lien logique explicite avec l'action à accomplir.
4. Sociologue français contemporain.

sociale le même degré de perfection qu'aux branches antérieures de la philosophie naturelle, ce qui serait évidemment chimérique, puisque celles-ci offrent déjà entre elles à cet égard une extrême inégalité, d'ailleurs inévitable. Mais

15 elles seront destinées à imprimer à cette dernière classe de nos connaissances ce caractère positif déjà pris par toutes les autres. Si cette condition est une fois réellement remplie, le système philosophique des modernes sera enfin fondé dans son ensemble ; car aucun phénomène observable ne saurait évidemment manquer de rentrer dans quelqu'une des cinq grandes catégories dès lors

20 établies des phénomènes astronomiques, physiques, chimiques, physiologiques et sociaux.

Comte, *Cours de philosophie positive*,
Première leçon (1830-1842), Éd. Hatier, 1982, pp. 75-76.

Texte 5

Hypothèses,
théories et faits

MENDRAS

Il n'y a pas d'observation de la réalité sociale sans un minimum de théorie au départ. On ne regarde pas ce qui se passe dans la société sans avoir quelques idées préconçues, que ce soient des idées ou des hypothèses de bon sens, ou que ce soient des hypothèses issues d'autres recherches sociologiques. La socio-

5 logie, comme toutes les sciences contemporaines, constitue son objet à partir de la réalité en fonction de son corps d'hypothèses et de théories. Une science positive doit regarder les faits sociaux comme des choses, disait Durkheim, avec le même œil qu'un homme de science applique aux phénomènes biologiques, physiques ou chimiques. Les faits sociaux deviennent objet de

10 recherche seulement lorsqu'ils sont analysés en termes sociologiques.

C'est la différence fondamentale entre une science sociale positive et les sciences normatives que sont, par exemple, la morale ou le droit. Le physicien n'a pas besoin de longs développements pour expliquer qu'il fait une science positive, parce qu'il n'y a guère de morale en physique. En revanche, toute la

15 vie sociale est organisée, commandée, par la morale et par les lois. La science morale et la science du droit se proposent la connaissance des règles morales et des règles juridiques et une réflexion sur ces règles et leurs fondements : sciences normatives qui partent des normes pour en déduire des règles pratiques de conduite. Une science positive, au contraire, part des conduites,

20 les décrit et les interprète pour les comprendre sans porter aucun jugement sur le bien ou sur le mal. Pour le sociologue une conduite répréhensible est une conduite aussi normale qu'une conduite acceptée par une société. Construire une théorie qui rende compte de la réalité n'est pas porter un jugement sur cette réalité. [...]

25 Reste le problème fondamental suivant : cette science des sociétés peut-elle aboutir à des lois ? Toute science, dit-on, doit formuler un jour des lois. A la fin du siècle dernier, dans l'euphorie des premières découvertes et sûrs de leur foi au progrès de l'humanité, beaucoup de sociologues ont dit qu'il y avait des

lois sociales. Aujourd'hui il convient d'être plus modeste. Probablement y
a-t-il des lois sociales, mais ne cherchons pas à les formuler trop rapidement,
contentons-nous de découvrir des régularités, de constater que si A se rencontre toujours, dans notre expérience, avec B, cela ne veut pas dire que A soit
la cause de B, ni même que A soit indissociable de B. L'étude de ces régularités
permet dans une certaine mesure de faire des prévisions ; de dire par exemple
que si vous voulez A, vous aurez probablement aussi B. La différence essentielle
entre prévision et prophétie se trouve par-là évoquée.

H. Mendras[1], *Éléments de sociologie*, Collection U, Éd. A. Colin, 1978, p. 11.

III. SOCIOLOGIE ET PHILOSOPHIE

Texte 6

Qui parle, et d'où ?

MERLEAU-PONTY

Les mêmes dépendances historiques qui interdisent au philosophe de s'arroger
un accès immédiat à l'universel ou à l'éternel interdisent au sociologue de se
substituer à lui dans cette fonction, et de donner valeur d'ontologie à l'objectivation scientifique du social. Le sens le plus profond du concept d'histoire
n'est pas d'enfermer en un point du temps et de l'espace le sujet pensant : il ne
peut apparaître ainsi qu'au regard d'une pensée elle-même capable de sortir de
toute localité et de toute temporalité pour le voir en son lieu et en son temps.
Or, c'est justement le préjugé d'une pensée absolue que le sens historique dis-
crédite. Il n'est pas question, comme le fait l'historicisme, de transférer simplement à la science le magistère qu'on refuse à la philosophie systématique. Vous
croyez penser pour toujours et pour tout le monde, dit le sociologue au philosophe, et, en cela même, vous ne faites qu'exprimer les préjugés ou les prétentions de votre culture. C'est vrai, mais ce n'est pas moins vrai du sociologue
dogmatique que du philosophe. Lui-même, qui parle ainsi, *d'où parle-t-il ?*
Cette idée d'un temps historique qui contiendrait les philosophes comme une
boîte contient un objet, le sociologue ne peut la former qu'en se plaçant à son
tour hors de l'histoire et en revendiquant le privilège du spectateur absolu. En
réalité, c'est la conception même des rapports de l'esprit et de son objet que la
conscience historique nous invite à remanier. Justement, l'inhérence de ma
pensée à une certaine situation historique sienne et, à travers elle, à d'autres
situations historiques qui l'intéressent, — puisqu'elle est originaire par
rapport aux relations objectives dont la science nous entretient, — fait de la
connaissance du social une connaissance de moi-même, appelle et autorise une

1. Sociologue français contemporain.

25 *vue de l'intersubjectivité comme mienne* que la science oublie tout en l'utilisant, et qui est le propre de la philosophie. Si l'histoire nous enveloppe tous, c'est à nous de comprendre que ce que nous pouvons avoir de vérité ne s'obtient pas contre l'inhérence historique, mais par elle. Superficiellement pensée, elle détruit toute vérité ; pensée radicalement, elle fonde une nouvelle idée de la vérité.

M. Merleau-Ponty, *Signes* (1960), Éd. Gallimard, 1985, pp. 136-137.

Texte 7

La connaissance
sociologique
est libératrice

BOURDIEU

Le propre des réalités historiques est que l'on peut toujours établir qu'il aurait pu en être autrement, qu'il en va autrement ailleurs, dans d'autres conditions. Ce qui veut dire que, en historicisant, la sociologie dénaturalise, défatalise. Mais on lui reproche alors d'encourager un désenchantement cynique. Évitant
5 ainsi de poser, sur un terrain où elle aurait quelque chance d'être résolue, la question de savoir si ce que le sociologue donne comme un constat et non comme une thèse, à savoir par exemple que les consommations alimentaires ou les usages du corps varient selon la position occupée dans l'espace social, est vrai ou faux et comment on peut rendre raison de ces variations. Mais, par
10 ailleurs, faisant le désespoir de ceux qu'il faut bien appeler les absolutistes, éclairés ou non, qui dénoncent son relativisme désenchanteur, le sociologue découvre la nécessité, la contrainte des conditions et des conditionnements sociaux, jusqu'au cœur du « sujet », sous la forme de ce que j'appelle l'habitus[1]. Bref, il porte le désespoir de l'humaniste absolutiste à son comble en faisant
15 voir la nécessité dans la contingence, en révélant le système des conditions sociales qui ont rendu possible une manière particulière d'être ou de faire, ainsi nécessitée sans être pour autant nécessaire. Misère de l'homme sans Dieu ni destin d'élection, que le sociologue ne fait que révéler, porter au jour, et dont on le rend responsable, comme tous les prophètes de malheur. Mais on
20 peut tuer le messager, ce qu'il annonce reste dit, et entendu.

Cela étant, comment ne pas voir qu'en énonçant les déterminants sociaux des pratiques, des pratiques intellectuelles notamment, le sociologue donne les chances d'une certaine liberté par rapport à ces déterminants ? C'est à travers l'illusion de la liberté à l'égard des déterminations sociales (illusion dont j'ai
25 dit cent fois qu'elle est la détermination spécifique des intellectuels) que liberté est donnée aux déterminations sociales de s'exercer. [...] Ainsi, paradoxalement, la sociologie libère en libérant de l'illusion de la liberté, ou, plus exactement, de la croyance mal placée dans des libertés illusoires.

P. Bourdieu[2], *Choses dites*, Éd. de Minuit, 1987, pp. 25-26.

---

1. Terme latin, utilisé ici pour désigner les mœurs et le type de comportement propres à une catégorie sociale.
2. Sociologue français contemporain.

DOCUMENT

Modèles sociaux et identités usurpées

Spécialiste anglais de la sociologie des classes et des cultures populaires, R. Hoggart applique ici son point de vue de sociologue à l'analyse de souvenirs de sa propre enfance dans les années 30, dans un quartier ouvrier de Leeds.

*M*R. *Harrison, le directeur, nous enseignait la géographie. C'était un homme à l'air assez distingué, à la moustache soignée, qui portait un costume trois pièces et une chaîne de montre ; il fallait s'approcher de plus près pour voir que son costume n'était pas le vêtement de pure laine peignée du médecin généraliste anglais. A trente pas on l'aurait pris pour un avoué ou un directeur de*
5 *banque ; si l'on y regardait de plus près, la ressemblance et l'illusion s'évanouissait et il était, j'appris plus tard à le voir, un directeur d'école élémentaire pas très imposant.*

C'était une leçon précoce sur les limites du simulacre ; une manière imagée de dire que l'on voit des sosies à tous les niveaux de la société, et que leur ressemblance cesse d'être parfaite dès qu'on se rapproche. Plus que toute autre influence, les fatigues et les joies personnelles de la vie — maladie,
10 *bonheur dans les relations, pertes, amour — façonnent nos visages, que nous le voulions ou non. Nous modelons nous aussi notre visage en réponse aux contraintes de notre travail telles que nous les concevons. Des expressions similaires peuvent ainsi apparaître à des niveaux extrêmement différents de travail et de responsabilité, toutes ont gravé sur les visages le même ensemble de rides, la même saillie de la mâchoire, la même inclinaison de la tête, la même expression des yeux. D'un niveau à l'autre, les*
15 *visages se ressemblent — jusqu'à ce qu'on aille y voir de plus près. On peut en dire autant des voix et de leurs imitations, souvent seulement partiellement conscientes. Cela fait partie des thèmes sur lesquels je ne cesse de revenir, année après année, peut-être parce que, comme la plupart des idées qui me retiennent, il est question de l'identité, du sens de l'identité, du besoin d'une identité sûre, de la fragilité de l'identité ; et du côté factice de beaucoup des identités qui nous sont offertes ou que nous nous*
20 *offrons nous-mêmes et dans lesquelles nous nous efforçons de nous insérer. [...]*

Sous peine de finir par ressembler à quelque mannequin de chez Madame Tussaud, nous ne devrions jamais prendre nos modèles de visage ou de voix dans la vie réelle ; et aucune panoplie vestimentaire, depuis le pardessus en poil de chameau jusqu'aux jeans, aux bottes en caoutchouc vert ou aux bijoux hippies, ne peut faire quoi que ce soit d'important pour nous. Eliot savait ce qu'il disait
25 *lorsqu'il affirmait qu'un poète devrait ressembler à un employé de banque. C'est ce qu'il fit tout le temps et c'était un déguisement sûr ; il était un employé de banque très méditatif et à l'aspect impressionnant, et ressemblait ainsi, d'une manière tout aussi impressionnante, à un poète grave.*

R. Hoggart, *33, Newport Street. Autobiographie d'un intellectuel issu des classes populaires anglaises,*
traduction de C. et C. Grignon, Éd. Gallimard - Le Seuil, 1991, pp. 195-196.

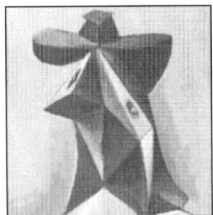

11.

LA VÉRITÉ

Portrait de femme, Picasso. Huile sur toile (65 × 65 cm), Musée Picasso, Paris.

INTRODUCTION

Dans la langue courante, on qualifie de «vrais» ou de «faux» aussi bien des énoncés que des choses, des événements, des situations, etc. Dans tous les cas, ces qualifications renvoient aux idées de concordance et de non-concordance, d'adéquation et de non-adéquation, de conformité et de non-conformité **(Texte 1)**.

Seul un jugement peut être vrai

Pourtant, ce n'est pas de la même façon qu'un énoncé et une chose (un événement, etc.) peuvent ou non être vrais: l'énoncé «la terre tourne autour du soleil» est vrai parce que conforme à ce que l'on sait de la réalité; si l'on parle de vraies perles, c'est pour insister sur le fait qu'elles ne sont pas de plastique par exemple, que ce ne sont pas des imitations. Cela dit, fussent-elles de plastique, les perles n'en resteraient pas moins des objets dont la réalité n'est pas en cause — en revanche, dans l'état actuel de nos connaissances, l'hypothèse selon laquelle la terre ne tournerait pas autour du soleil est pour le moins improbable.

Ce qui sépare les deux usages du mot « vrai » est en fait assez simple : «vraies» ou «fausses» les perles existent de la même façon — ce qui change, c'est le jugement qu'on porte sur leur nature. On précise si les perles dont on parle sont ou non conformes à ce que doivent être des perles. De fait, à proprement parler, seul un énoncé, un jugement, peut être vrai ou faux.

La qualification des choses comme vraies ou fausses rejoint en fait la définition philosophique traditionnelle de la vérité comme *adaequatio rei et intellectus*, « adéquation de l'esprit (de la connaissance) et de la chose ».

On peut aller plus loin : beaucoup de philosophes, pour rendre compte du décalage entre la façon dont la réalité apparaît et ce qu'elle est véritablement, semblent confondre, à l'instar du sens commun, **vérité** et **réalité**[1].

Être et paraître

A l'origine de notre conception du monde et de nos façons de penser, la philosophie grecque pose le **logos** (terme que nous traduisons à la fois par «discours» et par «raison»), comme étant aussi bien le discours vrai que l'être révélé par ce discours. Le récit et l'interprétation de l'Allégorie de la caverne **(Texte 2)** montrent bien comment et pourquoi un philosophe comme Platon identifie, à sa façon, la Vérité et la Réalité: le réel sensible dans lequel nous vivons est souvent trompeur (notons que la première illusion d'optique venue donne raison à Platon). La connaissance sensible est donc limitée aux apparences, et on ne saurait la qualifier de vraie; il n'y a alors de vérité qu'au-delà des apparences, dans ce qui ne change pas au rythme des fluctuations de la condition humaine. Pour Platon, comme pour tous ceux qui, sous des formes variées (en particulier théologique), se fondent sur la dis-

---

1. Le terme « réalité » désigne ce qui existe à un titre quelconque – ce qui s'impose par les sens (le monde sensible) ou par l'esprit (les idées mathématiques, par exemple).

tinction de l'Être et du paraître, il existe deux ordres de réalité : l'un tient lieu de modèle et l'autre d'infidèle copie. Ou encore, en d'autres termes, l'Être est la vérité, tandis que les apparences sont source d'erreurs et d'illusions.

A l'appui d'une telle conception des rapports entre vérité et réalité, les constats ne manquent pas : non seulement, par exemple, nous savons bien que la distance réelle du soleil à la terre est infiniment supérieure à celle dont la vue nous «informe » ; mais par ailleurs nul ne peut nier que si seul l'énoncé conforme à cette distance réelle dit la vérité, une proposition non conforme à cette réalité peut être à la fois fausse et pourvue de sens (**Texte 3**).

Au dix-septième siècle encore, Descartes, Malebranche, Spinoza, Leibniz... fondent la possibilité de représentations vraies de la réalité sur l'existence d'une réalité divine, vraie en elle-même, qui «garantit» en quelque sorte la vérité du lien établi par la connaissance humaine entre les apparences et ce qui **est** véritablement. Selon ces philosophes, le critère le moins discutable de la vérité est son **évidence** : «Elle se présente si distinctement et si claire-ment à l'esprit qu'on ne peut la mettre en doute », dit Descartes, ou encore «elle est à elle-même son propre critère », comme l'écrit Spinoza (**Texte 5**). Si ce siècle est aussi celui des premières conquêtes de la science moderne, c'est que par ailleurs on prend au sérieux le «décalage » entre l'être et le paraître : on l'analyse[1], on pose en termes de méthode le problème des conditions de la recherche de la vérité (**Texte 4**). On a beau continuer de croi-re à l'origine divine de l'ordre du monde, la possibilité d'une science humaine valide n'en est pas moins explicitement admise et théorisée.

Une nouvelle révolution copernicienne

Avec Kant s'opère ce que lui-même a nommé la **révolution copernicienne** en matière de théorie de la connaissance : Copernic avait «inversé » les posi-tions respectives de la terre et du soleil dans l'Univers ; dans l'univers de la connaissance, il faut, de la même façon, changer de centre, faire du sujet et non plus de l'objet la véritable origine du savoir. Reconnaître à la raison humaine la capacité d'élaborer des connaissances vraies par ses propres moyens[2], c'était ouvrir une brèche dans l'identification classique de la Vérité à la Réalité : la relation entre vérité et réalité peut être complètement repen-sée dès l'instant où la nature des liens entre l'*objet* et le *sujet* de la connais-sance est elle-même analysée dans des termes radicalement différents.

La critique kantienne est à la source de deux ruptures décisives :

1. Le problème des conditions de possibilité de la découverte de la vérité se situe désormais sur fond d'analyse des moyens et limites de la raison.

2. A supposer qu'existe effectivement l'*Être en soi*, d'un ordre de réalité abso-lument supérieur, sa saisie, elle aussi, est « d'un autre ordre », radicalement distincte, en tout cas, de la saisie rationnelle de la réalité accessible dans la sphère de l'expérience humaine.

---

1. Voir le chapitre « Théorie et expérience », le texte de Descartes p. 121.
2. Voir le chapitre « Théorie et expérience », textes 3 et 4.

Construire la vérité

Le fait est que le sens commun, qui nous a permis de comprendre pourquoi on peut «confondre» vérité et réalité, nous autorise maintenant — pour d'autres raisons, bien sûr — à admettre le point de vue de Kant et de ses «héritiers» : quand nous parlons du réel, c'est bien à l'immédiat directement accessible à notre expérience que nous pensons. Quelle que soit sa «vraie nature» — que sa matérialité, par exemple, soit jugée effective ou illusoire — le **réel** est ce que nous subissons, ce qui nous résiste, ce avec quoi il faut compter. La réalité, c'est donc l'ensemble des « objets » qui s'offrent à la connaissance d'un sujet, sous des apparences qu'il faut « rectifier » pour trouver la vérité — on aurait pu écrire : pour construire la vérité, au fur et à mesure des approximations et des vérifications.

Ainsi peut-on substituer à l'idée platonicienne selon laquelle la Vérité est une et absolue, la conception d'une vérité plurielle et relative : la recherche de la vérité obéit à des règles spécifiques à chaque champ d'investigation ; la vérité se constitue au travers des différentes relations qui unissent à la réalité les sujets qui travaillent à l'énoncer. Il faut, sur ces bases, modifier radicalement et la formulation, et la solution de trois problèmes essentiels.

1. Si la vérité n'est pas une et **absolue**[1], le critère de sa reconnaissance ne peut pas être celui de son évidence — il ne peut y avoir *aucun critère universel de la vérité ;* seuls peuvent être élaborés des critères de la validité formelle des énoncés susceptibles d'être vrais[2].

2. Puisque ce n'est pas telle qu'elle «se donne» que la réalité peut faire l'objet d'une connaissance vraie, mais à condition d'être «reconstruite» par la raison, la notion d'**objectivité** est à repenser : loin d'être «copie conforme» de la réalité, la connaissance objective est au contraire le produit d'une *approche réfléchie, critique* de ses objets (**Textes 5, 6 et 7**).

3. Les «contraires» de la vérité, **l'erreur** et **l'illusion**, certaines catégories d'opinion, ne sont pas la même chose (c'est-à-dire simples marques de l'inadéquation des moyens humains à l'infinité absolue de la Vérité), mais ont chacune leurs caractères propres et acquièrent une positivité : de manques à combler, elles sont devenues obstacles à détruire (**Texte 7**).

Le rêve de l'unité de la vérité

Cela dit, l'aspiration à découvrir un jour *la* Vérité n'est pas morte, et on comprend bien pourquoi : pour donner un sens à l'existence, malgré les incertitudes, voire l'absurdité, de la condition humaine, on voudrait croire à la possibilité d'*une* Science, d'*une* Morale, d'*un* Art... universels. L'universalité rassure : Nietzsche (**Texte 8**) va jusqu'à faire de l'idée même de vérité une invention née de ce besoin de sécurité, de l'accumulation d'«illusions dont on a oublié qu'elles le sont ».

---

1. L'Absolu est ce qui a en soi-même sa raison d'être et qui n'a besoin d'aucune autre chose ni pour exister ni pour être conçu.
2. Voir chapitre « Logique et mathématiques », textes 1 et 2 de Blanché et Kant.

Peut-on conclure, comme le philosophe contemporain Paul Ricœur, que la « passion de l'unité » de la vérité[1] est paradoxalement source de mensonges dangereux ? Oui : le double exemple des passions religieuse et politique l'illustre trop bien ; toute entreprise visant à imposer une vérité au nom de sa présumée absolue supériorité ne recule devant aucun moyen — aucun mensonge, et le «faux pas du total au totalitaire » est facilement franchi **(Texte 9)**. Le remède n'est certainement pas la revendication opposée d'un quelconque et systématique «à chacun sa vérité » : la vérité est relative aux possibilités et exigences de la raison, dans certains cas peut-être à des **croyances** — mais celles-ci perdraient précisément leur qualité de croyances[2] si on prétendait pouvoir en démontrer la vérité. Dans bien peu de cas seulement, la vérité n'est relative qu'aux «goûts et couleurs » dont «on ne discute pas ».

---

1. Les problèmes spécifiques à la recherche de la vérité et de l'objectivité en histoire, et à la nature des vérités mathématiques, sont traités aux chapitres « Histoire » et « Logique et mathématiques ».
2. On peut nommer « croyance » toute attitude de l'esprit qui affirme, selon des degrés plus ou moins grands de probabilité, la vérité ou la réalité d'une chose, sans pouvoir en administrer la preuve.

TEXTES

I. VÉRITÉ ET RÉALITÉ

Texte 1

« Vrai » ne veut pas
dire « réel »

SPINOZA

La première signification donc de *Vrai* et de *Faux* semble avoir tiré son origine
des récits ; et l'on a dit vrai un récit quand le fait raconté était réellement arrivé ; faux, quand le fait raconté n'était arrivé nulle part. Plus tard les Philosophes ont employé le mot pour désigner l'accord ou le non-accord d'une idée
avec son objet ; ainsi, l'on appelle idée vraie celle qui montre une chose comme
elle est en elle-même ; fausse celle qui montre une chose autrement qu'elle
n'est en réalité. Les idées ne sont pas autre chose en effet que des récits ou des
histoires de la nature dans l'esprit. Et de là on en est venu à désigner de même
par métaphore des choses inertes ; ainsi quand nous disons de l'or vrai ou de
l'or faux, comme si l'or qui nous est présenté racontait quelque chose sur lui-
même, ce qui est ou n'est pas en lui.

Le Vrai n'est pas un terme transcendantal[1]. – Ceux-là se sont donc trom-
pés entièrement qui ont jugé le *Vrai* un terme transcendantal ou une affection
de l'Être. Car il ne peut s'appliquer aux choses elles-mêmes qu'improprement
ou, si l'on préfère, en vue de l'effet oratoire.

Comment diffèrent la vérité et l'idée vraie ? – Si l'on demande maintenant
ce qu'est la vérité en dehors de l'idée vraie, que l'on demande ce qu'est la
blancheur en dehors du corps blanc, car la relation est la même entre ces
choses. [...]

**Quelles sont les propriétés de la vérité ? La certitude n'est pas dans les
choses.** – Les propriétés de la vérité ou de l'idée vraie sont :

1° Qu'elle est claire et distincte.

2° Qu'elle lève tout doute, ou, d'un mot, qu'elle est certaine. Ceux qui
cherchent la certitude dans les choses elles-mêmes se trompent de la même
manière que lorsqu'ils y cherchent la vérité ; et, quand nous disons qu'*une
chose est incertaine*, nous prenons, à la façon des orateurs, l'objet pour l'idée,
de même que quand nous parlons d'une *chose douteuse*, à moins que peut-être
nous n'entendions par incertitude la contingence, ou la chose qui fait naître en
nous l'incertitude ou le doute.

Spinoza, *Pensées métaphysiques* (1663),
Éd. Garnier-Flammarion, 1964, pp. 352-353.

---

1. Dans la langue scolastique, se dit de certains attributs qui conviennent à tous les êtres.

Texte 2

Du monde visible
au monde intelligible
(l'Allégorie
de la caverne)

PLATON

Figure-toi des hommes dans une demeure souterraine en forme de caverne, dont l'entrée, ouverte à la lumière, s'étend sur toute la longueur de la façade ; ils sont là depuis leur enfance, les jambes et le cou pris dans des chaînes, en sorte qu'ils ne peuvent bouger de place, ni voir ailleurs que devant eux ; car les liens les empêchent de tourner la tête ; la lumière d'un feu allumé au loin sur une hauteur brille derrière eux ; entre le feu et les prisonniers il y a une route élevée ; le long de cette route figure-toi un petit mur, pareil aux cloisons que les montreurs de marionnettes dressent entre eux et le public et au-dessus desquelles ils font voir leurs prestiges.

— Je vois cela, dit-il.

— Figure-toi maintenant le long de ce petit mur des hommes portant des ustensiles de toute sorte, qui dépassent la hauteur du mur, et des figures d'hommes et d'animaux, en pierre, en bois, de toutes sortes de formes ; et naturellement parmi ces porteurs qui défilent, les uns parlent, les autres ne disent rien.

— Voilà, dit-il, un étrange tableau et d'étranges prisonniers.

— Ils nous ressemblent, répondis-je. Et d'abord penses-tu que dans cette situation ils aient vu d'eux-mêmes et de leurs voisins autre chose que les ombres projetées par le feu sur la partie de la caverne qui leur fait face ?

— Peut-il en être autrement, dit-il, s'ils sont contraints toute leur vie de rester la tête immobile ?

— Et des objets qui défilent, n'en est-il pas de même ?

— Sans contredit.

— Dès lors, s'ils pouvaient s'entretenir entre eux, ne penses-tu pas qu'ils croiraient nommer les objets réels eux-mêmes, en nommant les ombres qu'ils verraient ?

— Nécessairement.

— Et s'il y avait aussi un écho qui renvoyât les sons du fond de la prison, toutes les fois qu'un des passants viendrait à parler, crois-tu qu'ils ne prendraient pas sa voix pour celle de l'ombre qui défilerait ?

— Si, par Zeus, dit-il.

— Il est indubitable, repris-je, qu'aux yeux de ces gens-là la réalité ne saurait être autre chose que les ombres des objets confectionnés.

— C'est de toute nécessité, dit-il.

— Examine maintenant comment ils réagiraient, si on les délivrait de leurs chaînes et qu'on les guérît de leur ignorance, et si les choses se passaient naturellement comme il suit. Qu'on détache un de ces prisonniers, qu'on le force à se dresser soudain, à tourner le cou, à marcher, à lever les yeux vers la lumière, tous ces mouvements le feront souffrir, et l'éblouissement l'empêchera de regarder les objets dont il voyait les ombres tout à l'heure. Je te demande ce qu'il pourra répondre, si on lui dit que tout à l'heure il ne voyait que des riens sans consistance, mais que maintenant plus près de la réalité et tourné vers des

objets plus réels, il voit plus juste ; si enfin, lui faisant voir chacun des objets qui défilent devant lui, on l'oblige à force de questions à dire ce que c'est : ne crois-tu pas qu'il sera embarrassé et que les objets qu'il voyait tout à l'heure lui paraîtront plus véritables que ceux qu'on lui montre à présent ?

– Beaucoup plus véritables, dit-il.

– Et si on le forçait à regarder la lumière même, ne crois-tu pas que les yeux lui feraient mal et qu'il se déroberait et retournerait aux choses qu'il peut regarder, et qu'il les croirait réellement plus distinctes que celles qu'on lui montre ?

– Je le crois, fit-il.

– Et si, repris-je, on le tirait de là par force, qu'on lui fît gravir la montée rude et escarpée, et qu'on ne le lâchât pas avant de l'avoir traîné dehors à la lumière du soleil, ne penses-tu pas qu'il souffrirait et se révolterait d'être ainsi traîné, et qu'une fois arrivé à la lumière, il aurait les yeux éblouis de son éclat, et ne pourrait voir aucun des objets que nous appelons à présent véritables ?

– Il ne le pourrait pas, dit-il, du moins tout d'abord.

– Il devrait en effet, repris-je, s'y habituer, s'il voulait voir le monde supérieur. Tout d'abord ce qu'il regarderait le plus facilement, ce sont les ombres, puis les images des hommes et des autres objets reflétés dans les eaux, puis les objets eux-mêmes ; puis élevant ses regards vers la lumière des astres et de la lune, il contemplerait pendant la nuit les constellations et le firmament lui-même plus facilement qu'il ne ferait pendant le jour le soleil et l'éclat du soleil.

– Sans doute.

– A la fin, je pense, ce serait le soleil, non dans les eaux, ni ses images reflétées sur quelque autre point, mais le soleil lui-même dans son propre séjour qu'il pourrait regarder et contempler tel qu'il est.

– Nécessairement, dit-il.

– Après cela, il en viendrait à conclure au sujet du soleil, que c'est lui qui produit les saisons et les années, qu'il gouverne tout dans le monde visible et qu'il est en quelque manière la cause de toutes ces choses que lui et ses compagnons voyaient dans la caverne.

– Il est évident, dit-il, que c'est là qu'il en viendrait après ces diverses expériences.

– Si ensuite il venait à penser à sa première demeure et à la science qu'on y possède, et aux compagnons de sa captivité, ne crois-tu pas qu'il se féliciterait du changement et qu'il les prendrait en pitié ?

– Certes si.

– Quant aux honneurs et aux louanges qu'ils pouvaient alors se donner les uns aux autres, et aux récompenses accordées à celui qui discernait de l'œil le plus pénétrant les objets qui passaient régulièrement les premiers ou les derniers, ou ensemble, et qui par là était le plus habile à deviner celui qui allait arriver, penses-tu que notre homme en aurait envie, et qu'il jalouserait ceux qui seraient parmi ces prisonniers en possession des honneurs et de la puissance ? Ne penserait-il pas comme Achille dans Homère, et ne préférerait-il pas cent fois n'être qu'un valet de charrue au service d'un pauvre laboureur et supporter tous les maux possibles plutôt que de revenir à ses anciennes illusions et de vivre comme il vivait ?

— Je suis de ton avis, dit-il : il préférerait tout souffrir plutôt que de revivre
90 cette vie-là.

— Imagine encore ceci, repris-je ; si notre homme redescendait et reprenait son ancienne place, n'aurait-il pas les yeux offusqués par les ténèbres, en venant brusquement du soleil ?

— Assurément si, dit-il.

95 — Et s'il lui fallait de nouveau juger de ces ombres et concourir avec les prisonniers qui n'ont jamais quitté leurs chaines, pendant que sa vue est encore confuse et avant que ses yeux se soient remis et accoutumés à l'obscurité, ce qui demanderait un temps assez long, n'apprêterait-il pas à rire et ne diraient-ils pas de lui que, pour être monté là-haut, il en est revenu les yeux gâtés, que
100 ce n'est même pas la peine de tenter l'ascension ; et, si quelqu'un essayait de les délier et de les conduire en haut, et qu'ils pussent le tenir en leurs mains et le tuer, ne le tueraient-ils pas ?

— Ils le tueraient certainement, dit-il.

— Maintenant, repris-je, il faut, mon cher Glaucon, appliquer exactement
105 cette image à ce que nous avons dit plus haut : il faut assimiler le monde visible au séjour de la prison, et la lumière du feu dont elle est éclairée à l'effet du soleil ; quant à la montée dans le monde supérieur et à la contemplation de ses merveilles, vois-y la montée de l'âme dans le monde intelligible, et tu ne te tromperas pas sur ma pensée, puisque tu désires la connaître. Dieu sait si elle
110 est vraie ; en tout cas, c'est mon opinion, qu'aux dernières limites du monde intelligible est l'idée du bien, qu'on aperçoit avec peine, mais qu'on ne peut apercevoir sans conclure qu'elle est la cause universelle de tout ce qu'il y a de bien et de beau ; que dans le monde visible, c'est elle qui a créé la lumière et le dispensateur de la lumière ; et que dans le monde intelligible, c'est elle qui dis-
115 pense et procure la vérité et l'intelligence, et qu'il faut la voir pour se conduire avec sagesse soit dans la vie privée, soit dans la vie publique.

Platon (vers 420-340 av. J.-C.), *la République*, Livre VII,
Éd. les Belles Lettres, 1949, 514 b-517 c. texte établi et traduit par E. Chambry.

Texte 3

Une proposition
fausse peut avoir
un sens

WITTGENSTEIN

4.021 – La proposition est une image de la réalité : car je connais l'état des choses qu'elle représente, si je comprends la proposition. Et je comprends la proposition sans que son sens m'ait été expliqué.

4.022 — La proposition montre son sens.

La proposition montre ce qu'il en est, *quand* elle est vraie. Et elle *dit qu'*il en est ainsi.

4.023 — La réalité doit être déterminée par la proposition soit par « oui », soit par « non ».

Pour cela il faut qu'elle soit intégralement décrite par la proposition.

La proposition est la description d'un état de choses.

Tel on décrit un objet d'après ses propriétés externes, tel la proposition décrit la réalité d'après ses propriétés internes.

La proposition construit un monde à l'aide d'un échafaudage logique et c'est pourquoi on peut reconnaître à la proposition comment se comporte tout ce qui est logique, quand elle est vraie. On peut *tirer des conclusions* d'une proposition fausse.

4.024 — Comprendre une proposition, c'est savoir ce qui arrive, quand elle est vraie.

L. Wittgenstein, *Tractatus Logico-Philosophicus* (1921),
traduction de P. Klossowski, Éd. Gallimard, 1961.

II. VÉRITÉ ET RAISON

Texte 4

Quatre règles
pour une méthode

DESCARTES

Au lieu de ce grand nombre de préceptes dont la logique est composée, je crus que j'aurais assez des quatre suivants, pourvu que je prisse une ferme et constante résolution de ne manquer pas une seule fois à les observer.

Le premier était de ne recevoir jamais aucune chose pour vraie que je ne la connusse évidemment être telle ; c'est-à-dire d'éviter soigneusement la précipitation et la prévention ; et de ne comprendre rien de plus en mes jugements que ce qui se présenterait si clairement et si distinctement à mon esprit que je n'eusse aucune occasion de le mettre en doute.

Le second, de diviser chacune des difficultés que j'examinerais en autant de parcelles qu'il se pourrait et qu'il serait requis pour les mieux résoudre.

Le troisième, de conduire par ordre mes pensées, en commençant par les objets les plus simples et les plus aisés à connaître, pour monter peu à peu, comme par degrés, jusques à la connaissance des plus composés ; et supposant même de l'ordre entre ceux qui ne se précèdent point naturellement les uns les autres.

Et le dernier, de faire partout des dénombrements si entiers, et des revues si générales, que je fusse assuré de ne rien omettre.

Descartes, *Discours de la méthode* (1637),
Deuxième partie, Bibliothèque de la Pléiade,
Éd. Gallimard, 1953, pp. 137-138.

Texte 5

La vérité
est-elle « norme
d'elle-même » ?

SPINOZA

Qui a une idée vraie sait en même temps qu'il a une idée vraie et ne peut douter de la vérité de sa connaissance. [...]

Car nul, ayant une idée vraie, n'ignore que l'idée vraie enveloppe la plus haute certitude ; avoir une idée vraie, en effet, ne signifie rien, sinon connaître une
5 chose parfaitement ou le mieux possible ; et certes personne ne peut en douter, à moins de croire que l'idée est quelque chose de muet comme une peinture sur un panneau et non un mode de penser, savoir l'acte même de connaître ; et, je le demande, qui peut savoir qu'il connaît une chose, s'il ne connaît auparavant la chose ? c'est-à-dire qui peut savoir qu'il est certain d'une chose, s'il n'est aupara-
10 vant certain de cette chose ? D'autre part, que peut-il y avoir de plus clair et de plus certain que l'idée vraie, qui soit norme de vérité[1] ? Certes, comme la lumiè-re se fait connaître elle-même et fait connaître les ténèbres, la vérité est norme d'elle-même et du faux. Par là je crois avoir répondu aux questions suivantes, savoir : si une idée vraie, en tant qu'elle est dite seulement s'accorder avec ce
15 dont elle est l'idée, se distingue d'une fausse ; une idée vraie ne contient donc aucune réalité ou perfection de plus qu'une fausse (puisqu'elles se distinguent seulement par une dénomination extrinsèque), et conséquemment un homme qui a des idées vraies ne l'emporte en rien sur celui qui en a seulement de fausses ? Puis d'où vient que les hommes ont des idées fausses ? Et, enfin, d'où
20 quelqu'un peut-il savoir avec certitude qu'il a des idées qui conviennent à leurs objets ? A ces questions, dis-je, je pense avoir déjà répondu. Quant à la différen-ce, en effet, qui est entre l'idée vraie et la fausse, il est établi par la Proposition 35[2] qu'il y a entre elles deux la même relation qu'entre l'être et le non-être. [...]

Par là apparaît aussi quelle différence est entre un homme qui a des idées
25 vraies et un homme qui n'en a que de fausses. Quant à la dernière question enfin : d'où un homme peut savoir qu'il a une idée qui convient avec son objet, je viens de montrer suffisamment et surabondamment que cela provient uni-quement de ce qu'il a une idée qui convient avec son objet, c'est-à-dire de ce que la vérité est norme d'elle-même. Ajoutez que notre Âme, en tant qu'elle
30 perçoit les choses vraiment, est une partie de l'entendement infini de Dieu [...] et qu'il est donc aussi nécessaire que les idées claires et distinctes de l'Âme soient vraies, que cela est nécessaire des idées de Dieu.

Spinoza, *Éthique* (1677), Éd. Garnier - Flammarion, 1965,
Deuxième partie, proposition XLIII, traduction de C. Appuhn, pp. 117-118.

1. Spinoza fait de l'évidence un critère de la vérité. Est « évident », au sens propre (cf. le latin *vide-re* = « voir »), ce qui ne peut pas ne pas être vu, ce qui s'impose par sa totale clarté.
2. « La fausseté consiste dans une privation de connaissance qu'enveloppent les idées inadé-quates, c'est-à-dire mutilées et confuses. »

Texte 6

« Objectif »
et « subjectif » :
des termes
bien ambigus

ADORNO

C'est celui qui le dit qui y est ! — Ce qui est objectivement la vérité est déjà bien difficile à déterminer — mais, dans nos rapports avec les autres, il ne faut pas s'en laisser imposer le terrorisme. Et il existe là certains critères, qui suffisent dans un premier temps. Ainsi, et c'est un signe qui ne trompe pas, quand
5   on vient vous objecter que ce que vous dites est « trop subjectif ». Quand on fait valoir cet argument, qui plus est avec l'indignation où vibre l'unanimité rageuse des gens raisonnables, on a toute raison d'être content de soi l'espace d'un instant. En effet, les concepts de « subjectif » et d'« objectif » sont en l'occurrence complètement inversés. Ce qu'ils appellent objectif, c'est le jour
10 incontesté sous lequel apparaissent les choses, leur empreinte prise telle quelle et non remise en question, la façade des faits classifiés : en somme, ce qui est subjectif. Et ce qu'ils nomment « subjectif », c'est ce qui déjoue ces apparences, qui s'engage dans une expérience spécifique de la chose, se débarrasse des idées reçues la concernant et préfère la relation à l'objet lui-même au lieu de s'en
15 tenir à l'avis de la majorité, de ceux qui ne regardent même pas et *a fortiori* ne pensent pas ledit objet : en somme, l'objectif.

W. Adorno[1], *Minima Moralia*,
« Réflexions sur la vie mutilée » (1944-1947),
traduction de J.-R. Ladmiral, Éd. Payot, 1980, p. 67.

Texte 7

La science contre
l'opinion

BACHELARD

La science, dans son besoin d'achèvement comme dans son principe, s'oppose absolument à l'opinion. S'il lui arrive, sur un point particulier, de légitimer l'opinion, c'est pour d'autres raisons que celles qui fondent l'opinion ; de sorte que l'opinion a, en droit, toujours tort.
5   L'opinion *pense* mal ; elle ne *pense* pas : elle *traduit* des besoins en connaissances. En désignant les objets par leur utilité, elle s'interdit de les connaître. On ne peut rien fonder sur l'opinion : il faut d'abord la détruire. Elle est le premier obstacle à surmonter. Il ne suffirait pas, par exemple, de la rectifier sur des points particuliers, en maintenant, comme une sorte de morale provisoire,
10 une connaissance vulgaire provisoire. L'esprit scientifique nous interdit d'avoir une opinion sur des questions que nous ne comprenons pas, sur des questions que nous ne savons pas formuler clairement. Avant tout, il faut savoir poser des problèmes. Et quoi qu'on dise, dans la vie scientifique, les problèmes ne se

---

1. Theodor W. Adorno (1903-1969), philosophe allemand lié à l'École de Francfort.

posent pas d'eux-mêmes. C'est précisément ce *sens du problème* qui donne la
marque du véritable esprit scientifique. Pour un esprit scientifique, toute
connaissance est une réponse à une question. S'il n'y a pas eu de question, il ne
peut y avoir connaissance scientifique. Rien ne va de soi. Rien n'est donné.
Tout est construit.

G. Bachelard, *la Formation de l'esprit scientifique* (1938),
Éd. Vrin, 1970, pp. 13-14.

III. VÉRITÉ ET QUÊTE DE L'UNITÉ

Texte 8

Les vérités figées
rassurent

NIETZSCHE

En tant qu'il est un moyen de conservation pour l'individu, l'intellect développe ses forces principales dans la dissimulation ; celle-ci est en effet le moyen par lequel les individus plus faibles, moins robustes, subsistent en tant que ceux à qui il est refusé de mener une lutte pour l'existence avec des cornes ou
5 avec la mâchoire aiguë d'une bête de proie. Chez l'homme cet art de la dissimulation atteint son sommet : l'illusion, la flatterie, le mensonge et la tromperie, les commérages, les airs d'importance, le lustre d'emprunt, le port du masque, le voile de la convention, la comédie pour les autres et pour soimême, bref le cirque perpétuel de la flatterie pour une flambée de vanité, y
10 sont tellement la règle et la loi que presque rien n'est plus inconcevable que l'avènement d'un honnête et pur instinct de vérité parmi les hommes. Ils sont profondément plongés dans les illusions et les songes, leur œil ne fait que glisser à la surface des choses, il y voit des « formes », leur sensation ne conduit nulle part à la vérité, elle se contente seulement de recevoir des excitations et
15 de jouer comme sur un clavier sur le dos des choses. [...]

Qu'est-ce donc que la vérité ? Une multitude mouvante de métaphores, de métonymies, d'anthropomorphismes, bref, une somme de relations humaines qui ont été poétiquement et rhétoriquement haussées, transposées, ornées, et qui, après un long usage, semblent à un peuple fermes, canoniales et contrai-
20 gnantes : les vérités sont des illusions dont on a oublié qu'elles le sont, des métaphores qui ont été usées et qui ont perdu leur force sensible, des pièces de monnaie qui ont perdu leur empreinte et qui entrent dès lors en considération, non plus comme pièces de monnaie, mais comme métal.

Nietzsche, *le Livre du philosophe* (1873),
traduction de A.-K. Marietti, Éd. Aubier-Flammarion, 1969, pp. 173-183.

Vérité et mensonge

R I C Œ U R

Tant que nous restons à un plan banal de la vérité — à l'énoncé paresseux des propositions coutumières (du style : « il pleut »), — le problème du mensonge concerne seulement le *dire* (je dis faussement cela même que je sais ou crois ne pas être vrai ; je ne dis pas ce que je sais ou crois être vrai). Ce mensonge, qui
5 suppose donc la vérité connue, a pour contraire la véracité, tandis que la vérité a pour contraire l'erreur. Les deux couples de contraires – mensonge-véracité, erreur-vérité – paraissent alors sans rapport.

A mesure, pourtant, que nous nous élevons vers des vérités qu'il faut former, travailler, la vérité entre dans le champ des œuvres, principalement des
10 œuvres de civilisation. Alors le mensonge peut concerner de très près l'œuvre de la vérité cherchée ; le mensonge vraiment « dissimulé » n'est pas celui qui concerne le dire de la vérité connue, mais celui qui pervertit la recherche de la vérité. Il m'a semblé avoir touché un point où l'esprit de mensonge — qui est antérieur aux mensonges — est le plus contigu à l'esprit de vérité, antérieur
15 lui-même aux vérités formées ; ce point, c'est celui où la question de la vérité culmine dans le problème de l'unité totale des vérités et des plans de vérité. L'esprit de mensonge contamine la recherche de la vérité par le cœur, c'est-à-dire par son exigence unitaire ; *il est le faux pas du total au totalitaire*. Ce glissement se produit historiquement quand un pouvoir sociologique incline et
20 réussit plus ou moins complètement à regrouper tous les ordres de vérité et à ployer les hommes à la violence de l'unité. Ce pouvoir sociologique a deux figures typiques : le pouvoir clérical[1], et le pouvoir politique. Il se trouve en effet que l'un et l'autre ont une fonction authentique de regroupement ; la totalité religieuse et la totalité politique sont des totalisations réelles de notre
25 existence ; c'est bien pourquoi elles sont les deux plus grandes tentations pour l'esprit de mensonge, pour la chute du total au totalitaire.

P. Ricœur, « Vérité et Mensonge », in *Histoire et Vérité* (1951), Éd. du Seuil, 1955, pp. 190-191.

---

1. « Clérical » = qui concerne le clergé (les prêtres) ; est pris dans un sens péjoratif, en ce qu'il renvoie ici au pouvoir d'une « caste », et s'oppose à « ecclésial » (= qui concerne l'Église, en tant que communauté des chrétiens).

DOCUMENT

Le paradoxe du menteur

Épiménide : Tous les Crétois sont des menteurs. Épiménide a-t-il dit vrai ? Si oui, alors les Crétois sont des menteurs ; mais comme Épiménide est Crétois il a menti. A-t-il menti ? Si oui les Crétois ne sont pas menteurs et Épiménide a dit la vérité. Comment peut-il à la fois mentir et dire la vérité ?

É PIMÉNIDE était un grec dont on ne peut affirmer l'existence réelle. Il aurait vécu en Crète au VIe siècle avant J.-C. On raconte qu'il dormit durant 57 années.

La déclaration qui lui est attribuée est logiquement contradictoire si nous prenons pour règle que les menteurs mentent toujours *et que les personnes qui disent la vérité la disent* toujours. *Dès lors, « Tous*
5 *les Crétois sont des menteurs » ne peut être tenue pour une proposition vraie parce qu'elle ferait d'Épiménide un menteur et de ce qu'il dit un mensonge. Cependant, elle ne peut être fausse non plus car elle impliquerait que les Crétois disent toujours la vérité, donc qu'Épiménide a dit vrai, et que les Crétois sont des menteurs…*

Les logiciens grecs furent très intrigués par le fait qu'une proposition, apparemment de bon sens, ne
10 *pouvait être ni vraie ni fausse sans se contredire elle-même. Un stoïcien, Chrysippe écrivit six traités sur le paradoxe du menteur ; malheureusement aucun n'existe plus. Philetas de Cos, un poète grec, si maigre qu'on raconte qu'il plombait ses semelles de peur d'être emporté par le vent, en fut tellement perturbé que cela raccourcit sa vie. […]*

Nous sommes au cœur du fameux paradoxe du menteur. Voici sa forme la plus simple : « Cette phrase est fausse. » Est-ce vrai ? Si oui, alors elle est fausse. Est-elle fausse ? Alors elle est vraie. De telles propositions contradictoires sont plus communes qu'on ne le croit.

P OUVEZ-VOUS expliquer pourquoi cette forme dans laquelle une phrase traite d'elle-même, rend le paradoxe plus apparent ? C'est parce qu'elle élimine toute ambiguïté sur le fait qu'un menteur mente toujours et qu'une personne sincère dise toujours la vérité.

On peut varier les exemples à l'infini. Bertrand Russell dit un jour que le philosophe George Moore
5 *avait menti une seule fois dans sa vie. Quand quelqu'un demanda à George Moore s'il disait toujours la vérité, celui-ci réfléchit un moment et répondit : « non ».*

Autre variante : toutes les propositions de ce livre sont dignes de confiance sauf celle de ce troisième paragraphe sur le paradoxe du menteur.

M. Gardner, *La Magie des paradoxes,*
Bibliothèque pour la science, Diffusion Belin, 1986, pp. 12-13.

12.

L'IMAGINATION

E.T., S. Spielberg, 1982.

INTRODUCTION

**De l'image
à l'idole**

Le terme d'image, employé pour désigner une fonction de la pensée, est lui-même une image au sens littéraire du mot, ou plutôt une métaphore, transport d'un mot d'un domaine dans un autre **(Texte 1)**. Cet autre domaine, c'est l'**imaginaire**. La conscience a cette capacité, fondamentale, d'aller en pensée au-delà du réel donné vers l'absent, le passé, le possible, l'œuvre en projet, ou même ce qui fut ni ne sera jamais. Mais par quels moyens s'exerce ce pouvoir ?

Au départ, on trouve l'image matérielle, peinture, sculpture, photographie, aujourd'hui parfois simple jeu de points lumineux commandé par un ordinateur. Objets physiques bien réels, mais qui valent pour autre chose, qui **évoquent**, dit-on, **suggèrent** ou **représentent** des êtres absents ou irréels.

Le lien entre le portrait (ou simulacre) et l'être même dont il est le représentant a été d'abord ressenti sur le mode de la pensée magico-religieuse. L'image devint idole, manifestation du sacré. C'est pourquoi, lorsque la pensée religieuse en vient au monothéisme et au Dieu spirituel, elle interdit les images, ou du moins leur usage religieux ; interdiction stricte dans le Judaïsme et l'Islam et qui à plusieurs reprises a déchiré le Christianisme. Les conduites par lesquelles on cherche à agir sur un être par l'intermédiaire de sa représentation (envoûtement) ont subsisté dans les marges de la pensée religieuse sous la forme à demi clandestine de la superstition. Elles expriment le vœu passionné d'agir efficacement par des signes.

**De l'image
à l'imaginaire**

Mais notre pouvoir de penser à l'**irréel** dépasse de beaucoup l'usage de l'imagerie matérielle. C'est ici qu'intervient la métaphore : on en vient à penser que la conscience doit avoir *en elle* quelque chose de comparable à une image. C'est ce que Sartre dénonce comme une *métaphysique naïve*, faisant de l'image mentale une chose, mais une chose amoindrie, une quasi-chose **(Texte 2)**.

Avant Sartre, plus radicalement encore, mais par des voies différentes, Alain conteste l'existence de l'image mentale et réduit l'imagination à une croyance soutenue par un désordre corporel **(Texte 3)**. Il est certain qu'imaginer n'est pas quelque chose d'aussi simple que « d'avoir des images » dans l'esprit comme dans un album. Les mots « imaginer », « imagination » désignent plusieurs fonctions qui ont en commun un écart par rapport au réel, ou au vrai **(Textes 1 à 3)**.

**L'imagination,
maîtresse
d'erreur ?**

« Imaginations ! » dit un personnage de Corneille[1] et son interlocuteur croyant réplique : « Célestes vérités ! » Le poète moderne, sur un tout autre ton certes, emploie « imaginer » en un sens très voisin : « Si tu t'imagines, fillette,

---

1. Pauline, dans *Polyeucte*, acte IV, scène 5.

fillette, [...] ce que tu te goures![1]» L'imagination en vient à s'identifier à l'opinion, explicitement chez Pascal, opinion qui véhicule indifféremment le vrai et le faux, et par là dénature le vrai et laisse régner le faux (Texte 4).

Ou reine des facultés ?

Pourtant l'imagination est aussi **invention**, dynamisme de la pensée qui puise en elle la force d'aller toujours plus loin. Si Pascal a résumé en elle la misère de l'homme, Baudelaire y a vu sa grandeur. Le poète a deviné ce que répétera l'épistémologie moderne: même pour connaître le réel, il faut d'abord l'inventer (Texte 5).

Opinion qui fausse le réel, invention qui va au-delà du donné, ce sont deux aspects bien distincts de « cette fonction de l'irréel qui est psychiquement aussi utile que la fonction du réel[2] ». Ce que dénoncent Alain et Pascal, c'est une imagination qui se laisse aller aux impulsions de la peur ou de la vanité selon une interprétation trop facile des émotions corporelles. Il n'empêche que l'imagination par elle-même est une puissance positive de l'esprit. « Si l'esprit en imaginant présentes des choses qui n'existent pas, savait en même temps que ces choses n'existent pas réellement, il regarderait cette puissance d'imaginer comme une vertu de sa nature et non comme un vice[3] ». C'est que l'imagination qui dépasse la perception n'en est pas la simple reproduction. C'est cela même qui fait sa force. Mais est-elle vraiment une fonction de l'**irréel** ?

Reproductrice ou créatrice ?

Une tradition assez constante distingue une imagination reproductrice et une imagination créatrice. Il y a certes là deux concepts théoriques tout à fait distincts. La première serait une reproduction de la perception en l'absence de l'objet grâce à des traces laissées dans l'organisme. Elle est alors limitée, manque de clarté et s'apparente à la mémoire (Texte 6). La deuxième serait pure **fantaisie**, construction d'un objet **fantastique**. Cependant on montre facilement qu'il y a une part de construction même dans l'image que l'on veut fidèle au souvenir. Les études sur le témoignage le montrent abondamment : les témoins de bonne foi inventent selon ce qu'ils croient possible et croient ensuite ce qu'ils ont inventé.

Par ailleurs on a pu soutenir également que l'imagination qui construit ne fait que disposer autrement les éléments empruntés au réel. Il n'en faut pas plus pour croire qu'on a expliqué la création en la réduisant. Autant nier le pouvoir d'invention d'un écrivain parce que les mots qu'il emploie sont dans le dictionnaire. L'imagination humaine n'est certes pas créatrice au sens où le Dieu de la Bible est créateur. Cela n'empêche pas que dans ses constructions il y ait constamment du nouveau tout autant que des emprunts au déjà vu.

Toujours constructrice

L'imagination en effet construit toujours, mais tantôt elle se donne pour but et pour règle la fidélité au réel, tantôt elle se permet d'être explicitement irréaliste. Le choix n'est d'ailleurs pas seulement entre refléter le réel ou le fuir. L'imagination permet aussi de maîtriser le réel. Mais cela peut s'entendre en deux sens. Affronter et supporter, ou bien modifier.

1. R. Queneau, *l'Instant fatal*, (1948). « Si tu t'imagines », a été mis en musique par Joseph Kosma ; repris dans le recueil *Si tu t'imagines*, Éd. Gallimard, 1952.
2. G. Bachelard, *la Terre et les Rêveries de la volonté,* Introduction, Éd. José Corti, 1948.
3. Spinoza, *Éthique II*, scholie de la proposition 17.

Un modèle de la maîtrise qui accepte nous est donné par un enfant, longuement observé par Freud qui était son grand-père (**Texte 9**). Cet enfant supportait l'absence de sa mère en mimant avec ses jouets disparition et retour ; il remplaçait ainsi la passivité par une domination symbolique. Il y a une autre domination, non exclusive de celle-là, qui revient à changer le réel, non certes totalement, ce qui serait un rêve fantastique, mais par l'utilisation même de ce réel. C'est l'imagination technique qui passe d'un problème à sa solution, (**Texte 7**), d'un projet de machine, par exemple, au dispositif qui la réalisera.

**Du rêve
à l'œuvre**

C'est encore en quoi l'imagination de l'artiste diffère du **rêve** ou du **délire** auxquels elle ressemble par certains côtés. Évasion hors du réel ? Sans doute, mais non seulement l'artiste connaît le chemin du retour, mais encore sa **fiction** prend place dans le réel en devenant une œuvre (**Textes 8 et 10**). Cette œuvre peut s'insérer dans le monde des objets à la façon de l'architecture et des arts plastiques. Elle peut aussi vivre dans des paroles, plus malléables, dont on oublie plus facilement la réalité physique, et qui permettent de rêver avec les mots (**Texte 11**).

**Condition
de la liberté**

Ce n'est pas seulement fantaisie personnelle. Fonction fondamentale de la conscience, car en mettant le réel à distance (**Texte 12**), elle permet le doute et l'action, c'est-à-dire la liberté, l'imagination « n'est pas un pouvoir empirique et surajouté de la conscience, c'est la conscience tout entière en tant qu'elle réalise sa liberté. [...] S'il était possible de concevoir un instant une conscience qui n'imaginerait pas, il faudrait la concevoir comme totalement engluée dans l'existence et sans possibilité de saisir autre chose que l'existant. Mais, précisément, c'est ce qui n'est pas ni ne saurait être : tout existant dès qu'il est posé est dépassé par là-même. Mais encore faut-il qu'il soit dépassé *vers quelque chose*. L'imaginaire est en chaque cas le « quelque chose » concret vers quoi l'existant est dépassé[1] ». Les contenus de l'imaginaire varient certes avec l'histoire individuelle de chacun, mais par les œuvres ils se fixent dans la culture, fût-ce la culture d'abord orale des contes de fées. C'est pourquoi le psychiatre Bettelheim recommande aux parents un bon usage du fantastique (**Texte 10**).

Aventureuse certes, et susceptible de nous égarer, l'imagination n'est donc pas en elle-même un accident de la pensée. Que ce soit par le conte, par le roman, par l'hypothèse scientifique ou par le mythe, elle donne à la personne la force de s'inventer de nouveaux modèles en même temps qu'elle revivifie les modèles culturels hérités du passé : héroïsme, noblesse, sainteté. Ces modèles donnent à chacun « une éducation fantastique à l'échelle de tous les fantasmes de l'humanité[2] ». Education non moins nécessaire que celle de la raison et qui en est le complément.

---

1. J.-P. Sartre, *l'Imaginaire,* Éd. Gallimard, pp. 236 et 237.
2. G. Durand, *les Structures anthropologiques de l'imaginaire*, 1969, Éd. Bordas.

TEXTES

Texte 1

BACHELARD

Non l'image,
mais l'imaginaire

Comme beaucoup de problèmes psychologiques, les recherches sur l'imagination sont troublées par la fausse lumière de l'étymologie. On veut toujours que
l'imagination soit la faculté de former des images. Or elle est plutôt la faculté
de déformer les images fournies par la perception, elle est surtout la faculté de
5 nous libérer des images premières, de changer les images. S'il n'y a pas changement d'images, union inattendue des images, il n'y a pas imagination, il n'y a
pas d'action imaginante. Si une image présente ne fait pas penser à une image
absente, si une image occasionnelle ne détermine pas une prodigalité d'images
aberrantes, une explosion d'images, il n'y a pas imagination. Il y a perception,
10 souvenir d'une perception, mémoire familière, habitude des couleurs et des
formes. Le vocable fondamental qui correspond à l'imagination, ce n'est pas
image, c'est imaginaire. La valeur d'une image se mesure à l'étendue de son
auréole imaginaire. Grâce à l'imaginaire, l'imagination est essentiellement
ouverte, évasive. Elle est dans le psychisme humain l'expérience même de
15 l'ouverture, l'expérience même de la nouveauté.

G. Bachelard, *l'Air et les Songes* (1943), Éd. José Corti, pp. 7-8.

Texte 2

SARTRE

L'image n'est pas
un simulacre

Quand je perçois une chaise, il serait absurde de dire que la chaise est *dans* ma
perception. Ma perception est, selon la terminologie que nous avons adoptée,
une certaine conscience et la chaise est l'objet *de* cette conscience. A présent, je
ferme les yeux et je produis l'image de la chaise que je viens de percevoir. La
5 chaise, en se donnant maintenant en image, ne saurait pas plus qu'auparavant
entrer *dans* la conscience. Une image de chaise n'est pas, ne peut pas être une
chaise. En réalité, que je perçoive ou que j'imagine cette chaise de paille sur
laquelle je suis assis, elle demeure toujours hors de la conscience. Dans les
deux cas elle est là, *dans* l'espace, dans cette pièce, face au bureau. Or, — c'est,
10 avant tout, ce que nous apprend la réflexion, — que je perçoive ou que j'imagine cette chaise, l'objet de ma perception et celui de mon image sont identiques : c'est cette chaise de paille sur laquelle je suis assis. Simplement la
conscience se *rapporte* à cette même chaise de deux manières différentes. Dans
les deux cas elle vise la chaise dans son individualité concrète, dans sa corpo-
15 réité. Seulement, dans un des cas, la chaise est « rencontrée » par la conscience ;
dans l'autre, elle ne l'est pas.

Le mot d'image ne saurait donc désigner que le rapport de la conscience à
l'objet ; autrement dit, c'est une certaine façon qu'a l'objet de paraître à la

conscience, ou, si l'on préfère, une certaine façon qu'a la conscience de se donner un objet. A vrai dire l'expression d'image mentale prête à confusion. Il
vaudrait mieux dire, « conscience de Pierre-en-image » ou « conscience ima-
geante de Pierre ». Comme le mot « image » a pour lui ses longs états de service, nous ne pouvons pas le rejeter complètement. Mais, pour éviter toute
ambiguïté, nous rappelons ici qu'une image n'est rien d'autre qu'un rapport.

J.-P. Sartre, *l'Imaginaire,* Éd. Gallimard, 1940, p. 15.

Texte 3

L'imaginaire réduit
à l'émotion

A L A I N

Un homme qui a peur sent vivement et presque violemment la présence de ce
qui lui fait peur ; mais il s'en faut de beaucoup que l'image qu'il se forme de
cet objet soit bien déterminée. Souvent, pour ne pas dire toujours, car le
monde ne cesse jamais de nous envelopper, c'est une chose perçue, une chose
réelle, qui est tout l'objet de l'imagination. [...]

L'imaginaire n'est pas dans l'image, c'est-à-dire dans la connaissance que
l'on a de l'objet, mais bien dans l'émotion, c'est-à-dire dans une énergique et
confuse réaction de tout le corps soudain en alarme. Et si, au lieu d'interroger
l'émotion, qui dicte si naturellement des descriptions fantastiques, on interroge l'objet lui-même, en cherchant si l'imagination y a produit quelque changement d'apparence, on ne trouve rien. [...]

Et n'oublions pas que celui qui croit avoir vu et qui s'est enfui est toujours
éloquent, et souvent irrité si l'on contredit. Il vaut mieux considérer des
images qui n'émeuvent guère et dont on est maître. Chacun sait bien découvrir, dans des feuillages ou dans les fentes du plâtre, un visage humain ou une
forme animale ; on la perd, on la retrouve ; c'est un jeu de l'enfance, et, je crois,
un jeu de tous les âges. Or je me demande ceci : quand je retrouve ou quand je
trouve cette forme imaginaire, peut-on dire que ce que j'ai devant les yeux est
autre qu'il n'était ? De souvenir, je répondrais oui ; mais devant l'objet même,
et dans le moment que j'y vois la forme qui n'y est point, il faut que je réponde
non. Non, la forme que je connais est ce qu'elle doit être ; c'est toujours
feuillage ; c'est toujours fissure ou lézarde dans un mur.

En suivant cette idée à travers vos expériences, peut-être arriverez-vous,
comme j'ai fait, à conclure que ce monde-ci ne nous trompe jamais, même en
ses apparences, et que, selon une forte expression de Hegel, il apparaît toujours comme il doit. Mais c'est ce que le passionné ne veut point croire. C'est
qu'il sent en son corps une présence, et que cette présence émouvante le
détourne de faire attention. Souvent il fuit, ou il se couvre les yeux ; c'est ainsi
presque toujours que sont vus les apparitions et les spectres ; on ne fait ensuite
qu'exprimer, par des discours éloquents, toute cette peur que l'on a réellement
sentie.

Alain, *Vingt Leçons sur les Beaux-Arts* (1931),
in *les Arts et les Dieux*, Bibliothèque de la Pléiade, Éd. Gallimard, 1958, p. 475.

PASCAL

C'est cette partie dominante[1] dans l'homme, cette maîtresse d'erreur et de fausseté, et d'autant plus fourbe qu'elle ne l'est pas toujours, car elle serait règle infaillible de vérité, si elle l'était infaillible du mensonge.

Mais, étant le plus souvent fausse, elle ne donne aucune marque de sa quali-
té marquant du même caractère le vrai et le faux. Je ne parle pas des fous, je parle des plus sages, et c'est parmi eux que l'imagination a le grand droit de persuader les hommes. La raison a beau crier, elle ne peut mettre le prix aux choses.

Cette superbe puissance ennemie de la raison, qui se plaît à la contrôler et à
la dominer, pour montrer combien elle peut en toutes choses, a établi dans l'homme une seconde nature. Elle a ses heureux, ses malheureux, ses sains, ses malades, ses riches, ses pauvres. Elle fait croire, douter, nier la raison. Elle suspend les sens, elle les fait sentir. [...] Qui dispense la réputation, qui donne le respect et la vénération aux personnes, aux ouvrages, aux lois, aux grands,
sinon cette faculté imaginante? Toutes les richesses de la terre [sont] insuffi-
santes sans son consentement. Ne diriez-vous pas que ce magistrat dont la vieillesse vénérable impose le respect à tout un peuple se gouverne par une raison pure et sublime et qu'il juge des choses par leur nature sans s'arrêter à ces vaines circonstances qui ne blessent que l'imagination des faibles. Voyez-le
entrer dans un sermon où il apporte un zèle tout dévot renforçant la solidité de sa raison par l'ardeur de sa charité; le voilà prêt à l'ouïr avec un respect exemplaire. Que le prédicateur vienne à paraître, si la nature lui a donné une voix enrouée et un tour de visage bizarre, que son barbier l'ait mal rasé, si le hasard l'a encore barbouillé de surcroît, quelque grandes vérités qu'il annonce,
je parie la perte de la gravité de notre sénateur.

Le plus grand philosophe du monde sur une planche plus large qu'il ne faut, s'il y a au-dessous un précipice, quoique sa raison le convainque de sa sûreté, son imagination prévaudra. Plusieurs n'en sauraient soutenir la pensée sans pâlir et suer.

Pascal, *Pensées,* (1670) Éd. Brunschvig, (fragment 82)
et Bibliothèque de la Pléiade, Éd. Gallimard, 1977, pp. 851-852.

BAUDELAIRE

Mystérieuse faculté que cette reine des facultés[2]! Elles touche à toutes les autres; elles les excite, elle les envoie au combat. Elle leur ressemble quelquefois au point de se confondre avec elles, et cependant elle est toujours bien elle-même, et les hommes qu'elle n'agite pas sont facilement reconnaissables à

---

1. D'autres éditeurs lisent ici « décevante ». Les deux lectures donnent un sens cohérent avec le contexte.
2. Baudelaire dit avoir emprunté cette expression à Edgar Poe.

5 je ne sais quelle malédiction qui dessèche leurs productions comme le figuier de l'*Évangile*[1].

Elle est l'analyse, elle est la synthèse ; et cependant des hommes habiles dans l'analyse et suffisamment aptes à faire un résumé peuvent être privés d'imagination. Elle est cela et elle n'est pas tout à fait cela. Elle est la sensibilité et
10 pourtant il y a des personnes très sensibles, trop sensibles peut-être, qui en sont privées. C'est l'imagination qui a enseigné à l'homme le sens moral de la couleur, du contour, du son et du parfum. Elle a créé, au commencement du monde, l'analogie et la métaphore. Elle décompose toute la création, et, avec des matériaux amassés et disposés suivant des règles dont on ne peut trouver
15 l'origine que dans le plus profond de l'âme, elle crée un monde nouveau, elle produit la sensation du neuf. Comme elle a créé le monde (on peut bien dire cela, je crois, même dans un sens religieux), il est juste qu'elle le gouverne. Que dit-on d'un guerrier sans imagination ? Qu'il peut faire un excellent soldat, mais que, s'il commande des armées, il ne fera pas de conquêtes. Le cas
20 peut se comparer à celui d'un poète ou d'un romancier qui enlèverait à l'imagination le commandement des facultés pour le donner, par exemple, à la connaissance de la langue ou à l'observation des faits. Que dit-on d'un diplomate sans imagination ? Qu'il peut bien connaître l'histoire des traités et des alliances dans le passé, mais qu'il ne devinera pas les traités et les alliances
25 contenus dans l'avenir. D'un savant sans imagination ? Qu'il a appris tout ce qui, ayant été enseigné, pouvait être appris, mais qu'il ne trouvera pas les lois non encore devinées. L'imagination est la reine du vrai, et le possible est une des provinces du vrai. Elle est positivement apparentée avec l'infini.

Baudelaire, *Curiosités esthétiques, Salon de 1859*,
Éd. Garnier, 1962, III, p. 321.

Texte 6

L'imagination diffère
de la conception

DESCARTES

Je remarque premièrement la différence qui est entre l'imagination, et la pure intellection, ou conception. Par exemple, lorsque j'imagine un triangle, je ne le conçois pas seulement comme une figure composée et comprise de trois lignes, mais outre cela je considère ces trois lignes comme présentes par la
5 force et l'application intérieure de mon esprit ; et c'est proprement ce que j'appelle imaginer. Que si je veux penser à un chiliogone, je conçois bien à la vérité que c'est une figure composée de mille côtés, aussi facilement que je conçois qu'un triangle est une figure composée de trois côtés seulement, mais je ne puis pas imaginer les mille côtés d'un chiliogone, comme je fais les trois
10 d'un triangle, ni pour ainsi dire, les regarder comme présents avec les yeux de mon esprit. Et quoique suivant la coutume que j'ai de me servir toujours de mon imagination, lorsque je pense aux choses corporelles, il arrive qu'en

---

1. Évangile selon saint Luc, 13,6.

197

concevant un chiliogone, je me représente confusément quelque figure, toute-fois il est très évident que cette figure n'est point un chiliogone, puisqu'elle ne
15 diffère nullement de celle que je me représenterais, si je pensais à un myriogo-ne[1], ou à quelque autre figure de beaucoup de côtés ; et qu'elle ne sert en aucu-ne façon à découvrir les propriétés qui font la différence du chiliogone d'avec les autres polygones.

Que s'il est question de considérer un pentagone, il est bien vrai que je puis
20 concevoir sa figure, aussi bien que celle d'un chiliogone, sans le secours de l'imagination ; mais je la puis aussi imaginer en appliquant l'attention de mon esprit à chacun de ses cinq côtés, et tout ensemble à l'aire, ou à l'espace qu'ils renferment. Ainsi je connais clairement que j'ai besoin d'une particulière contention d'esprit[2] pour imaginer, de laquelle je ne me sers point pour conce-
25 voir ; et cette particulière contention d'esprit montre évidemment la différence qui est entre l'imagination et l'intellection ou conception pure.

Descartes, *Méditations métaphysiques* (1641), Sixième Méditation,
Bibliothèque de la Pléiade, Éd. Gallimard, 1953, pp. 318-319.

Texte 7

Du schéma[3]
à l'image, le trajet
de l'invention

BERGSON

On se transporte d'un bond au résultat complet, à la fin qu'il s'agit de réaliser : tout l'effort d'invention est alors une tentative pour combler l'intervalle par-dessus lequel on a sauté, et arriver de nouveau à cette même fin en suivant cette fois le fil continu des moyens qui la réaliseraient. Mais comment aperce-
5 voir ici la fin sans les moyens, le tout sans les parties ? Ce ne peut être sous forme d'image, puisqu'une image qui nous ferait voir l'effet s'accomplissant nous montrerait, intérieurs à cette image même, les moyens par lesquels l'effet s'accomplit. Force nous est donc bien d'admettre que le tout s'offre comme un schéma, et que l'invention consiste précisément à convertir le schéma en
10 image.

L'inventeur qui veut construire une certaine machine se représente le travail à obtenir. La forme abstraite de ce travail évoque successivement dans son esprit, à force de tâtonnements et d'expériences, la forme concrète des divers mouvements composants qui réaliseraient le mouvement total, puis celles des
15 pièces et des combinaisons de pièces capables de donner ces mouvements par-tiels. A ce moment précis l'invention a pris corps : la représentation schéma-tique est devenue une représentation imagée. L'écrivain qui fait un roman,

1. Figure à dix mille côtés.
2. Concentration.
3. Le terme grec *skèma* « figure » a été transcrit en allemand sous la forme *Schema*, par Kant notamment, qui ne lui donne pas le sens de « figure ». En français, le plus souvent, le mot « sché-ma » est réservée à un dessin, le mot « schème » désigne une opération de l'esprit ou une fonc-tion mentale. Ce terme, adopté par les traducteurs de Kant, se retrouve chez Bergson qui emploie indifféremment « schème » et « schéma ».

l'auteur dramatique qui crée des personnages et des situations, le musicien qui
compose une ode, tous ont d'abord dans l'esprit quelque chose de simple et
20 d'abstrait, je veux dire d'incorporel. C'est, pour le musicien ou le poète, une
impression neuve qu'il s'agit de dérouler en sons ou en images. C'est, pour le
romancier ou le dramaturge, une thèse à développer en événements, un sentiment, individuel ou social, à matérialiser en personnages vivants. On travaille
sur un schéma du tout, et le résultat est obtenu quand on arrive à une image
25 distincte des éléments.

H. Bergson, *l'Énergie spirituelle*[1], Éd. P.U.F. 1962, pp. 173-175.

Texte 8

La satisfaction
imaginaire

FREUD

On reconnut que le royaume de l'imagination était une « réserve », organisée
lors du passage douloureusement ressenti du principe du plaisir au principe de
réalité, afin de permettre un substitut à la satisfaction instinctive à laquelle il
fallait renoncer dans la vie réelle. L'artiste, comme le névropathe, s'était retiré
5   loin de la réalité insatisfaisante dans ce monde imaginaire, mais à l'inverse du
névropathe il s'entendait à trouver le chemin du retour et à reprendre pied
dans la réalité. Ses créations, les œuvres d'art, étaient les satisfactions imaginaires de désirs inconscients, tout comme les rêves, avec lesquels elles avaient
d'ailleurs en commun le caractère d'être un compromis, car elles aussi devaient
10 éviter le conflit à découvert avec les puissances de refoulement. Mais à l'inverse des productions asociales narcissiques du rêve, elles pouvaient compter sur
la sympathie des autres hommes, étant capables d'éveiller et de satisfaire chez
eux les mêmes inconscientes aspirations de désir. De plus elles se servaient,
comme « prime de séduction », du plaisir attaché à la perception de la beauté
15 de la forme.

S. Freud, *Ma vie et la Psychanalyse,* (1925), traduction de M. Bonaparte,
Éd. Gallimard, 1928, p. 80.

Texte 9

Un moyen d'accepter
la dure réalité

FREUD

Cet enfant âgé de dix-huit mois ne pleurait jamais pendant les absences de sa
mère, absences qui duraient parfois des heures, bien qu'il lui fût très attaché. [...]
Cet excellent enfant avait cependant l'habitude d'envoyer tous les petits
objets qui lui tombaient sous la main dans le coin d'une pièce, sous un lit, etc.,
5   et ce n'était pas un travail facile que de rechercher ensuite et de réunir tout cet
attirail du jeu. En jetant loin de lui les objets, il prononçait, avec un air d'intérêt et de satisfaction, le son prolongé o-o-o-o qui, d'après les jugements
concordants de la mère et de l'observateur, n'était nullement une interjection,

---

1. Reprise d'un article de 1902.

mais signifiait le mot « Fort » (loin). Je me suis finalement aperçu que c'était là
10 un jeu et que l'enfant n'utilisait ses jouets que pour « les jeter au loin ». Un
jour je fis une observation qui confirma ma manière de voir. L'enfant avait une
bobine de bois, entourée d'une ficelle. Pas une seule fois l'idée ne lui était
venue de traîner cette bobine derrière lui, c'est-à-dire de jouer avec elle à la
voiture ; mais tout en maintenant le fil, il lançait la bobine avec beaucoup
15 d'adresse par-dessus le bord de son lit entouré d'un rideau, où elle disparais-
sait. Il prononçait alors son invariable o-o-o-o, retirait la bobine du lit et la
saluait cette fois par un joyeux « Da ! » (« Voilà ! »).[...]

Le grand effort que l'enfant s'imposait avait la signification d'un renoncement à un penchant (à la satisfaction d'un penchant) et lui permettait de sup-
20 porter sans protestation le départ et l'absence de sa mère. L'enfant se dédom-
mageait pour ainsi dire de ce départ et de cette absence, en reproduisant, avec
les objets qu'il avait sous la main, la scène de la disparition et de la réappari-
tion. La valeur affective de ce jeu est naturellement indépendante du fait de
savoir si l'enfant l'a inventé lui-même ou s'il lui a été suggéré par quelqu'un ou
25 quelque chose. Ce qui nous intéresse, c'est un autre point. Il est certain que le
départ de la mère n'était pas pour l'enfant un fait agréable ou, même, indifférent. Comment alors concilier avec le principe du plaisir le fait qu'en jouant il
reproduisait cet événement pour lui pénible ? [...]

Il se trouvait devant cet événement dans une attitude passive, le subissait
30 pour ainsi dire et voilà qu'il assume un rôle actif en le reproduisant sous la
forme d'un jeu.

S. Freud, *Essais de Psychanalyse*, « Au-delà du principe de plaisir » (1920),
traduction de S. Jankélévitch, Éd. Payot, p. 16.

Texte 10

Le fantastique
est une arme
pour affronter la vie

BETTELHEIM

L'inconscient est la source du matériel brut et la base sur laquelle le moi édifie
notre personnalité. En poussant plus loin cette comparaison, on peut dire que
nos fantasmes sont les ressources naturelles qui alimentent et modèlent ce
matériel brut, ce qui les rend utiles au *moi* en train de construire la personnali-
5   té. Si nous sommes privés de ces ressources naturelles, notre vie reste limitée ;
sans les fantasmes qui nous donnent de l'espoir, nous n'avons pas la force
d'affronter les adversités de la vie. L'enfance est l'époque où ces fantasmes ont
besoin d'être entretenus.

Nous ne manquons pas d'encourager les fantasmes de nos enfants ; nous
10 leur disons de peindre ce qu'ils ont envie de peindre et d'inventer des histoires.
Mais s'il n'est pas nourri par notre patrimoine imaginatif, le conte de fées folk-
lorique, l'enfant est incapable d'inventer tout seul des histoires qui l'aideraient
à résoudre les problèmes de la vie. Les histoires qu'il peut inventer ne sont que
le reflet de ses désirs et de ses angoisses. S'il ne peut compter que sur ses
15 propres ressources, l'enfant en est réduit à imaginer des élaborations à partir

de ce qu'il est présentement, puisqu'il ne peut pas savoir où il a besoin d'aller et, à plus forte raison, n'en connaît pas le chemin. C'est ici que le conte de fées fournit à l'enfant ce dont il a le plus besoin : à son début, il prend l'enfant exactement où il en est sur le plan affectif, lui montre où il doit aller et comment il doit s'y prendre. Mais le conte de fées réalise cela par implication, sous forme d'un matériel imaginatif où l'enfant peut puiser ce qui lui convient le mieux et au moyen d'images qui lui permettent de saisir facilement tout ce qu'il doit nécessairement comprendre.

B. Bettelheim[1] *Psychanalyse des contes de fées*[2] (1976), traduction de T. Carlier, Éd. Robert Laffont, 1976, p. 215.

Texte 11

Un rêveur de mots

BACHELARD

Je suis un rêveur de mots, un rêveur de mots écrits. Je crois lire. Un mot m'arrête. Je quitte la page. Les syllabes du mot se mettent à s'agiter. Des accents toniques se mettent à s'inverser. Le mot abandonne son sens comme une surcharge trop lourde qui empêche de rêver. Les mots prennent alors d'autres significations comme s'ils avaient le droit d'être jeunes. Et les mots s'en vont cherchant, dans les fourrés du vocabulaire, de nouvelles compagnies, de mauvaises compagnies. Que de conflits mineurs ne faut-il pas résoudre quand, de la rêverie vagabonde, on revient au vocabulaire raisonnable.

Et c'est pis lorsqu'au lieu de lire je me mets à écrire. Sous la plume, l'anatomie des syllabes se déroule lentement. Le mot vit syllabe par syllabe, en danger de rêveries internes. Comment le maintenir en bloc en l'astreignant à ses habituelles servitudes dans la phrase ébauchée, une phrase qu'on va peut-être rayer du manuscrit ? La rêverie ne ramifie-t-elle pas la phrase commencée ? Le mot est un bourgeon qui tente une ramille. Comment ne pas rêver en écrivant. C'est la plume qui rêve. C'est la page blanche qui donne le droit de rêver. Si seulement on pouvait écrire pour soi seul. Qu'il est dur le destin d'un faiseur de livres ! Il faut tailler et recoudre pour avoir de la suite dans les idées. Mais, écrivant un livre sur la rêverie, le jour n'est-il pas venu de laisser courir la plume, de laisser parler la rêverie dans le temps même où l'on croit la transcrire ? Je suis — ai-je besoin de le dire ? — un ignorant en linguistique. Les mots, dans leur lointain passé, ont le passé de mes rêveries. Ils sont, pour un rêveur, pour un rêveur de mots, tout gonflés de vésanies[3]. D'ailleurs, que chacun y songe, qu'il « couve » un peu un mot familier entre tous. Alors, l'éclosion la plus inattendue, la plus rare, sort du mot qui dormait dans sa signification — inerte comme un fossile de significations. Oui, vraiment, les mots rêvent.

G. Bachelard, *la Poétique de la Rêverie*, Éd. P.U.F., 1960, p. 15.

---

1. Psychiatre américain contemporain d'origine autrichienne.
2. Le titre américain de cet ouvrage serait mieux traduit par : *Le bon usage du fantastique.*
3. Folies.

Texte 12   S A R T R E

Imagination et liberté

… toute création d'imaginaire serait totalement impossible à une conscience dont la nature serait précisément d'être « au-milieu-du-monde ». Si nous supposons en effet une conscience placée au sein du monde comme un existant parmi d'autres, nous devons la concevoir, par hypothèse, comme soumise sans

5   recours à l'action des diverses réalités – sans qu'elle puisse par ailleurs dépasser le détail de ces réalités par une intuition qui embrasserait leur totalité. Cette conscience ne pourrait donc contenir que des modifications réelles et toute imagination lui serait interdite, précisément dans la mesure où elle serait enlisée dans le réel. Cette conception d'une conscience embourbée dans le monde

10   ne nous est pas inconnue car c'est précisément celle du déterminisme psychologique. Nous pouvons affirmer sans crainte que, si la conscience est une succession de faits psychiques déterminés, il est totalement impossible qu'elle produise jamais autre chose que du réel. Pour qu'une conscience puisse imaginer il faut qu'elle échappe au monde par sa nature même, il faut qu'elle puisse

15   tirer d'elle-même une position de recul par rapport au monde. En un mot il faut qu'elle soit libre.

J.-P. Sartre, *l'Imaginaire,*
Éd. Gallimard, pp. 346-353.

DOCUMENT

Hollywood est né à Byzance

*D*ANS *l'histoire de l'humanité, la question « pourquoi y a-t-il image plutôt que rien ? » admet donc, et depuis longtemps, une réponse plausible : « Parce que l'homme est le seul animal qui sache qu'il est mortel. » C'est la réponse, pour aller vite, de l'anthropologue. Ou du critique de cinéma évoquant, comme André Bazin dans son* Ontologie de l'image photographique, *« le complexe de la*
5 *momie » (l'image comme momie de rechange, inventée pour « embaumer le temps » et « sauver l'être par l'apparence ». « Louis XIV ne se fait pas embaumer : il se contente de son portrait par Lebrun »). Cette réponse générale, ou générique, peut se vérifier dans les textes et sur les traces encore disponibles. Mais à la question proprement historique et tout aussi énigmatique : « Pourquoi y eut-il des images en Occident après l'an 325, conversion de Constantin ? », la réponse ne peut être que théologique. Elle*
10 *n'allait pas du tout de soi, puisque le monothéisme, à fondations scripturaires, est de nature au mieux « aniconique », sinon iconoclaste. C'est la visibilité du Fils de Dieu, érigée en dogme avec*

La star hollywoodienne : une idole profane?
Julia Roberts dans *Pretty Woman*, film de Garry Marshall, 1990.

l'Incarnation, qui a légitimé, non sans mal (des empereurs byzantins jusqu'aux calvinistes de Genève, en passant par vaudois et hussites, les
15 *iconoclastes n'ont pas manqué et la bataille fut rude), l'accès au spirituel par le sensible. L'accès au Verbe par l'image de son Image, corollaire de l'accès à Dieu par le Christ. Réponse sidérante malgré tout, en ceci qu'elle ne paraît pas couper*
20 *radicalement avec le passé animiste et polythéiste. L'image-pont, relais entre une nature et une surnature, cela ne s'appelle-t-il pas l'idole? Les théologiens ont mis plusieurs siècles à dissiper l'ambiguïté. Quoi qu'il en soit, le génie du christia-*
25 *nisme, son « ingenium », a fonctionné comme code génétique d'une civilisation : ce qu'on voulait dire en avançant qu'Hollywood est né à Byzance (ou plutôt à Nicée en 787). La Raison fut « le miracle grec » ? Disons alors que l'imagerie fut le mer-*
30 *veilleux chrétien. L'Occident a été programmé à l'incarnation, et donc à la représentation.*

Régis Debray, *Manifestes médiologiques,*
Éd. Gallimard, 1994, pp. 198-199.

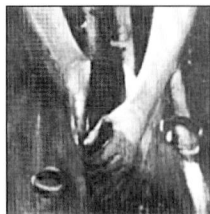

13.

LE TRAVAIL

Les raboteurs de parquets, Caillebotte, 1875, Musée d'Orsay.

INTRODUCTION

Avant d'être vécu comme une activité libératrice ou plaisante, le travail apparaît originairement et essentiellement comme une contrainte... Sans doute parce que l'homme ne s'y soumet pas volontiers, mais par nécessité, nous en concluons qu'il se réduit à la difficile production de nos moyens d'existence. Pourtant, s'il en était vraiment ainsi, on comprendrait mal que l'homme puisse travailler quand bien même il se sait affranchi de ses besoins élémentaires. Car nous ne travaillons pas seulement pour vivre, mais encore pour bien vivre, comme en témoigne le goût pour le bricolage, que la nécessité suscite parfois sans la commander toujours. Certes, comme le remarque Lévi-Strauss, le bricolage ne se confond pas avec le travail : il opère plutôt sur ses marges, évoquant un vagabondage de l'esprit qui n'exige pas de la pensée un projet réfléchi de transformation du réel[1].

Or travailler, c'est d'abord cela : transformer le réel, c'est-à-dire en nier l'apparence première conformément à des règles que la nature ne prodigue pas mais que l'intelligence est seule à même d'élaborer. Transformation qui ne vaut pas seulement pour la matière, mais également pour les idées dont la diversité et l'évolution portent la marque du travail humain. Aussi Marx a-t-il raison de souligner à quel point le travail fait corps avec l'intelligence. S'il contribue à donner à la nature la forme de nos désirs et la marque de nos ambitions, il incite également l'homme à prendre la mesure de son pouvoir et de sa valeur (**Texte 1**).

Une malédiction ? Image paradoxale cependant ; car on peut se demander si la valeur que l'homme confère au monde par son travail ne s'effectue pas au prix de la dévalorisation sournoise de son être. On s'en persuaderait aisément, à considérer le mépris que les civilisations du passé ont toujours affiché pour une activité qui assujettit l'homme à l'ordre de la nécessité. Ainsi, les Grecs ont-ils tenu le travail en piètre estime dans la mesure où travailler c'est d'abord aliéner sa liberté au service de la matière ou d'autrui, alors que sa nature devrait porter l'homme à s'en affranchir pour commander à l'une ou à l'autre (**Texte 2**). Pensée au demeurant partagée par la Bible et la tradition judéo-chrétienne dont on sait qu'elles ont considéré le travail comme une **malédiction divine** consécutive à la transgression originelle[2]. L'origine du mot, en outre, qui signifiait primitivement un instrument de torture[3], trahit bien cette répugnance que la Révolution industrielle, dans ses aspects les plus pénibles, n'a certes pas contribué à dissiper.

On doit, semble-t-il, à l'action conjuguée de l'éthique protestante et de l'utilitarisme[4] des Lumières de placer le travail dans la position prépondérante que lui reconnaît le monde moderne. Selon Max Weber, qui voit leur action

---

1. *La Pensée sauvage*, Éd. Plon, 1960, p. 27.
2. Genèse, 3, 19.
3. « Travail » vient du bas latin *tripalium* « instrument destiné à ferrer les chevaux », puis « instrument de torture ».
4. Sur le sens de ce terme, voir p. 215.

convergente s'épanouir au XVIIIᵉ siècle, le travail n'est plus incompatible avec l'essence de l'homme si celle-ci est intimement associée à l'image d'un Dieu créateur de toutes choses. Car la fidélité à cette image impose en effet à tout homme l'obligation morale d'approfondir l'œuvre divine en faisant fructifier les richesses contenues en germe dans la Création ; non pas certes pour en consommer égoïstement les fruits, mais pour les faire croître et se multiplier en hommage au caractère dispensateur de la création divine (**Texte 3**). Sans doute bien d'autres facteurs qui ne doivent rien à la Religion ont pu jouer dans cette réhabilitation dont il ressort dans tous les cas que le travail n'est plus considéré comme une fatalité mais, tout au contraire, comme une activité providentielle et une obligation morale. Une **activité providentielle** : selon Kant, la nature a voulu que l'homme conquière sa liberté dans la culture, c'est-à-dire en développant ses virtualités par le travail; une **obligation morale**, car c'est un devoir de l'homme envers lui-même de développer ses facultés, sans lesquelles il resterait inachevé (**Texte 4**). Dès lors, l'activité productrice pourrait être conçue — sinon vécue — non plus comme une contrainte, mais comme une **œuvre**, dans le double sens d'un geste créateur et d'une action conforme au bien.

L'action libératrice du travail

C'est d'ailleurs cette conception, enrichie par l'utilitarisme des Lumières que l'on rencontre à la source de la distinction opérée par Adam Smith[1] entre **travail improductif** et **travail productif**. Pour Smith en effet, si le premier est parasitaire, le second peut s'honorer d'un effort qui l'institue créateur de richesse et d'emplois pour le plus grand bien de l'humanité (**Texte 5**). On lira bien sûr à travers cette distinction l'exaltation des activités commerciales[2] et industrielles qui se mettent en place au XVIIIᵉ siècle et la condamnation implicite d'une noblesse oisive et étrangère à la production de la richesse commune. Hegel exprime également cette idée lorsqu'il montre que le pouvoir qu'un homme peut exercer sur un autre, et qui constitue l'essence même du pouvoir aristocratique, peut se révéler illusoire dans la mesure où son maintien dépend du travail de celui qu'il domine. Car en travaillant pour un maître, le travailleur finit par prendre conscience de l'étendue de son pouvoir sur les êtres et les choses et par là-même du **caractère libérateur du travail** initialement conçu pour l'asservir (**Texte 6**).

Dans une perspective voisine Durkheim pense l'affirmation de la personnalité individuelle si caractéristique de la civilisation occidentale comme un effet non concerté de l'intense **division du travail** qui s'est accomplie durant ces deux derniers siècles. En diversifiant les tâches pour répondre à des besoins nouveaux, elle a en effet libéré des capacités intellectuelles qui sans son action n'auraient jamais pu voir le jour (**Texte 7**). Mais sans doute Hegel comme Durkheim cèdent-ils trop facilement à la tentation de voir dans le travail l'œuvre d'hommes soucieux de transformer le monde pour lui imprimer un cadre personnel, comme si l'individu pouvait à loisir trouver un travail qui l'épanouît et comblât ses vœux. Car chacun sait qu'il s'en faut de beaucoup pour que le travail soit affectivement vécu comme une œuvre.

---

1. Philosophe et économiste écossais (1723-1790).
2. Classées par A. Smith parmi les activités productrices, voir texte 5, p. 212.

Le travail est la meilleure des polices

Nietzsche ne s'y trompait pas qui soupçonnait bien que l'insistance avec laquelle on glorifiait la valeur morale du travail était rien moins qu'innocente, mais bien plutôt désireuse de dissimuler sous des discours édifiants une volonté sourde de capter les forces créatrices, de les détourner de leur vocation naturelle — la pensée, le plaisir — pour les investir dans des activités socialement utiles **(Texte 8)**. Sur ce point, il rejoint Freud pour qui la civilisation est « quelque chose d'imposé à une majorité récalcitrante par une minorité ayant compris comment s'approprier les moyens de puissance et de coercition[1]. »

Dans cette perspective, on insistera sur l'aspect « policier » du travail dont le bénéfice revient beaucoup plus aux classes possédantes qu'aux travailleurs qu'elles emploient. On ira même jusqu'à supposer que toute apparente harmonie d'intérêts ne peut que masquer un conflit latent ou simplement ajourné. Car, tandis que le travailleur s'estime en droit d'attendre du travail plus que la simple satisfaction de ses besoins, l'employeur y voit surtout un moyen de « maximiser » ses intérêts conformément aux exigences de la **rationalité économique**. Comme le remarque J.-S. Mill, nous sommes là en présence de deux conceptions respectivement irréfutables, et partant, incompatibles, car si le premier pense la légitimité du travail en termes de valeur libératrice, le second ne la reconnaît qu'à partir du moment où elle se soumet aux seuls critères de la valeur marchande **(Texte 9)**. De cette confusion résultent un malentendu, des divergences d'appréciation quant à **la valeur du travail**, et un sentiment d'injustice qui rend le travailleur étranger à son travail, autrement dit **aliéné**, alors même qu'il pensait trouver dans le travail l'instrument de sa libération.

Une marchandise ?

Malentendu que l'histoire a tout d'abord tranché en faveur de l'efficacité économique. Car ce qui s'échange sur le marché du travail, ce n'est jamais le travail lui-même, mais la **force de travail**[2] dont la valeur est calculée par l'aptitude à effectuer une tâche déterminée au moindre coût. Aussi l'employeur n'achète-t-il jamais une personnalité avec toutes ses richesses potentielles, mais la main qui actionne une machine ou les seules opérations intellectuelles qu'il estime nécessaires à la réussite de son entreprise **(Texte 10)**. Qu'un travail, aussi bien fait soit-il, exige du temps ou des coûts élevés et il aura peu de chances d'être négociable sur un marché s'il ne se distingue pas par sa rareté et son utilité. C'est que, comme toute marchandise, le travail aura à subir les fluctuations de l'offre et de la demande : rare et utile, il verra sa valeur augmenter, mais elle diminuera si la main-d'œuvre à même de le réaliser est abondante.

Le travail exploité

Lorsqu'au XIXe siècle celle-ci paraissait inépuisable, les salaires ne cessaient de baisser lors même que la production ne cessait d'augmenter. Ce que Marx et Ricardo appelèrent alors la loi d'airain[3] des salaires aboutit à une **exploitation** de la misère ouvrière comme condition de l'augmentation générale des richesses. Comme le faisait remarquer K. Marx, avec une quantité

---

1. *l'Avenir d'une illusion*, Éd. P.U.F., p. 9.
2. Facultés physiques et intellectuelles nécessaires à la production d'un bien économique.
3. Loi qui fixe le salaire sur le minimum vital.

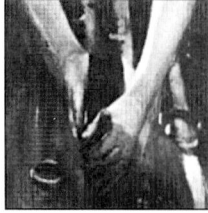

d'avoine donnée, on peut faire travailler un cheval jusqu'à la limite de ses forces. Pourquoi, toutes choses égales, ne pas appliquer ce système à un homme qui sait sa position continuellement menacée par la concurrence de travailleurs potentiels aussi désireux que lui de sortir de la misère et par conséquent d'en payer le prix, fût-ce en échange d'un travail accablant ?

Pourtant, les prévisions les plus sombres concernant la **paupérisation**[1] continue des masses salariées n'ont pas été confirmées par les faits. Les luttes sociales certainement, mais aussi l'exigence d'une main-d'œuvre qualifiée pour répondre à la **concurrence économique**, ont contraint les entreprises à diminuer les effets de l'exploitation en sous-payant un individu, un employeur laissait toute latitude à un concurrent de lui offrir davantage. Et ce sont sans doute des considérations du même ordre qui ont conduit les employeurs ou les instances dirigeantes à raccourcir le temps de travail (sous la forme du nombre d'heures quotidiennes de travail notamment).

Un loisir « aliéné » ?

Des loisirs plus substantiels en sont issus, paradoxalement fondés sur la nécessité de produire davantage. C'est qu'on s'est vite aperçu que les dernières heures de travail, par exemple, loin d'améliorer la production, étaient en fait préjudiciables à sa qualité. A tout prendre, il s'avérait plus profitable de concéder des jours de repos nécessaires à la récupération de la force de travail que de l'épuiser à des tâches au résultat incertain. Dans ces conditions, le **loisir** est susceptible de détenir une valeur marchande au même titre que le travail. De là à parler d'un loisir aliéné, il n'y a qu'un pas ; Jean Baudrillard fait observer, par exemple, que le temps dégagé sur le travail n'est jamais assez « libre » pour être complètement soustrait aux exigences de la production (Texte 11).

Faut-il en conclure qu'il n'y a pas de possibilité de contourner l'aliénation ? Ou, à la suite de Rousseau, que chacun de nous ne travaille qu'en vue du repos (Texte 12) ? N'est-il pas un peu excessif de ne voir dans le loisir qu'une nouvelle forme d'aliénation, dépendante du travail ? Rappelons que le loisir, par définition, est un ensemble d'activités choisies par les individus pour épanouir leurs facultés physiques et intellectuelles : aussi tous les projets de réforme sociale se rencontrent-ils sur la nécessité de faire vivre le travail sur le mode du loisir. Par ailleurs, aujourd'hui le travail ne semble plus être en mesure d'être le modèle exclusif de l'insertion sociale, et bien d'autres activités seront sans doute appelées à prendre le relai. La mutation en cours est d'une telle ampleur qu'elle déborde largement la question du statut du travail pour poser celle du sens de l'ensemble de nos activités sociales (document).

---

1. Appauvrissement progressif des travailleurs qui résulterait nécessairement, selon Marx, de l'évolution du capitalisme.

TEXTES

I. L'INTELLIGENCE AU TRAVAIL

Texte 1

L'intelligence
à l'œuvre

MARX

Le travail est de prime abord un acte qui se passe entre l'homme et la nature. L'homme y joue lui-même vis-à-vis de la nature le rôle d'une puissance naturelle. Les forces dont son corps est doué, bras et jambes, tête et mains, il les met en mouvement, afin de s'assimiler des matières en leur donnant une forme utile à sa vie. En même temps qu'il agit par ce mouvement sur la nature extérieure et la modifie, il modifie sa propre nature, et développe les facultés qui y sommeillent. Nous ne nous arrêterons pas à cet état primordial du travail où il n'a pas encore dépouillé son mode purement instinctif. Notre point de départ c'est le travail sous une forme qui appartient exclusivement à l'homme. Une araignée fait des opérations qui ressemblent à celles du tisserand, et l'abeille confond par la structure de ses cellules de cire l'habileté de plus d'un architecte. Mais ce qui distingue dès l'abord le plus mauvais architecte de l'abeille la plus experte, c'est qu'il a construit la cellule dans sa tête avant de la construire dans la ruche. Le résultat auquel le travail aboutit, préexiste idéalement dans l'imagination du travailleur. Ce n'est pas qu'il opère seulement un changement de forme dans les matières naturelles ; il y réalise du même coup son propre but dont il a conscience, qui détermine comme loi son mode d'action, et auquel il doit subordonner sa volonté.

Marx, *Le Capital* (1867), traduction de J. Roy, Éd. Sociales, 1950.

II. LA VALEUR MORALE DU TRAVAIL

Texte 2

Le mépris du travail
dans l'Antiquité

ARENDT

Dire que le travail et l'artisanat étaient méprisés dans l'antiquité parce qu'ils étaient réservés aux esclaves, c'est un préjugé des historiens modernes. Les Anciens faisaient le raisonnement inverse : ils jugeaient qu'il fallait avoir des esclaves à cause de la nature servile de toutes les occupations qui pourvoyaient aux besoins de la vie. C'est même par ces motifs que l'on défendait et justifiait l'institution de l'esclavage. Travailler, c'était l'asservissement à la nécessité, et cet asservissement était inhérent aux conditions de la vie humaine. Les

hommes étant soumis aux nécessités de la vie ne pouvaient se libérer qu'en dominant ceux qu'ils soumettaient de force à la nécessité. La dégradation de l'esclave était un coup du sort, un sort pire que la mort, car il provoquait une métamorphose qui changeait l'homme en un être proche des animaux domestiques. C'est pourquoi si le statut de l'esclave se modifiait, par exemple par la manumission[1], ou si un changement des conditions politiques générales élevait certaines occupations au rang d'affaires publiques, la « nature » de l'esclave changeait automatiquement.

L'institution de l'esclavage dans l'Antiquité, au début du moins, ne fut ni un moyen de se procurer de la main-d'œuvre à bon marché ni un instrument d'exploitation en vue de faire des bénéfices ; ce fut plutôt une tentative pour éliminer des conditions de la vie le travail. Ce que les hommes partagent avec les autres animaux, on ne le considérait pas comme humain. C'était d'ailleurs aussi la raison de la théorie grecque, si mal comprise, de la nature non humaine de l'esclave. Aristote, qui exposa si explicitement cette théorie et qui, sur son lit de mort, libéra ses esclaves, était sans doute moins inconséquent que les modernes ont tendance à le croire. Il ne niait pas que l'esclave fût capable d'être humain ; il refusait de donner le nom d'« hommes » aux membres de l'espèce humaine tant qu'ils étaient totalement soumis à la nécessité.

H. Arendt, Condition de l'homme moderne,
traduction de G. Fradier, Éd. Calmann-Lévy, 1961, pp. 95-96.

Texte 3

L'évaluation religieuse du travail

WEBER

Le temps est précieux, infiniment, car chaque heure perdue est soustraite au travail qui concourt à la gloire divine[2]. Aussi la contemplation inactive, en elle-même dénuée de valeur, est-elle directement répréhensible lorsqu'elle survient aux dépens de la besogne quotidienne. Car elle plaît *moins* à Dieu que l'accomplissement de sa volonté dans un métier. Le dimanche n'est-il pas là d'ailleurs pour la contemplation ? [...]

Le travail cependant est autre chose encore ; il constitue surtout le *but même* de la vie, tel que Dieu l'a fixé. Le verset de saint Paul : « Si quelqu'un ne veut pas travailler, qu'il ne mange pas non plus » vaut pour chacun, et sans restriction. La répugnance au travail est le symptôme d'une absence de la grâce. [...]

La richesse elle-même ne libère pas de ces prescriptions. Le possédant, lui non plus, ne doit pas manger sans travailler, car même s'il ne lui est pas nécessaire de travailler pour couvrir ses besoins, le commandement divin n'en subsiste pas moins, et il doit lui obéir au même titre que le pauvre. Car la divine

---

1. Affranchissement, avec des formalités légales.
2. Max Weber présente ici certains aspects caractéristiques de la vision calviniste du monde.

Providence a prévu pour chacun sans exception un métier qu'il doit reconnaître et auquel il doit se consacrer. Et ce métier ne constitue pas [...] un destin auquel on doit se soumettre et se résigner, mais un commandement que Dieu fait à l'individu de travailler à la gloire divine.

20 Partant, le bon chrétien doit répondre à cet appel : « Si Dieu vous désigne tel chemin dans lequel vous puissiez légalement gagner plus que dans tel autre (cela sans dommage pour votre âme ni pour celle d'autrui) et que vous refusiez le plus profitable pour choisir le chemin qui l'est moins, *vous contrecarrez l'une des fins de votre vocation, vous refusez de vous faire l'intendant de Dieu* et 25 d'accepter ses dons, et de les employer à son service s'il vient à l'exiger. *Travaillez donc à être riches pour Dieu, non pour la chair et le péché.* » [...]

Pour résumer ce que nous avons dit jusqu'à présent, l'ascétisme protestant, agissant à l'intérieur du monde, s'opposa avec une grande efficacité à la *jouissance* spontanée des richesses et freina la *consommation*, notamment celle des 30 objets de luxe. En revanche, il eut pour effet psychologique de *débarrasser* des inhibitions de l'éthique traditionaliste *le désir d'acquérir*. Il a rompu les chaînes qui entravaient pareille tendance à acquérir, non seulement en la légalisant, mais aussi [...] en la considérant comme directement voulue par Dieu. [...]

Plus important encore, l'évaluation religieuse du travail sans relâche, conti-35 nu, systématique, dans une profession séculière, comme moyen ascétique le plus élevé et à la fois preuve la plus sûre, la plus évidente de régénération et de foi authentique, a pu constituer le plus puissant levier qui se puisse imaginer de l'expansion de cette conception de la vie que nous avons appelée, ici, l'esprit du capitalisme.

M. Weber, *l'Ethique protestante et l'esprit du capitalisme* (1904), traduction de J. Chavy, Éd. Plon, 1964, pp. 208-236.

Texte 4

KANT

Travailler
pour parvenir
à l'estime de soi

La nature a voulu que l'homme tire entièrement de lui-même tout ce qui dépasse l'agencement mécanique de son existence animale et qu'il ne participe à aucun autre bonheur ou à aucune autre perfection que ceux qu'il s'est créés lui-même, libre de l'instinct, par sa propre raison. La nature, en effet, ne fait rien en vain 5 et n'est pas prodigue dans l'usage des moyens qui lui permettent de parvenir à ses fins. Donner à l'homme la raison et la liberté du vouloir qui se fonde sur cette raison, c'est déjà une indication claire de son dessein en ce qui concerne la dotation de l'homme. L'homme ne doit donc pas être dirigé par l'instinct ; ce n'est pas une connaissance innée qui doit assurer son instruction, il doit 10 bien plutôt tirer tout de lui-même. La découverte d'aliments, l'invention des moyens de se couvrir et de pourvoir à sa sécurité et à sa défense (pour cela la nature ne lui a donné ni les cornes du taureau, ni les griffes du lion, ni les crocs du chien, mais seulement les mains), tous les divertissements qui peuvent rendre la vie agréable, même son intelligence et sa prudence et aussi bien la

15 bonté de son vouloir, doivent être entièrement son œuvre. La nature semble même avoir trouvé du plaisir à être la plus économe possible, elle a mesuré la dotation animale des hommes si court et si juste pour les besoins si grands d'une existence commençante, que c'est comme si elle voulait que l'homme dût parvenir par son travail à s'élever de la plus grande rudesse d'autrefois à la

20 plus grande habileté, à la perfection intérieure de son mode de penser et par là (autant qu'il est possible sur terre) au bonheur, et qu'il dût ainsi en avoir tout seul le mérite et n'en être redevable qu'à lui-même ; c'est aussi comme si elle tenait plus à ce qu'il parvînt à l'estime raisonnable de soi qu'au bien-être.

Kant, *Idée d'une histoire universelle au point de vue cosmopolitique,* 1789,
Troisième proposition, traduction de J.-M. Muglioni,
Coll. Univers des Lettres. Éd. Bordas, 1981, pp. 12-13.

III. LE TRAVAIL ET LES CONTRAINTES ÉCONOMIQUES

Texte 5

Travail productif
et travail improductif

SMITH

Il y a une sorte de travail qui ajoute à la valeur de l'objet sur lequel il s'exerce ; il y en a un autre qui n'a pas le même effet. Le premier, produisant une valeur, peut être appelé travail productif ; le dernier, travail non productif.

Ainsi, le travail d'un ouvrier de manufacture ajoute, en général, à la valeur
5 de la matière sur laquelle travaille cet ouvrier, la valeur de sa subsistance et du profit de son maître. Le travail d'un domestique, au contraire, n'ajoute à la valeur de rien. Quoique le premier reçoive des salaires que son maître lui avance, il ne lui coûte, dans le fait, aucune dépense, la valeur de ces salaires se retrouvant en général avec un profit de plus dans l'augmentation de valeur du
10 sujet auquel ce travail a été appliqué. Mais la subsistance consommée par le domestique ne se trouve nulle part. Un particulier s'enrichit à employer une multitude d'ouvriers fabricants ; il s'appauvrit à entretenir une multitude de domestiques. Le travail de ceux-ci a néanmoins sa valeur, et mérite sa récompense aussi bien que celui des autres. Mais le travail de l'ouvrier se fixe et se
15 réalise sur un sujet quelconque, ou sur une chose vénale[1] qui dure au moins quelque temps après que le travail a cessé. C'est, pour ainsi dire, une quantité de travail amassé et mis en réserve, pour être employé, s'il est nécessaire, dans quelque autre occasion. Cet objet, ou ce qui est la même chose, le prix de cet objet peut ensuite, s'il en est besoin, mettre en activité une quantité de travail

---

1. Signifie ici ce qui est susceptible d'être acheté ou vendu.

20 égale à celle qui l'a produit originairement. Le travail du domestique, au contraire, ne se fixe ou ne se réalise sur aucun objet, sur aucune chose qu'on puisse vendre ensuite. En général, ses services périssent à l'instant même où il les rend, et ne laissent presque jamais après eux aucune trace ou aucune valeur

213 qui puisse servir par la suite à procurer une pareille quantité de services.

Smith, *Recherches sur la nature et les causes de la richesse des nations*, (1776), Éd. Gallimard, 1970, I, 1 - 2 - 3.

Texte 6

La dialectique du Maître et de l'Esclave[1]

KOJÈVE

Le Maître force l'Esclave à travailler. Et en travaillant, l'Esclave devient maître de la Nature. Or, il n'est devenu l'Esclave du Maître que parce que — au prime abord — il était esclave de la Nature, en se solidarisant avec elle et en se subordonnant à ses lois par l'acceptation de l'instinct de conservation. En devenant

5 par le travail maître de la Nature, l'Esclave se libère donc de sa propre nature, de son propre instinct qui le liait à la Nature et qui faisait de lui l'Esclave du Maître. En libérant l'Esclave de la Nature, le travail le libère donc aussi de lui-même, de sa nature d'Esclave : il le libère du Maître. Dans le Monde naturel, donné, brut, l'Esclave est esclave du Maître. Dans le Monde technique, trans-

10 formé par son travail, il règne — ou, du moins, règnera un jour — en Maître absolu. Et cette Maîtrise qui naît du travail, de la transformation progressive du Monde donné et de l'homme donné dans ce Monde, sera tout autre chose que la Maîtrise «immédiate» du Maître. L'avenir et l'Histoire appartiennent donc non pas au Maître guerrier, qui ou bien meurt ou bien se maintient indé-

15 finiment dans l'identité avec soi-même, mais à l'Esclave travailleur. Celui-ci, en transformant le Monde donné par son travail, transcende le donné et ce qui est déterminé en lui-même par ce donné ; il se dépasse donc, en dépassant aussi le Maître qui est lié au donné qu'il laisse — ne travaillant pas — intact. Si l'angoisse de la mort incarnée pour l'Esclave dans la personne du Maître

20 guerrier est la condition *sine qua non* du progrès historique, c'est uniquement le travail de l'Esclave qui le réalise et le parfait.

A. Kojève, *Introduction à la lecture de Hegel*, Éd. Gallimard, 1947, p. 29.

Texte 7

Division du travail et promotion de l'individu

DURKHEIM

Loin d'être entamée par les progrès de la spécialisation, la personnalité individuelle se développe avec la division du travail.

En effet, être une personne, c'est être une source autonome d'action. L'homme n'acquiert donc cette qualité que dans la mesure où il y a en lui

5 quelque chose qui est à lui, à lui seul et qui l'individualise, où il est plus qu'une

---

1. Ce texte constitue un commentaire du texte de Hegel : *la Phénoménologie de l'Esprit* (1807), Éd. Aubier, 1947, p. 162.

simple incarnation du type générique de sa race et de son groupe. On dira que, en tout état de cause, il est doué de libre arbitre et que cela suffit à fonder sa personnalité. Mais, quoi qu'il en soit de cette liberté, objet de tant de discussions, ce n'est pas cet attribut métaphysique, impersonnel, invariable, qui peut
10 servir de base unique à la personnalité concrète, empirique et variable des individus. Celle-ci ne saurait être constituée par le pouvoir tout abstrait de choisir entre deux contraires ; mais encore faut-il que cette faculté s'exerce sur des fins et des mobiles qui soient propres à l'agent. En d'autres termes, il faut que les matériaux mêmes de sa conscience aient un caractère personnel. Or,
15 nous avons vu dans le second livre de cet ouvrage[1] que ce résultat se produit progressivement à mesure que la division du travail progresse elle-même. L'effacement du type segmentaire[2], en même temps qu'il nécessite une plus grande spécialisation, dégage partiellement la conscience individuelle du milieu organique qui la supporte comme du milieu social qui l'enveloppe et,
20 par suite de cette double émancipation, l'individu devient davantage un facteur indépendant de sa propre conduite. La division du travail contribue elle-même à cet affranchissement ; car les natures individuelles, en se spécialisant, deviennent plus complexes et, par cela même, sont soustraites en partie à l'action collective et aux influences héréditaires qui ne peuvent guère s'exercer
25 que sur les choses simples et générales.

E. Durkheim, *De la division du travail,* Éd. P.U.F., 1930, pp. 399-400.

Texte 8

L'apologie du travail

NIETZSCHE

Dans la glorification du « travail », dans les infatigables discours sur la « bénédiction du travail », je vois la même arrière-pensée que dans les louanges adressées aux actes impersonnels et utiles à tous : à savoir la peur de tout ce qui est individuel. Au fond, on sent aujourd'hui, à la vue du travail — on vise tou-
5 jours sous ce nom le dur labeur du matin au soir —, qu'un tel travail constitue la meilleure des polices, qu'il tient chacun en bride et s'entend à entraver puissamment le développement de la raison, des désirs, du goût de l'indépendance. Car il consume une extraordinaire quantité de force nerveuse et la soustrait à la réflexion, à la méditation, à la rêverie, aux soucis, à l'amour et à la haine, il
10 présente constamment à la vue un but mesquin et assure des satisfactions faciles et régulières. Ainsi une société où l'on travaille dur en permanence aura davantage de sécurité : et l'on adore aujourd'hui la sécurité comme la divinité suprême. — Et puis ! épouvante ! Le « travailleur », justement, est devenu *dangereux* ! Le monde fourmille d'« individus dangereux » ! Et derrière eux, le dan-
15 ger des dangers — *l'individuum* !

Nietzsche, *Aurore* (1880), collection Idées, traduction de J. Hervier, Éd. Gallimard, 1974, Livre III, pp. 181-182.

1. Qui porte sur les causes du progrès de la division du travail.
2. Durkheim désigne par « type segmentaire » une société basée sur la famille et sur le clan.

Texte 9

Justice et travail

MILL

Dans une société coopérative de production[1], est-il juste ou non que le talent ou l'habileté donnent droit à une rémunération plus élevée ? Ceux qui répondent négativement à la question font valoir l'argument suivant : celui qui fait ce qu'il peut a le même mérite et ne doit pas, en toute justice, être placé dans une position d'infériorité s'il n'y a pas faute de sa part ; les aptitudes supérieures constituent déjà des avantages plus que suffisants, par l'admiration qu'elles excitent, par l'influence personnelle qu'elles procurent, par les sources intimes de satisfaction qu'elles réservent, sans qu'il faille y ajouter une part supérieure des biens de ce monde ; et la société est tenue, en toute justice, d'accorder une compensation aux moins favorisés, en raison de cette inégalité injustifiée d'avantages plutôt que de l'aggraver encore. A l'inverse, les autres disent : la société reçoit davantage du travailleur dont le rendement est supérieur ; ses services étant plus utiles, la société doit les rémunérer plus largement ; une part plus grande dans le produit du travail collectif est bel et bien son œuvre ; la lui refuser quand il la réclame, c'est une sorte de brigandage. S'il doit seulement recevoir autant que les autres, on peut seulement exiger de lui, en toute justice, qu'il produise juste autant, et qu'il ne donne qu'une quantité moindre de son temps et de ses efforts, compte tenu de son rendement supérieur. Qui décidera entre ces appels à des principes de justices divergents ? La justice, dans le cas en question, présente deux faces entre lesquelles il est impossible d'établir l'harmonie, et les deux adversaires ont choisi les deux faces opposées ; ce qui préoccupe l'un, c'est de déterminer, en toute justice, ce que l'individu doit recevoir, ce qui préoccupe l'autre, c'est de déterminer, en toute justice, ce que la société doit donner. Chacun des deux, du point de vue où il s'est placé, est irréfutable et le choix entre ces points de vue, pour des raisons relevant de la justice, ne peut qu'être absolument arbitraire. C'est l'utilité sociale seule qui permet de décider entre l'un et l'autre.

J.-S. Mill, *l'Utilitarisme*[2] (1904), traduction de G. Tanesse,
Éd. Garnier-Flammarion, 1968, pp. 145-146.

Texte 10

L'aliénation
de l'ouvrier

MARX

L'ouvrier s'appauvrit d'autant plus qu'il produit plus de richesse, que sa production croît en puissance et en volume. L'ouvrier devient une marchandise. Plus le monde des choses augmente en valeur, plus le monde des hommes se *dévalorise* ; l'un est en raison directe de l'autre. Le travail ne produit pas seule-

---

1. C'est-à-dire une entreprise.
2. L'Utilitarisme, qui apparaît au XVIIIe siècle avec Helvétius et Hume, mais qui trouve sa formulation systématique avec Bentham (1748-1832) et J.-S. Mill (1806-1873), repose sur l'idée qu'une société est bien ordonnée, et donc juste, lorsque ses institutions sont conçues pour apporter la plus grande somme totale de satisfaction à l'ensemble de ses membres.

ment des marchandises ; il se produit lui-même et produit l'ouvrier comme une
marchandise dans la mesure même où il produit des marchandises en général.

Cela revient à dire que le produit du travail vient s'opposer au travail
comme *un être étranger*, comme une *puissance indépendante* du producteur.
Le produit du travail est le travail qui s'est fixé, matérialisé dans un objet, il est
la *transformation du travail en objet*, matérialisation du travail. La réalisation
du travail est sa matérialisation. Dans les conditions de l'économie politique,
cette réalisation du travail apparaît comme la *déperdition* de l'ouvrier, la matérialisation comme perte et servitude matérielles, l'appropriation comme aliénation, comme *dépouillement*. [...]

Toutes ces conséquences découlent d'un seul fait : l'ouvrier se trouve devant
le produit de son travail dans le même rapport qu'avec un objet *étranger*. Cela
posé, il est évident que plus l'ouvrier se dépense dans son travail, plus le
monde étranger, le monde des objets qu'il crée en face de lui devient puissant,
et que plus il s'appauvrit lui-même, plus son monde intérieur devient pauvre,
moins il possède en propre. C'est exactement comme dans la religion. Plus
l'homme place en Dieu, moins il conserve en lui-même. L'ouvrier met sa vie
dans l'objet, et voilà qu'elle ne lui appartient plus, elle est à l'objet. Plus cette
activité est grande, plus l'ouvrier est sans objet. Il n'est pas ce qu'est le produit
de son travail. Plus son produit est important, moins il est lui-même.

La *dépossession* de l'ouvrier au profit de son produit signifie non seulement
que son travail devient un objet, une existence extérieure, mais que son travail
existe en dehors de lui, indépendamment de lui, étranger à lui, et qu'il devient
une puissance autonome face à lui. La vie qu'il a prêtée à l'objet s'oppose à lui,
hostile et étrangère.

K. Marx, *Manuscrits de 1844*, traduction de M. Rubel,
Bibliothèque de la Pléiade, Éd. Gallimard, 1968, pp. 58-59.

IV. AU-DELÀ DU TRAVAIL CONTRAIGNANT ?

Texte 11

La fiction
du temps libre

BAUDRILLARD

Le temps est une denrée rare, précieuse, soumise aux lois de la valeur d'échange. Ceci est clair pour le temps de travail, puisqu'il est vendu et acheté. Mais
de plus en plus le temps libre lui-même doit être, pour être « consommé »,
directement ou indirectement acheté. [...]

Cette loi du temps comme valeur d'échange et comme force productive ne
s'arrête pas au seuil du loisir, comme si miraculeusement celui-ci échappait à

toutes les contraintes qui règlent le temps de travail. Les lois du système (de production) ne prennent pas de vacances. Elles reproduisent continuellement et partout, sur les routes, sur les plages, dans les clubs, *le temps comme force pro-*
10 *ductrice.* L'apparent dédoublement en temps de travail et temps de loisir — ce dernier inaugurant la sphère transcendante de la liberté — est un mythe. [...]

Le repos, la détente, l'évasion, la distraction sont peut-être des «besoins» : mais ils ne définissent pas en eux-mêmes l'exigence propre du loisir, qui est la consommation du *temps.* Le temps libre, c'est peut-être toute l'activité ludique
15 dont on le remplit, mais c'est d'abord *la liberté de perdre son temps*, de le «tuer» éventuellement, de le dépenser en pure perte. (C'est pourquoi dire que le loisir est «aliéné» parce qu'il n'est que le temps nécessaire à la reconstitution de la force de travail — est insuffisant. L'«aliénation» du loisir est plus profonde : elle ne tient pas à sa subordination directe au temps de travail, elle est
20 liée à L'IMPOSSIBILITÉ MEME DE PERDRE SON TEMPS). [...]

Partout ainsi, et en dépit de la fiction de liberté dans le loisir, il y a impossibilité logique du temps «libre», il ne peut y avoir que du temps contraint. Le temps de la consommation est celui de la production. Il l'est dans la mesure où il n'est jamais qu'une parenthèse «évasive» dans le cycle de la production.
25 Mais encore une fois, cette complémentarité fonctionnelle (diversement partagée selon les classes sociales) n'est pas sa détermination essentielle. Le loisir est contraint dans la mesure où derrière sa gratuité apparente il reproduit fidèlement toutes les contraintes mentales et pratiques qui sont celles du temps productif et de la quotidienneté asservie.

J. Baudrillard, *la Société de consommation,* collection Idées,
Éd. Gallimard, 1970, pp. 242-246.

Texte 12

Le travail : une
activité contre nature

ROUSSEAU

Il est inconcevable à quel point l'homme est naturellement paresseux. On dirait qu'il ne vit que pour dormir, végéter, rester immobile ; à peine peut-il se résoudre à se donner les mouvements nécessaires pour s'empêcher de mourir de faim. Rien ne maintient tant les sauvages dans l'amour de leur état que
5 cette délicieuse indolence. Les passions qui rendent l'homme inquiet, prévoyant, actif, ne naissent que dans la société. Ne rien faire est la première et la plus forte passion de l'homme après celle de se conserver. Si l'on y regardait bien, l'on verrait que, même parmi nous, c'est pour parvenir au repos que chacun travaille : c'est encore la paresse qui nous rend laborieux.

J.-J. Rousseau, *Essai sur l'origine des langues,* Éd. Hatier, 1983, p. 69.

DOCUMENT

Travailler moins pour travailler tous ?

*P*OUR *la première fois dans l'histoire moderne,* le travail payé pourra (donc) cesser d'occuper le plus clair de notre temps et de notre vie. *La libération du travail devient pour la première fois une perspective tangible. Mais il ne faut pas sous-estimer ce que cela implique pour chacun de nous. La lutte pour une réduction continue et substantielle de la durée du travail payé suppose que celui-ci*
5 *cesse progressivement d'être la seule ou même la principale source d'identité et d'insertion sociales. Des valeurs autres que les valeurs économiques, des activités autres que celles, fonctionnelles, instrumentales, salariées que nous commandent les appareils et institutions sociaux, devront devenir dominants dans la vie de chacun.*

   Cette mutation de la société et de la culture exige de chaque personne un travail sur soi auquel elle
10 *peut être incitée mais qu'aucun État, gouvernement, parti ou syndicat ne peut faire pour elle. Elle exige que nous trouvions à la vie un autre sens que le travail payé, l'éthique professionnelle, le rendement, et aussi que des luttes autres que celles qui ont pour contenu le rapport salarial gagnent en importance. L'ensemble de ces changements culturels est d'une ampleur telle qu'il serait vain de les proposer s'ils n'allaient dans le sens d'une mutation déjà en cours. [...]*

15 *L'aspiration à se libérer du travail ou vis-à-vis du travail ne doit toutefois pas être opposée aux objectifs syndicaux traditionnels de libération dans le travail. Au contraire, l'une et l'autre se conditionnent mutuellement. Des expériences passées ont montré que les travailleurs deviennent plus exigeants quant aux conditions et aux rapports de travail lorsque celui-ci leur laisse du temps et des forces pour une vie personnelle. Inversement, le développement personnel a pour condition un travail*
20 *qui, par sa durée et sa nature, ne mutile pas les facultés physiques et psychiques du travailleur. [...]*

   Il devient donc indispensable de s'interroger sur les finalités qu'on sert par la fonction qu'on remplit dans son « travail ». La conscience professionnelle doit donc s'élargir à l'examen des effets et des enjeux de société, des effets et des enjeux de civilisation qu'impliquent les choix techniques, économiques, commerciaux. Cela vaut tout particulièrement pour les travailleurs techniques et scientifiques chez
25 *lesquels, d'ailleurs, il n'est pas exceptionnel que des associations ou groupements mettent en question publiquement, d'un point de vue éthique ou politique, les buts, la valeur et les conséquences des programmes. [...]*

   En une période où le travail à plein temps de tous est de moins en moins nécessaire à l'économie, la question « travailler pour quoi ? à quoi ? » prend une importance centrale. Elle seule peut nous protéger
30 *contre une éthique de « l'effort pour l'effort », du « produire pour produire » qui trouve son achèvement dans l'acceptation de l'économie de guerre et de la guerre elle-même.*

A. Gorz, *Métamorphoses du travail. Quête du sens,* Éd. Galilée, 1988.

14.
LA TECHNIQUE

Main articulée géante, Anvar Fit. Photo : C. Weiss.

INTRODUCTION

La technique est recherche d'efficacité

La technique conserve, de sa parenté avec l'art, l'idée d'une manière de procéder pour parvenir à une fin. On parlera ainsi d'un procédé de fabrication ou encore d'une méthode de pensée susceptible d'améliorer les voies d'accès aux fins que l'on se propose. Mais alors que l'art se définit par une fin esthétique désintéressée, la technique vise avant tout l'utilité qu'elle ne peut obtenir qu'au prix d'une **économie de moyens** et un **maximum d'efficacité**. Ainsi, la réussite de la technique se mesure-t-elle au degré d'efficacité des moyens mis en œuvre pour accroître les capacités d'une machine, améliorer la gestion d'une entreprise, ou encore faciliter la maîtrise de l'homme sur la nature. Certes, on peut toujours prétendre qu'il n'y a pas de différence essentielle entre un feu de cheminée et un radiateur électrique; leur fonction se rejoint, et le feu évoque toujours la séduction du naturel; mais si l'homme a fait le choix de s'affranchir des contraintes naturelles, il est indéniable que le second moyen sera plus efficace que le premier.

« L'Homo faber»

Dépourvu, contrairement aux autres animaux, des facultés qui permettent d'affronter les périls naturels, l'« homme nu » — si l'on en croit la légende — dut s'emparer du feu et des « sciences propres à conserver sa vie » (Document). Telle est donc la raison originelle de la technique : elle fournit à l'homme les moyens d'adaptation à un environnement qui n'est pas toujours prêt à le recevoir. La technique, du grec **technè** (qui signifiait : « fabriquer, construire, produire quelque chose »), se définit en premier lieu comme un savoir-faire dont le but est un comportement efficace et approprié aux circonstances. Mais les animaux eux-mêmes, fera-t-on observer, disposent — dans certaines limites — d'un tel **savoir-faire** qui paraît parfois plus adapté et mieux adéquat à ses fins. En définissant l'homme comme un « **Homo Faber**[1] », Bergson insiste sur le fait que l'intelligence — conçue précisément comme la faculté de fabriquer et d'utiliser des objets artificiels — ne concerne que l'être humain. Seule en effet la démarche de l'homme est véritablement inventive ainsi qu'Aristote, sans doute le premier, l'avait déjà établi. D'après celui-ci en effet, la « technè » est une « disposition tournée vers la création » et « accompagnée de raison » qui, de ce double point de vue, oppose l'homme et les autres animaux. Du fait de ce talent, l'homme n'est donc pas un être particulièrement démuni, bien au contraire. La nature, qui, toujours selon Aristote « ne fait rien en vain », a donné à l'homme des mains et une intelligence qui lui permettent une adaptation particulièrement réussie. L'**outil**, en effet — c'est-à-dire l'objet conçu et fabriqué par l'homme pour exécuter un travail — n'est pas seulement le prolongement naturel de la main, il est la traduction matérielle de son intelligence. Cette extension des pouvoirs naturels de l'être humain se poursuit indéfiniment avec la multiplication des objets artificiels, puis avec l'invention des machines (**Textes 1 et 3**).

---

1. L'homme fabricateur d'outils.

**Machines
et outils**

La **machine**, qui utilise les diverses formes d'énergie, se distingue par là des outils qui restaient associés aux forces musculaires humaines. Le propre de la machine, dont le fonctionnement est autonome, est d'exister par soi-même et donc de pouvoir se substituer presque entièrement à l'homme. Mais ce « presque » est capital, dans la mesure où même la plus automatique et la plus « intelligente » des machines reste dépendante de l'homme pour sa conception, sa fabrication et sa réparation. A cet égard, elle ne peut atteindre l'autonomie propre à l'organisme même le plus rudimentaire[1]. Quoi qu'il en soit, cette capacité de fabriquer des outils et des machines apparaît, au même titre que le langage notamment, comme étant indissociable de l'humanité et constitutive de sa dignité (**Texte 4**). Grâce à cette « philosophie pratique », l'homme n'est plus soumis à la nature, et comme l'annonçait triomphalement Descartes, il en devient « comme maître et possesseur » (**Texte 5**).

**Une image
d'abord négative**

Une telle maîtrise n'a pas été sans s'accompagner d'un sentiment de culpabilité, lequel a fortement contribué, à son tour, à donner une image négative de la technique. Image que Diderot et les Encyclopédistes se sont efforcés de dissiper (**Texte 6**) sans y parvenir tout à fait, car à la différence de l'art et de la science qui transfigurent ou interprètent la nature sans la modifier, la technique se propose de la transformer.

C'est pourquoi l'imaginaire collectif s'est toujours effrayé de la puissance quasi divine qu'elle conférait à l'homme. Et si celui-ci s'est malgré tout engagé dans l'aventure technique, il l'a d'abord vécue comme une transgression dont le **caractère sacrilège** finirait par l'atteindre dans ses œuvres et dans sa vie. Aussi les anciens Grecs étaient-ils attentifs à ne pas violenter la nature pour ne pas s'attirer la colère des Dieux. Prométhée, qui ne l'avait pas compris, paya de ses souffrances le secret du feu qu'il osa transmettre aux hommes, de même que Xerxès trouva son châtiment dans les défaites de Marathon et de Salamine pour avoir troublé l'ordre naturel voulu par les Dieux[2]. Frayeurs d'un autre âge dira-t-on, mais que continue aujourd'hui la crainte de voir la technique détruire notre environnement, corrompre nos âmes et même menacer nos vies. La science-fiction, où tour à tour la technique sert et dessert l'homme, ne traduit-elle pas sur un mode apocalyptique le désir infini de puissance et la peur de s'y perdre ?

**Ambivalence
du progrès
technique**

Rousseau avait bien compris que la technique ne se contenterait pas de modifier notre manière de vivre mais encore nos manières de penser et de sentir (**Texte 7**). C'est que, pour Rousseau, il n'est pas certain que le progrès technique engendre un progrès dans les relations humaines. L'homme moderne, comme l'expliquera à son tour Heidegger, n'est plus amené à utiliser des techniques, mais à vivre avec des techniques et au milieu d'elles. Il ne vit plus à proximité d'un milieu naturel à jamais disparu, mais avec des objets qui forment la totalité de son environnement. Il en résulte que nous n'avons plus un contact direct avec la nature et la société, mais un contact médiatisé par la présence obsédante des objets. Ainsi nos relations ne sont-elles pas soutenues par la présence physique d'autrui, mais par la voix impersonnelle du

---

1. Voir le chapitre « la Connaissance du vivant ».
2. Eschyle, *les Perses*, vers 715, p. 208.

téléphone, de même que c'est moins notre œil que la caméra qui nous renseigne sur les événements du monde. Aussi assistons-nous à ce paradoxe, que jamais l'homme n'a eu autant de possibilités de communiquer avec l'autre et jamais il n'a été aussi isolé, car la communication que l'objet favorise ne peut se substituer à l'expérience sensible que chacun attend des relations humaines. La technique, théoriquement faite pour rapprocher les hommes, pourrait contribuer en réalité à les maintenir dans l'isolement. Des techniques nouvelles ne peuvent en outre être introduites sans provoquer des effets inattendus sur les objets familiers ou les méthodes de penser qui ont nourri notre culture et qui se trouvent soudainement menacés par l'innovation car il faut comprendre qu'il existe une sorte de complicité entre l'économie et la technique : si la première attend beaucoup de la seconde, c'est qu'elles se rencontrent dans un souci commun de produire avec un maximum d'efficacité des objets condamnés à être perpétuellement renouvelés. Ainsi la technique semble-t-elle obéir au **principe d'économie** selon lequel on ne doit pas multiplier les fonctions ou les êtres plus qu'il n'est nécessaire pour produire.

L'essence de la technique

Par là-même, soumises aux impératifs de la compétition internationale, les techniques ne sont plus des instruments au service du travail, mais comme l'entrevoit H. Arendt, des ensembles complexes auxquels l'homme doit adapter sa vie et ses connaissances. Allons plus loin : la technique moderne dont l'essence est, selon Heidegger, une véritable « provocation », peut être perçue comme une menace pour l'être même de l'homme. Si l'essence de la technique[1] est bien l'« Arraisonnement » — c'est-à-dire la mise à la raison de la nature — on admettra qu'elle constitue non pas un danger, mais le danger suprême. Encore faut-il admettre – pour le comprendre – que l'essence de la technique n'est pas quelque chose de technique. Tout ce qui est essentiel en effet, selon Heidegger, se tient toujours en retrait. En fait, la technique constitue la réalisation de la métaphysique des Temps Modernes, c'est-à-dire l'actualisation d'un projet à l'œuvre dès le début de l'Occident. La possibilité de « se sauver » existe toutefois, pourvu que l'homme veuille bien prendre en considération l'essence de la technique, et ne se contente plus de la mettre en œuvre, de la redouter ou de l'ignorer **(Textes 8 et 9)**

Par les contraintes qu'elles font ainsi peser sur les individus, les techniques ouvrent le champ d'une vision purement utilitaire du monde, dépourvue de toute transcendance, c'est-à-dire privée des dimensions symboliques, philosophiques et religieuses qui habitaient auparavant l'univers culturel des hommes. On comprendra que dans un tel système, la pensée ne puisse s'attarder à la méditation, au recueillement, au désintéressement nécessaires à son activité, mais qu'elle doive infléchir la courbe de ses idées vers l'efficacité et le pragmatisme[2], ce qui suppose une lutte de chaque instant

---

1. L'essence de la technique n'est pas, selon Heidegger, la même chose que la technique. La fabrication et l'utilisation d'outils, d'instruments et de machines font partie de la technique. Mais l'essence de la technique, sur le plan de la manière d'être de l'homme au monde, exprime le déploiement et l'achèvement de la métaphysique (cf. Le dépassement de la métaphysique, in *Essais et Conférences*, Éd. Gallimard).
2. Le pragmatisme est une philosophie d'origine américaine (W. James, 1842-1910) accordant un rôle déterminant à l'action, à la pratique dans la définition de la vérité : le vrai est, selon W. James, « une idée qui réussit ». Dans l'ordre moral, le juste est ce qui est avantageux pour notre conduite.

contre l'irrationnel ainsi que la possibilité d'une orientation technocratique[1] de la société.

Il est possible d'observer en effet que les sociétés techniciennes ont progressivement dépossédé le citoyen de certaines de ses responsabilités. Ainsi, les grandes orientations socio-économiques courent-elles le risque de ne plus être élaborées ou même influencées par les citoyens mais par des techniciens qui circonscrivent la politique dans les limites du possible et de l'impossible. A l'éthique de la conviction, animée des meilleurs sentiments, ils opposent celle de la responsabilité qui sacrifie l'utopie généreuse au réalisme des faits.

Une dérive technocratique

Il en résulte que, pour des auteurs comme J. Habermas, la démocratie n'est plus à proprement parler le gouvernement du peuple par le peuple. Certes, celui-ci est bien à la source de la souveraineté puisqu'on le consulte périodiquement, mais cela ne signifie pas qu'il qu'il en possède effectivement l'exercice, car il se contente de ratifier par son vote des décisions prises en dehors de lui par des hommes dont il estime avant tout les compétences techniques. Ainsi dépossédé de ses prérogatives essentielles, le citoyen aurait moins le sens de l'intérêt général que le souci permanent de ses seuls intérêts privés **(Texte 10)**.

Par là-même, renvoyé à la sphère privée, le citoyen peut-il encore maîtriser ou même influencer le devenir des techniques ? Pour J. Ellul, les jugements moraux ou religieux portés contre le pouvoir de la technique ont peu d'effets sur son développement, et cela à un point tel que son essor semble engendrer spontanément les mêmes désirs et les mêmes besoins chez des individus pourtant séparés par des cultures ou des systèmes sociaux totalement différents **(Texte 11)**.

Des interrogations inédites

Pour Hans Jonas, la civilisation technologique ouvre une ère nouvelle, et suscite des interrogations inédites. Les promesses des techno-sciences modernes se sont en effet aujourd'hui inversées en menace, et c'est la perpétuation de l'humanité qui est aujourd'hui remise en cause. Dès lors une nouvelle éthique du respect est à fonder, les catégories morales classiques étant devenues caduques. Dans son ouvrage *Le principe responsabilité, une éthique pour la civilisation technologique* (1979), H. Jonas s'interroge sur les conditions de possibilité théoriques mais aussi pratiques d'une véritable politique publique de responsabilité dont les enjeux sont de taille : il s'agit de la protection de la planète et, à terme, de l'avenir de l'humanité tout entière **(Texte 12)**.

1. De « technocrate » qui a deux sens distincts : d'une part, le pouvoir des techniciens ; d'autre part, la conception selon laquelle l'action de gouverner est une action technique. « Gestion technocratique » renvoie à ces deux sens.

T E X T E S

I. UN ANIMAL FABRICATEUR D'OUTILS

Texte 1

L'art et la technique

ARISTOTE

Pour ce qui est des choses susceptibles d'être autrement, il en est qui relèvent de la création, d'autres de l'action, création et action étant distinctes[1]. [...] Aussi la disposition, accompagnée de raison et tournée vers l'action, est-elle différente de la disposition, également accompagnée de raison, tournée vers la
5 création ; aucune de ces notions ne contient l'autre ; l'action ne se confond pas avec la création, ni la création avec l'action. Puisque l'architecture est un art ; que cet art se définit par une disposition, accompagnée de raison, tournée vers la création ; puisque tout art est une disposition accompagnée de raison et tournée vers la création, et que toute disposition de cette sorte est un art ; l'art
10 et la disposition accompagnée de la raison conforme à la vérité se confondent. D'autre part, tout art a pour caractère de faire naître une œuvre et recherche les moyens techniques et théoriques de créer une chose appartenant à la catégorie des possibles et dont le principe réside dans la personne qui exécute et non dans l'œuvre exécutée. Car l'art ne concerne pas ce qui est ou se produit
15 nécessairement, non plus que ce qui existe par un effet de la seule nature — toutes choses ayant en elles-mêmes leur principe. Du moment que création et action sont distinctes, force est que l'art se rapporte à la création, non à l'action proprement dite. Et, en une certaine mesure, art et hasard s'exercent dans le même domaine, selon le mot d'Agathôn[2].
20 L'art aime le hasard, comme le hasard aime l'art.

Donc, ainsi que nous l'avons dit, l'art est une disposition, susceptible de création, accompagnée de raison vraie, par contre le défaut d'art est cette disposition servie par un raisonnement erroné dans le domaine du possible.

Aristote, *Éthique de Nicomaque* (IVᵉ s. av. J.-C.),
traduction de J. Voilquin,
Éd. Garnier-Flammarion, 1965, L. VI, chap. 4, pp. 156-157.

---

1. La création poursuit un but extérieur (la réussite) tandis que l'action a son but en elle-même, selon Aristote (*Ibid.*, p. 155).
2. Poète tragique athénien du Vᵉ siècle.

Texte 2

« L'Homo faber »

BERGSON

En ce qui concerne l'intelligence humaine, on n'a pas assez remarqué que l'invention mécanique a d'abord été sa démarche essentielle, qu'aujourd'hui encore notre vie sociale gravite autour de la fabrication et de l'utilisation d'instruments artificiels, que les inventions qui jalonnent la route du progrès en
5 ont aussi tracé la direction. Nous avons de la peine à nous en apercevoir, parce que les modifications de l'humanité retardent d'ordinaire sur les transformations de son outillage. Nos habitudes individuelles et mêmes sociales survivent assez longtemps aux circonstances pour lesquelles elles étaient faites, de sorte que les effets profonds d'une invention se font remarquer lorsque nous en
10 avons déjà perdu de vue la nouveauté. […] Dans des milliers d'années, quand le recul du passé n'en laissera plus apercevoir que les grandes lignes, nos guerres et nos révolutions compteront pour peu de chose, à supposer qu'on s'en souvienne encore ; mais de la machine à vapeur, avec les inventions de tout genre qui lui font cortège, on parlera peut-être comme nous parlons du
15 bronze ou de la pierre taillée ; elle servira à définir un âge. Si nous pouvions nous dépouiller de tout orgueil, si, pour définir notre espèce, nous nous en tenions strictement à ce que l'histoire et la préhistoire nous présentent comme la caractéristique constante de l'homme et de l'intelligence, nous ne dirions peut-être pas *Homo sapiens*[1], mais *Homo faber*[2]. En définitive, l'intelligence,
20 envisagée dans ce qui en paraît être la démarche originelle, est la faculté de fabriquer des objets artificiels, en particulier des outils à faire des outils et d'en varier indéfiniment la fabrication.

H. Bergson, *l'Évolution créatrice,* (1907), Éd. P.U.F., pp. 138-140.

Texte 3

La main et l'outil

ARISTOTE

Ce n'est pas parce qu'il a des mains que l'homme est le plus intelligent des êtres, mais c'est parce qu'il est le plus intelligent qu'il a des mains. En effet, l'être le plus intelligent est celui qui est capable de bien utiliser le plus grand nombre d'outils : or, la main semble bien être non pas un outil, mais plusieurs.
5 Car elle est pour ainsi dire un outil qui tient lieu des autres. C'est donc à l'être capable d'acquérir le plus grand nombre de techniques que la nature a donné l'outil de loin le plus utile, la main. Aussi, ceux qui disent que l'homme n'est pas bien constitué et qu'il est le moins bien partagé des animaux[3] (parce que, dit-on, il est sans chaussures, il est nu et n'a pas d'armes pour combattre), sont
10 dans l'erreur. Car les autres animaux n'ont chacun qu'un seul moyen de défense et il ne leur est pas possible de le changer pour un autre, mais ils sont forcés, pour ainsi dire, de garder leurs chaussures pour dormir et pour faire n'importe

---

1. L'homme savant.
2. L'homme qui fabrique.
3. Ceci est une référence au mythe du Protagoras ; voir Document, pp. 233-234.

quoi d'autre, et ne doivent jamais déposer l'armure qu'ils ont autour de leur corps ni changer l'arme qu'ils ont reçue en partage. L'homme, au contraire,
15 possède de nombreux moyens de défense, et il lui est toujours loisible d'en changer et même d'avoir l'arme qu'il veut et quand il le veut. Car la main devient griffe, serre, corne, ou lance ou épée ou toute autre arme ou outil. Elle peut être tout cela, parce qu'elle est capable de tout saisir et de tout tenir.

Aristote, *les Parties des animaux,* (4ᵉ siècle av. J.-C.),
traduction de P. Louis, Éd. Budé, 1956, pp. 136-137.

Texte 4

Langage et technique
sont indissociables

LEROI-GOURHAN

Il n'y a probablement pas de raison pour séparer, aux stades primitifs des Anthropiens[1], le niveau du langage et celui de l'outil puisque actuellement et dans tout le cours de l'histoire, le progrès technique est lié au progrès des symboles techniques du langage. Il est possible dans l'abstrait de concevoir une
5 éducation technique purement gestuelle ; dans le concret une éducation muette déclenche malgré tout, chez l'éducateur comme chez l'éduqué, la mise en marche du symbolisme réfléchi. Le lien organique paraît assez fort pour qu'on puisse prêter aux Australopithèques[2] et aux Archanthropes[3] un langage de niveau correspondant à celui de leurs outils. A ces stades où l'étude comparati-
10 ve des outils et des crânes paraît montrer que l'industrie se développe à un rythme correspondant à celui de l'évolution biologique, le niveau du langage n'a pu être que très bas, mais il dépassait certainement le niveau des signaux vocaux. En effet, ce qui caractérise chez les grands singes le « langage » et la « technique », c'est leur apparition spontanée sous l'effet d'un stimulus exté-
15 rieur et leur abandon non moins spontané ou leur défaut d'apparition si la situation matérielle qui les déclenche cesse ou ne se manifeste pas. La fabrication et l'usage du chopper ou du biface[4] relèvent d'un mécanisme très différent, puisque les opérations de fabrication préexistent à l'occasion d'usage et puisque l'outil persiste en vue d'actions ultérieures. La différence entre le
20 signal et le mot n'est pas d'un autre caractère, la permanence du concept est de nature différente mais comparable à celle de l'outil.

A. Leroi-Gourhan, *le Geste et la Parole,* Éd. A. Michel, 1964, pp. 163-164.

1. Adaptation du substantif grec *anthropos,* utilisé par ailleurs par les paléontologues pour désigner les fossiles à caractères humains.
2. Du grec *pithecos*, singe, nom donné à un primate qui vivait en Afrique australe, il y a quatre millions d'années.
3. Groupes de fossiles du tertiaire final et du début du quaternaire.
4. Outils primitifs en pierre façonnés par percussion.

Texte 5

Programme d'une
maîtrise technique
du monde

DESCARTES

Sitôt que j'ai eu acquis quelques notions générales touchant la physique, et
que commençant à les éprouver en diverses difficultés particulières, j'ai remarqué jusques où elles peuvent conduire, et combien elles diffèrent des principes
dont on s'est servi jusqu'à présent, j'ai cru que je ne pouvais les tenir cachées
5 sans pécher grandement contre la loi qui nous oblige à procurer, autant qu'il
est en nous, le bien général de tous les hommes. Car elles m'ont fait voir qu'il
est possible de parvenir à des connaissances qui soient fort utiles à la vie, et
qu'au lieu de cette philosophie spéculative, qu'on enseigne dans les écoles, on
peut en trouver une pratique, par laquelle connaissant la force et les actions du
10 feu, de l'eau, de l'air, des astres, des cieux et de tous les autres corps qui nous
environnent, aussi distinctement que nous connaissons les divers métiers de
nos artisans, nous les pourrions employer en même façon à tous les usages
auxquels ils sont propres et ainsi nous rendre comme maîtres et possesseurs de
la nature. Ce qui n'est pas seulement à désirer pour l'invention d'une infinité
15 d'artifices, qui feraient qu'on jouirait, sans aucune peine, des fruits de la terre
et de toutes les commodités qui s'y trouvent, mais principalement aussi pour
la conservation de la santé, laquelle est sans doute le premier bien et le fondement de tous les autres biens de cette vie.

Descartes, *Discours de la méthode* (1637),
6ᵉ partie, Bibliothèque de la Pléiade, Éd. Gallimard, 1966, p. 168.

II. LE PROGRÈS TECHNIQUE EN QUESTION

Texte 6

Éloge de la technique

DIDEROT

DISTRIBUTION DES ARTS EN LIBÉRAUX ET EN MÉCANIQUES. En examinant les
productions des arts, on s'est aperçu que les unes étaient plus l'ouvrage de
l'esprit que de la main, et qu'au contraire d'autres étaient plus l'ouvrage de la
main que de l'esprit. Telle est *en partie* l'origine de la prééminence que l'on a
5 accordée à certains *arts* sur d'autres, et de la distribution qu'on a faite des *arts*
en *arts libéraux* et en *arts mécaniques*. Cette distinction, quoique bien fondée,
a produit un mauvais effet, en avilissant des gens très estimables et très utiles,
et en fortifiant en nous je ne sais quelle paresse naturelle, qui ne nous portait
déjà que trop à croire que donner une application constante et suivie à des
10 expériences et à des objets particuliers, sensibles et matériels, c'était déroger à
la dignité de l'esprit humain ; et que de pratiquer ou même d'étudier les *arts
mécaniques*, c'était s'abaisser à des choses dont la recherche est laborieuse, la

méditation ignoble, l'exposition difficile, le commerce déshonorant, le nombre inépuisable, et la valeur minutielle[1]. Préjugé qui tendait à remplir les villes d'orgueilleux raisonneurs et de contemplateurs inutiles, et les campagnes de petits tyrans ignorants, oisifs et dédaigneux. Ce n'est pas ainsi qu'ont pensé Bacon[2], un des premiers génies de l'Angleterre ; Colbert, un des plus grands ministres de la France ; enfin, les bons esprits et les hommes sages de tous les temps. Bacon regardait l'histoire des *arts mécaniques* comme la branche la plus importante de la vraie philosophie ; il n'avait donc garde d'en mépriser la pratique. Colbert regardait l'industrie des peuples et l'établissement des manufactures comme la richesse la plus sûre d'un royaume.

Diderot, Article « Art » de *l'Encyclopédie* (1751), Éd. Sociales, 1976.

Texte 7

Progrès technique
et décadence morale

ROUSSEAU

A mesure que le genre humain s'étendit, les peines se multiplièrent avec les hommes. La différence des terrains, des climats, de saisons, put les forcer à en mettre dans leurs manières de vivre. Des années stériles, des hivers longs et rudes, des étés brûlants, qui consument tout, exigèrent d'eux une nouvelle industrie. Le long de la mer et des rivières, ils inventèrent la ligne et l'hameçon, et devinrent pêcheurs et ichtyophages[3]. Dans les forêts ils se firent des arcs et des flèches, et devinrent chasseurs et guerriers. Dans les pays froids, ils se couvrirent des peaux de bêtes qu'ils avaient tuées. [...]

Les nouvelles lumières qui résultèrent de ce développement augmentèrent sa supériorité sur les autres animaux, en la lui faisant connaître. Il s'exerça à leur dresser des pièges, il leur donna le change en mille manières, et quoique plusieurs le surpassassent en force au combat, ou en vitesse à la course, de ceux qui pouvaient lui servir ou lui nuire, il devint avec le temps le maître des uns, et le fléau des autres. C'est ainsi que le premier regard qu'il porta sur lui-même y produisit le premier mouvement d'orgueil ; c'est ainsi que sachant encore à peine distinguer les rangs, et se contemplant au premier par son espèce, il se préparait de loin à y prétendre par son individu. [...]

Dans ce nouvel état, avec une vie simple et solitaire, des besoins très bornés, et les instruments qu'ils avaient inventés pour y pourvoir, les hommes jouissant d'un fort grand loisir l'employèrent à se procurer plusieurs sortes de commodités inconnues à leurs pères ; et ce fut là le premier joug qu'ils s'imposèrent sans y songer, et la première source de maux qu'ils préparèrent à leurs descendants ; car outre qu'ils continuèrent ainsi à s'amollir le corps et l'esprit,

---

1. « Négligeable ».
2. Homme d'État et philosophe anglais qui posa les principes de la méthode expérimentale (1561-1626).
3. Qui se nourrit principalement ou exclusivement de poissons.

ces commodités ayant par habitude perdu presque tout leur agrément, et étant
25 en même temps dégénérées en de vrais besoins, la privation en devint beaucoup plus cruelle que la possession n'en était douce, et l'on était malheureux
de les perdre, sans être heureux de les posséder.

J.-J. Rousseau, *Discours sur l'Origine et les fondements
de l'inégalité parmi les hommes,* (1755),
Éd. Garnier-Flammarion, 1971, pp. 206-209.

Texte 8

L'homme conditionné
par les machines

ARENDT

La différence décisive entre les outils et les machines trouve peut-être sa
meilleure illustration dans la discussion apparemment sans fin sur le point de
savoir si l'homme doit « s'adapter » à la machine ou la machine s'adapter à la
« nature » de l'homme. Nous avons donné au premier chapitre la principale
5 raison expliquant pourquoi pareille discussion ne peut être que stérile : si la
condition humaine consiste en ce que l'homme est un être conditionné pour
qui toute chose, donnée ou fabriquée, devient immédiatement condition de
son existence ultérieure, l'homme s'est « adapté » à un milieu de machines dès
le moment où il les a inventées. Elles sont certainement devenues une condi-
10 tion de notre existence aussi inaliénable que les outils aux époques précédentes. L'intérêt de la discussion à notre point de vue tient donc plutôt au fait
que cette question d'adaptation puisse même se poser. On ne s'était jamais
demandé si l'homme était adapté ou avait besoin de s'adapter aux outils dont
il se servait : autant vouloir l'adapter à ses mains. Le cas des machines est tout
15 différent. Tandis que les outils d'artisanat à toutes les phases du processus de
l'œuvre restent les serviteurs de la main, les machines exigent que le travailleur
les serve et qu'il adapte le rythme naturel de son corps à leur mouvement
mécanique. Cela ne veut pas dire que les hommes en tant que tels s'adaptent
ou s'asservissent à leurs machines ; mais cela signifie bien que pendant toute la
20 durée du travail à la machine, le processus mécanique remplace le rythme du
corps humain. L'outil le plus raffiné reste au service de la main qu'il ne peut ni
guider ni remplacer. La machine la plus primitive guide le travail corporel et
éventuellement le remplace tout à fait.

H. Arendt, *Condition de l'homme moderne,* traduction de G. Fradier.
Éd. Calmann-Lévy, 1961, p. 165.

L'essence
de la technique

HAAR

La philosophie a toujours renversé les apparences. Heidegger, à son tour, montre que la technique n'est pas ce qu'elle offre de plus apparent, comme les moteurs ou les engins. Elle n'est pas non plus un simple instrument entre les mains de l'homme. « L'essence de la technique n'est absolument rien de technique[1]. »

5 Le projet à l'œuvre dans la technique est un projet métaphysique, parce qu'il concerne tous les secteurs de la réalité et non pas seulement les machines. Il marque l'étant en totalité. La technique a le trait de l'être. C'est elle qui ramène à l'unité une multiplicité de phénomènes épars, que l'on a tendance à considérer simplement comme les signes d'une « crise de civilisation ».

10 Chacun connaît ces signes : l'uniformisation planétaire des modes de vie et de pensée ; la mobilisation constante de l'activité culturelle et artistique ; le déracinement et la neutralisation de l'espace et du temps ; une certaine insensibilité à l'égard de l'excès de douleur (on pourrait ajouter le fait que guerres ou catastrophes deviennent des spectacles télévisés) ; la perte du sentiment de

15 la proximité en même temps que de celui de la distance, abolie par les moyens rapides de transport et de communication ; la circulation rapide de l'information sans autre but qu'elle-même ; la constitution de stocks immenses d'énergie comme de moyens énormes de destruction ; parallèlement la consommation accélérée, au prix de la dilapidation des ressources naturelles ; la politique

20 aux ordres de la bureaucratie et de la planification, etc. […]

Deux des phénomènes les plus apparents de l'époque : la science moderne et l'État totalitaire, qui semblent la gouverner, ne sont pourtant que des « conséquences nécessaires » de la technique. Heidegger nous invite à remonter à la cause véritable. La science qui poursuit la mathématisation de la nature n'est

25 pas un projet autonome. Elle décide d'avance du réel ; n'admet que l'objectivable et le calculable. Elle est au service du projet plus général du Dispositif technique *(Gestell)*[1] et répond à une nécessité de son essence. « C'est parce que l'essence de la technique moderne réside dans le Dispositif que cette technique doit utiliser la science exacte de la nature. Ainsi naît l'apparence trompeuse que

30 la technique moderne est de la science naturelle appliquée[1]. » L'opposition apparence/essence opère ici d'une façon presque classique, presque platonicienne. De même l'État totalitaire, ou la « politique dirigée » – la manipulation de l'opinion publique par la propagande par exemple – ne sont que des « conséquences » d'une nécessité d'essence. Aussi, écrit Heidegger, est-il vain d'accuser

35 les *Führer*, ou les grands technocrates, et de s'indigner contre eux, car ils ne sont des « causes » qu'« en apparence ». « En vérité, ils représentent les conséquences nécessaires du fait que l'étant est passé dans le mode de l'errance[1]. »

Michel Haar, *Le Chant de la terre*, L'Herne, 1987, pp. 164-165-166.

---

1. *Essais et conférences*, p. 9, p. 31, p. 108.

III. LA DÉRIVE TECHNOCRATIQUE

Texte 10

La thèse
technocratique

HABERMAS

Le progrès quasi autonome de la science et de la technique dont dépend effectivement la variable la plus importante du système, à savoir la croissance économique, fait [...] figure de variable indépendante. Il en résulte une perspective selon laquelle l'évolution du système social paraît être déterminée par la
5 logique du progrès scientifique et technique. La dynamique immanente à ce progrès semble produire des contraintes objectives auxquelles doit se conformer une politique répondant à des besoins fonctionnels. Or, une fois que cette illusion s'est effectivement bien implantée, la propagande peut invoquer le rôle de la science et de la technique pour expliquer et légitimer les raisons pour
10 lesquelles dans les sociétés modernes, un processus de formation démocratique de la volonté politique concernant les questions de la pratique « doit » nécessairement perdre toute fonction et céder la place aux décisions de nature plébiscitaire concernant les alternatives mettant tel ou tel personnel administratif à la tête de l'État. C'est la thèse de la technocratie, et le discours scientifique
15 en a développé la théorie sous différentes versions. Mais le fait qu'elle puisse pénétrer aussi, en tant qu'idéologie implicite, dans la conscience de la masse de la production dépolitisée et avoir un pouvoir de légitimation me paraît plus important.

J. Habermas, *la Technique et la Science comme idéologie*,
traduction de J.-R. Ladmiral, Éd. Denoël, 1973, pp. 45-46.

Texte 11

La morale jugée
par la technique

ELLUL

Il va de soi qu'opposer des jugements de bien ou de mal à une opération jugée techniquement nécessaire est simplement absurde. Le technicien ne tient tout bonnement aucun compte de ce qui lui paraît relever de la plus haute fantaisie, et d'ailleurs nous savons à quel point la morale est relative. La découverte de la
5 « morale de situation » est bien commode pour s'arranger de tout : comment au nom d'un bien variable, fugace, toujours à définir, viendrait-on interdire quelque chose au technicien, arrêter un progrès technique ? ceci au moins est stable, assuré, évident. La technique se jugeant elle-même se trouve dorénavant libérée de ce qui a fait l'entrave principale à l'action de l'homme : les
10 croyances (sacrées, spirituelles, religieuses) et la morale. La technique assure ainsi de façon théorique et systématique la liberté qu'elle avait acquise en fait. Elle n'a plus à craindre quelque limitation que ce soit puisqu'elle se situe en dehors du bien et du mal. On a prétendu longtemps qu'elle faisait partie des objets neutres, et par conséquent non soumis à la morale : c'est la situation
15 que nous venons de décrire et le théoricien qui la situait ainsi ne faisait

qu'entériner l'indépendance de fait de la technique et du technicien. Mais ce stade est déjà dépassé : la puissance et l'autonomie de la technique sont si bien assurées que maintenant, elle se transforme à son tour en juge de la morale : une proposition morale ne sera considérée comme valable pour ce temps que
20 si elle peut entrer dans le système technique, si elle s'accorde avec lui.

J. Ellul, *le Système technicien,* Éd. Calmann-Lévy, 1977, p. 161.

Texte 12

La technologie comme « vocation » de l'humanité

J O N A S

Dans ces temps anciens la technique était, comme nous l'avons vu, une concession adéquate à la nécessité et non la route vers le but électif de l'humanité – un moyen avec un degré fini d'adéquation à des fins proches, nettement définies. Aujourd'hui, sous la forme de la technique moderne, la *technè* s'est
5 transformée en poussée en avant infinie de l'espèce et en son entreprise la plus importante. On serait tenté de croire que la vocation de l'homme consiste dans la progression, en perpétuel dépassement de soi, vers des choses toujours plus grandes et la réussite d'une domination maximale sur les choses et sur l'homme lui-même semblerait être l'accomplissement de sa vocation. Ainsi le
10 triomphe de l'*homo faber* sur son objet externe signifie-t-il en même temps son triomphe dans la constitution interne de l'*homo sapiens*, dont il était autrefois une partie servile. En d'autres termes : indépendamment même de ses œuvres objectives, la technologie reçoit une signification éthique par la place centrale qu'elle occupe désormais dans la vie subjective des fins
15 humaines. Sa création cumulative, à savoir l'environnement artificiel qui se propage, renforce par un perpétuel effet rétroactif les forces particulières qui l'ont engendrée : le déjà créé oblige à leur mise en œuvre inventive toujours recommencée, dans sa conservation et dans son développement ultérieur et elle la récompense par un succès accru – qui de nouveau contribue à sa préten-
20 tion souveraine […] Si la sphère de la production a investi l'espace de l'agir essentiel, alors la moralité doit investir la sphère du produire dont elle s'est tenue éloignée autrefois, et elle doit le faire sous la forme de la politique publique. Jamais dans le passé la politique publique n'avait eu affaire à des questions de cette ampleur et recouvrant de telles latitudes de l'anticipation
25 projective. En effet, l'essence transformée de l'agir humain modifie l'essence fondamentale de la politique.

H. Jonas, *le Principe responsabilité, une éthique pour la civilisation technologique* (1979), traduction de J. Greisch, Éd. Cerf, 1991.

DOCUMENT

Le mythe du Protagoras[1]

Après avoir façonné les êtres vivants, les Dieux chargent Prométhée et Épiméthée de leur distribuer les qualités qui leur permettront de subsister. Épiméthée, qui effectue le partage, oublie l'homme.

IL fut jadis un temps où les dieux existaient mais non les espèces mortelles. Quand le temps que le destin avait assigné à leur création fut venu, les dieux les façonnèrent dans les entrailles de la terre d'un mélange de terre et de feu et des éléments qui s'allient au feu et à la terre. Quand le moment de les amener à la lumière approcha, ils chargèrent Prométhée et Épiméthée de les pourvoir et d'attribuer à
5 *chacun des qualités appropriées. Mais Épiméthée demanda à Prométhée de lui laisser faire seul le partage. « Quand je l'aurai fini, dit-il, tu viendras l'examiner ». Sa demande accordée, il fit le partage et, en le faisant, il attribua aux uns la force sans la vitesse, aux autres la vitesse sans la force ; il donna des armes à ceux-ci, les refusa à ceux-là, mais il imagina pour eux d'autres moyens de conservation ; car à ceux d'entre eux qu'il logeait dans un corps de petite taille, il donna des ailes pour fuir ou un*
10 *refuge souterrain ; pour ceux qui avaient l'avantage d'une grande taille, leur grandeur suffit à les conserver, et il appliqua ce procédé de compensation à tous les animaux. Ces mesures de précaution étaient destinées à prévenir la disparition des races. Mais quand il leur eut fourni les moyens d'échapper à une destruction mutuelle, il voulut les aider à supporter les saisons de Zeus ; il imagina pour cela de les revêtir de poils épais et de peaux serrées, suffisantes pour les garantir du froid, capables*
15 *aussi de les protéger contre la chaleur et destinées enfin à servir, pour le temps du sommeil, de couvertures naturelles, propres à chacun d'eux ; il leur donna en outre comme chaussures, soit des sabots de corne, soit des peaux calleuses et dépourvues de sang ; ensuite il leur fournit des aliments variés suivant les espèces, aux uns l'herbe du sol, aux autres les fruits des arbres, aux autres des racines ; à quelques-uns mêmes il donna d'autres animaux à manger ; mais il limita leur fécondité et multiplia*
20 *celle de leurs victimes, pour assurer le salut de la race.*

Cependant, Épiméthée, qui n'était pas très réfléchi, avait sans y prendre garde, dépensé pour les animaux toutes les facultés dont il disposait et il lui restait la race humaine à pourvoir, et il ne savait que faire. Dans cet embarras, Prométhée vient pour examiner le partage ; il voit les animaux bien pourvus, mais l'homme nu, sans chaussures, ni couverture, ni armes, et le jour fixé approchait où il
25 *fallait l'amener du sein de la terre à la lumière. Alors Prométhée, ne sachant qu'imaginer pour donner à l'homme le moyen de se conserver, vole à Héphaistos[2] et à Athéna[3] la connaissance des arts avec le feu ; car, sans le feu, la connaissance des arts était impossible et inutile ; et il en fait présent à l'homme.*

---

1. Ceci est un fragment du mythe de Prométhée et Épiméthée dont la version platonicienne est ici présentée par le sophiste Protagoras, dans le dialogue de Platon du même nom. Héros très populaire en Grèce, Prométhée passait pour avoir enseigné aux hommes l'ensemble du savoir permettant de fonder une civilisation. Ce mythe se trouve notamment dans l'œuvre du poète Hésiode, Théogonie, 513.
2. Dieu du feu et des métaux, équivalent de Vulcain chez les Romains.
3. Déesse de la guerre, mais aussi de l'intelligence ; elle préside à la littérature et aux arts.

L'homme eut ainsi la science propre à conserver sa vie ; mais il n'avait pas la science politique ; celle-ci se trouvait chez Zeus, et Prométhée n'avait plus le temps de pénétrer dans l'acropole que Zeus habite et
30 *où veillent d'ailleurs des gardes redoutables[1]. Il se glisse donc furtivement dans l'atelier commun où Athèna et Hèphaistos cultivaient leur amour des arts, il y dérobe au dieu son art de manier le feu et à la déesse l'art qui lui est propre, et il en fait présent à l'homme, et c'est ainsi que l'homme peut se procurer des ressources pour vivre. Dans la suite, Prométhée fut, dit-on, puni[2] du larcin qu'il avait commis par la faute d'Épiméthée.*

35 *XII. — Quand l'homme fut en possession de son lot divin, d'abord, à cause de son affinité avec les dieux, il crut à leur existence, privilège qu'il a seul de tous les animaux, et il se mit à leur dresser des autels et des statues ; ensuite il eut bientôt fait, grâce à la science qu'il avait, d'articuler sa voix et de former les noms des choses, d'inventer les maisons, les habits, les chaussures, les lits, et de tirer les aliments du sol. Avec ces ressources, les hommes, à l'origine, vivaient isolés, et les villes n'existaient pas ;*
40 *aussi périssaient-ils sous les coups des bêtes fauves, toujours plus fortes qu'eux ; les arts mécaniques suffisaient à les faire vivre ; mais ils étaient d'un secours insuffisant dans la guerre contre les bêtes ; car ils ne possédaient pas encore la science politique dont l'art militaire fait partie. En conséquence ils cherchaient à se rassembler et à se mettre en sûreté en fondant des villes ; mais quand ils s'étaient rassemblés, ils se faisaient du mal les uns les autres, parce que la science politique leur manquait, en*
45 *sorte qu'ils se séparaient de nouveau et périssaient.*

Platon (vers 420-340 av. J.-C.), *Protagoras*, traduction d'E. Chambry,
Éd. Garnier, 1960, 320d - 322b.

Photo de Sebastiao Salgado.

1. La Force et la Violence.
2. Enchaîné au sommet du Caucase, il est livré aux vautours qui lui dévorent le foie.

15.

L'ART

L'Art, F. Khnopff, 1896. 50,5 × 151 cm. Musées royaux des Beaux-Arts de Belgique.

INTRODUCTION

Le terme d'art, dans ses usages courants, comporte une ambiguïté motivée par l'histoire du mot. « L'art d'être grand-père », « l'art culinaire » ont-ils quelque chose de commun avec ce que l'on fait à l'école des Beaux-Arts ? Le Conservatoire National des Arts et Métiers forme des ingénieurs et non pas des artistes. Comme il arrive souvent, l'on peut distinguer ici un sens large et un sens étroit.

Toute production qui n'est pas issue directement de la nature, mais qui dépend de l'habileté humaine est en un sens de l'art — surtout si cette habileté est réfléchie. Les auteurs de la Logique de Port-Royal[1] ayant sous-titré leur ouvrage « L'Art de penser » s'expliquent : « Il est vrai que l'on eût pu dire "l'art de bien penser" ; mais cette addition n'était pas nécessaire, étant assez marquée par le mot art qui signifie de soi-même une méthode de bien faire quelque chose [...] c'est pourquoi on se contente de dire l'art de peindre, l'art de compter, parce qu'on suppose qu'il ne faut point d'art pour mal peindre ni pour mal compter. » « Méthode » disent nos auteurs, d'autres diront réflexion, talent, jugement. Cependant notre champ d'étude peut se restreindre une première fois : une **pratique habile** n'est de l'art que si elle produit une **œuvre**, que cette œuvre soit une horloge, un tableau, un outil, ou encore un discours, un poème...

**Habileté,
art et technique**

Pour pousser plus loin l'analyse, il faut remonter aux sources grecques de notre culture. Le mot « technè[2] » signifie métier, art, habileté de faire quelque chose, mais aussi méthode et même ruse. Le terme latin correspondant est ars. Le vocabulaire de notre vie intellectuelle a été élaboré d'abord en latin, puis dans un français très proche du latin, mais le français, depuis la Renaissance, emprunte volontiers au grec. Notre langue dispose donc aujourd'hui de deux séries de mots : art, artiste, artistique, d'une part ; technique, technicien d'autre part. Or le besoin s'était fait sentir de diviser le vaste domaine des arts : on distingua d'abord les arts libéraux (dignes d'occuper les loisirs d'un homme libre), appelés plus tard les **Beaux-Arts**[3], et d'autre part les arts mécaniques[4]. A la fin du XVIIIe siècle apparaît le mot « **technique** » d'abord pour désigner les procédés matériels qui interviennent dans un art. Ce mot désigne aujourd'hui tous les procédés d'action et de fabrication mais surtout ceux qui appliquent un savoir scientifique, et pour lesquels l'enseignement théorique se joint à l'apprentissage pratique. Désormais « **art** » tout court est compris comme désignant les Beaux-Arts et ne s'applique aux autres habiletés que dans des expressions stéréotypées qui conservent l'usage ancien (**Texte 1**). Quant

---

1. Cet ouvrage, publié anonymement en 1662, a pour auteurs les jansénistes Arnauld et Nicole, auteurs également d'ouvrages de grammaire.
2. Sur le sens de ce terme, voir également le chapitre « La technique », texte 1, p. 224.
3. Il s'agit principaement de l'architecture, l'art décoratif, la gravure, la musique, la peinture et la sculpture.
4. C'est-à-dire toutes les techniques fondées sur le travail manuel. Voir également le chapitre « La technique », texte 6 de Diderot, pp. 227-228.

au mot « **esthétique** », du grec *aisthètikos*[1], il désigne aujourd'hui la théorie de l'art et de tout ce qui concerne le beau sensible. Toutefois, il faut noter l'extrême ouverture des théories modernes de l'art puisqu'au xxᵉ siècle, un objet séparé de son contexte, un vulgaire égouttoir[2], une simple chaise, ont pu être considérés comme des objets d'art, et dès lors ils ont trouvé leur place dans un musée.

Où commence, où s'arrête l'art ?

Définir la technique par son but utilitaire et ses procédés rationnels, et lui opposer l'art, c'est limiter le domaine de ce dernier sans dire encore ce qu'il est. Si l'on tente d'énumérer quelques exemples types d'œuvre d'art, l'on ne peut qu'être frappé par leur variété (**Texte 2**). Il y a donc lieu de chercher ce qu'il y a de commun à une œuvre musicale, une chorégraphie, un poème, une sculpture. Faut-il ouvrir le cercle fermé des arts reconnus et consacrés pour intégrer ces formes récentes de création : chanson, bande dessinée, affiches ? Et que répondra-t-on à ceux qui contestent une telle extension ? Le Cinéma qui, d'après W. Benjamin (**Texte 3**) « ouvre à la création un champ d'action immense et insoupçonné », fait-il partie de l'Art nouveau ? Dans l'affirmative, comment distinguer sans hésitation le chef d'œuvre ou même seulement « l'œuvre » tout court du banal produit commercial ?

En première approximation, on est tenté de répondre qu'il y a art lorsqu'il y a production d'une **œuvre belle**. Nous disons en première approximation pour deux raisons : il y a beauté hors de l'art, et certaines formes d'art récusent la recherche du beau. Il faut donc réitérer la question posée — avec une fausse candeur — par Socrate à Hippias dans le dialogue du même nom : « Qu'est-ce donc que le Beau ? »

L'art est agréable par lui-même

Le beau, dans un premier temps, doit être distingué de l'**utile** : est utile tout ce qui satisfait directement ou indirectement un besoin, mais ce terme s'applique tout particulièrement aux moyens indirects de cette satisfaction : les outils, les machines, les gestes des différents métiers, les échanges et l'argent. Or la chose belle ne satisfait pas plus directement un appétit de consommation, mais elle ne contribue pas non plus à produire des moyens de satisfaire cet appétit. Devant une œuvre belle (tableau, musique) on ne demande pas « à quoi ça sert ? » et à cette question barbare tout artiste, tout amateur, répondra « à rien » (**Texte 1**). Il peut arriver qu'un même objet soit à la fois beau et utile. Cette coïncidence est recherchée dans les arts appliqués, arts du meuble, du vêtement ; elle l'est au plus haut point dans l'architecture. C'est ce que Kant (**Texte 6**) appelle **beauté adhérente**, c'est-à-dire la beauté d'un objet soumis à d'autres critères que le jugement esthétique : un édifice non seulement doit tenir, mais il doit servir et selon les cas abriter une foule, une famille, une administration, des troupeaux ou des machines. S'il remplit sa fonction, il est utile ; il se peut qu'il soit laid, disgracieux, pénible à voir. Il se peut au contraire qu'il plaise au regard indépendamment de son utilité.

---

1. « Qui peut être perçu par les sens ».
2. Marcel Duchamp s'est rendu célèbre en décidant de promouvoir un simple égouttoir à bouteilles à la dignité d'une œuvre d'art. C'est ce que l'on appelle un « ready made ». Voir à ce sujet Georges Charbonnier, *Entretiens avec Cl. Lévi-Strauss,* collection 10/18, Éd. C. Bourgois.

**Beauté libre
et beauté
adhérente**

Le mouvement contemporain que l'on appelle *design* cultive méthodiquement cette union de l'utile et du beau jusque dans les objets ménagers. Kant appelle **beauté libre**[1] celle qui n'est astreinte à aucune fonction extérieure au beau lui-même ou, pour parler plus simplement, celle qui ne sert à rien. Il n'y a pas lieu de considérer l'une comme supérieure à l'autre. Si la beauté inutile est plus « pure », parce qu'elle est belle et rien d'autre, la beauté liée à l'utile enrichit la vie quotidienne. Il semble bien que depuis des temps très anciens les hommes des diverses civilisations aient cherché à embellir les outils et les armes. Embellissement purement gratuit, c'est-à-dire inutile puisqu'encore une fois, le propre du beau, dans sa pureté, est de ne servir à rien.

Mais ceux-là mêmes qui rejettent toute conception fonctionnelle de l'esthétique ajouteront qu'un monde sans beauté serait insupportable. Les uns chercheront la beauté dans la nature, les autres dans l'artifice ; certains dédaigneront la sorte de beauté que d'autres apprécient mais tous s'accorderont à réclamer qu'au moins certains instants de la vie comportent un temps d'arrêt dans la contemplation[2] d'un objet beau. L'apparente contradiction de ces attitudes se résout, semble-t-il, si l'on considère que le beau répond à un besoin spécifique, distinct des besoins biologiques: un besoin de l'esprit.

**L'art
est-il un luxe ?**

Par bien des côtés l'art peut être rapproché du jeu. Ce caractère inutile et ludique de l'art l'a fait parfois considérer comme un luxe. Il est bien vrai que l'œuvre d'art a souvent été liée à la prodigalité des riches et à l'ostentation des puissants. Mais il est non moins vrai que les hommes dans des situations de misère ont trouvé un soulagement et un début de libération dans l'expression de leur détresse et de leurs espoirs. On connaît des chants d'esclaves et des poèmes de déportés.

L'art cesse alors d'être un jeu, mais malgré sa gravité, il reste en marge des intérêts et de l'action efficace. Luxe des puissants ou consolation des misérables, l'art est dans les deux cas le propre d'une conscience qui parvient pour un temps à se situer hors du besoin.

**Art
et imitation**

L'art n'est donc ni superficiel, ni illusoire. Si le but de l'art n'était que d'imiter[3], alors la critique formulée par Platon dans *la République* serait fondée **(Texte 7)** : le peintre et le poète ne sont que des illusionnistes et leur « art » ne sert qu'à tromper en ce qu'il détourne de la réalité et du savoir. Mais chacun admettra aujourd'hui qu'imiter n'est pas le but de l'art : ne serait-ce que parce que, lorsqu'il se borne à la reproduction, l'art ne peut rivaliser avec la nature ; il ressemble alors à « un ver faisant des efforts pour égaler un éléphant » **(Texte 8)**. Oscar Wilde va même jusqu'à soutenir que c'est plutôt la nature elle-même qui imite l'art ; notre vision de la nature est en effet prédéterminée par une représentation culturelle, voire même académique ou conventionnelle

---

1. Les œuvres non figuratives, la musique sans thème et l'art abstrait en général constituent de bonnes illustrations de ce que Kant appelait les « beautés libres ».
2. Il est bien entendu que par « contemplation » nous désignons aussi bien « écouter » que « regarder ».
3. Cette conception réaliste de l'art anime toute l'histoire des idées esthétiques depuis Aristote (*Poétique,* chap. IV) jusqu'à Zola en passant par Courbet pour la peinture, Maupassant pour le roman et Taine (dans sa *Philosophie de l'Art* notamment).

des choses. Une « belle » femme plantureuse n'est pas seulement plaisante, attirante : aux yeux de certains elle est un « Renoir » incarné. Loin donc d'être un vain artifice, l'art est une sphère particulièrement riche de sens de l'activité humaine. Non que l'artiste ait pour vocation de révéler une **réalité substantielle**, située au-delà des apparences sensibles. Tout au contraire l'apparence que l'artiste recueille ou exprime dans son œuvre est sans doute plus authentique, plus essentielle, parce que plus signifiante, que la « réalité » sensible et triviale du monde quotidien : car le vrai existe dans l'esprit et non dans l'univers banal et finalement abstrait des simples choses sensibles **(Texte 10)**.

L'œuvre : une réserve de sens inépuisable

L'œuvre d'art n'étant bornée par aucune fonction déterminée est une **réserve de sens** toujours plus riche qu'on ne l'avait cru. Le regard actif du spectateur détecte telle ou telle signification, non seulement selon son savoir ou son ignorance mais aussi selon son imaginaire et les secrets désirs qui vont au-devant de l'œuvre — et lui prêtent parfois un sens qu'elle n'avait pas. Mais pour la connaissance esthétique, il n'y a pas de contresens, encore moins pour la jouissance : tout ce qui fait sens est heureux[1].

Lorsqu'il présenta son interprétation du sens caché de l'activité artistique, Freud était déjà conscient des limites de ses analyses : l'élucidation du don artistique, en particulier, et la compréhension de la véritable nature du génie ne sont pas du ressort de la psychanalyse **(Texte 11)**. Force est de constater que l'acte créateur reste mystérieux, ou obscur, non seulement pour l'interprète mais pour l'artiste lui-même. Pour certains artistes cette obscurité est signifiante : elle nous renvoie aux forces souterraines de l'esprit. Un langage mythologique et métaphorique invoquera à propos du talent les « Muses » ou les Dieux. Platon **(Texte 12)**, reprenant le discours des poètes, va jusqu'à leur refuser le terme d'art (qui vaut pour l'artisan ou même l'ouvrier) pour désigner leur activité inspirée. Leur **génie** est un pouvoir communiqué directement par les Dieux.

Le talent

D'âge en âge, les artistes et leur public ont repris cette opposition du génie inspiré et de l'artisan laborieux pour s'émerveiller et parfois s'effrayer de ce que font les artistes sans savoir ce qu'ils font : ce qui conduit à l'idée que la création s'accomplirait en eux... sans eux ! Le pouvoir démoniaque[2] qui guide l'artiste, la force mystérieuse qui dicte à Mozart son *Requiem* s'appelle-t-elle « Nature » comme on le croit au XVIIIe siècle ? Indéniablement, le génie produit des **œuvres exemplaires**, ce qui fait dire à Kant que la nature, par le génie, « donne ses règles à l'art » : ou plus précisément aux Beaux-Arts **(Texte 13)**. En revanche, les imitateurs et les faussaires, et **l'art académique** en général transforment en recette les modèles que le génie, et la nature, ont fait surgir.

Génie et travail

Toutefois, bien des artistes[3] ont vu dans cette opposition tranchée entre le génie et le labeur une mystification ou un malentendu qui cache le véritable travail créateur. Le génie est, en tout domaine, la pensée lorsqu'elle est active

---

1. C'est pourquoi lorsqu'une religion a perdu tous ses adeptes, les symboles dans lesquels elle s'est manifestée demeurent comme œuvre d'art.
2. Du grec *daimôn*, « génie », bon ou mauvais.
3. Notamment Stravinski, dans *Poétique musicale*, Éd. Plon.

dans une direction unique, explique Nietzsche : il n'y a pas de miracle propre au génie ; mais nous sommes confondus d'admiration devant l'œuvre « parfaite », c'est-à-dire achevée dont la genèse nous paraît inconcevable. Pourtant l'œuvre, même géniale, a été faite, mais le « faire » a su se faire oublier (**Texte 14**).

L'œuvre d'art est un irréel

S'il n'y a pas de miracle propre à l'œuvre d'art, il reste qu'il y a un **mystère du processus créateur**, et, de ce point de vue, tout chef-d'œuvre peut apparaître comme une énigme. Cette irrationalité irréductible de la création esthétique renvoie à l'analyse des rapports problématiques qu'elle entretient avec le réel. Dans *l'Imaginaire,* Sartre montre en quel sens l'œuvre d'art est un « irréel ». Sans doute la toile, les couleurs, les formes mêmes ne sont-elles pas fantomatiques. Mais ce qui fait l'objet d'appréciations esthétiques, ce qui est beau ne se donne pas à la perception, ni même à l'intelligence. Cette négativité propre à l'activité créatrice est en même temps la raison de sa fécondité. Tout art est protestation contre les normes et les poncifs d'un temps, et aspiration à autre chose : comme le jeune Poussin de la nouvelle de Balzac[1], l'artiste franchit un seuil invisible et il sait que « la porte entrouverte là est celle d'un autre monde[2]... ».

Cet autre monde n'est pas nécessairement un monde magnifié : l'art contemporain nous a accoutumés à la représentation d'objets non seulement laids, mais aussi anodins. Quant au mouvement qu'on appelle « **l'hyperréalisme** », il peut apparaître comme la négation de l'art puisque le réel, beau ou trivial, ne gagne en rien à être imité : toute duplication n'est-elle pas vaine redondance ? A quoi bon la peinture réaliste puisque nous avons la photographie ? A quoi bon l'« hyperréel » puisque nous avons le réel ? Pour comprendre l'intérêt et la portée de ce courant esthétique, il nous faut admettre au contraire que l'œuvre hyperréaliste n'atteint la vérité de l'apparence que parce que, comme toute œuvre d'art, mais d'une manière qui lui est propre, elle transcende la réalité immédiate et révèle par là même la nature essentielle des choses.

Au XXe siècle, la « **désublimation**[3] » généralisée des œuvres d'art, le désenchantement radical qui en a résulté ont conduit plus d'un auteur à réactualiser l'interrogation hégélienne : « Sommes-nous arrivés au terme de l'art ? » (**Texte 15**). Le modernisme serait, selon W. Adorno, un processus de négation qui ne s'épargne pas lui-même (**Texte 16**). Verdict sévère qu'il faut tempérer en faisant observer que, selon le même auteur, la tendance à l'autodestruction est la vocation profonde de l'œuvre d'art quelle qu'elle soit : « affirmer que tout art porte en lui sa propre mort n'est qu'une autre façon de dire la même chose[4] ».

Les bouleversements esthétiques contemporains sont-ils l'aboutissement d'un processus significatif et inéluctable ? Ou ne peuvent-ils s'expliquer, d'un tout autre point de vue, par le phénomène de la reproduction mécanisée des

---

1. Balzac, *le Chef-d'œuvre inconnu,* qui a inspiré le film *La belle Noiseuse,* de J. Rivette.
2. Malraux, *les Voix du silence,* Éd. Gallimard, p. 318.
3. Ce terme désigne chez Marcuse l'assimilation et la banalisation des œuvres d'art par la société du drugstore, de la télévision et du microsillon (*l'homme unidimensionnel,* Éd. de Minuit).
4. W. Adorno, *Minima Moralia,* I, § 47, Éd. de Minuit.

œuvres d'art (c'est-à-dire par l'apparition, puis la généralisation, à partir du XIXe siècle, de la lithographie, puis de l'électrophone, de la photographie et du cinéma) ?

Les deux pôles de l'histoire de l'art

Selon cette hypothèse, celle de W. Benjamin, l'œuvre d'art, parce qu'elle existe aujourd'hui à des centaines, ou à des milliers d'exemplaires, tend à se dépouiller de toute charge sacrée[1]. On peut dès lors supposer que la « valeur d'exposition » de l'œuvre remplace peu à peu sa « valeur rituelle » (Texte 17). Chacun sait, en effet, que l'art préhistorique[2] comportait une dimension magique, c'est-à-dire qu'il était fondé sur des envoûtements liés à des pratiques de chasse : sa « valeur d'exposition » était quasiment nulle. Beaucoup plus près de nous, les peintres égyptiens décoraient le tombeau des rois de tous les personnages dont le défunt aurait besoin dans l'au-delà — leur fin n'était pas esthétique, mais rituelle ou liturgique. Dans les temps modernes, au contraire, les œuvres d'art semblent s'être émancipées de ces rituels magiques ou religieux. Le cinéma — en particulier — n'est ni un temple, ni un musée. Essentiellement éphémère et reproductible, l'œuvre d'art ne semble plus, désormais, viser les valeurs éternelles.

L'art contemporain est-il futile ?

Néanmoins, l'histoire de l'art contemporain ne se résume pas à un tel processus de « désacralisation ». L'esprit de sérieux et de frivolité, l'aspiration à la perfection et le jeu continuent de se mêler étroitement dans la production artistique, et chacun peut constater que les œuvres qui furent un temps tenues pour l'expression de la plus haute fantaisie créatrice sont, une, deux décennies plus tard, encensées et vénérées comme des monuments religieux ou historiques. Si l'art assume aujourd'hui en toute sérénité sa fonction de divertissement, et si sa frivolité est même souvent délibérée, il serait hasardeux d'en conclure qu'il est — de ce fait — tombé dans la futilité ou dans l'insignifiance. La précarité de l'œuvre d'art, ou son immatérialité même, lui confèrent une grâce éphémère et magique, un « je ne sais quoi » que jamais l'intelligence ne saurait espérer déchiffrer ni pérenniser[3]. En outre, le caractère divertissant de certaines œuvres (issues du cinéma hollywoodien, par exemple) ne doit pas masquer leurs véritables enjeux symboliques et sociaux (document).

---

1. « Qui appartient à un domaine séparé, interdit et inviolable et fait l'objet d'un sentiment de révérence religieuse » (Robert).
2. L'art européen du paléolithique supérieur, notamment ; on pense aujourd'hui que cet art pourrait traduire une cosmogonie complexe ou même reproduire l'image de systèmes d'alliances entre groupes sociaux.
3. Référence à Jankélévitch, *Liszt ou la Rhapsodie,* Éd. Plon, 1979.

TEXTES

I. LE DOMAINE DE L'ART

Texte 1

Ce que l'art n'est pas

KANT

1. L'*art* est distingué de la *nature*, comme le « faire » *(facere)* l'est de l'« agir » ou « causer » en général *(agere)* et le produit ou la conséquence de l'art se distingue en tant qu'*œuvre (opus)* du produit de la nature en tant qu'effet *(effectus)*.

5   En droit on ne devrait appeler art que la production par liberté, c'est-à-dire par un libre arbitre, qui met la raison au fondement de ses actions. On se plaît à nommer une œuvre d'art le produit des abeilles (les gâteaux de cire régulièrement construits), mais ce n'est qu'en raison d'une analogie avec l'art ; en effet, dès que l'on songe que les abeilles ne fondent leur travail sur aucune réflexion

10 proprement rationnelle, on déclare aussitôt qu'il s'agit d'un produit de leur nature (de l'instinct), et c'est seulement à leur créateur qu'on l'attribue en tant qu'art.

Lorsqu'en fouillant un marécage on découvre, comme il est arrivé parfois, un morceau de bois taillé, on ne dit pas que c'est un produit de la nature, mais

15 de l'art ; la cause productrice de celui-ci a pensé à une fin, à laquelle l'objet doit sa forme. On discerne d'ailleurs un art en toute chose, qui est ainsi constituée, qu'une représentation de ce qu'elle est a dû dans sa cause précéder sa réalité (même chez les abeilles), sans que toutefois cette cause ait pu précisément *penser* l'effet ; mais quand on nomme simplement une chose une œuvre d'art,

20 pour la distinguer d'un effet naturel, on entend toujours par là une œuvre de l'homme.

2. L'*art*, comme habileté de l'homme, est aussi distinct de la science (comme *pouvoir* l'est de *savoir*), que la faculté pratique est distincte de la faculté théorique, la technique de la théorie (comme l'arpentage de la géomé-

25 trie). Et de même ce que l'on *peut*, dès qu'on *sait* seulement ce qui doit être fait, et que l'on connaît suffisamment l'effet recherché, ne s'appelle pas de l'art. Seul ce que l'on ne possède pas l'habileté de faire, même si on le connaît de la manière la plus parfaite, relève de l'art. Camper[1] décrit très exactement comment la meilleure chaussure doit être faite, mais il ne pouvait assurément

30 pas en faire une.

3. L'*art* est également distinct du *métier*; l'art est dit *libéral*, le métier est dit *mercenaire*. On considère le premier comme s'il ne pouvait obtenir de la finali-

---

1. Anatomiste hollandais (1722-1789).

té (réussir) qu'en tant que jeu, c'est-à-dire comme une activité en elle-même agréable ; on considère le second comme un travail, c'est-à-dire comme une
35 activité, qui est en elle-même désagréable (pénible) et qui n'est attirante que par son effet (par exemple le salaire), et qui par conséquent peut être imposée de manière contraignante.

Kant, *Critique de la faculté de juger* (1790),
traduction d'A. Philonenko, Éd. Vrin, 1968, 43, p. 135.

Texte 2

Tout est-il art ?

LIPOVETSKY

L'art moderne assimile progressivement tous les sujets et matériaux, ce faisant il se définit par un procès de *désublimation* des œuvres, correspondant exact de la désacralisation des signes ostentatoires du pouvoir, de la sécularisation de la loi : le même travail de destitution des hauteurs et majestés est à l'œuvre, tous
5 les sujets sont mis sur le même plan, tous les éléments peuvent entrer dans les créations plastiques et littéraires. [...]

A plus ou moins long terme, tout gagne une dignité, la culture de l'égalité engendre une promotion, un recyclage universel des significations et objets mineurs. Sans doute, la révolte surréaliste n'est-elle pas prosaïque et se conçoit
10 tout entière sous le signe du merveilleux, d'une vie autre, mais on ne peut ignorer que le « surréel » ne s'identifie pas à l'imaginaire pur ni à l'évasion romantique dans les voyages exotiques : c'est dans les rues de Paris ou au marché aux puces, dans les rapprochements insolites et coïncidences du quotidien que les signes les plus troublants sont à chercher. L'art et la vie sont ici et
15 maintenant. Plus tard, J. Cage invitera à considérer comme musique n'importe quel bruit d'un concert ; Ben arrive à l'idée d'« art total » : « Sculpture d'art total : soulevez n'importe quoi — Musique d'art total : écoutez n'importe quoi — Peinture d'art total : regardez n'importe quoi ». Fin de la suréminente hauteur de l'art, lequel rejoint la vie et descend dans la rue, « la poésie doit être
20 faite par tous, non par un », l'action est plus intéressante que le résultat, tout est art : le processus démocratique corrode les hiérarchies et cimaises, l'insurrection contre la culture, quelle que soit sa radicalité nihiliste, n'a été possible que par la culture de l'*homo aequalis.*

G. Lipovetsky, *l'Ère du vide,* Essai sur l'individualisme contemporain,
Éd. Gallimard, 1983, pp. 100-101.

Texte 3

Le film nous ouvre
un champ d'action
insoupçonné

BENJAMIN

En procédant à l'inventaire des réalités par le moyen de ses gros plans, en soulignant des détails cachés dans des accessoires familiers, en explorant des milieux banals sous la direction géniale de l'objectif, si le cinéma, d'une part, nous fait mieux voir les nécessités qui règnent sur notre vie, il aboutit, d'autre

5   part, à ouvrir un champ d'action immense et que nous ne soupçonnions pas. Nos cafés et les rues de nos grandes villes, nos bureaux et nos chambres meublées, nos gares et nos usines semblaient nous emprisonner sans espoir de libération. Alors vint le cinéma, et, grâce à la dynamite de ses dixièmes de seconde, il fit sauter cet univers concentrationnaire, si bien que maintenant,
10   abandonnés au milieu de leurs débris projetés au loin, nous entreprenons d'aventureux voyages. Grâce au gros plan, c'est l'espace qui s'élargit ; grâce au ralenti, c'est le mouvement qui prend de nouvelles dimensions. Pas plus que l'agrandissement n'a pour seul rôle de rendre plus clair ce qui « sans cela » serait resté confus – grâce à lui, bien plutôt, nous voyons en effet apparaître de
15   nouvelles structures de la matière –, pas davantage le ralenti ne met simplement en relief des formes de mouvement que nous connaissions déjà, mais il découvre en elles d'autres formes, parfaitement inconnues, « qui ne représentent aucunement des ralentissements de mouvements rapides et font plutôt l'effet de mouvements exactement glissants, aériens, supra-terrestres[1] ».

20   Il est bien clair, par conséquent, que la nature qui parle à la caméra est tout autre que celle qui s'adresse aux yeux. Autre surtout parce que, à l'espace où l'homme agit avec conscience, elle substitue un espace où son action est inconsciente. S'il est banal d'analyser, au moins globalement, la façon de marcher des hommes, on ne sait rien assurément de leur attitude dans la fraction
25   de seconde où ils allongent le pas. Nous connaissons en gros le geste que nous faisons pour saisir un briquet ou une cuiller, mais nous ignorons à peu près tout du jeu qui se joue réellement entre la main et le métal, à plus forte raison des changements qu'introduit dans ces gestes la fluctuation de nos diverses humeurs. C'est dans ce domaine que pénètre la caméra, avec tous ses moyens
30   auxiliaires, ses plongées et ses remontées, ses coupures et ses isolements, ses extensions de champ et ses accélérations, ses agrandissements et ses réductions. Pour la première fois, elle nous ouvre l'expérience de l'inconscient instinctif.

W. Benjamin, *Essais,* (1935) traduction de Maurice de Gandillac, 1983, Bibliothèque Médiations, Éd. Denoël-Gonthier, pp. 116-117.

---

1. Rudolf Arnheim, *loc. cit.,* p. 138.

II. LE BEAU DANS L'ART ET LA NATURE

Texte 4

Le beau, c'est une
belle jeune fille

PLATON

SOCRATE. Étranger, poursuivra-t-il, dis-moi donc ce que c'est que le beau.

HIPPIAS. Celui qui fait cette question, Socrate, veut qu'on lui apprenne ce qui est beau ?

SOCRATE. Ce n'est pas là ce qu'il demande, ce me semble, Hippias, mais ce que c'est que le beau.

HIPPIAS. Et quelle différence y a-t-il entre ces deux questions ?

SOCRATE. Tu n'en vois pas ?

HIPPIAS. Non, je n'en vois aucune.

SOCRATE. Il est évident que tu en sais davantage que moi. Cependant fais attention, mon cher. Il te demande, non pas ce qui est beau, mais ce que c'est que le beau.

HIPPIAS. Je comprends, mon cher ami : je vais lui dire ce que c'est que le beau, et il n'aura rien à répliquer. Tu sauras donc, puisqu'il faut te dire la vérité, que le beau, c'est une belle jeune fille.

SOCRATE. Par le chien, Hippias, voilà une belle et brillante réponse. Si je réponds ainsi, aurai-je répondu juste à la question, et n'aura-t-on rien à répliquer ?

HIPPIAS. Comment le ferait-on, Socrate, puisque tout le monde pense de même, et que ceux qui entendront ta réponse te rendront tous témoignage qu'elle est bonne ?

SOCRATE. Admettons... Mais permets, Hippias, que je reprenne ce que tu viens de dire. Cet homme m'interrogera à peu près de cette manière : « Socrate, réponds-moi : toutes les choses que tu appelles belles ne sont-elles pas belles, parce qu'il y a quelque chose de beau par soi-même ? » Et moi, je lui répondrai que, si une jeune fille est belle, c'est qu'il existe quelque chose qui donne leur beauté aux belles choses.

HIPPIAS. Crois-tu qu'il entreprenne après cela de te prouver que ce que tu donnes pour beau ne l'est point ; ou s'il l'entreprend, qu'il ne se couvrira pas de ridicule ?

SOCRATE. Je suis bien sûr, mon cher, qu'il l'entreprendra : mais s'il se rend ridicule par là, c'est ce que la chose elle-même fera voir. Je veux néanmoins te faire part de ce qu'il me dira.

HIPPIAS. Voyons.

SOCRATE. « Que tu es plaisant, Socrate ! me dira-t-il. Une belle cavale[1] n'est-elle pas quelque chose de beau, puisque Apollon lui-même l'a vantée dans un de ses oracles ? » Que répondrons-nous, Hippias ? N'accorderons-nous pas

---

1. Jument de race.

qu'une cavale est quelque chose de beau, je veux dire une cavale qui soit belle ? Car, comment oser soutenir que ce qui est beau n'est pas beau ?

HIPPIAS. Tu dis vrai, Socrate, et le dieu a très bien parlé. En effet, nous avons chez nous des cavales parfaitement belles.

SOCRATE. « Fort bien, dira-t-il. Mais quoi ! une belle lyre n'est-elle pas quelque chose de beau ? » En conviendrons-nous, Hippias ?

HIPPIAS. Oui.

SOCRATE. Cet homme me dira après cela, j'en suis à peu près sûr, je connais son humeur : « Quoi donc, mon cher ami, une belle marmite n'est-elle pas quelque chose de beau ? »

Platon (vers 420-340 av. J.-C.), *Hippias majeur,* 287 d-288 b,
traduction de V. Cousin, Éd. Hatier, 1985.

Texte 5

Le beau n'est ni
l'agréable, ni l'utile,
ni le bon

KANT

L'agréable et le bon ont l'un et l'autre une relation avec la faculté de désirer et entraînent par suite avec eux, le premier une satisfaction pathologiquement conditionnée (par des excitations, *stimulos*), le second une pure satisfaction pratique ; celle-ci n'est pas seulement déterminée par la représentation de l'objet, mais encore par celle du lien qui attache le sujet à l'existence de l'objet. Ce n'est pas seulement l'objet, mais aussi son existence qui plaît. En revanche le jugement de goût est seulement *contemplatif* ; c'est un jugement qui, indifférent à l'existence de l'objet, ne fait que lier sa nature avec le sentiment de plaisir et de peine. Toutefois cette contemplation elle-même n'est pas réglée par des concepts ; en effet le jugement de goût n'est pas un jugement de connaissance (ni théorique, ni pratique), il n'est pas *fondé* sur des concepts, il n'a pas non plus *des concepts pour fin*. L'agréable, le beau, le bon désignent donc trois relations différentes des représentations au sentiment de plaisir et de peine, en fonction duquel nous distinguons les uns des autres les objets ou les modes de représentation. Aussi bien les expressions adéquates pour désigner leur agrément propre ne sont pas identiques. Chacun appelle *agréable* ce qui lui FAIT PLAISIR, *beau* ce qui lui PLAIT simplement ; *bon* ce qu'il ESTIME, *approuve*, c'est-à-dire ce à quoi il attribue une valeur objective. L'agréable a une valeur même pour des animaux dénués de raison : la beauté n'a de valeur que pour les hommes, c'est-à-dire des êtres d'une nature animale, mais cependant raisonnables, et cela non pas seulement en tant qu'êtres raisonnables (par exemple des esprits), mais aussi en même temps en tant qu'ils ont une nature animale ; le bien en revanche a une valeur pour tout être raisonnable. Cette proposition ne pourra être complètement justifiée et éclaircie que plus tard. On peut dire qu'entre ces trois genres de satisfaction, celle du goût pour le beau est seule une satisfaction désintéressée et *libre* ; en effet, aucun intérêt, ni des sens, ni de la raison, ne contraint l'assentiment. C'est pourquoi l'on pourrait dire de la satisfaction que, dans les trois cas indiqués, elle se rapporte à *l'inclination,* à la *faveur* ou au *respect*. La FAVEUR est l'unique satisfaction libre.

30 Un objet de l'inclination ou un objet qu'une loi de la raison nous impose de désirer, ne nous laissent aucune liberté d'en faire pour nous un objet de plaisir. Tout intérêt présuppose un besoin ou en produit un, et comme principe déterminant de l'assentiment, il ne laisse plus le jugement sur l'objet être libre.

Kant, *Critique de la faculté de juger* (1790),
traduction d'A. Philonenko, Éd. Vrin, 1968, § 5, pp. 54-55.

Texte 6

Beauté libre
et beauté adhérente

KANT

Le jugement de goût qui déclare un objet beau sous la condition d'un concept déterminé n'est pas pur.

Il existe deux espèces de beauté : la beauté libre (pulchritudo vaga) ou la beauté simplement adhérente *(pulchritudo adhaerens)*. La première ne présuppose aucun concept de ce que l'objet doit être ; la seconde suppose un tel concept et la perfection de l'objet d'après lui. Les beautés de la première espèce
5 s'appellent les beautés (existant par elles-mêmes) de telle ou telle chose ; l'autre beauté, en tant que dépendant d'un concept (beauté conditionnée), est attribuée à des objets compris sous le concept d'une fin particulière.

Des fleurs sont de libres beautés naturelles. Ce que doit être une fleur peu le savent hormis le botaniste et même celui-ci, qui reconnaît dans la fleur l'orga-
10 ne de la fécondation de la plante, ne prend pas garde à cette fin naturelle quand il en juge suivant le goût. Ainsi au fondement de ce jugement il n'est aucune perfection de quelque sorte, aucune finalité interne, à laquelle se rapporte la composition du divers. Beaucoup d'oiseaux (le perroquet, le colibri, l'oiseau de paradis), une foule de crustacés marins sont en eux-mêmes des
15 beautés, qui ne se rapportent à aucun objet déterminé quant à sa fin par des concepts, mais qui plaisent librement et pour elles-mêmes. Ainsi les dessins à la grecque, des rinceaux pour des encadrements ou sur des papiers peints, etc., ne signifient rien en eux-mêmes ; ils ne représentent rien, aucun objet sous un concept déterminé et sont de libres beautés. On peut encore ranger dans ce
20 genre tout ce que l'on nomme en musique improvisation (sans thème) et même toute la musique sans texte.

Dans l'appréciation d'une libre beauté (simplement suivant la forme) le jugement de goût est pur. On ne suppose pas le concept de quelque fin pour laquelle serviraient les divers éléments de l'objet donné et que celui-ci devrait
25 ainsi représenter, de telle sorte que la liberté de l'imagination, qui joue en quelque sorte dans la contemplation de la figure, ne saurait qu'être limitée.

Mais la beauté de l'homme (et dans cette espèce, celle de l'homme proprement dit, de la femme ou de l'enfant), la beauté d'un cheval, d'un édifice (église, palais, arsenal, ou pavillon) suppose un concept d'une fin, qui détermine ce
30 que la chose doit être et par conséquent un concept de sa perfection ; il s'agit donc de beauté adhérente. Tout de même que la liaison de l'agréable (de la sensation) avec la beauté, qui ne concerne véritablement que la forme, était un

obstacle à la pureté du jugement de goût, de même la liaison du bon (c'est-à-dire de ce pour quoi la diversité est bonne pour l'objet lui-même, selon sa fin) avec la beauté porte préjudice à la pureté de celle-ci.

On pourrait adapter à un édifice maintes choses plaisant immédiatement dans l'intuition, si cet édifice ne devait être une église ; on pourrait embellir une figure humaine avec toutes sortes de dessins en spirale et avec des traits légers, bien que réguliers, comme en usent les Néo-Zélandais avec leurs tatouages, s'il ne s'agissait d'un homme ; et celui-ci pourrait avoir des traits plus fins et un visage d'un contour plus gracieux et plus doux, s'il ne devait représenter un homme ou même un guerrier.

Ibid., 16, p. 71

III. ART, SIGNIFICATION ET VÉRITÉ

Texte 7

L'art illusionniste

PLATON

Maintenant considère ceci. Quel but se propose la peinture relativement à chaque objet ? Est-ce de représenter ce qui est tel qu'il est, ou ce qui paraît tel qu'il paraît ; est-ce l'imitation de l'apparence ou de la réalité ?

— De l'apparence, dit-il.

— L'art d'imiter est donc bien éloigné du vrai, et, s'il peut tout exécuter, c'est, semble-t-il, qu'il ne touche qu'une petite partie de chaque chose, et cette partie n'est qu'un fantôme. Nous pouvons dire par exemple que le peintre nous peindra un cordonnier, un charpentier ou tout autre artisan sans connaître le métier d'aucun d'eux ; il n'en fera pas moins, s'il est bon peintre, illusion aux enfants et aux ignorants, en peignant un charpentier et en le montrant de loin, parce qu'il lui aura donné l'apparence d'un charpentier véritable.

— Assurément.

— Mais voici, mon ami, ce qu'il faut, selon moi, penser de tout cela : quand quelqu'un vient nous dire qu'il a rencontré un homme au courant de tous les métiers et qui connaît mieux tous les détails de chaque art que n'importe quel spécialiste, il faut lui répondre qu'il est naïf et qu'il est tombé sans doute sur un charlatan ou un imitateur qui lui a jeté de la poudre aux yeux, et que, s'il l'a pris pour un savant universel, c'est qu'il n'est pas capable de distinguer la science, l'ignorance et l'imitation.

— Rien de plus vrai, dit-il.

— Nous avons donc maintenant, repris-je, à considérer la tragédie et Homère qui en est le père. Certaines gens prétendent que les poètes tragiques

I. ART RITUEL

Fresque de Tassili N'Ajjer (3 000 à 2 500 ans av. J.-C.).
Musée de l'Homme, Paris, collection Henri Lhote.

Fresque provenant de la tombe de Nakht (scribe et prêtre de Thoutmès IV), Thèbes, Égypte.

Les Six Mille Soldats, tombe de l'Empereur Quinshi-Huandi (259-210 av. J.-C.), Chine.

II. BEAUTÉ ADHÉRENTE, BEAUTÉ LIBRE

Cuirasse (fin VIIᵉ-début VIᵉ s. av. J.-C.),
Naples. Musée du Louvre, Paris.

Poignard en fer à manche et
fourreau de bronze
(VIᵉ s. av. J.-C.).
Hallstadt Museum, Autriche.

Tissu de coton peint,
Nord Decan, fin XVIIIe s.
Victoria and Albert Museum,
Londres.

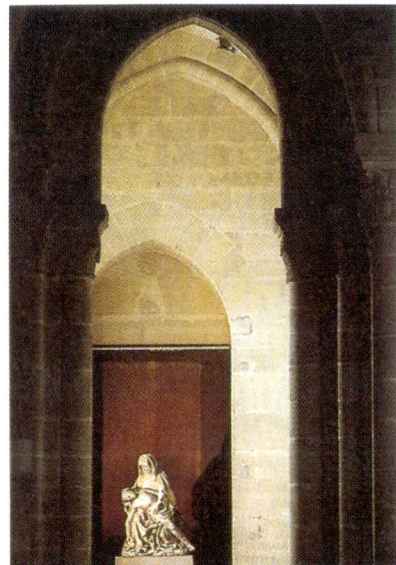

Cathédrale Notre-Dame (XIIe s.),
Vierge de piété (XVe s.),
Senlis.

Grand Palais Wat Phra Keo. Démon « Yak », gardien du temple, Bangkok, Thaïlande.

Tour P.P.G., Pittsburg, Pennsylvanie.
Architecte : Johnson, 1984.

Le nouveau Musée de Groningue, Pays-Bas. Mobilier *Memphis* de Lucchi,
Sottsass, Zanini, Umeda, devant une œuvre de Roy Lichtenstein *Wallpaper
with Blue Floor interior*, 1991. Tapis de Roy Lichtenstein.

Entrée de la salle des concerts, Cité de la Musique, Parc de la Villette, Paris. Architecte Christian de Portzamparc.

III. L'ŒUVRE D'ART, UNE RÉSERVE DE SENS INÉPUISABLE

Vénus de Milo (300 ans av. J.-C.). Musée du Louvre, Paris.

Sainte Anne et la Vierge,
Léonard de Vinci, 1510. Musée du Louvre, Paris.

Les Nymphéas,
Claude Monet,
autour de 1900.
Musée de l'Orangerie,
Paris.

IV. ART ET IRRÉEL

Honfleur, Nicolas de Staël, 1952. Collection particulière.

Chemin de route II,
Juan Miro, 1958.
Collection particulière.

258

V. HYPERRÉALISME
ET DÉSUBLIMATION

Shoes, Wayne Thiébaud, 1980,
pastel (17 2/8 × 26 2/9).
Collection particulière,
New York.

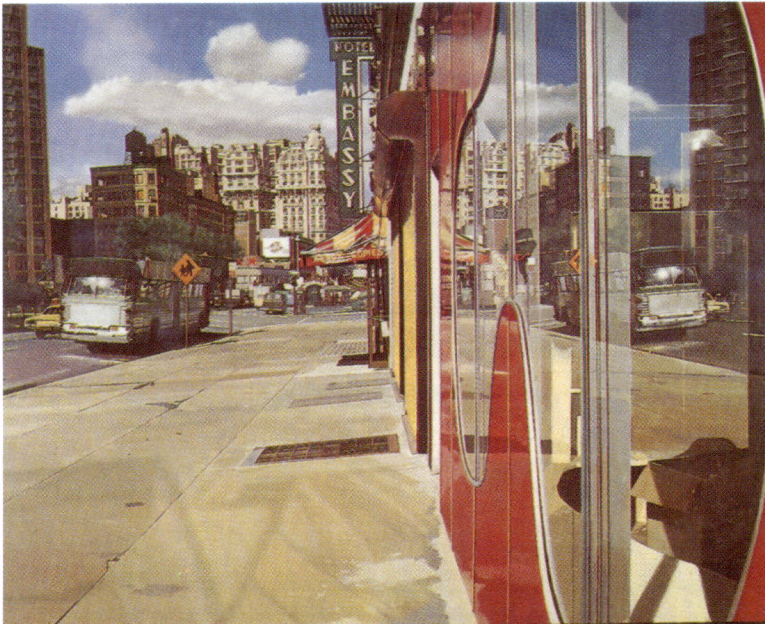

Bus Reflection,
Richard Estes, 1972.
(98 × 128 cm).
Collection particulière.

VI. VALEUR D'EXPOSITION
DE L'ŒUVRE D'ART

Fontaine Stravinski, Paris.

Ran de Akira Kurosawa, 1985.

Le Guépard de Luchino Visconti, 1963 (A. Delon et C. Cardinale).

connaissent tous les arts, toutes les choses humaines qui se rapportent à la vertu et au vice, et même les choses divines, parce qu'il faut qu'un bon poète,

25 pour bien traiter les sujets qu'il met en œuvre, les connaisse d'abord, sous peine d'échouer dans son effort. Il nous faut donc examiner si ces gens, étant tombés sur des artistes qui ne sont que des imitateurs, ne se sont pas laissés tromper, et, si en voyant leurs œuvres, il ne leur a pas échappé qu'elles sont éloignées du réel de trois degrés, et que, sans connaître la vérité, on peut les

30 réussir aisément, car ces poètes ne créent que des fantômes et non des choses réelles : ou s'il y a quelque chose de solide dans ce que disent ces mêmes gens, et si en effet les bons poètes connaissent les choses sur lesquelles le commun des hommes juge qu'ils ont bien parlé.

Platon (vers 420-340 av. J.-C.), *la République*,
traduction d'É. Chambry, Éd. Garnier-Flammarion 1966, 598 a-599 b.

Texte 8

Imiter la nature
n'est pas le but
de l'art

HEGEL

C'est un vieux précepte que l'art doit imiter la nature ; on le trouve déjà chez Aristote. Quand la réflexion n'en était encore qu'à ses débuts, on pouvait bien se contenter d'une idée pareille ; elle contient toujours quelque chose qui se justifie par de bonnes raisons et qui se révélera à nous comme un des moments

5 de l'idée ayant, dans son développement, sa place comme tant d'autres moments.

D'après cette conception, le but essentiel de l'art consisterait dans l'imitation, autrement dit dans la reproduction habile d'objets tels qu'ils existent dans la nature, et la nécessité d'une pareille reproduction faite en conformité

10 avec la nature serait une source de plaisirs. Cette définition assigne à l'art un but purement formel, celui de refaire une seconde fois, avec les moyens dont l'homme dipose, ce qui existe dans le monde extérieur, et tel qu'il y existe. Mais cette répétition peut apparaître comme une occupation oiseuse et superflue, car quel besoin avons-nous de revoir dans des tableaux ou sur la scène,

15 des animaux, des paysages ou des événements humains que nous connaissons déjà pour les avoir vus ou pour les voir dans nos jardins, dans nos intérieurs ou, dans certains cas, pour en avoir entendu parler par des personnes de nos connaissances ? On peut même dire que ces efforts inutiles se réduisent à un jeu présomptueux dont les résultats restent toujours inférieurs à ce que nous

20 offre la nature. C'est que l'art, limité dans ses moyens d'expression, ne peut produire que des illusions unilatérales, offrir l'apparence de la réalité à un seul de nos sens ; et, en fait, lorsqu'il ne va pas au-delà de la simple imitation, il est incapable de nous donner l'impression d'une réalité vivante ou d'une vie réelle : tout ce qu'il peut nous offrir, c'est une caricature de la vie [...]

25 C'est ainsi que Zeuxis[1] peignait des raisins qui avaient une apparence telle-

---

1. Peintres de grande renommée à la fin du Vᵉ siècle av. J.-C.

ment naturelle que les pigeons s'y trompaient et venaient les picorer, et Praxeas[1] peignit un rideau qui trompa un homme, le peintre lui-même. On connaît plus d'une de ces histoires d'illusions créées par l'art. On parle, dans ces cas, d'un triomphe de l'art. [...]

30 On peut dire d'une façon générale qu'en voulant rivaliser avec la nature par l'imitation, l'art restera toujours au-dessous de la nature et pourra être comparé à un ver faisant des efforts pour égaler un éléphant. Il y a des hommes qui savent imiter les trilles du rossignol, et Kant a dit à ce propos que, dès que nous nous apercevons que c'est un homme qui chante ainsi, et non un rossi-

35 gnol, nous trouvons ce chant insipide. Nous y voyons un simple artifice, non une libre production de la nature ou une œuvre d'art. Le chant du rossignol nous réjouit naturellement, parce que nous entendons un animal, dans son inconscience naturelle, émettre des sons qui ressemblent à l'expression de sentiments humains. Ce qui nous réjouit donc ici, c'est l'imitation de l'humain

40 par la nature.

Hegel, *Esthétique I,* (1829), traduction de S. Jankélévitch, collection Champs, Éd. Flammarion, 1979, pp. 35-37.

Texte 9

La nature imite l'art

WILDE

Qu'est-ce donc que la Nature? Elle n'est pas la Mère qui nous enfanta. Elle est notre création. C'est dans notre cerveau qu'elle s'éveille à la vie. Les choses sont parce que nous les voyons, et ce que nous voyons, et comment nous le voyons, dépend des arts qui nous ont influencés. Regarder une chose et la voir

5 sont deux actes très différents. On ne voit quelque chose que si l'on en voit la beauté. Alors, et alors seulement, elle vient à l'existence. A présent, les gens voient des brouillards, non parce qu'il y en a, mais parce que des poètes et des peintres leur ont enseigné la mystérieuse beauté de ces effets. Des brouillards ont pu exister pendant des siècles à Londres. J'ose même dire qu'il y en eut.

10 Mais personne ne les a vus et, ainsi, nous ne savons rien d'eux. Ils n'existèrent qu'au jour où l'art les inventa. Maintenant, il faut l'avouer, nous en avons à l'excès. Ils sont devenus le pur maniérisme d'une clique, et le réalisme exagéré de leur méthode donne la bronchite aux gens stupides. Là où l'homme cultivé saisit un effet, l'homme d'esprit inculte attrape un rhume.

15 Soyons donc humains et prions l'Art de tourner ailleurs ses admirables yeux. Il l'a déjà fait, du reste. Cette blanche et frissonnante lumière que l'on voit maintenant en France, avec ses étranges granulations mauves et ses mouvantes ombres violettes, est sa dernière fantaisie et la Nature, en somme, la produit d'admirable façon. Là où elle nous donnait des Corot ou des Daubi-

20 gny, elle nous donne maintenant des Monet exquis et des Pissarro enchanteurs. En vérité, il y a des moments, rares il est vrai, mais qu'on peut cepen-

1. Peintres de grande renommée à la fin du Vᵉ siècle av. J.-C.

dant observer de temps à autre, où la Nature devient absolument moderne. Il ne faut pas évidemment s'y fier toujours. Le fait est qu'elle se trouve dans une malheureuse position. L'Art crée un effet incomparable et unique et puis il passe à autre chose. La Nature, elle, oubliant que l'imitation peut devenir la forme la plus sincère de l'inculte, se met à répéter cet effet jusqu'à ce que nous en devenions absolument las. Il n'est personne, aujourd'hui, de vraiment cultivé, pour parler de la beauté d'un coucher de soleil. Les couchers de soleil sont tout à fait passés de mode. Ils appartiennent au temps où Turner était le dernier mot de l'art. Les admirer est un signe marquant de provincialisme.

O. Wilde[1] *Intentions,* « le Déclin du mensonge », traduction de H. Juin (1928), collection, 10-18, Éd. U.G.E., 1986, pp. 56-57.

Texte 10

L'apparence,
un moment essentiel
de l'essence

HEGEL

L'art, dit-on, est le règne de l'apparence, de l'illusion, et ce que nous appelons beau pourrait tout aussi bien être qualifié d'apparent et d'illusoire.

[...] Rien de plus exact : l'art crée des apparences et vit d'apparences et, si l'on considère l'apparence comme quelque chose qui ne doit pas être, on peut dire que l'art n'a qu'une existence illusoire, et ses créations ne sont que de pures illusions.

Mais, au fond, qu'est-ce que l'apparence ? Quels sont ses rapports avec l'essence ? N'oublions pas que toute essence, toute vérité, pour ne pas rester abstraction pure, doit *apparaître*. Le divin doit être un, avoir une existence qui diffère de ce que nous appelons apparence. Mais l'apparence elle-même est loin d'être quelque chose d'inessentiel, elle constitue, au contraire, un moment essentiel de l'essence. Le vrai existe pour lui-même dans l'esprit, apparaît en lui-même et est là pour les autres. Il peut donc y avoir plusieurs sortes d'apparences ; la différence porte sur le contenu de ce qui apparaît. Si donc l'art est une apparence, il a une apparence qui lui est propre, mais non une apparence tout court.

Cette apparence, propre à l'art, peut, avons-nous dit, être considérée comme trompeuse, en comparaison du monde extérieur, tel que nous le voyons de notre point de vue utilitaire, ou en comparaison de notre monde sensible et interne. Nous n'appelons pas illusoires les objets du monde extérieur, ni ce qui réside dans notre monde interne, dans notre conscience. Rien ne nous empêche de dire que, comparée à cette réalité, l'apparence de l'art est illusoire ; mais l'on peut dire avec autant de raison que ce que nous appelons réalité est une illusion plus forte, une apparence plus trompeuse que l'apparence de l'art. Nous appelons réalité et considérons comme telle, dans la vie empirique et dans celle de nos sensations, l'ensemble des objets extérieurs et les sensations qu'ils nous procurent. Et, cependant, tout cet ensemble d'objets

1. Écrivain et auteur dramatique anglais (1856-1900).

et de sensations n'est pas un monde de vérité, mais un monde d'illusions. Nous savons que la réalité vraie existe au-delà de la sensation immédiate et des objets que nous percevons directement. C'est donc bien plutôt au monde extérieur qu'à l'apparence de l'art que s'applique le qualificatif d'illusoire.

30

Hegel, *Esthétique I*, (1829), traduction de S. Jankélévitch, collection Champs, Éd. Flammarion, 1979, pp. 29-30.

Texte 11

Signification psychanalytique de l'œuvre d'art

FREUD

L'artiste, comme le névropathe, s'était[1] retiré loin de la réalité insatisfaisante dans ce monde imaginaire, mais à l'inverse du névropathe il s'entendait à trouver le chemin du retour et à reprendre pied dans la réalité. Ses créations, les œuvres d'art, étaient les satisfactions imaginaires de désirs inconscients, tout
5 comme les rêves, avec lesquels elles avaient d'ailleurs en commun le caractère d'être un compromis, car elles aussi devaient éviter le conflit à découvert avec les puissances de refoulement. Mais à l'inverse des productions asociales narcissiques du rêve, elles pouvaient compter sur la sympathie des autres hommes, étant capables d'éveiller et de satisfaire chez eux les mêmes incons-
10 cientes aspirations du désir. De plus elles se servaient, comme «prime de séduction», du plaisir attaché à la perception de la beauté de la forme. Ce que la psychanalyse pouvait faire, c'était — d'après les rapports réciproques des impressions vitales, des vicissitudes fortuites et des œuvres de l'artiste — reconstruire sa constitution et les aspirations instinctives en lui agissantes,
15 c'est-à-dire ce qu'il présentait d'éternellement humain. C'est dans une telle intention que je pris par exemple Léonard de Vinci pour objet d'une étude[2], étude qui repose sur un seul souvenir d'enfance dont il nous fit part, et qui tend principalement à élucider son tableau de la *Sainte Anne*[3]. Mes amis et élèves ont depuis entrepris de nombreuses analyses semblables d'artistes et de
20 leurs œuvres. La jouissance que l'on tire des œuvres d'art n'a pas été gâtée par la compréhension analytique ainsi obtenue. Mais nous devons avouer aux profanes, qui attendent ici peut-être trop de l'analyse, qu'elle ne projette aucune lumière sur deux problèmes, ceux sans doute qui les intéressent le plus. L'analyse ne peut en effet rien nous dire de relatif à l'élucidation du don artistique,
25 et la révélation des moyens dont se sert l'artiste pour travailler, le dévoilement de la technique artistique, n'est pas non plus de son ressort.

S. Freud, *Ma vie et la psychanalyse*, 1925, traduction de M. Bonaparte, Éd. Gallimard, 1968, pp. 79-81.

---

1. L'imparfait est le temps du récit : celui, par Freud, de sa vie et de ses découvertes.
2. *Un souvenir d'enfance de Léonard de Vinci.*
3. Voir p. 256.

IV. LA CRÉATION ET LE GÉNIE

Texte 12

L'inspiration divine

PLATON

Le poète est chose légère, ailée, sacrée, et il ne peut créer avant de sentir l'inspiration, d'être hors de lui et de perdre l'usage de sa raison. Tant qu'il n'a pas reçu ce don divin, tout homme est incapable de faire des vers et de rendre des oracles. Aussi, comme ce n'est point par art, mais par un don céleste qu'ils trouvent et disent tant de belles choses sur leur sujet, comme toi sur Homère, chacun d'eux ne peut réussir que dans le genre où la Muse le pousse, l'un dans les dithyrambes, l'autre dans les panégyriques, tel autre dans les hyporchèmes[1], celui-ci dans l'épopée, celui-là dans les ïambes[2]. Dans les autres genres, chacun d'eux est médiocre, parce que ce n'est pas de l'art, mais une force divine qui leur inspire leurs vers ; en effet, s'ils savaient traiter par art un sujet particulier, ils sauraient aussi traiter tous les autres. Et si le dieu leur ôte le sens et les prend pour ministres, comme il fait des prophètes et des devins inspirés, c'est pour que nous qui les écoutons sachions bien que ce n'est pas eux qui disent les choses si admirables, puisqu'ils sont hors de leur bon sens, mais que c'est le dieu même qui les dit et qui nous parle par leur bouche. Et la meilleure preuve de ce que j'avance est Tynnichos de Chalcis[3], qui n'a jamais fait d'autre poème digne d'être retenu que le péan que tout le monde chante, le plus beau peut-être de tous les chants lyriques, une vraie trouvaille des Muses comme il l'appelle lui-même. Il me semble en effet que, précisément en la personne de ce poète, le dieu a voulu nous prouver, de manière à ne laisser aucun doute, que ces beaux poèmes ne sont ni humains ni faits par des hommes, mais divins et faits par des dieux, et que les poètes ne sont que les interprètes des dieux, puisqu'ils sont possédés, quel que soit le dieu particulier qui les possède.

Platon (vers 420-340 av. J.-C.), *Ion*, traduction d'É. Chambry,
Éd. Garnier, 1959, 533 c-534 e, pp. 457-458.

Texte 13

Par le génie,
la nature donne
ses règles à l'art

KANT

Le *génie* est le talent (don naturel), qui donne les règles à l'art. Puisque le talent, comme faculté productive innée de l'artiste, appartient lui-même à la nature, on pourrait s'exprimer ainsi : *le génie* est la diposition innée de l'esprit *(ingenium)* par laquelle la nature donne les règles à l'art. Quoi qu'il en soit de cette définition, qu'elle soit simplement arbitraire, ou qu'elle soit ou non conforme au concept que l'on a coutume de lier au mot de *génie*, on peut toutefois déjà prouver que, suivant la signification en laquelle ce mot est pris ici, les beaux-arts doivent nécessairement être considérés comme des arts du *génie*.

---

1. Pantomimes exécutées par des danseurs.
2. Pièce de vers satirique.
3. Prêtre qui vivait au temps d'Eschyle. Le « péan » est un chant en l'honneur d'Apollon.

Tout art en effet suppose des règles sur le fondement desquelles un produit
est tout d'abord représenté comme possible, si on doit l'appeler un produit
artistique. Le concept des beaux-arts ne permet pas que le jugement sur la beauté de son produit soit dérivé d'une règle quelconque, qui possède comme principe de détermination un *concept*, et par conséquent il ne permet pas que l'on
pose au fondement un concept de la manière dont le produit est possible. Aussi
bien les beaux-arts ne peuvent pas eux-mêmes concevoir la règle d'après laquelle
ils doivent réaliser leur produit. Or puisque sans une règle qui le précède un
produit ne peut jamais être dit un produit de l'art, il faut que la nature donne la
règle à l'art dans le sujet (et cela par la concorde des facultés de celui-ci) ; en
d'autres termes les beaux-arts ne sont possibles que comme produits du génie.

Kant, *Critique de la faculté de juger* (1790),
traduction d'A. Philonenko, Éd. Vrin, 1968, § 46, pp. 138-139.

Texte 14

Le génie, c'est
l'active intelligence

NIETZSCHE

L'activité du génie ne paraît pas le moins du monde quelque chose de foncièrement différent de l'activité de l'inventeur en mécanique, du savant astronome
ou historien, du maître en tactique. Toutes ces activités s'expliquent si l'on
représente des hommes dont la pensée est active dans une direction unique,
qui utilisent tout comme matière première, qui ne cessent d'observer diligem-
ment leur vie intérieure et celle d'autrui qui ne se lassent pas de combiner
leurs moyens. Le génie ne fait rien que d'apprendre d'abord à poser des
pierres, ensuite à bâtir, que de chercher toujours des matériaux et de travailler
toujours à y mettre la forme. Toute activité de l'homme est compliquée à
miracle, non pas seulement celle du génie : mais aucune n'est un « miracle ».
— D'où vient donc cette croyance qu'il n'y a de génie que chez l'artiste, l'orateur et le philosophe ? qu'eux seuls ont une « intuition » ? (mot par lequel on
leur attribue une sorte de lorgnette merveilleuse avec laquelle ils voient directement dans l'« être » !) Les hommes ne parlent intentionnellement de génie
que là où les effets de la grande intelligence leur sont le plus agréables et où ils
ne veulent pas d'autre part éprouver d'envie. Nommer quelqu'un « divin » c'est
dire : « ici nous n'avons pas à rivaliser ». En outre : tout ce qui est fini, parfait,
excite l'étonnement, tout ce qui est en train de se faire est déprécié. Or personne ne peut voir dans l'œuvre de l'artiste comment elle *s'est faite* ; c'est son
avantage, car partout où l'on peut assister à la formation, on est un peu refroi-
di. L'art achevé de l'expression écarte toute idée de devenir ; il s'impose tyran-
niquement comme une perfection actuelle. Voilà pourquoi ce sont surtout les
artistes de l'expression qui passent pour géniaux, et non les hommes de science. En réalité cette appréciation et cette dépréciation ne sont qu'un enfantillage de la raison.

Nietzsche, *Humain, trop humain*,
traduction de Desrousseaux, Éd. Mercure de France, 1899.

V. L'ART ET LE RÉEL

Texte 15

L'art romantique
se détruit lui-même
dans l'ironie

HEGEL

Erigée en forme d'art, l'ironie ne se contenta pas d'imprimer un caractère artistique à la vie et à l'individualité du sujet ironique, mais l'artiste devait également, en plus de ces œuvres d'art qu'étaient ses propres actions, etc., créer des œuvres d'art extérieures, par un effort d'imagination. Le principe de
5 ces productions, dont on trouve les principaux exemples dans la poésie, est encore la représentation du divin comme ironique. Mais l'ironique, qui est le propre de l'individualité géniale, consiste dans l'autodestruction de tout ce qui est noble, grand et parfait, de sorte que, même dans ses productions objectives, l'art ironique se trouve réduit à la représentation de la subjectivité abso-
10 lue, puisque tout ce qui a pour l'homme valeur et dignité se révèle inexistant par la suite de son autodestruction. C'est la raison pour laquelle on ne prend pas au sérieux non seulement la justice, la morale, la vérité, mais aussi le subli-me et le meilleur, puisqu'en se manifestant chez les individus, dans leurs carac-tères et leurs actions, ils se démentent et se détruisent eux-mêmes, autrement
15 dit ne sont qu'une ironie d'eux-mêmes.

Hegel, *Esthétique I* (1829), traduction de S. Jankélévitch,
collection Champs, Éd. Flammarion, 1979, p. 101.

Texte 16

L'art cherche refuge
auprès de sa propre
négation

ADORNO

L'esthétique philosophique à son apogée hégélienne pronostiqua la fin de l'art. Il est vrai que par la suite l'esthétique oublia cela, tandis que l'art le ressentit d'autant plus profondément. Même si l'art restait ce qu'il fut jadis et ne peut plus être, il serait dans la société à venir et en vertu du changement de sa fonc-
5 tion quelque chose de totalement différent. La conscience artistique a raison de se méfier des spéculations qui, par leur simple thématique et par l'habitus qu'on attend d'elles, se comportent comme s'il existait encore un terrain ferme là où on peut se demander s'il a jamais existé et s'il n'a pas toujours été l'idéo-logie en laquelle se transforment le trafic culturel actuel et son secteur art. La
10 question de la possibilité de l'art s'est tellement actualisée qu'elle se moque de sa forme prétendue plus radicale : à savoir si l'art est encore vraiment possible et comment. A sa place apparaît aujourd'hui la question de sa possibilité concrète. Le malaise suscité par l'art n'est pas seulement celui de la conscience sociale en stagnation devant le modernisme. Il se transmet sur tous les plans à
15 ce qui est artistiquement essentiel, aux produits avancés. L'art lui-même cherche refuge auprès de sa propre négation et veut survivre par sa mort. [...]

    L'art dépourvu de sens commence à perdre en même temps son droit à l'existence, du moins après que tout ce qui résistait jusqu'à une époque récente l'ait perdu. A la question du pourquoi de son existence, il n'y aurait d'autre

20 réponse que ce que Gœthe appelait le résidu de l'absurde que contiendrait tout art. Ce résidu monte à la surface et dénonce l'art. De même qu'il possède au moins une de ses racines dans les fétiches, de même il régresse dans le fétichisme par son progrès inexorable, devient pour lui-même aveugle fin en soi et s'expose comme fausseté, sorte de délire collectif dès que son contenu de vérité 25 objectif, en tant que sens, commence à vaciller. [...]

Dans de telles perspectives, l'esthétique se révèle moins dépassée que nécessaire. L'art n'a pas à se faire prescrire des normes par l'esthétique lorsqu'il est mis en cause, mais à développer dans l'esthétique la force de la réflexion qu'elle ne pourrait accomplir par elle-même.

W. Adorno, *Autour de la théorie esthétique*,
traduction de M. Jimenez et E. Kaufholz, Éd. Klincksieck, 1976, pp. 118-121.

Texte 17

Les deux pôles de l'histoire de l'art

BENJAMIN

La réception des œuvres d'art se fait avec divers accents, et deux d'entre eux, dans leur polarité, se détachent des autres. L'un porte sur la valeur cultuelle de l'œuvre, l'autre sur sa valeur d'exposition[1]. La production artistique débute par des images qui servent au culte. On peut admettre que la présence même 5 de ces images a plus d'importance que le fait qu'elles soient vues. L'élan que l'homme figure sur les parois d'une grotte, à l'âge de pierre, est un instrument magique. On l'expose sans doute aux regards des autres hommes, mais il est destiné avant tout à des esprits. Plus tard, c'est précisément cette valeur cultuelle, comme telle, qui pousse à garder l'œuvre d'art au secret ; certaines 10 statues de dieux ne sont accessibles qu'au prêtre dans la *cella*. Certaines Vierges restent couvertes presque toute l'année, certaines sculptures de cathédrales gothiques sont invisibles lorsqu'on les regarde du sol. A mesure que les œuvres

---

1. L'esthétique idéaliste ne peut faire droit à cette polarité, car son concept de la beauté ne l'admet par principe qu'indivisée (et l'exclut donc comme divisée). Hegel pourtant a entrevu le problème, autant que le lui permettait son idéalisme. Il écrit, dans ses *Leçons sur la philosophie de l'histoire :* «On avait déjà de longue date des images. La piété les exigeait depuis longtemps comme objets de dévotion, mais elle n'avait aucun besoin d'images *belles*. L'image belle contient aussi un élément extérieur, mais c'est en tant qu'elle est belle que son esprit parle aux hommes ; or, dans la dévotion, il faut essentiellement qu'il y ait un rapport à une chose, car, par elle-même, elle n'est qu'engourdissement de l'âme [...]. Le bel art [...] est né dans l'église même [...] encore que l'art soit sorti du principe de l'art. » Un passage des *Leçons sur l'esthétique* indique également que Hegel pressentait l'existence d'un problème : «Nous ne sommes plus, écrit-il, au temps où l'on rendait un culte divin aux œuvres d'art, où l'on pouvait leur adresser des prières ; l'impression qu'elles nous font est plus réservée, et ce qu'elles émeuvent en nous réclame encore une pierre de touche d'un ordre supérieur. »
Le passage du premier mode au second conditionne en général tout le processus historique de l'accueil fait aux œuvres d'art. Faute d'y prendre garde, on se condamne, par principe, à osciller, pour chaque œuvre particulière, entre ces deux modes opposés. Depuis les travaux de Hubert Grimm, on sait, par exemple, que la Vierge de Saint-Sixte fut peinte à l'origine pour des fins d'exposition, Grimm s'était interrogé sur la fonction du liteau de bois qui sert d'appui, au premier plan du tableau, à deux figures d'anges ; il s'était demandé ce qui avait bien pu conduire un peintre comme Raphaël à faire reposer le ciel sur deux portants. Son enquête lui montra que cette

d'art s'émancipent de leur usage rituel, les occasions deviennent plus nombreuses de les exposer. Un buste peut être envoyé ici ou là ; il est plus exposable par conséquent qu'une statue de dieu, qui a sa place assignée à l'intérieur d'un temple. Le tableau est plus exposable que la mosaïque ou la fresque qui l'ont précédé. Et s'il se peut qu'en principe une messe fût aussi exposable qu'une symphonie, la symphonie cependant est apparue en un temps où l'on pouvait prévoir qu'elle deviendrait plus exposable que la messe.

Les diverses techniques de reproduction ont renforcé ce caractère dans de telles proportions que, par un phénomène analogue à celui qui s'était produit aux origines, le déplacement quantitatif entre les deux formes de valeur propres à l'œuvre d'art est devenu un changement qualitatif, qui affecte sa nature même. Originairement la prépondérance absolue de la valeur cultuelle avait fait avant tout un instrument magique de cette œuvre d'art, qui ne devait être, jusqu'à un certain point, reconnue comme telle que plus tard, de même aujourd'hui la prépondérance absolue de sa valeur d'exposition lui assigne des fonctions tout à fait neuves, parmi lesquelles il se pourrait bien que celle dont nous avons conscience – la fonction artistique – apparût par la suite comme accessoire. Il est sûr que, dès à présent, la photographie et, plus encore, le cinéma témoignent très clairement en ce sens.

W. Benjamin, *Essais*, (1935) traduction de Maurice de Gandillac, 1983, Bibliothèque Médiations, Éditions Denoël-Gonthier, pp. 98-99.

Vierge avait été commandée pour la mise en bière solennelle du pape. Cette cérémonie se déroula dans une chapelle latérale de Saint-Pierre. Le tableau était installé au fond de la chapelle, qui formait une sorte de niche. Raphaël a représenté la Vierge sortant pour ainsi dire de cette niche, délimitée par des portants verts, pour s'avancer, sur les nuages, vers le cercueil pontifical. Destiné aux funérailles du pape, le tableau de Raphaël avait avant tout une valeur d'exposition. Un peu plus tard on l'accrocha au-dessus du maître-autel de l'église des moines noirs à Plaisance. La raison de cet exil est que le rituel romain interdit d'honorer sur un maître-autel des images qui ont été exposées au cours de funérailles. Cette prescription enlevait une partie de sa valeur marchande à l'œuvre de Raphaël. Pour la vendre cependant à son prix, la Curie décida de tolérer tacitement que les acquéreurs pussent l'exposer sur un maître-autel. Comme on ne désirait pas ébruiter la chose, on envoya le tableau chez des Frères, dans une ville de province éloignée.

DOCUMENT

Le cinéma parlant et la recréation de l'humain

*D*ANS *les années trente, il s'est passé d'autres choses que la Crise. L'histoire ne s'y est pas limitée à ce que l'on appelle l'histoire des économies nationales. Les premières années de la Crise sont aussi les premières années d'une nouvelle phase de l'histoire du cinéma, les années de l'avènement du son. Le premier film de notre genre date de 1934, ce qui est assez tôt pour que ce film ait eu une influence*
5 *décisive sur la création du cinéma parlant à Hollywood. D'après mon interprétation, on peut dire que le genre ainsi annoncé demande la création d'une nouvelle femme, ou la nouvelle création d'une femme, ce que j'appelle une recréation de l'humain. Si ce genre est aussi représentatif que je le pense de la comédie au temps du parlant, et si la création de la femme est un trait aussi caractéristique de ce genre que je le crois, alors cette phase de l'histoire du cinéma est indissociable d'une phase dans l'histoire*
10 *de la conscience des femmes. Vous pourriez même dire que ces deux histoires contribuent, à ce moment-là, à se créer mutuellement. [...]*

C'est très volontairement que la formulation « conscience des femmes » est ambiguë. Le génitif exprime à la fois la conscience qu'ont des femmes aussi bien les femmes que les hommes, et la conscience que les femmes ont d'elles-mêmes et de tout le reste. En parlant de la conscience des femmes qui
15 *s'exprime dans le genre du remariage, je pense aux deux – je pense au progrès dans la conscience que les femmes ont d'elles-mêmes tel qu'il se produit dans son rapport à la conscience que les hommes ont d'elles. Est-ce que, dans une période historique donnée, dans une classe sociale et dans un lieu définis, cette conscience est fondamentalement imposée aux femmes ? Ou bien, dans ce rapport entre les hommes et les femmes, les femmes participent-elles au progrès en partenaires fondamentalement*
20 *égales ? Je suppose que c'est à l'histoire que revient la tâche de le montrer (c'est la tâche de son travail et de ceux qui étudient son travail). On peut comprendre nos films comme autant de paraboles d'une phase dans le progrès de la conscience, phase où le combat a pour enjeu la réciprocité ou l'égalité de conscience entre une femme et un homme. Nos films proposent une étude des conditions dans lesquelles cette lutte pour la reconnaissance (selon le mot de Hegel) ou cette exigence pour les femmes d'être*
25 *reconnues (selon ma formulation) est une bataille pour la liberté mutuelle, particulièrement des opinions que l'on se fait de l'autre. Ceci donne aux films de notre genre une tonalité utopique. Ils contiennent une vision dont ils savent bien qu'on ne peut complètement l'acclimater, l'habiter dans le monde que nous connaissons. Ce sont des films romanesques. En nous présentant nos rêves, ils expriment les priorités internes d'une nation qui conçoit des aspirations et des engagements utopiques*
30 *pour son propre usage.*

S. Cavell, *A la recherche du bonheur. Hollywood et la comédie du remariage*,
Éd. Cahiers du Cinéma, 1993, pp. 23-24.

16.

LE FAIT
RELIGIEUX

Photo : P. Michaud.

INTRODUCTION

Voulant traiter non de **la** religion, ce qui aboutit toujours à en choisir une et à nier les autres, mais du **fait religieux** dans son ensemble, nous sommes dans l'obligation de nous tenir résolument hors de toute religion. Les croyances ou absence de croyance de l'auteur n'ont ici aucun intérêt. Nous prendrons les religions pour ce qu'elles prétendent être, ce qui revient à les prendre dans leur diversité, mais sans oublier les traits qui les font parentes.

Un fait humain fondamental

Le fait religieux semble bien être une composante des sociétés humaines : toutes les civilisations pour lesquelles nous avons une documentation suffisante nous présentent un faisceau de conduites et de croyances dans lesquelles nous reconnaissons ce fait. Même des sociétés qui ne nous ont transmis aucun texte ont laissé des traces de rites. Toutefois, avant de définir l'homme comme un « **animal religieux** », il faut se rendre compte que les plus anciennes sociétés qui nous ont laissé des traces de leurs attitudes religieuses, sociétés que nous sommes tentés d'appeler « primitives », étaient les héritières d'un immense passé. L'homme du paléolithique inférieur[1] était-il religieux ? Nous ne pouvons ni l'affirmer ni le nier. Du moins pouvons-nous dire que partout où l'homme nous a laissé des symboles de sa pensée, des traces de sa manière de voir le monde, nous le trouvons en rapport avec cette dimension de l'existence.

Mais si l'attitude religieuse semble bien un trait commun à tous les hommes, les religions sont diverses. Le tableau du monde, de l'homme, des êtres sacrés, les principes et les espérances varient de l'une à l'autre. Des religions ayant la même source historique se subdivisent en sectes. Ce phénomène atteint toutes les grandes religions et vient contrarier leur aspiration à l'universel.

Une étymologie douteuse

Le terme latin de *religio* semble renvoyer à l'idée de « lien ». Ce serait le lien des hommes avec le divin et par voie de conséquence le lien des hommes entre eux. Cette interprétation est donnée par d'anciens auteurs chrétiens. Cependant il faut rappeler que cette étymologie est contestée. Il se serait agi plus anciennement d'un lien matériel, des nœuds exigés par l'accomplissement d'un rite. Enfin le mot *religiosus* a eu et, pour une part, a gardé le sens de soin scrupuleux apporté à faire quelque chose (par exemple, « garder religieusement un secret », formule employée pour le serment des magistrats). La religion traduirait une attitude de révérence craintive devant les mystères de l'existence, variante du sentiment du sacré.

Qu'est-ce que le sacré ?

Mélange d'effroi et de fascination, ce sentiment d'étrangeté est rapporté à une source énigmatique : l'autre que l'homme, l'autre que la nature, le « tout

---

1. Nous suivons ici A. Leroi-Gourhan, « Hypothèses de la préhistoire », in *Histoire des religions*, tome III, Éd. Gallimard, 1976. Nous nous référerons dans la suite à cet ouvrage sous la forme abrégée : H.R.

273

autre ». Le théologien Rudolf Otto (**Texte 1**) a forgé le terme de **numineux** (du latin *numen*, « la divinité ») pour distinguer cette pure émotion d'avec les croyances, jugements moraux, spéculations théologiques, associés au concept de sacré. Le numineux indique un sentiment de dépendance, le sentiment « d'être une créature », un effroi devant une grandeur incommensurable. Terreur tout à fait différente de la crainte d'un danger, même terrible, et différente aussi de l'angoisse devant ce que l'avenir nous réserve d'inconnu. Car, en même temps, le sentiment du numineux est vénération, respect, adoration. Il est à la fois *mysterium tremendum* (mystère qui fait trembler) et *mysterium fascinans* (mystère qui fascine).

Ces composantes se retrouvent dans le **sacré** et dans le **divin**, mais ce n'est plus l'émotion seule ; il s'y joint des croyances, des doctrines, la représentation d'êtres bien définis, et des rites. Le numineux est un élément du sacré que certains tiennent pour fondamental, tandis que d'autres y voient une forme inférieure de religiosité qu'un rapport plus authentique au divin doit rejeter (**Texte 7**).

L'idée du divin

Si nous parlons du divin et pas de Dieu, c'est pour exprimer ce qu'il y a de commun aux diverses croyances malgré leurs aspects disparates. Un seul Dieu ou plusieurs ? La différence paraît certes facile à penser et décisive. Elle est l'axe central des **monothéismes** issus de la Bible (Judaïsme, Christianisme, Islam). Cependant, si l'on se tourne vers des religions plus anciennes, le thème dominant est beaucoup plus vague : c'est le sentiment de dépendance à l'égard d'une réalité incontrôlable, mais essentielle au point de vue vital. Cette réalité peut être pensée comme immanente à toutes choses, force diffuse et impersonnelle, ou foisonnement d'esprits qui nous guettent. En même temps l'univers se met à être signifiant. Alors que le numineux est objet d'une pure émotion, le divin est objet de pensée, mythe ou révélation. Autour de lui s'organisent une représentation de l'univers, une réponse aux questions sur la destinée humaine, la vie, la mort, la souffrance, le péché. L'hypothèse d'un monothéisme originel et primitif, plusieurs fois soutenue, est aussi souvent contestée[1]. Cependant la réflexion a souvent conduit à partir du **polythéisme** à l'unité du divin. Derrière les dieux aux divers visages qui foisonnent dans les grands polythéismes, les méditatifs, les spirituels, discernent un unique absolu ou tout au moins un principe suprême. Ainsi Cléanthe, l'un des fondateurs du stoïcisme, sans nier les autres dieux, donne à la figure de Zeus tous les caractères que le monothéisme reconnaîtra au Dieu unique (**Texte 5**).

Mythe et mythologie

Avant de réfléchir à la nature du mythe et à sa place dans l'univers religieux, il faut le séparer de tout ce que nous appelons **mythologie**. Par un phénomène dont nous n'apprécions pas bien la singularité, les hommes de foi chrétienne, pendant des siècles, ont gardé les mythes païens comme formes de la culture. Ils en ont nourri leur imagination, en pleine conscience de leur caractère imaginaire. Saint Augustin déjà s'accusait d'avoir, adolescent, pris trop d'intérêt à la lecture de Virgile, de s'être plus soucié des tribulations

---

1. Voir H.R., tome I, Éd. Gallimard, 1976, pp. 4 à 20.

d'Énée et des douleurs de Didon que de malheurs réels. Mais il s'en accusait comme d'une frivolité, non comme d'un reste d'idolâtrie qui n'entra jamais dans son esprit. Bien des siècles plus tard, Fénelon, voulant enrober d'agréments littéraires les conseils de sagesse qu'il donne à un prince, va pasticher Homère[1]. Pour les hommes de l'âge classique la mythologie, parfois nommée « Fable », est entièrement imaginaire. Comme religion elle est morte.

Le mythe vivant, au contraire, se présente comme une histoire vraie ; bien plus, il est un moyen de construire la réalité car il lui sert de modèle. La vérité mythique explique pourquoi l'homme est ce qu'il est, pourquoi il naît et meurt, pourquoi il est sexué, pourquoi il doit travailler. Le mythe raconte un événement primordial qui sert de modèle aux événements significatifs de l'existence (Texte 3).

Temps mythique et temps historique

L'événement originel a eu lieu en un temps étranger à l'histoire, quand les dieux se mêlaient aux hommes, avant l'expulsion du paradis terrestre. Ce temps primordial est caractéristique des religions archaïques. Il s'articule avec le temps historique pour les religions qui affirment l'historicité de leur fondateur, Moïse, Jésus, Mahomet, Siddhartha (tel est le nom historique du Bouddha). Néanmoins, la commémoration des moments les plus significatifs de cette histoire crée dans le temps profane des moments de temps sacré, des moments où le ciel descend sur la terre (Texte 2).

Le rite

Le rite est une pratique collective et personnelle dont le détail est strictement réglé de sorte qu'il organise les épisodes majeurs de la vie humaine. Il satisfait un besoin d'ordre et par là apaise l'angoisse que peut provoquer la conscience de la liberté. En même temps, il lie le monde humain à l'ordre cosmique représenté symboliquement. Les étapes de la vie, naissance, entrée dans l'âge adulte, mort, sont l'occasion d'autant de **rites de passage**. Le passage d'une condition à l'autre (de l'enfant à l'adulte, de l'étranger au familier), prend souvent la forme symbolique d'un simulacre de mort et de renaissance. Inversement, la mort est ramenée à un changement de condition lorsqu'elle est accompagnée de **rites de passage**. Le rite se retrouve hors des circonstances religieuses, pour marquer certaines valeurs, sans référence à une croyance au transcendant. Tels sont le salut au drapeau, la prise d'armes, les épreuves imposées aux nouveaux venus pour leur intégration au groupe. De tels exemples, à propos desquels on a pu parler de **religion séculière**, semblent montrer que, d'une façon encore plus universelle que les croyances, le rite est nécessaire à l'homme pour humaniser sa vie, même si, à celui qui vient d'une autre culture, certains rites paraissent cruels ou absurdes.

La religion : entre magie et éthique

Lorsque le rite est pensé comme ayant une efficacité matérielle, il se rapproche de la magie. On pourrait définir comme deux pôles extrêmes du fait religieux la magie et l'éthique.

Le **magico-religieux** centre l'attention sur le sacré extérieur, tel qu'il peut être condensé en des choses, des gestes, des paroles dont l'action est censée

---

1. *Les Aventures de Télémaque,* 1699, Éd. Garnier-Flammarion.

matériellement constatable, ce qui peut aller jusqu'à un effort pour contraindre le dieu à servir le fidèle. L'éthico-religieux se manifeste par la présence d'un enseignement de sagesse dans toutes les grandes religions, sagesse variable parce qu'elle s'insère dans des cadres institutionnels divers, mais où reviennent les mêmes conseils de justice, de modération, de bienveillance. Quelle différence y a-t-il alors avec une pure éthique philosophique ? La référence à un commandement sacré. Kant nous dit bien qu'il faut d'abord avoir reconnu un précepte comme commandement moral, pour ensuite y voir un commandement divin. Mais dans les consciences croyantes l'ordre est inversé (Texte 4).

Il n'y a plus religion là où gestes et formules ne sont que des procédés pour contraindre des forces obscures à nous servir. Il n'y a pas non plus religion là où le sentiment du respect s'adresse à la seule moralité humaine et à des valeurs sans référence à l'aide divine. La magie est privée de tout sens éthique. L'éthique ne comporte pas l'espoir que la prière puisse avoir une action causale immédiate, encore moins qu'une formule puisse contraindre la volonté divine. L'homme de la religion éthique espère que, s'il fait de son mieux, Dieu, par grâce, pourvoira à ses manques (Texte 4). « Dans l'incertitude d'une foi chancelante », il ajoute ce que Rousseau appelle « le poids de l'espérance[1] », mais sa foi même lui interdit de demander à Dieu de changer pour lui l'ordre du monde.

Sagesse religieuse et philosophie

Si la différence entre religion et philosophie se voit nettement par l'exemple de quelques cas extrêmes, il est non moins certain que la frontière est floue. Tantôt une religion demeure pour un philosophe un réservoir de symboles dans lequel il puise librement, sa liberté étant plus ou moins limitée par le respect. Ainsi Platon peut attacher à la notion de piété une attention critique[2] mais aussi terminer ses grands dialogues par des mythes qui sont des variations personnelles sur un fond de croyances communes[3]. Tantôt le croyant cherche l'intellection de sa foi[4]. En tant que croyant, il tient pour fondement de sa vie une révélation, qu'elle soit de tradition collective, d'autorité scripturaire ou d'intuition personnelle, mais en tant que philosophe, il cherche à penser les données de cette révélation et à y intégrer les fruits du raisonnement (Texte 6).

Sagesse religieuse ou sagesse philosophique ? La question a été posée à propos du Bouddhisme. Souvent celui-ci est compris comme une religion sans Dieu (Texte 9), tout au moins comme une religion dont le fondateur ne se déclare pas envoyé, interprète ou émanation du divin. Ce qu'apporte de neuf Siddhartha, c'est l'éveil. S'il montre la voie, c'est en tant qu'homme, simplement homme, ayant médité sur la vie, la mort et la souffrance. Cependant il fonde une communauté ; il indique des formules de méditation et de vie. Et dès la génération suivante, les récits de sa vie sont surchargés de

1. J.-J. Rousseau, « Lettre à Voltaire », in *Œuvres*, tome IV, Bibliothèque de la Pléiade, Éd. Gallimard, p. 1071. Voir aussi « la Profession de foi du vicaire savoyard », dans *Émile, IV, Ibid.,* p. 605.
2. *Euthyphron.*
3. Platon, *la République, Gorgias, Phédon.*
4. Du latin *fides,* confiance, foi, de *fidere,* se fier à.

merveilleux. Il est transformé en un être divin[1] et il prend la dimension mythique d'un dieu descendu parmi les hommes.

La méditation sur la foi tend à purifier le contenu de la croyance, à en mesurer les insuffisances, à former de Dieu une idée plus raffinée ou plus profonde, entreprise philosophique nécessaire mais qui n'est pas sans danger pour l'**institution religieuse**. D'une critique interne qui reste foncièrement religieuse, on passe à une critique antireligieuse et polémique.

Critique religieuse et critique antireligieuse

Déjà le Zeus de Cléanthe (**Texte 5**) est ordonnateur d'une raison qui établit « la loi commune et éternelle dans la justice ». Des idoles à un Dieu-esprit, des dieux cruels à un Dieu miséricordieux, des dieux capricieux à un Dieu qui s'adresse à la liberté de l'homme (**Texte 7**), la critique philosophique reste intérieure à la pensée religieuse et elle l'est encore lorsqu'elle tente de penser un Dieu dont on ne peut rien affirmer parce qu'il dépasse toute intelligibilité (**Texte 8**).

Mais en même temps s'élaborent des visions du monde étrangères à toute religion et des éthiques en rupture avec les églises. Parfois les mêmes arguments passent d'une critique à l'autre. Une affirmation de Dieu trop vague et trop prudente, une négation qui fait une place au mystère de l'univers, ces positions se rejoignent sous le regard du philosophe sceptique (**Texte 10**). Cependant, par un mouvement inverse, Auguste Comte s'attache à l'institution religieuse ; il la croit nécessaire pour lier les hommes les uns aux autres à travers les siècles et intégrer l'individu à la société. Athée de conviction, il s'est donc efforcé de forger une religion où l'Humanité prenne la place de Dieu (**Texte 11**).

A côté de la critique destructrice (**Textes 12 et 13**) on trouve une critique qui sympathise, mais qui tient la religion pour « chose naturelle et humaine[2] ». Alain, suivant en cela Auguste Comte, tient les religions pour des contes dans lesquels il ne faut chercher aucune vérité factuelle, mais qui sont le vêtement d'une éthique (**Texte 14**). Ainsi, il peut dire à la fois que les religions ne sont ni raisonnables ni croyables[3] et qu'elles sont toutes vraies[4] ; il y trouve finalement « du bon sens sous les métaphores[5] ».

L'homme désorienté

A le prendre ainsi, on pourrait se demander si les religions ne sont pas réduites à un mélange de philosophie et de poésie. C'est bien ce que devient une religion pour un agnostique. On perd alors de vue une partie des composantes du fait religieux. La religion (et cela est vrai de toutes les religions) est axée sur la foi et la pratique, en même temps qu'elle constitue un lien de l'individu à la collectivité. Une philosophie comporte un examen critique et une recherche de la rationalité. Un très ancien texte hindou[6] décrit ainsi la

---

1. Nous suivons ici M. Éliade, *Histoire des croyances et des idées religieuses,* tome I, Éd. Payot, 1976-1983.
2. Alain, *Propos* (1911), Éd. Gallimard, 1970, tome II, p. 196.
3. *Op. cit.* (1931), tome I, p. 1039.
4. *Op. cit.* (1923), tome II, p. 536.
5. *Op. cit.* (1931), tome I, p. 1041.
6. *Chandogya Upanishad,* cité par Mircéa Éliade, *Histoire des croyances et des idées religieuses,* Éd. Payot, tome II, p. 50.

condition humaine : un homme est enlevé loin de sa ville et abandonné, les yeux bandés, en un lieu solitaire. On espère bien que quelqu'un, peut-être, viendra le prendre par la main et lui retirer son bandeau. Mais ce qui importe ici, c'est l'abandon et la désorientation. D'autres cultures ont d'autres symboles : homme exilé d'un Paradis, âme tombée de son lieu naturel dans la matière[1]. Tous ces mythes vont dans le même sens. Freud **(Texte 13)** interprète cette situation comme une détresse enfantine qu'un adulte doit pouvoir surmonter. Mais peut-être y a-t-il en chacun de nous définitivement un enfant qui a peur du noir, un Petit Poucet perdu dans les bois. A l'homme désorienté le mythe apporte des repères, à l'homme en proie au vertige de la liberté le rite apporte des règles. « On ne peut vivre longtemps dans le vertige provoqué par la désorientation[2] ».

---

1. Paul Ricœur, *la Symbolique du mal*, Éd. Aubier-Montaigne, 1960.
2. M. Éliade, *Histoire des croyances et des idées religieuses*, Éd. Payot, 1976-1983, tome I, p. 14.

TEXTES

I. UN FAIT HUMAIN FONDAMENTAL

Texte 1

L'émotion religieuse

OTTO

Considérons ce qu'il y a de plus intime et de plus profond dans toute émotion religieuse intense qui est autre chose que foi au salut, confiance ou amour, ce qui, abstraction faite de ces sentiments accessoires, peut à certains moments remplir notre âme et l'émouvoir avec une puissance presque déconcertante ;
5 poursuivons notre recherche en nous efforçant de le percevoir par la sympathie, en nous associant aux sentiments de ceux qui, autour de nous, l'éprouvent et en vibrent à l'unisson ; cherchons-le dans les transports de la piété et dans les puissantes expressions des émotions qui l'accompagnent, dans la solennité et la tonalité des rites et des cultes, dans tout ce qui vit et respire
10 autour des monuments religieux, édifices, temples et églises : une seule expression se présente à nous pour exprimer la chose ; c'est le sentiment du *mysterium tremendum*, du mystère qui fait frissonner. Le sentiment qu'il provoque peut se répandre dans l'âme comme une onde paisible ; c'est alors la vague quiétude d'un profond recueillement. [...]
15 Il peut aussi surgir brusquement de l'âme avec des chocs et des convulsions. Il peut conduire à d'étranges excitations, à l'ivresse, aux transports, à l'extase. Il a des formes sauvages et démoniaques. Il peut se dégrader et presque se confondre avec le frisson et le saisissement d'horreur éprouvé devant les spectres. Il a des degrés inférieurs, des manifestations brutales et barbares, et il
20 possède une capacité de développement par laquelle il s'affine, se purifie, se sublimise. Il peut devenir le silencieux et humble tremblement de la créature qui demeure interdite... en présence de ce qui est, dans un mystère ineffable, au-dessus de toute créature.

R. Otto[1], *le Sacré* (1917), traduction de A. Jundt,
Éd. Payot, 1949, p. 28.

Texte 2

Puissance du sacré

CAILLOIS

C'est du sacré que le croyant attend tout secours et toute réussite. Le respect qu'il lui témoigne est fait à la fois de terreur et de confiance. Les calamités qui le menacent, dont il est victime, les prospérités qu'il souhaite ou qui lui échoient sont rapportées par lui à quelque principe qu'il s'efforce de fléchir ou

---

1. Théologien allemand (1869-1937).

de contraindre. Peu importe la façon dont il imagine cette origine suprême de la grâce ou des épreuves : dieu universel et omnipotent des religions mono-théistes, divinités protectrices des cités, âmes des morts, force diffuse et indé-terminée qui donne à chaque objet son excellence dans sa fonction, qui rend le canot rapide, l'arme meurtrière, l'aliment nourrissant. Aussi évoluée, aussi fruste qu'on l'imagine, la religion implique la reconnaissance de cette force avec laquelle l'homme doit compter. Tout ce qui lui en semble le réceptacle lui apparaît sacré, redoutable, précieux. Au contraire, il regarde ce qui en est privé comme inoffensif sans doute, mais aussi comme impuissant et sans attrait. On ne peut que dédaigner le profane, alors que le sacré dispose pour attirer d'une sorte de don de fascination. Il constitue à la fois la suprême tentation et le plus grand des périls. Terrible, il commande la prudence ; désirable, il invite en même temps à l'audace.

R. Caillois[1], *l'Homme et le Sacré* (1950), Éd. Gallimard, 1963, p. 21.

Texte 3

Mythe et symbole

RICŒUR

On entendra ici par mythe ce que l'histoire des religions y discerne aujourd'hui : non point une fausse explication par le moyen d'images et de fables, mais un récit traditionnel, portant sur des événements arrivés à l'origi-ne des temps et destiné à fonder l'action rituelle des hommes d'aujourd'hui et de manière générale à instituer toutes les formes d'action et de pensée par les-quelles l'homme se comprend lui-même dans son monde.

Pour nous, modernes, le mythe est *seulement* mythe parce que nous ne pou-vons plus relier ce temps à celui de l'histoire telle que nous l'écrivons selon la méthode critique, ni non plus rattacher les lieux du mythe à l'espace de notre géographie ; c'est pourquoi le mythe ne peut plus être une explication ; exclure son intention étiologique[2], c'est le thème de toute nécessaire démythologisa-tion. Mais en perdant ses prétentions explicatives le mythe révèle sa portée exploratoire et compréhensive, ce que nous appellerons plus loin sa fonction symbolique, c'est-à-dire son pouvoir de découvrir, de dévoiler le lien de l'homme à son sacré. Aussi paradoxal qu'il paraisse, le mythe, ainsi démytho-logisé au contact de l'histoire scientifique et élevé à la dignité de symbole, est une dimension de la pensée moderne.

P. Ricœur, *Finitude et culpabilité, la Symbolique du mal,*
in Philosophie de la volonté, Éd. Aubier-Montaigne, 1960, p. 12.

---

1. Écrivain français (1913-1978).
2. Qui recherche les causes.

Texte 4

Religion cultuelle
et religion morale

KANT

On peut ramener toutes les religions à deux : celle qui *recherche des faveurs* (religion de simple culte) et la religion *morale*, c'est-à-dire de la *bonne conduite*. D'après la première, l'homme se flatte que Dieu peut bien le rendre éternellement heureux sans qu'il ait à vrai dire besoin de *devenir meilleur* (par la remission des péchés) ; ou encore, si cela ne lui semble pas possible, il se flatte que Dieu peut bien le *rendre meilleur* sans qu'il ait autre chose à faire qu'à l'en prier ; ce qui, en présence d'un Être qui voit tout, n'étant autre chose que *désirer*, serait en réalité ne rien faire ; en effet, si le simple désir suffisait, tout le monde serait bon. Mais, suivant la religion morale (et parmi toutes les religions publiques qu'il y eut jamais, seule la religion chrétienne a ce caractère), c'est un principe fondamental que chacun doit, selon ses forces, faire son possible pour devenir meilleur et ce n'est que lorsqu'il n'a pas enfoui la mine qui lui a été donnée en propre (Luc, XIX, 12-16), lorsqu'il a employé sa disposition originelle au bien, pour devenir meilleur, qu'il peut espérer que ce qui n'est pas en son pouvoir sera complété par une collaboration d'en haut. Et il n'est pas absolument nécessaire que l'homme sache en quoi elle consiste ; peut-être même est-il inévitable que, si la manière dont elle se produit a été révélée à une certaine époque, d'autres hommes, à une autre époque, s'en feraient chacun une idée différente et certes en toute sincérité. Mais alors le principe suivant garde sa valeur : « Il n'est pas essentiel, ni par suite nécessaire à quiconque, de savoir ce que Dieu fait ou a fait pour son salut » ; mais bien de savoir ce que lui-même doit faire pour se rendre digne de ce secours.

Kant, la Religion dans les limites de la simple raison (1793),
traduction de J. Gibelin, Éd. Vrin, 1972, pp. 75-76.

II. DIEU ET LES DIEUX

Texte 5

Hymne à Zeus

CLÉANTHE

O Zeus, le plus glorieux des immortels, toi qui as tant de noms, qui es éternellement tout-puissant, cause première de la nature, toi qui régis toutes choses selon la loi, je te salue. Car il est juste que tous les mortels s'adressent à toi. Nous sommes en effet issus de toi, nous seuls avons obtenu l'imitation de ta parole parmi les nombreux mortels qui vivent et rampent sur la terre ; je te chanterai donc et célébrerai éternellement ta puissance. C'est à toi que tout ce monde qui tourne autour de la terre obéit là où tu le conduis et c'est par toi qu'il se laisse gouverner. Tu tiens en tes mains invincibles une arme double : la foudre enflammée qui toujours brûle ; car tout dans la nature frissonne de ses

coups ; par elle tu diriges une raison commune qui court à travers toutes
choses, mêlée aux grandes et aux petites flammes. Tu es si bien le suprême roi
de l'univers, que rien sur terre, ô Seigneur, ne se fait sans toi, ni dans le ciel
éthéré et divin, ni dans la mer, rien si ce n'est ce que font les méchants dépourvus de raison. Mais toi tu sais donner la mesure à ce qui dépasse la mesure,
mettre de l'ordre là où il n'y a que désordre et les choses qui ne sont pas amies
pour toi le deviennent. Tu as harmonisé tous les biens avec les maux dans une
seule unité, de sorte qu'une raison une naisse toujours de toutes choses, c'est
elle qu'abandonnent en la fuyant tous les mortels qui sont méchants... Malheureux, en voulant toujours acquérir des biens ils ne voient ni entendent la
loi commune de Dieu, s'ils y obéissaient avec intelligence ils mèneraient une
vie heureuse. Mais, insensés, ils courent d'un mal à un autre ; les uns sont possédés pour la gloire d'un zèle querelleur, les autres sans aucune mesure sont
poussés par l'appât du gain ; d'autres enfin s'abandonnant à une vie relâchée et
aux œuvres qui satisfont les plaisirs physiques, s'appliquent à trouver tout le
contraire de ce qu'ils attendaient. Mais, ô Zeus, père de tous les biens, toi qui
es enveloppé des sombres nuées et de la foudre, sauve les hommes de leur
infortunée ignorance, chasse-la de leur âme, ô père, et fasse qu'ils obtiennent
la pensée sur laquelle tu t'appuies pour gouverner toutes choses avec justice
afin qu'étant nous-mêmes honorés nous te rendions des honneurs en échange,
chantant tes œuvres, comme il sied à un mortel, puisque il n'y a pas de plus
grand honneur pour les hommes ni pour les dieux que de chanter la loi commune et éternelle dans la justice.

Cléanthe[1], in *les Stoïciens,* traduction de J. Brun,
collection les Grands Textes, Éd. P.U.F., 1957, p. 60.

Texte 6

Que connaissons-nous de Dieu ?

THOMAS D'AQUIN

Si [...] l'intellect de la créature raisonnable ne pouvait pas atteindre la cause
des choses, son désir naturel serait vain. Il faut donc absolument admettre que
les bienheureux voient l'essence de Dieu. [...]

Un homme, en tant qu'homme, ne peut pas voir Dieu dans son essence, à
moins qu'il n'ait quitté cette vie mortelle. La raison en est que la manière de
connaître est relative à la nature du sujet connaissant. Or notre âme, au cours
de sa vie terrestre, existe dans une matière corporelle. Elle ne peut donc
connaître naturellement que les réalités dont la forme est liée à une matière,
ou bien ce qui peut être connu à partir de ces réalités. Il est évident que les
natures des réalités matérielles ne peuvent faire connaître l'essence divine ; la
connaissance de Dieu par analogie avec le créé n'est pas une vision de Dieu. Il
est donc impossible à l'âme humaine de voir, au cours de sa vie terrestre,
l'essence de Dieu. [...]

---

1. L'un des chefs de la plus ancienne école stoïcienne (vers 331-210 av. J.-C.).

Notre connaissance naturelle a son origine dans les sens, elle ne peut donc
pas s'étendre au-delà du point où le sensible peut la conduire. En partant des
réalités sensibles, notre intellect ne peut pas parvenir à la vision de l'essence
divine. Les créatures sensibles, parce qu'elles sont les effets de Dieu, n'ont pas
le même pouvoir que leur cause. Il n'est donc pas possible, en partant de la
connaissance des réalités sensibles, de connaître tout le pouvoir de Dieu, ni
par conséquent de voir son essence. Mais parce que les effets dépendent de la
cause, ils peuvent nous conduire à savoir que Dieu est, et à connaître tous les
attributs qui lui conviennent nécessairement, au titre de cause première de
tout le réel et supérieure à tous ses effets. Nous connaissons donc de Dieu son
rapport aux créatures, c'est-à-dire qu'il est la cause de toute la création ; nous
connaissons aussi la différence entre Dieu et ses créatures, car il ne fait pas
nombre avec les êtres dont il est la cause ; et nous savons que la distance qui le
sépare des êtres créés n'est pas en lui un défaut mais un excès.

Thomas d'Aquin, *Somme théologique*, (1267-1273), traduction de J. Rassam,
collection les Grands Textes, Éd. P.U.F., 1964,
1re partie, question 12, articles 1, 11 et 12, pp. 33 et 34.

Texte 7

Rupture
avec le numineux[1]

LÉVINAS

Pour le judaïsme, le but de l'éducation consiste à instituer un rapport entre
l'homme et la sainteté de Dieu et maintenir l'homme dans ce rapport. Mais
tout son effort — de la Bible à la clôture du Talmud au VIe siècle, et à travers la
plupart de ses commentateurs de la grande époque de la science rabbinique —
consiste à comprendre cette sainteté de Dieu dans un sens qui tranche sur la
signification numineuse de ce terme, telle qu'elle apparaît dans les religions
primitives où les modernes ont souvent voulu voir la source de toute religion.
Pour ces penseurs, la possession de l'homme par Dieu, l'enthousiasme, serait
la conséquence de la sainteté ou du caractère sacré de Dieu, l'alpha et l'oméga
de la vie spirituelle. Le judaïsme a désensorcelé le monde, a tranché sur cette
prétendue évolution des religions à partir de l'enthousiasme et du sacré. Le
judaïsme demeure étranger à tout retour offensif de ces formes d'élévation
humaine. Il les dénonce comme l'essence de l'idôlatrie.

Le numineux ou le sacré enveloppe et transporte l'homme au-delà de ses
pouvoirs et de ses vouloirs. Mais une vraie liberté s'offense de ces surplus
incontrôlables. Le numineux annule les rapports entre les personnes en faisant
participer les êtres, fût-ce dans l'extase, à un drame dont ces êtres n'ont pas
voulu, à un ordre où ils s'abîment. Cette puissance, en quelque façon, sacra-
mentelle du divin apparaît au judaïsme comme blessant la liberté humaine, et
comme contraire à l'éducation de l'homme, laquelle demeure *action sur un
être libre*. Non pas que la liberté soit un but en soi. Mais elle demeure la

1. Sur le sens de ce terme, voir texte 1.

condition de toute valeur que l'homme puisse atteindre. Le sacré qui m'enveloppe et me transporte est violence. [...]

Le monothéisme marque une rupture avec une certaine conception du sacré. Il n'unifie ni ne hiérarchise ces dieux numineux et nombreux ; il les nie. A l'égard du divin qu'ils incarnent, il n'est qu'athéisme.

E. Lévinas[1], *Difficile liberté,*
Éd. Albin Michel, 1963, pp. 28-30.

Texte 8

Au-delà
de l'intelligible

PSEUDO-DENYS

[La cause universelle située au-delà de l'univers entier n'a rien de ce qui appartient au sens. Mais elle est aussi au-delà de l'intelligible.]

Nous élevant plus haut, nous disons maintenant que cette Cause n'est ni âme ni intelligence ; qu'elle ne possède ni imagination, ni opinion, ni raison, ni intelligence ; qu'elle ne se peut exprimer ni concevoir ; qu'elle n'a ni ombre, ni ordre, ni grandeur, ni petitesse, ni égalité, ni inégalité, ni similitude, ni dissimilitude ; qu'elle ne demeure immobile ni ne se meut ; qu'elle ne se tient au calme, ni ne possède de puissance ; qu'elle n'est ni puissance, ni lumière ; qu'elle ne vit ni n'est vie ; qu'elle n'est ni essence, ni perpétuité, ni temps ; qu'on ne peut la saisir intelligiblement ; qu'elle n'est ni science, ni vérité, ni royauté, ni sagesse, ni un, ni unité, ni déité, ni bien, ni esprit au sens où nous pouvons l'entendre ; ni filiation, ni paternité, ni rien de ce qui est accessible à notre connaissance ni à la connaissance d'aucun être ; qu'elle n'est rien de ce qui appartient au non-être, mais rien non plus de ce qui appartient à l'être ; que personne ne la connaît telle qu'elle est, mais qu'elle-même ne connaît personne en tant qu'être ; qu'elle échappe à tout raisonnement, à toute appellation, à tout savoir ; qu'elle n'est ni ténèbre, ni lumière, ni erreur, ni vérité ; que d'elle on ne peut absolument rien affirmer ni rien nier ; que, lorsque nous posons des affirmations et des négations qui s'appliquent à des réalités inférieures à elle, d'elle-même nous n'affirmons ni ne nions rien, car toute affirmation reste en deçà de la transcendance de Celui qui est simplement dépouillé de tout et qui se situe au-delà de tout.

Pseudo-Denys l'Aréopagite[2], *la Théologie mystique* (1943), in *Œuvres complètes,*
traduction de M. de Gandillac, Éd. Aubier-Montaigne, 1980, p. 183.

1. Philosophe français contemporain.
2. Le Moyen Age a confondu trois personnages : a) saint Denis, premier évêque de Paris (IIIe siècle) ; b) Denys, auditeur de saint Paul à l'Aréopage dont parlent *les Actes des Apôtres* (XVII, 16 à 34) ; c) l'auteur d'écrits mystiques que l'on peut dater du Ve siècle. Ces textes qui témoignent d'une synthèse entre philosophie platonicienne et foi chrétienne ont eu une grande et durable influence sur la pensée médiévale. C'est ce dernier Denys qui est ici notre auteur.

284

Texte 9

Une religion
sans Dieu ni âme ?

5

10

15

20

25

R A H U L A

Ce que suggèrent en général les mots Ame, Soi, Ego, ou pour employer le mot sanskrit *Atman*, c'est qu'il existe dans l'homme une entité permanente, éternelle et absolue qui est une substance immuable derrière le monde phéno-ménal changeant. D'après certaines religions, chaque individu a une telle âme séparée qui est créée par Dieu et qui finalement, après la mort, vit éternelle-ment dans l'enfer ou le ciel, sa destinée dépendant de son Créateur. D'après d'autres[1], elle traverse beaucoup de vies jusqu'à ce qu'elle soit purifiée complè-tement et s'unisse finalement à Dieu ou Brahman, l'Ame universelle ou *Atman* dont elle émane originellement. Cette Ame ou Soi dans l'homme est ce qui pense les pensées, ce qui ressent les sensations, et ce qui reçoit récom-penses et punitions pour toutes les actions bonnes ou mauvaises. Une telle conception est appelée l'Idée du Soi.

Le bouddhisme se dresse, unique, dans l'histoire de la pensée humaine en niant l'existence d'une telle Ame, d'un Soi ou de l'*Atman*. Selon l'enseignement du Bouddha, l'idée du Soi est une croyance fausse et imaginaire qui ne correspond à rien dans la réalité et elle est la cause des pensées dangereuses de « moi » et « mien », des désirs égoïstes et insatiables, de l'attachement, de la haine, et de la malveillance, des concepts d'orgueil, d'égoïsme et autres souillures, impuretés et problèmes. Elle est la source de tous les troubles du monde, depuis les conflits personnels jusqu'aux guerres entre nations. En bref, on peut faire remonter à cette vue fausse tout ce qui est mal dans le monde.

Il y a deux idées, psychologiquement enracinées dans l'individu : protection de soi et conservation de soi. Pour la protection de soi, l'homme a créé Dieu duquel il dépend pour sa propre protection, sauvegarde et sécurité, de même qu'un enfant dépend de ses parents. Pour la conservation de soi, l'homme a conçu l'idée d'une âme immortelle ou *Atman* qui vivra éternellement. Dans son ignorance, sa faiblesse, sa crainte et son désir, l'homme a besoin de ces deux choses pour se rassurer et se consoler ; c'est pourquoi il s'y cramponne avec fanatisme et acharnement.

L'enseignement du Bouddha n'entretient pas cette ignorance, cette faibles-se, cette crainte et ce désir, mais tend à rendre l'homme éclairé en les suppri-mant, en les détruisant et en les arrachant à la racine même. Selon le boud-dhisme, les idées de Dieu et d'Ame sont fausses et vides. Bien que profondément développées comme théories, elles sont néanmoins des projec-tions mentales subtiles enrobées dans une phraséologie philosophique et métaphysique compliquée. Ces idées sont si profondément enracinées dans l'homme, elles lui sont si proches et si chères qu'il n'aime pas entendre et ne veut pas comprendre un enseignement quelconque qui leur soit contraire.

Walpola Rahula[2], *l'Enseignement du Bouddha, d'après les textes les plus anciens*,
coll. Points sagesses, Éd. du Seuil, 1978.

---

1. Il s'agit de l'hindouisme.
2. Moine bouddhiste contemporain.

III. DE LA CRITIQUE INTERNE
A LA CRITIQUE EXTERNE

Texte 10

La différence entre
l'athée et le théiste
est insignifiante

HUME

Je demande au théiste s'il n'y a pas entre *l'âme humaine* et *l'âme divine* une différence grande et incommensurable, parce qu'elle est incompréhensible. Plus il aura de zèle et de piété, plus il sera porté pour l'affirmative et plus il sera disposé à relever cette différence. Il assurera même que cette différence est d'une nature qu'on ne saurait relever par trop d'éloges. Je me tourne ensuite vers l'athée, qui, selon moi, ne peut l'être que de nom, mais jamais réellement ; et je lui demande si, d'après la cohérence et l'harmonie qui éclatent dans toutes les parties du monde, il n'y a pas un certain degré d'analogie entre toutes les opérations de la nature, dans toutes les situations et dans tous les siècles, et si la corruption d'un navet, la génération d'un animal et la structure de la pensée humaine ne sont pas des énergies qui ont probablement quelque analogie éloignée l'une avec l'autre. Il est impossible qu'il nie cela : il s'empressera même de l'avouer. Après avoir obtenu cet avantage, je le pousse encore plus loin dans son retranchement ; je lui demande s'il n'est pas probable que le principe qui le premier arrange et conserve encore maintenant l'ordre dans l'univers, n'a pas aussi quelque analogie éloignée et incompréhensible avec les autres opérations de la nature et, entre autres, avec l'économie de l'âme humaine et de la pensée. Quoique à regret, il n'en sera pas moins obligé de m'accorder cette proposition. Quel est donc, dirai-je à ces deux antagonistes, le sujet de votre dispute ? Le théiste accorde que l'intelligence originelle est très différente de la raison humaine ; l'athée accorde que le principe d'ordre originel présente avec elle quelque lointaine analogie. Voulez-vous, Messieurs, contester sur le plus ou le moins, et vous engager dans une dispute dont le sujet ne renferme rien de précis et par conséquent aucun sens déterminé ?

Hume, *Dialogues sur la religion naturelle* (1779),
traduction anonyme, Éd. Hatier, 1982, pp. 147-148.

Texte 11

Une religion réduite
à sa fonction sociale

COMTE

L'instinct de la sociabilité, ou le sentiment habituel de la liaison de chacun à tous, serait très imparfaitement développé si cette relation se bornait au présent, comme chez les animaux sociables, sans embrasser aussi le passé et même l'avenir. La société humaine est surtout caractérisée par la coopération continue des générations successives, première source de l'évolution propre à notre espèce. Ainsi, tous les états sociaux ont dû présenter, chacun à sa manière, certaines institutions permanentes, d'abord spontanées, puis de plus en plus systématiques, spécialement destinées à manifester une telle connexité, en constituant la chaîne des temps par la vénération régulière des ancêtres privés et

10 publics. L'Antiquité offrit, à cet égard, de puissantes ressources, appropriées à la nature de ses opinions et au caractère de sa civilisation. [...]

Pendant la longue enfance de l'humanité, la sagesse sacerdotale, heureux organe de l'instinct universel, a dû néanmoins retirer de ces constructions imparfaites une précieuse efficacité sociale, que le positivisme explique et cir-
15 conscrit. Mais cet indispensable office provisoire ne pouvait les préserver toujours de la déchéance irrévocable qu'elles ont graduellement encourue, à mesure que l'évolution humaine ruinait à la fois leur crédit intellectuel et leur influence morale [...]. La philosophie positive justifie pleinement ce culte catholique des saints, en le rapportant à sa vraie destination sociale, alors
20 poursuivie sous des formes propres à l'état correspondant de l'humanité. Ce sera toujours un usage très social que de célébrer périodiquement la mémoire de nos dignes prédécesseurs, et aussi de prescrire solennellement à chacun de nous l'imitation continue de l'un d'entre eux. Les vrais philosophes déplorent justement, à cet égard comme à tant d'autres, que ces utiles pratiques se trou-
25 vent aujourd'hui discréditées d'après leur funeste adhérence à des doctrines qui devaient succomber sous leur incompatibilité finale avec l'essor continu de l'intelligence et de la sociabilité.

Comte, *Lettre philosophique sur la commémoration sociale* (1845),
annexe au *Système de politique positive*, tome I, Éd. Anthropos, 1968, p. XXXIV.

Texte 12

L'invention des dieux,
désastre
pour l'humanité

LUCRÈCE

La piété, ce n'est point se montrer à tout instant couvert d'un voile et tourné vers une pierre, et s'approcher de tous les autels ; ce n'est point se pencher jusqu'à terre en se prosternant, et tenir la paume de ses mains ouvertes en face des sanctuaires divins ; ce n'est point inonder les autels du sang des animaux,
5 ou lier sans cesse des vœux à d'autres vœux ; mais c'est plutôt pouvoir tout regarder d'un esprit que rien ne trouble. Car lorsque, levant la tête, nous contemplons les espaces célestes de ce vaste monde, et les étoiles scintillantes fixées dans les hauteurs de l'éther, et que notre pensée se porte sur les cours du soleil et de la lune, alors une angoisse, jusque-là étouffée en notre cœur sous
10 d'autres maux, s'éveille et commence à relever la tête : n'y aurait-il pas en face de nous des dieux dont la puissance infinie entraîne d'un mouvement varié les astres à la blanche lumière ? Livré au doute par l'ignorance des causes, l'esprit se demande s'il y a eu vraiment un commencement, une naissance du monde, s'il doit y avoir une fin, et jusques à quand les remparts du monde pourront
15 supporter la fatigue de ce mouvement inquiet ; ou bien si, doués par les dieux d'une existence éternelle, ils pourront prolonger leur course dans l'infini du temps, et braver les forces puissantes de l'éternité !

Lucrèce, *De la Nature*[1], traduction d'A. Ernout,
collection G. Budé, Éd. les Belles Lettres, 1924, tome II, Livre V, pp. 93-94.

1. Date discutée, Probablement vers 55 av. J.-C.

Texte 13

Surmonter
la détresse puérile

FREUD

Ainsi je suis en contradiction avec vous lorsque, poursuivant vos déductions, vous dites que l'homme ne saurait absolument pas se passer de la consolation que lui apporte l'illusion religieuse, que, sans elle, il ne supporterait pas le poids de la vie, la réalité cruelle. Oui, cela est vrai de l'homme à qui vous avez
5 instillé dès l'enfance le doux — ou doux et amer — poison. Mais de l'autre, qui a été élevé dans la sobriété ? Peut-être celui qui ne souffre d'aucune névrose n'a-t-il pas besoin d'ivresse pour étourdir celle-ci. Sans aucun doute l'homme alors se trouvera dans une situation difficile ; il sera contraint de s'avouer toute sa détresse, sa petitesse dans l'ensemble de l'univers ; il ne sera plus le centre de
10 la création, l'objet des tendres soins d'une providence bénévole. Il se trouvera dans la même situation qu'un enfant qui a quitté la maison paternelle, où il se sentait si bien et où il avait chaud. Mais le stade de l'infantilisme n'est-il pas destiné à être dépassé ? L'homme ne peut pas éternellement demeurer un enfant, il lui faut enfin s'aventurer dans l'univers hostile. On peut appeler cela
15 « l'éducation en vue de la réalité » ; ai-je besoin de vous dire que mon unique dessein, en écrivant cette étude, est d'attirer l'attention sur la nécessité qui s'impose de réaliser ce progrès ?

S. Freud, *l'Avenir d'une illusion* (1932),
traduction de M. Bonaparte, Éd. P.U.F., 1971, p. 70.

Texte 14

La morale
en métaphores

ALAIN

La religion consiste à croire par volonté, sans preuves, et même contre les preuves, que l'esprit, valeur suprême et juge des valeurs, existe sous les apparences, et se révèle même dans les apparences, pour qui sait lire l'histoire. Il y a des degrés dans la religion. La religion de l'espérance veut croire que la nature
5 est bonne au fond (panthéisme). La religion de la charité veut croire que la nature humaine est bonne au fond (culte des héros). La religion de la foi veut croire à l'esprit libre, et s'ordonne d'espérer en tout homme (égalité) et aussi de ne point croire que la nature ait des projets contre nous ni aucun projet. La religion n'est pas une philosophie, c'est une histoire. Tous les événements
10 manifestent l'esprit ; mais il en est de plus évidemment miraculeux ; les uns comme les autres n'ont lieu qu'une fois. Le culte consiste à commémorer les principaux de ces événements, de façon à entretenir une société à la fois publique et intime entre l'homme et l'esprit absolu, c'est-à-dire entre l'homme et son esprit.

Alain, *Définitions*, « les Arts et les Dieux », Bibliothèque de la Pléiade,
Éd. Gallimard, 1953, p. 1031.

DOCUMENT

Le croyant « bricoleur »

Dans les sociétés occidentales aujourd'hui, chaque croyant tend à interpréter la foi et les obligations religieuses à sa manière...

COMMENT des institutions religieuses, dont la raison d'être est la préservation et la transmission d'une tradition, peuvent-elles réarticuler leur propre dispositif d'autorité – essentiel à la pérennité de la lignée croyante – dès lors que cette tradition est considérée, y compris par les fidèles eux-mêmes, non comme un « dépôt sacré » mais comme un patrimoine éthico-culturel, comme un capital de
5 *mémoire et comme un réservoir de signes à la disposition des individus ? Ce déplacement du lieu de la vérité du croire, de l'institution vers le sujet croyant, ne concerne pas seulement ces croyants « bricoleurs » (du type : « Je suis religieux à ma façon »), « possibilistes » ou « probabilistes » (du type : « Je crois en quelque chose, mais je ne sais pas très bien en quoi ») dont les enquêtes sur les croyances montrent qu'ils sont de plus en plus nombreux, surtout dans les générations jeunes les plus marquées*
10 *par le relativisme. Les tendances à la subjectivisation métaphorisante des contenus de croyances et à la disjonction des croyances et des pratiques, la crise de la notion d'« obligation religieuse », les déplacements de la signification des pratiques par rapport à la norme institutionnelle qui définit les conditions de l'anamnèse[1] autorisée etc. constituent les symptômes les plus aisément repérables et mesurables de cette désintégration de tous les systèmes religieux du croire. Mais la même logique*
15 *traverse un certain nombre de courants « néo-intégralistes » – certains courants charismatiques catholiques ou protestants, au premier chef – que la force affirmée de leurs certitudes croyantes ne place pas nécessairement du côté des poussées « démodernisantes » qui travaillent les grandes Églises. Certes ces courants postulent, contre tous les canons de la pensée moderne, que le monde dans lequel ils vivent a un sens religieux total qui lui donne son unité fondamentale. Mais ce sens religieux total n'est, dans*
20 *leur perspective, identifiable que de façon purement subjective, dans l'expérience personnelle de celui qui « déchiffre les signes » providentiellement placés sur sa propre route : « Tout le monde qui m'entoure à un sens religieux, tout ce qui arrive, tous les événements ont une signification religieuse. Mais c'est un sens pour moi. C'est à chacun de le découvrir, en fonction de son expérience personnelle propre. C'est à moi qu'il revient de discerner le sens qui m'est donné à travers ma vie de tous les jours, selon*
25 *l'inspiration que me donne l'Esprit, et avec l'aide de ma communauté, dans laquelle je partage mes expériences[2]. »*

D. Hervien-Léger, *La Religion pour mémoire*, Éd. Cerf, 1993, pp. 247-248.

1. Partie du canon concernant la liturgie. Ici : ensemble des prières et devoirs religieux.
2. Extrait d'un entretien avec un jeune ingénieur, [...] membre d'un groupe de prière charismatique.

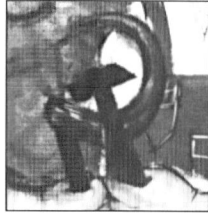

17.

LE POUVOIR,
L'ÉTAT

Portugal, le 1er mai 1975 : la Révolution des œillets. Photo : Guy le Querrec.

INTRODUCTION

**Règles
et contraintes**

Aussi nécessaire que soit la société, son organisation ne va pas de soi. Elle suppose d'abord des règles qui en assurent le fonctionnement et s'imposent aux individus. Lorsque l'existence sociale reste encore ancrée dans la communauté, comme c'est le cas pour les sociétés primitives, ces règles émanent de la collectivité elle-même et c'est la communauté tout entière qui veille à ce qu'elles soient respectées. Le pouvoir politique — pouvoir des règles et pouvoir de contrainte — n'est pas séparé de la société : les **sociétés primitives** sont des sociétés sans État (**Texte 1**).

L'État n'apparaît en effet qu'avec l'émergence d'un organe du pouvoir politique séparé de la société, distinct du corps social. Situé au-dessus des individus ou des groupes, il prétend arbitrer leurs différends ou régler les conditions de leurs accords. Pour être efficace, un tel pouvoir nécessite bien sûr l'usage de la force. C'est pourquoi on a pu définir l'État comme le « monopole de la violence physique légitime » (**Texte 2**). L'État se présente en tout cas comme l'instrument nécessaire de l'ordre social, au service de l'intérêt de tous, c'est-à-dire de la société dans son ensemble.

**Quelle est
l'origine
du pouvoir
d'État ?**

Pourtant la nature même du pouvoir que l'État exerce — pouvoir de coercition et de contrainte — autorise à mettre en doute la nature et la légitimité de sa fonction. La position d'arbitre suppose en effet une égale indifférence aux intérêts qui s'affrontent. Autrement dit, nul ne peut être à la fois juge et partie. Or le pouvoir de l'État est un pouvoir fort, capable de briser les résistances qu'on lui oppose. Il contient par conséquent lui-même un élément de violence. Son origine est dès lors problématique : l'État n'est-il pas l'expression du droit du plus fort, purement et simplement ? Il est certain que toute prise de pouvoir s'effectue dans la violence. De quels moyens ensuite dispose-t-il pour se maintenir ? C'est à ce problème que Machiavel a tenté de fournir une réponse (**Texte 3 A**). Car la question de l'origine du pouvoir ne suffit pas à résoudre son énigme : pourquoi les hommes acceptent-ils d'obéir ? Comment un pouvoir fondé sur la force pourrait-il parvenir à s'établir durablement ? (**Texte 4**).

C'est pourquoi, mettant hors jeu la question de son origine, les doctrines réalistes du pouvoir le traitent comme fait accompli. Quelle qu'en soit la source — conquête ou usurpation — le pouvoir politique est de toute façon nécessaire. Par conséquent, sa stabilité suffit à le justifier. Il est donc normal, il est donc juste de se soumettre au pouvoir en place (**Texte 5**). Aussi irrationnels que soient les motifs pour lesquels les hommes acceptent le pouvoir établi, l'obéissance est, selon Pascal, de toute façon raisonnable. Car même si la détention du pouvoir politique repose sur la force ou résulte d'un choix arbitraire, nul accord n'étant possible, c'est cet arbitraire même qui place le pouvoir au-dessus de toute dispute (**Texte 6**).

**Du pouvoir
au droit**

Pourtant ces analyses du pouvoir laissent au fond non résolue la question de sa légitimité. C'est pourquoi des philosophes comme Hobbes, Spinoza, Locke ou Rousseau, refusant de fonder le droit sur le fait, se sont efforcés de

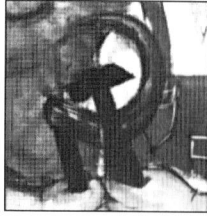

construire une théorie rationnelle de l'État qui en permette une déduction à partir des prémisses du droit. Il s'agit moins, dans cette perspective, d'assigner au pouvoir une origine historique que d'en déterminer le fondement légitime. Parce que les hommes sont libres et égaux en droits, aucun pouvoir n'est en effet fondé s'il ne repose pas sur leur consentement, c'est-à-dire sur le renoncement volontaire et réfléchi de chacun au droit naturel qu'il a d'agir de son propre chef.

Un tel renoncement n'est d'ailleurs possible et n'a de validité que s'il comporte quelque avantage. C'est parce qu'il est en définitive moins coûteux de s'en remettre à un pouvoir commun plutôt que de laisser à chacun le soin de faire respecter ce qu'il considère comme son droit que les hommes s'associent pour former ensemble un corps politique (**Texte 7**). Par ce **pacte d'association** ou **contrat**, la société se constitue en communauté juridique ou État de droit. Alors le pouvoir politique, s'il a pour moyen la contrainte, peut et doit, s'il est légitime, avoir pour fin la sûreté, mais aussi la liberté des individus, ce qui suppose la garantie des lois (**Texte 8**).

Droit de résistance, droits de l'homme

Une telle affirmation peut paraître paradoxale. Renoncer au droit d'agir selon son propre décret, c'est en effet risquer sa liberté. Mais si le pouvoir de l'État est absolu, c'est-à-dire **souverain**, parce qu'il n'existe aucune autorité au-dessus de lui, il n'est cependant pas sans limites. D'une part, l'idée même de contrat contient l'idée de réciprocité. Les individus ne doivent obéissance à l'État que si celui-ci, à son tour, respecte ses devoirs. Si l'État abuse du pouvoir qui lui est confié ou le détourne à son profit, le contrat est rompu et la résistance devient en retour un droit. D'autre part, être membre de l'État suppose qu'on ait renoncé aux droits dont l'abus risque de nuire à la communauté, non qu'on ait renoncé à tout droit (**Texte 9**). L'État n'a donc de pouvoir légitime que dans le domaine public. Et si lui seul peut juger de son étendue, du moins la distinction est-elle toujours maintenue entre l'existence privée de l'individu comme homme et son existence publique, comme citoyen. Les droits de l'homme par exemple, sont antérieurs au contrat social et nul État n'est légitime s'il ne les respecte pas ou s'il les confisque, fusse au nom de l'intérêt collectif.

Mais ce n'est pas seulement parce qu'une partie en est ainsi réservée que la liberté est sauve. De façon radicale, Rousseau s'est efforcé de penser la liberté comme constituant l'essence même de l'État. Parce qu'il est souverain et que l'État est l'expression de la **volonté générale**, le peuple en obéissant n'obéit pourtant qu'à lui-même (**Texte 10**). Autrement dit, c'est dans et par l'obéissance aux lois que les hommes sont véritablement libres, c'est-à-dire soumis à leur volonté propre et non à la volonté étrangère de simples particuliers. Ainsi, non seulement l'État a pour fin la liberté des individus, mais c'est à travers lui, s'il est fondé sur la souveraineté populaire, c'est-à-dire s'il est démocratique, que le concept de liberté accède à sa définition la plus haute : **l'autonomie**.

La rationalité de l'État

Ainsi la pensée politique classique, s'efforçant de construire le concept rationnel de l'État, le pense comme ce en quoi peuvent être dépassées les contradictions qui animent toute société. Plus encore, l'État est, chez Rousseau, par exemple, ce par quoi l'humanité s'arrache à la brutalité animale et accède à la rationalité et la moralité. L'État est alors plus qu'un simple instrument au service des individus : il est ce qui en réalise la destination la plus haute. C'est pourquoi Hegel, rejetant l'idée d'un contrat volontaire ou facultatif, estime que c'est pour les individus « le plus haut devoir d'être membres de l'État ». L'État est le domaine du « rationnel en soi et pour soi », parce que son domaine est celui de l'Universel, à travers la Loi. C'est par conséquent dans leur appartenance à l'État que les individus peuvent quitter le point de vue limité de leurs intérêts privés (**Texte 11**).

La critique marxiste

Le marxisme rejettera une telle conception de l'État. Élaborant une théorie critique de l'État en général, fût-il démocratique, il remet en question la construction conceptuelle des théoriciens de l'État de droit. Ceux-ci en effet présentent l'État comme l'organe d'un pouvoir séparé de la société, situé au-dessus d'elle, au-dessus des partis ou des classes. C'est même cette transcendance qui permettait de faire de l'État le garant de l'intérêt général et supérieur. Or, c'est cette transcendance de l'État par rapport à la société que le marxisme conteste. D'une part, l'indépendance dont l'État s'autorise pour jouer son rôle d'arbitre est illusoire. L'État est partie prenante dans les conflits sociaux : il est au service de la classe dominante. D'autre part, cette illusion est elle-même rendue nécessaire par la division de la société en **classes sociales** aux intérêts antagonistes. Parce qu'il n'existe pas au sein de la société de communauté réelle entre ses membres, l'État représente une communauté illusoire en même temps qu'il figure une communauté imaginaire. Les conflits sociaux sont du même coup transformés en résistances à l'intérêt de cette communauté que l'État prétend incarner (**Texte 12**).

Les sociétés primitives peuvent d'ailleurs paraître constituer la contre-épreuve de cette analyse critique de la fonction de l'État : là où existe une communauté véritable, il n'est pas besoin d'État. A ce communisme primitif, en amont de l'histoire, correspond, en aval, l'avènement futur d'une société unifiée, sans classes et, par conséquent, sans État. L'État n'est donc pas nécessaire de toute éternité. Il a une origine historique : la division de la société en classes sociales dont les intérêts s'opposent. L'État est alors appelé à disparaître. Mais il reste l'instrument nécessaire, quoique normalement provisoire, du bouleversement économique et social qui doit mener au communisme. L'étendue et l'efficacité de son pouvoir sont même, dans un premier temps, renforcées. Puisque la théorie marxiste de l'État conteste l'indépendance de ce dernier à l'égard des rapports sociaux de production, elle conclut à la légitimité et à la nécessité d'une prise en charge par l'État de l'activité économique et de la gestion sociale (**Texte 13**).

L'anarchisme

L'anarchisme, comme doctrine, se caractérise au contraire par le rejet absolu de toute forme d'État, c'est-à-dire de toute autorité qui s'exerce du haut vers le bas sur la société, quel que soit le principe dont elle prétend tenir sa légitimité. Il réclame par conséquent l'abolition immédiate de tout État et se sépare sur ce point de la théorie marxiste. La radicalité de la doctrine anarchiste peut s'expliquer si l'on considère qu'elle met l'accent sur ce mal dont tout pouvoir politique est nécessairement affecté : la tendance à l'appropriation de la souveraineté ou abus de pouvoir. Parce que le pouvoir est nécessairement délégué, l'origine et l'exercice de la souveraineté se trouvent, de

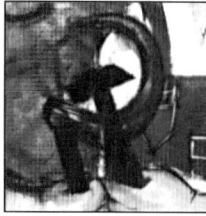

fait, dissociés. Le divorce entre l'État comme principe de souveraineté — fût-elle populaire — et le gouvernement comme effectivité d'un pouvoir souverain est alors la contradiction majeure que nulle forme politique ne saurait éviter. Le risque de confiscation de la souveraineté est d'ailleurs aggravé si le pouvoir étatique s'étend sur l'ensemble des activités économiques et sociales **(Texte 14)**.

Toutefois, malgré leurs divergences, le marxisme et l'anarchisme se rejoignent dans leur critique de l'État de droit à travers la contestation de ce qui en constitue pourtant la légitimation : la transcendance nécessaire de l'État par rapport à la société. Niant qu'une telle transcendance soit possible, le marxisme fait de l'État un simple organe de la société. Niant qu'elle soit nécessaire, les anarchistes refusent l'État. Dans les deux cas, c'est l'idée d'une autonomie du politique par rapport au social qui est rejetée. Un tel rejet ne se comprend que si l'on accorde la possibilité d'une société sans conflits, homogène, transparente à elle-même, c'est-à-dire d'une société transformée en communauté.

Démocratie et totalitarisme

Il est vrai que l'idée même de démocratie, parce qu'elle repose sur la notion d'intérêt général, suppose quelque communauté entre les membres d'une société. En ce sens l'idéal communiste ou communautaire, loin de trahir la démocratie, en accomplirait la nature véritable. Certains, comme Tocqueville, ont même cru devoir mettre en garde contre le danger que constituerait la démocratie — fût-elle libérale — pour la liberté individuelle. Fondée sur le principe de l'égalité, la démocratie engendrerait l'uniformité **(Texte 15)**. Mais on peut aussi penser que c'est au contraire le propre d'une démocratie de rendre possible l'expression des différences, de la résistance et des contre-pouvoirs **(Texte 16)**. Instituer un pouvoir politique distinct de la société, c'est en effet écarter du même geste toute possibilité, pour l'État, de prétendre l'incarner dans sa totalité. Inversement, on peut considérer que c'est justement dans la dénégation des conflits sociaux et la négation de la résistance des individus au pouvoir que s'engendre l'État totalitaire. Dès lors en effet que l'État prétend figurer la société tout entière et qu'il étend sur elle son pouvoir, nul désaccord, nulle résistance n'est pensable, sauf à être rapportée à une extériorité ou une altérité radicale **(Texte 17)**. Une telle dénégation peut rendre compte du paradoxe qui consiste à prôner la disparition de l'État tout en produisant son renforcement.

La question reste en tout cas posée des limites possibles ou souhaitables du pouvoir de l'État, c'est-à-dire de la légitimité d'une distinction maintenue entre le domaine public et l'existence privée. Car si la revendication d'un droit de l'individu au respect de sa liberté et de son existence privée peut parfois être comprise négativement comme l'expression d'un égoisme naturel, elle exprime aussi le fait que la dignité et la valeur des personnes ne sauraient être subordonnées à quoi que ce soit d'autre.

TEXTES

I. POUVOIR ET FORCE

Texte 1

Prestige du chef,
pouvoir de la tribu

CLASTRES

Il n'y a donc pas de roi dans la tribu, mais un chef qui n'est pas un chef d'État. Essentiellement chargé de résorber les conflits qui peuvent surgir entre individus, familles, lignages, etc., [le chef] il ne dispose, pour rétablir l'ordre et la concorde, que du seul *prestige* que lui reconnaît la société. Mais prestige ne signifie pas pouvoir, bien entendu, et les moyens que détient le chef pour accomplir sa tâche de pacificateur se limitent à l'usage exclusif de la parole : non pas même pour arbitrer entre les parties opposées, car le chef n'est pas un juge, il ne peut se permettre de prendre parti pour l'un ou l'autre ; mais pour, armé de sa seule éloquence, tenter de persuader les gens qu'il faut s'apaiser, renoncer aux injures, imiter les ancêtres qui ont toujours vécu dans la bonne entente. Entreprise jamais assurée de la réussite, pari chaque fois incertain, car *la parole du chef n'a pas force de loi*. Que l'effort de persuasion échoue, alors le conflit risque de se résoudre dans la violence et le prestige du chef peut fort bien n'y point survivre, puisqu'il a fait la preuve de son impuissance à réaliser ce que l'on attend de lui.

La propriété essentielle (c'est-à-dire qui touche à l'essence) de la société primitive, c'est d'exercer un pouvoir absolu et complet sur tout ce qui la compose, c'est d'interdire l'autonomie de l'un quelconque des sous-ensembles qui la constituent, c'est de maintenir tous les mouvements internes, conscients et inconscients, qui nourrissent la vie sociale, dans les limites et dans la direction voulues par la société. La tribu manifeste entre autres (et par la violence s'il le faut) sa volonté de préserver cet ordre social primitif en interdisant l'émergence d'un pouvoir politique individuel, central et séparé.

P. Clastres, *la Société contre l'État*,
Éd. de Minuit, 1974, pp. 175-181.

Texte 2

L'État et la violence

WEBER

S'il n'existait que des structures sociales d'où toute violence serait absente, le concept d'État aurait alors disparu et il ne subsisterait que ce qu'on appelle au sens propre l'« anarchie ». La violence n'est évidemment pas l'unique moyen normal de l'État, — cela ne fait aucun doute — mais elle est son moyen spécifique. De nos jours la relation entre État et violence est tout particulièrement intime. Depuis toujours les groupements politiques les plus divers — à com-

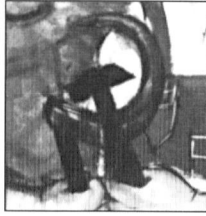

mencer par la parentèle[1] — ont tous tenu la violence physique pour le moyen normal du pouvoir. Par contre il faut concevoir l'État contemporain comme une communauté humaine qui, dans les limites d'un territoire déterminé — la
10 notion de territoire étant une de ses caractéristiques — revendique avec succès pour son propre compte le *monopole de la violence physique légitime.* Ce qui est en effet le propre de notre époque, c'est qu'elle n'accorde à tous les autres groupements, ou aux individus, le droit de faire appel à la violence que dans la mesure où l'État le tolère : celui-ci passe donc pour l'unique source du « droit »
15 à la violence.

M. Weber, *le Savant et le politique* (1919),
« le Métier et la vocation de l'homme politique », traduction de J. Freund,
collection 10-18, Éd. Plon, 1959, pp. 100-101.

Texte 3 A

La fin justifie
les moyens

MACHIAVEL

Il n'est pas nécessaire à un prince d'avoir toutes les bonnes qualités dont j'ai fait l'énumération, mais il lui est indispensable de paraître les avoir. J'oserai même dire qu'il est quelquefois dangereux d'en faire usage, quoiqu'il soit toujours utile de paraître les posséder. Un prince doit s'efforcer de se faire une
5 réputation de bonté, de clémence, de piété, de loyauté et de justice ; il doit d'ailleurs avoir toutes ces bonnes qualités, mais rester assez *maître de soi* pour en déployer de contraires, lorsque cela est expédient. Je pose en fait qu'un prince, surtout un prince nouveau, ne peut exercer impunément toutes les vertus de l'homme moyen, parce que l'intérêt de sa conservation l'oblige souvent
10 à violer les lois de l'humanité, de la charité, de la loyauté et de la religion. Il doit se plier aisément aux différentes circonstances dans lesquelles il peut se trouver. En un mot, il doit savoir persévérer dans le bien, lorsqu'il n'y trouve aucun inconvénient, et s'en détourner lorsque les circonstances l'exigent. Il doit surtout s'étudier à ne rien dire qui ne respire la bonté, la justice, la civilité,
15 la bonne foi et la piété ; mais cette dernière qualité est celle qu'il lui importe le plus de paraître posséder, parce que les hommes en général jugent plus par leurs yeux que par leurs mains. Tout homme peut voir ; mais très peu d'hommes savent toucher. Chacun voit aisément ce qu'on paraît être, mais presque personne n'identifie ce qu'on est ; et ce petit nombre d'esprits péné-
20 trants n'ose pas contredire la multitude, qui a pour bouclier la majesté de l'État. Or, quand il s'agit de juger l'intérieur des hommes, et surtout celui des princes, comme on ne peut avoir recours aux tribunaux, il ne faut s'attacher qu'aux résultats : le point est de se maintenir dans son autorité ; les moyens, quels qu'ils soient, paraîtront toujours honorables, et seront loués de chacun.

Machiavel, *le Prince* (1513), traduction d'Y. Lévy,
Éd. Garnier-Flammarion, p. 62.

---

1. Ensemble de personnalités liées par consanguinité.

Texte 3 B

La logique du pouvoir

RICŒUR

On a dit beaucoup de mal du « machiavélisme » ; mais si on veut prendre au sérieux, comme il se doit, *le Prince*, on découvrira qu'on n'élude pas aisément son problème qui est proprement l'instauration d'un nouveau pouvoir, d'un nouvel État. *Le Prince*, c'est la logique implacable de l'action politique ; c'est la
5 logique des moyens, la pure technique de l'acquisition et de la conservation du pouvoir. Ainsi Machiavel posait le vrai problème de la violence politique, qui n'est pas celui de la vaine violence, de l'arbitraire et de la frénésie, mais celui de la violence calculée et limitée, mesurée par le dessein même d'instaurer un État durable. Sans doute peut-on dire que par ce calcul la violence instauratri-
10 ce se met sous le jugement de la légalité instaurée ; mais cette légalité instaurée, cette « république », est marquée dès l'origine par la violence qui a réussi. Ainsi sont nés toutes les nations, tous les pouvoirs et tous les régimes ; leur naissance violente a été résorbée dans la nouvelle légitimité dont ils ont accouché, mais cette nouvelle légitimité garde quelque chose de contingent, de pro-
15 prement historique, que sa naissance violente ne cesse de lui communiquer.

P. Ricœur, Histoire et vérité, Coll. Esprit, Éd. du Seuil, 1955, p. 271.

Texte 4

La servitude
volontaire

LA BOÉTIE

Mais quoi ! Si pour avoir la liberté, il ne faut que la désirer ; s'il ne suffit pour cela que du vouloir, se trouvera-t-il une nation au monde qui croie la payer trop cher en l'acquérant par un simple souhait ? Et qui regrette sa volonté à recouvrer un bien qu'on devrait racheter au prix du sang, et dont la seule perte
5 rend à tout homme d'honneur la vie amère et la mort bienfaisante ? Certes, ainsi que le feu d'une étincelle devient grand et toujours se renforce, et plus il trouve de bois à brûler, plus il en dévore, mais se consume et finit par s'éteindre de lui-même quand on cesse de l'alimenter : pareillement plus les tyrans pillent, plus ils exigent ; plus ils ruinent et détruisent, plus on leur four-
10 nit, plus on les gorge ; ils se fortifient d'autant et sont toujours mieux disposés à anéantir et à détruire tout ; mais si on ne leur donne rien, si on ne leur obéit point ; sans les combattre, sans les frapper, ils demeurent nus et défaits.

Et pourtant ce tyran, seul, il n'est pas besoin de le combattre, ni même de s'en défendre ; il est défait de lui-même, pourvu que le pays ne consente point
15 à la servitude. Il ne s'agit pas de lui rien arracher, mais seulement de ne lui rien donner. Qu'une nation ne fasse aucun effort, si elle veut, pour son bonheur, mais qu'elle ne travaille pas elle-même à sa ruine. Ce sont donc les peuples qui se laissent, ou plutôt se font garrotter, puisqu'en refusant seulement de servir, ils briseraient leurs liens. C'est le peuple qui s'assujettit et se coupe la gorge :
20 qui, pouvant choisir d'être libre, repousse la liberté et prend le joug, qui consent à son mal ou plutôt le pourchasse. S'il lui coûtait quelque chose pour

recouvrer sa liberté, je ne l'en presserais point : bien que rentrer dans ses droits naturels et, pour ainsi dire, de bête redevenir homme, soit vraiment ce qu'il doive avoir le plus à cœur.

La Boétie, *Discours de la servitude volontaire* (1553),
Éd. Payot, 1976, pp. 174-175 et 181.

Texte 5

Le temps donne au pouvoir sa légitimité

HUME

Le premier des principes, que je noterai comme fondement du droit de magistrature, est celui qui donne autorité à tous les gouvernements les mieux établis du monde, sans exception : je veux dire la longue possession pour toute forme de gouvernement ou toute succession de princes. Il est certain que, si nous
5 remontons à la première origine de chaque nation, nous trouverons qu'il est rare de rencontrer une race de rois ou une forme de république qui ne se fonde pas primitivement sur l'usurpation et sur la rébellion et dont les titres ne soient pas en premier pires que douteux et incertains. Le temps seul donne de la solidité à leurs droits ; par son action graduelle sur les esprits des hommes, il
10 les réconcilie avec toute autorité, qu'il fait paraître juste et raisonnable. [...]

Quand il n'y a pas de forme de gouvernement établie par une longue possession, la possession présente suffit à la remplacer et on peut la regarder comme la seconde source de toute autorité publique. Le droit à l'autorité n'est rien que la possession constante de l'autorité, soutenue par les lois de la société
15 et les intérêts de l'humanité. [...]

Un homme qui, trouvant impossible d'expliquer le droit du possesseur présent par un système reçu de morale, se résoudrait à nier absolument ce droit et affirmerait que la morale ne l'autorise pas, soutiendrait, pourrait-on justement penser, un paradoxe tout à fait extravagant et il heurterait le sens commun et
20 le jugement courant de l'humanité. Il n'y a pas de maxime plus conforme à la fois à la prudence et à la morale que de se soumettre paisiblement au gouvernement que nous trouvons établi dans le pays où il nous arrive de vivre, sans enquêter trop curieusement sur son origine et son premier établissement. Peu de gouvernements supporteront un examen aussi rigoureux. Combien de
25 royaumes y a-t-il actuellement dans le monde et combien plus en trouvons-nous dans l'histoire, dont les gouvernants n'ont pas de meilleur fondement pour leur autorité que celui de la possession présente !

Hume, *Traité de la nature humaine* (1764),
traduction de A. Leroy, Éd. Aubier, 1946, Livre III, pp. 663-679.

Texte 6

Justice et déraison

PASCAL

Que l'on a bien fait de distinguer les hommes par l'extérieur, plutôt que par les qualités intérieures ! Qui passera de nous deux ? Qui cédera la place à

l'autre ? Le moins habile ? mais je suis aussi habile que lui, il faudra se battre sur cela. Il a quatre laquais, et je n'en ai qu'un : cela est visible ; il n'y a qu'à
5 compter ; c'est à moi de céder, et je suis un sot si je le conteste. Nous voilà en paix par ce moyen : ce qui est le plus grand des biens.

Les choses du monde les plus déraisonnables deviennent les plus raisonnables à cause du dérèglement des hommes. Qu'y a-t-il de moins raisonnable que de choisir, pour gouverner un État, le premier fils d'une reine ? On ne
10 choisit pas pour gouverner un vaisseau celui des voyageurs qui est de la meilleure maison.

Cette loi serait ridicule et injuste ; mais parce qu'ils le sont et le seront toujours, elle devient raisonnable et juste, car qui choisira-t-on, le plus vertueux et le plus habile ? Nous voilà incontinent aux mains, chacun prétend être ce plus
15 vertueux et ce plus habile. Attachons donc cette qualité à quelque chose d'incontestable. C'est le fils aîné du roi : cela est net, il n'y a point de dispute. La raison ne peut mieux faire, car la guerre civile est le plus grand des maux.

Pascal, *Pensées* (1669),
fragments 319-320 (Éd. Brunschvicg) et 302-296,
Bibliothèque de la Pléiade, Éd. Gallimard, pp. 1163-1164.

II. L'ÉTAT DE DROIT

Texte 7

Le pacte
d'association

HOBBES

La cause finale, le but, le dessein, que poursuivirent les hommes, eux qui par nature aiment la liberté et l'empire exercé sur autrui, lorsqu'ils se sont imposé des restrictions au sein desquelles on les voit vivre dans les Républiques, c'est le souci de pourvoir à leur propre préservation et de vivre plus heureusement
5 par ce moyen : autrement dit, de s'arracher à ce misérable état de guerre qui est, je l'ai montré, la conséquence nécessaire des passions naturelles des hommes, quand il n'existe pas de pouvoir visible pour les tenir en respect, et de les lier, par la crainte des châtiments, tant à l'exécution de leurs conventions qu'à l'observation des lois de nature.

10 La seule façon d'ériger un tel pouvoir commun, apte à défendre les gens de l'attaque des étrangers, et des torts qu'ils pourraient se faire les uns aux autres, et ainsi à les protéger de telle sorte que par leur industrie et par les productions de la terre, ils puissent se nourrir et vivre satisfaits, c'est de confier tout leur pouvoir et toute leur force à un seul homme, ou à une seule assemblée,
15 qui puisse réduire toutes leurs volontés, par la règle de la majorité, en une seule volonté. Cela revient à dire : désigner un homme, ou une assemblée, pour assumer leur personnalité ; et que chacun s'avoue et se reconnaisse

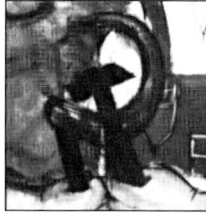

comme l'auteur de tout ce qu'aura fait ou fait faire, quant aux choses qui concernent la paix et la sécurité commune, celui qui a ainsi assumé leur per-
20 sonnalité, que chacun par conséquent soumette sa volonté et son jugement à la volonté et au jugement de cet homme ou de cette assemblée. Cela va plus loin que le consensus, ou concorde : il s'agit d'une unité réelle de tous en une seule et même personne, unité réalisée par une convention de chacun avec chacun passée de telle sorte que c'est comme si chacun disait à chacun : *j'auto-*
25 *rise cet homme ou cette assemblée, et je lui abandonne mon droit de me gouver-*
ner moi-même, à cette condition que tu lui abandonnes ton droit et que tu auto-
rises toutes ses actions de la même manière. Cela fait, la multitude ainsi unie en une seule personne est appelée une RÉPUBLIQUE, en latin CIVITAS. Telle est la génération de ce grand LÉVIATHAN[1], ou plutôt pour en parler avec plus de
30 révérence, de ce dieu mortel, auquel nous devons, sous le *Dieu immortel*, notre paix et notre protection.

T. Hobbes, Léviathan, Philosophie politique, Éd. Sirey, 1971.

Texte 8

La fin de l'État
est la liberté
et la sécurité

LOCKE

Quoique ceux qui entrent dans une société remettent l'*égalité*, la *liberté*, et le *pouvoir* qu'ils avaient dans l'*état de nature*, entre les mains de la société, afin que l'*autorité législative* en dispose de la manière qu'elle trouvera bon, et que le bien de la société requerra ; ces gens-là, néanmoins, en remettant ainsi leurs
5 *privilèges naturels*, n'ayant d'autre intention que de pouvoir mieux conserver leurs personnes, leurs libertés, leurs propriétés (car, enfin, on ne saurait suppo-ser que des créatures raisonnables changent leur condition, dans l'intention d'en avoir une plus mauvaise), le pouvoir de la société ou de l'*autorité législati-ve* établie par eux ne peut jamais être supposé devoir *s'étendre plus loin que le*
10 *bien public ne le demande.*

Ainsi, qui que ce soit qui a le pouvoir législatif ou souverain d'une commu-nauté, est obligé de gouverner suivant les lois établies et connues du peuple, non par des décrets arbitraires et formés sur-le-champ ; d'établir des Juges désintéressés et équitables qui décident les différends par ces lois ; d'employer
15 les forces de la communauté au-dedans, seulement pour faire exécuter ces lois, ou au-dehors pour prévenir ou réprimer les injures étrangères, mettre la com-munauté à couvert des courses et des invasions ; et en tout cela de ne se propo-ser d'autre fin que *la tranquillité, la sûreté, le bien du peuple.*

Locke, Traité du gouvernement civil (1690), traduction de D. Mazel,
Éd. Garnier-Flammarion, pp. 277-278.

---

1. Dans la tradition biblique (Psaume 74.14. Job 40-20), Léviathan est un monstre doué d'une puissance et d'une force surhumaines. Hobbes utilise ici ce nom pour figurer le pouvoir absolu.

Texte 9

La liberté de pensée
et d'expression

SPINOZA

La fin de l'État n'est pas de faire passer les hommes de la condition d'êtres raisonnables à celle de bêtes brutes ou d'automates, mais au contraire il est institué pour que leur âme et leur corps s'acquittent en sûreté de toutes leurs fonctions, pour qu'eux-mêmes usent d'une Raison libre, pour qu'ils ne luttent
5 point de haine, de colère ou de ruse, pour qu'ils se supportent sans malveillance les uns les autres. La fin de l'État est donc en réalité la liberté. Nous avons vu aussi que, pour former l'État, une seule chose est nécessaire : que tout le pouvoir de décréter appartienne soit à tous collectivement, soit à quelques-uns, soit à un seul. Puisque, en effet, le libre jugement des hommes est extrême-
10 ment divers, que chacun pense être seul à tout savoir et qu'il est impossible que tous opinent pareillement et parlent d'une seule bouche, ils ne pourraient vivre en paix si l'individu n'avait renoncé à son droit d'agir suivant le seul décret de sa pensée. C'est donc seulement au droit d'agir par son propre décret qu'il a renoncé, non au droit de raisonner et de juger ; par suite nul à la vérité ne peut,
15 sans danger pour le droit du souverain, agir contre son décret, mais il peut avec une entière liberté opiner et juger et en conséquence aussi parler, pourvu qu'il n'aille pas au-delà de la simple parole ou de l'enseignement, et qu'il défende son opinion par la Raison seule, non par la ruse, la colère ou la haine, ni dans l'intention de changer quoi que ce soit dans l'État de l'autorité de son propre
20 décret. Par exemple, en cas qu'un homme montre qu'une loi contredit à la raison, et qu'il exprime l'avis qu'elle doit être abrogée, si, en même temps, il soumet son opinion au jugement du souverain (à qui seul il appartient de faire et d'abroger les lois) et qu'il s'abstienne, en attendant, de toute action contraire à ce qui est prescrit par cette loi, certes il mérite bien de l'État et agit comme le
25 meilleur des citoyens ; au contraire, s'il le fait pour accuser le magistrat d'iniquité et le rendre odieux, ou tente séditieusement d'abroger cette loi malgré le magistrat, il est du tout un perturbateur et un rebelle. Nous voyons donc suivant quelle règle chacun, sans danger pour le droit et l'autorité du souverain c'est-à-dire pour la paix de l'État, peut dire et enseigner ce qu'il pense ; c'est à la
30 condition qu'il laisse au souverain le soin de décréter sur toutes actions, et s'abstienne d'en accomplir aucune contre ce décret, même s'il lui faut souvent agir en opposition avec ce qu'il juge et professe qui est bon.

Spinoza, *Traité théologico-politique,* (1670), traduction de C. Appuhn,
Éd. Garnier-Flammarion, 1965, ch. XX, pp. 329-330.

Texte 10

La loi
est l'expression
de la volonté générale

ROUSSEAU

Mais qu'est-ce donc enfin qu'une loi ? tant qu'on se contentera de n'attacher à ce mot que des idées métaphysiques, on continuera de raisonner sans s'entendre, et quand on aura dit ce que c'est qu'une loi de la nature, on n'en saura pas mieux ce que c'est qu'une loi de l'État.

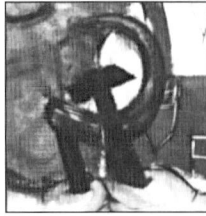

J'ai déjà dit qu'il n'y avait point de volonté générale sur un objet particulier. En effet, cet objet particulier est dans l'État ou hors de l'État. S'il est hors de l'État, une volonté qui lui est étrangère n'est point générale par rapport à lui ; et si cet objet est dans l'État, il en fait partie : alors il se forme entre le tout et sa partie une relation qui en fait deux êtres séparés, dont la partie est l'un, et le tout, moins cette même partie, est l'autre. Mais le tout moins une partie n'est point le tout ; et tant que ce rapport subsiste, il n'y a plus de tout, mais deux parties inégales : d'où il suit que la volonté de l'une n'est point non plus générale par rapport à l'autre.

Mais quand tout le peuple statue sur tout le peuple, il ne considère que lui-même ; et s'il se forme alors un rapport, c'est de l'objet entier sous un point de vue à l'objet entier sous un autre point de vue, sans aucune division du tout. Alors la matière sur laquelle on statue est générale comme la volonté qui statue. C'est cet acte que j'appelle une loi.

Quand je dis que l'objet des lois est toujours général, j'entends que la loi considère les sujets en corps et les actions comme abstraites, jamais un homme comme individu ni une action particulière. Ainsi la loi peut bien statuer qu'il y aura des privilèges, mais elle n'en peut donner nommément à personne ; la loi peut faire plusieurs classes de citoyens, assigner même les qualités qui donneront droit à ces classes, mais elle ne peut nommer tels et tels pour y être admis ; elle peut établir un gouvernement royal et une succession héréditaire, mais elle ne peut élire un roi, ni nommer une famille royale : en un mot, toute fonction qui se rapporte à un objet individuel n'appartient point à la puissance législative.

Sur cette idée, on voit à l'instant qu'il ne faut plus demander à qui il appartient de faire des lois, puisqu'elles sont des actes de la volonté générale ; ni si le prince est au-dessus des lois, puisqu'il est membre de l'État ; ni si la loi peut être injuste, puisque nul n'est injuste envers lui-même ; ni comment on est libre et soumis aux lois, puisqu'elles ne sont que des registres de nos volontés.

Rousseau, *Du contrat social* (1762),
Éd. Garnier-Flammarion, 1966, Livre II, ch. VI, pp. 74-75.

Texte 11

L'État est le rationnel
en soi et pour soi

HEGEL

L'État, comme réalité en acte de la volonté substantielle, réalité qu'elle reçoit dans la conscience particulière de soi universalisée, est le rationnel en soi et pour soi : cette unité substantielle est un but propre absolu, immobile, dans lequel la liberté obtient sa valeur suprême, et ainsi ce but final a un droit souverain vis-à-vis des individus dont le plus haut devoir est d'être membres de l'État.

Si on confond l'État avec la société civile[1] et si on le destine à la sécurité et à la protection de la propriété et de la liberté personnelles, l'intérêt des individus

---

1. La société, en tant qu'elle est une association fortuite d'intérêts, où domine la satisfaction des besoins privés.

302

en tant que tels est le but suprême en vue duquel ils sont rassemblés et il en résulte qu'il est facultatif d'être membre d'un État. Mais sa relation à l'indivi-
10 du est tout autre ; s'il est l'esprit objectif, alors l'individu lui-même n'a d'objectivité, de vérité et de moralité que s'il en est un membre. L'association en tant que telle est elle-même le vrai contenu et le vrai but, et la destination des individus est de mener une vie collective ; et leur autre satisfaction, leur activité et les modalités de leur conduite ont cet acte substantiel et universel comme
15 point de départ et comme résultat.

Hegel, *Principes de la philosophie du droit* (1821),
traduction de A. Kaan, collection Idées, Éd. Gallimard, 1963, pp. 270-271.

III. LA CRITIQUE DE L'ÉTAT

Texte 12

L'État, communauté
illusoire

MARX/ENGELS

C'est justement cette contradiction entre l'intérêt particulier et l'intérêt collectif qui amène l'intérêt collectif à prendre, en qualité d'État, une forme indépendante, séparée des intérêts réels de l'individu et de l'ensemble et à faire en même temps figure de communauté illusoire, mais toujours sur la base concrè-
5 te des liens dans chaque conglomérat de famille et de tribu, tels que liens existants du sang, langage, division du travail à une vaste échelle et autres intérêts ; et parmi ces intérêts nous trouvons en particulier, comme nous le développerons plus loin, les intérêts des classes déjà conditionnées par la division du travail, qui se différencient dans tout groupement de ce genre et dont l'une
10 domine toutes les autres. Il s'ensuit que toutes les luttes à l'intérieur de l'État, la lutte entre la démocratie, l'aristocratie et la monarchie, la lutte pour le droit de vote, etc..., ne sont que les formes illusoires sous lesquelles sont menées les luttes effectives des différentes classes entre elles.

Marx et Engels, *l'Idéologie allemande* (1846),
traduction de R. Cartelle et G. Badia, Éd. Sociales, 1966, pp. 49-50.

Texte 13

Socialisme
et dépérissement
de l'État

ENGELS

Le prolétariat s'empare du pouvoir d'État et transforme les moyens de production d'abord en propriété d'État. Mais par là, il se supprime lui-même en tant que prolétariat. Il supprime toutes les différences de classe et oppositions de classes et également l'État en tant qu'État. La société antérieure, évoluant dans
5 des oppositions de classes, avait besoin de l'État, c'est-à-dire, dans chaque cas, d'une organisation de classe exploiteuse pour maintenir ses conditions de pro-

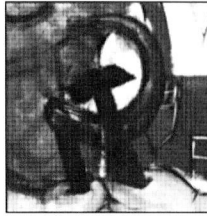

duction extérieures, donc surtout pour maintenir par la force la classe exploitée dans les conditions d'oppression données par le mode de production existant (esclavage, servage, salariat). L'État était le représentant officiel de toute la
société, sa synthèse en un corps visible, mais cela, il ne l'était que dans la
mesure où il était l'État de la classe qui, pour son temps, représentait elle-
même toute la société : dans l'Antiquité, État des citoyens propriétaires
d'esclaves ; au Moyen Age, de la noblesse féodale ; à notre époque, de la bour-
geoisie. Quand il finit par devenir effectivement le représentant de toute la
société, il se rend lui-même superflu. Dès qu'il n'y a plus de classe sociale à
tenir dans l'oppression : dès que, avec la domination de classe et la lutte pour
l'existence individuelle motivée par l'anarchie antérieure de la production,
sont éliminés également les collisions et les excès qui en résultent, il n'y a plus
rien à réprimer qui rende nécessaire un pouvoir de répression, un État. Le premier acte dans lequel l'État apparaît réellement comme représentant de toute
la société, — la prise de possession des moyens de production au nom de la
société, — est en même temps son dernier acte propre en tant qu'État. L'intervention d'un pouvoir d'État dans des rapports sociaux devient superflue dans
un domaine après l'autre, et entre alors naturellement en sommeil. Le gouvernement des personnes fait place à l'administration des choses et à la direction
des opérations de production. L'État n'est pas « aboli ». Il s'éteint.

Engels, *Anti-Dühring* (1877), Éd. Sociales, 1972, p. 318.

Texte 14

Souverain
et souveraineté

RICŒUR

Toujours le souverain tend à escroquer la souveraineté ; c'est le mal politique
essentiel. Aucun État n'existe sans un gouvernement, une administration, une
police ; aussi ce phénomène de l'aliénation politique traverse-t-il tous les
régimes, à travers toutes les formes constitutionnelles ; c'est la société politique
qui comporte cette contradiction externe entre une sphère idéale des rapports
de droit et une sphère réelle des rapports communautaires, — et cette contradiction interne entre la souveraineté et le souverain, entre la constitution et le
pouvoir, à la limite la police. Nous rêvons d'un État où serait résolue la contradiction radicale qui existe entre l'universalité visée par l'État et la particularité
et l'arbitraire qui l'affecte en réalité ; le mal, c'est que ce rêve est hors d'atteinte.

Malheureusement Marx n'a pas vu le caractère autonome de cette contradiction ; il y a vu une simple superstructure, c'est-à-dire la transposition, sur
un plan surajouté, des contradictions appartenant au plan inférieur de la
société capitaliste et finalement un effet de l'opposition des classes ; l'État n'est
plus alors que l'instrument de la violence de classe, alors que l'État a peut-être
toujours un dessein, un projet qui dépasse les classes et que son maléfique
propre est la contrepartie de ce grand dessein. L'État étant ainsi réduit à un
moyen d'oppression de la classe dominante, l'illusion de l'État d'être l'universelle conciliation n'est plus qu'un cas particulier de ce vice des sociétés bour-

20 geoises qui ne peuvent supporter leur propre déficience ou résoudre leur contradiction qu'en s'évadant dans le rêve du droit.

Je pense qu'il faut maintenir, contre Marx et Lénine, que l'aliénation politique est non pas réductible à une autre, mais constitutive de l'existence humaine, et, en ce sens, que le mode d'existence politique comporte la scission
25 de la vie abstraite du citoyen et de la vie concrète de la famille et du travail. [...]

Bref, mon hypothèse de travail, c'est que l'État ne *peut* pas dépérir et que, ne pouvant dépérir, il *doit* être contrôlé par une technique institutionnelle spéciale.

Il me semble qu'il faut aller plus loin encore et dire que l'État socialiste requiert plus que l'État bourgeois un contrôle vigilant, précisément parce que
30 sa rationalité est plus grande, et qu'il étend le calcul, la prévision, à des secteurs de l'existence humaine, livrés ailleurs ou autrefois au hasard et à l'improvisation ; la rationalité d'un État planificateur qui entreprend de supprimer à long terme les antagonismes de classes et qui même prétend mettre fin à la division de la société en classes est plus grande, son pouvoir est aussi plus
35 grand et les moyens offerts à la tyrannie plus grands également.

P. Ricœur, *Histoire et Vérité,* Coll. Esprit, Éd. du Seuil, 1955, pp. 273 à 278.

IV. DÉMOCRATIE ET TOTALITARISME

Texte 15

La démocratie,
une servitude douce

TOCQUEVILLE

Je veux imaginer sous quels traits nouveaux le despotisme pourrait se produire dans le monde : je vois une foule innombrable d'hommes semblables et égaux qui tournent sans repos sur eux-mêmes pour se procurer de petits et vulgaires plaisirs, dont ils emplissent leur âme. Chacun d'eux, retiré à l'écart, est comme
5 étranger à la destinée de tous les autres : ses enfants et ses amis particuliers forment pour lui toute l'espèce humaine ; quant au demeurant de ses concitoyens, il est à côté d'eux, mais il ne les voit pas ; il les touche et ne les sent point ; il n'existe qu'en lui-même et pour lui seul, et, s'il lui reste encore une famille, on peut dire du moins qu'il n'a plus de patrie.

10 Au-dessus de ceux-là s'élève un pouvoir immense et tutélaire, qui se charge seul d'assurer leur jouissance et de veiller sur leur sort. Il est absolu, détaillé, régulier, prévoyant et doux. Il ressemblerait à la puissance paternelle si, comme elle, il avait pour objet de préparer les hommes à l'âge viril ; mais il ne cherche, au contraire, qu'à les fixer irrévocablement dans l'enfance ; il aime
15 que les citoyens se réjouissent, pourvu qu'ils ne songent qu'à se réjouir. Il travaille volontiers à leur bonheur ; mais il veut en être l'unique agent et le seul arbitre ; il pourvoit à leur sécurité, prévoit et assure leurs besoins, facilite leurs plaisirs, conduit leurs principales affaires, dirige leur industrie, règle leurs suc-

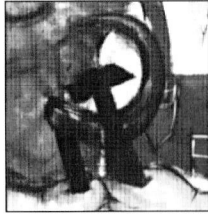

cessions, divise leurs héritages; que ne peut-il leur ôter entièrement le trouble
de penser et la peine de vivre?

Après avoir pris ainsi tour à tour dans ses puissantes mains chaque individu,
et l'avoir pétri à sa guise, le souverain étend ses bras sur la société tout entière;
il en couvre la surface d'un réseau de petites règles compliquées, minutieuses
et uniformes, à travers lesquelles les esprits les plus originaux et les âmes les
plus vigoureuses ne sauraient se faire jour pour dépasser la foule; il ne brise
pas les volontés, mais il les amollit, les plie et les dirige; il force rarement
d'agir, mais il s'oppose sans cesse à ce qu'on agisse; il ne détruit point, il
empêche de naître; il ne tyrannise point, il gêne, il comprime, il énerve, il
éteint, il hébète, et il réduit enfin chaque nation à n'être plus qu'un troupeau
d'animaux timides et industrieux, dont le gouvernement est le berger.

Tocqueville, *De la démocratie en Amérique* (1840),
Éd. Gallimard, 1968, pp. 347-348.

Texte 16   A L A I N

La démocratie, ou
le contrat antisocial

Le plus clair de l'esprit démocratique, c'est peut-être qu'il est antisocial. Je
m'explique. On peut considérer une société comme une sorte de gros animal.
Je l'entends par métaphore; mais il y a des mystiques qui veulent croire que ce
gros animal existe réellement comme vous et moi, qu'il sent, qu'il pense et
qu'il veut comme nous pensons, sentons, voulons. Ce n'est que mythologie;
mais de toute façon il faut convenir qu'il y a des forces sociales bien puissantes
qui ressemblent tout à fait à des forces naturelles. La défense contre les criminels, dans certains cas, prend ainsi forme de panique furieuse, et déchire très
bien des innocents. La guerre s'explique par des causes du même genre, dont
nous ne nous défions jamais assez.

Je range encore parmi les faits du même genre l'adoration soudaine pour un
chef, ou pour un orateur, les entraînements bien connus des assemblées, le
délire révolutionnaire, enfin tous les courants d'opinion qui naissent comme le
vent et le cyclone, et se terminent de même. La religion, quelle qu'elle soit, est
le plus brillant et le plus connu de ces phénomènes d'effervescence, qui tuent
le sens commun. Nous dirons, pour abréger, que Léviathan[1] a des passions,
des colères, des fatigues, des fièvres et des attendrissements.

L'individu, qui n'est qu'une pauvre petite cellule dans le grand corps, est
pris dans ces mouvements, soulevé, roulé, transporté; on peut bien dire aussi
qu'il est à la fin usé et arrondi comme le galet sur nos plages. Quand cette
rumeur monte et s'étend, les circonstances sont agréables pour les gouvernants, qui sont comme des dieux.

Chose digne de remarque, ce gros Léviathan, dont vous et moi nous
sommes de petites parties, n'est pas du tout civilisé; c'est un enfant ou un sau-

---

1. C'est-à-dire ici l'État en tant qu'il représente le corps social. Voir p. 300.

306

25 vage, comme on voudra dire. Ce qu'il peut faire, il le fait aussitôt ; son âme, s'il en a une, ne distingue pas entre la force et le droit. Lorsqu'il fait des promesses ou signe des traités, il ne se croit point tenu par sa parole ; ce n'est qu'une ruse pour gagner un peu de répit. [...]

Eh bien, il me semble que tout mouvement démocratique s'élève contre les
30 réactions du gros animal, et tend à balancer l'association naturelle, disons l'organisme social, par une espèce de contrat antisocial. Il est alors promis et juré que l'on résistera à ces mouvements instinctifs du gros animal, et qu'on les soumettra, autant que possible, aux règles de justice qui sont acceptées par les individus. C'est en ce sens que l'Esprit démocratique juge la Patrie et
35 blâme la guerre. Le conflit fut violent aux temps de l'affaire Dreyfus, il dure encore. L'Esprit se délivre de l'Instinct.

Alain, Propos, tome II, CXLVIII (1906-1914),
Éd. Gallimard, 1956, pp. 289-290.

Texte 17

La logique totalitaire

LEFORT

En premier lieu, le pouvoir s'affirme comme *le pouvoir social*, il figure en quelque sorte la Société elle-même en tant que puissance consciente et agissante : entre l'État et la société civile[1] la ligne de clivage se fait invisible. [...]

En second lieu, se trouve dénié le principe d'une division interne à la société.
5 Tous les signes de celle-ci, qui n'a nullement disparu, sont rapportés à l'existence de couches sociales (koulaks[2], bourgeois) qui proviennent de l'Ancien Régime ou à celle d'éléments accusés de travailler pour le compte de l'impérialisme étranger. La nouvelle société est censée rendre impossible la formation de classes ou de groupements dont les intérêts seraient antagonistes. Cependant, l'affirma-
10 tion de la totalité requiert non moins impérativement la dénégation de la différence des normes en fonction desquelles se définit chaque mode d'activité et chaque institution où il s'exerce. A la limite, l'entreprise de production, l'administration, l'école, l'hôpital ou l'institution judiciaire apparaissent comme des organisations spéciales, subordonnées aux fins de la grande organisation socialis-
15 te. A la limite, le travail de l'ingénieur, du fonctionnaire, du pédagogue, du juriste, du médecin échappe à sa responsabilité et se voit soumis à l'autorité politique. Enfin, c'est la notion même d'une hétérogénéité sociale qui est récusée, la notion d'une variété de mode de vie, de comportement, de croyance, d'opinion, dans la mesure où elle contredit radicalement l'image d'une société accordée avec
20 elle-même. Et là où se signale l'élément le plus secret, le plus spontané, le plus insaisissable de la vie sociale, dans les mœurs, dans les goûts, dans les idées, le projet de maîtrise, de normalisation, d'uniformisation va au plus loin.

C. Lefort, l'Invention démocratique, « La logique totalitaire » (1980),
Éd. Fayard, 1981, pp. 101-103.

---

1. Sur le sens hégélien de cette expression, voir la note, p. 302.
2. Riches paysans propriétaires, en Russie.

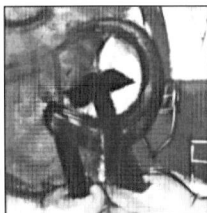

DOCUMENT

Michel Foucault décrit et analyse le dispositif architectural Panopticon, imaginé par le philosophe anglais Jeremy Bentham, au XVIIIe s.

A LA périphérie un bâtiment en anneau ; au centre, une tour ; celle-ci est percée de larges fenêtres qui ouvrent sur la face intérieure de l'anneau ; le bâtiment périphérique est divisé en cellules, dont chacune traverse toute l'épaisseur du bâtiment ; elles ont deux fenêtres, l'une vers l'intérieur, correspondant aux fenêtres de la tour ; l'autre, donnant sur l'extérieur, permet à la lumière de traverser
5 *la cellule de part en part. Il suffit alors de placer un surveillant dans la tour centrale, et dans chaque cellule d'enfermer un fou, un malade, un condamné, ou ouvrier ou un écolier. Par l'effet du contre-jour, on peut saisir de la tour, se découpant exactement sur la lumière, les petites silhouettes captives dans les cellules de la périphérie. Autant de cages, autant de petits théâtres, où chaque acteur est seul, parfaitement individualisé et constamment visible [...]. Chacun, à sa place, est bien enfermé dans*
10 *une cellule d'où il est vu de face par le surveillant, mais les murs latéraux l'empêchent d'entrer en contact avec ses compagnons. Il est vu, mais il ne voit pas ; objet d'une information, jamais sujet dans une communication. La disposition de sa chambre, en face de la tour centrale, lui impose une visibilité axiale ; mais les divisions de l'anneau, ces cellules bien séparées impliquent une invisibilité latérale. Et celle-ci est garantie de l'ordre. Si les détenus sont des condamnés, pas de danger qu'il y ait*
15 *complot, tentative d'évasion collective, projet de nouveaux crimes pour l'avenir, mauvaises influences réciproques ; si ce sont des malades, pas de danger de contagion ; des fous, pas de risque de violences réciproques ; des enfants, pas de copiage, pas de bruit, pas de bavardage, pas de dissipation. Si ce sont des ouvriers, pas de rixes, pas de vols, pas de coalitions, pas de ces distractions qui retardent le travail, le rendent moins parfait ou provoquent les accidents. La foule, masse compacte, lieu d'échanges*
20 *multiples, individualités qui se fondent, effet collectif, est abolie au profit d'une collection d'individualités séparées. Du point de vue du gardien, elle est remplacée par une multiplicité dénombrable et contrôlable ; du point de vue des détenus, par une solitude séquestrée et regardée.*

De là, l'effet majeur du Panoptique : induire chez le détenu un état conscient et permanent de visibilité qui assure le fonctionnement automatique du pouvoir. Faire que la surveillance soit
25 *permanente dans ses effets, même si elle est discontinue dans son action ; que la perfection du pouvoir tende à rendre inutile l'actualité de son exercice ; que cet appareil architectural soit une machine à créer et à soutenir un rapport de pouvoir indépendant de celui qui l'exerce ; bref que les détenus soient pris dans une situation de pouvoir dont ils sont eux-mêmes les porteurs.*

M. Foucault, *Surveiller et punir*, Éd. Gallimard, 1975, pp. 201-203.

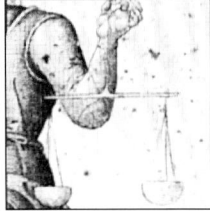

18.

LA JUSTICE

La justice, Pérugin. Musée Condé, Chantilly.

INTRODUCTION

Le mot français « justice » vient du latin *jus*, qui veut dire le droit ; aussi le terme signifie-t-il, dans son acception la plus générale, le respect du droit, la conformité au droit. Cette définition peut elle-même renvoyer à deux choses : à l'institution judiciaire et à une notion morale. C'est de cette dernière qu'il sera question dans ce chapitre.

Le sens de la justice

Quoi de plus commun que le sens de la justice ? Chacun se pense capable, au moins dans la plupart des cas, d'apprécier la justice ou l'injustice qui caractérisent un acte, une décision, un projet. Que l'égalité ne soit pas respectée, qu'une personne se voie refuser son dû, et nous voilà justement indignés. Et ce n'est pas par intérêt, si nous jugeons d'un cas lointain. Pourtant, nous nous plaisons aussi à noter la diversité des lois et des pratiques en matière de justice. « Vérité au-deçà des Pyrénées, erreur au-delà », observait Pascal[1], et si une partie de l'Europe voit aujourd'hui s'unifier ses **règles de droit**, des différences criantes apparaissent néanmoins sur une plus grande échelle géographique : châtiments inhumains et cruels, inégalités de traitement, mépris des droits élémentaires, tout cela en violation des règles de droit, mais parfois aussi en application de celles qui prévalent dans tel ou tel pays. La revendication en faveur des « **droits de l'homme** » est une protestation contre l'injustice du monde. Ne sommes-nous pas confrontés par la réalité elle-même à la question de savoir ce qu'est véritablement la justice ?

Le sens de la justice est propre aux individus, aux consciences, face à ce qui est inhumain. Il vaut par sa spontanéité, par son exigence ardente et le refus *a priori* des compromissions de la prudence ou de l'intérêt bien compris. Il vaut aussi par son indifférence aux positions sociales, aux mérites divers, aux talents ; tout homme peut l'avoir et notre propre sens de la justice nous dit même : tout homme doit l'avoir. Sans doute consiste-t-il dans le penchant qui nous fait éprouver les malheurs et les peines d'autrui, que décrit si bien Rousseau (**Texte 1**). Mais sa faiblesse réside dans tout ce qui l'apparente à un sentiment : intermittences, désarroi, indifférence à ce qu'on trouve moins touchant, injustice même. Il importe donc de mieux cerner le concept de justice, ce à quoi s'est attachée la philosophie dès son origine comme à une exigence aussi essentielle pour elle que pour la communauté tout entière.

La justice comme vertu

Bien que la justice soit plus aisée à examiner à l'échelle de la Cité, considérée dans son ensemble, où ses caractères s'affichent en quelque sorte en traits plus épais et mieux perceptibles, elle est d'abord et fondamentalement une **vertu** de l'individu, c'est-à-dire une disposition de l'âme qui consiste, pour Platon, « à faire son travail et à ne point se mêler de celui d'autrui[2] ». Mais plutôt qu'une vertu parmi d'autres, elle est parmi les vertus cardinales celle qui réunit les trois autres (la sagesse, vertu des gouvernants, le courage

1. Pascal, *Pensées posthumes* (1669), Éd. Brunschvicg, fragment 293.
2. Platon, *la République*, Éd. Garnier-Flammarion, 433 a.

qui est la vertu des gouvernants et des guerriers et la tempérance, vertu commune aux gouvernants, aux guerriers et au peuple), et, partant, l'ensemble des vertus. Platon consacre deux livres de *la République* à l'étude et à la réfutation des opinions (Livre I) et des thèses (Livre II) qui nient l'existence de cette vertu et soutiennent que «personne n'est juste volontairement», comme veut le montrer le fameux épisode de Gygès le Lydien (**Texte 3**). Socrate admet que la justice passe par l'éducation des citoyens et l'organisation de la cité, que justice et injustice naissent des relations entre les membres de la cité.

La justice est-elle une utopie ?

Il est courant de railler de telles constructions, qui semblent tenir de l'utopie, au nom du «réalisme», d'une prétendue connaissance de ce que sont les hommes véritablement et de leur incapacité foncière à s'élever au-dessus de leur état présent, de leur égoïsme (**Texte 4**). Kant retourne cet argument : le mépris dans lequel les pouvoirs ont toujours tenu les hommes, justifiant ainsi leur asservissement, est peut-être la cause de leur état présent. Ainsi Rousseau écrivait-il : « S'il y a donc des esclaves par nature, c'est parce qu'il y a eu des esclaves contre nature[1] ». Les théories comme celle de Platon ne permettent-elles pas de changer l'homme en lui proposant un modèle ? Ne nourrissent-elles pas l'espoir en un progrès du genre humain (**Texte 2**) ?

L'équité

Aristote est sur ce point d'accord avec Platon : la justice est la vertu accomplie, éminente : «Ni l'étoile du soir, ni l'étoile du matin ne sont ainsi admirables[2]». Il reprend la problématique de l'échange (la justice est donc la vertu de la relation aux autres), et définit la justice à partir de l'excès et du défaut, de la disproportion dans l'échange. L'un a trop, l'autre n'a pas assez : il y a donc quelque égalité à rétablir ou à sauver (**Texte 5**). Mais il y a lieu de distinguer la justice au sens général et la justice dans le sens particulier. La première réside dans la conformité à la loi, dans la légalité qui prescrit ce qui contribue à l'intérêt général, mais aussi les actes de vertus particulières. La seconde concerne proprement l'égalité. Quand il s'agit de cette vertu particulière, la justice se nomme équité. Or deux aspects de celle-ci sont à distinguer : l'un concerne la répartition des avantages entre les membres de la communauté ; Aristote l'appelle **justice distributive**. L'autre concerne les transactions entre les individus ; Aristote l'appelle **justice corrective** (**Texte 6**). La seconde applique le principe d'égalité, la première applique le principe de proportionnalité. On dira donc qu'il n'y a de justice qu'en tant qu'il y a des justes, c'est-à-dire des hommes possédant et pratiquant la justice à titre de vertu ; mais inversement, « c'est par la justice que les justes sont justes[3] » ; il n'y a d'hommes justes qu'éclairés par l'idée de justice, c'est-à-dire de conformité à la loi et d'équité (**Texte 7**).

---

1. J.-J. Rousseau, *Du contrat social,* Éd. Garnier-Flammarion, I, II, p. 43.
2. Aristote, *Éthique de Nicomaque,* Éd. Garnier-Flammarion, 1129 b.
3. Platon, *Hippias majeur,* Éd. Garnier-Flammarion, 287 c.

La justice comme état juridique

Si l'équité reste la vertu même de l'homme juste, la notion de « conformité à la loi », quant à elle, fait problème. On a vu (se reporter au chapitre sur le droit) qu'il peut y avoir des lois injustes, que tout ce qui est légal n'est pas pour autant légitime.

Le respect des lois peut entrer en contradiction avec l'équité. La justice réside alors moins dans la conformité *aux* lois que dans la conformité *des* lois (c'est-à-dire leur compatibilité avec le principe d'équité) : « L'état juridique est ce rapport des hommes entre eux qui renferme les seules conditions permettant qu'à chacun échoie son droit en partage, et le principe formel de la possibilité de cet état, considéré d'après l'idée d'une volonté universellement législatrice, s'appelle la **justice publique**[1] ».

Justice sociale et efficacité économique

Plus récemment, John Rawls s'est efforcé de concilier justice sociale et efficacité économique. Selon lui, il est nécessaire de recourir à une fiction : celle de personnes libres et rationnelles, encore ignorantes de leurs intérêts particuliers. Sur quelles règles d'association se mettraient-elles d'accord ? Rawls estime que d'une part, et prioritairement, elles affirmeraient la nécessaire égalité des « droits de base », aussi étendus que possible pour tous, et d'autre part elles admettraient des inégalités à la condition que celles-ci profitent à tous **(Texte 8)**.

Reste à savoir comment doit s'apprécier cette amélioration. Or l'idée de justice n'est-elle pas déjà présupposée dans une telle démarche ? On en revient à une idée qui est à la fois un *terminus ad quem*, ce vers quoi on tend, et un *terminus a quo*, ce qui est déjà donné au départ. Chacun sait déjà, mais tous doivent s'entendre sur ce qu'ils savent.

---

1. E. Kant, *Métaphysique des mœurs, Doctrine universelle du droit*, traduction de J. et O. Masson, Éd. Gallimard, p. 572.

TEXTES

I. LE SENS DE LA JUSTICE ET L'IDÉE DE JUSTICE

Texte 1

Le sens de la justice

ROUSSEAU

C'est la faiblesse de l'homme qui le rend sociable : ce sont nos misères communes qui portent nos cœurs à l'humanité, nous ne lui devrions rien si nous n'étions pas hommes. Tout attachement est un signe d'insuffisance : si chacun de nous n'avait nul besoin des autres, il ne songerait guère à s'unir à eux. Ainsi
5 de notre infirmité même naît notre frêle bonheur. Un être vraiment heureux est un être solitaire : Dieu seul jouit d'un bonheur absolu ; mais qui de nous en a l'idée ? Si quelque être imparfait pouvait se suffire à lui-même, de quoi jouirait-il, selon nous ? Il serait seul, il serait misérable. Je ne conçois pas que celui qui n'a besoin de rien puisse aimer quelque chose : je ne conçois pas que celui
10 qui n'aime rien puisse être heureux.

   Il suit de là que nous nous attachons à nos semblables moins par le sentiment de leurs plaisirs que par celui de leurs peines ; car nous y voyons bien mieux l'identité de notre nature et les garants de leur attachement pour nous. Si nos besoins communs nous unissent par intérêt, nos misères communes
15 nous unissent par affection. L'aspect d'un homme heureux inspire aux autres moins d'amour que d'envie ; on l'accuserait volontiers d'usurper un droit qu'il n'a pas en se faisant un bonheur exclusif, et l'amour-propre souffre encore, en nous faisant sentir que cet homme n'a nul besoin de nous. Mais qui est-ce qui ne plaint pas le malheureux qu'il voit souffrir ? Qui est-ce qui ne voudrait pas
20 le délivrer de ses maux s'il n'en coûtait qu'un souhait pour cela ?

Rousseau, *Émile* (1762),
Bibliothèque de la Pléiade, Éd. Gallimard, 1969, livre IV, p. 503.

Texte 2

L'idée de justice comme modèle

KANT

La *République* de Platon est devenue proverbiale comme exemple prétendument éclatant de perfection imaginaire qui ne peut prendre naissance que dans le cerveau d'un penseur oisif, et Brucker[1] trouve ridicule cette assertion du philosophe que jamais un prince ne gouverne bien s'il ne participe pas aux
5 idées. Mais il vaudrait mieux s'attacher davantage à cette pensée et (là où cet

---

1. Johann Jacob Brucker (1696-1770), auteur d'une monumentale histoire de la philosophie.

homme éminent nous laisse sans secours) faire de nouveaux efforts pour la mettre en lumière, que de la rejeter comme inutile, sous ce très misérable et pernicieux prétexte qu'elle est impraticable. Une constitution ayant pour but la *plus grande liberté humaine* d'après des lois qui permettraient à la *liberté de chacun de pouvoir subsister* de concert *avec celle des autres* (je ne parle pas du plus grand bonheur possible, car il en découlera de lui-même), c'est là au moins une idée nécessaire qui doit servir de fondement non seulement aux premiers plans que l'on esquisse d'une constitution politique, mais encore à toutes les lois, et dans laquelle on doit faire dès l'abord abstraction de tous les obstacles présents, lesquels résultent peut-être bien moins inévitablement de la nature humaine que du mépris des idées véritables en matière de législation. En effet il ne peut rien y avoir de plus préjudiciable et de plus indigne d'un philosophe que d'en appeler, comme on fait vulgairement, à une expérience prétendument contraire, car cette expérience n'aurait jamais existé si l'on avait pris des dispositions en se conformant aux idées, en temps opportun, et si à leur place des concepts grossiers, justement parce qu'ils sont puisés dans l'expérience, n'avaient pas fait échec à tout bon dessein. Plus la législation et le gouvernement seraient en accord avec cette idée, plus les peines seraient rares et il est tout à fait raisonnable d'affirmer comme Platon que dans un agencement parfait de la législation et du gouvernement elles ne seraient plus du tout nécessaires. Or, quoique cette chose ne puisse jamais se réaliser, ce n'en est pas moins une idée entièrement juste que celle qui pose ce *maximum* comme le modèle que l'on doit avoir en vue pour rapprocher, en s'y conformant toujours davantage, la constitution légale des hommes de la perfection la plus haute. En effet, le degré le plus élevé où doit s'arrêter l'humanité, non plus que la distance infranchissable qui sépare nécessairement l'idée de sa réalisation, personne ne peut ni ne doit les déterminer, car là il s'agit de la liberté qui peut toujours franchir toute limite assignée.

Kant, *Critique de la raison pure* (1781), traduction de A.J.-L. Delamarre et F. Marty, in *Œuvres philosophiques*, Éd. Gallimard, 1980, tome I, p. 1028.

II. JUSTICE ET INJUSTICE

Texte 3

Tout homme est-il injuste lorsqu'il peut l'être impunément ?

PLATON

L'anneau de Gygès

Gygès le Lydien était berger au service du roi qui gouvernait alors la Lydie. Un jour, au cours d'un violent orage accompagné d'un séisme, le sol se fendit et il se forma une ouverture béante près de l'endroit où il faisait paître son troupeau. Plein d'étonnement, il y descendit, et, entre autres merveilles que la

5 fable énumère, il vit un cheval d'airain creux, percé de petites portes ; s'étant penché vers l'intérieur, il y aperçut un cadavre de taille plus grande, semblait-il, que celle d'un homme, et qui avait à la main un anneau d'or, dont il s'empara ; puis il partit sans prendre autre chose. Or, à l'assemblée habituelle des bergers qui se tenait chaque mois pour informer le roi de l'état de ses troupeaux,
10 il se rendit portant au doigt cet anneau. Ayant pris place au milieu des autres, il tourna par hasard le chaton de la bague vers l'intérieur de sa main ; aussitôt il devint invisible à ses voisins qui parlèrent de lui comme s'il était parti. Étonné, il mania de nouveau la bague en tâtonnant, tourna le chaton en dehors et, ce faisant, redevint visible. S'étant rendu compte de cela, il répéta l'expérience
15 pour voir si l'anneau avait bien ce pouvoir ; le même prodige se reproduisit : en tournant le chaton en dedans il devenait invisible, en dehors visible. Dès qu'il fut sûr de son fait, il fit en sorte d'être au nombre des messagers qui se rendaient auprès du roi. Arrivé au palais, il séduisit la reine, complota avec elle la mort du roi, le tua, et obtint ainsi le pouvoir. Si donc il existait deux anneaux
20 de cette sorte, et que le juste reçût l'un, l'injuste l'autre, aucun, pense-t-on, ne serait de nature assez adamantine[1] pour persévérer dans la justice et pour avoir le courage de ne pas toucher au bien d'autrui, alors qu'il pourrait prendre sans crainte ce qu'il voudrait sur l'agora, s'introduire dans les maisons pour s'unir à qui lui plairait, tuer les uns, briser les fers des autres et faire tout à son gré,
25 devenu l'égal d'un dieu parmi les hommes. En agissant ainsi, rien ne le distinguerait du méchant : ils tendraient tous les deux vers le même but. Et l'on citerait cela comme une grande preuve que personne n'est juste volontairement, mais par contrainte, la justice n'étant pas un bien individuel, puisque celui qui se croit capable de commettre l'injustice la commet.

Platon (vers 420-340 av. J.-C.), *la République* (vers 380-370 av. J.-C.),
traduction de R. Baccou, Éd. Garnier, 1958, livre II, 359 d-360 d, p. 44.

Texte 4

Calliclès[2]: la justice
selon la nature

PLATON

Or, d'elle-même la nature, au rebours, révèle, je pense, que ce qui est juste, c'est que celui qui vaut plus ait le dessus sur celui qui vaut moins et celui qui a une capacité supérieure, sur celui qui est davantage dépourvu de capacité. Qu'il en est ainsi, c'est d'ailleurs ce qu'elle montre en maint domaine : dans le
5 reste du règne animal comme dans les cités des hommes et dans leurs familles, où l'on voit que le signe distinctif du juste, c'est que le supérieur commande à l'inférieur et ait plus que lui. En vertu de quelle sorte de justice, dis-moi, Xerxès a-t-il fait une expédition contre la Grèce, ou son père contre les Scythes ? sans parler de mille autres exemples analogues que l'on pourrait allé-
10 guer. Eh bien ! cette conduite de la part de ces gens-là est conforme à une

---

1. Qui a la dureté et l'éclat du diamant.
2. Personnage auquel Platon attribue ces propos. Voir aussi p. 397.

nature, à la nature du juste, et, par Zeus ! conforme en vérité à une loi qui est celle de la nature ; non point toutefois, sans doute, à celle que nous, nous avons instituée. Modelés à façon, les meilleurs et les plus forts d'entre nous, pris en main dès l'enfance, sont, tels des lions, réduits en servitude par nos incantations et nos sortilèges, apprenant de nous que le devoir est l'égalité, que c'est cela qui est beau et qui est juste ! Mais, que vienne à paraître, j'imagine, un homme ayant le naturel qu'il faut, voilà par lui tout cela secoué, mis en pièces : il s'échappe, il foule aux pieds nos formules, nos sorcelleries, nos incantations et ces lois qui, toutes sans exception, sont contraires à la nature ; notre esclave s'est insurgé et s'est révélé maître. C'est à cet instant que resplendit la justice selon la nature.

Platon (vers 420-340 av. J.-C.), *Gorgias* (vers 390 av. J.-C.)
in *Œuvres complètes*, tome I, traduction de L. Robin,
Bibliothèque de la Pléiade, Éd. Gallimard, 1950, 483 e, p. 427.

Texte 5

Le juste et l'injuste

ARISTOTE

La justice est une disposition d'après laquelle l'homme juste se définit celui qui est apte à accomplir, par choix délibéré, ce qui est juste, celui qui, dans une répartition à effectuer soit entre lui-même et un autre, soit entre deux autres personnes, n'est pas homme à s'attribuer à lui-même, dans le bien désiré, une part trop forte et à son voisin une part trop faible (ou l'inverse, s'il s'agit d'un dommage à partager), mais donne à chacun la part proportionnellement égale qui lui revient, et qui agit de la même façon quand la répartition se fait entre des tiers. L'injustice, en sens opposé, a pareillement rapport à ce qui est injuste, et qui consiste dans un excès ou un défaut disproportionné de ce qui est avantageux ou dommageable. C'est pourquoi l'injustice est un excès et un défaut en ce sens qu'elle est génératrice d'excès et de défauts : quand on est soi-même partie à la distribution, elle aboutit à un excès de ce qui est avantageux en soi et à un défaut de ce qui est dommageable ; s'agit-il d'une distribution entre des tiers, le résultat dans son ensemble est bien le même que dans le cas précédent, mais la production peut être dépassée indifféremment dans un sens ou dans l'autre. Et l'acte injuste a deux faces : du côté du trop peu, il y a injustice subie, et du côté du trop, injustice commise.

Aristote (384-322 av. J.-C.), *Éthique à Nicomaque*,
traduction de J. Tricot, Éd. Vrin, 1983, 1134 a, p. 246.

III. ANALYSE DE LA NOTION DE JUSTICE

Texte 6

Justice distributive
et justice corrective

ARISTOTE

De la justice particulière et du juste qui y correspond, une première espèce est celle qui intervient dans la distribution des honneurs, ou des richesses, ou des autres avantages qui se répartissent entre les membres de la communauté politique (car dans ces avantages il est possible que l'un des membres ait une part ou inégale ou égale à celle d'un autre), et une seconde espèce est celle qui réali-
5   se la rectitude dans les transactions privées. Cette justice corrective comprend elle-même deux parties : les transactions privées, en effet, sont les unes volontaires et les autres involontaires : sont volontaires les actes tels qu'une vente, un achat, un prêt de consommation, une caution, un prêt à usage, un dépôt, une
10 location (ces actes sont dits volontaires parce que le fait qui est à l'origine de ces transactions est volontaire) ; des actes involontaires, à leur tour, les uns sont clandestins, tels que vol, adultère, empoisonnement, prostitution, corruption d'esclave, assassinat par ruse, faux témoignage ; les autres sont violents, tels que voies de fait, séquestration, meurtre, vol à main armée, mutila-
15 tion, diffamation, outrage.

Aristote (384-322 av. J.-C.), *Éthique à Nicomaque*,
traduction de J. Tricot, Éd. Vrin, 1983, 1130 d - 1131 a, p. 224.

Texte 7

Justice et réciprocité

ALAIN

J'ai acheté une vieille gravure avec son cadre ; je n'ai point acheté ces billets de banque que j'y trouve cachés ; il n'est pas toujours facile de savoir à qui ils sont, mais il est parfaitement clair qu'ils ne sont pas à moi. On voit ici à plein, il me semble, sur quoi l'esprit porte son regard jugeur, c'est sur l'idée même de
5   la chose, idée commune aux deux ; une vente ne peut pas être en même temps seulement d'une chose, et encore d'une autre. L'arbitre ne s'y trompe jamais.

Il est vrai qu'il y a des cas aussi où l'autre approuve sans bien savoir ; aussi des cas où il consent par un autre désir, ou par un pressant besoin, comme un prodigue qui vend à vil prix ou bien qui cesse d'aimer dès qu'il possède. De là
10 d'autres bénéfices que beaucoup gardent sans scrupules. Mais comme l'approbation de l'autre n'est alors ni libre, ni durable, et que vous-même le jugez fou d'avoir consenti, je dis encore une fois : contentez-vous d'être riche et renoncez à être juste. Ici c'est votre propre jugement qui vous condamne. D'où la règle d'or, assez connue : « Dans tout contrat et dans tout échange, mets-toi à la
15 place de l'autre, mais avec tout ce que tu sais, et, te supposant aussi libre des nécessités qu'un homme peut l'être, vois si, à sa place, tu approuverais cet échange ou ce contrat. » La vie est pleine de ces heureux échanges ; on n'y fait

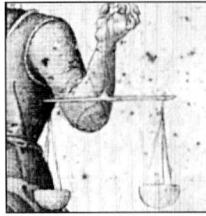

point seulement attention. Mais il est clair que la richesse vient toujours de ce qu'on a acheté une chose dont l'autre ne savait pas la valeur, ou de ce que l'on a profité de ses passions ou de sa misère.

Alain, *Éléments de philosophie* (1941), Éd. Gallimard, pp. 313-315.

IV. CONDITIONS DE LA JUSTICE

Texte 8

Justice sociale et
efficacité économique

RAWLS

En premier lieu : chaque personne doit avoir un droit égal au système le plus étendu de libertés de base égales pour tous qui soit compatible avec le même système pour les autres. En second lieu : les inégalités sociales et économiques doivent être organisées de façon à ce que, à la fois l'on puisse raisonnablement s'attendre à ce qu'elles soient à l'avantage de chacun et qu'elles soient attachées à des positions et à des fonctions ouvertes à tous.

Ces principes s'appliquent, en premier lieu, comme je l'ai dit, à la structure sociale de base ; ils commandent l'attribution des droits et des devoirs et déterminent la répartition des avantages économiques et sociaux. Leur formulation présuppose que, dans la perspective d'une théorie de la justice, on divise la structure sociale en deux parties plus ou moins distinctes, le premier principe s'appliquant à l'une, le second à l'autre. Ainsi, nous distinguons entre les aspects du système social qui définissent et garantissent l'égalité des libertés de base pour chacun et les aspects qui spécifient et établissent des inégalités sociales et économiques. Or, il est essentiel d'observer que l'on peut établir une liste de ces libertés de base. Parmi elles, les plus importantes sont les libertés politiques (droit de vote et d'occuper un poste public), la liberté d'expression, de réunion, la liberté de pensée et de conscience ; la liberté de la personne qui comporte la protection à l'égard de l'arrestation et de l'emprisonnement arbitraires, tels qu'ils sont définis par le concept de l'autorité de la loi. Ces libertés doivent être égales pour tous d'après le premier principe.

Le second principe s'applique, dans la première approximation, à la répartition des revenus et de la richesse et aux grandes lignes des organisations qui utilisent des différences d'autorité et de responsabilité. Si la répartition de la richesse et des revenus n'a pas besoin d'être égale, elle doit être à l'avantage de chacun et, en même temps, les positions d'autorité et de responsabilité doivent être accessibles à tous. On applique le second principe en gardant les positions ouvertes, puis, tout en respectant cette contrainte, on organise les inégalités économiques et sociales de manière à ce que chacun en bénéficie.

J. Rawls, *Théorie de la justice,* coll. La couleur des idées, Éd. du Seuil, 1991.

DOCUMENT

Déclaration des droits de l'homme et du citoyen du 26 août 1789

Les représentants du peuple français, constitués en Assemblée nationale, considérant que l'ignorance, l'oubli ou le mépris des droits de l'homme sont les seules causes des malheurs publics et de la corruption des gouvernements, ont résolu d'exposer, dans une déclaration solennelle, les droits naturels, inaliénables et sacrés de l'homme, afin que cette déclaration, constamment présente à tous les membres du corps social, leur rappelle sans cesse leurs droits et leurs devoirs; afin que les actes du Pouvoir législatif et ceux du Pouvoir exécutif, pouvant être à chaque instant comparés avec le but de toute institution politique, en soient plus respectés; afin que les réclamations des citoyens, fondées désormais sur des principes simples et incontestables, tournent toujours au maintien de la Constitution et au bonheur de tous. — En conséquence, l'Assemblée nationale reconnaît et déclare, en présence et sous les auspices de l'Être Suprême, les droits suivants de l'homme et du citoyen.

Article 1ᵉʳ : Les hommes naissent et demeurent libres et égaux en droits. Les distinctions sociales ne peuvent être fondées que sur l'utilité commune.

Article 2 : Le but de toute association politique est la conservation des droits naturels et imprescriptibles de l'homme. Ces droits sont la liberté, la propriété, la sûreté, et la résistance à
5 *l'oppression.*

Article 3 : Le principe de toute souveraineté réside essentiellement dans la nation. Nul corps, nul individu ne peut exercer d'autorité qui n'en émane expressément.

Article 4 : La liberté consiste à pouvoir faire tout ce qui ne nuit pas à autrui. Ainsi, l'exercice des droits naturels de chaque homme n'a de bornes que celles qui assurent aux autres membres de la société
10 *la jouissance de ces mêmes droits. Ces bornes ne peuvent être déterminées que par la loi.*

Article 5 : La loi n'a le droit de défendre que les actions nuisibles à la société. Tout ce qui n'est pas défendu par la loi ne peut être empêché, et nul ne peut être contraint à faire ce qu'elle n'ordonne pas.

Article 6 : La loi est l'expression de la volonté générale. Tous les citoyens ont droit de concourir personnellement, ou par leurs représentants, à sa formation. Elle doit être la même pour tous, soit
15 *qu'elle protège, soit qu'elle punisse. Tous les citoyens étant égaux à ses yeux sont également admissibles à toutes dignités, places et emplois publics, selon leur capacité, et sans autre distinction que celle de leurs vertus et de leurs talents.*

Article 7 : Nul homme ne peut être accusé, arrêté ni détenu que dans les cas déterminés par la loi, et selon les formes qu'elle a prescrites. Ceux qui sollicitent, expédient, exécutent ou font exécuter des ordres

arbitraires, doivent être punis ; mais tout citoyen appelé ou saisi en vertu de la loi doit obéir à
l'instant : il se rend coupable par la résistance.

Article 8 : La loi ne doit établir que des peines strictement et évidemment nécessaires, et nul ne peut
être puni qu'en vertu d'une loi établie et promulguée antérieurement au délit, et légalement appliquée.

Article 9 : Tout homme étant présumé innocent jusqu'à ce qu'il ait été déclaré coupable, s'il est jugé
indispensable de l'arrêter, toute rigueur qui ne serait pas nécessaire pour s'assurer de sa personne doit
être sévèrement réprimée par la loi.

Article 10 : Nul ne doit être inquiété pour ses opinions, même religieuses, pourvu que leur
manifestation ne trouble pas l'ordre public établi par la loi.

Article 11 : La libre communication des pensées et des opinions est un des droits les plus précieux de
l'homme : tout citoyen peut donc parler, écrire, imprimer librement, sauf à répondre de l'abus de cette
liberté dans les cas déterminés par la loi.

Article 12 : La garantie des droits de l'homme et du citoyen nécessite une force publique : cette force est
donc instituée pour l'avantage de tous, et non pour l'utilité particulière de ceux auxquels elle est
confiée.

Article 13 : Pour l'entretien de la force publique, et pour les dépenses d'administration, une
contribution commune est indispensable : elle doit être également répartie entre tous les citoyens, en
raison de leurs facultés.

Article 14 : Tous les citoyens ont le droit de constater, par eux-mêmes, ou par leurs représentants, la
nécessité de la contribution publique, de la consentir librement, d'en suivre l'emploi, et d'en
déterminer la quotité, l'assiette, le recouvrement et la durée.

Article 15 : La société a le droit de demander compte à tout agent public de son administration.

Article 16 : Toute société dans laquelle la garantie des droits n'est pas assurée, ni la séparation des
pouvoirs déterminée, n'a point de constitution.

Article 17 : La propriété étant un droit inviolable et sacré, nul ne peut en être privé, si ce n'est lorsque
la nécessité publique, légalement constatée, l'exige évidemment, et sous la condition d'une juste et
préalable indemnité.

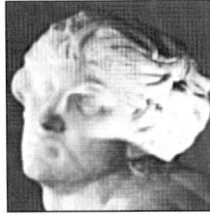

19.

LA LIBERTÉ

L'esclave révolté, Michel-Ange. Musée du Louvre, Paris.

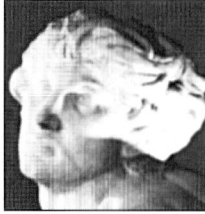

INTRODUCTION

Le mot liberté se rapporte à bien des situations diverses, et, chaque fois, il prend un sens différent ; il revêt en tous ses sens une forte charge affective. D'où l'ironie impatiente de Valéry (**Texte 1**) à l'égard de ce mot qui « chante » mais « qui a fait tous les métiers ».

Un fantasme ?

Les privations de liberté sont également multiples, et c'est par elles que vient à la conscience le sentiment de ce que pourrait être cette liberté dont on ressent le manque. « L'idée de liberté est une réponse à quelque sensation ou à quelque hypothèse de gêne, d'empêchement, de résistance, qui s'oppose soit à une impulsion de notre être, à un désir des sens, à un besoin, soit aussi à l'exercice de notre volonté réfléchie », dit encore Valéry[1] et il ajoute que la liberté ne peut être conçue que par l'effet d'une contrainte. Que l'attention soit obsédée par une douleur physique, par un souci, par une crainte, alors la liberté est conçue comme plein usage des facultés physiques et mentales. Mais quand ce plein usage va de soi, d'autres contraintes se manifestent, celles qui viennent des agents naturels, de la volonté d'autrui, des relations sociales. Tous ces liens ou obstacles suscitent l'aspiration à la liberté, et parfois le **fantasme d'une indépendance absolue** qui serait aussi l'absolue solitude.

Un foisonnement de métaphores

Ces divers empêchements fournissent autant de métaphores : un malade paralysé, un prisonnier enchaîné, un homme ivre, servent de modèles pour imaginer celui qui est ivre de colère, paralysé par un scrupule, lié par une promesse. Ces métaphores nous entraînent parfois à méconnaître la différence entre l'obéissance à un maître, l'enchaînement des causes, l'inertie d'un obstacle. Mais tel rapprochement aide parfois à retrouver une certaine liberté héroïque. Ainsi Émile réduit en esclavage s'efforce de ne voir en son maître qu'une force de la nature, étrangère à toute relation morale.

Le statut d'homme libre

Aux sources de notre culture, la liberté a d'abord été le statut social et politique de l'homme libre. Les droits, les devoirs, les modes de vie supposés lui convenir, ont été élaborés au voisinage de l'esclavage et en contraste avec lui. Presque toutes les civilisations, à un moment ou à un autre, ont connu semblable situation. Outil animé, animal domestique, doué d'assez d'intelligence pour comprendre un ordre, **l'esclave** est privé de droits (**Texte 2**). Sa situation de fait a pu varier selon les temps, les lieux, le caractère du maître, mais toujours le trait fondamental est qu'il ne s'appartient pas. Par contraste, la libre disposition de sa propre personne et le fait d'avoir des droits apparaissent comme la définition élémentaire de la liberté, situation qui n'exclut pas certaines formes de subordination et d'inégalité.

---

1. Valéry, *Regards sur le monde actuel*, « la Liberté de l'esprit » (1939), in Œuvres, tome II, Éd. Gallimard, p. 1095.

Le citoyen

Dans cette perspective, l'homme libre par excellence est le **citoyen**. Le citoyen pour Aristote est celui qui tantôt commande et tantôt obéit. Il a vocation à exercer dans des assemblées une part du pouvoir législatif et judiciaire[1]. Non que tous réalisent constamment cette virtualité, mais chacun en a le **droit**. C'était en effet un thème important de discussion que de décider si tous les hommes libres devaient avoir les attributs du citoyen, ou si cette participation au pouvoir devait être réservée à quelques-uns, supposés être les meilleurs.

Le despote

Dans le cas limite (mais attesté dans l'histoire) du **despotisme**, un seul commande toujours et n'obéit jamais. Il est seul « libre ». Les autres obéissent toujours. Une telle situation soulève une énigme : comment un seul peut-il se faire obéir d'une foule ? La Boétie **(Texte 3)** démonte le mécanisme de cette « servitude volontaire ». La plupart de ces maîtres absolus, au cours des âges et jusqu'aux plus récents, ont laissé des souvenirs de cruauté, exemples du vertige qui peut saisir une liberté lorsqu'elle se met au-dessus de tout contrôle. Cependant à diverses époques s'est formé le rêve d'un « despotisme éclairé », d'un roi dont le pouvoir arbitraire et bienveillant n'ordonnerait que le bien du peuple[2]. Diderot **(Texte 4)** explique pourquoi « le gouvernement arbitraire d'un prince juste et éclairé est toujours mauvais ». Nul paradoxe ici. La bonté même du prince enlève aux sujets ce droit de contestation qui, même dans les cas où ils ont tort sur le fond, est la marque des citoyens libres. C'est à ce prix qu'ils sortent d'une condition infantile. Qu'une telle liberté soit dangereuse, c'est trop évident. Son absence est encore plus dangereuse. C'est ce qui rend particulièrement précieuse la **liberté de la presse** même lorsqu'elle permet des attaques satiriques. Un chef dont on peut se moquer impunément ne sera jamais un tyran **(Texte 10)**. Mais la libre expression des pensées peut conduire à des attaques, des indiscrétions, des calomnies aussi bien contre des particuliers que contre des institutions. Cette liberté doit être aménagée. Mais comment aménager une liberté sans la détruire[3] ?

Liberté intérieure et vie publique

Si la liberté est ce qui convient à celui qui n'est point esclave, il semble que l'on puisse la définir comme **initiative** et **autonomie**. A partir de là on peut tenter de décrire les traits de caractère moraux qui conviennent à l'homme libre, en les détachant de toute circonstance extérieure. Ainsi les philosophes stoïciens se sont efforcés de se penser comme libres — indépendamment de tout statut politique —, citoyens du monde et fils de Zeus, fussent-ils esclave comme Épictète **(Texte 6)** ou empereur comme Marc Aurèle. Inspiré par le stoïcisme, Rousseau montre Émile, devenu vagabond puis esclave, qui essaye de se penser comme aussi libre qu'un sauvage au fond des bois[4]. Mais une telle liberté, idéal que vise un effort héroïque, suppose un dédain total de la souffrance et une confiance religieuse[5] en l'ordre de l'univers. Des

---

1. Aristote, *Politique*, Livre III, chapitre 1, 1275 - a 23.
2. Aristote, *Politique*, III, 7.
3. Tocqueville, *De la Démocratie en Amérique* (1835), tome I, 2e partie, II, Éd. U.G.E., 10-18, 1963, pp. 115-116.
4. *Émile et Sophie ou les Solitaires*, Œuvres, t. IV, Bibliothèque de la Pléiade, p. 916.
5. Voir le chapitre « Le fait religieux », texte 5, pp. 281-282.

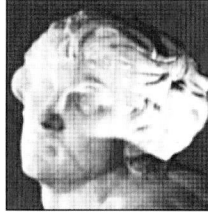

pensées purement intérieures risquent de devenir vaines et vides. « Pense-rions-nous beaucoup et penserions-nous bien sans le pouvoir de communi-quer avec nos semblables ? » **(Texte 8)**. Il faut que la liberté sorte de ce lieu obscur qu'est le cœur humain et trouve place dans le monde. C'est ce que seule peut réaliser « une vie publique politiquement garantie » **(Texte 7)**.

Le heurt des libertés

« Quand chacun fait ce qu'il lui plaît, on fait souvent ce qui déplaît à d'autres. » Sous peine de tomber dans un mortel chaos, il faut des limites à **l'indépendance**. Mais trop souvent dans l'histoire ces limites ont été mar-quées par la suppression brutale des libertés. C'est pourquoi la *Déclaration des Droits de l'Homme* (article 4) définit la liberté, non comme le pouvoir de faire ce que l'on veut ou ce qui plaît, mais comme le pouvoir de faire « tout ce qui ne nuit pas à autrui[1] ». Qu'il s'agisse de la liberté ou de tout autre droit, son exercice a pour bornes la nécessité d'assurer à autrui la jouissance de ce même droit. C'est pourquoi « il n'y a point de liberté sans lois » **(Texte 5)**.

Deux sortes de libertés

Nous saisissons ici l'équivoque du concept de liberté, car la loi est ressentie par l'individu comme une contrainte. Elle interdit à chacun de faire « tout ce qui lui plaît » et c'est par là seulement qu'elle le protège du bon plaisir d'autrui. Ainsi se dessinent deux situations : une liberté sauvage, que Rous-seau a longuement rêvée, qu'il situe dans la solitude d'une nature intacte et dont il convient qu'elle est celle d'un animal « stupide et borné » **(Texte 9)**. Maintenue entre des hommes vivant ensemble, elle donnerait un état de vio-lence généralisé, cet état dont Hobbes a cru qu'il était l'état de nature et dont Rousseau fait une étape dans le développement de l'humanité. L'autre est une **liberté par la loi**. Elle convient à un être sociable, moral et raisonnable. Décrire le passage de l'une à l'autre comme un « instant », c'est substituer à l'histoire un schéma théorique propre seulement à illustrer les concepts. Ce qu'un tel scénario nous apprend, c'est à la fois l'opposition et la complémen-tarité entre une liberté faite de spontanéité vitale et de puissance et une liber-té raisonnable qui se définit comme autonomie. Cette autonomie est étymolo-giquement « l'obéissance à la loi qu'on s'est prescrite » **(Texte 9)**.

La liberté du sujet pensant

La loi, qui limite la liberté de chacun comme le suggère l'étymologie, lui laisse cependant un champ d'action, variable selon les circonstances, où il peut faire ce qu'il lui plaît, ce qu'il juge bon, bref ce qu'il veut. Notre attention est alors reportée du statut politique du citoyen vers la **volonté** du sujet pensant. Cette volonté a été souvent conçue comme initiative absolue et arbitraire, venant rompre la chaîne des causes. Agir sans raison, est-ce possible ? Cette forme de liberté a souvent paru aux moralistes indispensable pour assurer la responsabilité de l'agent moral. Elle a été niée comme impen-sable, accusée de transformer l'homme en un magicien surnaturel. Mais alors les motifs et les raisons ont été traités en causes que l'on ne peut sépa-rer du cours général de la nature : « Les hommes se croient libres parce qu'ils sont conscients de leurs volitions et de leur appétit et qu'ils ne pensent pas aux causes qui les disposent à désirer et à vouloir, causes qu'ils ignorent[2] ».

1. Voir le chapitre « la Justice », Document, p. 401.
2. Spinoza, *Éthique*, Livre 1, appendice et chapitre « la Conscience », texte 14, pp. 25-26.

La conscience de la liberté est la conscience de soi de l'homme raisonnable, qui juge sainement. Le même Spinoza qui rattache l'illusion de la liberté à l'ignorance de soi-même, identifie constamment «l'homme libre» et «l'homme qui vit sous la conduite de la raison[1]». Deux difficultés principales pèsent sur les débats autour de la conscience que chacun a de son libre arbitre.

Liberté devant Dieu

La première concerne les rapports avec les Dieux ou avec Dieu. Pris dans le flux du temps, contraint de se décider par rapport à un avenir qu'il ignore, l'homme cherche des secours qui vont de la magie la plus grossière à la religion la plus spirituelle. Mais ces secours s'accompagnent du sentiment «d'être une créature», terreur et gratitude jointes. Lorsque la pensée spéculative des théologiens tente de mettre en ordre ces divers motifs, elle se perd dans des labyrinthes inextricables où l'homme, créature morale et responsable, cependant dans la main d'un créateur tout-puissant et qui prévoit tout, est obligé de se penser à la fois totalement dépendant et totalement autonome.

Mais il ne faut pas croire qu'un univers désenchanté, une nature sans mystère, soient pour autant les lieux de la liberté. La pensée scientifique, dans ses premiers triomphes, a remplacé Dieu par un déterminisme abstrait, tout aussi contraignant, dont Laplace a donné la formule : « Une intelligence qui, pour un instant donné, connaîtrait toutes les forces dont la nature est animée et la situation respective des êtres qui la composent, si d'ailleurs elle était assez vaste pour soumettre ces données à l'analyse, embrasserait dans la même formule le mouvement des plus grands corps de l'univers et ceux du plus léger atome ; rien ne serait incertain pour elle et l'avenir comme le passé serait présent à ses yeux[2]. » C'est à cette formule que songe Valéry (**Texte 1**) : « Le malheur veut que « tout savoir » n'ait aucun sens. » Entendons : aucun sens pour une intelligence humaine ; il en aurait peut-être pour une pensée divine. Cette métaphysique d'un savant qui croyait ne pas faire intervenir Dieu dans son système est restée secrètement théologique. Que ce soit chez les savants ou chez les philosophes, la pensée moderne pose les problèmes de la liberté en d'autres termes. Elle prend la relation causale comme un outil intellectuel qui interroge les phénomènes, mais ne totalise pas l'univers à la façon de Laplace (**Textes 13 et 14**). Le monde physique reste ouvert.

Quant au sujet humain, il est certes dépendant, mais il agit et réagit. Les impulsions, les sentiments et même les raisons ne sont pas pour autant des causes mécaniques distinctes ; ce ne sont pas des *choses* (**Texte 12**). Le temps dans lequel il doit vivre est plus une durée créatrice qu'une dimension mathématique. Cela implique qu'il affronte l'angoisse liée à un avenir ouvert et à un passé irrémédiable. Responsable, non pas de tout, mais d'un petit secteur de la réalité humaine et même naturelle : une forêt qui brûle pour une allumette mal éteinte, c'est à la fois un exemple et un symbole de cette responsabilité humaine. L'idée d'un Dieu qui veut tout ce qui est ne dispense pas de faire attention.

---

1. Voir notamment le *Traité politique* (1677), II, § XI, et *Traité théologico-politique* (1670), chapitre XVI.
2. Laplace, *Essai philosophique sur les probabilités*, 1814, et chapitre «Théorie et expérience », p. 119.

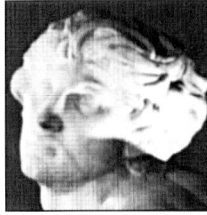

TEXTES

I. UN FANTASME AMBIGU

Texte 1

Ambiguïté d'un mot
qui chante

VALÉRY

LIBERTÉ : c'est un de ces détestables mots qui ont plus de valeur que de sens ;
qui chantent plus qu'ils ne parlent ; qui demandent plus qu'ils ne répondent ; de
ces mots qui ont fait tous les métiers, et desquels la mémoire est barbouillée de
Théologie, de Métaphysique, de Morale et de Politique ; mots très bons pour la
5 controverse, la dialectique, l'éloquence ; aussi propres aux analyses illusoires et
aux subtilités infinies qu'aux fins de phrases qui déchaînent le tonnerre.

Je ne trouve une signification précise à ce nom de « Liberté » que dans la
dynamique et la théorie des mécanismes, où il désigne l'excès du nombre qui
définit un système matériel sur le nombre des gênes qui s'opposent aux défor-
10 mations de ce système, ou qui lui interdisent certains mouvements.

Cette définition qui résulte d'une réflexion sur une observation toute
simple, méritait d'être rappelée en regard de l'impuissance remarquable de la
pensée morale à circonscrire dans une formule ce qu'elle entend elle-même par
« liberté » d'un être vivant et doué de conscience de soi-même et de ses actions.

15 Les uns, donc, ayant rêvé que l'homme était libre, sans pouvoir dire au juste
ce qu'ils entendaient par ces mots, les autres, aussitôt, imaginèrent et soutin-
rent qu'il ne l'était pas. Ils parlèrent de fatalité, de nécessité, et, beaucoup plus
tard, de déterminisme ; mais tous ces termes sont exactement du même degré
de précision que celui auquel ils s'opposent. Ils n'importent rien dans l'affaire
20 qui la retire de ce vague où tout est vrai. Le « déterministe » nous jure que si
l'on savait tout, l'on saurait aussi déduire et prédire la conduite de chacun en
toute circonstance, ce qui est assez évident. Le malheur veut que « *tout savoir* »
n'ait aucun sens.

P. Valéry, *Regards sur le monde actuel,*
« Fluctuations sur la liberté » (1938), in *Œuvres,* tome II,
Bibliothèque de la Pléiade, Éd. Gallimard, 1960, p. 951.

II. L'HOMME PRIVÉ DE LIBERTÉ

Texte 2

L'homme - instrument

ARISTOTE

Les instruments [...] sont les uns inanimés et les autres animés (par exemple pour le pilote, la barre est un être inanimé, et le timonier un être animé : car dans les divers métiers, celui qui aide rentre dans le genre instrument). De même également, la chose dont on est propriétaire est un instrument en vue d'assurer la vie, et la propriété dans son ensemble, une multiplicité d'instruments ; l'esclave lui-même est une sorte de propriété animée, et tout homme au service d'autrui est comme un instrument qui tient lieu d'instrument[1]. Si, en effet, chaque instrument était capable, sur une simple injonction ou même pressentant ce qu'on va lui demander, d'accomplir le travail qui lui est propre, comme on le raconte des statues de Dédale ou des trépieds d'Héphaïstos, lesquels, dit le poète, *Se rendaient d'eux-mêmes à l'assemblée des dieux*[2]. Si, de la même manière, les navettes tissaient d'elles-mêmes, et les plectres[3] pinçaient tout seuls la cithare, alors, ni les chefs d'artisans n'auraient besoin d'ouvriers, ni les maîtres d'esclaves.

Aristote, *Politique* (IVᵉ siècle av. J.-C.),
traduction de J. Tricot, Éd. Vrin, Livre 4, 1253-b28.

Texte 3

La mécanique
du pouvoir

LA BOÉTIE

Mais maintenant je viens à mon avis à un point, lequel est le secret et le ressort de la domination, le soutien et fondement de la tyrannie. [...] Ce ne sont pas les bandes de gens à cheval, ce ne sont pas les compagnies de gens à pied, ce ne sont pas les armes, qui défendent le tyran. Mais on ne le croira pas du premier coup ; toutefois il est vrai. Ce sont toujours quatre ou cinq qui maintiennent le tyran, quatre ou cinq qui lui tiennent le pays tout en servage. Toujours il a été, que cinq ou six ont eu l'oreille du tyran, et s'y sont approchés d'eux-mêmes, ou bien ont été appelés par lui, pour être les complices de ses cruautés, les compagnons de ses plaisirs, maquereaux de ses voluptés, et communs aux biens de ses pilleries. Ces six adressent[4] si bien leur chef, qu'il faut pour la société, qu'il soit méchant, non pas seulement de ses méchancetés, mais encore des leurs. Ces six ont six cents, qui profitent sous eux, et font de leurs six cents ce que les six font au tyran. Ces six cents tiennent sous eux six mille, qu'ils ont élevés en état, auxquels ils ont fait donner ou le gouvernement des Provinces, ou le maniement des deniers, afin qu'ils tiennent la main à leur avarice, et cruauté, et qu'ils l'exé-

---

1. Traduction discutée. D'autres traduisent : « un instrument placé avant les autres », c'est-à-dire le premier des instruments.
2. Homère, *Iliade*, XVIII, 376.
3. Petite baguette servant à gratter, pincer les cordes de la lyre, de la cithare.
4. C'est-à-dire « influencent ».

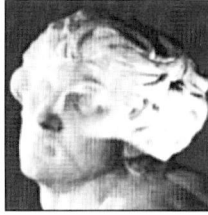

cutent quand il sera temps, et fassent tant de mal d'ailleurs, qu'ils ne puissent durer que sous leur ombre, ni s'exempter que par leur moyen des lois et de la peine. Grande est la suite qui vient après de cela. [...]

20   Ainsi le tyran asservit les sujets les uns par le moyen des autres, et est gardé par ceux, desquels, s'ils valaient rien[1], il se devrait garder, mais comme on dit, pour fendre le bois il se fait des coins du bois même.

La Boétie, *Discours sur la servitude volontaire*[2],
Éd. Garnier-Flammarion, pp. 162-164.

Texte 4

Illusion
du despotisme éclairé

DIDEROT

Le gouvernement arbitraire d'un prince juste et éclairé est toujours mauvais. Ses vertus sont la plus dangereuse et la plus sûre des séductions : elles accoutument insensiblement un peuple à aimer, à respecter, à servir son successeur quel qu'il soit, méchant et stupide. Il enlève au peuple le droit de délibérer, de

5   vouloir ou ne vouloir pas, de s'opposer même à sa volonté, lorsqu'il ordonne le bien ; cependant ce droit d'opposition, tout insensé qu'il est, est sacré : sans quoi les sujets ressemblent à un troupeau dont on méprise la réclamation, sous prétexte qu'on le conduit dans de gras pâturages. En gouvernant selon son bon plaisir, le tyran commet le plus grand des forfaits. Qu'est-ce qui caractérise le

10 despote ? est-ce la bonté ou la méchanceté ? Nullement ; ces deux notions n'entrent pas seulement dans sa définition. C'est l'étendue et non l'usage de l'autorité qu'il s'arroge. Un des plus grands malheurs qui pût arriver à une nation, ce seraient deux ou trois règnes d'une puissance juste, douce, éclairée, mais arbitraire : les peuples seraient conduits par le bonheur à l'oubli complet

15 de leurs privilèges, au plus parfait esclavage. Je ne sais si jamais un tyran et ses enfants se sont avisés de cette redoutable politique ; mais je ne doute aucunement qu'elle ne leur eût réussi. Malheur aux sujets en qui l'on anéantit tout ombrage sur leur liberté, même par les voies les plus louables en apparence. Ces voies n'en sont que plus funestes pour l'avenir. C'est ainsi que l'on tombe

20 dans un sommeil fort doux, mais dans un sommeil de mort, pendant lequel le sentiment patriotique s'éteint, et l'on devient étranger au gouvernement de l'État. Supposez aux Anglais trois Élisabeth[3] de suite, et les Anglais seront les derniers esclaves de l'Europe.

Diderot, *Réfutation d'Helvétius* (1775), Éd. Garnier, p. 610.

---

1. C'est-à-dire « s'ils avaient quelque valeur ». Anciennement, « rien », sans négation, avait le sens positif de « quelque chose ».
2. Date discutée : d'après Montaigne, 1546. La Boétie avait alors 16 ans.
3. Il s'agit d'Élisabeth 1re (1533-1603), reine d'Angleterre de 1558 à 1603.

III. L'HOMME LIBRE
DE DIVERSES MANIÈRES

Texte 5

Point de liberté
sans lois

ROUSSEAU

On a beau vouloir confondre l'indépendance et la liberté, ces deux choses sont
si différentes que même elles s'excluent mutuellement. Quand chacun fait ce
qu'il lui plaît, on fait souvent ce qui déplaît à d'autres, et cela ne s'appelle pas
un état libre. La liberté consiste moins à faire sa volonté qu'à n'être pas soumis
5 à celle d'autrui ; elle consiste encore à ne pas soumettre la volonté d'autrui à la
nôtre. Quiconque est maître ne peut être libre, et régner c'est obéir. Vos
Magistrats savent cela mieux que personne, eux qui comme Othon[1] n'omet-
tent rien de servile pour commander. Je ne connais de volonté vraiment libre
que celle à laquelle nul n'a droit d'opposer de la résistance ; dans la liberté
10 commune nul n'a droit de faire ce que la liberté d'un autre lui interdit, et la
vraie liberté n'est jamais destructive d'elle-même. Ainsi la liberté sans la justice
est une véritable contradiction ; car comme qu'on s'y prenne tout gêne dans
l'exécution d'une volonté désordonnée.

Il n'y a donc point de liberté sans Lois, ni où quelqu'un est au-dessus des
15 Lois : dans l'état même de nature l'homme n'est libre qu'à la faveur de la Loi
naturelle qui commande à tous. Un peuple libre obéit, mais il ne sert pas ; il a
des chefs et non pas des maîtres ; il obéit aux Lois, mais il n'obéit qu'aux Lois
et c'est par la force des Lois qu'il n'obéit pas aux hommes. [...]

Un Peuple est libre, quelque forme qu'ait son Gouvernement, quand dans
20 celui qui gouverne il ne voit point l'homme, mais l'organe de la loi.

Rousseau, *Lettres écrites de la Montagne*, (1764), in *Œuvres*, t. III,
Bibliothèque de la Pléiade, Éd. Gallimard, p. 841.

Texte 6

« Tu n'as aucun
pouvoir sur moi »

ÉPICTÈTE

Un tyran me dit : « Je suis le maître, je peux tout. — Eh ! que peux-tu ? Peux-tu
te donner un bon esprit ? Peux-tu m'ôter ma liberté ? Eh ! que peux-tu donc ?
Sur un vaisseau, ne dépends-tu pas du pilote ? Sur ton char, ne dépends-tu pas
du cocher ? — Tout le monde me fait la cour. — Mais te la fait-on comme à
5 un homme ? Montre-moi quelqu'un qui te prenne pour tel, qui voulût te ressembler, qui voulût marcher sur tes traces comme sur celles de Socrate. —
Mais je puis te faire couper le cou. — Tu parles bien. J'avais oublié qu'il faut te
faire la cour comme aux dieux nuisibles, et t'offrir des sacrifices comme à la
fièvre. N'a-t-elle pas un autel à Rome ? Tu le mérites plus qu'elle, car tu es plus

1. Né en 32, mort en 69. Il ne fut empereur que quelques mois. Tacite dit de lui qu'il employa
« tous les procédés serviles pour obtenir le pouvoir suprême » (*Histoires*, I, 36).

329

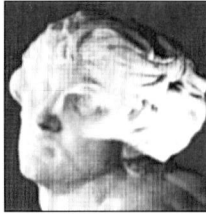

10 malfaisant. Mais que tes satellites et toute ta pompe effraient et troublent la
vile populace, tu ne me troubleras point ; je ne puis être troublé que par moi-
même. Tu as beau me menacer, je te dis que je suis libre. — Toi libre ! Et comment ? — C'est la divinité même qui m'a affranchi. Penses-tu qu'elle souffre
que son fils tombe sous ta puissance ? Tu es le maître de ma carcasse ; prends-
15 la. Tu n'as aucun pouvoir sur moi. »

Épictète, *Entretiens* (vers 100 ap. J.-C.), livre I, 52,
traduction d'A. Dacier, 1723, *les Stoïciens,*
Éd. P.U.F., les Grands Textes, p. 14.

Texte 7

ARENDT

Liberté politique
et liberté intérieure

Le champ où la liberté a toujours été connue, non comme un problème certes,
mais comme un fait de la vie quotidienne, est le domaine politique. [...]

En dépit de la grande influence que le concept d'une liberté intérieure non
politique a exercée sur la tradition de la pensée, il semble qu'on puisse affirmer
5 que l'homme ne saurait rien de la liberté intérieure s'il n'avait d'abord expéri-
menté une liberté qui soit une réalité tangible dans le monde. Nous prenons
conscience d'abord de la liberté ou de son contraire dans notre commerce avec
d'autres, non dans le commerce avec nous-mêmes. Avant de devenir un attribut de la pensée ou une qualité de la volonté, la liberté a été comprise comme
10 le statut de l'homme libre, qui lui permettait de se déplacer, de sortir de son
foyer, d'aller dans le monde et de rencontrer d'autres gens en actes et en
paroles. [...]

Manifestement, la liberté ne caractérise pas toute forme de rapports
humains et toute espèce de communauté. Là où des hommes vivent ensemble
15 mais ne forment pas un corps politique — par exemple, dans les sociétés tri-
bales ou dans l'intimité du foyer — les facteurs réglant leurs actions et leur
conduite ne sont pas la liberté, mais les nécessités de la vie et le souci de sa
conservation. En outre, partout où le monde fait par l'homme ne devient pas
scène pour l'action et la parole — par exemple dans les communautés gouver-
20 nées de manière despotique qui exilent leurs sujets dans l'étroitese du foyer et
empêchent ainsi la naissance d'une vie publique — la liberté n'a pas de réalité
mondaine[1]. Sans une vie publique politiquement garantie, il manque à la
liberté l'espace mondain où faire son apparition. Certes, elle peut encore habiter le cœur des hommes comme désir, volonté, souhait ou aspiration ; mais le
25 cœur humain, nous le savons tous, est un lieu très obscur, et tout ce qui se
passe dans son obscurité ne peut être désigné comme un fait démontrable. La

---

1. Désigne ici une réalité qui prend place dans le monde.

liberté comme fait démontrable et la politique coïncident et sont relatives l'une à l'autre comme deux côtés d'une même chose.

H. Arendt[1], *la Crise de la culture*, « Qu'est-ce que la liberté ? », traduction P. Lévy, collection Idées, Éd. Gallimard, 1972, pp. 189-193.

Texte 8

De la liberté de penser à la liberté d'expression

KANT

A la liberté de penser s'oppose, en premier lieu, la contrainte civile. On dit, il est vrai, que la liberté de parler ou d'écrire peut nous être ôtée par une puissance supérieure, mais non pas la liberté de penser. Mais penserions-nous beaucoup, et penserions-nous bien, si nous ne pensions pas pour ainsi dire en
5   commun avec d'autres, qui nous font part de leurs pensées et auxquels nous communiquons les nôtres ? Aussi bien, l'on peut dire que cette puissance extérieure qui enlève aux hommes la liberté de communiquer publiquement leurs pensées, leur ôte également la liberté de penser — l'unique trésor qui nous reste encore en dépit de toutes les charges civiles et qui peut seul apporter un
10   remède à tous les maux qui s'attachent à cette condition.

En second lieu, la liberté de penser est prise au sens où elle s'oppose à la contrainte exercée sur la conscience. C'est là ce qui se passe lorsqu'en matière de religion en dehors de toute contrainte externe, des citoyens se posent en tuteurs à l'égard d'autres citoyens et que, au lieu de donner des arguments, ils
15   s'entendent, au moyen de formules de foi obligatoires et en inspirant la crainte poignante du danger d'une recherche personnelle, à bannir tout examen de la raison grâce à l'impression produite à temps sur les esprits.

En troisième lieu, la liberté de penser signifie que la raison ne se soumette à aucune autre loi que celle qu'elle se donne à elle-même. Et son contraire est la
20   maxime d'un usage sans loi de la raison — afin, comme le génie en fait le rêve, de voir plus loin qu'en restant dans les limites de ses lois. Il s'ensuit comme naturelle conséquence que, si la raison ne veut point être soumise à la loi qu'elle se donne à elle-même, il faut qu'elle s'incline sous le joug des lois qu'un autre lui donne ; car sans la moindre loi, rien, pas même la plus grande absur-
25   dité, ne pourrait se maintenir bien longtemps. Ainsi l'inévitable conséquence de cette absence explicite de loi de la pensée ou d'un affranchissement des restrictions imposées par la raison, c'est que la liberté de penser y trouve finalement sa perte. Et puisque ce n'est nullement la faute d'un malheur quelconque, mais d'un véritable orgueil, la liberté est perdue par étourderie au sens
30   propre de ce terme.

Kant, *Qu'est-ce que s'orienter dans la pensée ?* (1786), traduction d'A. Philonenko, Éd. Vrin, 1959, pp. 86-87.

1. Philosophe américaine d'origine allemande (1906-1975).

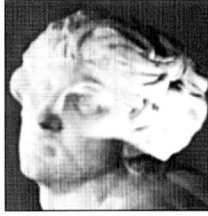

Texte 9

Liberté naturelle
et liberté civile

ROUSSEAU

Ce passage de l'état de nature à l'état civil produit dans l'homme un changement très remarquable, en substituant dans sa conduite la justice à l'instinct, et donnant à ses actions la moralité qui leur manquait auparavant. C'est alors seulement que la voix du devoir succédant à l'impulsion physique et le droit à
5 l'appétit, l'homme, qui jusque-là n'avait regardé que lui-même, se voit forcé d'agir sur d'autres principes, et de consulter sa raison avant d'écouter ses penchants. Quoiqu'il se prive dans cet état de plusieurs avantages qu'il tient de la nature, il en regagne de si grands, ses facultés s'exercent et se développent, ses idées s'étendent, ses sentiments s'ennoblissent, son âme tout entière s'élève à
10 tel point, que si les abus de cette nouvelle condition ne le dégradaient souvent au-dessous de celle dont il est sorti, il devrait bénir sans cesse l'instant heureux qui l'en arracha pour jamais, et qui, d'un animal stupide et borné, fit un être intelligent et un homme.

Réduisons toute cette balance à des termes faciles à comparer. Ce que
15 l'homme perd par le contrat social, c'est sa liberté naturelle et un droit illimité à tout ce qui le tente et qu'il peut atteindre ; ce qu'il gagne, c'est la liberté civile et la propriété de tout ce qu'il possède. Pour ne pas se tromper dans ces compensations, il faut bien distinguer la liberté naturelle qui n'a pour bornes que les forces de l'individu, de la liberté civile qui est limitée par la volonté généra
20 le, et la possession qui n'est que l'effet de la force ou le droit du premier occupant, de la propriété qui ne peut être fondée que sur un titre positif. On pourrait sur ce qui précède ajouter à l'acquis de l'état civil la liberté morale, qui seule rend l'homme vraiment maître de lui ; car l'impulsion du seul appétit est esclavage, et l'obéissance à la loi qu'on s'est prescrite est liberté.

Rousseau, *Du Contrat social* (1762), livre I, chap. VIII,
Éd. Garnier-Flammarion.

Texte 10

« Ironie, vraie
liberté ! »

PROUDHON

La liberté produit tout dans le monde, tout, dis-je, même ce qu'elle y vient détruire, aujourd'hui, religion, gouvernement, noblesse, propriété. De même que la Raison, sa sœur, n'a pas plus tôt construit un système, qu'elle travaille à l'étendre et à le refaire, ainsi la Liberté tend continuellement à convertir ses
5 créations antérieures, à s'affranchir des organes qu'elle s'est donnés et à s'en procurer de nouveaux, dont elle se détachera comme des premiers, et qu'elle prendra en pitié et en aversion jusqu'à ce qu'elle les ait remplacés par d'autres.

La Liberté, comme la Raison, n'existe et ne se manifeste que par le dédain incessant de ses propres œuvres ; elle périt dès qu'elle s'adore. C'est pourquoi
10 l'ironie fut de tout temps le caractère du génie philosophique et libéral, le sceau de l'esprit humain, l'instrument irrésistible du progrès. Les peuples stationnaires sont tous des peuples graves : l'homme du peuple qui rit est mille

332

fois plus près de la raison et de la liberté que l'anachorète[1] qui prie ou le philosophe qui argumente.

15 Ironie, vraie liberté ! c'est toi qui me délivres de l'ambition du pouvoir, de la servitude des partis, du respect de la routine, du pédantisme de la science, de l'admiration des grands personnages, des mystifications de la politique, du fanatisme des réformateurs, de la superstition de ce grand univers et de l'adoration de moi-même.

Proudhon, *les Confessions d'un Révolutionnaire, pour servir à l'histoire de la révolution de février* (1849), Éd. M. Rivière, 1929, pp. 291-292.

IV. LE SUJET LIBRE

Texte 11

« Ils ne sont pas mûrs pour la liberté »

KANT

J'avoue de ne pas pouvoir me faire très bien à cette expression dont usent aussi des hommes sensés : un certain peuple (en train d'élaborer sa liberté légale) n'est pas mûr pour la liberté ; les serfs d'un propriétaire terrien ne sont pas encore mûrs pour la liberté ; et de même aussi les hommes ne sont pas encore
5 mûrs pour la liberté de conscience. Dans une hypothèse de ce genre la liberté ne se produira jamais ; car on ne peut *mûrir* pour la liberté, si l'on n'a pas été mis au préalable en liberté (il faut être libre pour pouvoir se servir utilement de ses forces dans la liberté). Les premiers essais en seront sans doute grossiers et liés d'ordinaire à une condition plus pénible et plus dangereuse que lorsque
10 l'on se trouvait encore sous les ordres, mais ausi confié aux soins d'autrui ; cependant jamais on ne mûrit pour la raison autrement que grâce à ses tentatives *personnelles* (qu'il faut être libre de pouvoir effectuer). Je ne fais pas d'objection à ce que ceux qui détiennent le pouvoir renvoient encore loin, bien loin, obligés par les circonstances, le moment d'affranchir les hommes de ces
15 trois chaînes. Mais, ériger en principe que la liberté ne vaut rien d'une manière générale pour ceux qui leur sont assujettis et qu'on ait le droit de les en écarter toujours, c'est là une atteinte aux droits régaliens[2] de la divinité elle-même qui a créé l'homme pour la liberté. Il est plus commode évidemment de régner dans l'État, la famille et l'Église quand on peut faire aboutir un pareil principe.
20 Mais est-ce aussi plus juste ?

Kant, *la Religion dans les limites de la simple raison* (1793), traduction de J. Gibelin, Éd. Vrin, 1972, p. 245, note.

---

1. Religieux contemplatif et solitaire.
2. Droits attachés à la souveraineté ; « régalien » est une forme ancienne pour « royal », qui a subsisté dans le vocabulaire juridique.

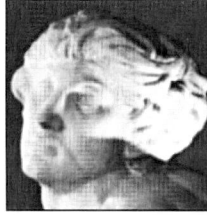

SARTRE

La liberté n'est pas
dans le choix,
mais dans le projet
d'existence

De cela résulte que la délibération volontaire est toujours truquée. Comment, en effet, apprécier des motifs et des mobiles auxquels précisément je confère leur valeur avant toute délibération et par le choix que je fais de moi-même ? L'illusion ici vient de ce qu'on s'efforce de prendre les motifs et les mobiles
5 pour des choses entièrement transcendantes, que je soupèserais comme des poids et qui posséderaient un poids comme une propriété permanente. Cependant que, d'autre part, on veut y voir des contenus de conscience ; ce qui est contradictoire. En fait, motifs et mobiles n'ont que le poids que mon projet, c'est-à-dire la libre production de la fin et de l'acte connu à réaliser, leur confè-
10 re. Quand je délibère, les jeux sont faits. Et si je dois en venir à délibérer, c'est simplement parce qu'il entre dans mon projet originel de me rendre compte des mobiles *par la délibération* plutôt que par telle ou telle autre forme de découverte (par la passion, par exemple, ou tout simplement par l'action, qui révèle l'ensemble organisé des motifs et des fins comme mon langage
15 m'apprend ma pensée). Il y a donc un choix de la délibération comme procédé qui m'annoncera ce que je projette, et par suite ce que je suis. Et *le choix* de la délibération est organisé avec l'ensemble mobiles-motifs et fin par la spontanéité libre. Quand la volonté intervient, la décision est prise et elle n'a d'autre valeur que celle d'une annonciatrice.

J.-P. Sartre, *l'Être et le Néant* (1943), collection Tel,
Éd. Gallimard, 1976, pp. 505-506.

ALAIN

Fatalisme
et déterminisme
sont deux doctrines
opposées

On peut prédire ce qui arrivera dans un système clos, ou à peu près clos, par exemple dans un calorimètre, dans un circuit électrique, dans le système solaire, si l'on considère les positions des astres seulement. [...]
Il est inévitable qu'un esprit exercé aux sciences étende encore cette idée
5 déterministe à tous les systèmes réels, grands ou petits.
Ces temps de destruction mécanique[1] ont offert des exemples tragiques de cette détermination par les causes sur lesquels des millions d'hommes ont réfléchi inévitablement. Un peu moins de poudre dans la charge, l'obus allait moins loin, j'étais mort. L'accident le plus ordinaire donne lieu à des
10 remarques du même genre ; si ce passant avait trébuché, cette ardoise ne l'aurait point tué. Ainsi se forme l'idée déterministe populaire, moins rigoureuse que la scientifique, mais tout aussi raisonnable. Seulement l'idée fataliste s'y mêle, on voit bien pourquoi, à cause des actions et des passions qui sont toujours mêlées aux événements que l'on remarque. On conclut que cet
15 homme devait mourir là, et que c'était sa destinée, ramenant ainsi en scène

---
1. Écrit pendant la guerre de 1914-1918.

cette opinion de sauvage que les précautions ne servent pas contre le dieu, ni contre le mauvais sort. Cette confusion est cause que les hommes peu instruits acceptent volontiers l'idée déterministe ; elle répond au fatalisme, superstition bien forte et bien naturelle comme on l'a vu.

20   Ce sont pourtant des doctrines opposées ; l'une chasserait l'autre si l'on regardait bien. L'idée fataliste, c'est que ce qui est écrit ou prédit se réalisera quelles que soient les causes ; les fables d'Eschyle tué par la chute d'une maison, et du fils du roi qui périt par l'image d'un lion nous montrent cette superstition à l'état naïf. Et le proverbe dit de même que l'homme qui est né pour
25   être noyé ne sera jamais pendu. Au lieu que, selon le déterminisme, le plus petit changement écarte de grands malheurs, ce qui fait qu'un malheur bien clairement prédit n'arriverait point. Mais on sait que le fatalisme ne se rend pas pour si peu. Si le malheur a été évité, c'est que fatalement il devait l'être. Il était écrit que tu guérirais, mais il l'était aussi que tu prendrais le remède, que
30   tu demanderais le médecin, et ainsi de suite. Le fatalisme se transforme ainsi en un déterminisme théologique ; et l'oracle devient un dieu parfaitement instruit, qui voit d'avance les effets parce qu'il voit aussi les causes. Il reste à disputer si c'est la bonté de Dieu ou sa sagesse qui l'emportera. Ces jeux de paroles sont sans fin.

Alain, *Éléments de philosophie*[1] (1941), collection Idées,
Éd. Gallimard, p. 240.

Texte 14 A   POPPER

Les Mondes 1, 2, 3

Par « Monde 1 », j'entends ce qui, d'habitude, est appelé le monde de la physique, des pierres, des arbres et des champs physiques des forces. J'entends également y inclure les mondes de la chimie et de la biologie. Par « Monde 2 », j'entends le monde psychologique, c'est-à-dire le monde des sentiments, de la
5   crainte et de l'espoir, des dispositions à agir et de toutes sortes d'expériences subjectives, y compris les expériences subconscientes et inconscientes.

Par « Monde 3 », j'entends le monde des productions de l'esprit humain. Quoique j'y inclue les œuvres d'art ainsi que les valeurs éthiques et les institutions sociales (et donc, autant dire les sociétés), je me limiterai en grande par-
10   tie au monde des bibliothèques scientifiques, des livres, des problèmes scientifiques et des théories, y compris les fausses.

K. Popper, *l'Univers irrésolu,* Plaidoyer pour l'indéterminisme (1982),
traduction de R. Bouveresse, Éd. Hermann, Paris, p. 94.

---

1. Reprise, avec compléments, de l'ouvrage intitulé *Quatre-vingt-un chapitres sur l'Esprit et les Passions* (1916).

Texte 14 B

Une liberté restreinte
dans un monde
ouvert

POPPER

Il n'y a aucun doute que la prise de conscience que l'homme est un animal et que le désir de nous voir faire partie de la nature soient l'argument philosophique fondamental en faveur du déterminisme laplacien[1] et de la théorie de la fermeture causale du Monde 1. Je crois que la raison est juste ; si la nature était entièrement déterministe, le royaume des activités humaines le serait aussi. Il n'y aurait, en fait, aucune action, mais tout au plus l'apparence d'actions.

Mais l'argument opposé est également solide. Si l'homme est libre, au moins en partie, la nature l'est aussi ; et le Monde 1, physique, est ouvert. Et il y a toutes les raisons de croire l'homme libre, du moins en partie. Le point de vue opposé — celui de Laplace — mène à la prédestination. Il conduit à l'idée que, il y a des billions d'années, les particules élémentaires du Monde 1 contenaient la poésie d'Homère, la philosophie de Platon et les symphonies de Beethoven, comme une graine contient la plante ; il mène à l'idée que l'histoire humaine est prédestinée et, avec elle, toutes les manifestations de la créativité humaine. Et la version de la théorie quantique est tout aussi mauvaise. Elle fait de la créativité humaine une question de simple hasard. Il y a sans doute un élément de hasard. *Cependant, la théorie selon laquelle la création d'œuvres d'art ou de musique peut, en dernière analyse, être expliquée en termes de chimie ou de physique me paraît absurde.* Dans la mesure où la création musicale peut être expliquée, elle doit l'être, au moins en partie, en faisant intervenir l'influence d'autres musiques (qui stimulent aussi la créativité des musiciens) et, ce qui est plus important, en faisant intervenir la structure, les lois et les contraintes internes qui jouent un rôle si important dans la musique et dans tous les autres phénomènes du Monde 3 — lois et contraintes dont l'assimilation et parfois le refus sont d'une très grande importance pour la créativité des musiciens.

Ainsi, notre liberté, et surtout notre liberté de créer est soumise clairement aux restrictions des trois Mondes. Si Beethoven, par quelque infortune, avait été sourd de naissance, il ne serait pas devenu compositeur. En tant que compositeur, il soumit librement sa liberté d'inventer aux restrictions structurales du Monde 3. Le Monde 3, autonome, fut celui où il fit ses découvertes les plus grandes et les plus authentiques, libre qu'il était de choisir son chemin, comme un explorateur dans l'Himalaya, mais étant aussi limité à la fois par le chemin choisi jusque-là et par les suggestions et les restrictions internes du nouveau monde ouvert qu'il était en train de découvrir.

K. Popper[2], *Ibid.,* p. 105.

---

1. Voir chap. théorie et expérience, voir note 1, p. 119 la citation de Laplace.
2. Physicien et philosophe britannique d'origine autrichienne, né à Vienne en 1902.

DOCUMENT

La laïcité, ou la « République intérieure »

*A*VEC *un regret mêlé d'un peu d'orgueil, les républicains professent que tout le monde n'est pas, et même ne peut pas être, républicain. Les « lignes invisibles » qui les séparent des « autres » peuvent varier selon les temps ou les personnes […].*

Ce qui fait difficulté, c'est très précisément le moment où la République se trouve en présence
5 *d'organisations qui prétendent ôter à leurs adhérents une part plus ou moins considérable de leur liberté individuelle, de leur liberté d'appréciation. Un républicain français peut en somme penser ce qu'il veut, pourvu qu'il pense par lui-même. Ce que la République ne peut tolérer, non par fantaisie, mais par sa nature même, c'est l'aliénation anticipée de sa liberté de conscience par un individu au profit d'une quelconque autorité, spirituelle ou temporelle. Ce que Ferdinand Buisson[1] dit des Églises*
10 *et des dogmes […] me paraît le cœur de la question. Ce n'est pas avec certaines convictions que la République est incompatible, c'est avec la manière dont l'individu acquiert ces convictions. La République est le régime, et le seul, qui assure et garantisse à tous la pleine liberté de conscience et la pleine liberté d'expression, y compris pour ceux qui cherchent à la modifier ou à la détruire. Si elle garantit donc à ses adversaires non seulement leur existence physique, mais leurs droits imprescriptibles*
15 *de citoyens, elle ne peut cependant admettre dans la communion spirituelle des « républicains » ceux qui ont fait acte d'allégeance ailleurs. Encore une fois, il ne s'agit pas du contenu des opinions, mais du renoncement à avoir une opinion à soi. Si l'on y réfléchit, c'est donc au plus intime de la conscience que passe cette ligne invisible qui, une fois franchie, détruit et dissout le lien social que voulait établir la République. De même que si un peuple aliène volontairement sa liberté, il cesse à l'instant d'être un*
20 *peuple (comme l'avait dit Rousseau), de même un individu qui aliène par avance sa pensée à une autorité ultramontaine[2] – cette fois je prends le mot dans un sens métaphorique – abdique sa qualité de républicain. La République est gallicane[3].*

En telle matière il faut se garder toutefois de confondre cette invisible et fondamentale frontière intérieure avec l'apparence approximative qu'est l'appartenance à telle Église ou à tel parti. […]
25 *Alain savait que les Églises, la socialiste comme les autres, aspirent à confisquer l'État, et ce qui est plus grave, que le Pouvoir habille de sacré. Ce recours contre les mauvais gardiens ou les mauvais bergers, c'est en lui-même, et pas ailleurs, que le citoyen le découvrira. Sous la forme exclusive de la pensée, seul véritable synonyme de liberté. Mais la pensée n'est pas une mince affaire.*

C. Nicolet, *L'Idée républicaine en France*, Éd. Gallimard, 1982, pp. 502-506.

---

1. Éducateur et homme politique français, promoteur de la laïcité (1841-1932).
2. Qui vient d'au-delà des Alpes, c'est-à-dire du pape ; par opposition à « gallican ».
3. Qui concerne l'Église catholique de France. Ici : indépendante de toute autorité extérieure.

20.

LE DEVOIR

Francesco Sasseti et son fils Téodoro, Ghirlandajo, tempera on wood
(74,9 × 52,1 cm). The Metropolitan Museum of Art.
The Jules Bache Collection, 1949. New York.

INTRODUCTION

**Devoir
et nécessité**

Comme toutes les notions essentielles, celle de devoir est entourée d'équivoques qui en compliquent la compréhension, et qu'il faut commencer par réduire. Chacun entend dans le devoir l'idée de ce qui a lieu d'être fait, de ce qu'il est nécessaire de faire, par opposition à ce qui simplement opportun ou contingent. Faut-il dès lors assimiler le devoir à une contrainte, le respect du devoir au renoncement à la liberté ? Certes non. L'obligation qui caractérise le devoir est distincte de la nécessité, que celle-ci se manifeste sous forme d'une tendance à agir à laquelle nous nous soumettrions sans recours possible, et qui serait alors équivalente à un instinct, ou sous l'espèce d'une force extérieure agissant sur nous. « Céder à la force est un acte de nécessité, non de volonté, c'est tout au plus un acte de prudence. En quel sens pourra-ce être un devoir ? » écrit Rousseau[1]. Le devoir concerne la volonté, ne concerne qu'un être susceptible de choisir : en ce sens, *je dois le faire* implique que je puisse ne pas le faire. Pour comprendre la notion de devoir, il faut donc écarter tous les emplois qui assimilent le devoir à une nécessité : « il doit avoir raison, il connaît son affaire », « il doit être arrivé à présent », « la somme des angles d'un triangle doit être égale à deux droits ».

Une deuxième réduction préliminaire exige de distinguer les devoirs et le devoir. Il y a des obligations qui sont liées à l'exercice d'une fonction ; on évoquera « les devoirs de sa charge » pour indiquer qu'une condition éminente, qu'une dignité particulière comporte des obligations distinctives, que le privilège est assorti de servitudes spécifiques. Or ces devoirs sont relatifs à une condition qui, sans être nécessairement éminente, est toujours particulière, alors que le devoir est une obligation pour tout homme quelle que soit sa condition, dans laquelle chacun se reconnaît en tant qu'homme simplement **(Texte 1)**.

La voix du cœur

Comment peut-on décrire cette expérience où chacun est seul face à son devoir ? La référence qui vient le plus spontanément à l'esprit désigne une voix intérieure : « Conscience ! conscience ! instinct divin, immortelle et céleste voix », écrit Rousseau après avoir noté : « Il est donc au fond des âmes un principe inné de justice et de vertu, sur lequel, malgré nos propres maximes, nous jugeons nos actions et celles d'autrui comme bonnes ou mauvaises, et c'est à ce principe que je donne le nom de conscience[2] ». Ces très célèbres formules ont plusieurs implications. Elles signifient que le devoir est **transcendant** à la nature sensible et particulière de l'homme, et qu'il est **universel**. La croyance en Dieu, la foi, sont-elles une condition nécessaire de la moralité et celle-ci est-elle une législation qui s'impose à l'homme de l'extérieur ? Le devoir peut-il être universel s'il a sa source dans un sentiment ?

---

1. J.-J. Rousseau, *Du contrat social* (1762), Éd. Garnier-Flammarion, livre I, ch. 3, p. 44.
2. J.-J. Rousseau, *Émile* ou *De l'éducation*, « Profession de foi du vicaire savoyard », Éd. Garnier-Flammarion, livre IV, p. 37.

L'Idée du devoir

C'est précisément ce que conteste Kant : « Chaque homme trouve en sa raison l'Idée du devoir et tremble lorsqu'il entend sa voix d'airain pour peu que s'éveillent en lui des penchants qui lui donnent la tentation de l'enfreindre[1]. » Ainsi l'expérience morale est-elle avant tout celle d'un conflit entre les aspirations de notre nature sensible qui se rejoignent confusément dans le désir de bonheur et « la voix d'airain du devoir » qui nous appelle catégoriquement à satisfaire à d'autres exigences. Or Kant soutient qu'il nous est plus facile de connaître notre devoir que de savoir ce qui nous rendrait heureux. Dans un cas, mille mobiles se présentent, s'opposent et sinuent ; dans l'autre, une seule ligne droite est tracée. Comment est-ce possible ?

L'impératif catégorique

C'est que le devoir n'est le devoir qu'en tant qu'il est distinct des mobiles sensibles et donc qu'il a sa source dans la raison, c'est-à-dire qu'il se présente sous la forme d'une loi. En effet, la raison seule peut donner au devoir le caractère d'universalité en vertu duquel l'obligation morale est impérieuse et inconditionnelle, ce pour quoi Kant la qualifie d'**impératif catégorique**, l'opposant aux divers impératifs hypothétiques, règles de l'habileté ou conseils de la prudence. Ce qui distingue le devoir d'autres impératifs, c'est ce caractère : « il le faut ». Demandera-t-on pourquoi il le faut ? On ramène alors l'obligation morale à une obligation conditionnelle, qui ne vaut qu'en rapport à autre chose de préalablement donné. Le devoir, dans ce cas, n'est pas le devoir. Le devoir, d'après Kant, c'est donc la loi morale, non pas telle loi particulière qui vaudrait dans tel type de situations, mais la conformité en général à l'idée même de loi : la loi morale, c'est celle — donc indépendante de toute situation particulière — suivant laquelle ma maxime (la règle subjective de ma volonté) est telle que je puisse vouloir qu'elle soit érigée en loi universelle : « Agis uniquement d'après la maxime qui fait que tu peux vouloir en même temps qu'elle devienne une loi universelle[2] ». Et comme toute loi universelle vaut pour une nature, l'impératif d'**universalité** peut s'écrire : « Agis comme si la maxime de ton action devait être érigée par ta volonté en loi universelle de la nature[3] » **(Textes 2 et 3).**

Les conflits de la vie morale

Mais si l'analyse de Kant, loin de constituer une nouvelle morale, n'est que la rigoureuse épure de la conscience morale commune, celle-ci ne connaît-elle pas, dans la vie morale effective, des conflits et des ambiguïtés insurmontables ? La difficulté la plus fréquente de la vie morale se présente sous la forme d'un conflit de devoirs, qui voit s'opposer deux règles. Un tel conflit, qui nous élève à la réflexion morale, nous amène à reconnaître, contre le fanatisme moral qui veut ignorer les difficultés du jugement, la nécessité de la délibération et la possiblité de l'erreur morale.

---

1. Kant, *D'un ton grand seigneur adopté naguère en philosophie*, traduction de L. Guillermit, Éd. Vrin, p. 105.
2. Kant, *Fondements de la métaphysique des mœurs*, traduction de V. Delbos, Éd. Delagrave, p. 136.
3. *Ibid.*, p. 137.

Nous trouvons une illustration de ce conflit dans le débat entre Benjamin Constant et Kant sur le mensonge[1]. Faut-il se soumettre sans conditions à l'interdiction de mentir et dire à un meurtrier qui poursuit un de nos amis qu'il s'est réfugié dans une maison voisine ? Pour B. Constant, la règle morale doit être subordonnée à la considération des conséquences de son application. Pour Kant, la véracité[2] est un devoir en soi. Toute exception met la règle de véracité en contradiction avec elle-même, c'est-à-dire nie sa valeur de règle.

Les antinomies de l'action

Jean-Paul Sartre présente un autre exemple de conflit moral, celui d'un jeune homme partagé entre le devoir patriotique, qui lui commande d'abandonner la France occupée pour rejoindre les Forces Françaises libres, et le devoir filial, en vertu duquel il doit rester auprès de sa mère et l'aider à vivre[3].

D'un exemple à l'autre s'affirme l'impossibilité de séparer totalement la vie morale individuelle du contexte humain, social, historique, dans lequel elle s'inscrit. Et c'est ainsi que « l'action libératrice » — action politique de transformation du monde et d'émancipation des hommes — qui prolonge la conscience morale, se heurte pour Simone de Beauvoir à des antinomies, à des contradictions insolubles, puisqu'on ne peut libérer l'opprimé qu'en opprimant son bourreau **(Texte 4)**.

La perversion de la morale

Aussi Hegel reproche-t-il à Kant le caractère abstrait et tyrannique de l'impératif catégorique, auquel il oppose la **moralité objective**, c'est-à-dire les mœurs et les institutions effectivement pratiquées ou existantes qui constituent l'« éthique concrète » **(Texte 5)**. Cette critique paraît tragiquement confirmée *a posteriori* par l'attitude de ces responsables nazis qui ont prétendu lors de leur procès « avoir obéi » et « n'avoir fait que leur devoir ». C'est ce qu'illustre un roman de Robert Merle, *la Mort est mon métier*, et qu'on rapporte à propos d'Eichmann, qui fut chef de camps de concentration, et qui, lors des interrogatoires qui précédèrent son procès, cita l'impératif catégorique pour justifier son attitude d'obéissance, tout en reconnaissant qu'à ses yeux la mise en œuvre de la « solution finale » le mettait en contradiction avec les principes de Kant (!). Hannah Arendt, rapportant ces faits[4], explique que la volonté du *Führer* se substitue chez Eichmann à la raison pratique comme source de la loi mais qu'il reste chez le criminel nazi l'identification (kantienne) de la volonté au principe de la loi. Mais n'est-ce pas là le propre de la perversion ? Quoi qu'il en soi, la critique hégélienne de la « morale kantienne » reste d'actualité auprès des penseurs contemporains. C'est ainsi que pour Paul Ricœur[5] la raison pratique ne doit pas être une science de la pratique, mais une raison critique des opinions érigées en savoirs et en normes. Mais il semble que P. Ricœur voit lui aussi dans l'autonomie du sujet, « ressort utopique de toute critique des idéologies », le principe suprême de la moralité.

---

1. Kant, *Sur un prétendu droit de mentir par humanité*, traduction de L. Guillermit, Éd. Vrin.
2. Intention de dire la vérité.
3. J.-P. Sartre, *l'Existentialisme est un humanisme*, Éd. Nagel, 1946, pp. 40-43.
4. H. Arendt, *Eichmann à Jérusalem : rapport sur la banalité du mal*, Éd. Gallimard, p. 153.
5. P. Ricœur, *Du texte à l'action*, « La raison pratique », Éd. du Seuil, 1986, p. 250.

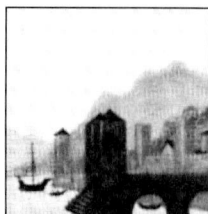

La réduction généalogique du devoir

Il est une critique encore plus radicale de l'idée de devoir, c'est celle qui nie la spécificité du devoir et n'y voit que la forme déguisée, transposée, d'une tendance individuelle ou d'une puissance collective dont l'existence se trouve par là même déniée ou minimisée. On peut qualifier de « réduction généalogique » la démarche qui prétend démasquer l'origine voilée, secrète, voire honteuse de la valeur et notamment du devoir. Ainsi, le devoir, d'après Schopenhauer, a-t-il pour source paradoxale l'égoïsme : dans le principe d'universalité, je m'interdis de faire ce que je n'aimerais pas qu'on me fît[1]. Pour Nietzsche, le devoir s'enracine dans le **droit d'obligation** qui lie créanciers et débiteurs et qui est anciennement, à ses yeux, le plaisir de faire souffrir ; le devoir — ce que « je dois » — est une forme intériorisée de la dette ; la souffrance morale, le prix à payer **(Texte 6)**. D'après Durkheim, la conscience morale a sa source dans l'autorité morale de la collectivité, dispensatrice de tous les biens qui constituent la civilisation **(Texte 7)**, tandis que Freud y voit « la perception interne du rejet de certains désirs que nous éprouvons ».

Le devoir n'est-il qu'une illusion ?

Peut-on répondre à toutes ces critiques, qui ont en commun de ne voir dans le devoir qu'une illusion, de nier qu'il soit un *factum rationis*[2] ? On peut remarquer, avec Vladimir Jankélévitch, que le refus de distinguer mauvaise conscience et crainte du châtiment revient à édulcorer, à tronquer l'analyse de la mauvaise conscience, et donc à mystifier **(Texte 8)**. On doit rappeler que la moralité de nos actes demeure toujours incertaine, et que des motifs sensibles sont toujours susceptibles de se mêler à la représentation du devoir, à notre insu. Ceci ne signifie aucunement qu'il faille renoncer au bonheur[3]. La loi morale ne dépend elle-même d'aucune fin ni condition, mais elle nous oblige à aspirer au souverain bien, à la réconciliation sous son égide de toutes nos aspirations. Cette aspiration impossible à justifier par les voies de la connaissance, difficile à penser à travers les incertitudes de la métaphysique, nous la vivons sous forme d'une espérance **(Textes 9 et 10)**.

---

1. Schopenhauer, *le Monde comme volonté et comme représentation* (1819), traduction de Burdeau, Éd. P.U.F., 1966, pp. 658-659.
2. Kant, *Critique de la raison pratique* (1788), traduction de F. Picavet, Éd. P.U.F., 1965, § 7, Scolie, p. 31.
3. Kant, *Critique de la faculté de juger* (1790), traduction de J.-R. Ladmiral, M. de Launay et J.-M. Vaysse, Bibliothèque de la Pléiade, Éd. Gallimard, 1985, p. 1256.

TEXTES

I. EXPOSITION ET ANALYSE DE LA NOTION DE DEVOIR

Texte 1

La personnalité
morale comme
synthèse du général
et du particulier

KIERKEGAARD

Il y a un autre scepticisme qui porte contre tout devoir, c'est celui qui prétend que je ne peux, en somme, absolument pas accomplir le devoir. Le devoir est le général, ce qui est demandé de moi est le général ; ce que je peux faire est le particulier. Ce scepticisme a cependant une grande importance, dans la mesure où il montre que la personnalité elle-même est l'absolu. Toutefois, il faut déterminer cela de plus près. Il est assez curieux que la langue elle-même souligne ce scepticisme. Je ne dis jamais d'un homme : il fait le devoir ou les devoirs, mais je dis : je fais mon devoir, toi tu fais le tien. Cela montre que l'individu est à la fois le général et le particulier. Le devoir est le général, il est demandé de moi ; si, par conséquent, je ne suis pas le général, alors je ne peux pas non plus faire le devoir. Mon devoir, d'un autre côté, est le particulier, quelque chose qui me concerne seul et, cependant, c'est le devoir et, par conséquent, le général. Ici apparaît la personnalité dans sa validité suprême. Elle n'est pas anarchique, et elle ne se donne pas non plus elle-même sa loi ; car la détermination du devoir continue, mais la personnalité apparaît comme la synthèse du général et du particulier. Il est clair qu'il en est ainsi et on peut le faire comprendre même à un enfant ; car je peux faire le devoir et, pourtant, ne pas faire mon devoir, et je peux faire mon devoir sans faire le devoir. Mais je ne comprends pas qu'en raison de cela le monde doive s'abandonner au scepticisme ; car la différence entre le bien et le mal subsiste toujours et la responsabilité et le devoir également, bien qu'il devienne impossible pour un autre homme que moi de dire quel est mon devoir, tandis qu'il lui sera toujours possible de dire quel est le sien, ce qui ne serait pas si la synthèse du général et du particulier n'avait pas été posée.

Kierkegaard, *Ou bien... Ou bien...* (1843),
traduction de F. et O. Prior et M.-H. Guignot,
Éd. Gallimard, 1943, p. 542.

Texte 2

Agir par devoir
et agir conformément
au devoir

KANT

Si nous avons tiré jusqu'ici notre concept du devoir de l'usage commun de la raison pratique, il n'en faut nullement conclure que nous l'ayons traité comme un concept empirique. Loin de là, si nous appliquons notre attention à l'expérience de la conduite des hommes, nous nous trouvons en présence de plaintes
5 continuelles et, nous l'avouons nous-mêmes, légitimes, sur ce fait qu'il n'y a point d'exemples certains que l'on puisse rapporter de l'intention d'agir par devoir, que mainte action peut être réalisée *conformément* à ce que le *devoir* ordonne, sans qu'il cesse pour cela d'être encore douteux qu'elle soit réalisée proprement *par devoir* et qu'ainsi elle ait une valeur morale. Voilà pourquoi il
10 y a eu en tout temps des philosophes qui ont absolument nié la réalité de cette intention dans les actions humaines et qui ont tout attribué à l'amour-propre plus ou moins raffiné ; ils ne mettaient pas en doute pour cela la justesse du concept de moralité ; ils parlaient au contraire avec une sincère affliction de l'infirmité et de l'impureté de la nature humaine, assez noble, il est vrai, sui-
15 vant eux, pour faire sa règle d'une idée si digne de respect, mais en même temps trop faible pour la suivre, n'usant de la raison qui devrait servir à lui donner sa foi que pour prendre souci de l'intérêt des inclinations, soit de quelques-unes d'entre elles, soit, si l'on met les choses au mieux, de toutes, en les conciliant entre elles le mieux possible.

Kant, *Fondements de la métaphysique des mœurs* (1783),
traduction de V. Delbos, Éd. Delagrave, 1977, pp. 111-112.

Texte 3

Un seul sentiment
moral : le respect

KANT

Tel est le véritable mobile de la raison pure pratique[1] ; il n'est autre que la pure loi morale elle-même, en tant qu'elle nous fait sentir la sublimité de notre propre existence supra-sensible et que subjectivement, dans des hommes qui ont conscience en même temps de leur existence sensible et de la dépendance
5 qui en résulte pour eux relativement à leur nature, en tant qu'elle est pathologiquement[2] affectée, elle produit du respect pour leur plus haute détermination. Or, à ce mobile peuvent s'associer fort bien assez de charmes et d'agréments de la vie, pour que, même à ce seul point de vue, le choix le plus prudent d'un Épicurien raisonnable et réfléchissant sur le plus grand avantage
10 de la vie, se porte déjà sur la bonne conduite morale ; et il peut même être utile de lier cette perspective d'une vie joyeuse et agréable avec ce mobile suprême et déjà par lui-même suffisamment déterminant, mais seulement pour contrebalancer les séductions que le vice ne manque pas de faire miroiter du côté opposé, non pour y placer la puissance proprement motrice, même au

---

1. La raison pure est, d'après Kant, pratique par elle-même, c'est-à-dire qu'elle nous donne la loi sur laquelle repose toute moralité.
2. C'est-à-dire de façon sensible. « Pathos » ici ne signifie pas la maladie, mais l'affectivité.

15 moindre degré, quand il s'agit du devoir. Car cela équivaudrait à vouloir corrompre à sa source l'intention morale. La majesté du devoir n'a rien à faire avec la jouissance de la vie ; elle a sa loi propre, elle a son tribunal particulier et quand même on voudrait secouer ensemble les deux choses, pour les mêler et les présenter comme un remède à l'âme malade, elles se sépareraient aussitôt

20 d'elles-mêmes ; si elles ne le faisaient pas, la première n'agirait plus du tout, et quand même la vie physique y gagnerait quelque force, la vie morale s'évanouirait sans retour.

Kant, *Critique de la raison pratique* (1788),
traduction de F. Picavet, Éd. P.U.F., 1965, pp. 93-94.

II. LA CRITIQUE DU DEVOIR

Texte 4

Les antinomies
de l'action

BEAUVOIR

Pour que l'action libératrice fût une action intégralement morale, il faudrait qu'elle se réalisât à travers une conversion des oppresseurs ; alors s'effectuerait une réconciliation de toutes les libertés. Mais personne n'ose plus s'abandonner aujourd'hui à ces rêveries optimistes. Nous savons trop qu'on ne peut

5 escompter de conversion collective. Cependant, les oppresseurs, du fait même qu'ils refusent de coopérer à l'affirmation de la liberté, incarnent aux yeux de tous les hommes de bonne volonté l'absurdité de la facticité[1] : la morale, en réclamant le triomphe de la liberté sur la facticité, réclame aussi qu'on les supprime ; et puisque, par définition, leur subjectivité échappe à notre emprise,

10 c'est seulement sur leur présence objective qu'il sera possible d'agir : il faudra traiter ici autrui comme une chose, lui faire violence, confirmant par là le fait douloureux de la séparation des hommes. Voilà donc l'oppresseur opprimé à son tour ; et les hommes qui le violentent deviennent à leur tour maîtres, tyrans, bourreaux : dans leur révolte, les opprimés se métamorphosent en une

15 force aveugle, une fatalité brutale ; au cœur d'eux-mêmes s'accomplit le scandale qui divise le monde. Et sans doute n'est-il pas question de reculer devant ces conséquences, car la mauvaise volonté de l'oppresseur met chacun dans l'alternative d'être ennemi des opprimés s'il ne l'est de leur tyran ; il faut évidemment choisir de sacrifier celui qui est un ennemi de l'homme ; mais le

20 fait est qu'on se trouve acculé, pour conquérir la liberté de tous, à traiter certains hommes en choses.

S. de Beauvoir, *Pour une morale de l'ambiguïté*, Éd. Gallimard, 1947, p. 139.

---

1. La pure succession des *faits*.

HEGEL

Autant il est essentiel de souligner la détermination pure de la volonté par soi, sans condition, comme la racine du devoir et autant, par conséquent, il est vrai de dire que la reconnaissance de la volonté a attendu la philosophie kantienne pour gagner son fondement solide et son point de départ, autant l'affirmation du point de vue simplement moral qui ne se transforme pas en concept de moralité objective réduit ce gain à un vain formalisme et la science morale à une rhétorique sur le devoir en vue du devoir. De ce point de vue, aucune doctrine immanente du devoir n'est possible. On peut bien emprunter une matière au-dehors, et arriver ainsi à des devoirs particuliers, mais de cette définition du devoir comme absence de contradiction ou comme accord formel avec soi, qui n'est rien autre que l'affirmation de l'indétermination abstraite, on ne peut passer à la définition des devoirs particuliers et, quand un contenu particulier de conduite vient à être considéré, le principe ci-dessus ne fournit pas de critérium pour savoir si c'est un devoir ou non. Au contraire, toute conduite injuste ou immorale peut être justifiée de cette manière. La formule kantienne plus précise : la capacité pour une action d'être représentée comme maxime universelle, introduit sans doute la représentation plus concrète d'un état de fait, mais ne contient pour soi pas d'autre principe nouveau que ce manque de contradiction et l'identité formelle. Qu'aucune propriété n'existe ne contient pour soi pas plus de contradiction que le fait que ce peuple, cette famille, etc., n'existent pas ou bien qu'absolument aucun homme ne vive. Si, par ailleurs, il est posé pour soi-même et supposé que la propriété et la vie humaine doivent être respectées, alors c'est une contradiction d'accomplir un meurtre ou un vol ; une contradiction ne peut se produire qu'avec quelque chose, c'est-à-dire avec un contenu qui est déjà établi d'avance comme principe ferme. Ce n'est que par rapport à un tel principe que l'action est ou en accord ou en contradiction. Mais le devoir qui doit être voulu seulement comme tel et non en vue d'un contenu, l'identité formelle, ce sera d'éliminer précisément tout contenu et toute détermination.

Hegel, *Principes de la philosophie du droit*, Remarque (1820),
traduction d'A. Kaan, Éd. Gallimard, 1940, § 135, pp. 166-167.

NIETZSCHE

C'est dans *cette* sphère du droit d'obligation que le monde des concepts moraux « faute », « conscience », « devoir », « sainteté du devoir » a son foyer d'origine ; — à ses débuts, comme tout ce qui est grand sur la terre, il a été longuement et abondamment arrosé de sang. Et ne faudrait-il pas ajouter que ce monde n'a jamais perdu tout à fait une certaine odeur de sang et de torture ? (Pas même chez le vieux Kant : l'impératif catégorique a un relent de cruauté...) C'est ici aussi que cet étrange enchaînement d'idées, aujourd'hui peut-être inséparable, l'enchaînement entre « la faute et la souffrance » a

commencé par se former. Encore une fois : comment la souffrance peut-elle
être une compensation pour des « dettes » ? *Faire* souffrir causait un plaisir
infini, en compensation du dommage et de l'ennui du dommage cela pro-
curait aux parties lésées une contre-jouissance extraordinaire : *faire* souffrir !
— une véritable *fête* ! d'autant plus goûtée, je le répète, que le rang et la position sociale du créancier étaient en contraste plus frappant avec la position du
débiteur. Ceci présenté comme probabilité : car il est difficile de voir au fond
de ces choses souterraines, outre que l'examen en est douloureux ; et celui qui
lourdement introduit ici l'idée de « vengeance » ne fait que rendre les ténèbres
plus épaisses au lieu de les dissiper (— la vengeance ramène au même problème : « comment faire souffrir peut-il être une réparation ? »). Il répugne, à
ce qu'il me semble, à la délicatesse, ou plutôt à la tartuferie d'animaux domes-
tiqués (lisez : les hommes modernes, lisez : nous-mêmes) de se représenter,
avec toute l'énergie voulue, jusqu'à quel point la *cruauté* était la réjouissance
préférée de l'humanité primitive et entrait comme ingrédient dans presque
tous ses plaisirs.

Nietzsche, *la Généalogie de la morale*,
traduction de H. Albert, Éd. Mercure de France, 1900.

Texte 7

L'autorité morale
de la collectivité

DURKHEIM

Je n'ai pas dit que l'autorité morale de la société lui venait de son rôle comme
législatrice morale ; ce qui serait absurde. J'ai dit tout le contraire, à savoir
qu'elle était qualifiée pour jouer ce rôle de législatrice parce qu'elle était inves-
tie, à nos yeux, d'une autorité morale bien fondée. Le mot d'autorité morale
s'oppose à celui d'autorité matérielle, de suprématie physique. Une autorité
morale, c'est une réalité psychique, une conscience, mais plus haute et plus
riche que la nôtre et dont nous sentons que la nôtre dépend. J'ai montré comment la société présente ce caractère parce qu'elle est la source et le lieu de tous
les biens intellectuels qui constituent la civilisation. C'est de la société que
nous vient tout l'essentiel de notre vie mentale. Notre raison individuelle est et
vaut ce que vaut cette raison collective et impersonnelle qu'est la science, qui
est une chose sociale au premier chef et par la manière dont elle se fait et par la
manière dont elle se conserve. Nos facultés esthétiques, la finesse de notre goût
dépendent de ce qu'est l'art, chose sociale au même titre. C'est à la société
que nous devons notre empire sur les choses qui font partie de notre
grandeur. C'est elle qui nous affranchit de la nature. N'est-il pas naturel dès
lors que nous nous la représentions comme un être psychique supérieur à celui
que nous sommes et d'où ce dernier émane ? Par suite, on s'explique que,
quand elle réclame de nous ces sacrifices petits ou grands qui forment la trame
de la vie morale, nous nous inclinons devant elle avec déférence.

É. Durkheim, *Sociologie et philosophie* (1925),
Éd. P.U.F., 1951, p. 107.

III. CONCLUSIONS

Texte 8

L'irréductibilité de la
mauvaise conscience

JANKÉLÉVITCH

Disons donc bonsoir aux généalogies réductionnistes, si rassurantes soient-elles ; le meilleur moyen de ne pas épaissir le mystère de la mauvaise conscience, c'est de l'expliquer pour lui-même, sans le déduire ni du souvenir, ni du regret, ni d'aucun sentiment naturel, et de le laisser s'exprimer dans sa langue propre.

5   Au regret, au souvenir, la mauvaise conscience ajoute quelque chose d'absolument nouveau, un geste contre nature et qui fait violence à tous nos instincts ; la mauvaise conscience se donne tort spontanément à elle-même. C'est cette agression qui est proprement irrationnelle. Certes la mauvaise conscience ne s'avouera pas forcément coupable si on le lui demande : mais dans son « for

10 intérieur » elle se reproche une certaine chose, quelque soin qu'elle apporte à se la dérober, à ne pas la connaître ; elle est honteuse, inconsolable, pleine d'amertume et de regrets inextinguibles. La mauvaise conscience fait ce miracle, étant à la fois juge et partie, de se condamner elle-même : en réalité, elle fait là quelque chose de tout simple, et qui ne nous paraît héroïque que

15 parce que nous l'avons d'abord dédoublée. En d'autres termes, et c'est le mot de tout, le remords est douleur, douleur pure et plus encore : douleur en chair et en os.

V. Jankélévitch, *la Mauvaise Conscience*,
Éd. Aubier-Montaigne, 1966, pp. 62-63.

Texte 9

Le règne des fins

KANT

Le concept suivant lequel tout être raisonnable doit se considérer comme établissant par toutes les maximes de sa volonté une législation universelle afin de se juger soi-même et ses actions de ce point de vue, conduit à un concept très fécond qui s'y rattache, je veux dire le concept *d'un règne des fins*.

5   Or par *règne* j'entends la liaison systématique de divers êtres raisonnables par des lois communes. Et puisque des lois déterminent les fins pour ce qui est de leur aptitude à valoir universellement, si l'on fait abstraction de la différence personnelle des êtres raisonnables et aussi de tout le contenu de leurs fins particulières, on pourra concevoir un tout de toutes les fins (aussi

10 bien des êtres raisonnables comme fins en soi que des fins propres que chacun peut se proposer), un tout consistant dans une union systématique, c'est-à-dire un règne des fins qui est possible d'après les principes énoncés plus haut.

Car des êtres raisonnables sont tous sujets de la *loi* selon laquelle chacun

15 d'eux ne doit *jamais* se traiter soi-même et traiter tous les autres *simplement comme des moyens*, mais toujours en *même temps comme des fins en soi*. Or de

348

là dérive une liaison systématique d'êtres raisonnables par des lois objectives communes, c'est-à-dire un règne qui, puisque ces lois ont précisément pour but le rapport de ces êtres les uns aux autres, comme fins et moyens, peut être
20   appelé règne des fins (qui n'est à la vérité qu'un idéal).

Kant, *Fondements de la métaphysique des mœurs*, Deuxième section (1785),
traduction de V. Delbos, Éd. Delagrave, 1977, pp. 157-158.

Texte 10

Devoir et espérance

KANT

La morale n'est donc pas à proprement parler la doctrine qui nous enseigne comment nous devons nous *rendre* heureux, mais comment nous devons nous rendre *dignes* du bonheur. C'est seulement lorsque la religion s'y ajoute, qu'entre en nous l'espérance de participer un jour au bonheur dans la mesure
5   où nous avons essayé de n'en être pas indignes.

Quelqu'un est *digne* de posséder une chose ou un état, quand le fait qu'il la possède est en harmonie avec le souverain bien. On peut maintenant voir facilement que tout ce qui nous donne la dignité dépend de la conduite morale, parce que celle-ci constitue dans le concept du souverain bien la condition du
10   reste (de ce qui appartient à l'état de la personne), à savoir la condition de la participation au bonheur. Il suit donc de là qu'on ne doit jamais traiter la morale en soi comme une *doctrine du bonheur*, c'est-à-dire comme une doctrine qui nous apprendrait comment devenir heureux, car elle n'a exclusivement affaire qu'à la condition rationnelle (*conditio sine qua non*) du
15   bonheur et non à un moyen de l'obtenir. Mais quand elle a été exposée complètement (elle qui impose simplement des devoirs et ne donne pas de règles à des désirs intéressés), quand s'est éveillé le désir moral, qui se fonde sur une loi, de travailler au souverain bien (de nous procurer le royaume de Dieu), désir qui n'a pu auparavant naître dans une âme intéressée, quand, pour venir
20   en aide à ce désir, le premier pas vers la religion a été fait, alors seulement cette doctrine morale peut être appelée aussi doctrine du bonheur, parce que *l'espoir* d'obtenir ce bonheur ne commence qu'avec la religion.

Kant, *Critique de la raison pratique* (1788),
traduction de F. Picavet, Éd. P.U.F., 1965, p. 139.

DOCUMENT

Les dilemmes médicaux

*L*A notion de « quality-adjusted life years » (QALYs) a été proposée par certains médecins et/ou économistes de la santé pour rationaliser les décisions médicales. Si le QALY d'une année de vie en bonne santé est de 1, le QALY d'une année de vie en mauvaise santé est inférieur à 1. Si certaines survies sont pires que la mort, leur QALY est négatif. Le résultat escompté d'une action de santé est
5 calculé en QALYs, ou en espérance de vie corrigée (« quality-adjusted life expectancy »). [...] Le philosophe John Harris répondit que le calcul des QALYs était peut-être rationnel mais qu'il était injuste, qu'il entraînait une discrimination systématique contre les plus vieux et les plus faibles, et que s'il fallait choisir l'un des deux candidats, mieux valait le tirer au sort.

Deux rationalités s'opposent ici. Elles rejoignent deux grandes traditions de philosophie morale : d'un
10 côté la tradition « téléologique[1] », reprenant la problématique aristotélicienne du Souverain Bien) ; de l'autre la tradition « déontologique[2] », qui refuse de dériver la loi morale d'une notion du Bien).

Pour le moraliste « téléologique », l'objectif de la vie morale est de rendre le monde aussi bon qu'il peut l'être pour l'ensemble des êtres sensibles (exposés à souffrir). La question morale fondamentale est : quel est le meilleur état de chose ? La valeur d'un acte se mesure à ses conséquences. Est éthiquement
15 correcte la conduite d'où résulte le maximum de bien (bonheur) et/ou le minimum de mal (malheur). L'utilitarisme classique (J. Bentham[3]) postule que l'avantage global est la somme des avantages individuels, et prescrit de maximiser l'avantage ou « utilité ». Si l'on admet que les intérêts individuels peuvent entrer en conflit, et si l'on prescrit de maximiser l'intérêt global, on a une forme d'utilitarisme qu'Amartya Sen a proposé d'appeler « welfarism[4] », où le bien de la communauté des êtres sentants
20 peut impliquer un minimum de sacrifices individuels. Un welfariste reconnaît qu'il y a des dilemmes moraux, et assume la responsabilité de les trancher, dans le sens de ce qui est globalement meilleur, ou moins mauvais. Ainsi le philosophe britannique Richard Hare argumente que l'interruption thérapeutique de grossesse peut être moralement bonne[5]. Un couple qui ne peut élever qu'un enfant choisit de supprimer un foetus malformé pour refaire un enfant normal. Il remplace une vie déficiente par
25 une vie de bonne qualité. Cela est conforme au principe du meilleur.

Le moraliste « déontologique » se tient responsable de sa propre attitude, non des conséquences qu'elle a sur l'état du monde. La question fondamentale est pour lui : où est mon devoir ? Car il y a des choses à quoi un être qui se respecte s'oblige (comme on dit, « noblesse oblige »). Et il y a des choses qu'un être qui se respecte refuse de faire. Le déontologue ne juge pas que le calcul des avantages soit immoral.

1. J.S. Mill, *L'Utilitarisme* (1861), Alcan, 1889.
2. Kant, *Critique de la raison pratique*, 1785.
3. In *Œuvres* de Bentham, tome III, 1840.
4. *Utilitarianism and Welfarism*, 1979.
5. *Abortion and the Golden rules*, 1975.

30 *Ouvrir des unités de transplantation rénale plutôt que des unités de dialyse, c'est un choix technique ;*
ce peut être un bon choix, qui rend une qualité de vie satisfaisante à un maximum d'insuffisants
rénaux. Mais justement, le déontologue se refuse à subordonner la loi morale à une notion empirique
du bien. Il y a un impératif (« catégorique ») qui transcende tout calcul du bien ou du bonheur. La
dignité de l'existence d'un sujet moral n'est pas un bien négociable. Le déontologue juge par exemple
35 *qu'aucun être raisonnable ne peut vouloir sacrifier un malade à un autre. Certes, sur le plan émotion-*
nel, on peut désirer sauver le jeune insuffisant rénal, diplômé et chargé de famille, plutôt que le vieil
insuffisant rénal célibataire et sans qualification. Mais désirer n'est pas vouloir. Nul être raisonnable
ne peut vouloir disposer de la vie de l'un pour sauver l'autre (aucune fin, si bonne soit-elle, ne justifie
un tel moyen). Nul être raisonnable ne peut même demander à l'un de se sacrifier à l'autre, parce
40 *qu'un être autonome ne peut pas vouloir sa propre suppression. Le déontologue refuse de choisir. Il laisse*
la « nature » choisir à sa place (il préconise le tirage au sort).

La morale médicale est coincée entre les deux attitudes. Leur vie professionnelle accule les médecins à
faire des choix « tragiques », et des calculs coût-efficacité pour éclairer ces choix.

A. Fagot-Largeault, *Réflexions sur la notion de qualité de la vie,*
Archives de philosophie du droit, Vol. Droit et Science, 36, 135-15, 1991.

Egon Schiele. *Mère avec deux
enfants*, 1917, K. 223,
huile sur toile, 150 × 158,7 cm.
Œsterreichische Galerie, Vienne.

21.

LE BONHEUR

– *Quand je suis déprimé, les raisons pour lesquelles je suis déprimé sont profondes, essentielles, fondamentales. Il m'arrive d'être heureux, bien sûr. Mais les raisons pour lesquelles je suis heureux sont si futiles, si ténues, que ça me déprime.*

INTRODUCTION

**Le plaisir
inséparable
du bonheur ?**

Le bonheur est de ces mots qui recouvrent un idéal plus qu'une réalité. Si tout le monde s'accorde en effet pour y voir l'aspiration fondamentale de l'homme, cet accord résiste mal à la tentative d'en déterminer le contenu que chacun imagine au gré de ses désirs et de ses espoirs, voire de ses déceptions. Certes, à suivre les distinctions du vocabulaire, la **béatitude** ou la **félicité**[1] auraient bien pour elles la durée ou l'éternité que l'on refuse ordinairement au plaisir ou à la joie, si intimement liées à des émotions aussi vives que passagères. Mais la béatitude ou la félicité ne paraissent s'obtenir qu'au prix d'une renonciation aux plaisirs du corps qui heurte le sens commun, si spontanément attaché à ne pas dissocier le plaisir du bonheur. Au reste, si bien des moralistes prescrivent de renoncer au plaisir, ne reconnaissent-ils pas l'importance de son principe par l'acharnement qu'ils déploient à le combattre ?

**L'hédonisme,
un plaisir gagné
sur la souffrance**

Car il semble en fait difficile de mesurer la solidité d'un bien s'il ne s'accompagne pas de l'impression qu'il produit sur l'imagination et sur les sens. C'est ce que l'hédonisme[2] antique avait compris lorsqu'il rappelait que la seule voie d'accès au bonheur devait nécessairement passer par le plaisir. Encore s'agit-il de bien s'entendre sur la signification profonde de l'hédonisme qui est moins recherche du plaisir pour lui-même que plaisir gagné sur la souffrance. S'il affirme en effet que la sensation de plaisir est le seul bien de l'homme et que celui-ci doit par conséquent s'employer à le rechercher, il ne s'ensuit pas que la condition humaine prédispose les individus à en jouir pleinement. Non seulement l'homme ignore ses origines et sa destinée, mais les passions qu'il nourrit paraissent bien vaines au regard du temps qui l'achemine vers une fin inéluctable. On comprend dans ces conditions qu'il doive, comme le conseille Horace[3], saisir désespérément le plaisir qui passe à sa portée et le retenir d'autant plus fermement qu'il n'est pas assuré que la chance qui s'est présentée une fois à lui se présentera à nouveau. Ainsi conçu, le bonheur apparaît moins comme le résultat d'un choix rationnel, que comme le fruit d'un hasard heureux dont on aurait su inopinément capter les bienfaits. Aussi Sénèque n'a-t-il aucune peine à montrer que le **plaisir**, aussi intense soit-il, se révèle tout à la fois inconsistant et éphémère. Inconsistant car l'être désiré ou l'objet consommé perdent les qualités que l'imagination leur conférait, et éphémère car le plaisir est une sensation qui perd en durée ce qu'elle gagne en intensité, érodant par là-même la représentation d'un bonheur que chacun voudrait indéfini **(Texte 1)**.

**Échapper à la
fuite du temps ?**

C'est cet aspect fugace de la sensation qui fait dire à Pascal que malgré notre désir d'être heureux nous n'apprécions jamais suffisamment le temps présent. En effet, voudrions-nous le saisir qu'il s'échappe toujours dans

---

1. État de satisfaction du sage ayant atteint le souverain Bien par la connaissance de l'ordre de l'univers ; la félicité est également un bonheur sans mélange, calme et durable.
2. Doctrine qui situe le souverain Bien dans le plaisir.
3. Horace, *Odes*, I, XI.

l'avenir qui en diffère la réalisation ou dans le passé qui en émousse lentement le souvenir (**Texte 2**). Pour pouvoir être heureux pleinement, il faudrait que la conscience échappe à la fuite du temps et délègue à la vie éternelle la tâche de l'abolir et de réaliser, par-delà la mort, la promesse d'un bonheur que la vie n'aurait pas pu tenir.

Réconcilier le bonheur avec le temps paraît donc impossible, sauf à vouloir soustraire le plaisir de l'empire que le désir exerce sur lui. Pour Épicure en effet, la plupart de nos désirs sont générateurs de troubles parce qu'ils soumettent l'individu au vertige du changement, à l'instabilité du devenir, à des fuites incessantes dans le renouvellement de leurs objets. S'il y a plaisir, il consistera pour l'essentiel en une **ataraxie**[1], autrement dit en une absence de douleur, que seule la satisfaction de nos besoins les plus élémentaires sera à même de promettre pourvu que leurs exigences s'inscrivent dans le cadre de la plus grande sobriété (**Texte 3**).

Mais un tel idéal de vie s'apparente plus à un **ascétisme**[2] qu'à un hédonisme, et on peut se demander s'il est bien légitime d'identifier le plaisir avec l'absence de douleur ; car chacun éprouvera aisément qu'on peut fort bien ne ressentir aucune douleur sans pour autant être heureux. A moins, bien sûr, de réduire le plaisir à la seule évocation des troubles auxquels on aura su échapper en renonçant aux désirs superflus susceptibles de les avoir provoqués.

Sans doute conviendrait-il de dissocier mieux en pratique comme en théorie le bonheur du plaisir, car celui-ci est en tous les cas illusoire dans la mesure où sa pente naturelle le conduit à exiger de la réalité qu'elle se conforme à nos désirs. Mais la réalité, qui ne se conforme qu'occasionnellement à nos désirs, juxtapose des forces, entrecroise des destinées qui échappent à notre emprise ; et tout le malheur de l'homme provient précisément de ce qu'il méconnaît les secrets de ce mécanisme et qu'il prétend s'attribuer sur les êtres et les choses un pouvoir qu'il ne possède pas.

Bonheur et vertu   Or, comme le montre Épictète, le bonheur ne saurait résulter de l'attente des choses qui ne dépendent pas de nous. Il suppose au contraire la pleine conscience de notre impuissance à changer l'ordre du monde et implique par conséquent une juste appréciation de la place qui nous est assignée au sein de l'univers. Ainsi compris, le bonheur pourra s'identifier à la vertu, si par vertu on entend la domination exercée par la raison sur nos désirs, et à la liberté, conçue comme l'effet d'une pensée attentive à se soumettre à la nécessité (**Texte 4**).

Liberté bien étrange cependant si elle conduit à prétendre qu'un esclave sera heureux s'il acquiesce à sa servitude, ou bien même qu'un homme soumis à la torture peut conserver une certaine sérénité. Il y a là pour Aristote une absurdité qui traduit la méconnaissance de la véritable nature de l'homme. Si, loin d'être passif, l'homme est destiné à agir dans la Cité, il est légitime qu'il accorde aux différents biens de ce monde une place privilégiée parmi les multiples voies d'accès au bonheur. Et le plaisir qui en résulte n'est pas un mal s'il couronne des activités qui contribuent à épanouir notre nature (**Texte 5**).

---

1. Du grec *ataraxia*, « absence de trouble ».
2. Renoncement aux plaisirs sensibles pour atteindre la maîtrise de soi.

**Un droit
au bonheur ?**

Il semble d'ailleurs que l'époque moderne l'ait suivi sur ce point. Car si l'impuissance à modifier l'ordre du monde pouvait justifier toutes les résignations et prédisposait à une conception du bonheur qui n'était qu'une conquête de l'individu sur lui-même, il n'en est plus de même si l'avènement des sciences et des techniques permet à chacun de réaliser le programme de l'hédonisme. Rechercher le plaisir et éviter la douleur paraît en effet un des soucis majeurs de l'homme moderne, du moins dans les sociétés hautement industrialisées. Il n'est qu'à voir comment ces sociétés s'assurent contre toutes les causes de souffrance, de maladie, et même d'échec, et avec quel empressement elles suscitent des occasions de diversifier les plaisirs pour se persuader que le bonheur n'est plus une exception dans un monde de douleur, mais une possibilité inscrite dans tout projet social. Ainsi, lorsque Saint-Just affirmait : «**Le bonheur est une idée neuve en Europe**[1]», il entendait qu'il n'était pas d'obstacle naturel, économique ou social que les démocraties ne fussent à même de lever pour en assurer la diffusion dans tout le corps social. Car si, conformément aux déclarations des Droits de l'homme, les sociétés sont instituées pour garantir les droits de l'individu, elles doivent pouvoir favoriser l'accès de toutes les formes de bonheur puisqu'elles en inscrivent l'aspiration au nombre des droits naturels de l'homme. Plus qu'un simple souhait individuel, le bonheur devient dans ces conditions un droit garanti par les Constitutions.

**Le bonheur
individuel
et la prospérité
générale**

C'est bien dans cette perspective que l'**utilitarisme**[2] fait de la recherche du bonheur le fondement du lien social. Ainsi, pour Bentham, le bonheur individuel est inséparable de la prospérité générale car il se fonde sur la conviction que les valeurs constitutives du bonheur sont en fin de compte communes à tous les hommes. Selon cette conception, l'individu apparaît comme l'incarnation abstraite de l'homme en général et ce n'est qu'en apparence que certains goûts privés le différencient des autres puisque tous les hommes recherchent également un maximum de plaisir au prix d'une moindre peine. Dans un tel système, il devient possible de comparer tous les biens désirables pour y découvrir une règle susceptible de les ramener à une mesure commune. Dès lors, une société pleinement rationnelle pourra calculer quel type de plaisir vaudra le plus pour chaque individu et s'emploiera à offrir un bien correspondant à ses attentes. Si chaque individu agit en conséquence, toutes les joies spécifiquement humaines pourront être satisfaites et le bonheur individuel comme l'intérêt social en résulteront nécessairement (**Texte 6**).

Pourtant, il n'est pas certain qu'on puisse réduire toutes les valeurs humaines à une mesure commune. Car il n'est pas possible de décider rationnellement du Souverain Bien parce que le bonheur obéit à des motivations empiriques rebelles par nature à toute universalisation (**Texte 7**).

**Bonheur et
innocence**

En ce sens, le bonheur est bien, comme le rappelait Kant, un « Idéal de l'imagination ». La pensée doit avouer ici son infirmité. Trop fragile pour être capté, le sentiment de bonheur est impalpable. Un regard pesant, un geste brusque suffisent pour l'anéantir (**Document**).

---

1. *Discours et rapports*, Éd. Sociales, p. 150.
2. Voir le chapitre « le Travail », p. 205.

TEXTES

Texte 1

Le caractère fugitif
du plaisir

SÉNÈQUE

Le souverain bien est immortel, il ne sait point s'en aller, il ne connaît ni satiété ni regret ; en effet une âme droite ne change jamais, elle n'éprouve point de haine pour elle-même, elle n'a rien à modifier à sa vie qui est la meilleure. Mais le plaisir arrivé à son plus haut point s'évanouit ; il ne tient pas une grande place, c'est pourquoi il la remplit vite ; puis vient l'ennui, et après un premier élan le plaisir se flétrit. Ayant son essence dans le mouvement, il est toujours indéterminé. Rien ne peut exister de substantiel en ce qui vient et passe si vite, et se trouve destiné à périr de par son propre usage ; le plaisir en effet aboutit à un point où il cesse, et dès son début il regarde vers sa fin. Que dire du fait que le plaisir n'existe pas moins chez les fous que chez les méchants et que les êtres bas prennent autant de plaisir dans leurs infamies que les honnêtes gens dans leurs belles actions ? Aussi les Anciens ont prescrit de rechercher la vie la plus vertueuse et non la plus agréable, de façon que le plaisir soit non pas le guide mais le compagnon d'une volonté droite et bonne.

Sénèque, *De la vie heureuse*, traduction de E. Bréhier, in *les Stoïciens*,
Bibliothèque de la Pléiade, Éd. Gallimard, 1962, pp. 729-730.

Texte 2

Échapper à la fuite
du temps ?

PASCAL

Nous ne nous tenons jamais au temps présent. Nous anticipons l'avenir comme trop lent à venir, comme pour hâter son cours ; ou nous rappelons le passé, pour l'arrêter comme trop prompt : si imprudents, que nous errons dans les temps qui ne sont pas nôtres, et ne pensons point au seul qui nous appartient ; et si vains, que nous songeons à ceux qui ne sont plus rien, et échappons[1] sans réflexion le seul qui subsiste. C'est que le présent, d'ordinaire, nous blesse. Nous le cachons à notre vue, parce qu'il nous afflige ; et s'il nous est agréable, nous regrettons de le voir échapper. Nous tâchons de le soutenir par l'avenir, et pensons à disposer les choses qui ne sont pas en notre puissance, pour un temps où nous n'avons aucune assurance d'arriver.

Que chacun examine ses pensées, il les trouvera toutes occupées au passé et à l'avenir. Nous ne pensons presque point au présent ; et, si nous y pensons, ce n'est que pour en prendre la lumière pour disposer de l'avenir. Le présent n'est

---

1. « Laissons échapper ».

356

jamais notre fin : le passé et le présent sont nos moyens ; le seul avenir est notre
fin. Ainsi nous ne vivons jamais, mais nous espérons de vivre ; et, nous dispo-
sant toujours à être heureux, il est inévitable que nous ne le soyons jamais.

Pascal, Pensées, (Éd. Brunschvicg, 172) et Bibliothèque de la Pléiade,
Éd. Gallimard, pp. 1131-1132.

ÉPICURE

Texte 3

Le bonheur est
absence de trouble

C'est un grand bien, croyons-nous, que le contentement, non pas qu'il faille
toujours vivre de peu en général, mais parce que si nous n'avons pas l'abondance, nous saurons être contents de peu, bien convaincus que ceux-là jouis-
sent le mieux de l'opulence, qui en ont le moins besoin. Tout ce qui est fondé
en nature s'acquiert aisément, malaisément ce qui ne l'est pas. Les saveurs
ordinaires réjouissent à l'égal de la magnificence dès lors que la douleur venue
du manque est supprimée. Le pain et l'eau rendent fort vif le plaisir, quand on
en fut privé. Ainsi l'habitude d'une nourriture simple et non somptueuse
porte à la plénitude de la santé, elle fait l'homme intrépide dans ses occupations, elle renforce grâce à l'intermittence de frugalité et de magnificence, elle
apaise devant les coups de la fortune.

Partant, quand nous disons que le plaisir est le but de la vie, il ne s'agit pas
des plaisirs déréglés ni des jouissances luxurieuses ainsi que le prétendent ceux
qui ne nous connaissent pas, nous comprennent mal ou s'opposent à nous. Par
plaisir, c'est bien l'absence de douleur dans le corps et de trouble dans l'âme
qu'il faut entendre. Car la vie de plaisir ne se trouve point dans d'incessants
banquets et fêtes, ni dans la fréquentation de jeunes garçons et de femmes, ni
dans la saveur des poissons et des autres plats qui ornent les tables magni-
fiques, elle est dans la tempérance, lorsqu'on poursuit avec vigilance un raisonnement, cherchant les causes pour le choix et le refus, délaissant l'opinion, qui
avant tout fait le désordre de l'âme.

Épicure, Lettre à Ménécée, traduction de P. Pénisson, Éd. Hatier, 1984, pp. 48-49.

ÉPICTÈTE

Texte 4

Ce qui dépend
de nous et ce qui n'en
dépend pas

1. Il y a des choses qui dépendent de nous et d'autres qui ne dépendent pas de
nous. Ce qui dépend de nous, c'est la croyance, la tendance, le désir, le refus,
bref tout ce sur quoi nous pouvons avoir une action. Ce qui ne dépend pas de
nous, c'est la santé, la richesse, l'opinion des autres, les honneurs, bref tout ce
qui ne vient pas de notre action.

2. Ce qui dépend de nous est, par sa nature même, soumis à notre libre
volonté ; nul ne peut nous empêcher de le faire ni nous entraver dans notre
action. Ce qui ne dépend pas de nous est sans force propre, esclave d'autrui ;
une volonté étrangère peut nous en priver.

3. Souviens-toi donc de ceci : si tu crois soumis à ta volonté ce qui est, par nature, esclave d'autrui, si tu crois que dépende de toi ce qui dépend d'un autre, tu te sentiras entravé, tu gémiras, tu auras l'âme inquiète, tu t'en prendras aux dieux et aux hommes. Mais si tu penses que seul dépend de toi ce qui dépend de toi, que dépend d'autrui ce qui réellement dépend d'autrui, tu ne te sentiras jamais contraint à agir, jamais entravé dans ton action, tu ne t'en prendras à personne, tu n'accuseras personne, tu ne feras aucun acte qui ne soit volontaire ; nul ne pourra te léser, nul ne sera ton ennemi, car aucun malheur ne pourra t'atteindre.

Épictète, *Manuel*, traduction de R. Létoquart, Éd. Hatier, 1988, page 52.

Texte 5

Le plaisir n'est pas incompatible avec le bonheur

ARISTOTE

Rien n'empêche, même si les plaisirs sont parfois mauvais, qu'un plaisir soit le souverain bien ; de même, rien ne s'oppose à ce qu'une science soit excellente, quand bien même d'autres seraient mauvaises. Que dis-je ? C'est peut-être là une conséquence nécessaire, du moment qu'il y a pour chaque disposition des activités non entravées, que l'activité de toutes ces dispositions ou de l'une d'entre elles soit le bonheur. Il est nécessaire, dis-je, que cette activité, si elle est libre, soit la plus souhaitable. D'ailleurs, c'est cela même qui est le plaisir. Ainsi un plaisir pourrait s'identifier avec le plus grand bien, même en admettant que la plupart des plaisirs se trouvent être absolument mauvais. Pour cette raison, tout le monde estime que la vie heureuse est agréable, attendu qu'on unit la notion de plaisir à celle de bonheur, et l'on a parfaitement raison. Aucune activité, en effet, n'est complète quand elle est contrariée, et le bonheur présente le caractère d'être complet. Aussi l'homme heureux a-t-il besoin que les biens corporels, les biens extérieurs et ceux de la fortune se trouvent réalisés pour lui sans difficulté. Prétendre que l'homme soumis au supplice de la roue, ou accablé de grandes infortunes, est heureux à condition d'être vertueux, c'est parler en l'air, volontairement ou involontairement.

Aristote, *Éthique à Nicomaque*, traduction de Voilquin,
Éd. Garnier-Flammarion, 1965, VII, ch. XIII, 2, 3, pp. 199-200.

Texte 6

Le principe d'utilité

BENTHAM

La nature a placé l'humanité sous l'autorité de deux maîtres absolus : le plaisir et la douleur. Il n'appartient qu'à eux de désigner ce que nous avons à faire comme de déterminer ce que nous ferons. Le critère du vrai et du faux comme l'enchaînement des causes et des effets sont assujettis à leur domination. Ils nous commandent dans tout ce que nous faisons, disons et pensons, et tout effort pour échapper à leur emprise ne sert qu'à en démontrer et à en confirmer la réalité. On peut prétendre en paroles se soustraire à leur empire alors

qu'en fait on y reste soumis au moment même où on le prétend. Le principe
d'utilité reconnaît cette sujétion et en fait le fondement du système dont
10   l'objectif est d'élever l'édifice du Bonheur à l'aide de la raison et de la loi...

Par utilité on entend la possession de tout objet grâce auquel on tend à
obtenir un profit, un avantage, un plaisir, un bien ou le bonheur (ce qui dans
le cas présent revient au même) ou (ce qui revient également au même) à
prévenir un échec, une peine, un mal, ou le malheur de qui que ce soit, qu'il
15   s'agisse de la société en général ou de l'individu...

On peut dire d'une action qu'elle est conforme au principe d'utilité ou plus
simplement qu'elle est utile (relativement à la société en général) lorsque sa
tendance à accroître le bonheur de la société est supérieure à ce qui le diminue.

Bentham, *Principes de morale et de législation* (1780),
traduction de A. Lagarde, ch. I, 1, 8.

Texte 7	**KANT**

Le bonheur
n'est pas un concept
universalisable

Pour l'idée du bonheur un tout absolu, un maximum de bien-être dans mon
état présent et dans toute ma condition future, est nécessaire. Or il est impossible qu'un être fini, si perspicace et en même temps si puissant qu'on le
suppose, se fasse un concept déterminé de ce qu'il veut ici véritablement. Veut-
5   il la richesse ? Que de soucis, que d'envie, que de pièges ne peut-il pas par là
attirer sur sa tête ! Veut-il beaucoup de connaissance et de lumières ? Peut-être
cela ne fera-t-il que lui donner un regard plus pénétrant pour lui représenter
d'une manière d'autant plus terrible les maux qui jusqu'à présent se dérobent
encore à sa vue et qui sont pourtant inévitables, ou bien que charger de plus de
10   besoins encore ses désirs qu'il a déjà bien assez de peine à satisfaire. Veut-il une
longue vie ? Qui lui répond que ce ne serait pas une longue souffrance ? Veut-il
du moins la santé ? Que de fois l'indisposition du corps a détourné d'excès où
aurait fait tomber une santé parfaite, etc. ! Bref, il est incapable de déterminer
avec une entière certitude d'après quelque principe ce qui le rendrait véritable-
15   ment heureux : pour cela il lui faudrait l'omniscience. [...] Il suit de là que les
impératifs de la prudence, à parler exactement, ne peuvent commander en
rien, c'est-à-dire représenter des actions d'une manière objective comme pratiquement nécessaires, qu'il faut les tenir plutôt pour des conseils *(consilia)* que
pour des commandements *(præcepta)* de la raison ; le problème qui consiste à
20   déterminer d'une façon sûre et générale quelle action peut favoriser le bonheur
d'un être raisonnable est un problème tout à fait insoluble ; il n'y a donc pas à
cet égard d'impératif qui puisse commander, au sens strict du mot, de faire ce
qui rend heureux, parce que le bonheur est un idéal, non de la raison, mais de
l'imagination, fondé uniquement sur des principes empiriques, dont on atten-
25   drait vainement qu'ils puissent déterminer une action par laquelle serait
atteinte la totalité d'une série de conséquences en réalité infinie...

Kant, *Fondements de la Métaphysique des mœurs* (1785), traduction de V. Delbos,
Éd. Delagrave, 1969, deuxième section, pp. 131-132.

DOCUMENT

Bonheur, musique et insouciance

J'EN viens parfois à me demander si le fait d'avoir une existence un tant soi peu musicienne, d'avoir consacré beaucoup de temps à un instrument, ne provoque pas une très légère ivresse qui à chaque instant nous accompagne et nous grise. Être souvent un peu plus exalté que de raison, être heureux sans cause (aujourd'hui, hélas! on ne peut être heureux que sans cause, les causes n'étant
5   jamais des causes de bonheur), n'est-ce pas là cette douce ébriété que nous devons à la musique? Ébriété presque impalpable, impondérable, comme une vapeur qui monte dans le soleil et nous soulève avec elle et nous donne un cœur printanier. Car la musique est là, sur terre, elle existe à nos côtés, comme une amie, et la plénitude de son évidence donne le courage de vivre, d'écrire, de continuer. Sans cesse je me dis: notre compagne la musique est encore là, malgré tout, elle nous dispense ses suavités et son
10 bonheur sonore qui naissent de la matière vibrante, corde, cuivre ou bronze; elle est là, même si beaucoup ne consentent pas à l'entendre. La griserie musicale ressemblerait peut-être à une espérance, pourvu qu'on ne se demande pas: l'espérance de quoi? l'espérance en quoi? J'espère... à condition de ne pas peser trop lourdement sur le complément direct ou indirect qui est la détermination dont la conscience intellectuelle a besoin. Dès que vous posez la question, vous redevenez malheureux parce
15 que vous appliquez à la musique des catégories et des questions qui ne sont pas faites pour elles, auxquelles elle ne peut pas répondre. Ainsi Orphée perd Eurydice parce qu'il ne lui suffit pas de deviner sa présence tremblante; ce savoir dérisoire ne lui suffit pas, et il se retourne, l'imprudent, pour s'assurer de son bonheur et en vérifier la présence. Et pourquoi Orphée ne devait-il pas regarder Eurydice? parce qu'en prenant conscience de ce don gratuit, il devenait un propriétaire jouissant de son avoir en toute
20 complaisance et vivant des rentes de l'impalpable... Il transformait l'aimée en objet précieux. Il en va de même pour cette chance si fragile qui marche derrière nous; il ne faut pas la regarder ni surtout l'interroger, ni nous la faire confirmer; ne lui posons pas de questions, sans quoi elle retournera aux Enfers, auprès de Pluton, dans le Hadès d'où elle est venue. Que la nostalgie nous suffise! « La saison est belle et ma part est bonne »... Mais voilà que nous recommençons à y penser, nous cessons de danser
25 et de chanter... L'insouciant devient soucieux et craint de perdre son joyau. Ne nous retournons pas vers notre innocence. Prenons plutôt pour modèle cette fleur des steppes dont parle Liszt: elle pousse dans le sable des racines si superficielles que le moindre vent l'emporte. On l'appelle la Fiancée du vent.

J. Jankélévitch (et B. Berlowitz), *Quelque part dans l'inachevé*,
Éd. Gallimard, 1978, pp. 312-313.

22.

L'ANTHROPOLOGIE

Descente en pirogue sur le fleuve Buzi, Mozambique, 1910.

INTRODUCTION

Dès sa création au XVIIIᵉ siècle, le terme « anthropologie » a plusieurs sens. Même l'étymologie est ici d'un secours bien modeste : en nous apprenant que l'objet de cette science est l'homme, elle ne nous dit presque rien, puisque tout le problème est de savoir ce qui, de l'homme, peut être objet de science.

Philosophie et anthropologie

Sans doute est-il légitime, à condition de s'en tenir au sens strict du terme, de voir une dimension anthropologique dès l'origine dans notre tradition philosophique : s'interroger sur le « passage » de la nature à la culture, sur la « nature humaine », sur la vie des hommes en société, etc., c'est sans conteste, au moins dans l'intention, contribuer à l'édification d'une science de l'homme. Ainsi défini, le projet tend à réduire la fonction de l'anthropologie à celle de partie, ou de double, de la philosophie[1]. Pour conquérir sa spécificité, l'anthropologie semblait avoir le choix, dans un premier temps, entre deux issues : délimiter un champ qui lui soit propre au sein même de la philosophie, ou définir son objet de telle façon qu'il l'autorise à revendiquer le statut de science exacte. L'homme est un animal suffisamment complexe pour permettre, voire encourager, la multiplicité des points de vue : le XVIIIᵉ siècle choisit simplement de distinguer précisément deux grands domaines dans l'anthropologie. Rattachée aux sciences de la vie, **l'anthropologie physique** se fixe pour tâche l'étude des variations des caractères biologiques de l'homme dans l'espace et dans le temps[2]. A **l'anthropologie philosophique**, en revanche, Kant assigne une finalité pragmatique : de l'étude des hommes devrait découler la connaissance des moyens de conduire l'espèce humaine vers son plus haut degré de perfection (**Texte 1**).

De l'homme des philosophes aux hommes des anthropologues

Notre premier problème est de comprendre pourquoi aucun de ces deux usages du terme « anthropologie » ne coïncide avec le sens aujourd'hui le plus courant. Nos anthropologues se livrent en effet à l'étude et à la comparaison des différentes cultures, ou encore des rapports qui lient les hommes aux multiples formes prises par leur socialisation, au sein des groupes où ils vivent. Souvent dénommée **anthropologie « culturelle »**, cette discipline, qui englobe en fait l'**ethnographie** et l'**ethnologie**[3], ne s'est véritablement constituée qu'à partir de la fin du XIXᵉ siècle : comme l'écrit Michel Foucault, la raison de ce « retard » est que, jusque-là, l'homme qui intéresse l'anthropologie ainsi conçue « n'existait pas » (**Texte 2**). De fait, des idées comme celles de « nature humaine », d'« universalité de la raison », constitutives de la philosophie classique, ne pouvaient que faire obstacle à l'élaboration d'un savoir

---

1. Voir le chapitre « La philosophie ».
2. La génétique des populations peut être aujourd'hui considérée comme l'héritière et la forme moderne de cette anthropologie, d'autant plus que ses recherches se situent en quelque sorte à la jonction entre les sciences de la vie et les sciences humaines.
3. L'ethnographie est l'étude descriptive et classificatrice des différentes civilisations, notamment, à ses débuts, celle des sociétés dites « primitives », par opposition aux sociétés occidentales économiquement développées. L'ethnologie est la science qui, partant le plus souvent des phénomènes observés par l'ethnographie, cherche à en fournir une explication synthétique.

« objectif » sur les hommes « concrets ». Sous ses dehors les plus immédiatement observables, l'humanité offre le spectacle de la différence et de la variété : son unité avait beau être postulée par les philosophes, elle n'avait, à proprement parler, rien d'évident. Mais à la fin du siècle dernier, l'extension de la colonisation, le développement de l'histoire, de l'économie, de la philologie[1], etc., imposent d'une part la réalité de cultures très différentes de la nôtre, d'autre part l'idée que ce qui fait l'unité de l'humanité c'est, paradoxalement, son aptitude à la variation culturelle, dans le temps comme dans l'espace. Certes, les sociétés découvertes sont d'abord jugées « primitives », mais elles retiennent l'attention par leurs petites dimensions, leur fonctionnement très autarcique[2], l'apparente simplicité de leurs institutions : leur étude pourrait bien servir de laboratoire à la compréhension de nos formes très complexes d'organisation. Sur ce premier terrain, l'anthropologie se confond avec l'ethnologie ; la spécificité de son objet se précise : au sein de chaque culture, les formes prises par les conduites individuelles ou collectives, les biens matériels produits, utilisés, échangés, la langue parlée, les règles qui régissent les rapports entre les individus, etc., doivent être minutieusement observés et enregistrés, puis compris comme autant de signes, de choix culturels pourvus, précisément, de significations cohérentes.

Des systèmes de signes

Courant dominant de l'anthropologie française contemporaine, le **structuralisme**[3] — surtout représenté dans ce domaine par Claude Lévi-Strauss (**Textes 3 et 4**) — privilégie la mise en évidence de cette cohérence. Lévi-Strauss a ainsi montré comment, lorsqu'on étudie le système des relations de parenté, la langue, ou l'organisation économique, propres à une société, on se trouve en fait en présence de différentes modalités d'une seule et même fonction : la communication (ou l'échange), qui n'est finalement rien d'autre que ce qui fonde le « passage » de la nature à la culture.

Dans la constitution de l'anthropologie comme science de l'homme dotée d'un objet spécifique, la « découverte » des « sociétés primitives » a manifestement joué un rôle décisif. Condition sinon suffisante, en tout cas nécessaire, l'« étude » de ces sociétés, bien particulière, oblige à se poser au moins deux questions.

La première question revient à se demander dans quelle mesure l'originalité de leurs objets privilégiés peut (doit ?) influer sur les modalités du travail des anthropologues (des ethnologues), d'une part, sur la finalité qu'ils lui assignent, d'autre part. Comme l'historien et le sociologue, l'anthropologue cherche à mettre en évidence des relations entre des individus, des groupes, des événements, des formes d'organisation sociale, etc. : mais à la différence de l'historien, il tire la majeure partie de ses documents de l'observation directe ;

1. Étude des sons d'une langue particulière et de leur évolution.
2. L'autarcie est le fait de suffire à soi-même ; ici : de satisfaire ses besoins sans recourir aux échanges avec l'extérieur.
3. Le structuralisme est à la fois une méthode d'investigation scientifique et un courant philosophique. De façon générale, le structuralisme se donne pour objectif de découvrir ou d'élaborer des « structures » : ces systèmes abstraits de relations entre les éléments d'une réalité donnée (le langage, les mythes, les relations de parenté, etc.) ont une valeur explicative. En ethnologie, chez Lévi-Strauss en particulier, la structure sociale apparaît comme un modèle construit qui permet d'expliquer les règles d'organisation et de transformation des sociétés étudiées.

et à la différence à la fois de l'historien et du sociologue, il doit vivre avec ceux qu'il étudie, devenir presque partie prenante dans ces systèmes de relations sur lesquels il lui faut, par ailleurs, conserver le point de vue de l'extériorité. Regard sur l'autre, le point de vue de l'ethnologue, sous peine de rester en deçà du seuil de la compréhension, ne peut être uniquement celui d'un autre ; subordonnée à la reconnaissance de ses différences, l'identification de l'autre est aussi, peut-être autant, la reconnaissance, en lui, du semblable **(Texte 4)**.

L'ethnocentrisme

Dans le cas de l'anthropologie, ce problème ne se réduit pas à celui, déjà abordé en d'autres occasions[1], de l'« objectivité » du chercheur : les ignorants ne courent pas seuls le risque de **l'ethnocentrisme**[2] comme le montrent l'anecdote rapportée par Lévi-Strauss sur la « vérification » de l'existence d'une âme chez les indigènes colonisés par les Espagnols[3], ou encore le mépris de Hegel à l'égard des « nègres » magiciens **(Texte 5)**. Persuadé que la magie ne témoigne de rien d'autre que d'une méconnaissance profonde des véritables rapports entre les hommes, la nature et Dieu, Hegel hésite à reconnaître son semblable en quiconque adhère à de telles croyances. L'exemple n'a pas été choisi au hasard : la magie fait partie de ces phénomènes très répandus dans les sociétés étudiées par les premiers anthropologues qui, au lieu de les ignorer (elles sont si loin de notre rationalité !), les ont au contraire prises très au sérieux. Une étude approfondie comme celle de Marcel Mauss **(Texte 6)** aboutit ainsi à la conclusion que la magie peut être liée à de véritables savoirs scientifiques et techniques. Mauss n'a sans doute pas tort, par ailleurs, de constater un air de famille entre la croyance à la magie, et certaines conduites ou superstitions encore bien présentes dans nos sociétés dites développées.

De l'anthropologie « des autres » à celle « de nous-mêmes » ?

La deuxième question, sur laquelle nous allons conclure, découle en grande partie de la précédente : à peine découvertes et jugées dignes d'intérêt, les sociétés africaines, océaniennes, étudiées par les anthropologues, commençaient lentement à disparaître. De quels nouveaux objets l'anthropologie peut-elle alors se doter ? Quelle sorte de vérité peut-elle atteindre ? Pour les uns, vouée à disparaître elle aussi, pour d'autres, appelée à devenir une partie de la sociologie, l'anthropologie pourrait, pour d'autres encore, devenir « l'anthropologie de nous-mêmes » **(Texte 7)**. Telle est sans doute l'évolution la plus probable de l'anthropologie. Évolution, et non rupture : comme l'écrit le sociologue contemporain Louis Dumont, cette « anthropologie de nous-mêmes... n'aurait probablement pas été possible si l'existence de sociétés différentes ne nous avait forcés de sortir de nous-mêmes pour regarder de manière scientifique l'homme en tant qu'être social » **(Texte 7)**. Peut-on pour autant espérer atteindre un jour une connaissance « totale » de l'homme ? Peut-être... Mais à condition de multiplier indéfiniment les analyses comparatives : il est peu probable, et pas nécessairement souhaitable, que les innombrables variétés et processus de variations caractéristiques des sociétés humaines puissent faire l'objet d'un savoir clos.

---

1. Voir en particulier les chapitres « La vérité », p. 176, et « La sociologie », p. 163.
2. L'ethnocentrisme consiste à prendre sa propre culture comme modèle de référence pour juger les autres.
3. Voir le chapitre « Autrui », texte 10, pp. 60-61.

TEXTES

I. DE L'HUMANITÉ DES PHILOSOPHES À L'HOMME DE L'ANTHROPOLOGIE

Texte 1

La connaissance de l'homme au service de son progrès

KANT

Une doctrine de la connaissance de l'homme, systématiquement traitée (Anthropologie), peut l'être du point de vue physiologique, ou du point de vue pragmatique. La connaissance physiologique de l'homme tend à l'exploration de ce que la *nature* fait de l'homme; la connaissance pragmatique de ce que
5 l'homme, en tant qu'être de libre activité, fait ou peut et doit faire de lui-même. Quand on scrute les causes naturelles, par exemple le soubassement de la mémoire, on peut spéculer à l'aveugle (comme l'a fait Descartes) sur ce qui persiste dans le cerveau des traces qu'y laissent les sensations éprouvées; mais il faut avouer qu'à ce jeu on est seulement le spectateur de ses représentations;
10 on doit laisser faire la nature puisqu'on ne connaît pas les nerfs et les fibres du cerveau, et qu'on n'est pas capable de les utiliser pour le but qu'on se propose : toute spéculation théorique sur ce sujet sera donc en pure perte. Mais observons les obstacles ou les stimulants de la mémoire, si on utilise ces découvertes pour l'amplifier ou l'assouplir, et qu'on ait besoin pour cela de connaître
15 l'homme, elles constituent une partie de l'Anthropologie du point de vue *pragmatique*; et c'est de cela justement que nous nous occupons ici. [...]

Parmi les moyens d'élargir le champ de l'Anthropologie, il y a les *voyages*, ou du moins la lecture des récits de voyage. Pourtant, il faut au préalable, et chez soi, en fréquentant ses concitoyens et ses compatriotes, avoir acquis une
20 connaissance de l'homme, si l'on veut savoir à quel pays étranger on doit s'adresser pour agrandir le champ de ses connaissances. En l'absence d'un tel plan (qui présuppose déjà la connaissance de l'homme), le citoyen du monde demeure, sous le rapport de son anthropologie, enfermé toujours dans de très étroites limites. La *connaissance générale* doit précéder toujours la *connaissance*
25 *locale*, s'il faut que la philosophie l'ordonne et la dirige : sans elle, toute connaissance acquise ne peut former qu'un tâtonnement fragmentaire, et non pas une science.

Kant, *Anthropologie du point de vue pragmatique* (1797),
traduction de M. Foucault, Éd. Vrin, 1970, pp. 11-12.

Texte 2

L'homme n'a pas
toujours été un
« objet scientifique »

FOUCAULT

Le champ épistémologique que parcourent les sciences humaines n'a pas été prescrit à l'avance : nulle philosophie, nulle option politique ou morale, nulle science empirique quelle qu'elle soit, nulle observation du corps humain, nulle analyse de la sensation, de l'imagination ou des passions n'a jamais, au XVIIe et au XVIIIe siècle, rencontré quelque chose comme l'homme ; car l'homme n'existait pas (non plus que la vie, le langage et le travail) ; et les sciences humaines ne sont pas apparues lorsque, sous l'effet de quelque rationalisme pressant, de quelque problème scientifique non résolu, de quelque intérêt pratique, on s'est décidé à faire passer l'homme (bon gré, mal gré, et avec plus ou moins de succès) du côté des objets scientifiques — au nombre desquels il n'est peut-être pas prouvé encore qu'on puisse absolument le ranger ; elles sont apparues du jour où l'homme s'est constitué dans la culture occidentale à la fois comme ce qu'il faut penser et ce qu'il y a à savoir. [...]

L'ethnologie se loge à l'intérieur du rapport singulier que la *ratio*[1] occidentale établit avec toutes les autres cultures ; et à partir de là, elle contourne les représentations que les hommes, dans une civilisation, peuvent se donner d'eux-mêmes, de leur vie, de leurs besoins, des significations déposées dans leur langage ; et elle voit surgir derrière ces représentations les normes à partir desquelles les hommes accomplissent les fonctions de la vie, mais en repoussent leur pression immédiate, les règles à travers lesquelles ils éprouvent et maintiennent leurs besoins, les systèmes sur fond desquels toute signification leur est donnée.

M. Foucault, *les Mots et les Choses,* Éd. Gallimard, 1966, pp. 355-356 et 389-390.

Texte 3

« Pour l'anthropologie
[...] tout est symbole
et signe »

LÉVI-STRAUSS

Saussure n'anticipait-il pas notre adhésion, lorsqu'il comparait le langage à « l'écriture, à l'alphabet des sourds-muets, aux rites symboliques, aux formes de politesse, aux signaux militaires, etc. » ? Personne ne contestera que l'anthropologie compte, dans son champ propre, certains au moins de ces systèmes de signes, auxquels s'ajoutent beaucoup d'autres : langage mythique, signes oraux et gestuels dont se compose le rituel, règles de mariage, systèmes de parenté, lois coutumières, certaines modalités des échanges économiques.

Nous concevons donc l'anthropologie comme l'occupant de bonne foi de ce domaine de la séméiologie[2] que la linguistique n'a pas déjà revendiqué pour sien ; et en attendant que, pour certains secteurs au moins de ce domaine, des sciences spéciales se constituent au sein de l'anthropologie.

[...] On peut se demander si tous les phénomènes auxquels s'intéresse

---

1. Mot latin signifiant « raison ».
2. Science des signes. Du grec *sèmeion*, « signe ».

l'anthropologie sociale offrent bien le caractère de signes. Cela est suffisamment clair pour les problèmes que nous étudions le plus fréquemment. Quand
15 nous envisageons tel système de croyances — disons le totémisme — telle forme d'organisation sociale — clans unilinéaires, mariage bilatéral — la question que nous nous posons est bien : « qu'est-ce que tout cela signifie ? », et, pour y répondre, nous nous efforçons de *traduire*, dans notre langage, des règles primitivement données dans un langage différent. [...]
20 En posant la nature symbolique de son objet, l'anthropologie sociale n'entend donc pas se couper des *realia*. Comment le ferait-elle, puisque l'art, où tout est signe, utilise des truchements matériels ? On ne peut étudier des dieux en ignorant leurs images ; des rites, sans analyser les objets et les substances que fabrique ou que manipule l'officiant ; des règles sociales, indépen-
25 damment des choses qui leur correspondent. L'anthropologie sociale ne se cantonne pas dans une partie du domaine de l'ethnologie ; elle ne sépare pas culture matérielle et culture spirituelle. Dans la perspective qui lui est propre — et qu'il nous faudra situer — elle leur porte le même intérêt. Les hommes communiquent au moyen de symboles et de signes ; pour l'anthropologie, qui
30 est une conversation de l'homme avec l'homme, tout est symbole et signe, qui se pose comme intermédiaire entre deux sujets.

C. Lévi-Strauss, *Anthropologie structurale,* II,
« Leçon inaugurale au Collège de France » (5 janvier 1960),
Éd. Plon, 1973, pp. 18-20.

II. LE MÊME ET L'AUTRE

Connaissance de soi
et connaissance
de l'autre

LÉVI-STRAUSS

« Quand on veut étudier les hommes, il faut regarder près de soi ; mais pour étudier l'homme, il faut apprendre à porter sa vue au loin ; il faut d'abord observer les différences pour découvrir les propriétés » (*Essai sur l'origine des langues,* ch. VIII).
5 Cette règle de méthode que Rousseau fixe à l'ethnologie dont elle marque l'avènement, permet aussi de surmonter ce qu'à première vue, on prendrait pour un double paradoxe : que Rousseau ait pu, simultanément, préconiser l'étude des hommes les plus lointains, mais qu'il se soit surtout abandonné à celle de cet homme particulier qui semble le plus proche, c'est-à-dire lui-même ;
10 et que, dans toute son œuvre, la volonté systématique d'identification à l'autre aille de pair avec un refus obstiné d'identification à soi. Car ces deux contradictions apparentes, qui se résolvent en une seule et réciproque implication, toute carrière d'ethnologue doit, un moment ou l'autre, les surmonter. [...]

Chaque fois qu'il est sur le terrain, l'ethnologue se voit livré à un monde où
tout lui est étranger, souvent hostile. Il n'a que ce moi, dont il dispose encore,
pour lui permettre de survivre et de faire sa recherche ; mais un moi physique-
ment et moralement meurtri par la fatigue, la faim, l'inconfort, le heurt des
habitudes acquises, le surgissement des préjugés dont il n'avait pas le soupçon ;
et qui se découvre lui-même, dans cette conjoncture étrange, perclus et estro-
pié par tous les cahots d'une histoire personnelle responsable au départ de sa
vocation, mais qui, de plus, affectera désormais son cours. Dans l'expérience
ethnographique, par conséquent, l'observateur se saisit comme son propre instrument d'observation... Chaque carrière ethnographique trouve son principe
dans des « confessions », écrites ou inavouées. [...]

Car, pour parvenir à s'accepter dans les autres, but que l'ethnologue assigne
à la connaissance de l'homme, il faut d'abord se refuser en soi.

C'est à Rousseau qu'on doit la découverte de ce principe, le seul sur lequel
peuvent se fonder les sciences humaines, mais qui devait rester inaccessible et
incompréhensible, tant que régnait une philosophie qui, prenant son point de
départ dans le Cogito, était la prisonnière des prétendues évidences du moi, et
ne pouvait aspirer à fonder une physique qu'en renonçant à fonder une sociologie, et même une biologie : Descartes croit passer directement de l'intériorité
d'un homme à l'extériorité du monde, sans voir qu'entre ces deux extrêmes se
placent des sociétés, des civilisations, c'est-à-dire des mondes d'hommes.

C. Lévi-Strauss, *Anthropologie structurale*, II, « Jean-Jacques Rousseau fondateur
des sciences de l'homme », Éd. Plon, 1973, pp. 46-48.

Texte 5

Les pièges
de l'ethnocentrisme[1]

HEGEL

Le nègre représente l'homme naturel dans toute sa sauvagerie et sa pétulan-
ce ; il faut faire abstraction de tout respect et de toute moralité, de ce que l'on
nomme sentiment, si on veut bien le comprendre ; on ne peut rien trouver
dans ce caractère qui rappelle l'homme. Les comptes rendus prolixes des mis-
sionnaires confirment cela pleinement et seul le mahométisme paraît être ce
qui, en quelque mesure, rapproche le nègre de la civilisation. Les mahométans
d'ailleurs s'entendent mieux que les Européens à pénétrer dans l'intérieur du
pays. Cependant ce degré de culture peut être connu de façon plus précise
dans la *religion*. Ce que nous nous représentons d'abord en cette matière, c'est
la conscience qu'a l'homme d'une puissance supérieure (encore qu'on ne la sai-
sisse que comme force de la nature) par rapport à laquelle il se pose comme un
être plus faible, plus humble.

La religion commence par la conscience qu'il existe quelque chose de supérieur à l'homme. Cependant déjà Hérodote a appelé les nègres, magiciens : or,

---

1. Ce titre est de nous et non de Hegel.

15 dans la *magie* on ne trouve pas la représentation d'un Dieu, d'une foi morale :
mais pour elle, l'homme est la puissance la plus haute, ayant vis-à-vis de la
force de la nature l'attitude du commandement. Il n'est donc pas question
d'honorer Dieu en esprit, ni d'un règne du droit : Dieu tonne et n'est point
reconnu : pour l'esprit de l'homme, Dieu doit être plus qu'un maître du ton-
20 nerre ; mais ce n'est pas le cas chez les nègres ; quoiqu'ils doivent être
conscients de leur dépendance du facteur naturel, car ils ont besoin de l'orage,
de la pluie et de la cessation de la période des pluies : tout ceci cependant ne
les conduit pas à la conscience de quelque chose de supérieur ; ce sont eux, en
effet, qui commandent aux éléments et c'est ce que l'on appelle magie. […]
25   Le deuxième élément de leur religion consiste ensuite en ceci qu'ils se représentent cette puissance qui est la leur, se l'extériorisent, s'en font des images.
Donc ce qu'ils se représentent comme leur puissance n'a rien d'objectif, d'en
soi consistant, différent d'eux-mêmes, mais c'est le premier objet venu quel
qu'il soit, qu'ils élèvent au rang de génie, un animal, un arbre, une pierre, une
30 image en bois. C'est là le *fétiche*. […]

Hegel, *Leçons sur la philosophie de l'histoire* (1837-1840),
traduction de J. Gibelin, Éd. Vrin, 1970, p. 76.

Texte 6

Il existe
des sorciers savants

MAUSS

La magie se relie aux sciences, de la même façon qu'aux techniques. Elle n'est
pas seulement un art pratique, elle est aussi un trésor d'idées. Elle attache une
importance extrême à la connaissance et celle-ci est un de ses principaux ressorts ; en effet, nous avons vu, à maintes reprises, que, pour elle, savoir c'est
5 pouvoir. Mais, tandis que la religion, par ses éléments intellectuels, tend vers
la métaphysique, la magie que nous avons dépeinte plus éprise du concret,
s'attache à connaître la nature. Elle constitue, très vite, une sorte d'index des
plantes, des métaux, des phénomènes, des êtres en général, un premier répertoire des sciences astronomiques, physiques et naturelles. [...]
10   Dans les sociétés primitives, seuls, les sorciers ont eu le loisir de faire des
observations sur la nature et d'y réfléchir ou d'y rêver. Ils le firent par fonction.
On peut croire que c'est aussi dans les écoles de magiciens que se sont constituées une tradition scientifique et une méthode d'éducation intellectuelle. [...]
     Si éloignés que nous pensions être de la magie, nous en sommes encore mal
15 dégagés. Par exemple, les idées de chance et de malchance, de quintessence,
qui nous sont encore familières, sont bien proches de l'idée de la magie elle-
même. Ni les techniques, ni les sciences, ni même les principes directeurs de
notre raison ne sont encore lavés de leur tache originelle. Il n'est pas téméraire
de penser que, pour une bonne part, tout ce que les notions de force, de cause,
20 de fin, de substance ont encore de non positif, de mystique et de poétique,
tient aux vieilles habitudes d'esprit dont est née la magie et dont l'esprit
humain est lent à se défaire.

Ainsi, nous pensons trouver à l'origine de la magie la forme première de
représentations collectives qui sont devenues depuis les fondements de
l'entendement individuel.

M. Mauss, Sociologie et Anthropologie, Éd. P.U.F., 1950, pp. 134-137.

Texte 7

Vers une
« anthropologie
de nous-mêmes » ?

DUMONT

Sur la question controversée de savoir si l'anthropologie atteindra un jour des
vérités universelles, on peut peut-être dire ceci : il est très douteux qu'elle puisse jamais formuler une connaissance universelle de la même sorte et dans la
même forme que les sciences de la nature, et cependant une valeur universelle
s'est déjà glissée et est contenue dans tout concept à l'aide duquel l'anthropologue passe d'une société à une autre. [...] Ce développement intellectuel, ce
processus de progrès dans la formulation est peut-être, davantage que la
simple accumulation de données, ce par quoi nous avançons. C'est ce que
montrent les monographies les plus accomplies, celles où les faits apportent
avec eux, dirait-on, leur élaboration conceptuelle adéquate, dont le type est la
monographie d'Evans-Pritchard sur les *Nuer*[1]. Au contraire, lorsque cette
nécessité n'est pas reconnue, lorsque, comme dirait Mauss[2], on pense qu'il
n'est pas besoin, une fois qu'on sait les choses, d'une démarche lente et pénible
pour les *comprendre*, lorsque cette compréhension n'est pas conçue comme
ayant lieu dans le temps, mais comme instantanée ou impossible, alors apparaissent certaines tendances que je crois non scientifiques.

L'une d'elles consiste dans une sorte de déception chronique. Une fois ce
que j'appelle les notions du sens commun acceptées telles quelles comme des
concepts scientifiques, comment admettre l'état imparfait de la discipline dans
le présent ? On oublie alors la progression prodigieuse du passé récent, et pour
ne pas désespérer, on prétend construire une science de l'homme aussi rapidement qu'un gratte-ciel, on cherche fiévreusement des thèmes neufs ou on a
recours à des modes de calcul compliqués. [...]

Si maintenant on demande ce qu'il adviendra de l'anthropologie lorsque le
progrès économique aura transformé tous les peuples en citoyens modernes du
monde, on pourrait répondre qu'à ce moment-là l'anthropologie aura assez
progressé pour que nous puissions construire l'anthropologie de nous-mêmes,
ce qui n'aurait probablement pas été possible si l'existence de sociétés différentes ne nous avait forcés de sortir de nous-mêmes pour regarder de manière
scientifique l'homme en tant qu'être social.

L. Dumont[3], Essais sur l'individualisme, Une perspective
anthropologique sur l'idéologie moderne, collection Esprit, Éd. du Seuil, 1993.

---

1. Anthropologue anglais (1902-1973). Les Nuer sont une peuplade du Soudan.
2. Voir texte 6, page précédente.
3. Anthropologue français contemporain.

DOCUMENT

Qu'est-ce que l'homme ?

LE CHŒUR

*I*L *est bien des merveilles en ce monde, il n'en est pas de plus grande que l'homme. Il est l'être qui
sait traverser les flots gris, à l'heure où soufflent les vents du Sud et ses orages, et qui va son chemin
au creux des hautes vagues qui lui ouvrent l'abîme. Il est l'être qui tourmente la déesse auguste entre
toutes, la Terre, la Terre éternelle et infatigable, avec ses charrues qui vont sans répit la sillonnant
5   chaque année, celui qui la fait labourer par les produits de ses cavales.*

*Oiseaux étourdis, animaux sauvages, poissons
peuplant les mers, tous, il les enserre et les prend dans
les mailles de ses filets, l'homme à l'esprit ingénieux.
Par ses engins, il est le maître des bêtes indomptées*
10   *qui courent par les monts, et, le moment venu, il
ploiera sous un joug enveloppant leur col et le cheval
à l'épaisse crinière et l'infatigable taureau des
montagnes.*

Parole, pensée prompte comme le vent, aspirations
15   *d'où naissent les cités, tout cela, il se l'est enseigné à
lui-même, aussi bien qu'il a su, en se faisant un gîte,
échapper aux traits du gel, de la pluie, cruels à ceux
qui n'ont d'autre toit que le ciel. Bien armé contre
tout, il n'est désarmé contre rien de ce que lui peut*
20   *offrir l'avenir. Contre la mort seule il n'aura jamais
de charme permettant de lui échapper, bien qu'il ait
déjà su, contre les maladies les plus opiniâtres,
imaginer plus d'un remède.*

Mais, ainsi maître d'un savoir dont les
25   *ingénieuses ressources dépassent toute espérance, il
peut prendre ensuite la route du mal tout comme du
bien.*

*Qu'il fasse donc, dans ce savoir, une part aux lois de sa ville, et à la justice des dieux à laquelle il a
juré foi ; il montera alors très haut dans sa cité ; tandis qu'il s'exclut de cette cité, du jour où il laisse le*
30   *crime le contaminer, par bravade. Ah ! qu'il n'ait plus de place alors à mon foyer, ni parmi mes amis,
si c'est ainsi qu'il se conduit !*

Sophocle, Antigone, traduction de P. Mazon, collection Budé, Éd. les Belles Lettres.

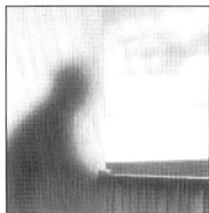

23.

LA
MÉTAPHYSIQUE

Martinique, 1er janvier 1972. Photo : A. Kertesz.

INTRODUCTION

**Au-delà
de la nature**

Le terme de métaphysique est relativement récent, puisqu'il remonte au Moyen Age où il servait de titre à un certain nombre de traités d'Aristote venant après[1] ceux de physique. Néanmoins la notion à laquelle il renvoie est bien plus ancienne : selon une autre interprétation de son étymologie, cette fois discutable (car le terme grec *meta* n'a jamais eu cette signification), la métaphysique traite de ce qui se trouve au-delà de *(meta)* la nature *(phusis)*. Elle consiste donc à remonter au-delà des apparences sensibles pour atteindre soit un premier principe susceptible de les fonder, soit, selon la formule d'Aristote, « l'être en tant qu'être », c'est-à-dire l'être commun aux différents objets sensibles. La métaphysique est donc à la fois **théologie rationnelle** (discours rationnel sur Dieu comme premier principe) et **ontologie** (discours rationnel sur l'être). La difficulté du dépassement de l'évidence sensible et la distinction de ses deux objets d'étude expliquent pour une grande part la complexité et l'incertitude de ses résultats, fréquemment reprochées à la métaphysique.

**« Pourquoi
il y a plutôt
quelque chose
que rien ? »**

Le rôle de la métaphysique dans l'ensemble du savoir théorique et pratique est pourtant essentiel : elle constitue en effet, selon Descartes (**Texte 1**), « les racines » du grand arbre de la philosophie, c'est-à-dire l'ensemble ordonné des connaissances humaines, dans la mesure où elle fournit les premiers principes évidents qui le soutiennent, et cela par vue directe de l'intelligence ou encore par **intuition**. Ceux-ci forment le point de départ d'où seront déduites les connaissances ultérieures. Mais si la métaphysique fonde tout savoir, c'est parce que, dans un même mouvement, elle tente de fonder l'univers lui-même en remontant à sa cause première, celle qui engendre et unifie toutes les causes sensibles secondaires que nous percevons. La métaphysique dépasse donc le point de vue descriptif et explicatif de la physique limitée à la détermination des lois régissant le monde sensible. La question métaphysique par excellence est alors comme le disait Leibniz celle du « pourquoi » : « pourquoi il y a plutôt quelque chose que rien[2] » ? Dans l'élan de la raison vers l'inconditionné, la métaphysique se libère progressivement de la tutelle de la **théologie révélée** (appuyée sur l'autorité des textes sacrés, sur la révélation de Dieu) dont elle fut longtemps l'« humble servante[3] », pour devenir uniquement « théologie rationnelle ». C'est l'« âge d'or » de la métaphysique — qui correspond au XVIIe siècle avec les grandes philosophies de Spinoza, Malebranche ou Leibniz, par exemple ; mais cet apogée de la métaphysique est aussi l'annonce de son déclin, car la raison se révèle incapable de justifier elle-même ses principes et donc ses résultats.

---

1. « Après » en grec se dit *méta*.
2. *Principes de la Nature et de la Grâce*, Éd. P.U.F., p. 45.
3. Saint Thomas d'Aquin, Somme Théologique (vers 1266-1273), Dieu. 1re partie, question 1, article 8 traduction de A.-D. Sertillanges. Éd. du Cerf, 1958, p. 50.

La métaphysique discréditée

Ce sont précisément les raisons du discrédit où se trouve plongée à son époque la métaphysique que Kant tente d'analyser. L'activité métaphysique tourne « à vide » : la prétendue « intuition intellectuelle » (**Texte 2**) ne peut être le fait de notre esprit humain impuissant par sa structure même à saisir par vue directe un objet suprasensible ; l'intellect humain est capable seulement d'élaborer lentement des concepts à partir de l'intuition sensible et de les enchaîner pas à pas les uns aux autres. Ainsi toutes les connaissances offertes par la métaphysique traditionnelle (le monde, Dieu, l'âme) sont-elles illusoires, car elles résultent de l'extension illégitime de nos concepts hors de la sphère de l'expérience sensible, et l'un des drames de cette illusion métaphysique est qu'elle subsiste même après avoir été démontée.

La métaphysique comme théologie rationnelle ou discours sur la « **chose en soi**[1] » doit donc disparaître si elle ne change pas de méthode : il s'agit d'accomplir un équivalent de « la Révolution copernicienne » dans l'ordre du savoir (**Texte 3**), c'est-à-dire de régler la nature des objets sur l'esprit et ses méthodes, et non l'inverse[2] ; il s'agit aussi et surtout de rencontrer par une autre voie, celle de la raison pratique à l'œuvre dans l'action droite, les objets traditionnels de la métaphysique, Kant avouant en effet avoir dû « abolir le savoir pour laisser place à la croyance[3] ».

Une maladie de l'esprit humain

Ainsi la métaphysique semble-t-elle appeler son propre dépassement. Auguste Comte (**Texte 4**) y voit par exemple un état transitoire de l'esprit humain : si l'**âge** « **métaphysique** » constitue un progrès par rapport à l'**âge** « **théologique** » caractérisé par le règne de l'irrationnel, il doit s'effacer néanmoins devant l'**âge** « **positif** » qui est celui de l'esprit vivant, tourné résolument vers le réel, c'est-à-dire vers la connaissance scientifique du monde et la transformation de la société. L'illusion métaphysique et son aspect maladif sont également dénoncés par Nietzsche (**Texte 5**) mais cette fois au nom même de la valeur de l'illusion. En effet, la métaphysique, tout comme la science, la morale ou la religion, constitue une apparence mensongère masquant à l'homme le tragique de l'existence. Mais cette illusion issue de la volonté de connaître à tout prix est extrêmement dangereuse, car elle entraîne l'homme dans le monde chimérique de la chose en soi et dépouille le monde visible de tout son intérêt ; l'homme devient alors incapable de s'affirmer dans le devenir et la vie. Or le rôle de l'illusion est non de détruire la vie, mais de la stimuler, et la métaphysique doit dès lors s'éclipser vraisemblablement devant la belle apparence de l'art. On peut encore, au moyen d'une approche logique et linguistique, s'interroger sur la validité des énoncés de la métaphysique. Un soupçon apparaît dès lors : les affirmations métaphysiques, si elles ne sont ni de pures tautologies (énoncés formellement équivalents), ni des jugements d'expérience (puisque les objets dont on parle sont au-delà de l'expérience), sont-elles seulement douées de sens (**Texte 6**) ? Le dépassement de la métaphysique se ferait alors dans le sens d'une critique

---

1. La « chose en soi » (ou noumène en grec) est pour Kant une réalité intelligible, comme telle inconnaissable, mais pouvant cependant être pensée.
2. Voir le chapitre « La vérité », p. 177.
3. Kant, Préface de la seconde édition de la *Critique de la Raison pure* (1787), traduction de A. Tremesaygues et B. Pacaut, Éd. P.U.F., 1971, p. 24.

lucide et méthodique des énoncés qui savent mobiliser la croyance mais ne peuvent prétendre à une véritable signification, et sont d'autant plus dangereux, prêtant aux chimères et aux conduites irrationnelles.

« La science de l'être en tant qu'être »

Toutefois ces critiques négligent le but même de la métaphysique qui est non de s'évader du monde sensible, mais de tenter de l'éclairer ; elles font également abstraction de l'autre objet de la métaphysique qui est l'être lui-même. Et en effet, de façon originelle, la métaphysique se présente dans les textes d'Aristote (Texte 7) comme « science de l'Être en tant qu'être », c'est-à-dire comme ontologie. Elle y est soigneusement distinguée de la théologie ou **« philosophie première »** dont l'objet est Dieu, entendu comme premier moteur, c'est-à-dire acte pur, source de tout mouvement. Elle consiste à rechercher l'être commun aux différents êtres sensibles en ce qu'il a d'unique et d'universel. Mais cette quête ontologique se révèle chez Aristote lui-même difficile, ce qui explique peut-être que la théologie rationnelle ait pris le pas sur l'ontologie proprement dite, tout au long de l'histoire de la métaphysique : l'unité de l'être semble en effet se disperser dans la multiplicité des êtres des objets sensibles, et si Aristote peut énoncer « ce que l'être n'est pas », il ne peut en revanche indiquer de façon positive ce qu'il est. La métaphysique demeure chez lui la science précaire et recherchée, la science que d'ailleurs il ne peut nommer (le terme de « métaphysique » reste en effet absent de son œuvre).

L'oubli de l'être

Aussi Heidegger, considérant que toute la métaphysique traditionnelle depuis Platon et même Aristote se caractérise par un oubli total de l'être, entend-il reprendre la question métaphysique en son point de départ : elle ne porte pas sur les **« étants »**, c'est-à-dire les existences sensibles (pierres, plantes, animaux...) ni sur la cause de ces étants (Dieu) qui constituerait alors l'Étant suprême. Elle porte sur **l'Être** présent en elles et qui les fait advenir. Il convient alors de sonder le « sol nourricier » où sont plongées les « racines » du grand arbre de la philosophie (et non les branches comme on l'a fait jusqu'à présent) : il est en effet impossible de séparer l'objet de la question (l'être), de l'être qui pose la question : l'être de l'homme, son « être-là » (Dasein) tel qu'il surgit en nous-mêmes (Texte 8). La quête de l'être s'effectue donc dans la saisie de **« l'être-là »**, se dévoilant comme finitude et angoisse dans la temporalité.

Une inquiétude indépassable

La métaphysique dans sa quête de ses deux objets — Dieu ou le premier principe d'une part, et l'être en tant qu'être d'autre part — constitue donc la recherche indéfiniment recommencée de notre origine et de notre destination. C'est sans doute pourquoi nous y revenons toujours (Texte 9). La métaphysique qui n'atteint jamais véritablement son objet demeure la science recherchée, mais cette recherche à elle seule est indispensable, car elle nous arrache aux évidences sensibles en ouvrant la perspective d'un autre monde. L'expérience métaphysique — car il ne s'agit pas de rechercher uniquement par la simple raison l'Être ou le Premier Principe — est assurément l'expérience de notre être propre, un être temporel et déchiré se découvrant fini et mortel alors qu'il aspire précisément à l'infinité et à l'immortalité.

TEXTES

DESCARTES

Puis, lorsqu'il s'est acquis quelque habitude à trouver la vérité en ces questions[1], il doit commencer tout de bon à s'appliquer à la vraie philosophie, dont la première partie est la métaphysique, qui contient les principes de la connaissance, entre lesquels est l'explication des principaux attributs de Dieu, de l'immatérialité de nos âmes, et de toutes les notions claires et simples qui sont en nous. La seconde est la physique, en laquelle, après avoir trouvé les vrais principes des choses matérielles, on examine en général comment tout l'univers est composé ; puis en particulier quelle est la nature de cette terre et de tous les corps qui se trouvent le plus communément autour d'elle, comme de l'air, de l'eau, du feu, de l'aimant et des autres minéraux. En suite de quoi il est besoin aussi d'examiner en particulier la nature des plantes, celle des animaux, et surtout celle de l'homme, afin qu'on soit capable par après de trouver les autres sciences qui lui sont utiles. Ainsi toute la philosophie est comme un arbre, dont les racines sont la métaphysique, le tronc est la physique, et les branches qui sortent de ce tronc sont toutes les autres sciences, qui se réduisent à trois principales, à savoir la médecine, la mécanique et la morale ; j'entends la plus haute et la plus parfaite morale, qui présupposant une entière connaissance des autres sciences, est le dernier degré de la sagesse.

Descartes, *Principes de la philosophie,* « Lettre-Préface » (1647),
collection Classiques, Éd. Garnier, 1973, tome III, pp. 779-780.

KANT

Si notre intuition était de nature à représenter des objets *comme ils sont en soi*, il ne se produirait aucune intuition *a priori*, mais elle serait toujours empirique. Car je ne puis savoir ce que contient l'objet en soi que s'il m'est présent et donné. Il est vrai qu'il est même alors incompréhensible comment l'intuition d'une chose présente pourrait me la faire connaître telle qu'elle est en soi, puisque ses propriétés ne peuvent se rendre dans ma faculté représentative ; cependant cette possibilité accordée, une telle intuition ne saurait avoir lieu *a priori*, c'est-à-dire avant même que l'objet m'ait été présenté, car sans cela, on ne peut concevoir de cause à ce rapport de ma représentation à l'objet ou il lui faudrait reposer sur l'inspiration. Par suite, il n'y a pour mon intuition qu'une seule manière d'être antérieure à la réalité de l'objet et de se produire comme

---

1. Il s'agit de la morale et de la logique. En effet, le programme que l'on doit suivre pour devenir philosophe commence par l'adoption d'une morale (provisoire) et l'étude de la logique.

connaissance *a priori*, c'est de *ne contenir autre chose que la forme de la sensibi-lité qui dans mon sujet précède toutes les impressions réelles par lesquelles les objets m'affectent.* Car je peux *a priori* savoir que des objets des sens ne peuvent

15 être perçus que suivant cette forme de la sensibilité. Il s'ensuit que des proposi-tions qui ne concernent que cette forme de l'intuition sensible seront possibles et valables pour des objets des sens et, réciproquement, que des intuitions pos-sibles *a priori* ne peuvent jamais concerner que des objets des sens.

Kant, *Prolégomènes à toute métaphysique future
qui pourra se présenter comme science* (1783),
§ 9, traduction de J. Gibelin, Éd. Vrin, 1968, pp. 43-44.

Texte 3

Nécessité
d'une « révolution
copernicienne »
en métaphysique

K A N T

Je devais penser que l'exemple de la Mathématique et de la Physique qui, par l'effet d'une révolution subite, sont devenues ce que nous les voyons, était assez remarquable pour faire réfléchir sur le caractère essentiel de ce change-ment de méthode qui leur a été si avantageux et pour porter à l'imiter ici —

5 du moins à titre d'essai, — autant que le permet leur analogie, en tant que connaissances rationnelles, avec la métaphysique. Jusqu'ici on admettait que toute notre connaissance devait se régler sur les objets ; mais, dans cette hypo-thèse, tous les efforts tentés pour établir sur eux quelque jugement *a priori* par concepts, ce qui aurait accru notre connaissance, n'aboutissaient à rien. Que

10 l'on essaie donc enfin de voir si nous ne serons pas plus heureux dans les pro-blèmes de la métaphysique en supposant que les objets doivent se régler sur notre connaissance, ce qui s'accorde déjà mieux avec la possibilité désirée d'une connaissance *a priori* de ces objets qui établisse quelque chose à leur égard avant qu'ils nous soient donnés. Il en est précisément ici comme de la

15 première idée de Copernic ; voyant qu'il ne pouvait pas réussir à expliquer les mouvements du ciel, en admettant que toute l'armée des étoiles évoluait autour du spectateur, il chercha s'il n'aurait pas plus de succès en faisant tour-ner l'observateur lui-même autour des astres immobiles. Or, en Métaphy-sique, on peut faire un pareil essai, pour ce qui est de l'intuition des objets. Si

20 l'intuition devait se régler sur la nature des objets, je ne vois pas comment on en pourrait connaître quelque chose *a priori* ; si l'objet, au contraire (en tant qu'objet des sens), se règle sur la nature de notre pouvoir d'intuition, je puis me représenter à merveille cette possibilité.

Kant, *Critique de la raison pure* (1787), « Préface »,
traduction d'A. Tremesaygues et B. Pacaut,
Éd. P.U.F., 1971, pp. 18-19.

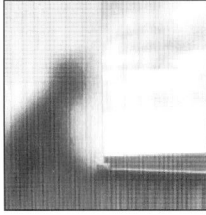

Texte 4

L'état métaphysique, maladie chronique de l'esprit humain

COMTE

§ 9 — [...] Comme la théologie, en effet, la métaphysique tente surtout d'expliquer la nature infinie des êtres, l'origine et la destination de toutes choses, le mode essentiel de production de tous les phénomènes ; mais au lieu d'y employer les agents surnaturels proprement dits, elle les remplace de plus

5 en plus par ces *entités* ou abstractions personnifiées, dont l'usage, vraiment caractéristique, a souvent permis de la désigner sous le nom d'*ontologie*. [...]

§ 10 — [...] La métaphysique n'est donc réellement, au fond, qu'une sorte de *théologie* graduellement énervée[1] par des simplifications dissolvantes, qui lui ôtent spontanément le pouvoir direct d'empêcher l'essor spécial des

10 conceptions positives, tout en lui conservant néanmoins l'aptitude provisoire à entretenir un certain exercice indispensable de l'esprit de généralisation, jusqu'à ce qu'il puisse enfin recevoir une meilleure alimentation. [...]

On peut donc finalement envisager l'état métaphysique comme une sorte de maladie chronique naturellement inhérente à notre évolution mentale,

15 individuelle ou collective, entre l'enfance et la virilité.

Comte, *Discours sur l'esprit positif* (1844),
Chap. I, Section 2, §§ 9-10, Éd. Vrin, 1974, pp. 12-13 et 15-16.

Texte 5

Le mensonge de la « chose en soi »

NIETZSCHE

« Comment une chose *pourrait*-elle procéder de son contraire, par exemple la vérité de l'erreur ? Ou la volonté du vrai de la volonté de tromper ? Ou le désintéressement de l'égoïsme ? Ou la pure et radieuse contemplation du sage de la convoitise ? Une telle genèse est impossible ; qui fait ce rêve est un insen-

5 sé, ou pis encore ; les choses de plus haute valeur ne peuvent qu'avoir une autre origine, un fondement *propre*. Elles ne sauraient dériver de ce monde éphémè-re, trompeur, illusoire et vil, de ce tourbillon de vanités et d'appétits. C'est bien plutôt au sein de l'être, dans l'impérissable, dans le secret de Dieu, dans *« la chose en soi »* que doit résider leur fondement, et nulle part ailleurs. » Ce

10 genre de jugement constitue le préjugé typique auquel on reconnaît les méta-physiques de tous les temps. Cette manière de poser les valeurs se dessine à l'arrière-plan de toutes les déductions de leur logique. Forts de cette « croyan-ce », ils partent en quête de leur « savoir », de ce qu'ils baptiseront solennelle-ment, en fin de compte, « la vérité ». La croyance fondamentale des métaphysi-

15 ciens c'est *la croyance en l'antinomie des valeurs*. Même les plus prudents, ceux qui s'étaient jurés « de omnibus dubitandum[2] », ne se sont pas avisés d'émettre un doute sur ce point, au seuil même de leur entreprise, alors que le doute était le plus nécessaire. Car on peut se demander, premièrement, s'il existe des

---

1. Au sens ancien : « affaiblie ».
2. « Devoir douter de toutes choses. »

20 antinomies, et deuxièmement, si ces appréciations populaires, ces antinomies de valeurs sur lesquelles les métaphysiciens ont imprimé leur sceau, ne sont peut-être pas de simples jugements superficiels, des perspectives provisoires, peut-être par surcroît prises sous un certain angle, de bas en haut, des « perspectives de grenouille » en quelque sorte, pour employer une expression familière aux peintres. Quelque valeur qu'il convienne d'attribuer à la vérité, à la

25 véracité et au désintéressement, il se pourrait qu'on dût attacher à l'apparence, à la volonté de tromper, à l'égoïsme et aux appétits une valeur plus haute et plus fondamentale pour toute vie. Il se pourrait même que ce qui constitue la valeur de ces choses bonnes et vénérées tînt précisément au fait qu'elles s'apparentent, se mêlent et se confondent insidieusement avec des choses mauvaises

30 et en apparence opposées, au fait que les unes et les autres sont peut-être de même nature.

Nietzsche, *Par-delà le Bien et le Mal* (1885), traduction de C. Heim,
Éd. Gallimard, 1971, § 2, p. 22.

Texte 6	CARNAP

Les énoncés
de la métaphysique
sont dénués de sens

On peut ranger les énoncés (doués de sens) de la manière suivante : en premier lieu, ceux qui sont vrais en vertu de leur seule forme (ou « tautologies » d'après Wittgenstein. Ils correspondent à peu près aux « jugements analytiques » kantiens). Ils ne disent rien sur le réel. A cette espèce appartiennent les formules

5 de la logique et de la mathématique ; elles ne sont pas elles-mêmes des énoncés sur le réel, mais servent à leur transformation. En second, viennent les négations des premiers (ou *contradictions*) qui sont contradictoires, c'est-à-dire fausses en vertu de leur forme. Pour décider de la vérité ou fausseté de tous les autres énoncés, il faut s'en remettre aux énoncés protocolaires, lesquels (vrais

10 ou faux) sont par là même des énoncés d'expérience, et relèvent de la science empirique. Si l'on veut construire un énoncé qui n'appartient pas à l'une de ces espèces, cet énoncé sera automatiquement dénué de sens.

Et puisque la métaphysique ne veut ni formuler d'énoncés analytiques ni se couler dans le domaine de la science empirique, elle est contrainte d'employer

15 des mots en l'absence de tout critère, des mots qui sont de ce fait privés de signification, ou bien de combiner des mots doués de sens de sorte qu'il n'en résulte ni énoncés analytiques (éventuellement contradictoires), ni énoncés empiriques. Dans un cas comme dans l'autre, on obtient inévitablement des simili-énoncés. [...]

20 Mais que reste-t-il alors finalement à la *philosophie*, si tous les énoncés qui disent quelque chose sont de nature empirique et appartiennent à la science du réel ? Ce qui reste, ce n'est ni des énoncés, ni une théorie, ni un système, mais seulement une *méthode*: la méthode de l'analyse logique. Nous avons montré dans ce qui précède comment appliquer cette méthode dans son usage

25 négatif : elle sert en ce cas à éradiquer les mots dépourvus de signification, les

simili-énoncés dépourvus de sens. Dans son usage positif, elle sert à clarifier les concepts et les énoncés doués de sens, pour fonder logiquement la science du réel et la mathématique. L'application négative de la méthode est, dans la situation historique présente, nécessaire et importante.

R. Carnap, « Le dépassement de la métaphysique »,
in *Manifeste du Cercle de Vienne* (1932), traduction collective
sous la direction de A. Soulez, 1985, Éd. Avenir, pp. 155-156.

Texte 7

La science de l'Être
en tant qu'être

ARISTOTE

Il y a une science qui étudie l'Être en tant qu'être, et les attributs qui lui appartiennent essentiellement. Elle ne se confond avec aucune des autres sciences dites particulières, car aucune de ces autres sciences ne considère en général l'Être en tant qu'être, mais découpant une certaine partie de l'Être, c'est seulement de cette partie qu'elles étudient l'attribut : tel est le cas des sciences mathématiques. Et puisque nous recherchons les principes premiers et les causes les plus élevées, il est évident qu'il existe nécessairement quelque réalité à laquelle ces principes et ces causes appartiennent en vertu de sa nature propre. Si donc ceux qui cherchaient les éléments des êtres cherchaient, en fait, les principes absolument premiers, ces éléments qu'ils cherchaient étaient nécessairement aussi les éléments de l'Être en tant qu'être, et non de l'Être par accident. C'est pourquoi nous devons, nous aussi, appréhender les causes premières de l'Être en tant qu'être.

Aristote, *la Métaphysique* (vers 345 av. J.-C.), traduction de J. Tricot,
Éd. Vrin, 1981, tome I, livre 1, p. 171.

Texte 8

La quête de l'être
comme saisie
de « l'être-là »
de l'homme

LÉVINAS

L'intérêt de l'ontologie va vers le sens de *l'être en général.* Mais *l'être en général* pour être accessible doit au préalable se dévoiler. Jusqu'à Heidegger la philosophie moderne supposait à cette révélation un esprit connaissant ; elle était son œuvre. L'être dévoilé était plus ou moins adéquat à l'être voilé. Que ce dévoilement soit lui-même un événement de l'être, que l'existence de l'esprit connaissant soit cet événement ontologique condition de toute vérité – tout cela était, certes déjà soupçonné par Platon quand il mettait la connaissance non pas dans le sujet mais dans l'âme et quand il congérait à l'âme la même dignité et la même substance qu'aux idées, quand il pensait l'âme comme contemporaine des idées ou coéternelle à elles. [...]

Le problème de l'être que Heidegger pose nous ramène à l'homme, car l'homme est un *étant* qui comprend l'être. Mais, d'autre part, cette compréhension de l'être est elle-même l'être ; elle n'est pas un attribut, mais le mode d'existence de l'homme. Ce n'est pas là une extension purement convention-

15 nelle du mot être à une faculté humaine – en l'occurrence, à la compréhension
de l'être, – mais la mise en relief de la spécificité de l'homme dont les « actes »
et les « propriétés » sont autant de « modes d'être ». C'est l'abandon de la
notion traditionnelle de la conscience comme point de départ, avec la décision
de chercher, dans l'événement fondamental de l'être – de l'existence du *Dasein* –
20 la base de la conscience elle-même.

Dès lors l'étude de la compréhension de l'être est *ipso facto* une étude du
mode d'être de l'homme. Elle n'est pas seulement une préparation à l'ontologie, mais déjà une ontologie.

E. Lévinas, *En découvrant l'existence avec Husserl et Heidegger*,
Éd. Vrin, 1982, pp. 58-59.

Texte 9

Le retour
à la métaphysique

KANT

Que l'esprit humain renonce une fois pour toutes aux recherches métaphysiques, on doit tout aussi peu s'y attendre qu'à nous voir, pour ne pas respirer
un air impur, préférer suspendre totalement notre respiration. Il y aura donc
toujours dans le monde et, bien plus encore, chez tout homme, surtout s'il
5 réfléchit, une métaphysique que, faute d'un étalon public, chacun se taillera à
sa façon. Or ce qui s'est appelé jusqu'ici métaphysique ne peut suffire à un
esprit inquisiteur ; mais y renoncer totalement est pourtant impossible aussi ; il
faut donc enfin *tenter* une critique de la raison pure, ou, s'il en existe une,
l'*examiner* et la soumettre à une épreuve universelle, parce que autrement il n'y
10 a aucun moyen de combler ce pressant besoin, qui est plus encore qu'un simple
désir de savoir. Que l'on décompose et détermine le mieux possible les
concepts de substance et d'accident, voilà qui est fort bien comme préparation
à quelque usage futur. Mais si je ne puis pas du tout prouver que, dans tout ce
qui est, la substance reste permanente, et que seuls les accidents changent,
15 alors toute cette décomposition n'aura pas fait avancer la science si peu que ce
soit. Or la métaphysique n'a pu jusqu'ici démontrer valablement *a priori* ni
cette proposition, ni celle du principe de raison suffisante, encore moins
quelque autre proposition plus complexe, comme par exemple celles qui appartiennent à la doctrine de l'âme ou à la cosmologie, ni, sans qu'il y ait d'excep-
20 tion, aucune proposition synthétique ; ainsi cette analyse n'est arrivée à rien,
n'a rien produit, n'a rien fait progresser, et, après tant de tumulte et de tapage,
la science en est encore là où elle était au temps d'*Aristote*, quoique les prépara-
tifs, si seulement l'on avait découvert le fil conducteur pour des connaissances
synthétiques, en soient incontestablement bien meilleurs qu'autrefois.

Kant, *Prolégomènes à toute métaphysique future*
qui pourra se présenter comme science (1783),
traduction de J. Rivelaygue in *Œuvres philosophiques*, tome II.
Éd. établie par Ferdinand Alquié, Bibliothèque de la Pléiade,
Éd. Gallimard, 1985, p. 154.

DOCUMENT

VI

*C*E qui peut être dit et pensé se doit d'être :
Car l'être est en effet, mais le néant n'est pas.
À cela, je t'en prie, réfléchis fortement,
Cette voie de recherche est la première dont
5 Je te tiens éloigné. Ensuite écarte-toi
De l'autre voie : c'est celle où errent des mortels
Dépourvus de savoir et à la double tête ;
En effet, dans leur cœur, l'hésitation pilote
Un esprit oscillant : ils se laissent porter
10 Sourds, aveugles et sots, foule inepte, pour qui
Être et non-être sont pris tantôt pour le même
Et tantôt le non-même, et pour qui tout chemin
Retourne sur lui-même.

VII

On ne pourra jamais par la force prouver
15 Que le non-être a l'être. Écarte ta pensée
De cette fausse voie qui s'ouvre à ta recherche ;
Résiste à l'habitude, aux abondants prétextes,
Qui pourrait t'entraîner à suivre ce chemin,
Où œil aveugle, sourde oreille et langue encore
20 Régentent tout ; plutôt, juge avec ta raison
La réfutation pleine de controverse
Que je viens d'exposer.

Sur blanc II, Wassily Kandinsky, 1923.
Musée National d'Art moderne, Paris.

Parménide, *Fragments restitués* (544-450 av. J.-C.)
traduction de J.P. Dumont in *Les Présocratiques*.
Éd. établie par J.P. Dumont avec la collaboration de D. Delattre et J.L. Poirier,
Bibliothèque de la Pléiade, Éd. Gallimard, 1988, p. 260.

24.

LA PHILOSOPHIE

Le philosophe Sogen, Rembrandt. Galerie Gwalde, Brauschweig.

INTRODUCTION

Dans son sens originel, puis traditionnel, la philosophie regroupe un certain nombre de champs de réflexion, de démarches ou d'attitudes pratiques que nous sommes mieux en mesure de distinguer, au moins jusqu'à un certain point, aujourd'hui que par le passé. L'énoncé du programme de philosophie, par exemple, nous incite à dissocier la métaphysique, l'anthropologie et la philosophie, et nous pensons qu'une telle distinction, quoique problématique, est en effet possible et nécessaire.

Amour de la sagesse ou recherche du savoir ?

La philosophie — du grec ***philein***, « aimer », et ***sophia***, « sagesse » — comporte une première ambiguïté due au double sens de « sagesse » et de « savoir » de la *sophia*[1] : la philosophie est, en premier lieu, l'amour de la sagesse ; mais elle est aussi l'effort pour acquérir une conception d'ensemble de l'univers, ou de l'universalité des choses. Sans doute le premier aspect — pratique — n'est-il pas dissociable du second : tout effort pour élaborer une règle de vie, pour adopter une attitude réfléchie et responsable implique une réflexion critique et une interrogation sur les conditions de possibilité d'un savoir. Il y a néanmoins un contraste flagrant entre la sagesse dite socratique — indissociable de la personnalité, de l'esprit, voire même de l'ironie de la personne de Socrate — et la définition aristotélicienne de la philosophie, par exemple. Science des premiers principes et des premières causes, la philosophie est également pour Aristote la « science maîtresse » ou « **science de l'Universel** » ; or « la connaissance de toutes les choses appartient nécessairement à celui qui possède au plus haut degré la « science de l'Universel[2] ». La philosophie aristotélicienne est donc une « science dominatrice » ; et ce n'est pas au sage de recevoir des lois, c'est au contraire à lui d'en donner.

Métaphysique, anthropologie, philosophie

Nous réservons aujourd'hui, nous le verrons, le terme de « science » à un certain nombre de disciplines qui n'ont plus grand-chose à voir avec la philosophie[3]. La pensée contemporaine distingue également la métaphysique, l'anthropologie et la philosophie. La première, qui a pour objet l'étude de « l'Être en tant qu'être » et la recherche des principes et des causes premières de toutes choses, n'est qu'une partie de la philosophie, longtemps également intitulée « **philosophie première** » par opposition à la « **philosophie seconde** » ou science de la nature. L'anthropologie qui, dans son

---

1. La distinction entre la sagesse spéculative, ou contemplative — *sophia* en grec — et la sagesse pratique — *phrônésis*, c'est-à-dire le bon jugement entraînant une conduite correcte — existe déjà explicitement chez Aristote. Tandis qu'en latin cette distinction est maintenue, le terme de sagesse désigne en français, selon le contexte, l'une ou l'autre de ces notions.
2. *Métaphysique*, Éd. Vrin, tome I, pp. 12-18.
3. On trouve encore chez Husserl l'expression « philosophie comme science rigoureuse » ; science signifiant, dans ce cas, discipline théorique autofondatrice (voir *infra*).

acception strictement philosophique, c'est-à-dire kantienne, pose la question cruciale de la nature de l'homme, tend à coïncider avec son double, la philosophie au sens habituel du terme. Il ne faudrait pas oublier cependant qu'il appartient à la seule philosophie de développer une réflexion critique sur l'anthropologie, d'expliciter ou de lever un certain nombre d'ambiguïtés liées à ce concept, et éventuellement de remettre en question certaines prétentions de la discipline scientifique ainsi nommée. Il revient également à la philosophie de déterminer et de délimiter le domaine de la métaphysique. Une philosophie n'est jamais en effet un simple savoir sur une certaine catégorie d'êtres ou d'idées ; elle est toujours aussi un retour réflexif de ce savoir sur lui-même, c'est-à-dire sur ses origines, sa valeur et, bien entendu, ses limites. On ne saurait donc confondre sagesse et omniscience. Parfaits et omniscients, les Dieux ne songent pas à philosopher (**Texte 1**). Contrairement aux anciens sages[1], Socrate et Platon se sont en effet définis eux-mêmes comme ceux qui aspirent à la sagesse, sans prétendre la posséder : ne pas être un sage mais seulement tenter de le devenir, n'est-ce pas cela, à nos yeux aujourd'hui encore, la sagesse ?

Tous les hommes sont-ils philosophes ?

Bien avant d'apparaître comme un effort de synthèse de tous les savoirs, la philosophie serait donc née d'une inquiétude, d'un étonnement et d'une exigence morale peut-être élémentaires. Le simple constat de la diversité contradictoire des opinions a conduit les stoïciens — notamment — à poser la nécessité d'une **norme de vérité** (**Texte 2**). Et la conception la plus familière de la philosophie comporte d'emblée, si l'on en croit Alain, **une dimension éthique et critique** (**Texte 3**). Mais si Gramsci, quant à lui, va même jusqu'à prétendre que « tous les hommes sont philosophes », c'est pour aussitôt ajouter qu'une « philosophie spontanée » ne peut dispenser quiconque d'un effort conséquent et soutenu pour élaborer par soi-même une conception critique du monde (**Texte 4**).

Deux sens du mot « philosophie » apparaissent ici en pleine lumière : au sens large, la philosophie est une conception générale de l'univers, un ensemble plus ou moins cohérent de préceptes et d'opinions, une sagesse individuelle ou collective. Dans son second sens, la philosophie, c'est-à-dire la recherche de la vérité, n'est pas un système clos ni même une quelconque sagesse. Une philosophie implicite, c'est-à-dire qui ne se pense pas elle-même, n'est pas une philosophie. Seuls un débat de l'esprit avec lui-même, ou encore une histoire dans laquelle chaque personnalité, chaque auteur intervient et prend parti, peuvent être tenus pour « philosophiques » au sens strict du terme[2].

---

1. Comme Thalès ou Pythagore par exemple, dont nous gardons une représentation sans doute en partie légendaire.
2. Des philosophes contemporains préfèrent parler « d'ethno-philosophies » à propos de ces « philosophies » collectives qui se confondent en partie avec les traditions religieuses ou la sagesse populaire (voir P.-J. Hountondji, *Sur la philosophie africaine*, Maspero, 1977). Certaines d'entre elles ont été réfléchies dans une forme systématique et cohérente qui se différencie cependant de la philosophie occidentale par le style et les présupposés. Voir à ce sujet la bibliographie en fin de chapitre.

Une origine et une histoire

Tout comme la science mathématique, tout comme une certaine forme de débat politique, la philosophie occidentale a donc une origine et une histoire dont on peut tenter de dégager le sens et l'unité à partir d'un dessein rationnel et intelligible. Une origine : la Grèce antique est le lieu de naissance spirituel de l'Europe. Husserl tient l'humanité européenne pour une nouvelle figure culturelle — une culture réglée par des idées — qui «procède par tâches infinies» contrairement aux cultures étrangères à la science qui bornent l'homme dans des fonctions et des aspirations limitées. La philosophie est donc inséparable non seulement de sa source — la découverte d'une réflexion théorique systématique et dégagée de l'expérience — mais aussi de sa «fin», c'est-à-dire de cette «tâche infinie» qui fut d'emblée son projet et sa définition (**Textes 5**). De ce point de vue, il est possible d'admettre, à la suite de Hegel, qu'il y a une véritable unité de la philosophie au-delà de la diversité des philosophies. Bien que particulières par leurs approches et leurs démarches, chacune d'entre elles renvoie par son contenu, la recherche de la vérité, à l'aspect universel de toute philosophie. Dès lors, récuser une philosophie particulière parce qu'elle n'est pas toute la philosophie est aussi peu fondé que de refuser une cerise ou une poire en prétextant qu'elle n'est pas un fruit (**Texte 6**).

La philosophie et les sciences

La philosophie cartésienne fut l'un des «moments» clés de cette histoire philosophique occidentale puisque la réflexion de Descartes porte à la fois sur l'essence des mathématiques et sur la question des fondements de la philosophie. On saisit mieux dès lors le lien entre mathématiques et philosophie : ce qui caractérise les premières est l'effort pour se fonder elles-mêmes, c'est-à-dire pour mettre en évidence leurs propres normes de vérité et ériger les règles qui en découlent. Quant à la philosophie, elle fut conçue par Descartes comme une science universelle, unique et normative, sur laquelle tout savoir doit se régler. Cependant, si les *Méditations* demeurent le prototype de toute démarche rationnelle et philosophique, ce n'est pas tant parce que Descartes a tenté d'établir un savoir total et indubitable — aujourd'hui hors d'atteinte [1] — que parce qu'il a commencé par renverser toutes les connaissances admises (**Texte 9**). La philosophie n'est donc ni une science ni l'unité systématique de toutes les Sciences; mais une «épistémologie», c'est-à-dire une réflexion sur le savoir, une «science» de l'esprit conçue avant tout comme une connaissance de ses propres limites (**Texte 7**).

Ce n'est pas sans quelque embarras que les étudiants qui veulent apprendre la philosophie découvrent que celle-ci n'est donc pas une **science** au sens strict de ce terme (**Texte 9**). Tandis que les sciences en effet — aujourd'hui nettement différenciées — sont progressives (elles s'accroissent par l'extension de leurs domaines propres) et admettent des solutions certaines et universellement tenues pour vraies, la philosophie reste «enfermée dans un

---

1. En raison de la multiplication et de la parcellisation des sciences, de l'extrême division du travail intellectuel, de la diversité des langages et de la complication des données propres à chaque discipline. Peu d'hommes ont aujourd'hui la double compétence, philosophique et scientifique, qui était celle de Bachelard, par exemple.

cercle de problèmes qui restent au fond toujours les mêmes[1] » et qui ont pour point commun de n'être pas soumis au contrôle de l'expérience. Le rôle de la philosophie est de maintenir ces problèmes en discussion et d'en approfondir ou d'en renouveler les données, non pas d'en venir à bout. Quant à la « Philosophie » conçue comme un savoir universel, systématique et achevé, « elle n'est pas », selon le mot de Sartre **(Texte 10)**. Nous dirions plus volontiers qu'une telle conception de la philosophie n'existe plus. Mais le projet d'effectuer l'unité synthétique de tous les savoirs n'a pas pour autant été abandonné : seule le fut — depuis Hegel, semble-t-il — la volonté, désormais tenue pour illusoire, d'achever cette unification. Née d'un mouvement social, la philosophie est mouvement elle-même et ce projet de « totalisation concrète » sans cesse « mord sur l'avenir » : loin d'être vouée à l'impuissance, la philosophie doit pouvoir porter des fruits. Comme toute théorie, elle sera efficace, si elle est vraie[2]. Et chacun d'entre nous attend en effet de la fréquentation des grandes œuvres philosophiques — notamment — non pas seulement l'acquisition de certains outils conceptuels, mais aussi les éléments d'une réflexion pertinente et normative sur les questions éthiques, sociales ou politiques.

De la méditation à l'action

Force est d'admettre cependant qu'au-delà de cette interrogation d'ordre moral ou politique, la philosophie ne livre ni consignes ni modèles : pas même l'indication d'un chemin à suivre. La recherche philosophique en effet, si elle n'exclut pas l'action, l'éclaire néanmoins sous un jour très particulier. Parce qu'elle est susceptible de faire de nous les citoyens non d'une nation déterminée mais de l'univers **(Texte 11)**, la contemplation philosophique nous rend, dans une certaine mesure, étrangers à notre propre cité[3].

On se souviendra à cet égard de l'attitude paradoxale de Socrate vis-à-vis des institutions athéniennes. A la veille de sa mort, alors que le moyen de fuir lui est offert, il refuse et l'évasion, et l'exil. Pour justifier son choix, il donne la parole aux lois athéniennes[4] et plaide leur cause avec une ferveur inattendue... Dans ce discours un peu déconcertant, Socrate exprime une dernière fois le respect du citoyen mais aussi la réserve du philosophe à l'égard de la vie politique et de ses vicissitudes. Or nous savons que cette indifférence tantôt respectueuse, tantôt ironique, à l'égard de la cité lui fut vivement reprochée, notamment par Calliclès[5] dans le *Gorgias* **(Texte 12)**. Si l'on en croit le jeune et insolent interlocuteur de Socrate, la philosophie n'est qu'un enfantillage inutile et dangereux qui détourne des seules tâches sérieuses — c'est-à-dire politiques — dans lesquelles un homme responsable est supposé devoir s'illustrer.

---

1. Cournot, *Essai sur les fondements de nos connaissances*, chap. XXI, § 320.
2. Voir à ce propos l'opuscule de Kant, *Sur l'expression courante : il se peut que ce soit juste en théorie, mais en pratique cela ne vaut rien*, Éd. Vrin, 1980.
3. Ce qui n'empêche pas forcément le philosophe de s'engager dans les combats propres à son temps. Russell, en ce qui le concerne, ne cessa de lutter pour la paix dans le monde, militant contre l'utilisation militaire de l'arme nucléaire, et créant même un tribunal pour juger les activités de guerre des États-Unis au Viêtnam (Tribunal Russell, 1961).
4. C'est la « prosopopée des lois » dans le dialogue de Platon intitulé *Criton*.
5. Interlocuteur de Socrate dans ce dialogue.

Récuser la philosophie ?

Le sens commun donne parfois encore raison à Calliclès en tenant la philosophie pour une activité frivole, un jeu intellectuel plus déroutant que subversif. Toutefois, une condamnation si brutale de la philosophie ne peut être que hâtive et mal élucidée. Toute argumentation tendant à récuser la philosophie est en effet soit trop philosophique — elle se réfute alors elle-même — soit trop peu : elle ne peut élever dans ce cas aucune prétention à une quelconque légitimité.

C'est pourquoi la philosophie ne cherche pas à se faire valoir auprès de l'opinion. Elle reconnaît même volontiers qu'elle n'est pas utile — c'est-à-dire subordonnée à une fin naturelle ou préétablie — puisqu'elle n'existe qu'à dessein d'elle-même. Elle se sait pourtant nécessaire **(Texte 13)**. En tant qu'instance fondatrice, cheminement individuel et sagesse effective, la philosophie, comme l'ont d'emblée montré les stoïciens **(Texte 14)**, trouve donc en elle-même sa destination et sa fin.

TEXTES

Texte 1

Qui possède le savoir
ne philosophe point

PLATON

Diotime[1] — Aucun des dieux ne philosophe et ne désire devenir savant, car il
l'est ; et, en général, si l'on est savant, on ne philosophe pas ; les ignorants non
plus ne philosophent pas et ne désirent pas devenir savants ; car l'ignorance a
précisément ceci de fâcheux que, n'ayant ni beauté, ni bonté, ni science, on
5 s'en croit suffisamment pourvu. Or, quand on ne croit pas manquer d'une
chose, on ne la désire pas. »

Je demandai : « Quels sont donc, Diotime, ceux qui philosophent, si ce ne
sont ni les savants ni les ignorants ? »

— « Un enfant même, répondit-elle, comprendrait tout de suite que ce sont
10 ceux qui sont entre les deux, et l'Amour est de ceux-là. »

Platon (vers 420-340 av. J.-C.), *le Banquet*, traduction d'E. Chambry,
Éd. Garnier, 1988, 204 a.

Texte 2

Le point de départ
de la philosophie

ÉPICTÈTE

Voici le point de départ de la philosophie : la conscience du conflit qui met aux
prises les hommes entre eux, la recherche de l'origine de ce conflit, la condamnation de la simple opinion et la défiance à son égard, une sorte de critique de
l'opinion pour déterminer si on a raison de la tenir, l'invention d'une norme,
5 de même que nous avons inventé la balance pour la détermination du poids,
ou le cordeau pour distinguer ce qui est droit et ce qui est tordu.

Est-ce là le point de départ de la philosophie ? Est juste tout ce qui paraît tel
à chacun ? Et comment est-il possible que les opinions qui se contredisent
soient justes ? Par conséquent, non pas toutes. Mais celles qui nous paraissent
10 à nous justes ? Pourquoi à nous plutôt qu'aux Syriens, plutôt qu'aux Égyptiens ? Plutôt que celles qui paraissent telles à moi ou à un tel ? Pas plus les
unes que les autres. Donc l'opinion de chacun n'est pas suffisante pour déterminer la vérité.

Nous ne nous contentons pas non plus quand il s'agit de poids ou de
15 mesures de la simple apparence, mais nous avons inventé une norme pour ces
différents cas. Et dans le cas présent, n'y a-t-il donc aucune norme supérieure à
l'opinion ? Et comment est-il possible qu'il n'y ait aucun moyen de déterminer
et de découvrir ce qu'il y a pour les hommes de plus nécessaire ?

— Il y a donc une norme.

---

1. Interlocutrice de Socrate dans *le Banquet*.

20   Alors, pourquoi ne pas la chercher et ne pas la trouver, et après l'avoir trouvée, pourquoi ne pas nous en servir par la suite rigoureusement, sans nous en écarter d'un pouce ? Car voilà, à mon avis, ce qui, une fois trouvé, délivrera de leur folie les gens qui se servent en tout d'une seule mesure, l'opinion, et nous permettra désormais, partant de principes connus et clairement définis,
25 de nous servir, pour juger des cas particuliers, d'un système de prénotions.

Épictète (vers 100 ap. J.-C.), *Entretiens*, II,
traduction de Souilhé, collection Budé, Éd. les Belles Lettres, 1969, pp. 43-44.

Texte 3

Une éthique et une
réflexion critique

ALAIN

Le mot Philosophie, pris dans son sens le plus vulgaire, enferme l'essentiel de la notion. C'est, aux yeux de chacun, une évaluation exacte des biens et des maux ayant pour effet de régler les désirs, les ambitions, les craintes et les regrets. Cette évaluation enferme une connaissance des choses, par exemple s'il
5 s'agit de vaincre une superstition ridicule ou un vain présage ; elle enferme aussi une connaissance des passions elles-mêmes et un art de les modérer. Il ne manque rien à cette esquisse de la connaissance philosophique. L'on voit qu'elle vise toujours à la doctrine éthique, ou morale, et aussi qu'elle se fonde sur le jugement de chacun, sans autre secours que les conseils des sages. Cela
10 n'enferme pas que le philosophe sache beaucoup, car un juste sentiment des difficultés et le recensement exact de ce que nous ignorons peut être un moyen de sagesse ; mais cela enferme que le philosophe sache bien ce qu'il sait, et par son propre effort. Toute sa force est dans un ferme jugement, contre la mort, contre la maladie, contre un rêve, contre une déception. Cette notion de la
15 philosophie est familière à tous et elle suffit.

Alain, *Éléments de philosophie* (1916), collection Idées,
Éd. Gallimard, 1985, pp. 21-22.

Texte 4

Philosophie
spontanée
et philosophie
réfléchie

GRAMSCI

Il faut détruire le préjugé fort répandu selon lequel la philosophie serait quelque chose de très difficile, étant donné qu'elle est l'activité intellectuelle propre d'une catégorie déterminée de savants spécialisés ou de philosophes professionnels et faiseurs de systèmes. Il faut donc démontrer au préalable que
5 tous les hommes sont « philosophes », en définissant les limites et les caractères de cette « philosophie spontanée » qui est celle de « tout le monde », autrement dit de la philosophie qui est contenue : 1) dans le langage même, lequel est un ensemble de notions et de concepts déterminés, et non pas seulement un ensemble de mots grammaticalement vides de contenu ; 2) dans le sens com-
10 mun et le bon sens ; 3) dans la religion populaire, et donc également dans tout

le système de croyances, de superstitions, d'opinions, de façons de voir et d'agir, qui se manifestent dans ce qu'on appelle généralement le « folklore ».

Ayant démontré que tous les hommes sont philosophes, fût-ce à leur manière propre, inconsciemment, dès lors que dans la plus petite manifesta-
15 tion d'une activité intellectuelle quelconque, le « langage », se trouve contenue une conception déterminée du monde, on passe au second moment, au moment de la critique et de la conscience, c'est-à-dire qu'on passe à la question suivante : — est-il préférable de « penser » sans en avoir une conscience critique, d'une façon désagrégée et occassionnelle, c'est-à-dire de « participer »
20 à une conception du monde « imposée » mécaniquement par le milieu extérieur, autrement dit par l'un des nombreux groupes sociaux dans lesquels chacun se voit automatiquement impliqué depuis son entrée dans le monde conscient (et cela peut être son propre village ou sa province, l'origine peut en être la paroisse et l'« activité intellectuelle » du curé ou du vieillard patriarcal
25 dont la « sagesse » fait loi, ou encore la petite bonne femme qui a hérité la sapience des sorcières, ou le petit intellectuel aigri dans sa propre stupidité et son impuissance à agir), ou bien est-il préférable d'élaborer sa propre conception du monde de façon consciente et critique, et ainsi, en connexion avec ce travail que l'on doit à son propre cerveau, de choisir sa propre sphère d'acti-
30 vité, de participer activement à la production de l'histoire du monde, d'être le guide de soi-même au lieu d'accepter passivement et lâchement que le sceau soit mis de l'extérieur à notre propre personnalité ?

A. Gramsci extrait de « Cahier 11 » in Cahiers de prison, Tome III (1935),
traduction de P. Fulchignoni, G. Granel et N. Negri,
Éd. Gallimard, 1978, § 10 à 13, pp. 175-176.

Texte 5 A

La philosophie
a une origine

HUSSERL

Poussons l'analyse à son terme : l'Europe a un lieu de naissance. Je ne songe pas, en termes de géographie, à un territoire, quoique elle en possède un, mais à un lieu spirituel de naissance, dans une nation ou dans le cœur de quelques hommes isolés et de groupes d'hommes appartenant à cette nation. Cette
5 nation est la Grèce antique du VIIe et du VIe siècles avant Jésus-Christ. C'est chez elle qu'est apparue une attitude d'un genre nouveau à l'égard du monde environnant ; il en est résulté l'irruption d'un type absolument nouveau de créations spirituelles qui rapidement ont pris les proportions d'une forme culturelle nettement délimitée. Les Grecs lui ont donné le nom de philoso-
10 phie ; correctement traduit selon son sens originel, ce terme est un autre nom pour la science universelle, la science du tout du monde, de l'unique totalité qui embrasse tout ce qui est. Très vite l'intérêt d'abord dirigé sur le tout et, par là même, la question du devenir qui englobe toutes choses et de l'être qui subsiste dans le devenir commencent à se scinder en fonction des formes générales

15 et des régions de l'être ; et ainsi la philosophie, l'unique science, se ramifie en une diversité de sciences particulières.

L'irruption de la philosophie prise en ce sens, en y incluant toutes les sciences, est donc à mes yeux, si paradoxal qu'il paraisse, le phénomène originel qui caractérise l'Europe au point de vue spirituel.

E. Husserl, *la Crise de l'humanité européenne et la philosophie* (1935), traduction de P. Ricœur, Éd. Aubier, 1949, réédité en 1987, p. 35.

Texte 5 B

Cette origine
est en même temps
sa fin

HUSSERL

Je voudrais ici affronter une objection toute prête : à savoir, que la philosophie, la science des Grecs ne serait pas leur création distinctive et qu'ils n'auraient fait que la diffuser dans le monde. Eux-mêmes abondent en récits sur la sagesse égyptienne, babylonienne, etc. ; même en fait ils ont beaucoup reçu d'eux.
5 Nous possédons aujourd'hui une masse de travaux sur les philosophies indienne, chinoise, etc., qui ne sont aucunement analogues à celles des Grecs. Et pourtant on ne doit pas supprimer les différences de principe et passer à côté de ce qui est plus essentiel que tout le reste. La manière de poser le but et, par voie de conséquence, le sens des résultats atteints sont fondamentalement
10 différents de part et d'autre.

Seule la philosophie grecque conduit, par un développement propre, à une science en forme de théorie infinie, dont la géométrie grecque nous a fourni durant des millénaires l'exemple et le modèle souverain. La mathématique, — l'idée d'infini, de tâches infinies — est comme une tour babylonienne :
15 bien qu'inachevée elle demeure une tâche pleine de sens, ouverte sur l'infini ; cette infinité a pour corrélat l'homme nouveau aux buts infinis.

E. Husserl, *Ibid.*, p. 45.

Texte 6

Il n'y a qu'une seule
philosophie

HEGEL

L'histoire de la philosophie ne manifeste, dans les philosophies en apparences diverses, qu'une seule philosophie aux divers degrés de son développement, et d'autre part, les *principes* particuliers[1], dont l'un sert de base à un système, sont simplement les *ramifications* d'une seule et même totalité. La dernière
5 venue des philosophies est le résultat de toutes les précédentes, et doit contenir par conséquent les principes de toutes les autres ; si vraiment elle est une philosophie, elle doit être la plus développée, la plus riche, la plus concrète.

---

1. *Principes particuliers :* ce sont les formes particulières que prend la pensée chez tel ou tel philosophe.

Remarque. En tant de philosophies en apparence *diverses*, il faut, d'après leur détermination propre, distinguer le *général* et le *particulier*[1]. Le général, saisi formellement[2] et placé *à côté* du particulier, devient lui-même un particulier. S'il s'agissait d'objets de la vie commune, une telle position frapperait d'elle-même, comme inadéquate et maladroite ; c'est, par exemple, comme si quelqu'un demandait des fruits et refusait cerises, poires, raisins, etc., comme étant des cerises, des poires, des raisins et non des fruits. Cependant, à l'égard de la philosophie, on se permet de justifier le dédain qu'on a pour elle, par la raison qu'il existe tant de philosophies diverses, chacune n'étant qu'*une* philosophie et non la philosophie, — comme si les cerises n'étaient pas des fruits. Il arrive même que l'on place une philosophie dont le principe est général, à côté d'une autre dont le principe est particulier, même à côté de doctrines assurant qu'il n'y a pas de philosophie, en prétendant qu'il n'y a là que des conceptions *différentes* de la philosophie, comme si, par exemple, la lumière et l'obscurité étaient considérées comme deux espèces *différentes* de lumière.

Hegel, *Précis de l'encyclopédie des sciences philosophiques* (1817), traduction de Gibelin, Éd. Vrin, 1952, §§ 13 et 14, pp. 38-39.

Texte 7

Les quatre questions de la philosophie

KANT

S'agissant de la philosophie selon son sens cosmique[3] *(in sensu cosmico)*, on peut aussi l'appeler une *science des maximes suprêmes de l'usage de notre raison*, si l'on entend par maxime le principe interne du choix entre différentes fins.

Car la philosophie en ce dernier sens est même la science du rapport de toute connaissance et de tout usage de la raison à la fin ultime de la raison humaine, fin à laquelle, en tant que suprême, toutes les autres fins sont subordonnées et dans laquelle elles doivent être toutes unifiées.

Le domaine de la philosophie en ce sens cosmopolite se ramène aux questions suivantes :

1. Que puis-je savoir ?
2. Que dois-je faire ?
3. Que m'est-il permis d'espérer ?
4. Qu'est-ce que l'homme ?

A la première question répond la *métaphysique*, à la seconde la *morale*, à la troisième la *religion*, à la quatrième l'*anthropologie*. Mais au fond, on pourrait tout ramener à l'anthropologie, puisque les trois premières questions se rapportent à la dernière.

---

1. *Général :* le contenu universel, c'est-à-dire universellement transmissible. *Particulier :* c'est-à-dire la forme, ou encore les démarches et les préoccupations propres à chaque penseur.
2. *Saisi formellement :* c'est-à-dire séparé de son contenu essentiel.
3. Concept cosmique, par opposition à concept « scolastique », « celui qui concerne et intéresse nécessairement tout homme ».

Le philosophe doit donc pouvoir déterminer :
1. la source du savoir humain,
20   2. l'étendue de l'usage possible et utile de tout savoir, et enfin
3. les limites de la raison.

Cette dernière détermination est la plus indispensable, c'est aussi la plus difficile, mais le philodoxe[1] ne s'en préoccupe pas.

Kant, *Logique* (1800), traduction de L. Guillermit,
Éd. Vrin, 1970, pp. 25-26.

Texte 8   KANT

On n'apprend pas
la philosophie

La philosophie n'est véritablement qu'une occupation pour l'adulte, il n'est pas étonnant que des difficultés se présentent lorsqu'on veut la conformer à l'aptitude moins exercée de la jeunesse. L'étudiant qui sort de l'enseignement scolaire était habitué à *apprendre*. Il pense maintenant qu'il va *apprendre la*
5   *Philosophie*, ce qui est pourtant impossible car il doit désormais *apprendre à philosopher*. Je vais m'expliquer plus clairement : toutes les sciences qu'on peut apprendre au sens propre peuvent être ramenées à deux genres : les sciences *historiques* et *mathématiques*. Aux premières appartiennent, en dehors de l'histoire proprement dite, la description de la nature, la philologie, le droit
10   positif, etc. Or dans tout ce qui est historique l'expérience personnelle ou le témoignage étranger, — et dans ce qui est mathématique, l'évidence des concepts et la nécessité de la démonstration, constituent quelque chose de donné en fait et qui par conséquent est une possession et n'a pour ainsi dire qu'à être assimilé : il est donc possible dans l'un et l'autre cas d'apprendre,
15   c'est-à-dire d'imprimer soit dans la mémoire, soit dans l'entendement, ce qui peut nous être exposé comme une discipline déjà achevée. Ainsi pour pouvoir *apprendre* aussi la Philosophie, il faudrait d'abord qu'il en existât réellement une. On devrait pouvoir présenter un livre, et dire : « Voyez, voici de la science et des connaissances assurées ; apprenez à le comprendre et à le retenir, bâtissez
20   ensuite là-dessus, et vous serez philosophes » : jusqu'à ce qu'on me montre un tel livre de Philosophie, sur lequel je puisse m'appuyer à peu près comme sur *Polybe*[2] pour exposer un événement de l'histoire, ou sur *Euclide* pour expliquer une proposition de Géométrie, qu'il me soit permis de dire qu'on abuse de la confiance du public lorsque, au lieu d'étendre l'aptitude intellectuelle de
25   la jeunesse qui nous est confiée, et de la former en vue d'une connaissance *personnelle* future, dans sa maturité, on la dupe avec une Philosophie prétendument déjà achevée, qui a été imaginée pour elle par d'autres, et dont découle une illusion de science, qui ne vaut comme bon argent qu'en un certain lieu et

---

1. Mot créé par Kant pour désigner le dilettantisme intellectuel qui se plaît à agiter les problèmes philosophiques sans désir d'atteindre des solutions scientifiques et universellement acceptées.
2. Historien grec (202-120 av. J.-C.).

30 parmi certaines gens, mais est partout ailleurs démonétisée. La méthode spécifique de l'enseignement en Philosophie est *zététique*, comme la nommaient
quelques Anciens (de *dzètein*, rechercher), c'est-à-dire qu'elle est une méthode
de recherche, et ce ne peut être que dans une raison déjà exercée qu'elle devient
en certains domaines *dogmatique*, c'est-à-dire *dérisoire*.

Kant, *Annonce du programme des leçons de M.E. Kant durant le semestre d'hiver*
(1765-1766), traduction de M. Fichant, Éd. Vrin, 1973, pp. 68-69.

Texte 9

Le modèle cartésien

HUSSERL

Quiconque veut vraiment devenir philosophe devra « une fois dans sa vie » se
replier sur soi-même et, au-dedans de soi, tenter de renverser toutes les
sciences admises jusqu'ici et tenter de les reconstruire. La philosophie — la
sagesse — est en quelque sorte une affaire personnelle du philosophe. Elle doit
5 se constituer en tant que *sienne*, être *sa* sagesse, *son* savoir qui, bien qu'il tende
vers l'universel, soit acquis par lui et qu'il doit pouvoir justifier dès l'origine et
à chacune de ses étapes, en s'appuyant sur ses intuitions absolues. Du moment
que j'ai pris la décision de tendre vers cette fin, décision qui seule peut m'amener à la vie et au développement philosophique, j'ai donc par là même fait
10 vœu de pauvreté en matière de connaissance. Dès lors il est manifeste qu'il
faudra d'abord me demander comment je pourrais trouver une méthode qui
me donnerait la marche à suivre pour arriver au savoir véritable. Les méditations de Descartes ne veulent donc pas être une affaire purement privée du
seul philosophe Descartes, encore moins une simple forme littéraire dont il
15 userait pour exposer ses vues philosophiques. Au contraire, ces méditations
dessinent le prototype du genre de méditations nécessaires à tout philosophe
qui commence son œuvre, méditations qui seules peuvent donner naissance à
une philosophie.

E. Husserl, *Méditations cartésiennes* (1929),
traduction de G. Peiffer et E. Lévinas, Éd. Vrin, 1947, p. 15.

Texte 10

La Philosophie
n'est pas

SARTRE

La Philosophie apparaît à certains comme un milieu homogène : les pensées y
naissent, y meurent, les systèmes s'y édifient pour s'y écrouler. D'autres la
tiennent pour une certaine attitude qu'il serait toujours en notre liberté
d'adopter. D'autres pour un secteur déterminé de la culture. A nos yeux, *la*
5 Philosophie *n'est pas*; sous quelque forme qu'on la considère, cette ombre de la
science, cette éminence grise de l'humanité n'est qu'une abstraction hyposta-
siée. En fait, il y a *des* philosophies. Ou plutôt — car vous n'en trouverez
jamais plus d'*une* à la fois qui soit vivante — en certaines circonstances bien
définies, *une* philosophie se constitue pour donner son expression au mouve-

ment général de la société; et, tant qu'elle vit, c'est elle qui sert de milieu
culturel aux contemporains. Cet objet déconcertant se présente *à la fois* sous
des aspects profondément distincts dont il opère constamment l'unification.

Une philosophie, quand elle est dans sa pleine virulence, ne se présente
jamais comme une chose inerte, comme l'unité passive et déjà terminée du
Savoir, née du mouvement social, elle est mouvement elle-même et mord sur
l'avenir : cette totalisation concrète est en même temps le projet abstrait de
poursuivre l'unification jusqu'à ses dernières limites ; sous cet aspect, la philosophie se caractérise comme une méthode d'investigation et d'explication ; la
confiance qu'elle met en elle-même et dans son développement futur ne fait
que reproduire les certitudes de la classe qui la porte.

J.-P. Sartre, Critique de la raison dialectique (1960),
Éd. Gallimard, 1985, tome I, pp. 15-16.

Texte 11   RUSSELL

Citoyens de l'univers

L'esprit qui s'est accoutumé à la liberté et à l'impartialité de la contemplation
philosophique, conservera quelque chose de cette liberté et de cette impartialité dans le monde de l'action et de l'émotion ; il verra dans ses désirs et dans
ses buts les parties d'un tout, et il les regardera avec détachement comme les
fragments infinitésimaux d'un monde qui ne peut être affecté par les préoccupations d'un seul être humain. L'impartialité qui, dans la contemplation, naît
d'un désir désintéressé de la vérité, procède de cette même qualité de l'esprit
qui, à l'action, joint la justice, et qui, dans la vie affective, apporte un amour
universel destiné à tous et non pas seulement à ceux qui sont jugés utiles ou
dignes d'admiration. Ainsi, la contemplation philosophique exalte les objets de
notre pensée, et elle ennoblit les objets de nos actes et de notre affection ; elle
fait de nous des citoyens de l'univers et non pas seulement des citoyens d'une
ville forteresse en guerre avec le reste du monde. C'est dans cette citoyenneté
de l'univers que résident la véritable et constante liberté humaine et la libération d'une servitude faite d'espérances mesquines et de pauvres craintes.

Résumons brièvement notre discussion sur la valeur de la philosophie : la
philosophie mérite d'être étudiée, non pour y trouver des réponses précises
aux questions qu'elle pose, puisque des réponses précises ne peuvent, en général, être connues comme conformes à la vérité, mais plutôt pour la valeur des
questions elles-mêmes ; en effet, ces questions élargissent notre conception du
possible, enrichissent notre imagination intellectuelle et diminuent l'assurance
dogmatique qui ferme l'esprit à toute spéculation ; mais avant tout, grâce à la
grandeur du monde que contemple la philosophie, notre esprit est lui aussi
revêtu de grandeur et devient capable de réaliser cette union avec l'univers qui
constitue le bien suprême.

B. Russell, Problèmes de philosophie (1912),
Éd. Payot, 1975, pp. 185-186.

Texte 12

La philosophie,
inutile
et dangereuse ?

PLATON

CALLICLÈS[1].

Il est beau d'étudier la philosophie dans la mesure où elle sert à l'instruction et il n'y a pas de honte pour un jeune garçon à philosopher ; mais, lorsqu'on continue à philosopher dans un âge avancé, la chose devient ridicule, Socrate, et, pour ma part, j'éprouve à l'égard de ceux qui cultivent la philoso- 5 phie un sentiment très voisin de celui que m'inspirent les gens qui balbutient et font les enfants. Quand je vois un petit enfant, à qui cela convient encore, balbutier et jouer, cela m'amuse et me paraît charmant, digne d'un homme libre et séant à cet âge, tandis que, si j'entends un bambin causer avec netteté, cela me paraît choquant, me blesse l'oreille et j'y vois quelque chose de servile. 10 Mais si c'est un homme fait qu'on entend ainsi balbutier et qu'on voit jouer, cela semble ridicule, indigne d'un homme, et mérite le fouet.

C'est juste le même sentiment que j'éprouve à l'égard de ceux qui s'adonnent à la philosophie. J'aime la philosophie chez un adolescent, cela me paraît séant et dénote à mes yeux un homme libre. Celui qui la néglige me paraît au 15 contraire avoir une âme basse, qui ne se croira jamais capable d'une action belle et généreuse. Mais quand je vois un homme déjà vieux qui philosophe encore et ne renonce pas à cette étude, je tiens, Socrate, qu'il mérite le fouet. Comme je le disais tout à l'heure, un tel homme, si parfaitement doué qu'il soit, se condamne à n'être plus un homme, en fuyant le cœur de la cité et les 20 assemblées où, comme dit le poète, les hommes se distinguent, et passant toute sa vie dans la retraite à chuchoter dans un coin avec trois ou quatre jeunes garçons, sans que jamais il sorte de sa bouche aucun discours libre, grand et généreux.

Platon (vers 420-340 av. J.-C.), *Gorgias*, traduction d'E. Chambry,
Éd. Garnier, 1960, 484c-485e.

Texte 13

La philosophie
est nécessaire

DESCARTES

J'aurais ensuite fait considérer l'utilité de cette philosophie, et montré que, puisqu'elle s'étend à tout ce que l'esprit humain peut savoir, on doit croire que c'est elle seule qui nous distingue des plus sauvages et barbares, et que chaque nation est d'autant plus civilisée et polie que les hommes y philosophent mieux ; et ainsi que c'est le plus grand bien qui puisse être dans un État que 5 d'avoir de vrais philosophes. Et outre cela que, pour chaque homme en particulier, il n'est pas seulement utile de vivre avec ceux qui s'appliquent à cette étude, mais qu'il est incomparablement meilleur de s'y appliquer soi-même, comme sans doute il vaut beaucoup mieux se servir de ses propres yeux pour se

---

1. Jeune interlocuteur imaginaire de Socrate : sous les traits de ce personnage intelligent et cynique, Platon dresse probablement le portrait composite de plusieurs proches de Socrate.

conduire, et jouir par même moyen de la beauté des couleurs et de la lumière,
que non pas de les avoir fermés et suivre la conduite d'un autre ; mais ce
dernier est encore meilleur que de les tenir fermés et n'avoir que soi pour se
conduire. Or c'est proprement avoir les yeux fermés, sans tâcher jamais de les
ouvrir, que de vivre sans philosopher ; et le plaisir de voir toutes les choses que
notre vue découvre n'est point comparable à la satisfaction que donne la
connaissance de celles qu'on trouve par la philosophie ; et, enfin, cette étude est
plus nécessaire pour régler nos mœurs et nous conduire en cette vie, que n'est
l'usage de nos yeux pour guider nos pas. Les bêtes brutes, qui n'ont que leur
corps à conserver, s'occupent continuellement à chercher de quoi le nourrir ;
mais les hommes, dont la principale partie est l'esprit, devraient employer leurs
principaux soins à la recherche de la sagesse, qui en est la vraie nourriture ; et je
m'assure aussi qu'il y en a plusieurs qui n'y manqueraient pas, s'ils avaient
espérance d'y réussir, et qu'ils sussent combien ils en sont capables. Il n'y a
point d'âme tant soit peu noble qui demeure si fort attachée aux objets des
sens qu'elle ne s'en détourne quelquefois pour souhaiter quelque autre plus
grand bien, nonobstant qu'elle ignore souvent en quoi il consiste...

Descartes, *les Principes de la philosophie* (1644),
Bibliothèque de la Pléiade, Éd. Gallimard, 1970, pp. 558-559.

Texte 14   É P I C T È T E

Ne te dis jamais
philosophe...

Ne te dis jamais philosophe, ne parle pas abondamment, devant les profanes,
des principes de la philosophie ; mais agis selon ces principes. Par exemple,
dans un banquet, ne dis pas comment il faut manger, mais mange comme il
faut. Souviens-toi en effet que Socrate était à ce point dépouillé de pédantisme
que, si des gens venaient à lui pour qu'il les présente à des philosophes, il les
conduisait lui-même[1] ; tant il acceptait d'être dédaigné.

    Et si, dans une réunion de profanes, la conversation tombe sur quelque
principe philosophique, garde le silence tant que tu le peux ; car le risque est
grand que tu ne recraches trop vite ce que tu n'as pas digéré. Alors si quelqu'un
te dit que tu es un ignorant et que tu n'en es pas meurtri, sache que tu com-
mences à être philosophe. Car ce n'est pas en donnant de l'herbe aux bergers
que les brebis montrent qu'elles ont bien mangé, mais en digérant leur nourriture au-dedans et en fournissant au-dehors de la laine et du lait. Toi non plus
donc, ne montre pas aux gens les principes de la philosophie, mais digère-les et
montre les œuvres qu'ils produisent.

    Epictète, *Manuel* (vers 100 ap. J.-C.), traduction de R. Létoquard, Éd. Hatier, 1988.

---

1. Dans le *Protagoras*, de Platon, Socrate reçoit la visite d'un jeune homme qui veut à toute force
écouter le célèbre sophiste. Socrate accepte de faire les présentations... non sans soumettre à un
examen critique l'art du sophiste.

DOCUMENT

La mort de Socrate

Phédon raconte à son ami Échécrate les dernières heures passées par Socrate dans sa prison en compagnie de plusieurs disciples et amis.

CRITON fit signe à son esclave, qui se tenait près de lui. L'esclave sortit et, après être resté un bon moment, rentra avec celui qui devait donner le poison, qu'il portait tout broyé dans une coupe. En voyant cet homme, Socrate dit : « Eh bien, mon brave, comme tu es au courant de ces choses, dis-moi ce que j'ai à faire. — Pas autre chose, répondit-il, que de te promener, quand tu auras bu, jusqu'à
5 *ce que tu sentes tes jambes s'alourdir, et alors de te coucher ; le poison agira ainsi de lui-même.» En même temps il lui tendit la coupe. Socrate la prit avec une sérénité parfaite, Échécrate, sans trembler, sans changer de couleur ni de visage ; mais regardant l'homme en dessous de ce regard de taureau qui lui était habituel : « Que dirais-tu, demanda-t-il, si je versais un peu de ce breuvage en libation à quelque dieu ? Est-ce permis ou non ? — Nous n'en broyons, Socrate, dit l'homme, que juste ce qu'il en*
10 *faut boire. — J'entends, dit-il. Mais on peut du moins et l'on doit même prier les dieux pour qu'ils favorisent le passage de ce monde à l'autre ; c'est ce que je leur demande moi-même et puissent-ils m'exaucer !» Tout en disant cela, il portait la coupe à ses lèvres, et il la vida jusqu'à la dernière goutte avec une aisance et un calme parfaits.*

Jusque-là nous avions eu presque tous assez de force pour retenir nos larmes ; mais en le voyant
15 *boire, et quand il eut bu, nous n'en fûmes plus les maîtres. Moi-même, j'eus beau me contraindre, mes larmes s'échappèrent à flots ; alors je me voilai la tête et je pleurai sur moi-même ; car ce n'était pas son malheur, mais le mien que je déplorais, en songeant de quel ami j'étais privé. Avant moi déjà, Criton n'avait pu contenir ses larmes et il s'était levé de sa place. Pour Apollodore, qui déjà auparavant n'avait pas un instant cessé de pleurer, il se mit alors à hurler et ses pleurs et ses plaintes fendirent le cœur à tous*
20 *les assistants, excepté Socrate lui-même. « Que faites-vous là, s'écria-t-il, étranges amis ? Si j'ai renvoyé les femmes, c'était surtout pour éviter ces lamentations déplacées ; car j'ai toujours entendu dire qu'il fallait mourir sur des paroles de bon augure. Soyez donc calmes et fermes. » En entendant ces reproches, nous rougîmes et nous retînmes de pleurer.*

Quant à lui, après avoir marché, il dit que ses jambes s'alourdissaient et il se coucha sur le dos,
25 *comme l'homme le lui avait recommandé. Celui qui lui avait donné le poison, le tâtant de la main, examinait de temps à autre ses pieds et ses jambes ; ensuite lui ayant fortement pincé le pied, il lui demanda s'il sentait quelque chose. Socrate répondit que non. Il lui pinça ensuite le bas des jambes et, portant les mains plus haut, il nous faisait voir ainsi que le corps se glaçait et se raidissait. Et le touchant encore, il déclara que, quand le froid aurait gagné le cœur, Socrate s'en irait. Déjà la région du*
30 *bas-ventre était à peu près refroidie, lorsque, devant son voile, car il s'était voilé la tête, Socrate dit, et ce fut sa dernière parole : « Criton, nous devons un coq à Asclépios ; payez-le, ne l'oubliez pas. — Oui, ce*

sera fait, dit Criton, mais vois si tu as quelque autre chose à nous dire. » A cette question il ne répondit plus ; mais quelques instants après il eut un sursaut. L'homme le découvrit : il avait les yeux fixes. En voyant cela, Criton lui ferma la bouche et les yeux. Telle fut la fin de notre ami, Échécrate, d'un
35 *homme qui, nous pouvons le dire, fut, parmi les hommes de ce temps que nous avons connus, le meilleur et aussi le plus sage et le plus juste.*

Platon (vers 420-340 av. J.-C.), *Phédon*, traduction d'E. Chambry,
Éd. Garnier, 1958, 117a-118a.

La Mort de Socrate, David, 1787. The Metropolitan Museum of Art, New York.

ANTIQUITÉ

		VIe s. - début du Ve s.	Ve s. - IVe s.	IVe s. - IIIe s.
Philosophie	AVANT LA PHILOSOPHIE MYTHES ET RELIGIONS	**LES PRÉSOCRATIQUES** Pythagore (570 ? 490 ?) Héraclite (576-480) Parménide (544-450) Anaxagore (500-428) Zénon d'Elée (490-430) Empédocle (483-424) Démocrite (460-371)	**GRÈCE CLASSIQUE** Socrate (470-399) **Les Sophistes** Gorgias Protagoras Hippias **PLATON** (vers 420-340 av. J.-C.) Diogène le Cynique (413-323) **Le Scepticisme** Pyrrhon d'Elée (345-275)	**ÉPOQUE MACÉDONIENNE et HELLÉNISTIQUE** **ARISTOTE** (384-322) **Le Stoïcisme** Zénon de Citium (330-262) Cléanthe (331-232) **L'Épicurisme** **ÉPICURE** (341-270)
Civilisation	**Xe s. - IXe s.** Usage du fer en pays méditerranéens **VIIIe s.** **Poésie** Poèmes homériques *Iliade* *Odyssée* Hésiode *les Travaux et les jours* *la Théogonie*	**La médecine** Hippocrate **Les mathématiques** Thalès prédit une eclipse : 28 mai 585 **La tragédie** Eschyle (525-456) *l'Orestie* *les Perses* *Prométhée enchaîné* **La poésie** Pindare Anacréon	**La tragédie** Sophocle (495-406) *Œdipe roi* *Antigone* Euripide (480-406) *Médée* *Iphigénie* **La comédie** Aristophane *les Nuées* *la Paix* **L'histoire** Hérodote (480-425) **L'éloquence** Démosthène (384-322)	**La géométrie** Euclide (vers 300) Archimède (287-212) **La trigonométrie** Hipparque **La sculpture** Praxitèle **La poésie** Théocrite (310-250) **Les explorations**
Politique et faits de société	**XIIIe s.** Guerre de Troie **VIIIe s.** Fondation de Rome Usage de la monnaie **VIe s.** Navigations des Phéniciens	Lois de Solon à Athènes (vers 594) La République à Rome (vers 500)	Les Guerres Médiques Marathon (490) Salamine (480) Périclès (vers 500-449) Guerres du Péloponnèse (431-404) Conquêtes macédoniennes en Grèce (338)	Conquêtes d'Alexandre en Asie (336-323) Les royaumes successeurs d'Alexandre Conquête romaine
Orient et Extrême-Orient	**Égypte -** Les pharaons depuis le IIIe millénaire **Mésopotamie -** Empire babylonien, IIe millénaire **Israël - XVe s.** l'exode **Xe s.** David Salomon **IXe s.** les prophètes **VIe s.** captivité à Babylone	**Perse -** Zoroaste (VIIe s.) **Chine -** Confucius (551?-479?) **Inde -** Le Bouddha (559?-478?) Lao Tseu (vers 500) Le taoisme **Israël -** Retour d'exil Reconstruction du Temple (538)	**Perse -** Darius (guerre contre les Grecs) (490-448) **Inde -** Formation d'un grand État sous la dynastie Maurya (IVe s.)	**Inde -** Épopée du Mahābhārata (IVe s.-IIIe s.) Expédition d'Alexandre jusqu'en Inde **Chine -** Unification de l'Empire Construction de la grande muraille (vers 220)

	J.-C.		
	IIe s. av. J.-C. - IIe s. ap. J.-C.	**IVe s. ap. J.-C.**	**XIe s. - XVe s.**
Philosophie	ROME Cicéron (106-43 av. J.-C.) **LUCRÈCE** (96-53 av. J.-C.) Sénèque (≈ 4 av. J.-C.-65 ap. J.-C.) **ÉPICTÈTE** (50 ap. J.-C.-125 ap. J.-C.) **MARC AURÈLE** (121 ap. J.-C.-180 ap. J.-C.) <div align=center>**Néo-platonisme** Philon (30 av. J.-C.-50 ap. J.-C.) Plotin (205 ap. J.-C.-270 ap. J.-C.)</div>	<div align=center>ANTIQUITÉ TARDIVE et MOYEN ÂGE</div>**SAINT AUGUSTIN** (354-430) Boèce (480-525) Influence sur l'enseignement médiéval Saint Jérôme (347-420) traduit la Bible en latin	**La Scolastique** Saint Anselme (1033-1109) Abélard (1079-1142) **SAINT THOMAS** (1224-1274) Duns Scot (1266-1308) Occam (1290-1349) Rapports de la foi et du savoir **Le mysticisme** Maître Eckart (1260-1327)
Civilisation	**La géographie** Strabon (58 av. J.-C.-25 ap. J.-C.) **L'astronomie** Ptolémée (85 ap. J.-C.-160 ap. J.-C.) Système du monde géocentrique **L'histoire naturelle** Pline l'Ancien (23 ap. J.-C.-79 ap. J.C.) **La poésie** Horace (65 av. J.-C.-8 av. J.C.) Virgile (70 av. J.-C.-19 av. J.C.) *Bucoliques* *Géorgiques* *Énéide* **L'histoire** Polybe (202 av. J.-C.-120 av. J.-C.) Plutarque (46 ap. J.-C.-120 ap. J.-C.) *Vie des hommes illustres*	**Les mathématiques** Diophante (IIe s.) 1er exposé méthodique d'algèbre **La médecine** Galien (129-201) Importantes découvertes sur le système nerveux et le cœur	Marco Polo en Chine (1271) La boussole (vers 1300) Art roman (du IXe au XIIe s.) Art gothique (du XIIe au XVIe s.) *Chanson de Roland* (vers 1080) les Chansons de Geste (XIe-XIIIe s.) *Roman de Renart* (XIIe-XIIIe s.) François Villon (1431-1463) les troubadours Gutenberg : l'imprimerie (vers 1440)
Politique et faits de société	Conquête romaine en Gaule Meurtre de César (44 av. J.-C.) Auguste (63 av. J.-C.-14 ap. J.-C.) Empire romain Tibère (14-37) Néron (54-68) Trajan (98-117) Antonin (138-161) MARC AURÈLE (121 ap. J.-C.-180 ap. J.-C.)	Le christianisme persécuté jusqu'en 311 Concile de Nicée (325) Le christianisme, religion d'État (380) Invasions germaniques dans l'Empire romain (IVe-Ve s.)	Supplice de Jean Huss (1414) Supplice de Jeanne d'Arc (1431) Prise de Constantinople par les Turcs (1453)
Orient et Extrême-Orient	**Jésus-Christ** Le bouddhisme se répand en **Chine** Commerce de la soie entre la Chine et Rome **Israël -** Seconde destruction du Temple (70 ap. J.-C.)	**L'Islam -** mort de Mahomet (632) Expansion jusqu'en Espagne (VIIe-VIIIe s.) **Avicenne** (980-1037) médecin et philosophe Synthèse d'Islam et d'aristotélisme	**Averroes** (1126-1198), commentateur arabe d'Aristote **Maïmonide** (1135-1204) Synthèse de judaïsme et d'averroïsme **Chine -** La conquête mongole Pékin capitale (1421) **Inde -** Tamerlan (1398) conquérant mongol

XVe et XVIe s.

Philosophie	**Néo-platonisme** Nicolas de Cuse (1401-1464) Marsile Ficin (1433-1499) **Panthéisme** Giordano Bruno (1548-1600) soutient l'infinité du monde, condamné par l'Inquisition et brûlé vif	Thomas More *l'Utopie* (1518) **MACHIAVEL** (1469-1527) *Le Prince* (1513) **MONTAIGNE** (1533-1592) *Les Essais* (1588) La Boétie (1530-1563) *La Servitude volontaire* (1561)

Sciences et techniques	Imprimerie (vers 1440) **Découvertes géographiques** Christophe Colomb (1451-1506) **Premier tour du monde** (1519-1522) Magellan (1480-1521) **L'astronomie** Copernic (1473-1543) : système héliocentrique, rotation de la terre 1616 condamnation de la théorie de Copernic	**Trigonométrie - Algèbre** Viète (1540-1603) **Anatomie** Vésale (1514-1564) Description du corps humain **Chirurgie** Ambroise Paré (1510-1592) Nouvelles méthodes de chirurgie

Art et littérature

La Renaissance

Léonard de Vinci (1452-1519)	Michel-Ange (1475-1564)	Titien (1490-1576)	Dürer (1471-1528)	Holbein (1497-1543)
Aristote (1474-1533) *Roland furieux*	Le Tasse (1544-1595) *Jérusalem délivrée*	Rabelais (1494-1553) *Gargantua Pantagruel*	Érasme (1469-1531) *Éloge de la folie*	Ronsard (1524-1585) Poésies	Cervantès (1547-1616) *Don Quichotte*

l'Humanisme

Religion et politique	**La Réforme** Luther (1483-1546) Calvin (1509-1564) Concile de Trente (1545-1563) **Guerres de religion** (1562-1598) Édit de Nantes (1598) Ignace de Loyola *Exercices spirituels* Fondation de la Compagnie de Jésus (1540) Jacques Cartier au Canada (1531) Fondation de Montréal (1642)	Louis XI (1461-1483) François Ier (1515-1547)	Charles Quint (1516-1556) Henri VIII (1509-1547) Elisabeth d'Angleterre (1558-1603)

Orient et Extrême-Orient	**Prise de Constantinople** par les Turcs (1453) Premiers contacts commerciaux de l'Occident avec la **Chine** (1514) Saint François Xavier au **Japon** (1549) Contacts des Anglais avec l'**Inde** (à partir de 1620)

XVIIe s.

Philosophie

Bacon (1562-1626)
Novum Organum (1620)
établit les principes de la méthode inductive et expérimentale

DESCARTES (1596-1650)
Discours de la Méthode (1637)
Méditations Métaphysiques (1641)
Traité des Passions (1649)

HOBBES (1588-1679)

MALEBRANCHE (1638-1715)
la Recherche de la Vérité

SPINOZA (1632-1677)
Éthique (1677)
Traité théologico-politique (1670)

Logique de Port-Royal (1662)

PASCAL (1623-1662)

Locke (1632-1704)
Essai concernant l'Entendement humain (1690)

LEIBNIZ (1646-1716)
Discours de Métaphysique (1686)
Monadologie (1714)

Bayle (1647-1706)
Dictionnaire historique et critique (1697)

Sciences et techniques

L'astronomie

Kepler (1571-1630) Galilée (1564-1642) Newton (1642-1727)
astronomie - mécanique - mathématiques

Les mathématiques

Fermiat invente avec Pascal le calcul des probabilités

Descartes (1596-1650)
la géométrie analytique

La physique

Galilée confirme Copernic

Torricelli (1608-1647) } le baromètre
Pacal (1623-1662) }

Huygens (1629-1695)
optique - Découverte des anneaux de Saturne

Les mathématiques

Leibniz (1646-1716)
Calcul infinitésimal

J. Bernouilli (1654-1705)
Calcul des variations
Calcul des probabilités

Art et littérature

Poussin (1594-1665)

Philippe de Champaigne (1602-1674)

Vélasquez (1599-1660)

Jacques Callot (1592-1635)
les Misères de la guerre

La Préciosité (à partir de 1620)

Corneille (1606-1684)

Murillo (1618-1682)

Rembrandt (1606-1669)

Molière (1622-1673)

Racine (1639-1699)

Bossuet (1627-1704)

Fénelon (1651-1715)

Mansart (1646-1708)

Construction de Versailles à partir de 1661

Lulli (1632-1687)

Marc-Antoine Charpentier (1646-1708)

Religion et politique

Saint Vincent de Paul (1581-1660)

Saint François de Salles (1567-1622)

Mort d'Henri IV (1610)

Richelieu (1585-1642)

Fondation de l'Oratoire (1611)

Condamnation de Galilée (1631)

Jansénius, *l'Angustinus* (1640)

Traités de Westphalie (1648)

Mazarin (1602-1661)

Pouvoir personnel de Louis XIV (1661-1715)

Colbert (1619-1683)

Louvois (1639-1691)

Condamnation du Jansénisme (1656)

Révocation de l'Édit de Nantes (1685)

Révolution d'Angleterre (1640)

Pouvoir de Cromwell (1649-1660)

Déclaration des Droits (1689)
(rétablissement de la monarchie constitutionnelle en Angleterre)

Orient et Extrême-Orient

Colonisation hollandaise en **Asie** (à partir de 1602)

Le **Japon** se ferme aux étrangers (1639)

Dynastie mandchoue en **Chine** (1644)

Siège de Vienne par les Turcs (1683)

	XVIIIᵉ s.		

XVIIIᵉ s.

Philosophie	Berkeley (1685-1753) **HUME** (1711-1776) *Enquête sur l'entendement humain* (1748) Voltaire (1694-1778) **MONTESQUIEU** (1689-1755)	**LEIBNIZ** (1646-1716) *La Monadologie* (1714) Vico (1668-1744) **J.-J. ROUSSEAU** (1712-1778) *Discours sur l'inégalité* (1755) *Du Contrat social* (1762) *Émile* (1762) Diderot (1713-1784) *L'Encyclopédie* (à partir de 1751)	**KANT** (1724-1804) *Critique de la Raison pure* (1781) *Critique de la Raison pratique* (1788) *Critique du Jugement* (1790) **Le matérialisme** Helvétius (1715-1771) d'Holbach (1723-1789) Condillac (1714-1780) Condorcet (1743-1794)
Sciences et techniques	**Propriétés de la vapeur** Papin (1647-1714) Première machine à vapeur (1769) Watt (1736-1819) **Les mathématiques** Jean Bernouilli (1667-1748) Géométrie Calcul des probabilités Daniel Bernouilli (1700-1782) d'Alembert (1717-1783) Hydrodynamique Trajectoire des planètes	**La botanique** Linné (1707-1778) Classification des végétaux **La chimie** Priestley (1733-1804) Lavoisier (1743-1794) Analyse et synthèse de l'eau (1785) **La physique** Galvani (1737-1798) Volta (1745-1827) Débuts de l'électricité	Montgolfier première ascension (1783) **L'histoire naturelle** Buffon (1707-1788) **Télégraphe optique** Chappe (1793)
Art et littérature	Saint-Simon (1675-1755) *Mémoires* Marivaux (1688-1763) *la Double Inconstance le Jeu de l'amour et du hasard les Fausses Confidences* Hændel (1685-1759) Bach (1685-1750) Rameau (1683-1764)	Vauvenargues (1715-1747) Watteau (1684-1721) Chardin (1699-1779) Fragonard (1732-1806) Haydn (1732-1809)	Beaumarchais (1732-1799) *le Barbier de Séville* (1775) *le Mariage de Figaro* (1784) Goldoni (1707-1793) J.-J. Rousseau *la Nouvelle Héloïse* (1761) Mozart (1756-1791)
Religion, politique et vie sociale	Destruction de Port-Royal (1710) *Bulle Unigenitus* (1713) Nouvelle condamnation des Jansénistes Expulsion des Jésuites - du Portugal (1759) - de France (1764) Guerre de Succession d'Espagne (1701-1714) Famine (1709) Mort de Louis XIV (1715) La peste à Marseille (1720) Traité de Paris - Perte des colonies (1763) Avènement de Catherine II en Russie (1762)		Premier partage de la Pologne (1772) Indépendance des États-Unis (1776) Constitution des États-Unis (1787) Tolérance à l'égard des Protestants (1788) Déclaration des Droits de l'Homme (1789) République française (1792) Exécution de Louis XVI (1793) Bonaparte 1ᵉʳ Consul (1799) Napoléon empereur (1804)
Orient	**Canton** ouvert au commerce européen (début du siècle) Début du reflux turc Expansion russe vers la mer Noire		Les **Anglais** maîtres de l'**Inde** (1763) Rivalité russo-britannique en Perse

XIXᵉ s.

Philosophie			
Fichte (1762-1814) Schelling (1775-1854) **HEGEL** (1770-1831) *Phénoménologie de l'esprit* (1807) *Principes de la philosophie du droit* (1821) Schopenhauer (1788-1860) Maine de Biran (1792-1867)	Saint-Simon (1760-1824) **AUGUSTE COMTE** (1798-1857) *Cours de Philosophie positive* (1830-1842) **L'utilitarisme** John Stuart Mill (1806-1873) Taine (1828-1893) *les Origines de la France contemporaine*	**COURNOT** (1801-1877) Tocqueville (1805-1859) Feuerbach (1804-1872) **KIERKEGAARD** (1813-1855) **MARX** (1818-1883) Engels (1820-1895) *Manifeste du Parti communiste* (1848) Proudhon (1809-1865) **NIETZSCHE** (1844-1900)	

Sciences et techniques			
L'histoire naturelle Lamarck (1744-1829) Cuvier (1769-1832) Darwin (1809-1882) *L'origine des espèces* (1859) **Télégraphe électrique** Morse (1837)	**Les chemins de fer** à partir de 1830 **La photographie** à partir de 1830 **L'astronomie** Le Verrier (1811-1877) **L'optique** Fresnel (1788-1827) Helmholtz (1821-1894) **L'algèbre** Boole (1813-1864) Claude Bernard (1813-1878) *la Médecine expérimentale*	Pasteur (1822-1895) Vaccin contre la rage (1885) Broca (1824-1880) Localisations cérébrales Berthelot (1827-1907) Synthèse des corps organiques Hertz (1857-1894) Ondes radio **Début de l'aviation** Ader (1897) **Téléphone** Bell (1876) **Cinéma** Premier film (1895) des frères Lumière	

Art et littérature			
Chateaubriand (1768-1848) Goethe (1749-1832) Schiller (1759-1805) Poe (1809-1849) Pouchkine (1782-1836) Turner (1775-1861) Beethoven (1770-1827) Chopin (1810-1849)	Schubert (1797-1828) Schumann (1810-1856) Berlioz (1803-1869) Liszt (1811-1886) Wagner (1813-1883) Verdi (1813-1901) Moussorgski (1839-1881) Brahms (1833-1857)	Stendhal (1783-1842) Balzac (1799-1850) Hugo (1802-1885) Flaubert (1821-1880) Baudelaire (1821-1867) Zola (1840-1902) Delacroix (1798-1863) Courbet (1819-1877) Manet (1832-1883) Monet (1840-1926) Cézanne (1830-1906)	

Religion, politique et vie sociale			
Le code civil (1804) Chute de l'Empire (1815) Révolution (1830) Suffrage universel (1848) Le Second Empire (1852-1870) Le Syllabus (1864) Le néo-thomisme (vers 1879) Condamnation du modernisme	Concile du Vatican (1870) Encyclique *Rerum novarum* (1891) Abolition du servage en Russie (1861) La 1ʳᵉ Internationale (1864) Guerre de Sécession aux États-Unis (1861) Guerre franco-allemande (1870) Lois constitutionnelles de la République (1875)	**Lois scolaires** en France (1882) **Expansion coloniale** (1897-1906) L'affaire Dreyfus (1894-1899)	

Orient			
Chine - Guerre de l'opium (1839-1842) Révolte des T'ai-ping (1850) Indépendance de la **Grèce** (1832)	Révolte en **Inde** (1857) Modernisation du **Japon** (1867)	Guerre **sino-japonaise** (1894) Massacre d'**Arméniens** par les Turcs (1895)	

Philosophie	**BERGSON** (1859-1941) *Matière et mémoire* (1896) **HUSSERL** (1859-1938) *Recherches logiques* (1900) James (1842-1910) *le Pragmatisme* (1907) **Le renouveau de la logique** Frege (1848-1925) *Sens et référence* (1892) Russel (1872-1970) Whitehead (1861-1947) *Principia mathematica* (1910) Wittgenstein (1889-1951) *Tractatus logico-philosophicus* (1921)		Scheler (1874-1928) *Nature et forme de la sympathie* (1923) Cassirer (1874-1945) *Philosophie des formes symboliques* (1923) **HEIDEGGER** (1889-1976) *Être et temps* (1927) Brunschvicg (1869-1944) *les Ages de l'intelligence* (1922) **ALAIN** (1868-1951) *Système des beaux-arts* (1920) *Hitoire de mes pensées* (1936) Henri Poincaré (1854-1912) *la Science et l'hypothèse*
Sciences sociales et psychologie	Saussure (1857-1913) *Cours de linguistique générale* Durkheim (1858-1917) *les Règles de la méthode sociologique* (1895) Lévy-Brühl (1857-1939) *les Fonctions mentales dans les sociétés inférieures* (1922) Max Weber (1869-1924) *l'Éthique protestante* (1920)		**FREUD** (1856-1939) *Cinq psychanalyses* (1909) Jung (1875-1961) Pierre Janet (1859-1947) **La psychologie de la forme** (à partir de 1912) P. Guillaume (1878-1960)
Sciences et techniques	Traversée de la Manche en avion (1909) Einstein (1879-1955) La relativité, depuis 1905	Pierre Curie (1859-1906) Marie Curie (1867-1934) Le radium (à partir de 1898)	Radioactivité artificielle (1933) Le radar (1933) Le nylon (1935) Télévision 1ʳᵉˢ expériences (1926-1939) émissions pour le public (USA, 1941)

LITTÉRATURE

Art et littérature	Claudel (1868-1955) Valéry (1871-1945) Proust (1871-1922) *La Recherche du Temps perdu* Gide (1869-1951) L.-F. Céline (1894-1961) *le Voyage au bout de la nuit* **Le surréalisme** A. Breton (1896-1966) Eluard (1895-1952) Aragon (1897-1982) Ionesco (né en 1912) M. Tournier (né en 1924)	Huxley (1894-1963) *le Meilleur des Mondes* (1932) Joyce (1882-1941) *Ulysse* Kafka (1883-1924) *la Métamorphose* Faulkner (1897-1962) Brecht (1898-1956) Thomas Mann (1875-1955) *les Buddenbrook* Borges (1899-1986) *Fictions* Kawabata (1899-1972) *Tristesse et Beauté* Beckett (né en 1906) *En attendant Godot*

Politique	Séparation de l'Église et de l'État en France (1905) Guerre balkanique (1912) 1ʳᵉ Guerre mondiale (1914-1918)	**Révolution russe** (1917) Société des Nations (1919) Début du fascisme en Italie (1922) Mort de Lénine (1924)	Hitler au pouvoir (1933) Guerre civile en Espagne (1936) Front populaire en France (1936) 2ᵉ Guerre mondiale (1939-1945) **Hiroshima** (6 août 1945)

XXᵉ s.

Philosophie	**BACHELARD** (1884-1962) *la Formation de l'esprit scientifique* (1938) Camus (1913-1960) *le Mythe de Sisyphe* (1942) **HUSSERL** (1859-1938) *Méditations cartésiennes* (1931) *la Crise des Sciences européennes* (1936) Adorno (1903-1969) - École de Francfort Horkheimer (1895-1973) *la Dialectique de la raison* (1944) **SARTRE** (1905-1980) *l'Être et le néant* (1943) **MERLEAU-PONTY** (1908-1961) *Phénoménologie de la perception* (1945) Jankélévitch (1903-1985) *la Mort* (1966) E. Weil (1904-1977) *Logique de la philosophie* (1967)	Carnap (1891-1970) *Signification et vérité* (1947) K. Popper (né en 1902) *Logique de la découverte scientifique* (1934) Austin (1911-1960) *Quand dire c'est faire* (1955) H. Arendt (1906-1975) *l'Impérialisme* (1951) **SARTRE** (1905-1980) *Critique de la raison dialectique* (1960) Derrida (né en 1930) *L'Écriture et la différence* (1967) J. Rawls (né en 1921) *Théorie de la justice* (1971) M. Foucault (1926-1984) *les Mots et les choses* (1966) Lévinas (né en 1905) *Autrement qu'être* (1974) Ricœur (né en 1913) *Du texte à l'action* (1986)
Sciences sociales et psychologie	**L'épistémologie génétique** Piaget (1896-1980) **L'anthropologie** Lévi-Strauss (né en 1908) *Tristes tropiques* (1955) *les Structures élémentaires de la parenté* (1949) Lorenz (1903-1989) M. Foucault *Histoire de la folie* (1961)	**La Sociologie** Bourdieu (né en 1930) *la Distinction* Touraine Clastres **La linguistique** Jakobson (1896-1982) Benvéniste (1902-1976) Chomsky (né en 1928) Hagège (né en 1936)
Sciences et techniques	Avion à réaction (1941) Pénicilline (depuis 1928) L'ordinateur (1942) Découverte de l'A.D.N. (code génétique) (1953) Centrales électriques atomiques (à partir de 1950)	Pemiers vols orbitaux URSS (1961) Premiers hommes sur la lune (USA, 1969)

Art et littérature	ARCHITECTURE Gropius (1883-1969) Le Bauhaus (à partir de 1919) Le Corbusier (1887-1965) PEINTURE Picasso (1881-1973) *Guernica* Nicolas de Stäel (1914-1955) Poliakoff (1906-1969) Kandinsky (1866-1944) S. Dali (1904-1989)	MUSIQUE Malher (1860-1911) Schœnberg (1874-1951) Webern (1883-1945) Stravinski (1882-1971) Varèse (1882-1971) Messiaen (né en 1908) Stockhausen (né en 1928)	CINÉMA Méliès (1861-1938) Eisenstein (1898-1948) Renoir (1894-1979) Chaplin (1889-1977) Keaton (1895-1966) Carné (1909) Cukor (1899-1983) Kazan (1909) Losey (1909-1984) Bresson (1907) Kubrick (1928)

Politique	IVᵉ République (1946) en France Indépendance de l'Inde et du Pakistan (1947) Assassinat de Gandhi (1948) **Création de l'État d'Israël (1948)**	Mort de Staline (1953) Guerre d'Algérie (1954-1962) **Indépendance des États d'Afrique noire** (1960) Vᵉ République (1958) en France Démission du Général de Gaulle (1969)

ALAIN (pseudonyme littéraire d'Émile CHARTIER) (1868-1951)

Professeur de philosophie, il a écrit un grand nombre de courts articles (les *Propos*) sur des sujets divers interprétés philosophiquement (en partie réunis en recueils thématiques) puis des ouvrages plus construits. Les principaux thèmes sont, en politique, la critique des pouvoirs et la dénonciation de la guerre. Dans les études sur l'homme, la description des passions et l'affirmation de la liberté, l'étude des Arts, de l'éducation et du fait religieux considéré comme une sagesse toute humaine. Principaux ouvrages, outre les recueils de *Propos* : le *Système des Beaux-Arts* (1920), *Entretiens au bord de la mer* (1931), *Les Dieux* (1934), *Histoire de mes pensées* (1936).

ARISTOTE (384-322 av. J.-C.)

Philosophe et savant grec, né à Stagire. Élève de Platon qu'il a critiqué en considérant l'intelligible comme étant au au sensible, comme forme qui organise une matière. Son œuvre couvre la totalité du savoir de son temps, de la logique formelle à la biologie et à la politique. Le Moyen Age a vu en lui l'autorité philosophique et scientifique par excellence. Il a profondément influencé l'esthétique littéraire du xviie siècle. Œuvres principales : l'*Organon* (où est exposée la logique dont il est l'initiateur), l'*Éthique à Nicomaque*, la *Métaphysique*, la *Physique*, la *Politique*.

AUGUSTIN (354-430)

Évêque, saint et Père de l'Église, Latin d'Afrique du Nord. Son œuvre comprend, d'une part, des traités de théologie, des polémiques contre les hérétiques, des lettres de direction pastorale ; d'autre part, le récit et l'analyse des démarches intérieures par lesquelles passent le péché, la foi, la grâce et le repentir. Principaux ouvrages : la *Cité de Dieu, De la Trinité, les Confessions*. Immense influence sur l'Occident chrétien à travers le Moyen Age, la Réforme, le Jansénisme.

BACHELARD, Gaston (1884-1962)

Philosophe français, il a étudié les deux activités opposées mais complémentaires de l'esprit humain : la science et la rêverie (le *pensant* et le *pensif*). Il a analysé les obstacles à la connaissance scientifique et particulièrement ceux qui viennent d'un premier savoir ou d'un demi-savoir. Parallèlement, il a étudié l'imagination des éléments à travers les poètes, les mythes, les formes anciennes de la science. Œuvres principales : *Essai sur la connaissance approchée* (1928), *le Nouvel Esprit scientifique* (1934), *Psychanalyse du feu* (1937), *la Formation de l'esprit scientifique* (1938), *l'Eau et les rêves* (1942), *l'Air et les songes* (1943), *la Terre et les rêveries de la volonté* (1948), *la Poétique de l'espace* (1957).

BERGSON, Henri (1859-1941)

Professeur au Collège de France et prix Nobel de Littérature, il oppose l'intelligence et l'intuition. L'intelligence, essentiellement pratique, produit une représentation spatiale et mécanique de la réalité, mais est incapable de comprendre la vie, la durée, la liberté et la conscience elle-même. C'est justement ce que comprend l'intuition qui est dans le prolongement de l'élan vital. Bergson oppose la mémoire-habitude au souvenir pur, la morale d'obligation à l'appel de l'héroïsme, la religion close doctrinaire au mysticisme.

Dans chacune de ces oppositions binaires, le premier terme est du côté de l'intelligence, de l'espace, de la matière ; le deuxième est du côté de l'intuition, de la durée, de la vie. Principales œuvres : *Essai sur les données immédiates de la conscience* (1888), *Matière et Mémoire* (1896), l'*Évolution créatrice* (1907), *les deux Sources de la morale et de la religion* (1932).

COMTE, Auguste (1798-1857)

D'abord mathématicien de formation (élève de l'École polytechnique) mais très tôt soucieux de réformer la société de façon scientifique, fondateur de la *Sociologie*, il a classé et décrit chacune des principales sciences. Plus tard, il a voulu établir le pouvoir spirituel qui convient à l'âge scientifique (ou **positif**) sous la forme d'une religion de l'Humanité. Le **positivisme**, comme méthode, a connu beaucoup d'influence à la fin du xixe siècle, mais l'**Église positiviste** n'a eu qu'une extension très limitée. Principales œuvres : *Cours de Philosophie positive* (1830-1842), *Discours sur l'esprit positif* (1844), *Système de politique positive* (1851-1854).

COURNOT, Augustin (1801-1877)

De formation et de profession, il est d'abord un mathématicien, puis un administrateur. Précurseur dans l'application des mathématiques à l'économie, il est tenu aujourd'hui pour un des fondateurs de la science économique. On lui doit une analyse du concept de **hasard**, conçu comme rencontre de deux séries causales indépendantes, et qui prend place dans une vue rationnelle du monde, une philosophie de l'histoire qui s'attache aux structures durables tout en faisant une place à l'aléatoire. Le rationalisme de Cournot fait une place à l'incertain et au probable. Principales œuvres : *Essai sur le fondement de nos connaissances* (1851), *Traité de l'enchaînement des idées fondamentales* (1861).

DESCARTES, René (1596-1650)

Mathématicien, physicien et philosophe français. Il passe sa jeunesse à voyager, à participer aux guerres, puis se fixe aux Pays-Bas pour élaborer son œuvre scientifique et philosophique. Il a fait accomplir de grands progrès aux mathématiques et à l'optique, mais dans sa pensée la recherche scientifique est liée à la recherche d'une méthode sûre et d'une première vérité. La méthode est le rejet de toute autorité livresque et le doute absolu mais provisoire. La première vérité est double : l'existence du sujet pensant (*Cogito* = Je pense) et l'existence de Dieu qu'il conclut de l'imperfection même du moi-qui-pense. A partir de ces prémisses, Descartes établit la distinction de l'âme et du corps, les premiers principes d'une science de la nature et une morale fondée sur la volonté et la maîtrise de soi. Principaux ouvrages : le *Discours de la Méthode* (1637), les *Méditations métaphysiques* (1641), le *Traité des Passions* (1649) et une abondante *Correspondance*.

ÉPICTÈTE (vers 50-125)

Né en Asie Mineure, il fut esclave à Rome puis affranchi. Il continue la philosophie stoïcienne. L'axe de sa réflexion est la distinction entre les choses qui ne dépendent pas de nous (fortune, santé) et qui sont indifférentes, et celles qui dépendent de nous (jugement, volonté) où résident le bien et le mal. La conscience de la nécessité et l'acquiescement au Destin constituent la vraie liberté. Épictète n'a rien écrit. Nous avons sous son nom un *Manuel* et des *Entretiens* rédigés en grec par un de ses auditeurs.

ÉPICURE (341-270 av. J.-C.)

Il vit à une époque où les cités grecques ont perdu leur indépendance. L'épicurien fuit la politique et cherche la sagesse dans une vie retirée avec un petit cercle d'amis. Le bien suprême est pour lui le plaisir, mais il s'agit d'un plaisir calme, naturel et nécessaire, stable, que procure une vie frugale et même austère. Plus encore que le plaisir, l'épicurien recherche la sérénité, la suppression de l'anxiété et de la peur. Il combat la peur de l'au-delà et la peur des dieux en affirmant que la seule réalité est la matière ; la source de la vérité est la sensation. De l'œuvre abondante d'Épicure, il ne reste que trois lettres.

FREUD, Sigmund (1856-1939)

D'abord médecin neurologue, il étend peu à peu ses recherches jusqu'à une conception d'ensemble de l'homme et de la civilisation. Né en Autriche, mort en exil à Londres. L'idée centrale est la présence en l'homme de pensées inconscientes, refoulées mais agissantes qui, faute de parvenir à l'expression consciente, se traduisent en symptômes et en rêves ; pensées le plus souvent nées d'incidents ou de situations pénibles survenus dans l'enfance et apparemment oubliés. La psychanalyse fait affleurer à la conscience et à l'expression verbale ces pulsions condamnées. Freud étendit son interprétation à l'art, la religion... Œuvres : *Psychopathologie de la vie quotidienne* (1901), *Cinq psychanalyses* (1909), *l'Avenir d'une Illusion* (1927), *Malaise dans la civilisation* (1929).

HEGEL, Friedrich (1770-1831)

Professeur allemand. Tout le réel est la façon dont l'Esprit se manifeste à travers la Nature et l'Histoire, s'aliénant et se réalisant à la fois. Chaque réalisation est imparfaite et appelle son contraire. Ce conflit est le moteur de l'Histoire, mais aussi de la pensée sous forme de dialectique — jusqu'à la réalisation de l'esprit absolu qui se manifeste dans l'art, la religion et la philosophie. Hegel a eu une influence immense, mais diversement interprétée, en politique notamment. Principaux ouvrages : la *Phénoménologie de l'esprit* (1807), *Encyclopédie des sciences philosophiques* (1817), *Principes de la philosophie du Droit* (1821), *Esthétique* (1829).

HEIDEGGER, Martin (1889-1976)

Philosophe allemand (élève de Husserl). Sa philosophie est une méditation sur l'Être, sur l'oubli de l'Être, sur les rapports des étants avec l'Être, sur leur capacité de s'interroger sur l'Être — (le néologisme *l'étant*, traduit de l'allemand, correspond à peu près à ce que nous appelons *un être*, sans majuscule). Exister, c'est être déjà là, dans l'angoisse de ne pas savoir comment et sous la menace du Néant, mais avec un projet qui assume un avenir. Bien qu'il ait récusé le terme d'*existentialisme*, Heidegger a fortement influencé ce mouvement. Ouvrages : *l'Être et le Temps* (1927), *Qu'est-ce que la métaphysique ?* (1929), *Lettre sur l'humanisme* (1947).

HOBBES, Thomas (1588-1679)

Philosophe anglais, il a vécu un certain temps en France (polémique avec Descartes). Le point de départ de sa philosophie est un matérialisme mécaniste qui explique tout en termes de corps et de mouvement. Mais il y a des corps artificiellement composés dont le principal est l'État, monstre géant auquel Hobbes donne le nom de Léviathan, emprunté à la Bible. Les hommes sont mus par l'appétit et le désir, ce qui conduit à une guerre de tous contre tous. Pour échapper aux désastres produits par la violence, les hommes se réfugient dans l'État, conçu comme royauté absolue. Ils délèguent tous les pouvoirs à un souverain qui n'a pas d'autre obligation que de faire régner la paix. Cette doctrine a été lue et méditée par Rousseau qui, tout en la réfutant, en a subi l'influence. Principaux ouvrages : *Éléments de philosophie* (1642) (comprenant *Du corps, De l'homme, Du citoyen*), *Léviathan* (1651).

HUME, David (1711-1776)

Philosophe écossais (fut aussi un historien et un économiste). Les pensées ne sont pour lui que des copies des impressions sensibles, et les relations logiques ou causales, des habitudes. Les idées générales se réduisent à des associations d'impressions. De la nature, nous ne connaissons que des faits singuliers. Il en résulte un scepticisme à l'égard de la science et de la métaphysique. La lecture de Hume devait influencer Kant dont l'œuvre est en partie une justification des certitudes scientifiques en réponse à Hume. Principaux ouvrages : *Enquête sur l'Entendement humain* (1748), *Enquête sur les principes de la morale* (1751), *Dialogues sur la religion naturelle*, publiés de façon posthume en 1779.

HUSSERL, Edmund (1859-1938)

Philosophe allemand, de formation d'abord mathématique, il cherche à décrire la pensée et ses objets, tels qu'ils se donnent essentiellement, en dépassant les incidents psychologiques individuels. La conscience est **intentionnalité**, c'est-à-dire qu'elle est toujours dirigée vers un objet, qui n'est pas nécessairement une chose perçue, mais peut être aussi une essence telle que les vérités mathématiques. Cette méthode appelée **phénoménologie** est une description mais vise l'essence des choses en mettant de côté ce que l'expérience empirique apporte d'accidentel et de confus (opération nommée *épochè*, d'après le grec). Œuvre souvent d'une lecture difficile, car elle est une recherche constante, non une synthèse achevée. Principaux ouvrages : les *Recherches logiques* (1901), la *Philosophie comme science rigoureuse* (1911), *Idées directrices pour une phénoménologie* (1911), *Méditations cartésiennes* (1929).

KANT, Emmanuel (1724-1804)

Philosophe allemand, professeur à l'université de Königsberg. Sa philosophie comporte d'abord une critique de la connaissance : *« que puis-je savoir ? »* qui vise à la fois à fonder la science et à en limiter le domaine qui est celui de l'expérience. Il dépasse à la fois le rationalisme classique pour qui nos connaissances se fondent sur des idées intelligibles, et l'empirisme pour qui toute connaissance dérive des sensations. En limitant le domaine dans lequel peut s'exercer l'entendement, Kant restitue à la raison sa vraie fonction qui est morale, car l'être doué de raison est capable d'autonomie et de conduite réglée par l'idée du devoir (*« que dois-je faire ? »*). En conséquence, il fait une place à une foi morale : foi en la liberté, en un progrès illimité, grâce à l'immortalité de l'âme, foi en Dieu : *« Que m'est-il permis d'espérer ? »* Ces trois questions sont complétées par une étude du jugement esthétique et du jugement de finalité devant la nature. Œuvres principales : *Critique de la Raison pure* (1781), *Fondements de la Métaphysique des mœurs* (1785), *Critique de la Raison pratique* (1788), *Critique du Jugement* (1790), *la Religion dans les limites de la simple raison* (1793).

KIERKEGAARD, Sören (1813-1855)

Philosophe et théologien danois, il exprime un christianisme tragique fondé sur des expériences intimes et qui s'oppose souvent au christianisme institutionnel des Églises, ainsi qu'à la philosophie hégélienne. Philosophie centrée sur l'expérience de l'angoisse, angoisse de la mort, du péché, de la liberté, de l'existence. Peu connu en son temps, il a une immense influence au XXᵉ siècle, notamment sur l'existentialisme. Principaux ouvrages : *Crainte et tremblement* (1843), *Ou bien... ou bien...* (1843), *le Concept de l'angoisse* (1844), *Traité du désespoir* (1848).

LEIBNIZ, Wilhelm, Gottfried (1646-1716)

Philosophe allemand mais aussi mathématicien, juriste, historien et administrateur, novateur dans de nombreux domaines variés. Au centre de sa représentation du monde, se trouvent comme réalités élémentaires les **monades**, êtres simples, inétendus, doués d'un dynamisme propre, isolés les uns des autres mais coordonnés par le Créateur, monade suprême en qui se combinent toutes les perspectives sur l'univers, chaque monade définissant un point de vue. Dans cet univers le mal existe mais il est réduit au minimum, de sorte que ce monde est « le meilleur des mondes possibles ». En linguistique, calcul, logique formelle, Leibniz a esquissé des vues neuves, qui n'ont été comprises et prolongées qu'à la fin du XIXᵉ siècle. Comme diplomate, il a travaillé à la réconciliation des Églises et à l'unité européenne. Principales œuvres : *Discours de Métaphysique* (1685), *les Nouveaux Essais sur l'entendement humain* (1704), *la Théodicée* (1710), *la Monadologie* (1714).

LUCRÈCE (98-55 av. J.-C.)

On sait fort peu de chose de lui, mais on a conservé son poème *De la nature des choses* (en latin *De natura rerum*), exposé de la philosophie épicurienne. Une conception matérialiste de la nature, d'où les dieux sont absents, vise à procurer la sérénité à l'homme libéré des craintes superstitieuses. Ce poème d'une grande beauté est le seul texte important qui nous reste de l'Épicurisme.

MACHIAVEL, Nicolas (1469-1527)

Écrivain et homme politique italien. On a retenu de lui surtout *le Prince* (1513), ouvrage dans lequel il étudie la prise et la conservation du pouvoir personnel par un mélange de ruse sans scrupules et d'audace. On a vu dans ce livre tantôt un aveu cynique de ce que les politiques font sans le dire (d'où l'adjectif **machiavélique**), tantôt une dénonciation du pouvoir destinée à prévenir les républicains. Il a d'autre part décrit le fonctionnement du régime républicain en étudiant la République romaine dans le *Discours sur la première décade de Tite-Live* (1520). Auteur aussi de comédies, d'une vaste correspondance et d'études d'Histoire politique.

MALEBRANCHE, Nicolas (1638-1715)

Prêtre de l'Oratoire, formé d'abord par la lecture de saint Augustin, amené à la philosophie par celle de Descartes. Sa philosophie est centrée sur une critique de la causalité naturelle : Dieu seul est capable d'une action causale véritable ; les enchaînements de phénomènes naturels ne sont que les lois selon lesquelles Dieu a établi que tel phénomène serait l'**occasion** de tel autre. Par suite, le corps n'a pas d'action sur l'âme dans la perception, ni l'âme sur le corps dans le mouvement volontaire. Toute la connaissance humaine, même dans les sciences profanes, s'accomplit par une vision en Dieu. La raison divine qui éclaire l'entendement humain est le Verbe divin lui-même. Œuvres principales : *De la Recherche de la vérité* (1675), *Traité de la nature et de la grâce* (1680), *Traité de Morale* (1683).

MARC AURÈLE (121-180)

Empereur romain, il régna à partir de 161 dans des conditions difficiles, en faisant la guerre malgré lui. Disciple des stoïciens dès sa première jeunesse, il reste un méditatif autant que le permet la vie active à laquelle il est contraint. Il exprime dans ses *Pensées* (écrites en grec) ses principes de sagesse, sa recherche de l'harmonie intérieure, ses scrupules et ses efforts.

MARX, Karl (1818-1883)

Homme politique, économiste et philosophe allemand. Exilé à Paris, Bruxelles et Londres, il commence son œuvre philosophique par une critique de Hegel ; puis son activité devient principalement politique. Il écrit, avec Engels, le *Manifeste du parti communiste* (1848). Après l'échec des révolutions de 1848 en Europe, il entreprend un grand ouvrage d'analyse économique, *le Capital* (1867-1894), que la maladie l'empêchera d'achever. A partir de 1864, il est le principal animateur de la Première Internationale. Idée directrice de sa doctrine : la production économique et la structure sociale qui en découle, déterminent l'histoire politique et intellectuelle de l'humanité, histoire dont l'essentiel est la lutte des classes. Cette philosophie de l'Histoire anime le combat pour une révolution qui, après une dictature du prolétariat, aboutira à une société sans classes par la collectivisation des moyens de production. Immense influence politique sur le XXᵉ siècle.

MERLEAU-PONTY, Maurice (1908-1961)

Philosophe français, professeur au Collège de France. Reprenant les orientations indiquées par Husserl, il critique la psychologie d'un point de vue phénoménologique, cherchant à mettre à jour les attitudes de conscience avant leur conceptualisation. L'organisme lui-même est décrit non comme objet de science mais tel qu'il est vécu subjectivement. Analyse qui se méfie de l'esprit de système et accepte d'assumer les contradictions. Il fut l'un des fondateurs de la revue *les Temps modernes*. Principaux ouvrages : *Phénoménologie de la perception* (1945), *Éloge de la philosophie* (1952), *les Aventures de la dialectique* (1955), *Signes* (1960).

MONTAIGNE, Michel Eyquem, seigneur de (1533-1592)

Magistrat et maire de Bordeaux, il se retire dans son château pour y méditer, après avoir voyagé dans toute l'Europe. Ses écrits rassemblent, sous le titre d'*Essais*, un mélange de commentaires sur les écrivains anciens, de réflexions sur la vie politique de son temps et d'analyses sur son propre caractère. On a retenu surtout de lui son **doute**, mais il n'est pas un pur sceptique. Outre le souci de tolérance, en une époque de guerre religieuse, il y a chez lui des éléments de stoïcisme (acceptation du destin et de la mort) et d'épicurisme (confiance en la nature et amour de la vie). Les *Essais* furent publiés après sa mort.

MONTESQUIEU (Charles de Secondat, baron de La Brède et de) (1689-1755)

Magistrat au Parlement de Bordeaux, il s'est d'abord fait connaître du monde littéraire par les *Lettres persanes* (1721), description satirique de la vie française par un voyageur imaginaire venu d'un Orient de fantaisie. Son œuvre principale est *l'Esprit des Lois* (1748) où il étudie les rapports des régimes politiques avec les mœurs, les conditions de vie, les religions, les climats. Il y distingue trois formes de gouvernement : monarchique, despotique, républicain. S'inspirant du régime de la monarchie anglaise, il pose le principe de la séparation des pouvoirs (législatif, exécutif et judiciaire). Il a inspiré la Constitution américaine de 1787 et l'un des courants de la Révolution française.

NIETZSCHE, Frédéric (1844-1900) (actif jusqu'en 1888)

D'abord philologue, accessoirement musicien, il mène une vie errante en lutte avec la maladie qui finit par terrasser son intelligence. Philosophie de forme non systématique, souvent poétique, paradoxale et récusant la recherche de l'ordre et de la cohérence. Remettant en cause les valeurs de charité, d'humilité et aussi de démocratie, il valorise la force, qui semble dans sa pensée être la force morale, la volonté, plutôt que la force physique brute. A ces thèmes est associé celui de l'éternel retour : le vouloir fort choisit ce qu'il accepte de revivre éternellement. Interprété de façons fort diverses, il a eu par moments une grande influence. Principaux ouvrages : *Considérations inactuelles* (1876), *le Gai Savoir* (1882), *Ainsi parlait Zarathoustra* (1885), *Par-delà le bien et le mal* (1886), *Généalogie de la morale* (1887).

PASCAL, Blaise (1623-1662)

Mathématicien précoce et physicien, après diverses rencontres et une expérience d'extase mystique, il se voue d'abord à la défense des Jansénistes puis à la composition d'une *Apologie de la religion chrétienne*, que sa très mauvaise santé et la mort l'empêcheront d'achever. Il décrit l'homme comme misérable par la faiblesse de la raison et la force d'une imagination trompeuse, comme grand par la pensée et la conscience, labyrinthe mystérieux dont le christianisme, dans son interprétation janséniste, donne la clef. Principales œuvres, outre des opuscules scientifiques : le pamphlet des *Provinciales* (1657), et les *Pensées*, notes et esquisses en vue de son *Apologie*, publiées après sa mort (1670).

PLATON (428-347 av. J.-C.)

Disciple de Socrate, que nous connaissons surtout par l'œuvre de Platon. Il fonde une école (l'Académie) qui restera vivante pendant plusieurs siècles. La majeure partie de son œuvre a la forme du **dialogue**. Les premiers (dits **socratiques**) mettent en scène les procédés de Socrate : ne rien enseigner mais amener l'interlocuteur à découvrir lui-même la vérité en allant de difficulté en difficulté. Plus tard, tout en gardant la forme du dialogue, complété par des mythes, Platon expose sa doctrine de l'**Idée**, objet intelligible dont nous avons eu connaissance avant toute expérience et dont nous nous ressouvenons grâce à la discussion. En politique, Platon trace le projet d'une Cité rationnelle divisée en trois classes : philosophes, guerriers, producteurs, et gouvernée par les philosophes. Son influence a été durable, renouvelée à l'époque du néo-platonisme (IIe s. avant-IIIe s. après J.-C.) puis de saint Augustin et enfin de la Renaissance. Principales œuvres : *Apologie de Socrate, Criton, Gorgias, Phédon, Banquet, la République, le Sophiste, Théétète, Philèbe, Timée.*

ROUSSEAU, Jean-Jacques (1712-1778)

Fils d'un horloger genevois, il mène très jeune une vie vagabonde, laquais, secrétaire, précepteur, musicien... Autodidacte profondément cultivé, il devient célèbre en obtenant un prix de l'Académie de Dijon pour le *Discours sur les sciences et les arts* et a également du succès comme musicien. Dans le *Discours sur l'origine de l'inégalité* (1755), il affirme l'égalité naturelle des hommes et décrit les mécanismes de l'inégalité. Il publie coup sur coup un roman intimiste, *Julie ou la Nouvelle Héloïse* (1761), un grand ouvrage de théorie politique, *Du Contrat social* (1762) et l'*Émile* (1762), description d'une éducation fidèle à la nature, mais compatible avec la vie sociale. Anxieux et ombrageux en même temps que très réellement persécuté pour ses écrits, il s'enfuit à plusieurs reprises vers Genève et l'Angleterre et finit sa vie à Paris comme copiste de musique. Outre les ouvrages déjà cités, il a laissé dans les *Confessions* (œuvre posthume) le récit de sa vie. Immense influence en politique, en pédagogie et sur la sensibilité artistique du public.

SARTRE, Jean-Paul (1905-1980)

Philosophe français, il a refusé le prix Nobel de Littérature. Auteur d'une œuvre littéraire, théâtrale et critique importante ainsi qu'actif sur la scène politique, mais hors de tout parti. Fondateur de la revue *les Temps modernes*. En philosophie, il suit d'abord la voie phénoménologique, étudiant l'imagination et l'émotion, puis élaborant une ontologie qui culmine avec la liberté de l'homme. Le choix libre et responsable s'accomplit en situation, à travers des rapports conflictuels avec autrui. Plus tard, il s'est orienté vers l'analyse des sociétés en cherchant toujours comment la liberté peut se manifester à travers les rigidités des structures. Œuvres principales (outre les ouvrages non directement philosophiques) : *l'Imaginaire* (1940), *l'Être et le Néant* (1943), *Critique de la raison dialectique* (1960).

SPINOZA, Baruch ou Benedictus (1632-1677)

D'une famille juive portugaise réfugiée aux Pays-Bas, il vécut du métier de polisseur de verres pour instruments d'optique. Exclu de la communauté juive sans entrer dans aucune communauté chrétienne, il fut considéré par ses contemporains comme un athée, alors que sa philosophie est centrée sur Dieu. Mais ce Dieu est identique à la Nature, c'est-à-dire à la totalité des êtres réunis en une Substance unique. L'homme qui ignore sa dépendance à l'égard de l'ordre général de la Nature se croit libre et est asservi. L'homme qui vit sous la conduite de la raison, connaît l'ordre des choses et s'accorde avec lui, est véritablement libre. Spinoza énonce sa philosophie sous forme déductive à partir de définitions, axiomes et postulats dans l'*Éthique* publiée l'année de sa mort (1677). Il a combattu pour la liberté religieuse dans le *Traité théologico-politique* (1670).

THOMAS d'AQUIN (1225-1274)

Saint et Docteur de l'Église. Religieux dominicain et professeur, il accomplit une vaste synthèse établissant un équilibre original entre la raison et la foi, la philosophie et la théologie, en s'appuyant sur Aristote pour tout ce qui n'est pas de l'ordre de la foi. Très influent jusqu'à la Renaissance, après une certaine éclipse à l'Age classique, il inspire de nouveau maintes recherches philosophiques depuis la fin du XIXᵉ siècle. Œuvres principales : *Somme contre les Gentils, Somme théologique, De l'Être et de l'Essence.*

Imprimé en France par l'Imprimerie Hérissey - 27000 Évreux - Dépôt légal : 09652-04/95 - N° d'impression : 68824.